叢書・20世紀の芸術と文学

石原裕次郎 昭和太陽伝

佐藤利明
監修・石原プロモーション

アルファベータブックス

はじめに

石原裕次郎には「太陽」という表現がよく似合う。

一橋大学の学生だった兄・石原慎太郎が「文学界」に発表した「太陽の季節」は大きなセンセーションを巻き起こした。それが日活で映画化され、「若者言葉の指南役」の名目でアドバイザーとして参加した裕次郎が、そのルックスを買われて映画俳優となる。しかも初主演作で主題歌「想い出」を歌ってレコードデビューを果たす。「太陽族」と呼ばれる若者たちの無軌道な青春を描いた「太陽族映画」は、邦画界を激震させて、社会現象となる。

そこから次々と主演作が作られ「太陽族」の若者は、日本映画のトップスターとなり、レコードでも次々とヒット曲を生み出す。飾り気のなさ、屈託のない笑顔で「裕ちゃん」と親しまれ、裕次郎は「昭和の太陽」として、時代を明るく照らすこととなる。

生涯に出演した映画は一〇四本（日活時代のノンクレジット作、アニメ『わが青春のアルカディア』を含む）、シングルレコードは二三七タイトル、ＬＰレコードは二一三タイトル。映画界、歌謡界に果たした役割は計り知れない。

その石原裕次郎の誕生から、日本映画黄金時代にトップスターとして駆け抜けた青春期、「俳優は男子一生の仕事にあらず」と石原プロモーションを立ち上げ、日本映画最大のヒット作『黒部の太陽』を作り上げた青年期、「太陽にほえろ！」でテレビ進出を果たし、テレビ映画「大都会」「西部警察」シリーズを製作して新たなムーブメントを起こした時代、そして病苦と闘い続けた晩年……。本書は、石原裕次郎の生涯を編年体でたどっている。その足跡を振り返ることは、「もはや戦後ではない」と呼ばれた昭和三十年代の映画界の隆盛と凋落、社会現象を巻き起こしたテレビ映画の時代をたどる映像文化史であり、「裕ちゃん」を熱く支持した人々の庶民史でもある。

本書では主演作のみならず、石原裕次郎が関わった全ての映画作品について、様々な角度から論考を試み、折々の出来事や社会現象にも出来る限り触れており、遅れてきた世代にも少しでも「あの時代を体感」して頂ければと思っている。

これまで筆者が執筆した石原裕次郎出演作解説を大幅に加筆して、二十年に及ぶ様々な仕事を通してお話を伺うことができた共演者や監督、スタッフの証言を振り返りながら、「石原裕次郎・渡哲也　石原プロモーション50年史」で執筆した原稿をもとに改めて構成した「石原裕次郎の映画史」でもある。

「昭和の太陽・石原裕次郎」が明るく照らした「昭和という時代」への、タイムトラベルを楽しんでいただけたら、筆者としては望外の喜びである。

目次

第三部　俳優は男子一生の仕事にあらず

第四部　太陽に向かって立つ

第五部　太陽は黒部に昇る

第六部　栄光と挫折

第七部　太陽はふたたび……

第八部　陽は沈み、太陽はまた昇る

第九部　甦る太陽

第十部　昭和の太陽

写真提供・石原プロモーション

1956 石原裕次郎映画ポスター＆レコードジャケット・ギャラリー

1956年7月12日　中平康監督

1956年5月17日　古川卓巳監督

狂った果実／想い出
1956年8月・9月　C-4022・G-7777

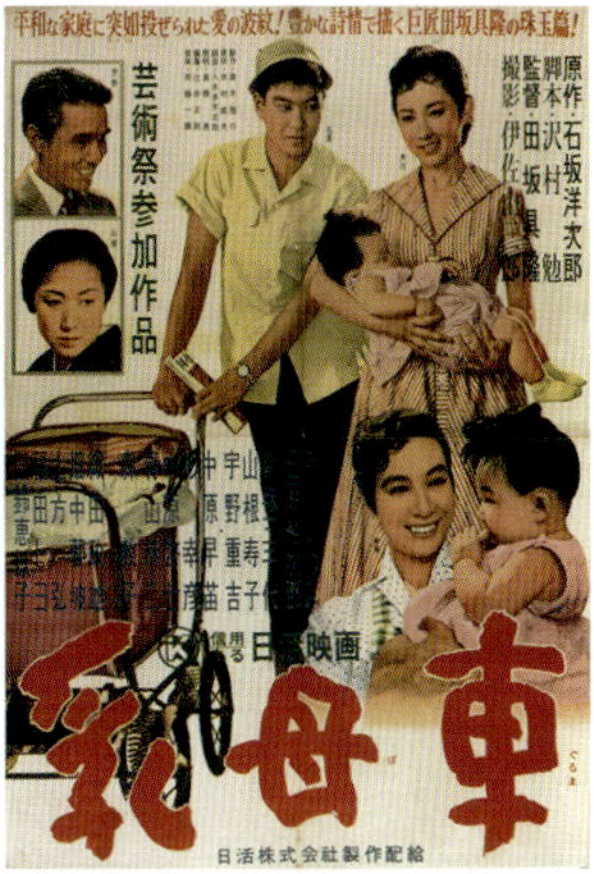

1956年11月14日　田坂具隆監督

1956年12月27日　古川卓巳監督

1956年12月19日　井上梅次監督

1956年12月12日　野口博志監督

1957

1957年5月1日　井上梅次監督

1957年4月3日　春原政久監督

1957年1月3日　井上梅次監督

1957年9月29日　井上梅次監督

1957年8月21日　新藤兼人監督

1957年7月14日　川島雄三監督

アナスタジア（ANASTASIA）
1957年7月　C-4093・NS-25

青い月だよ／ひとりぼっちの青春
1957年6月　C-4080・NS-23

俺は待ってるぜ／狂った果実
1957年2月　NS-9

レコードの発売月はシングル盤に準拠。レコード番号C- はSP盤。

1957

石原裕次郎映画ポスター&レコードジャケット・ギャラリー

嵐を呼ぶ男
唄うドラマー
1957年12月 (日活宣伝盤)

1957年12月28日 井上梅次監督

1957年6月26日 田坂具隆監督

1957年10月20日 蔵原惟繕監督

裕次郎と貴女の夜
1957年12月 (LP)NL-1008

追想
(リコール・ツー・マイ・メモリー)
1957年10月 NS-30

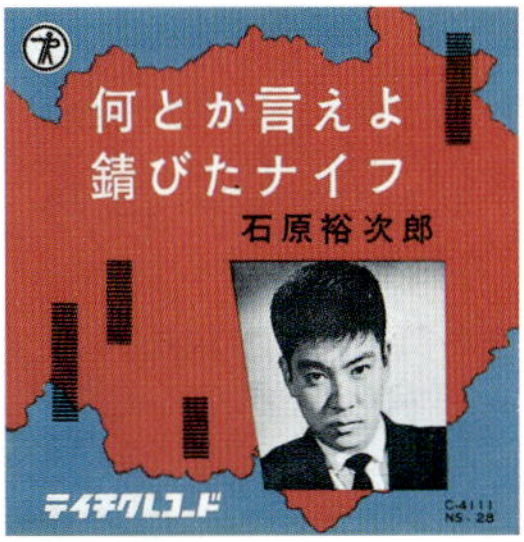

何とか言えよ(台詞・北原三枝)/
錆びたナイフ
1957年8月 C-4111・NS-28

俺は渡り鳥/逢えてよかった
1957年7月 C-4098・NS-27

1958年4月15日　田坂具隆監督

1958年3月11日　舛田利雄監督

1958年1月15日　井上梅次監督

口笛が聞こえる港町／白い手袋
1958年2月　C-4152・NS-34

男の横丁／お前にゃ俺がついている
1958年2月　NS-32

嵐を呼ぶ男／鷲と鷹
1958年1月　C-4155・NS-36

泣虫酒場／ 青春の谷間
1958年7月　C-4192・NS-49

風速四十米／哀愁の十二番街
1958年6月　C-4200・NS-52

裕ちゃんと貴女の部屋
1958年5月（LP）NL-1014

1958

1958年8月12日　蔵原惟繕監督

1958年7月6日　井上梅次監督

1958年4月29日　井上梅次監督

足にさわった青春／
俺は東京のタフ・ガイさ
1958年5月　C-4173・NS-45

陽のあたる坂道／遥かなる面影
1958年5月　C-4162・NS-39

明日は明日の風が吹く／決闘の河
1958年4月　C-4177・NS-47

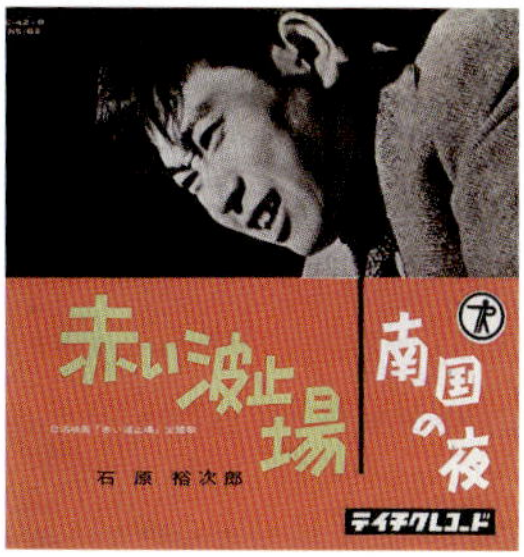

赤い波止場／南国の夜
1958年9月　C4218・NS-62

海峡を越えて来た男
1958年9月　C-4206・NS-57

素晴しき男性／青い駒鳥の唄
1958年7月　C-4193・NS-54

1958

1958年12月28日　中平康監督

1958年10月29日　蔵原惟繕監督

1958年9月23日　舛田利雄監督

裕ちゃんの週末旅行
1958年10月（LP)NL-1024

嵐の中を突っ走れ／男なら夢を見ろ
1958年10月 C-4226・NS-65

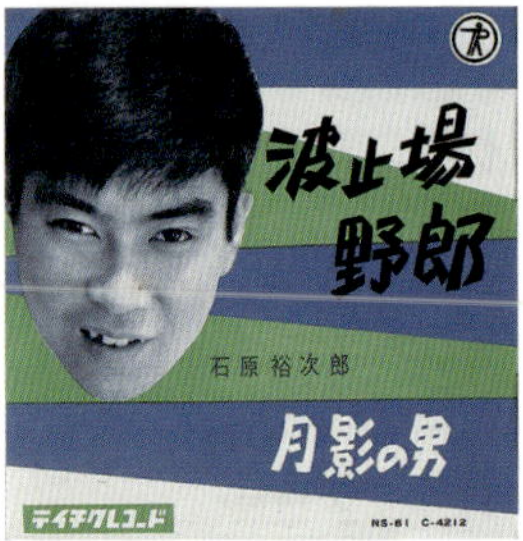

波止場野郎／月影の男
1958年10月　C4212・NS-61

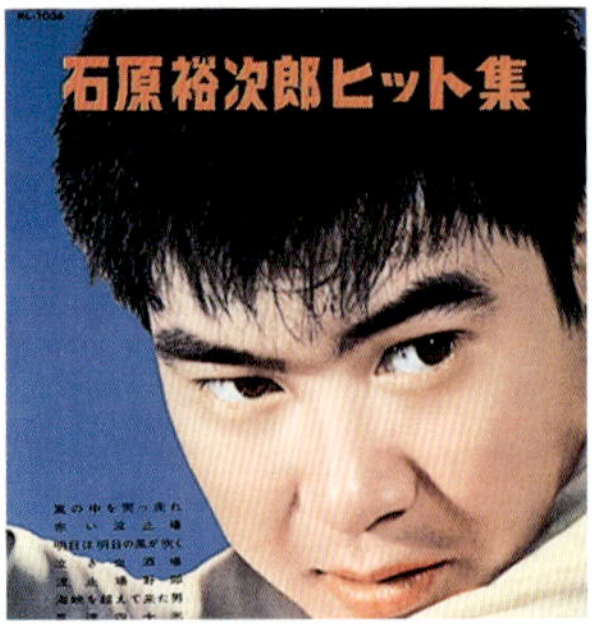

石原裕次郎ヒット集
1958年12月　(LP)NL-1036

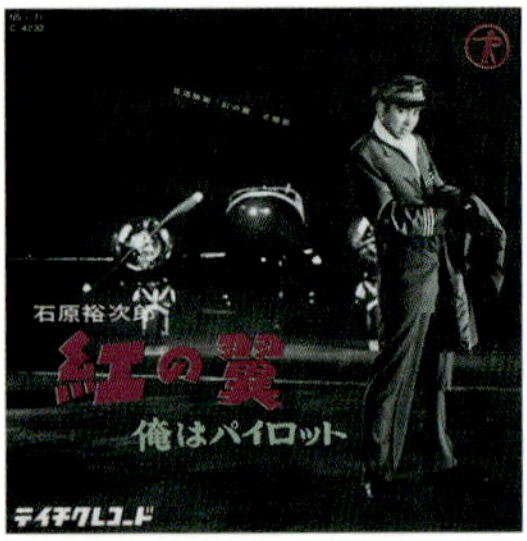

紅の翼／俺はパイロット
1958年12月　C-4232・NS-71

ビヨン・ザ・リーフ／ラブレター
1958年11月　C-4224 NS-64

日活のポスターは「全国版」だが、「嵐の中を突っ走れ」のみ「地方版」。

1959

1959年4月28日　舛田利雄監督

1959年3月10日　舛田利雄監督

1959年1月15日　田坂具隆監督

1959年5月31日　牛原陽一監督

二人だけの夜／ふるさとへ帰ろうよ
1959年3月　C-4258・NS-91

裕ちゃんの唄 貴女の唄
1959年1月（LP）NL-1077

千切れ飛ぶ愛情／夜霧のサンパウロ
1959年7月 C-4279・NS-123

清水の暴れん坊
1959年5月 C-4270・NS-104

男の心に星が降る
1959年4月 C-4260・NS-93

1959年8月30日　石原裕次郎企画・監修

1959年8月9日　牛原陽一監督

1959年7月12日　滝沢英輔監督

俺らにゃ俺らの夢がある／
男なら夢を見ろ
1959年8月　C4310・NS-158

星の見えない街／地獄の横丁
1959年8月　C-4286・NS-135

世界を賭ける恋／俺の巴里
1959年7月　C-4285・NS-134

枯葉／なつかしき思い出
1959年11月　NS-179

天と地を駈ける男／青空散歩
1959年10月　C-4317・NS-169

男の友情背番号３／若い魂
1959年9月　C-4311・NS-159

1960

1959

1960年1月15日　牛原陽一監督

1959年11月1日　舛田利雄監督

1959年9月27日　松尾昭典監督

1960年3年6日　斎藤武市監督

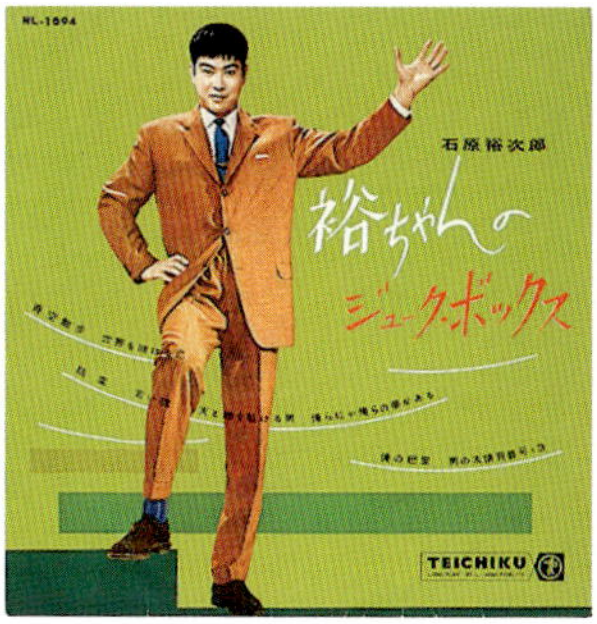

裕ちゃんのジューク・ボックス
1960年1月（LP）NL-1094

1959年12月27日　松尾昭典監督

香港の薔薇
1960年4月　C-4337・NS-213

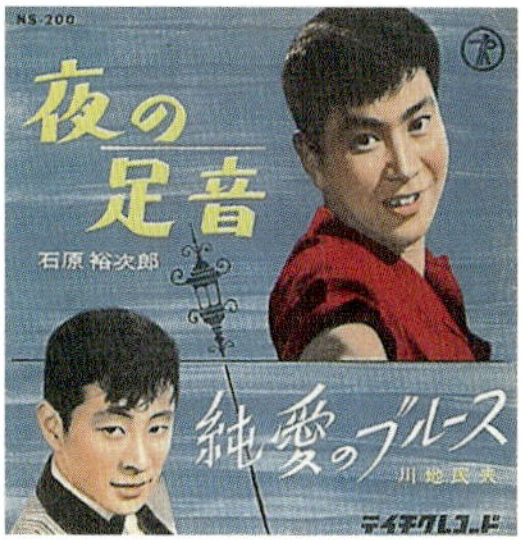

夜の足音
1960年3月　C-4333・NS-200

男が命を賭ける時／最果てから来た男
1959年12月　C-4327・NS-186

1960年7月13日　牛原陽一監督

1960年4月29日　舛田利雄監督

1960年4年2日　滝沢英輔監督

天下を取る／豪傑節
1960年7月 NS-271

銀座･海･山／恋の名残り
1960年6月 NS-245

あじさいの歌／白銀城の対決
1960年4月 NS-226

裕ちゃんのかくし芸
1960年12月（LP）NL-1148

港／夜の渚
1960年12月 NS-333

石原裕次郎･僕のレパートリー
1960年7月（LP）NL-1124

1961

1961年1月14日　松尾昭典監督

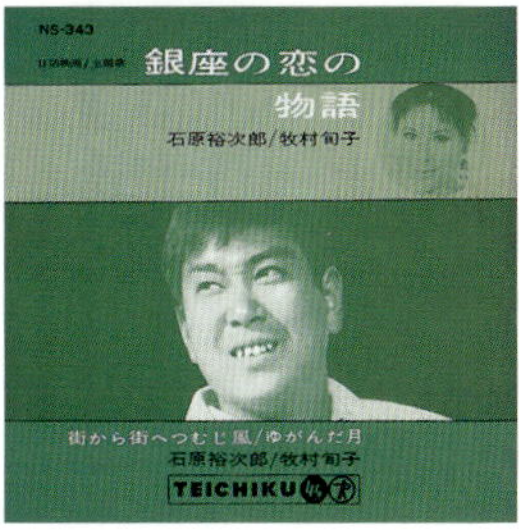

銀座の恋の物語（w牧村旬子）／
街から街へつむじ風
1961年1月　NS-343

1960

1960年9月21日　松尾昭典監督

1960年8月10日　舛田利雄監督

1960年10月26日　中平康監督

喧嘩太郎／サラリーマン・ブルース
1960年8月　NS-289

1960年12月27日　舛田利雄監督

さよなら恋人よ／俺は行くぜ
1961年8月 NS-444

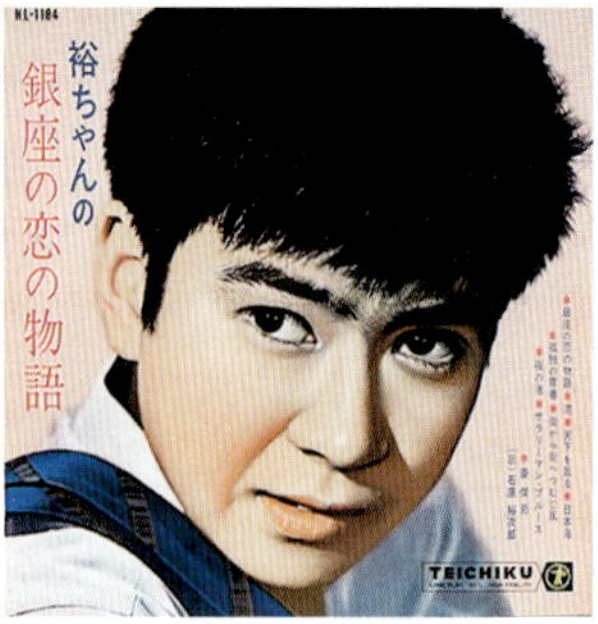

裕ちゃんの“銀座の恋の物語”
1961年7月（LP）NL-1184

孤独の青春／日本海
1961年6月 NS-408

1961年12月24日　中平康監督

1961年10月22日　牛原陽一監督

1961年9月10日　中平康監督

でっかい青空／アラブの嵐／
男と男の生きる街
1961年12月　NS-491

若い生命を傾けて／
お前に逢いたいぜ
1961年10月　NS-484

あいつと私／あいつと私と
1961年9月　NS-459

1962

1962年3月4日　蔵原惟繕監督

1962年1月14日　舛田利雄監督

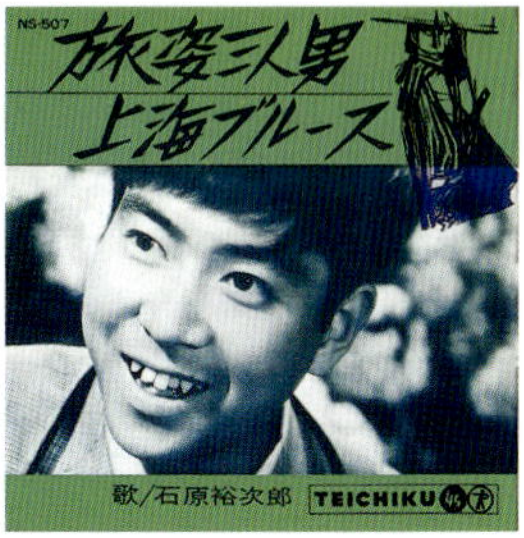

旅姿三人男／上海ブルース
1962年1月　NS-507

ふるさと慕情／人生の並木路
1962年4月　NS-544

1962年4月8日　西河克己監督

銀座の空にも星がある(w牧村旬子)／
東京の日曜日
1962年3月　NS-534

1962年5月1日　滝沢英輔監督

雲に向かって起つ／
思い出はいい奴だった
1962年5月　NS-557

裕ちゃんと一緒に
1962年3月　(LP) NL-1216

1962

石原裕次郎映画ポスター&レコードジャケット・ギャラリー

1962年7月8日　蔵原惟繕監督

夜霧のブルース／雨の酒場で
1962年7月 NS-571

南国の夜／珊瑚礁の彼方
1962年5月　NS-551

船頭小唄／出船
1962年9月　NS-594

1962年8月12日　舛田利雄監督

ラバウル小唄／黒いシャッポの歌
1962年8月 NS-583

雪のふるまちを／トロイカ
1962年11月　NS-620

1962年11月3日　松尾昭典監督

赤いハンカチ／露子に逢いたい
1962年10月　NS-608

1963

篭の鳥(w牧村旬子)／
長崎エレジー
1963年1月　NS-639

残雪／利根の船頭唄
1963年3月　NS-662

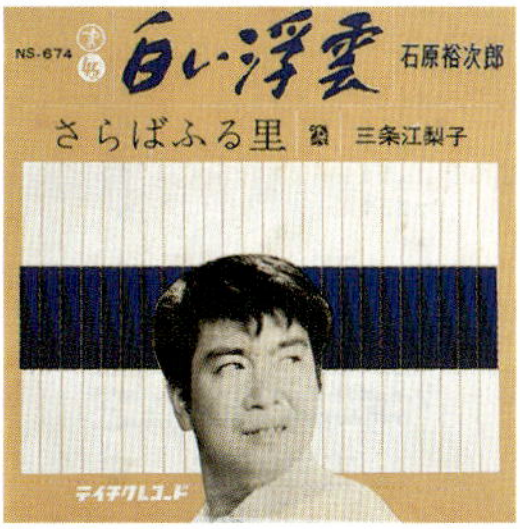

白い浮雲
1963年4月　NS-674

骨
1963年4月　NS-709

1963年3月3日　蔵原惟繕監督

1963年4月28日　舛田利雄監督

花と竜
1962年12月　NS-650

憎いあンちくしょう
1962年7月　NS-577

1962年10月6日　西河克己監督

1962年12月26日　舛田利雄監督

1964年1月3日　舛田利雄監督

淡雪のワルツ　1964年1月　NS-765

別れ出船／波千里
1964年4月　SN-40

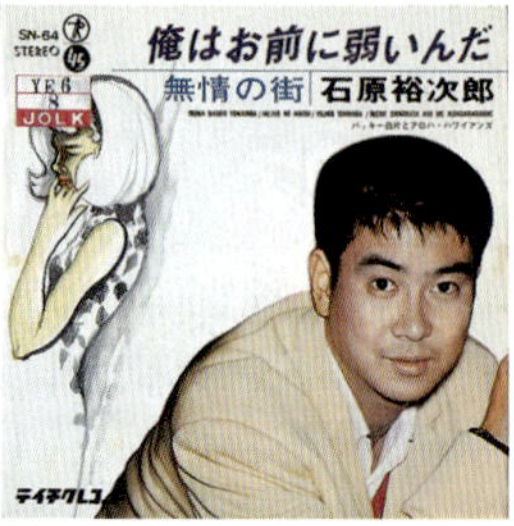

俺はお前に弱いんだ／無情の街
1964年5月　SN-64

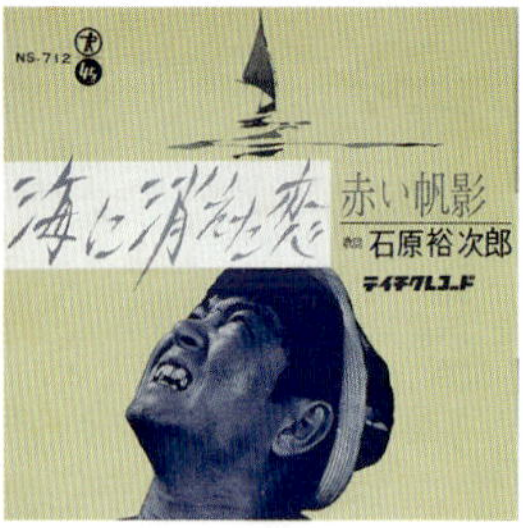

海に消えた恋／赤い帆影
1963年6月　NS-712

1963年6月30日　野村孝監督

傷心の雨
1963年12月　NS-755

忘れじの瞳
1963年5月　NS-700

夕陽の丘(w浅丘ルリ子)／
青い満月
1963年9月　NS-740

1963年10月27日　市川崑監督

1964

1964年9月19日　舛田利雄監督

1964年7月12日　斎藤武市監督

1964年4月29日　松尾昭典監督

1964年12月31日　江崎実生監督

1964年10月30日　松尾昭典監督

グッドバイ・ナウ
1964年1月　NS-766

あしたの虹／ふるさとの花(w沢リリ子)
1964年4月　SN-48

俺の心に風が吹く／
幸福をいつまでも
1964年11月　SN-134

黒い海峡／男の秋
1964年9月　SN-104

東京さすらい歌(w浅丘ルリ子)／
可哀そうな露子 1964年7月　SN-81

1965

1965年3月6日 舛田利雄監督

1965年7月14日 舛田利雄監督

青春とはなんだ／海の男だ
1965年7月 SN-233

王将･夫婦駒／勝負道
1965年3月 SN-182

祇園町から（台詞･祇園 千子）／
鴨川艶歌（w久美悦子）
1965年2月 SN-168

星屑のブルース／白樺の風
1965年1月 SN-147

1965

二人の世界／泣かせるぜ
1965年5月　SN-196

1965年9月18日　松尾昭典監督

1965年12月28日 舛田利雄監督

赤い谷間のブルース／孤児の歌
1965年11月　SN-279

雪国の町／故郷へ帰る
1965年9月 SN-252

ささやきのタンゴ／
忘れはしないいつまでも
1965年7月 SN-226

南国の夜／珊瑚礁の彼方
1965年5月 SN-190

1966

1966年6月1日　松尾昭典監督

1966年4月27日　江崎実生監督

1966年2月25日　松尾昭典監督

愛のうた／星かげの海
1966年4月　SN-334

山の湖（w浅丘ルリ子）
1966年4月　SN-326

夜霧の慕情／雨の港町
1966年3月　SN-318

500マイル／もずが枯木で
1966年12月　SN-440

こぼれ花／男ながれ唄
1966年9月　SN-401

逢えるじゃないかまたあした／
涙はよせよ
1966年8月　SN-382

1966

1966年8月13日　江崎実生監督

1966年7月9日　舛田利雄監督

1966年10月8日　舛田利雄監督

1966年12月24日　江崎実生監督

逃亡列車のテーマ／番外野郎
1966年12月　SN-442

1967年3月11日　江崎実生監督

夜霧よ今夜も有難う／粋な別れ
1967年2月　SN-457

夜霧よ今夜も有難う ロビーカード

1967年5月3日　舛田利雄監督

男の嵐／島の夜明け
1967年5月　SN-515

1967

1967年12月23日　江崎実生監督

1967年11月3日　斎藤武市監督

1967年8月12日　西村昭五郎監督

銀の指輪（w愛まち子）／
露子の手紙
1967年9月　SN-560

帰らざる海辺／波涛の彼方
1967年8月　SN-541

倖せはここに／さすらい
1967年6月　SN-504

ひとりのクラブ／愛のくらし
1967年12月　SN-601

白い街／東京の何処かで
1967年10月　SN-578

1968年6月22日　舛田利雄監督

さすらい花／春愁
1968年2月　SN-617

1968年1月13日　松尾昭典監督

忘れるものか／
さよならは云ったけど
1968年9月　SN-686

1968年12月28日　松尾昭典監督

1968年2月17日　熊井啓監督

夜霧の恋の物語／夜の愁い
1968年6月　SN-648

青年の国をつくろう／日本の朝
1968年5月　SN-656

1969

1969年12月31日　舛田利雄監督

1969年7月15日　蔵原惟繕監督

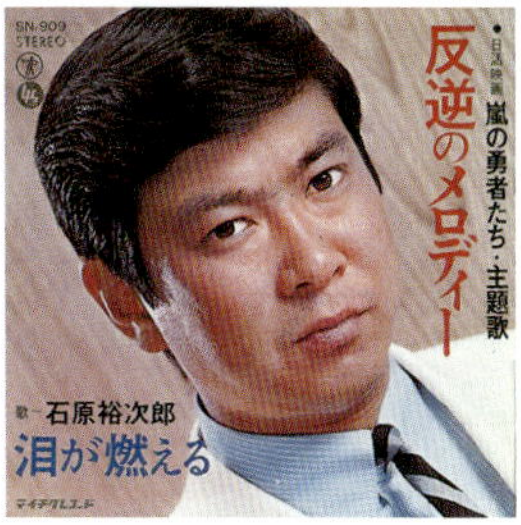

反逆のメロディー／泪が燃える
1969年12月　SN-909

忘れた虹／夜霧の舗道
1969年12月　SN-882

白樺の湖／霧の街角
1969年5月　SN-756

港町・涙町・別れ町／君も生命を
1969年2月　SN-726

1970年6月6日　キース・エリック・バート、千野皓司、白井伸明監督

1970年2月28日　村野鐵太郎監督

1970年8月12日　舛田利雄監督

雨のブルース／並木の雨
1970年3月　SN-911

無情の夢／君恋し
1970年1月　SN-894

銀座夜のブルース／胸の振子
1970年12月　SN-1040

雨／哀愁の島
1970年8月　SN-979

南の恋歌／ささやき
1970年4月　SN-933

1971

1971年2月26日　中村登監督

1971年1月13日　長谷部安春監督

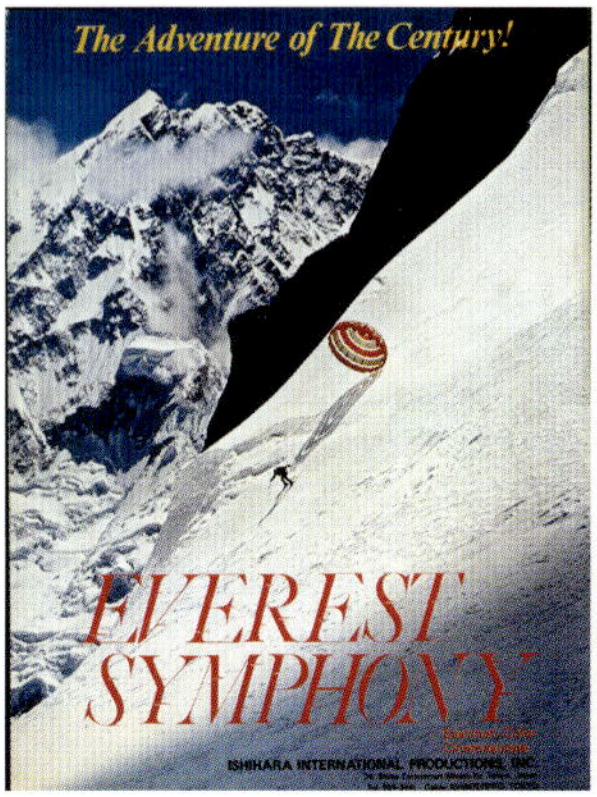

エベレスト大滑降(海外版)
1970年7月18日　銭谷功監修

地獄花(台詞･浅丘ルリ子)／
剣と花
1971年6月　SN-1097

いつも二人で／東京の夜
1971年4月　SN-1081

サヨナラ横浜／モカの匂う街
1971年11月　SN-1194

1970年8月14日　山本薩夫監督

1972

夜霧の終着駅／愛への祈り
1972年2月　SN-1212

恋の町札幌／ポプラと私
1972年5月　SN-1246

泣きながら微笑んで／夏の終り
1972年5月　SN-1247

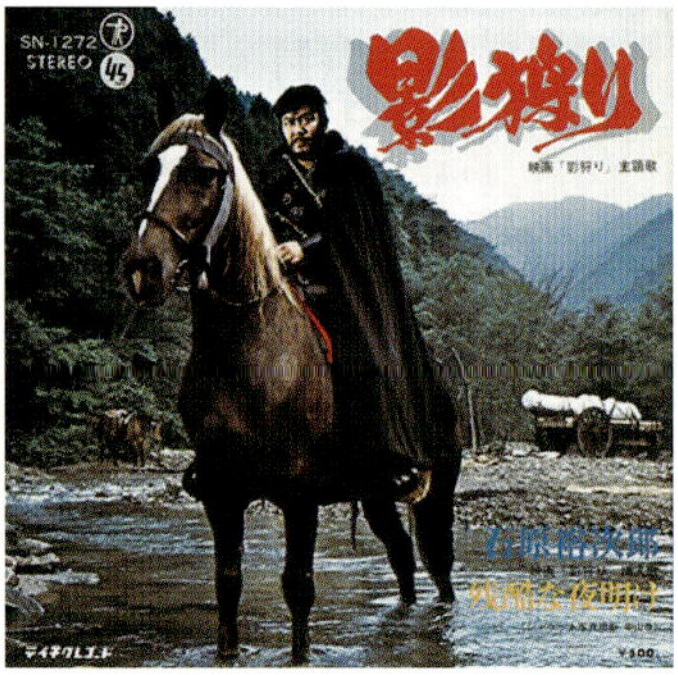

影狩り／残酷な夜明け
1972年9月　SN-1272

何故か愛せない／ひとり旅
1972年10月　SN-1278

1973

アカシヤは枯れた／
あの橋を渡ろう
1973年2月　SN-1290

反逆の報酬／
徹男と秋子のバラード
1973年2月　SN-1293

宴のあと／俺の詩集
1973年6月　SN-1311

旧友／きょうよりあしたが
1973年10月　SN-1346

1976

別れの慕情／夜更けの港町
1976年2月　SN-1498

泣くのはおよし／愛してる…
1976年6月　RS-8

不思議な夢／野良犬
1976年10月　RS-29

1975

北国の空は燃えている／
お前だけに…
1975年2月　SN-1437

海鳴りの宿／おもかげの街
1975年6月　SN-1460

青い滑走路／ふたり
1975年9月　SN-1473

1974

二人の雨／過去の恋人
1974年2月　SN-1388

帰り道別れ道／恋はゆきずり
1974年7月　SN-1405

別れの夜明け（w八代亜紀）／
泣き砂浜
1974年8月　SN-1413

1979

みぞれの酒場／海峡メルヘン
1979年4月　RS-156

旅情／男と女の白夜
1979年6月　RS-170

みんな誰かを愛してる／
誕生日おめでとう
1979年9月　RS-178

夜のめぐり逢い(w八代亜紀)／
ふたりの港町(同)
1979年11月　RS-185

1978

昭和たずねびと／嘆きの天使
1978年3月　RS-115

クロスオーバーラブ／
思い出のカルナバル
1978年10月　RS-138

1977

ブランデーグラス／足あと
1977年4月　RS-56

別れの言葉に接吻を／秋子
1977年8月　RS-82

霧の波止場で／青いサファイア
1977年12月　RS-103

1983

勇者たち／夜よ
1983年3月　RE-582

思い出さがし／別れて明日
1983年4月　RE-587

おれの小樽／おやじの舟唄
1983年8月　RE-596

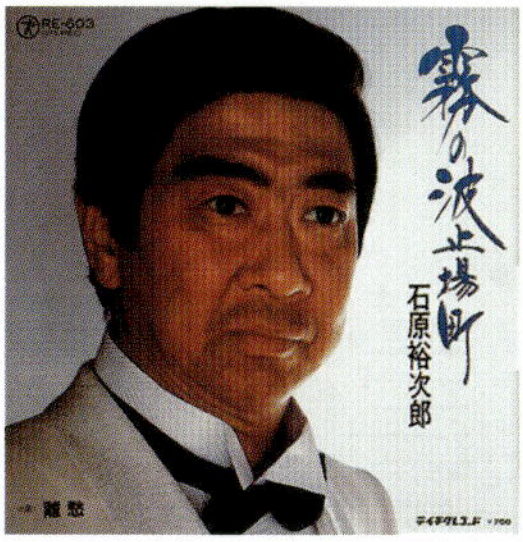

霧の波止場町／離愁
1983年10月　RE-603

1981

よこはま物語／星の子守歌
1981年2月　RE-513

1982

時間よお前は…／涙は俺がふく
1982年4月　RE-550

1980

パパとあるこう(w太田裕之)／
夢織りびと
1980年4月　RS-209

夜明けの街／孤独の詩
1980年10月　RE-501

わかれ川(w八代亜紀)／
なみだの宿(同)
1980年12月　RE-504

1987

わが人生に悔いなし／俺の人生
1987年4月　RE-752

北の旅人／思い出はアカシア
1987年8月　RE-773

1985

おもかげの女／ガス燈
1985年2月　RE-657

雪なさけ／風花の宿
1985年10月　RE-686

さよならは昼下り（w真梨邑ケイ）／愛・フォーエヴァー（同）
1985年12月　RE-698

1984

嘆きのメロディー／彩りの街
1984年2月　RE-625

黎明／北斗七星―乙女の神話―
1984年7月　RE-634

思い出ホテル／別れの伝言
1984年9月　RE-643

今宵もそっと／ゆうすげの花
1984年9月　RE-650

協力
日活株式会社
株式会社テイチクエンタテインメント
株式会社石原プロモーション
鈴木啓之

序章

石原裕次郎は、昭和九（一九三四）年十二月二十八日、兵庫県神戸市須磨区に生まれた。父・潔、母・光子、二歳年上の兄・慎太郎の四人家族。山下汽船に勤める子煩悩な父の方針で、リベラルな家庭に育った。

父・潔は、カメラを愛好していて、何かにつけて兄弟の写真を撮影。アルバムに整理をして、短い添え書きを必ず入れていた。幼き日、神戸の須磨海岸で遊ぶ、慎太郎、裕次郎兄弟の写真を見ると、昭和初期のモダンでハイカラな一家の暮らしぶり、おっとりした時代の空気を感じることができる。

裕次郎が三歳を迎える年、昭和十二（一九三七）年に、一家は、父の転勤で北海道小樽市へ転居。山下汽船は、北海道と大陸、内地を結ぶ定期航路を新設するため、北海道一の商都だった小樽に支店を設け、父はその初代支店長となった。

そこで過ごした幼少時代は、兄弟にとってかけがえのない時間となった。戦時体制に入りフィルムが貴重品になるまで、父・潔は息子たちの写真を撮り続けた。汽船会社の管理職とはいえ、サラリーマン。しかし、子供のための贅沢は惜しまなかった。お揃いの洋服を着て、澄ました顔の慎太郎と、少しいたずらっぽい眼差しの裕次郎。ベルリン五輪の選手団のユニフォームと同じブレザーを誂えて、街の写真館で撮影した写真が残されている。澄ました顔の兄と対照的に、何か面白くないことでもあるのか、裕次郎の顔が少しむくれている。

いたずら盛りのやんちゃな裕次郎は、何事にも物怖じしない子だった。慎太郎は小樽で一番と言われた、教育も施設も充実していたカソリックのマリア幼稚園に、三年保育で通っていた。いよいよ裕次郎が入園することになり、慎太郎は《弟が同じ仲間に加わることが胸ときめくようで嬉しかった。》（石原慎太郎・「弟」・幻冬舎）しかし裕次郎はその期待を裏切って、入園三日目、突然幼稚園から姿を消してしまい大騒ぎとなる。

バス通園のため自宅からはかなり遠い。心配した園長が家に電話すると、なんと裕次郎はお金を持たずに路線バスに乗って「お父さんの会社は山下汽船です。つけておいてください」と、いつもタクシーで出かける時のように、車掌に告げたという。母・光子は叱るでもなく、その知恵に感心して笑っていた。

その翌日、慎太郎と一緒に一応通園はしたものの、裕次郎はまた昼前に幼稚園を抜け出し、今度は友達を誘って、ずっと外で遊んでいた。

左から、父・潔、裕次郎、母・光子、兄・慎太郎。

裕次郎にしてみれば、家の庭にブランコや滑り台があるのに、なぜ幼稚園にまで行って、順番を待って遊ばなければいけないのか。しかも年長、年中の子達がわがままで「好きなように遊べないから」と、母に言った。

裕次郎は「幼稚園は学校じゃない」とも言うので、母はもっともだと納得。叱咤しようとする夫に「あの子の方が、あなたより自由な人間なのよね」と言った。「裕次郎は裕次郎。あなたはあなた。それでいいじゃない」。母・光子は、裕次郎の良き理解者だった。

このエピソードに、石原裕次郎がデビューから晩年まで持ち続けた「自由への憧れ」のイメージや、こうと決めたら突き進むエネルギーの「頑なさ」が感じられる。

以後、一切、幼稚園には通園しなかったと、裕次郎自身が回想している。

やがて昭和十六（一九四一）年。日中戦争から太平洋戦争開戦に向けて、時代が大きく転回していく、この年に、裕次郎は小樽市立稲穂国民学校に入学した。小学生時代、冬はスキーを楽しみ、夏は海で遊んだ。

稲穂国民学校の校庭には三本のアカシアの木があった。昭和五十三（一九七八）年、裕次郎はテレビ番組の取材で、久しぶりに稲穂小学校を訪れた。位置こそ変わっていたが、三本のアカシアの大木は健在だった。裕次郎はそのとき、大木を抱きしめ、幼き日々に思いを馳せた。

昭和六十（一九八五）年、稲穂小学校開校九十周年に寄せて、裕次郎はこう記した。

《緑町2丁目オンコの木の生垣のある昔いた家、小樽商高へ続く美しく紅葉に彩られた昔懐しい道、ドライブの途中、子供の頃父と兄と朝早くよく散歩をし小樽港の見える丘にあるアカシヤの木の前で写真を撮ってくれた父の姿も懐しく想い出されました。セピア色に変わったその写真が今も古いアルバムの一ページを飾っています。》（石原裕次郎・「小樽・郷愁再びアカシヤを抱きしめに」一九八五年）

昭和十八（一九四三）年二月、裕次郎が小学校三年のとき、父・潔は山下汽船東京支店副長の辞令を受け、一家は神奈川県逗子市に転居した。最初に住んだのは山下汽船創業者・山下亀三郎の別荘だった。戦時中とはいえ、裕次郎は葉山の自然を駆け回って遊んでいた。

そして敗戦を迎えたのは、小学五年の時だった。

敗戦直後、山下家に縁のある東大教授一家が空襲で焼け出され、その家に住むことになったため、そこから二百メートルほど離れた家に引っ越しをした。

図画工作が得意で、特に書道は達筆で、昭和二十一（一九四六）年、小学六年の時には「第壹回文化振興書道展」で入選。その頃、学校で優を貰った書に「不自由を常と思えば不足なし」とある。敗戦直後、物のない時代のこの言葉に「創意工夫の人」裕次郎の原点を感じる。

逗子中学時代は海が遊び場所となった。夏になると近くの森戸海岸の岩礁で、手銛で魚を捕って遊んだという。引っ越した家の隣に住んでいたのが、河内猛。のちに裕次郎の弟分として日活スターとなる川地民夫一家だった。裕次郎より四歳年下の川地はまだ五歳。川地の兄と裕次郎はすぐに仲良くなり、夏になると海で一緒に遊んでいたという。

《あの人は、子供の頃から人懐っこい人なんですよ。越してきた次の日からずっと我が家にいたみたいな（笑）。うちに年中来ていたり。そんなわけで、人見知りをしない人というのか。》（川地民夫インタビュー・二〇一二年六月十三日）

裕次郎は天性のスポーツマン。逗子中学二年のときに、バスケットボール部を創設するなど、遊びやスポーツでも常にリーダーシップをとっていたという。

その頃、葉山にあったなぎさホテルが米軍に接収されて、日本人はオフリミットで入ることは許されなかった。しかし、裕次郎や川地民夫たち少年の遊び仲間は、かつての敵国で、今や民主主義のお手本でもあったアメリカの匂いを嗅ぎに、その中へ入って遊んでいた。

やがて、昭和二十六（一九五一）年春、慶應義塾高等学校へ転入する。最初は受験に失敗して、前年に創設されたばかりの埼玉県志木市の慶應義塾農業高等学校に入り、編入試験を受けて、晴れて日吉の慶應高校に二年生から通うことになった。

ところが、裕次郎が高校二年の十月、父・潔が五十二歳の若さで急死。過労による脳溢血だった。大阪商船本社ビルの役員会議室で倒れた。

《その朝、一緒に（父と）横須賀線に乗って、僕は横浜で「じゃあね」って別れて……。非常に元気だったんですけど……。かけつけた時はイビキかいて眠ってました。》（「石原裕次郎…そしてその仲間」・芳賀書店・一九八三年）

この頃、裕次郎の目標は、バスケットでオリンピックに出場することだったが、父の死の直後、スケートリンクで左足骨折。ささいな喧嘩で傷をこじらせて、スポーツ選手への道を断念、父の死とケガのショックが重なり、何もかも嫌気が差して、放蕩の日々を過ごすこととなる。

小樽で過ごした幼き日の楽しい思い出、湘南でスポーツに明け暮れた中学時代。戦時下とはいえ、リベラルな家庭で育った裕次郎にとって、父の死は大きかった。

《多感な十七歳でしたからね。気が抜けたんでしょうかね。そういう感じでしたね。僕は親父っ子ですし、あまりにもあっけない別れでしたからね。》（「石原裕次郎…そしてその仲間」）

この放蕩の日々を題材に、のちに慎太郎が小説を執筆、兄弟の人生が大きく転回していくのは、もう少し後の話。

裕次郎は夏になると、川地兄弟や地元の仲間たちと一日中、海で遊んでいた。昭和二十年代半ば、慎太郎と裕次郎が、父・潔にせがんで、当時のお金で二万五千円で買ってもらった中古のディンギーで、湘南の風を受け、真夏の太陽を浴びて、太陽の子・裕次郎は青春時代を謳歌していた。兄弟はこのディンギーを「ダンディ」と命名したという。

このディンギーを購入するとき、父は母・光子に相談。母は「女の子だったら、ピアノを買ってあげるでしょう」と、兄弟の希望を叶えてあげるように言った。

そんな日々も、父の急死で一変してしまった。

一見、何不自由ないお坊ちゃんに見えるが、外見とは裏腹に屈託を抱えていた。家長を失った石原家のために、父の友人たちがそのまま社宅に住めるようにしてくれたが、貯金を切り崩しつの生活の日々。将来に対する不安、日々の不安が、十代の裕次郎に、重くのしかかった。

その頃からの親友が、葉山の旅館「かぎ家」の息子で、慶應高校の同級生・山本謙一（のちに山本淳正）、通称「かぎ家の謙ちゃん」だった。高校から大学にかけて、山本と裕次郎たちは、ヨットでセーリングを楽しんだ。「海は晴れてよし、荒れてよし」。これが裕次郎の口癖だった。

昼間はビーチ・ボーイズとして「かぎ家」のパラソルを貸し出したり、チンピラから海水客を守ったりしていた。夜は「かぎ家」に集まって、麻雀をしたりしていた。石原慎太郎の「太陽の季節」に、主人公・竜哉の親友・西村の別荘として登場するのが、「かぎ家」だった。

「慎太郎刈り」はヨットを操舵するときに邪魔にならないし、海で濡れてもすぐ乾くから、という理由から生まれたもの。

湘南で遊ぶ裕次郎たちを、のちにマスコミが「太陽族」と書き立てる。センセーションを巻き起こした石原慎太郎の小説「太陽の季節」に由来するものだが、名付けたのは大宅壮一。公序良俗に反する「無軌道な若者たち」というイメージである。しかし、裕次郎たちは決して軟派ではなかった。当時では、確かにアンモラルだったかもしれないが、誰もが通る青春時代である。葉山の仲間たちとはのちに「元祖会」を結成。裕次郎によれば「どうせ太陽族と呼ばれるんだったら、いっそ元祖を名乗ろうじゃないか」が名前の由来。終生、その旧交を温めていくことになる。気の置けない友たちとの楽しい日々だったのだ。

《断っておくが、兄貴の小説に出てくるような軟派じゃない。バリバリの硬派だ。高等学校の二年から三年にかけて最も華やかに活躍したが、こと女にかけちゃきれいなものだ。そのうえ、揃いも揃ってひとのいい野郎ときている。》（石原裕次郎「わが青春物語」・東西文明社・一九五八年）

その頃、裕次郎が抱いていた「夢」は、商船会社に勤めていた父の影響と、少年時代を過ごした海への想いから、船乗りになって海外に雄飛することだった。ここにも裕次郎の「自由への憧れ」がある。

《とにかくいいおやじだった。いまになれば何もいうことはない。生きていてくれさえすればよかった。おやじが生きておれば、いまごろボクは船に乗っていたかもしれない。いや、きっと海の男になって、おやじを喜ばせるのだったのに

——（中略）

理想の女性は？　ときかれると、ボクはいつも「おふくろのような人」と答える。また、シンソコからそう思っている。第一に頭がいい。家計のやりくりがうまい。ボクからいうのもおかしなもんだが、子どものしつけが厳格でしかも上手だ。》（石原裕次郎「わが青春物語」）

父を愛し、母を慕ってきた裕次郎は、やがて昭和二十八（一九五三）年、慶應大学法学部に入学を果たし、慶應ボーイとして青春を謳歌していく。

裕次郎の生い立ちをたどってゆくと、まるで日活映画の主人公のようでもある。船乗りへの憧れも、スポーツ万能であることも、映画のイメージそのままである。実は、裕次郎が演じたキャラクターは、脚本家や監督が、石原裕次郎という青年のイメージをそのまま、映画の主人公に置き換えたものでもあったのだ。

のちに裕次郎が映画で演じ続けた主人公のような、青春時代だったのである。後年のヒット曲「赤いハンカチ」の「アカシアの花の下で」という歌い出しには、小樽の小学校の校庭にあったアカシアの樹のイメージが重なる。「おれの小樽」や、没後に大ヒットした「北の旅人」に、幼き日への郷愁を感じる。歌のイメージもまた裕次郎のバックボーンに繋がっているのである。

スターが憧れの対象であり、手の届かない存在だった時代。まるで「隣の青年」のような親しみやすさは、それまでのスターのイメージを一変させてしまった。誰もが「裕ちゃん」と親しみを込めて呼んだ。長身痩躯のカッコよさと、人懐っこい笑顔、人柄が感じられる物腰の優しさ、そして不良性感度……。裕次郎の魅力は、その全身から感じられる「人柄の良さ」に他ならない。誰かが仕立て上げたものでもなく、彼自身が放つ「太陽」のチカラともいうべき魅力なのである。

その「太陽」が、昭和という時代を明るく照らしていくことになる。

第一部　太陽は昇る

葉山の海で青春を謳歌していた若者は、やがて映画界のトップスターに。

第一章　もはや戦後ではない
――昭和三十一（一九五六）年

石原裕次郎が文字通り、戦後最大の映画スターであることは、遅れてきた世代も含めて誰しも認めることだ。

経済白書に「もはや戦後ではない」と記され、流行語となった昭和三十一（一九五六）年、石原裕次郎は颯爽と銀幕に登場した。この年の二月には「週刊新潮」が創刊され週刊誌ブームが始まり、民放が続々と開局。テレビが普及しつつあったが、まだまだ庶民には高値の花。昭和二十年代に比べ、人々の生活習慣が大きく様変わりしはじめていた。

とはいえ、日本人の娯楽の中心は映画だった時代でもある。東宝・松竹・大映・新東宝・東映、日活の邦画各社は、二本立て興行を実施。映画館の新築ラッシュが続き、東京地区の映画館は、終戦時の四倍の四五二館にふくれあがり、この年の全国の観客動員数は一〇億一二七〇万人を突破していた。日本映画黄金時代の本格的な幕開けである。

昭和二十九（一九五四）年、製作再開を果たした日活は、「信用ある日活映画」をモットーに、田坂具隆、滝沢英輔などの名匠、川島雄三などの異才による才気溢れる文芸作品やメロドラマを中心に良質な作品を製作していた。ところが興行的にはふるわずに、給料の遅配も日常的となっていた。

ちょうどその頃、文壇を賑わせていたのが、まだ一橋大学在学中だった石原慎太郎の小説「太陽の季節」だった。ショッキングな内容で、発表当時から文壇の話題を独占、昭和三十（一九五五）年夏、文学界新人賞を受賞したのを機に、日活では映画化権を獲得しようと石原慎太郎に接触した。

「このチャンスを逃さない手はない」と、兄よりも積極的だったのが裕次郎だった。日活ホテル七階のバーでの交渉には、そうした駆け引きが不得手だった慎太郎に、弟・裕次郎が付き添った。当時、日活ホテルといえば、丸の内のお堀端にある、高級ホテル。昭和二十九年には、マリリン・モンローとジョー・ディマジオが新婚旅行で立ち寄って、大きな話題となっていた。

高級ホテルでも物怖じしない裕次郎は、開口一番、「実は同じ話が大映からもありまして」と、交渉相手の日活企画部の荒牧氏にいきなりジャブをかまし、相手を動揺させ、自分たちのペースに巻き込んだという。

裕次郎の巧みな交渉術で、日活は、新人の原作料の相場をはるかに超える金額で、映画化権を獲得した。慎太郎、裕次郎の石原兄弟にとっては、父を失い、わずかばかりの貯蓄を切り崩しながらの明日への不安を抱いて過ごしていたなかに訪れた、ビッグチャンスでもあった。

「太陽の季節」は日活での映画化用に「不良少年」というタイトルに改題され、企画部が社内プロデューサーに企画書を提出、検討に入ったが、その企画に興味を示したのは水の江滝子だった。水の江は、戦前の松竹少女歌劇団SKDのトップスターとして、時代の寵児となり、戦後もステージで活躍していたが、昭和二十八年に引退。製作を再開した日活に、プロデューサーとして招かれた。

しかし、男性中心だった時代。日活に入っても、しばらくは企画はおろか、朝から夕方まで新聞をチェックしたり、お茶を飲んで過ごす日々。日活は後発の映画会社だったために、自前のスターを抱えているプロデューサーたちは、水の江に俳優や企画を回すことはなく、旧態依然としたその空気に辟易していた。

ならば、自分でスターを発掘しようと、初プロデュース作品『初恋カナリヤ娘』（一九五五年・吉村廉）では、ジャズブームの寵児・フランキー堺とシティスリッカーズに声をかけ、日劇ミュージックホールに出演中の岡田眞澄と契約した。若い才能を見出すことにも長けており、中平康の才気にいち早く目をかけたのも、水の江だった。

その水の江には、先見の明があったことになる。昭和三十一（一九五六）年一月、「太陽の季節」は三十年下半期芥川賞に決定したのだ。邦画各社が動いても後の祭りだった。「太陽の季節」は、旧世代の選考委員の猛反発を受けた。選考委員で唯一の反対者だった佐藤春夫は「慎太郎ではなく、不慎太郎だ」と嫌悪をあからさまにして「まだ純真たるべき大学生の、与太者にも等しい情痴暴力行状記」と一刀両断。しかし、舟橋聖一は「世間を恐れず、素直に生き生きと『快楽』に対決し、その実感を描き上げた」と絶賛。石川達三、井上靖らの積極的かつ熱い支持を受けての受賞だった。

敗戦から十一年。日本人の生活スタイルも変化、戦後派の若者たちの無軌道な青春を描いた、石原慎太郎の「太陽の季節」の登場は、「もはや戦後ではない」という言葉そのままの象徴的な「事件」だった。湘南を舞台にしたアンモラルな若者たちの生態を直裁的に描写している。若者の無軌道なセックスや、既成の概念を打ち破る主人公の行動など、それまでの文学界の常識を覆した。その文学論争が社会問題となるほど、センセーショナルなベストセラーとなった。

昭和三十年秋、慎太郎は一橋大学の同級生で、盟友だった西村潔と、東宝の入社試験を受けていた。東宝の製作本部長・藤本真澄によれば（『プロデューサー人生―藤本真澄映画に賭ける」東宝・一九八一年）、一橋大学の教授で作家の伊藤整の紹介状を持って来た二人は試験に合格、慎太郎は年末年始を東宝の劇場のモギリをして、新入社員研修をしたが、昭和三十一年一月、「太陽の季節」で芥川賞を受賞。結局、慎太郎は正式に入社しなかったが、その後も嘱託という形で企画の顧問として、東宝に席を置くこととなる。

慎太郎は、自分が就職して家庭を持ったあとの、弟の行く末を案じ、裕次郎を映画俳優にと考えていた。そこで、藤本プロダクションから東宝に復帰したばかりの藤本真澄に「僕の弟で、慶應の学生なんですが、東宝の俳優にどうですか?」と紹介した。撮影所でキャメラテストも行ったが、藤本は「ダメだな。ありゃ只の不良だな。うちのカラーではない」とつれない返事をして、それきりだったという。

また「太陽の季節」の映画化権が日活に売れた頃、慎太郎は企画課の荒牧氏に頼んで、裕次郎にニューフェースのキャメラテストをしてもらうことにした。ところが、結果は落第。その理由は、売り出し中の名和宏と顔の輪郭がよく似ていたからと、慎太郎は「弟」で述懐している。真偽のほどは定かではないが、慎太郎は裕次郎を映画界に、と考えていたことは間違いないだろう。

『太陽の季節』五月十七日　古川卓巳監督
すべては、ここから始まった！

前年十二月、昭和二十八（一九五三）年に着工した調布町下布田（現・調布市染地）の日活撮影所の第三期工事が完了、東洋一の映画撮影所が完成した。昭和二十九年の製作再開時には、月四本の自社製作をしていたが、撮影所完成に伴い、年始から月八本のペースに製作本数を拡大した。ところが、興行成績が振るわず、四月には月六本へと製作本数を削減することにした。起死回生のヒット作が欲しい。首脳部はそう考えていた。そうしたなか、「太陽の季節」の映画化には、大きな期待が寄せられていた。

小説の基になるエピソードを兄に提供していた、まだ慶應大学に通う裕次郎に、日活で大器を感じたのは、日本映画初の女性プロデューサー・水の江滝子だった。

水の江は当初、慎太郎を主演にという大胆な発想を持っていたが、慎太郎に「一度弟に会って欲しい」と頼まれ、昭和三十一年一月二十三日、神田如水会館で行われた慎太郎の芥川賞受賞パーティで、裕次郎に初めて会った。水の江は、その時の印象をこう記している。

《一目で「これはいける」と思った。不良って言ってもね、本当の不良かどうかは雰囲気で分かるんです。裕ちゃんにはそういう暗い翳はなかった。輝きがありましたから。（中略）やっぱり今までになかったタイプの青年でしたね。戦後アメリカがどっと入ってきたでしょう。ところが周りの日本人社会見たってそういうのは全然いなかったわけですよ。裕ちゃんにはそういう、ややアメリカ的な感じがあるでしょう。身長はあるしね。》（水の江滝子・阿部和江「みんな裕次郎が好きだった」一九九一年・文園社）

天性の勘により、水の江は『太陽の季節』の主演に裕次郎を推すが、スター中心主義の映画界では「素人学生に主役はできない」と日活首脳部に反対されてしまう。そこで、水の江は一計を案じた。裕次郎に「若者風俗の指南役にならないか」と声をかけたのだ。

水の江はプロデューサーとして『太陽の季節』クランクインに向け、準備を進めていた。その頃、まだ助監督だった中平康は自らのデビュー作に相応しいと考え、新藤兼人にシナリオを依頼するなど、この企画に積極的だったが、上層部は最終的に手堅い演出の古川卓巳を監督に指名した。古川は脚本も担当することになり、三月二十六日にクランクインすることとなった。

主人公・竜哉には長門裕之、ヒロインの英子には南田洋子。長門は『無法松の一生』（一九四三年）など、戦時中から名子役として活躍してきた芸歴の長い若手で、昭和二十九年に日活へ入社。古川卓巳の『七つボタン』（一九五五年）に抜擢されて初主演。この時は浅丘ルリ子との『愛情』（堀池清）の軽井沢ロケから呼び出されて、山崎所長から「アキオ、おまえ『太陽の季節』の主役や」と命ぜられた。自分には「ああいうチンピラみたいなキャラクター」は持ち合わせないから断ろうと思ったけど、所長命令だから従ったと、後に回想している。

そこで南田洋子の部屋に挨拶に行くと「あなたミスキャストよね」と言われたとか。南田は大映で『十代の性典』（一九五三年・島耕二）に出演したことから「性典女優」と有り難くないニックネームで呼ばれていたが、前年、日活に移籍してきたばかり。雑誌インタビューなどでは、アンモラルな主人公の行動について、否定的に答えているのが興味深い。長門と南田は本作での共演がきっかけでゴールイン、おしどり夫婦となったのはご存知の通り。

古川監督によるシナリオは、センセーショナルな原作を、当時の映画状況にあわせて脚色。原作にある「勃起した性器を障子に突き立てる」ショッキングなシーンはさすがに登場しないが、当時としては衝撃的な場面に仕上がっている。

ラスト直前、電話で、英子の訃報を聞いた竜哉が、麻雀仲間に「明日、なに着ていこうかな」とつぶやくショット。葬儀場面もシナリオでは英子宅という設定だったが、撮影では屋外の寺に置き換えている。そのことで「あんたたちにゃ、何も分かりゃしないんだ！」と遺影に焼香を叩きつける衝撃的なシーンが際立っている。竜哉が歩く参道も、まるで試合前のボクサーの花道のように、索漠とした孤独が満ちている。

映画は五月十七日に公開され、大きな話題となったが、新聞各紙はこぞって批判をする事態となった。その波紋は意外なかたちで広がっていった。

昭和二十四年、映画界は、映画の社会への影響を考慮して「映画倫理規定」を制定し、この実施・管理のため「映画倫理規定管理委員会」を発足させていた。旧映倫と呼ばれる機関だが、あくまでも、業界内に設けられたもので、映画関係者だけから選ばれていたこともあって『太陽の季節』をはじめとする「太陽族映画」に対しては、その審査のありかたについて新聞各紙の批判するところとなり、文部省が規制のための法案を準備する事態に発展していくこととなる。

これに苦慮した映画界は、映倫委員を外部の有識者に委嘱し、映倫の運営を映画界から切り離すべく組織変更を行い、同年十二月、新たに「映画倫管理委員会」を発足。これが自主規制機関としての映倫となる。

しかし、だからこそ「太陽族映画」のヒットは、企画にあぐねていた映画界にとっては、最高の題材となり、大映は慎太郎原作の『処刑の部屋』（六月二十八日公開・市川崑）を映画化。日活はすぐに『狂った果実』（七月十二日）をクランクイン。東宝も慎太郎主演で『日蝕の夏』（九月二十六日・堀川弘通）映画化に向けて始動しはじめる。映画界にも「太陽族映画の季節」が訪れ、街には慎太郎刈りの若者が闊歩し、湘南に集まる若者たちが「太陽族」と呼ばれるようになった。

ともあれ『太陽の季節』は、原作・映画ともに「戦後という時代」の象徴となってゆく。新たな時代が始まったのである。

ファインダーの向こうに、阪妻がいる！

さて話は少しさかのぼる。裕次郎が、日活撮影所を訪れたのはクランクイン二日後の三月二十八日、この作品のための「当世若者言葉の指南役」であり「髪形モデル」として、だった。その数日前、裕次郎は主人公・竜哉役の長門裕之宅を訪ねている。

長門の父は沢村國太郎、母はマキノ智子、祖父は「日本映画の父」と呼ばれた牧野省三監督。昭和十五（一九四〇）年には、子役として叔父・マキノ正博監督の『続清水港』に出演。沢村アキヲの名前で、映画史上に残る伊丹万作脚本、稲垣浩監督の『無法松の一生』（一九四三年）などに出演していた。昭和二十九（一九五四）年に長門裕之と改名、昭和三十（一九五五）年に日活に入社していた。

先輩とはいえ、同じ昭和九年生まれで、裕次郎とはすぐに意気投合、終生の友となる。その時、長門宅で裕次郎は、やはり生涯の友となる男と出会った。長門の着るスーツの採寸に来ていた、出入りのテーラーに勤める遠藤千寿だった。

手際よく採寸する遠藤に、裕次郎は「俺も作ろうかな。月賦でいい？」と気さくに声をかけた。裕次郎は身長一八〇センチ、胴回り七一センチ、股下八四センチ。のちに日活は身長一八三センチ、胴回り七一センチ、股下九〇センチと公称するが、それほど日本人離れしていた体型だったのだ。さて、裕次郎はその場で二着のスーツを注文した。《三十一年間にわたる、石原さんとのおつきあいの始まりでした。最初の二着は月賦払いでしたが、すぐに主演者となって、定期的に洋服を注文してくださるようになり、日活撮影所にも呼ばれるようになりました。》（遠藤千寿インタビュー・二〇一七年十月二十五日）。

昭和十（一九三五）年生まれの遠藤は、それが縁で、プライベートのみならず、裕次郎が映画で着る衣裳も担当することとなる。数々のレコードジャケットの衣裳や、テレビ「太陽にほえろ！」「大都会」「西部警察」シリーズのスーツも遠藤の手になるものである。ヴィジュアルでの裕次郎のイメージは、遠藤の衣裳によるところも大きい。

ちなみに、四十代からの裕次郎が好んだ、大きめの襟のシャツは、襟高五センチ五ミリ（一般的なものは四センチ）だったという。格別、首が長いわけではないが、それが裕次郎のこだわりだったという。

さて、長門裕之宅を訪ねた数日後、昭和三十一年三月二十八日。裕次郎は初めて日活撮影所を訪れた。その日のことを宣伝部（当時）の小松俊一は、日記にこう記している。

《三月二十八日『太陽の季節』〈裕次郎　初来所〉原作者の弟、髪型〈慎太郎刈り〉モデルとして来社。名前はユウジロウ、ユウジロウのユウは長門裕之の裕、見上げるばかりの長身、ヤセ型、目つき鋭し。なれど、何故か人を惹きつける魅力あり、不可解な男……》（小松俊一「俺の裕次郎」・一九八九年・にっかつ出版）。

この「不可解な」という表現に、裕次郎がこれまでの映画界にはなかった「何か」を感じさせたことが分かる。その時すでに、映画『太陽の季節』への端役出演が決まっていた。その時古川監督によれば、水の江から「こういう子がいるんで会ってくれないか」と言われて、慎太郎に伴われて撮影所にやって来た裕次郎に初めて会った。《そうしたら立派な青年で、太陽族らしい雰囲気も感じられたんで慎太郎さんに相談して、映画に出てみないかと誘ったら出ましょうと、それであわてて脚本を書き直して、彼の出番をつくったんです。》（古川卓巳「日活１９５４－１９７１」ワイズ出版・二〇〇〇年）。

このように、裕次郎を発見させること。それが水の江の計略でもあった。水の江は、裕次郎に新世代のスターの大器を感じていた。脇役ながらもひときわ目立つのが、竜哉のグループにいる拳闘部の学生・伊豆役に抜擢された裕次郎の放つ存在感だった。

小松によると四月二日、夕方から、長門裕之、南田洋子、三島耕たちの宣伝スチールの撮影が行われた。小松が井本俊康スチールカメラマンと準備をしているところに、水の江滝子が「拳闘部員の役で出ることになったから」と裕次郎を連れてきた。水着姿の全員を並べて、ファインダーをのぞいていた井本が「小松ちゃんダメだ。主役が変わっちゃう」。なぜならば「裕次郎が目立ち過ぎるから」だという。そこで仕方なく、浜辺の流木に見立てた丸太から、出演者たちがラインナップされている構図でスチールを撮影した。

この日深夜十一時、撮影所を出発。翌、四月三日の朝五時にかけて、新橋のキャバレー「フロリダ」でロケーションが行われた。裕次郎の出番はなかったが「当世若者言葉の指南役」として参加。この日は、マスコミに撮影が公開された。現場取材で来た報知新聞は、四月四日付の芸能面のトップ記事に《真夜中のクランク・イン／いま話題の『太陽の季節』／おどる〈慎太郎刈〉／デビューが兄貴の原作／大喜びの裕次郎》の見出しが躍った。この記事には、《（映画には）慎太郎の出演（主演）叶わなかったが、拳闘部員役での出演をきっかけに、慶應法学部三年の裕次郎が「念願の日活専属俳優になる」》と書かれている。

地元葉山でのロケーションの手伝いには、裕次郎の隣家に住む、弟分の河内猛、のちの川地民夫も駆り出された。裕次郎の友人「かぎ家の謙ちゃん」こと山本謙一によると、劇中の「そりゃーないョ」は裕次郎の口癖だった。ヨットのシーンでは、裕次郎がスカーフを巻いて南田洋子の吹き替えをしたという。

ロケ現場を手伝う裕次郎の振る舞いを見ていたベテランキャメラマン・伊佐山三郎は、キャメラテストの際、水の江を呼んで「このファインダーの向こうに阪妻（阪東妻三郎）がいるよ」と囁いた。古川卓巳監督はじめ、撮影所のスタッフから、そのルックスと雰囲気を買われたことになる。

四月七日、国際スタジアム控え室のロケーションで、裕次郎は初めてキャメラの前に立った。ボクシング部の学生・伊豆の役だった。

《それで水の江さんに「途中だけどお前さん、学生役で出ないか」って言われて、兄貴が「そりゃ面白い。俺がシナリオにつけ加えるから、是非やれ」ということで、拳闘部員の一員として出たんですよ。もう半分ぐらい撮影済んでましたけど「クロース・アップ一回撮れ」って条件をつけた。そうしたら学校でハク、付くじゃねえか、と。》（石原裕次郎…そしてその仲間」、芳賀書店・一九八三年）。

当初、裕次郎を主演にしようと提案した、水の江滝子のプロデューサーとしての直感は正しかったのだ。

「日活五十年史」（一九六二年）によると、裕次郎は四月一日に日活へ入社している。クランクインの一週間後である。天性のプロデューサー・水の江は、正真正銘の「太陽族」である裕次郎を、来るべき時代の日活スターとして見いだしたのだ。わずか数シーンの出演にもかかわらず、まだ素人同然だった裕次郎の存在感は、映画人を驚かせた。その立ち振る舞いには、スターとしての資質が感じられる。伊佐山の言葉を聞いた、水の江のもくろみ通り、『太陽の季節』を観た観客は、石原裕次郎を発見することになる。

数シーンながら裕次郎のルックスと存在感は、圧倒的だった。井本俊康の「主役が変わっちゃう」は正しかったのだ。センセーショナルに描かれた無軌道な若者たちをマスコミは「太陽族」と命名。裕次郎の登場により、映画界も「もはや戦後ではない」と新たな時代に向けて急転回していく。

昭和三十一年度の年間映画配給収入ランキングでは、『太陽の季節』は一億八五六四万円で第七位を記録。ちなみに一位は、片岡千恵蔵、市川右太衛門の東映『任侠清水港』（松田定次）だった。

折からのブームに乗り、大映では石原慎太郎が雑誌「新潮」三月号に発表した「処刑の部屋」の映画化権を獲得。日活から大映に移籍した市川崑監督が「どうしても石原裕次郎で撮りたい」とラブコールがあり、裕次郎は大映の常務に会うことになった。その前に市川崑は、裕次郎にこんなアドバイスをした。

《映画というのは契約があるから、俳優はそれに縛られてしまう。だけど日活は。できたばっかりだから、非常にフリーなところがある。（中略）自分としてはキミで撮りたいけど、キミの将来を思えば日活のほうがいい。》（石原裕次郎・「口伝　我が人生の辞」・主婦と生活社）。

案の定、大映の常務は「新人は三年契約」と早速裕次郎を契約で縛ろうとした。慶應大学法学部法律学科に在籍していた裕次郎は、「法律では一年しか束縛できない。三年なんてのは違法だ」と突っぱねた。結局、川口浩が主演となった。ともあれ、戦後を代表するスター・石原裕次郎の俳優人生はここからスタートした。日活は裕次郎を新世代のスターにするべく、初主演作の企画を立ち上げることとなる。

『狂った果実』　七月十二日　中平康監督

狂熱の季節の到来

裕次郎の精悍なマスク、長身痩躯の堂々たるスタイルの風格は、伊佐山三郎が「阪妻がそこにいる」と言った通りだった。日活首脳部もそれを認めたところで、『太陽の季節』公開前に、日活は石原慎太郎の次回作の映画化権交渉を開始。まだ執筆前だったが、タイトルは「狂った果実」と聞いて、堀久作社長は即決したという。

そのとき、慎太郎は映画化の条件として、プロデューサーに水の江滝子を指名、主演には弟・裕次郎を推したという。水の江もまた、慎太郎に「裕ちゃん主演で映画を撮りたいから」と話をしていた。どちらが先に、ということは今となっては分からない。最初に「この子はいける」と思った水の江のプロデューサー感覚は間違いなかった。

慎太郎は「オール讀物」掲載小説を一晩で書き上げ、さっそくそれをシナリオ化した。当時のスタッフの証言によると、その清書は裕次郎がしたという。当初、兄・夏久は、三國連太郎で、裕次郎は弟・春次の予定だったが、三國の年齢が三十三歳ということもあって、裕次郎が兄を演じることとなった。

裕次郎は映画主演にあたって、ある条件を出した。それは、かねてからファンだった「北原三枝を相手役にすること」だった。

少年時代から裕次郎は、映画ファンでもあり、よく映画を観ていた。高校生の時に逗子に新しくできた映画館で松竹の『東京マダムと大阪夫人』（一九五三年・川島雄三）に出演していた北原三枝に注目した。

《映画で観た彼女は、そういう旧来のイメージとまったく違っていた。すごく新しい感覚の女性——僕の眼には、そう映った。》（石原裕次郎・「口伝　我が人生の辞」）

その時は、その女優の名前も知らず、それきり忘れてしまったという。

ところが、しばらくして日比谷の映画館で、裕次郎は松竹映画『君の名は　第二部』（大庭秀雄）を、「かぎ家の謙ちゃん」こと山本謙一たちと観て、アイヌの娘ユミを演じた、NDT（日劇ダンシングチーム）出身の北原三枝に夢中になった。

夢見心地で帰ってきた裕次郎は、隣家に住む弟分・河内猛（川地民夫）に「あのアイヌ娘を演った北原三枝のような女の子と結婚したいなぁ」と言った。それからすぐに、裕次郎は母・光子を逗子駅前の映画館に誘い『君の名は　第二部』を再び観たという。

北原三枝が松竹から日活に移籍しての第二作『月は上りぬ』（一九五五年・田中絹代）を、山本は二度も裕次郎に付き合わされたという。裕次郎が北原との共演を条件にしたのには、こうした背景があった。とにかく大ファンだったのだ。

もちろん日活はそれを快諾。監督には、水の江のプロデュースによるミステリー『狙われた男』（一九五六年・九月十一日）を完成させたばかりの中平康を抜擢、中平は助監督待遇のまま、第一作を撮り終えたところ。モダンでハイセンスなミステリーだったが、配役が地味だと公開日は決まっていなかった。しかし、社内試写で作品は評判だったこともあって、若い世代の新感覚をスクリーンに、という水の江の狙いは見事成功することになる。

ところが、難航したのが弟役のキャスティングだった、中平は第三期ニューフェースの小林旭を推した。慎太郎は大丸デパートの服職人をはじめ、さまざまな候補を探したが、あるとき、日活ホテルで、結婚式の後、会場から出てきた若者に目を留め、白羽の矢を立てた。

まだ少年といってもいい、その若者の素性を調べると、なんと沢村國太郎の次男、長門裕之の実弟・加藤雅彦だった。慎太郎自ら両親の説得にあたり、早稲田大学高等学院に通う加藤雅彦が出演することになった。芸名・津川雅彦は、このとき慎太郎が「太陽の季節」の主人公から命名したという。

津川発見については、丸ノ内日活で『太陽の季節』上映後、ロビーで水の江が観客を見送っていたら、その中のひとりが津川だったという説もある。ともあれ、ここから津川雅彦の長い俳優人生がスタートすることとなった。

昭和三十一年四月十四日、日活撮影所第四ステージで、裕次郎は北原と初めて逢った。北原はその日、新藤兼人監督の『流離の岸』の山口県萩でのロケを終えて帰京したばかり。その足で、水の江滝子の「今度、共演する新人で、石原慎太郎の弟に会ってよ」と言われ、ステージに向かったという。

もちろん初対面である。スタジオには岡田眞澄もいて、ちょうど昼の休憩を告げるブザーが鳴ったところで、スタジオからぞろぞろとスタッフや俳優たちが食堂へと向かいはじめていた。

その印象を石原まき子（北原三枝）は、事細かに記憶している。

《真っ白な背広を来た男の人が、太陽に向かってどんどん歩いていく。その時のことをよく覚えています。プラチナを粉にして、空から天使がキラキラを蒔いているような、太陽の光が燦々と、真っ白いスーツを着た裕さんの後ろ姿に注いでいるわけです。その姿が、印象的で、忘れられません。》（石原まき子インタビュー・二〇一三年一月）

五月二十九日、撮影所内のプールで北原とのスチール写真が撮影された。水着姿の二人が、キスを交わすショットは刺激的で「太陽族映画は公序良俗に反する」と、有識者が眉をしかめたのも無理はない。当時の日本映画界では、あまりにも大胆なショットだった。

《松竹大船の助監督時代から中平さんを知っているので、気心が知れているから、大丈夫という安心感があったんです。それから数日後に、宣伝スチールを撮ることになったんですけど、斎藤耕一さんがスチールマンだったんです。斎藤さんとは仲良しでしたし、耕ちゃんならいい画が撮れると思いました。でも、まずは（撮影所の）プールで水着の写真からだったんです。本当のことを言えば、抵抗はありました。ところが、この写真が大評判でした。色んな意味で新しかったんです。今、若い人たちが見ても「これいつの？」って抵抗ないんですよね。だから中平康さんとか、斎藤耕一さんは、優れた映像感覚の持ち主だったんですよね。先見の明があったんです。》（石原まき子インタビュー・二〇一二年一月五日）

そして六月四日、『狂った果実』はクランクインした。

美貌の人妻をめぐって兄弟が争うというセンセーショナルな内容、太陽族と呼ばれる若者たちの無軌道な行動。湘南で遊ぶブルジョワ若者のアンモラルな生態は、それまでの日本映画では描かれることのなかった生々しいものだった。

そうした斬新な素材を、わずか一ヶ月で撮影から完成まで仕上げたのは、中平康をはじめとする、助監督の蔵原惟繕たちスタッフの若いエネルギーあればこそ。

シナリオは、中平演出とは多少異なっている。まず、岡田眞澄が演じる沢フランクの抱える屈託を描くシーンがあった。映画でもフランクはアメリカ人の母と日本人の父が離婚。母は帰国してしまい、日本人の継母と折り合いが悪い事が示唆されている。ヴィラのパーティで、フランクが一人真っ暗な二階に上がり、そっとヴィラを抜け出す春次（津川雅彦）と恵梨（北原三枝）をみつめ、手にしたロケットの写真を観て「ママ」と呟くシーンが用意されていた。

アメリカ人の夫を持つ恵梨と春次、夏久（裕次郎）の三角関係を唯一知ることになるフランクの孤独。このロケットはシナリオには随所に登場し、夏久と恵梨が結ばれた際に夏久の手に残った恵梨の片方のイヤリングと共に、重要なアイテムとして用意されていた。こうした感情の動きをなるべく排除し、映像感覚のみで、中平は映画を完成。シナリオと完成作の比較は興味深い。

春次は恋をした女性・恵梨が人妻であることを知らない。夏久は、その欺瞞を暴こうと彼女を抱く。それは同時に、自らの欲望を満たすためだった。そこから仲の良い兄弟に亀裂が生じる。

一方、不幸な青春を過ごして来た恵梨は春次へのプラトニックな愛を貫こうと思いつつ、夏久との肉欲に溺れてゆく。

中平の演出は斬新かつ直裁的。プレスシートに「間接描写を避けて直接描写」を狙いたいと語っているように、夏久と恵梨のベッドシーンでの指先を唇で噛むショット、春次の手を恵梨が自ら胸に持って行く動きなど、随所に官能的な描写がみられる。今から六十三年前、これだけの描写は衝撃的だった。完成後、映倫から二カ所カットを命じられている。

わずか十七日という短い撮影期間で、中平をサポートしたのが助監督の蔵原惟繕である。クライマックスの空撮シーンは、クランクアップ前日の七月二日に、読売新聞社のヘリを借りて、蔵原たちが撮影したもの。蔵原は裕次郎について《既成の俳優さんとはぜんぜん違う時代を生きているという感覚、それが僕らを刺激したんですね。》と語っている。《あの海でのヨットのシーンにしても、ミッチェルという重厚長大なキャメラではもどかしくて撮れない。裕次郎という素材を肉薄して撮れないんです。当時、アリフレックスなんてなかったから、僕はアイモで撮ったわけです。》（蔵原惟繕・「日活1954―1974」・ワイズ出版・二〇〇〇年）

『狂った果実』は、「太陽族映画ブーム」のなか封切られ、有識者や教育委員会が青少年への影響を懸念。各地で条例による未成年者の観覧禁止、婦人団体による上映反対運動や、映画を観ただけで女学生が退学を勧告されるなどの騒動に発展した。ついに当時の文部大臣が「太陽族映画などを取り締まる方法として立法措置を考えている」と発言。それを受けて映倫が日活に「太陽族映画自粛」を申し入れ、中平康監督の次作、深井迪子原作『夏の嵐』（十月一日）では、宣伝コピーから「太陽族」が外されることとなる。

こうして、石原裕次郎は颯爽と銀幕に登場したのだ。

八月にはテイチクから「狂った果実」（作詞・石原慎太郎　作曲・佐藤勝）と「想い出」（作詞・清水みのる　作曲・寺部頼幸）で、レコードデビューを果たしている。

レコーディングは、六月二十六日、杉並区にあったテイチク堀之内スタジオで行われた。主題歌「狂った果実」は、映画音楽も手掛けた佐藤勝が作曲、作詞は石原慎太郎。劇中、パーティの場面で、裕次郎がウクレレ片手に唄う「想い出」は、ココナッツ・アイランダースのリーダー、寺部頼幸の曲をリニューアルしたもの。演奏はバッキー白片とアロハハワイアンズが担当した。以後、昭和五十年代までテイチクの中島賢二がディレクターとして裕次郎担当となる。

レコーディング当日、逗子でのロケーションを終えて、午後九時にスタジオに駆けつけ、そこで初めてメロディを聴いた裕次郎。初めてのことで、どうもうまくいかない。そこで「すみません。ビールをいただけませんか？」駆けつけ三杯ならぬ、三本の瓶ビールで一息入れて、無事吹き込みが終了。以来、裕次郎のレコーディング現場には、喉鳴らしのアルコールがマストアイテムとなった。

「狂った果実」のレコードは、八月にSP盤、九月に七インチ・グローリー盤（シングル前夜にあったフォーマット）で発売された。

《あの歌は難しいですけど、詞も好きだし、あの歌と映画が人生を変えたというか、僕の門出を奏でてくれた歌が『狂った果実』というわけです。生涯の僕のテーマ・ソング、音っていうのは時代が鮮明に出るんですが、いちばん強烈なのが『狂った果実』で、歌っていると走馬灯なんてもんじゃなくて、大スクリーンにいろいろなものが次々に出てくるという感じですね。》（『石原裕次郎…そしてその仲間』）

歌手としてのキャリアもここからスタートしたのである。ともあれ湘南サウンドはこの映画から誕生した。裕次郎の「狂った果実」に始まり、加山雄三、荒井由実、サザンオールスターズへと連なる湘南サウンドの系譜はこの曲がルーツといえる。

なお、『狂った果実』はフランスで「Passion Juvenile」として公開され、昭和三十三（一九五八）年五月発行の「カイエ・デュ・シネマ」八十三号でフランソワ・トリュフォーによって高く評価され、後のヌーヴェルバーグの作家へも大きな影響を与えたとされる。中平自身も昭和四十三（一九六八）年に、香港で『狂戀詩　Summer Heat』としてリメイクすることになる。

裕次郎の出現は、映画界を揺るがし、太陽族映画は大きな物議をかもしていた。一方では、巷には石原兄弟のヘアスタイルを真似た「慎太郎刈り」「裕次郎刈り」が流行し、それまでの映画スターにはなかった裕次郎の身近な存在感は、映画界に新しい息吹をもたらし、空前の映画ブームもあって、裕次郎はたちまち日活映画の顔になってゆく。

とはいえ、こんなエピソードもある。のちに『勝利者』『鷲と鷹』『嵐を呼ぶ男』（一九五七年）で、日活アクションの礎を作り、裕次郎のスクリーンイメージを決定づけた井上梅次監督が、昭和三十一年五月、次回作『火の鳥』（六月四日公開）で、ヒロインの月丘夢路の相手役をつとめる若手俳優を探していたときのこと。

水の江滝子は、井上に裕次郎を「発見」させようと、チーフ助監督の舛田利雄に相談した。井上と舛田が打ち合わせをしている時に、窓の下を偶然、裕次郎が歩いてきて、それを井上に見つけさせようと算段した。打ち合わせ通り、裕次郎が窓の下に歩いてきたタイミングで、舛田が「あれはどうです？」と持ちかけると、井上は言下に「ダメだ！　あんな柄の悪いの！」と却下した。

芦川いづみは第一印象をこう語る。

《あれはどこかの（テレビ）スタジオだったと思うんですが、私が、化粧前（ドレッサー）のところにいたら裕ちゃんがアロハシャツ来て、挨拶に来て下さったんですね。パッと見たその時の印象が、日焼けをしていて、髪の毛が裕次郎刈りというスタイルで、とても歯が真っ白で、大きくて、笑った顔がすごく印象に残って、「あ、すごい！」って思いました。とにかく、すごいって感じたんですけど、その後の違うものを感じたんですよね。》（芦川いづみインタビュー・二〇一〇年六月三十日）

バイプレイヤーとして大部屋にいた深江章喜が語る裕次郎との出会い。

《忘れもしません。あるとき、血気盛んな若い連中が「深江さん！　今食堂に、白のダスターコート着た、うすらでけぇ野郎がいるんですけど、俺たちに挨拶しねぇんですよ！」って。「どんな野郎だぁ!?」って見に行ったら、向こうもね「こいつはちょっと…」と思ったのか、俺には「おうっす！」なんて挨拶したんだよ。「なんだよ、挨拶するじゃねぇか！」って。それが（石原）裕次郎の第一印象。》（深江章喜インタビュー・二〇一二年十二月二十日）

おそらくこのダスターコートは、高校に入学してすぐ、裕次郎が父・潔にねだって買ってもらった高価なもの。裕次郎は終生、このコートを大切にしていた。

浅丘ルリ子は初めて裕次郎を見た日のことをこう語った。

《それはもうカッコいいの一言に尽きます。日活撮影所のわたしのお部屋は二階だったんですけど、ベランダに出ていたら、裕次郎さんが宣伝部と食堂の間の道に立っていたんです。足が長くて、しかも背が高い。とにかくカッコいい。それまでの二枚目俳優さんとは全然違う、というより俳優さんらしくないの。素敵な「良いところの坊ちゃん」というのが第一印象です。この人が石原裕次郎なのか！　と思いました。》（浅丘ルリ子インタビュー・二〇一四年三月八日）

『狂った果実』は大ヒット、裕次郎は一躍日本映画界の寵児となるが、裕次郎自身には不満が溜まっていた。これだけ日活に貢献しているのに、ギャラは思うように上がらず「映画なんて、俺は合わねぇ商売だ」と思っていた。

その頃、石原慎太郎は、東宝の嘱託だったこともあり、東宝の製作担当重役・藤本真澄が「ならば東宝へ連れてきたら」と、慎太郎に進言したという。それを聞いた裕次郎は、東宝への移籍を快諾したが、それを新聞社が記事にしたために、日活が抗議をすることに。結局、日活は裕次郎のギャラをアップすることでことなきを得たが、藤本真澄は二度も、裕次郎を釣り落としたことになる。

テレビ「ひこばえショー　銀座の夜は生きている」（NTV）

『狂った果実』公開前、裕次郎は初めてテレビ出演をしている。「明星」連載の宮本幹也の小説「青い怒涛」の日活映画化に先立って、KR（TBS）テレビが、山口純一郎の脚色で連続ドラマ化。安井昌二、芦川いづみ、桂典子、多摩桂子、小田切みきなどの日活俳優を貸し出した。日活としても「前宣伝になり、女優も顔が売れる」という理由のいわばメディアミックスによるタイアップだった。四月六日にスタートした全十三回の連続ドラマ「青い怒涛」は、もちろん生放送。裕次郎も酒場の客として「このウイスキーいかすじゃねえか」と特別出演したとの記述が、昭和四十四年七月三十一日の読売新聞「テレビと共に　タレント繁盛記」第二十七回にある。

ちなみにこの番組で評判になった桂典子は、新珠三千代の実妹。映画版『青い怒涛』や『お転婆三人姉妹　踊る太陽』『勝利者』（一九五七年）などに出演。

日活では昭和二十九年三月、ニューフェースの若手が集まって、演技の研究目的でグループ「ひこばえ」を結成した。第一期ニューフェースの宍戸錠、牧真介、名和宏、第二期からは葉山良二、そのほか長門裕之、芦川いづみ、堀恭子、岡田眞澄、浅丘ルリ子、武藤章生たちが初期メンバー。演技研究や舞台挨拶など、バラエティショーの研究と俳優間の親睦がその目的だったと、宍戸錠が「シシド　小説・日活撮影所」（二〇〇一年・新潮社）に記している。

昭和三十一年八月二十九日から、日本テレビ「何でもやりまショー」（三國一朗司会）の枠で、グループ「ひこばえ」総出演の「ひこばえショー　銀座の夜は生きている」が生放送されることになった。八月二十七日に日活撮影所で台本が渡され、二十八日の夜にリハーサル。裕次郎もバーテンダーの役で出演、『狂った果実』の挿入歌「想い出」を唄っている。

　裕次郎の登場、太陽族映画ブームにより、日活撮影所で働く人々はその恩恵を被った。宣伝部（当時）の植松康郎によれば、給料の遅配が慢性的になっていたこの時期、まさに福音だったという。

《「今月の給料は、いつの（遅配）分だ？」なんて話していた時ですから『太陽の季節』のヒットはありがたかったです。でも太陽族映画へのバッシングは、もう大変なものでしたね。主婦連が大変問題にしまして、せっかくスターになった裕次郎を、健全な路線にしようとしたのが『乳母車』だったんです。》（植松康郎インタビュー・二〇一一年六月）

『乳母車』十一月十四日　田坂具隆監督

伸びやかさと屈託と

　太陽族映画だけでなく、巨匠・田坂具隆監督、石坂洋次郎原作の文芸作「乳母車」では、若いエネルギーで運命を切り拓いていくポジティブな「期待される青年像」をのびのびと演じ、その演技面でも注目を集めることとなった。昭和三十一年のモラルでは、「太陽族映画」は良識派の反発を受けたことも確かだった。そうしたなか、名匠・田坂具隆監督が裕次郎のためにと企画したのが、裕次郎としては三本目の映画出演となる『乳母車』（十一月十四日）だった。

　原作は雑誌「オール読物」連載の石坂洋次郎の明朗小説。石坂文学らしく、明朗な語り口のなかに、人間の持つ本質的な清濁と矛盾、それまでタブーとされてきたテーマが内包されている。本作の成功により、日活では青春スターを起用した石坂洋次郎原作の映画化作品が、一つのジャンルをなすことになる。

　八月八日の十五時から、日活撮影所でキャスト打ち合わせが行われた。田坂監督は裕次郎に「『狂った果実』では太陽族を大分誇張していたようだけど、今度は地でやってくれればいい」とサジェッションした。日活宣伝部（当時）の小松俊一の八月十一日の日記には《「狂った果実」で太陽族を演じ、好評を博した裕次郎、今度は〈まともな役だ〉と大喜び……。そうすると、彼は〈太陽族〉じゃないのかナ？》とある。

　サンケイ新聞の日高真也記者（のちに市川崑との共同ペンネーム・久里子亭としてシナリオ作家となる）の取材に答えて田坂監督は、俳優には「演技で現実を表現するもの」と、「現実を

〈地〉によって表現、演技へと成長していくもの」の二つのタイプに分かれるが、前者は芦川いづみ、後者は裕次郎だと語っている。演出でも、芦川には細かい演技を求めるが、裕次郎には気持ちだけを説明して、あとは自由にやらせている。「裕次郎は俳優になってはならないし、撮影所という雰囲気にスポイルされては折角の個性を殺してしまう」と、田坂監督は石原裕次郎の本質を見抜いていた。

撮影にあたって、裕次郎は田坂監督から「台本、持ってくるな。台詞憶えてくるな」と言われた。「自然なままでいい、前もって暗記しちゃ駄目だ。だけどいろいろな本は読みなさい」というアドバイスをいつも意識していた。以後、裕次郎は現場に台本を持ち込むことはほとんどなかった。

父親・桑原次郎（宇野重吉）の愛人の存在を知らされた女子大生・桑原ゆみ子（芦川いづみ）の揺れ動くこころ。自らの感情を押し殺し、夫の不貞に対し「見て見ぬふり」を決め込む母・桑原たま子（山根寿子）。物語は、平穏な家庭に訪れた、微妙な家族関係のバランスの変化から始まる。ゆみ子は、父親の愛人である相沢とも子（新珠三千代）の住む世田谷区奥沢を訪ねる。

東急自由が丘線の九品仏駅に降り立つゆみ子。自由が丘からほど近くの静かな住宅街は、戦前からの東京の匂いがする。ゆみ子を迎えたのは、とも子の弟・相沢宗雄（裕次郎）だった。愛人の弟と、姉を囲っている男の娘。対立すべき若い男女が、それぞれの姉と父の問題について、客観的にディスカッションを始める。

芦川は、この年、川島雄三監督の文芸作『風船』（二月十九日公開）で、障害を持ちながら健気に生きる娘を好演し、その演技を高く評価されたばかり。本作でも難しい役といえば、とも子を演じた新珠三千代も、ステレオタイプの愛人ではなく、ゆみ子の父・次郎を心から愛している健気な女性を魅力的に演じている。日活文芸作を支えた二人のヒロインの清楚な魅力は、見どころの一つとなっている。

一方の裕次郎は、田坂監督に「そのままでいい」と言われたというが、なるほど素顔を感じさせてくれて、実に生き生きとしている。

撮影中、キャメラの伊佐山三郎が、田坂監督に「（裕次郎は）大変な男だ。画面からはみ出ちゃう」と言ったことを、そばにいた宣伝部（当時）の小松俊一が聞いていたという。

赤ん坊の乳母車を置いたまま、九品仏の境内にある石の上で昼寝をする宗雄。ちょっとした感情から、その乳母車を連れ出すゆみ子。彼女が赤ん坊を抱き上げ思わず涙ぐむシーンと、行方不明になった赤ん坊を必死に探す宗雄の焦燥感。不幸を背負って産まれた赤ん坊に対する若い二人のそれぞれの思いが伝わる。

後半、次郎と別れ、自立を決意するとも子のもとに、登場人物が集まってディスカッションを繰り広げる。それぞれの立場の、それぞれの気持ち。石坂文学に通底するテーマがここで一気に噴出する。

芦川いづみが語る九品仏ロケの裕次郎。

《裕ちゃんが赤ちゃんをそばに置いて昼寝している。フッと気がつくと乳母車ごとなくて、裕ちゃんが走るシーンがあるんですけど、あそこは本当にほんとうに裕ちゃんの速度で走ったんですね。そしたらキャメラを乗せたレールが足りないというのが分かって、休憩にして、撮影所まで移動部さんがレールを取りに行ったんです。そして裕ちゃんが走る速度と範囲をスタッフでチェックして撮りました。そういった意味でも本当に裕ちゃんは、映画界の掟や慣習をさりげなく変えられた方だなと思いました。今観ても、裕ちゃん、すごいキラキラ輝いていますね。》（芦川いづみインタビュー・二〇一〇年六月三十日）

モノクロ、スタンダードの画面に広がる昭和三十年代初頭の街並み。世田谷の静かな住宅街。裕次郎がアルバイトをしている日本橋高島屋デパートの屋上に昇るアドバルーン。屋上には遊具施設があり、この時代の子供たちのアミューズメントだったことがビジュアルで分かる。

クライマックスの赤ちゃんコンクールは「1956森永赤ちゃん大会」とポスターにある。森永製菓本社ビルで行われる赤ちゃん大会に、一日だけの両親として宗雄とゆみ子、そして赤ん坊・まり子（森教子）が参加する。このシーンの微笑ましさ。「もはや戦後ではない」と経済白書にうたわれた昭和三十一年のニッポンの空気が、こうしたシーンに溢れている。

育ちの良さも手伝って、裕次郎は「太陽族」の若者とは正反対の好青年ぶりを発揮。本作を機に、田坂監督と裕次郎のコンビは、『今日のいのち』（一九五七年）、『陽のあたる坂道』（一九五八年）、『若い川の流れ』（一九五九年）などの文芸作を年に一本のペースで発表。『乳母車』で描かれた戦後派青年の新しいモラルと青春の息吹は、製作再開以来のモットーだった「信用ある日活映画」のラインを守る事になる。

『地底の歌』十二月十二日　野口博志監督

アウトローの孤独

続く『地底の歌』では一転、裕次郎は、身体に刺青を入れ、任侠の世界に生きるアウトローに挑戦している。

原作は、終戦間もない昭和二十一（一九四六）年、「かういふ女」で第一回女流文学者賞を受賞した平林たい子が、朝日新聞に連載した「地底の歌」。この新聞小説は、やくざ社会を舞台に、古いタイプの侠客と戦後派のチンピラの相克を描いている。戦前、プロレタリア作家として活躍していた平林は、戦後は保守系となり転向文学の代表的作家となった。私小説的な題材が多かった作家で、戦時中に博徒と出会ったことで、任侠の世界に材をとって「黒札」「地底の歌」「殴られるあいつ」といった任侠小説を執筆するようになった。

「地底の歌」は、アプレゲールと呼ばれた女学生の眼を通して、縄張り争いに身体を張るやくざと、昔ながらの博徒の世界を描いたもの。監督の野口博志は、ミステリーや活劇を得意としたプログラムピクチャーの作家で、やくざ映画というジャンルがまだ誕生する以前の作品として観ると興味深い。

主人公・鶴田光雄は、江東一帯を牛耳る伊豆組の幹部で、昔ながらの任侠道に生きる侠客で、演じるは製作再開後の日活で活躍していた二枚目・名和宏。石原慎太郎によれば、『太陽の季節』映画化を持ちかけてきた日活に、裕次郎を俳優にと薦めたところ「名和宏と風貌が似ているから」という理由で、一度断られたというエピソードがある。その名和と裕次郎が初共演。

裕次郎は相対する十八歳の若きチンピラ「ダイヤモンドの冬」を堂々と演じている。首にスカーフを巻いた颯爽としたスタイルは、戦後派らしい雰囲気。

松竹で活躍後、昭和三十年代の日活アクションを支えていく二本柳寛が、組長・伊豆荘太を憎々しげに演じている。昔気質の鶴田に対し、伊豆は政界の黒幕・大山からの仕事の権利を貰うためなら何でもするという狡猾な男。その伊豆の娘・トキ子（美多川光子）は、大人の男としての鶴田に恋をしている。

映画は、当時の東京風景からはじまる。隅田川にかかる両国橋、丸い屋根が特長の国技館を望む光景。そして「国鉄錦糸町駅」が登場する。駅前には、江東楽天地を中心にした一大歓楽街があり、映画館、劇場、飲食店が軒を連ね、浅草と並ぶ繁華街として繁栄していた。キャメラは、総武線の錦糸町駅の北口から、江東楽天地を写し、やがて映画街を歩く三人の女学生を捉える。

伊豆トキ子、山田花子（香月美奈子）、市川松江（東谷暎子）が、興味本位で刺青師・腕文（瀬川路三郎）を訪ねると、そこにダイヤモンドの冬（裕次郎）が現れる。花子と冬はここで出会い、お互いを意識する。メロドラマ的な話法で、普通の女の子が転落していくプロセスが描かれてゆく。
ダイヤモンドの冬の姉・岩田辰子には、イカサマ賭博師の夫・おかる八（菅井一郎）がいるが、鶴田は辰子に心を寄せる。ダイヤモンドの冬は、鶴田の伊豆組と敵対する吉田一家の若い衆で、対立の構図も鮮やかだ。しかも鶴田の子分・びっくり鉄（高品格）が小遣い銭欲しさに、花子を京成成田駅まで呼び出して美人局《つつもたせ》を試み、花子を女衒に売り飛ばす。この映画のやくざたちは、ことごとく任侠道を逸脱して、鶴田と辰子、そしてダイヤモンドの冬の運命が狂い始める……。

八木保太郎の脚本は、複雑な人間関係を見事にさばいて、適度な刺激とウエットさを絶妙の按配で、最後まで飽きさせない。映画が始まって間もなく画面に大写しにされる掛け軸。「しきしまの 大和男の行く道は 赤き着物か 白き着物か」の句は、本作のテーマでもあり、やくざの行く末を暗示している。同時に転落していったはずの花子が、ラストに意外な形で登場する。そのアイロニーこそ、平林たい子の原作の真骨頂である。

ここでは、裕次郎は本格的には唄わないが、劇中、ダイヤモンドの冬が「籠の鳥」（作詞・千野かほる　作曲・鳥取春陽）を口ずさむシーンがある。

『地底の歌』から七年後、任侠映画元年となる昭和三十八（一九六三）年、鈴木清順監督によるリメイク『関東無宿』が作られることになる。鶴田（リメイクではカクタと呼んでいる）を小林旭、ダイヤモンドの冬を平田大三郎、花子を中原早苗が演じている。今ではポップでキッチュな任侠映画として認知されているが、実はオリジナルの八木保太郎脚本を使用。清順監督によると、師匠・野口博志監督に敬意を表しそのまま使ったのだという。裕次郎版と見比べるのも一興だろう。

『月蝕』十二月十九日　井上梅次監督

若きボクサーの肉体

『地底の歌』から一週間後の十二月十九日に公開された『月蝕』は、後に石原裕次郎をスターダムに牽引する大きな役割を果たした、井上梅次監督作品。井上は、慶應義塾大学経済学部卒業後の昭和二十二（一九四七）年、新東宝に入社。単なる職業助監督ではなく、シナリオも書ける演出家を目指して、助監督仲間とシナリオ同人活動もしていた。その時の後輩にあたるのが、後に裕次郎映画を最多の二十五作品を撮ることになる舛田利雄。入社後わずか五年で『恋の応援団長』（一九五二年・新東宝）で監督デビューをした井上が、再開日活に移籍したすぐ後、井上組の助監督だった舛田も日活に入社している。

移籍後の井上監督は、フランキー堺主演のコメディ『猿飛佐助』（一九五五年）、浅丘ルリ子を見いだした日活初のカラー作品『緑はるかに』（同）、オー・ヘンリーの短篇を思わせる『三つの顔』（同）、江利チエミ主演のミュージカル『裏町のお転婆娘』（一九五六年）、そして江戸川乱歩のミステリー『死の十字路』（一九五六年）と、そのジャンルも多岐にわたり、娯楽映画のエースとして大活躍をしていた。

また、舛田利雄が井上作品のチーフ助監督として、プログラムピクチャーを支えていたのが、ちょうどこの頃だった。『月蝕』は、石原裕次郎と井上監督の初めての顔合わせということでも記念碑的な作品。

前述のように、水の江滝子が舛田と一計を案じて、井上に裕次郎を発見させようとしたが、井上が却下したことで実現しなかった。それから半年、ようやく裕次郎が井上作品に出演したのが『月蝕』だった。原作・石原慎太郎、監督・井上梅次の組み合わせという、当時の日活としては、最高の布陣で作られた。しかも「太陽族」映画ではなく、男と女をめぐるミステリアスなドラマ、フィルムノワールのようなテイスト。井上と共に舛田がシナリオを手掛けている。

どこか日本映画ばなれしているが、それこそ井上が目指したモダンな世界でもある。ナイトクラブのバンドマスター、ジャーナリスト、若きボクサー、成熟した大人の興行師……。謎めいたヒロインをめぐる、男たちの欲望と嫉妬。そして男性遍歴を重ねる奔放なヒロインにまつわる哀しい過去。ハリウッドの美女、リタ・ヘイワースが主演した『ギルダ』（一九四六年・チャールズ・ヴィダー）のような「運命の女」を描いた大人の物語を目指している。

「運命の女＝ファムファタール」的なヒロイン・池上綾子に、後に井上夫人となる月丘夢路。彼女の魔性の奥にある孤独を、自身の過去のトラウマと重ね合わせる主人公のバンドマスター・田所和馬に、日活のトップスター、三橋達也。裕次郎は、その綾子に夢中の若きボクサー・松木を演じている。脇役ながら、裕次郎の若い肉体がスクリーンいっぱいにはじける。

『太陽の季節』でボクシング部の学生としてスクリーン・デビューをした裕次郎は、この後、井上監督の『勝利者』（一九五七年）でも若きボクサーを演じ、蔵原惟繕の『俺は待ってるぜ』（同年）ではかつてボクサーだった男の屈託を演じていくことになる。

綾子をめぐる男たちの様々なドラマが展開していく。フィリピンに強制送還されてしまうバンマス・レオ（岡田眞澄）、ブラック・ジャーナリストの武井（金子信雄）、そして松木のスポンサーで闇社会に通じている興行師の高崎（安部徹）。それぞれが綾子のヴァンプな魅力に翻弄されていく様は、良い意味で日本映画ばなれしたムードに溢れている。

構成もハリウッド的で、ナイトクラブ「バリハイ」で、綾子が射殺されているところから始まり、物語は和馬の回想で展開していく。「バリハイ」の外景は、横浜にあったナイトクラブ「ブルースカイ」で撮影されている。『狂った果実』はじめ、日活映画ではおなじみのスポットで、裕次郎たちが撮影後に足しげく通った店である。もちろん、内装は日活撮影所のセットだが、これを観ていると当時のナイトクラブ文化が分かる。数多くの日活映画を支えた美術の松山崇のセットもみどころのひとつ。

また、天本英世や桐野洋雄といった、後に東宝映画で活躍するバイプレイヤーがバンドマンとして出演しているのも興味深い。

この映画でのナイトクラブをめぐる大人の世界のイメージは、のちの日活アクションにおける、悪の巣窟としてのナイトクラブやキャバレーへと発展していく。『月蝕』は、井上梅次監督らしいケレン味、少し背伸びをしたハリウッド映画的世界、そして日活アクションのモチーフとなる主人公の過去の屈託……。この時期の日活映画の水準の高さを感じさせてくれる一本となった。

戦火に散った青春

『人間魚雷出撃す』十二月二十七日・古川卓巳監督

映画デビューの年、裕次郎の出演作品は、太陽族映画、文芸作品、やくざ映画、メロドラマと多岐に、実にバラエティに富んでおり、日活が裕次郎の俳優としての可能性を探っていたことが分かる。そして、裕次郎にとって初の戦争映画が『人間魚雷出撃す』である。

太平洋戦争末期、日本海軍は人間魚雷を敵艦攻撃のための特攻兵器として使用。多くの若い命が無残にも散って行った。もともと人間魚雷とは、特攻兵器として開発されたものでなく、先端部分に搭載された爆薬を切り離して使用するもので、各国の海軍が装備していた。爆薬には時限信管が設置されており、その爆薬を目標の艦底に取り付け、安全な場所へ離脱後に起爆させる目的で開発された兵器。それが必死の特攻兵器として使用されるようになったのは、敗色が濃厚となった頃だった。

映画の前半、内藤武敏扮する海軍参謀が、回天特別攻撃隊を前に、特攻のための精神論を展開する。「スクリューが回らなかったら、手で回して、突っ込め」と。この言葉は特攻攻撃の非人間性を象徴している。

山口県の「周南市回天記念館」には、実際の人間魚雷「回天」が展示されている。「回天」とは「天を回し、戦局を逆転させる」という意味。ベースとなった九三式魚雷は、酸素魚雷と言われ、航続距離も長く高性能を誇るものだったが、その中央部に搭乗員のための操縦室を取り付けたのが「回天」。ちなみに全長一四・七五メートル、重量八・三トン、最高速力三〇ノット（時速五六キロ）、搭乗員は一名。伊号潜水艦に最大六基まで搭載することが可能だった。

この人間魚雷をテーマにした映画やドラマは、数多く作られてきた。昭和三十（一九五五）年には、新東宝が回天特別攻撃隊員の手記を映画化した『人間魚雷回天』（宇津井健主演、松林宗恵監督）を発表。昭和三十一年には本作。昭和三十八（一九六三）年には、NHKが回天特別攻撃隊員のドラマ「魚住少尉命中」（中尾彬主演、吉田直哉演出）を放映、イタリア放送協会の国際番組コンクール・イタリア賞を受賞。さらに昭和四十三（一九六八）年には、東映が特攻攻撃を発案した中尉に鶴田浩二が扮した『人間魚雷　あゝ回天特別攻撃隊』（小沢茂弘監督）を発表。平成十八（二〇〇六）年には、横山秀夫原作の映画化『出口のない海』（市川海老蔵主演、佐々部清監督）が作られ、改めて「人間魚雷・回天」の悲劇が注目を集めた。

さて、本作が公開されたのは、昭和三十一年十二月二十七日。裕次郎が、反逆児である太陽族の若者とは対極にある、国家に殉じた軍人を演じることは、革新と保守の微妙なバランスを保つためでもあり、裕次郎が紛れもないスターになった証でもある。

この年、日活は『最後の戦斗機』（十月十七日・野口博志）で、特攻隊の悲劇をドラマチックに描く戦記物を発表。その第二弾として選ばれた題材が「人間魚雷」だった。『太陽の季節』や『逆光線』（八月十四日）など太陽族映画でこの年の映画界の話題をさらった古川卓巳監督だが、『七つボタン』（一九五五年）や、後には小林旭主演の戦争活劇『俺は地獄の部隊長』（一九六三年）など、戦争ものを得意とした監督でもある。

本作は、元潜水艦艦長・橋本以行の「伊号58帰投せり」、元軍医長・齋藤寛の「鉄の棺」、元回天搭乗員・横田実の「人間魚雷生還す」を基に、古川監督が自らシナリオ化。「あの時、太平洋で何があったのか？」をドラマチックに描く。伊五八に搭載された人間魚雷・回天の特攻搭乗員、柿田中尉（葉山良二）、黒崎中尉（裕次郎）、久波上曹（杉幸彦）、今西一曹（長門裕之）が、出撃を目前に故郷へ帰る。柿田中尉の許嫁・玲子（左幸子）とのひととき。黒崎中尉の妹・洋子（芦川いづみ）が両親を空襲で亡くしたことを兄に告げるシーンや、今西一曹が病床の弟（津川雅彦）と交わす最後の会話など、いくつもの「家族との別れ」が描かれる。こうした短いシーンの積み重ねは、それぞれが直面する「生と死」のドラマに、深い陰影を与えてゆく。

閉塞した空間で、死を前にした若者たちの心情。実写を巧みに織り込んだ緩急自在の演出で、クライマックスへと進む。撮影にあたっては、唯一現存していた当時の潜水艦を使用している。長身痩躯の石原裕次郎の健康的な肉体と自然な演技が、戦争で亡くなった若者の悲劇を際立たせる。悲劇のなかのカタルシスも含めて、「信用ある日活映画」のコピーで良質の文芸作を数多く発表していた日活ならではの、堂々たる戦争大作となっている。製作から六十三年余。この映画で提示されたテーマは今も色あせることはない。

なお、裕次郎は、同時公開の『若ノ花物語 土俵の鬼』（森永健次郎監督）で、ノンクレジットながら、入院中の若乃花を見舞う自身の役でカメオ出演している。

次々と映画への出演が続いた裕次郎。葉山の自宅から調布の日活撮影所に通うのは「大変だから」と、成城の水の江滝子宅の二階に下宿をすることになった。スチールマンだった斎藤耕一によれば、《「将来の金の卵を自分のところに置いとくというような、会社もそれを歓迎したしね」という理由だった。その頃から斎藤は撮影の仕事が終わると、裕次郎の下宿に入り浸りで「酒を飲んだり、映画の話をしたり》（水の江滝子・阿部和江・「みんな裕ちゃんが好きだった」）していた。

斎藤はこの頃、撮影所のスタッフと一緒にハワイアンバンドを結成、裕次郎もボーカルで参加して、俳優の誕生日パーティなどの余興を積極的に興じた。水の江宅には、北原三枝や斎藤、若い俳優たち、裏方のスタッフが集まり、連日、楽しく過ごしていた。

五月十七日、文化放送「太陽の季節をめぐって」に長門裕之・南田洋子と共に、初めてラジオ出演をした裕次郎。

十二月二十四日には、文化放送でクリスマス特別番組「七面鳥の贈り物」の語り手の一人として、朗読に初挑戦した。

大晦日、裕次郎はラジオ東京とKRテレビで同時生放送の「一九五六年オールスター歌合戦」に出演。勝新太郎、美空ひばり、島倉千代子、森繁久彌たち並みいるスターと共演した。浅草国際劇場のステージから、「狂った果実」とペリー・コモが唄ってヒットした「バラの刺青」を唄った。

第二章　日活アクション時代の幕開け
――昭和三十二（一九五七）年

前年末、『月蝕』を仕上げた井上梅次の元に、日活常務・江守清樹郎から《裕、大きく化けるかもしれん、スターがたらんのだ、ルリ子を育てた君だ、当る男に仕上げてくれ》と葉書が届いた。その井上が正月映画を任された。裕次郎も出演する、井上お得意のミュージカル作品だった。

この頃、黄金時代を迎えていたとはいえ、映画界ではテレビの普及や、レジャーの多様化にともない、その対策に頭を悩ませていた。邦画各社にとって、色彩映画と大型映画の確立が急務となっていた。

日活では、小西六が開発したコニカラー・システムを採用。画像を赤・青・黄の三原色に分解して、色ごとに乳剤を塗って現像するプロセスを三回繰り返すという方式。三色分解ネガに撮影できるコニカラー・カメラを使用して撮影されたのが、日活初の総天然色映画『緑はるかに』（一九五五年・井上梅次）だった。そして昭和三十一（一九五六）年には、『東京バカ踊り』（吉村廉）、『ドラムと恋と夢』（同）、『隣の嫁』（堀池清）が作られ、裕次郎躍進の年となる昭和三十二年の正月映画『お転婆三人娘 踊る太陽』（井上梅次）はコニカラー第五作ということになる。

『お転婆三人姉妹　踊る太陽』　一月三日　井上梅次監督

総天然色のミュージカル

井上梅次監督が得意とした音楽入り喜劇で、いわゆる「ミュージカル大作」として鳴り物入りで製作された。戦後、アメリカによる占領政策の一つとして、映画によるデモクラシーの浸透を目的として、ＣＭＰＥ（セントラル・モーション・ピクチャー）を通じて、一九四〇年代に作られたハリウッドの西部劇やミュージカル映画が大量に公開された。

戦後間もなくは、こうしたミュージカルで唄われる歌曲や、ポピュラー音楽も含めて「ジャズ」と呼んでおり、次々と上映されるハリウッド製の音楽映画は、さまざまな影響を与えることとなった。戦後、空前と呼ばれたジャズ・ブームのなかから出て来た、フランキー堺やジョージ川口といったドラマー、ビクターオーケストラを率いていた作曲家の多《おおの》忠修《ただおき》……。そして井上梅次もまたその一人である。

井上は、昭和二十九（一九五四）年、新東宝で雪村いづみをフィーチャーした『東京シンデレラ娘』を演出。ＭＧＭミュージカルのような、ゴージャスな世界を目指し、ミュージカル・ナンバーの数々を見せ場に、フランキー堺たちの至芸をちりばめた独自の音楽映画のスタイルを創出、昭和二十年代のジャズ・ブームの立役者たちの貴重な記録映像となった。

その副題は「ジャズ・オン・パレード1954年」と銘打たれていた。その後、日活に移籍してからも、江利チエミを主演にした『ジャズ・オン・パレード1956年 裏町のお転婆娘』を演出しており、その間も井上は東宝系の宝塚映画で、江利チエミ、雪村いづみ、寿美花代の『ジャズ娘乾杯』(一九五五年)を発表、年に一回「ジャズ・オン・パレード」シリーズを発表していた。

この『お転婆三人姉妹 踊る太陽』のクライマックスのショウの名が「ジャズ・オン・パレード1957年」なのは、まぎれもなく井上自身の「年一回の恒例」というサインでもある。さて、本作のビデオ、DVDはモノクロ版だが、国立映画アーカイブには、日活が寄贈した可燃性原版が保管されている。公開時は総天然色(コニカラー)のカラフルな映像で上映された、音楽と笑いに溢れた夢のページェントだった。

井上は、昭和三十(一九五五)年、日活初のカラー大作音楽映画、浅丘ルリ子のデビュー作『緑はるかに』を手掛けていて、本作は「ジャズ・オン・パレード」シリーズ初のカラーということで鳴り物入りで製作がスタートした。

長女・城南大学三年生でジャズシンガーの春子(ペギー葉山)、次女・バレリーナを目指す夏子(芦川いづみ)、三女・おきゃんな女子高生・秋子(浅丘ルリ子)は、田園調布に住んでいるお転婆三人姉妹。

ミュージカル作曲家の父・滝信太郎(三橋達也)は既に亡くなっており、母・冬子(轟夕起子)は、洋装店を切り盛りしながら三人姉妹を女手で育てている。

彼女たちは明るく楽しく、唄って踊って、人生を謳歌している。音楽シーンを成立させるための物語設定は、黄金時代のハリウッドミュージカル的である。

姉妹にはそれぞれボーイフレンドがいる、春子には大学の同級生でバンド「ファイブジョーズ」のドラマー・公仁夫(フランキー堺)、夏子にはバレエダンサー・鉄夫(岡田眞澄)、秋子には近所の酒屋の息子・大助(裕次郎)。この三組の愛すべき関係と、母・冬子を秋子の学校の副校長・轟先生(安部徹)と結びつけようとする三人姉妹の奮戦が、明るい笑いで描かれている。

裕次郎はいささか照れ気味で、居心地が少し悪そうにも見える。しかし、そのはにかんだ表情が、観客にとっては親しみやすさとなり、ミュージカル映画でいう「ボーイ・ネクスト・ドア」、つまり隣のお兄さんのような身近さを感じさせてくれた。ファンが「裕ちゃん」と呼んだのも、この人懐っこさゆえだった。石原裕次郎からスターの概念が変わったと言われるのは、その点が大きかった。《胸にＬＯＶＥと書いた黄色い舞踏衣裳を着せられ、チータカタッタ、チータカタッタ。これにはまいった。ある人が「あの踊りは柔道をやってるみたいだ」と批評したそうだが、まったく最低だった。》（石原裕次郎「わが青春物語」）。

二月、裕次郎にとっては二枚目のレコードとなる「俺は待ってるぜ」がシングル盤とＳＰ盤でリリースされた。作詞は石崎正美、作曲は上原賢六、いずれも昭和三十年代の裕次郎の楽曲を手掛けていく作家となる。シングル盤では「狂った果実」、ＳＰ盤では原田美恵子「赤い灯の街角」が、それぞれのカップリングだった。

二月、裕次郎はテイチクと専属契約を結んだ。年間二十四曲以上吹き込むことを条件に、契約金二十万円、専属料は一ケ月一万円、印税は一曲あたり一円だった。

慶應大学に籍は置いてあるものの、多忙を極める裕次郎はほとんど授業に顔を出さなくなっていた。《四年で足踏みさせない学校で、二年間落第すると馘。最初は病欠ということで休学してたんだけど、映画館に行くと僕の看板が出ている（笑）。一年は留年できたんだけど。》（「石原裕次郎…そしてその仲間」）。学校に行く余裕が全くなくなり、「学生生活にそれほど未練はないから」と、三月に大学を中退したが、それが正しい選択だったのか？　裕次郎は悩むことになる。

チエミを照れながらエスコート

『ジャズ娘誕生』　四月三日　春原正久監督

続く『ジャズ娘誕生』もカラフルなミュージカル・コメディ。こちらも主演ではないが、コニカラーによる総天然色大作として製作された。長らくカラープリントが失われていたため、その色彩の美しさを体感することは出来なかったが、二〇一七年、国立映画アーカイブ（当時・東京国立近代美術館フィルムセンター）で、国産三原色カラーシステム「コニカラー」の可燃性原版を直接スキャンしたデータに修復を施して、当時のカラーを再現することに成功した。キャメラは大仕掛けで、姫田真佐久キャメラマンによれば、四人で担がないと移動もできなかったという、しかも相当のライトが必要で、現場は真夏のようだった。

さて『ジャズ娘誕生』は、昭和二十年代末のジャズ・ブームから誕生した少女歌手・江利チエミをフィーチャーした、歌あり、笑いあり、人情話ありの娯楽篇。監督の春原政久は、戦前の日活太秦、日活多摩川で活躍、『わたしがお嫁に行ったなら』（一九三五年）などの明朗作を得意とした。戦後は、大映や東映などで活躍、東宝名物となる「社長シリーズ」のルーツ的な『三等重役』（一九五二年・東宝）などを手掛け、再開日活に参加。『フランキーとブーチャンのあゝ軍艦旗』（一九五七年）などの喜劇を得意とした。

脚本には、昭和三十年代末のテレビアニメ草創期から「ジャングル大帝」や「サザエさん」で活躍する辻真先が参加。ベテランと若手のコラボは、この時期の日活らしい。

河井みどり（江利チエミ）は、大島の椿油の行商をしている女の子。幼い妹・ヒデ子（刈屋ヒデ子）と弟・デブチン（亀谷雅敬）の二人を連れて、お芳（丹下キヨ子）をリーダーとする、大島の椿油売り一行と共に、伊豆の宇佐見にやってくる。そこで出会うのが楽団ユニバーサルバンド一行。なかでも鼻持ちならない「太陽族」風の若者歌手の南条春夫（裕次郎）と最悪の出会いとなる。

このあたりは喜劇の常套だが、ここでみどりが唄う「わたしゃ大島油売り」はチエミのオリジナル曲。椿売りの女性が、春夫のことを「太陽族」と呼んだり、みどりが「慎太郎刈りの兄ちゃん」と呼んだりするのが微笑ましい。

みどりの妹・ヒデ子に扮した刈屋ヒデ子は、少女スターとして、日活映画で活躍し、『街燈』（一九五七年二月十三日公開・中平康）で扮した「靴磨きの少女」を再び演じ、得意のタップダンスを披露している。

ユニバーサルバンドがどさ回りをしている地方の劇場で、西部劇パロディのナンバーがあるが、そこでノンクレジットながら、ラジオ「日曜娯楽版」で活躍していた太宰久雄が出演している。「男はつらいよ」シリーズのタコ社長役で、後年知られることになる太宰の若き日の姿が見られる。また、日活映画でも活躍する歌手・西田佐知子が「西田佐智子」の芸名で、ユニバーサルバンドのメンバー・ユキとして出演している。

さて裕次郎は、チエミをエスコートするかたちで、いくつかのナンバーで踊ったり、デュエットしたりしているが、ソロナンバー「星は輝く」では魅惑の歌声とダンスを披露。少しはにかみながら踏むステップが印象的。江利チエミと裕次郎は、昭和三十七（一九六二）年の『銀座の恋の物語』（蔵原惟繕）で再び共演することとなる。

『勝利者』五月一日　井上梅次監督

自分を取り戻すための闘い！

ゴールデンウィーク公開のカラー超特作『勝利者』は「製作三周年記念作品」として鳴り物入りで製作された。

井上梅次監督は、『火の鳥』で、水の江滝子の仕組んだ、裕次郎起用を「あんな柄が悪いのはダメ」といったん見送り、ようやく『月蝕』（一九五六年）のボクサー役で裕次郎を起用、お得意の音楽映画『お転婆三人姉妹　踊る太陽』（一九五七年）では裕次郎に唄わせている。

井上によれば、こうしたテストを経て、裕次郎を主役クラスに抜擢したのが昭和三十二年のゴールデンウィーク大作『勝利者』だった。原作は一九五六年度芸術祭奨励賞を受賞したKRテレビ（東京放送・現在のTBS）のドラマで、キノ・トールと小野田勇の作。バレエダンサーとボクサー、そしてスポンサーというモチーフはテレビ版のまま。

井上が舛田利雄と脚色するに当たってイメージしたのは、マイケル・パウエルとエメリック・プレスバーガーのバレエ映画の佳作『赤い靴』（一九四八年）のクライマックスの創作バレエのシーンだという。

『太陽の季節』や『月蝕』でボクサーを演じてきた裕次郎にとっても、ここまで本格的なボクシング・シーンは『勝利者』が始めて。九十八分の上映時間の中に十数分のバレエと、ほぼ同じ分量のボクシングを盛り込みながら、三橋達也と南田洋子のドラマを主軸に展開させる手腕は、さすが娯楽映画の才人・井上の見事さ。

後半、夫馬俊太郎（裕次郎）と対戦することになる、敵対するジムのオーナー高岡信三（安部徹）が対戦ボクサーやセコンドたちと、夫馬の弱点をフィルムで徹底的に分析するシーンを挿入する心憎い演出。このシークエンスを経て、観客は俊太郎のボクサーとしての弱点を知ることになり、クライマックスの試合場面がよりリアルに迫ってくる。

しかも登場人物はすべて「敗北者」である。山城英吉（三橋達也）は数年前試合に敗れてボクサーを引退。宮川夏子（南田洋子）は婚約者である英吉の愛を求め続けている。そして白木マリ（北原三枝）も夢破れて田舎に帰ろうとするバレリーナ。俊太郎もまたプロに叩きのめされ、英吉のエゴに押しつぶされそうになっている。微妙に入れ違う恋愛感情。そうした要素をちりばめつつ、クライマックスのバレエとボクシングへ運ぶ。「映画のカタルシスとは何か」を理解している井上演出である。

また、英吉の口のシガレット・ホルダーを、夏子がそっと外して胸ポケットにしまう仕草のリフレインも、ラストへの巧みな伏線である。このディティールの積み重ねが、観客の感情移入を誘う。

しかも、後の日活アクションを構成する様々な要素の萌芽がある。ハングリー精神ではなく、ハクをつけるために道楽半分でボクシングをしている俊太郎が、プロに徹底的に叩きのめされて、血まみれになって口惜しさを味わう。自己否定された主人公が、相手を見返すためにボクサーになろうと決意をする。その行動原理は、この後日活アクションで、リフレインされてゆく。

さらにはスポンサーであり、兄貴と慕う英吉のエゴに反発した俊太郎が「俺は自分自身を取り戻すためにチャンピオンになる!」と宣言するクライマックス。他者により失われてしまったアイデンティティーを回復するために、主人公が立ち上がるというモチーフは、後の裕次郎映画や日活アクションでは重要な要素となる。

ボクシング映画が日活男性スターの登竜門となるというジンクスも本作から始まった。小林旭『俺は挑戦する』(一九五九年・松尾昭典)、赤木圭一郎『打倒』(一九六〇年・松尾昭典)、和田浩治『闘いつゞける男』(一九六一年・西河克己)と、日活ダイヤモンド・ラインの俳優はいずれもリングで戦うことになる。

クライマックスの創作バレエ「都会に憧れた白鳥の物語」(シナリオでは「赤いジャングル」)は近藤玲子バレエ団をフィーチャーして、MGMミュージカル『巴里のアメリカ人』(一九五一年)的なスペクタクルを目指している。そのバレエ団の一員として踊っていたのが松竹から来た松島恭子。彼女に本格的な女優にならないかと誘ったのが井上監督で、撮影後、北原三枝の役名である白木マリと命名したという。

偶然ではあるが、ここで後のダイヤモンド・ラインの二人の俳優が出演している。裕次郎が最初の試合で倒すボクサーが宍戸錠。後半、創作バレエの終幕で、裕次郎の隣の客席で拍手をしているのが、まだ十八歳の小林旭。この後、小林旭・宍戸錠は『錆びたナイフ』(一九五八年・舛田利雄)で裕次郎と共演。華やかなキャリアを拓いてゆくことになる。

正当派二枚目の三橋達也と不良の魅力をたたえた裕次郎の対比が、作品の幅を拡げ、そこに提示される「自分を取り戻すための闘い」というテーマは、後の日活アクションというジャンルに共通するテーマの萌芽となった。

井上監督によれば撮影中、裕次郎の映画俳優としての、それまでにない個性をはっきり摑んだ瞬間があったという。喫茶店で俊太郎がマリとランデブーをするシーンで、ウエイトレスが「何になさいますか?」と尋ねる。台本には「コーヒー」とあったが。現場でそれを「水」に変えてみた。ぶっきらぼうに「水！」と言い放つ裕次郎に、彼自身の自然な魅力を感じたという。《（裕次郎には）演技指導をするよりも、普段の彼の仕草を引き出したほうがいいと思ったんです。通俗芝居より、普段の裕ちゃんをスクリーンに出そう。そういう意味では全く新しいタイプのスターだったんです。》（井上梅次インタビュー・一九九五年九月）。

『ジャズ娘誕生』公開の四月には、「泣きはしないさ」（作詞・鹿倉ひろし　作曲・上原賢六）が「雨の港の並木道」（原田美恵子）とのカップリングでリリースされた（SP盤のみ）。いずれも映画主題歌ではなく、歌謡曲として吹き込まれたもの。

五月には、「青い月だよ」（作詞・阿美弘　作曲・倉若晴生）／「ひとりぼっちの青春」（作詞・大高ひさを　作曲・上条たけし）がSP盤、シングル盤ともにリリースされた。「ひとりぼっちの青春」は映画「俺は待ってるぜ」のなかでワンフレーズ唄われることになる。

『今日のいのち』六月二十六日　田坂具隆監督

文芸作での誠実な演技

日活が創業したのは大正元年（一九一二）のこと。戦前、大河内傳次郎、片岡千恵蔵、阪東妻三郎ら剣戟スターが活躍し、時代劇黄金時代を築いていた。しかし、昭和十七（一九四二）年、戦時体制下の企業統合によって、製作部門が大日本映画製作株式会社（大映）に吸収されてしまい、実質的に映画会社としての日活は消滅してしまった。

戦後になり、映画興行、配給業務は続けていたものの、戦後日活が映画製作を再開したのは、昭和二十九（一九五四）年になってから。東京郊外の調布に新建設された日活撮影所は、ハリウッドのMGMスタジオをしのぐ規模で、東洋一の名に相応しい設備を整えていた。再開間もなくのキャッチコピーは「信用ある日活映画」。文芸作品や、若手監督、そして独自のスターによる映画作りにより、昭和三十年代の戦後日本映画黄金時代を支えていくことになる。

製作再開作品は、昭和二十九年六月二十七日封切の『かくて夢あり』（千葉泰樹）と『国定忠治』（滝沢英輔）の二本立て。前者は東宝の藤本真澄の藤本プロ、後者は新国劇のユニット作品だった。それから三年、日活では若手監督が続々デビューを果たし、戦後最大のスター石原裕次郎を中心に、専属俳優の顔ぶれも充実していた。『今日のいのち』の冒頭にクレジットされている「日活製作再開三周年記念映画」には、そうした背景がある。

《美しい想いを胸に秘めて、汚濁の世相に強く生き抜く女心を描く、由起しげ子原作『今日のいのち』（読売新聞連載小説）の映画化で、日活製作再開三周年記念映画として銀幕に贈るものである》。これは、プレスシートの冒頭の文章。いかに鳴り物入りで作られたかが分かる。

　さて、この記念作の演出は、石坂洋次郎の文芸作『乳母車』（一九五六年）で、「太陽族」のイメージが強かった裕次郎の「好青年ぶり」を見事に引き出した、巨匠・田坂具隆監督。大正時代から日活で助監督をつとめ、昭和二（一九二六）年、日活大将軍（京都の撮影所）の『かぼちゃ騒動記』でデビューを果たした田坂は、『五人の斥候兵』（一九三八年・日活多摩川）や『路傍の石』（一九三八年・同）、『土と兵隊』（一九三九年・同）などエポックメイキングな作品で、戦前の日活作品を支えた。

　製作再開後は、年一作のペースで、良心的な文芸作を発表していた。左幸子がフレッシュに登場した由起しげ子原作の『女中っ子』（一九五五年）では、裕次郎の『乳母車』のように、文芸大作であると同時に、新人俳優をメインに、青春の痛みや苦しみ、屈託を持ちながらもポジティブに生きる姿を描いてきた。

　本作では『狂った果実』で、裕次郎の弟役でナイーブな感性を見事に演じた津川雅彦をフィーチャー。日活映画の最高のヒロインの一人である北原三枝を主演に、出生に影を持つ若い男女の恋と青春、そして厳しい現実を描く。何より豪華なのは、タイトルバックにズラリと並んだキャスト陣。北原三枝、津川雅彦、安井昌二、浅丘ルリ子、石原裕次郎といった若手、森雅之、山根寿子、金子信雄、織田政雄、高野由美たちベテラン陣が織りなすドラマが味わえる。

　この作品での裕次郎は、脇役ながら若手の有能な建築家・岩本岩次郎。原作には登場しないが、裕次郎のために田坂が用意したキャラクター。物語の後半に重要な役として登場する。裕次郎と北原三枝の黄金コンビのツーショットもタップリで、裕次郎ファンへの田坂監督のサービスであり、興行的な要請もあってのこと。さらに、ほんの一瞬だが、裕次郎と共に日活ダイヤモンド・ラインのスターとして、日活アクション黄金時代を牽引していく小林旭が、津川雅彦の学友・槙一郎として出演している。京都駅で北原三枝を乗せるため津川雅彦に自動車を貸す学生の役である。

　南方理子（北原三枝）は、医学部のインターンで、戦災で消失した父の病院の再建を夢見ている。理子は、幼なじみの京大生・鳥羽岳二（津川雅彦）の兄・吉成朝巳（安井昌二）の求婚を受け入れようとするが、理子に想いを寄せていた岳二は、彼女に反発する。

理子と岳二は、周囲の反対を押し切って、将来を約束する。しかし、理子の美しさゆえ、手を差し伸べる花屋京四郎（森雅之）や、精神病院を経営する滝川晋平（金子信雄）や、家柄を気にする岳二の養母・鳥羽紗智子（山根寿子）たちが、二人の将来に立ちはだかる。

出生にコンプレックスを持つ岳二の若い魂を受け止めようとする理子の魂の美しさ。傷つきやすい若い二人の心理の綾を、田坂監督は優しく見つめる。同時に、古い時代のモラルや旧弊を、若さと知性、戦後のリベラルなモラルで吹き飛ばそうとする、ヒロイン理子の生き方を提示する女性映画でもある。「信用ある日活映画」のキャッチコピーに相応しい文芸大作である。

また、伊佐山三郎のキャメラがとらえた、昭和三十二年の風景が素晴らしい。冒頭の国鉄常磐線・取手駅の旧駅舎、小林旭が登場する京都駅、京都市内の風景。琵琶湖畔、東京の街並み……。今は失われてしまった在りし日の光景が、モノクロの美しい映像で活写される。

失われたといえば、この映画の登場人物たちのモラルもまた、現在の感覚とはかけ離れている。若い魂が悩み、苦しむ様は、今から見ると大げさに感じられるが、これが昭和三十年代の日本人の感覚だったと、改めて味わう楽しさもある。

田坂監督は、翌昭和三十三年のゴールデンウィーク大作『陽のあたる坂道』で、再び裕次郎、北原三枝を起用、新人・川地民夫を育てていくことになる。

さて歌手・裕次郎としては六月に、イングリッド・バーグマン主演の20世紀フォックス映画『追想』の主題歌「アナスタジア」（作詞・大高ひさを　作曲・アルフレッド・ニューマン）を発売、カップリングは沢たまきの「さらばジャマイカ」（SP盤・シングル盤）。また歌手・満田よし子の「白樺の別れ」（作詞・池田充男　作曲・大久保徳二郎）のレコードに台詞を吹き込んでいる（SP盤）。

『幕末太陽傳』七月十四日　川島雄三監督
三枚目を際立たせる二枚目の高杉晋作

「三千世界の鴉を殺し　主と朝寝がしてみたい」で知られる幕末の志士、高杉晋作に扮した『幕末太陽傳』は、裕次郎にとって初の時代劇となった。

《時代劇とはいえ、近代的センスをもった人物なんだから、その点地でいけばいいのだが、やっぱりいろいろと約束事が多い。これにカツラに二本ざしというのは動きにくくてこまった。立ち廻りのとき間違って刀の柄で障子を突き破って、川島監督に「裕ちゃん、これは《太陽の季節》じゃないよ」といわれて、スタッフ一同と大笑いした。》（石原裕次郎「わが青春物語」）

異才・川島雄三監督には、唯一の裕次郎とのコラボにして落語映画の傑作だが、「裕次郎ありき」で成立した作品でもある。タイトルの『太陽傳』には、太陽族の申し子として時代の寵児となった裕次郎人気にあやかっている。

また、不世出のコメディアン、フランキー堺のベスト・パフォーマンスをフィルムに焼き付けたという一点でも、川島雄三監督の『幕末太陽傳』は喜劇映画史上に残る傑作となった。

落語の「居残り」をベースに、「品川心中」「三枚起請」「お見立て」などを巧みに盛り込んだシナリオの妙。石原裕次郎、そして小林旭、二谷英明らを「幕末太陽族」と見立てるセンス。まるで落語の主人公が抜け出してきたような、フランキー堺の抜群の動き。この映画の翌昭和三十三年に施行される売春防止法で消えてしまう遊郭の伝統への哀惜。イキをイキとした登場人物たちの狂騒曲のなかに垣間見える人情と風情……。戯作者・川島雄三の魅力のすべてが凝縮されている文字通りの傑作である。

労咳を患いながら佐平次は「首が飛んでも動いて見せまサァ」とうそぶくニヒリスト。死の影に怯えながら、すべてを洒落のめし、粋人として人生を駆け抜けた主人公・佐平次に、進行性筋萎縮症という病気を抱えながら、生き急いだ川島のイメージをダブらせる人も多い。

川島雄三は松竹出身で、コメディアン・清水金一主演の『シミキンのオオ！ 市民諸君』（一九四八年・松竹）のようなドタバタ喜劇や、『とんかつ大将』（一九五二年・同）などの風俗喜劇を手掛けていた。昭和三十（一九五五）年に日活に移籍。産児制限を風刺した喜劇『愛のお荷物』（一九五五年）や、風俗メロドラマの傑作『洲崎パラダイス 赤信号』（一九五六年）で確かな手腕を見せていた。多作で知られる川島は、日活では『愛のお荷物』からおよそ二年間で八本の作品を演出し、ちょうど『幕末太陽傳』が日活での九本目となった。

その川島の右腕となったのが、助監督時代の今村昌平と浦山桐郎。『幕末太陽傳』でも田中啓一（＝山内久）と共に脚本に参加。日活時代の川島作品がそれまでの軽妙なタッチに、するどい視点が加わったのも今村と浦山のサポートがあったからだろう。

川島が日活企画部と、この作品についての打ち合わせをしている時に同席した宣伝部の植松康郎は、川島が「フランス映画『北ホテル』（一九三八年）を下敷きに、落語の「居残り佐平次」と「品川心中」を基本に据えて」と話しているのを聞いた。植松がサジェッションしたことがきっかけで、宣伝担当になった。

さて本作は、品川遊郭を舞台に、古典落語でおなじみの「居残り佐平次」が、無銭飲食をして居残りを続け、口八丁手八丁、あの手この手で、騒動を次々収めてゆく、一瞬のピカレスクロマン。後に植木等が演じた「無責任男」の原型のようなキャラクターを、ジャズドラマー出身のフランキーが実に軽妙に演じている。

宙に舞う羽織をフワリと身に付けるその体技。「イノさん」と呼ばれ、便利屋的に遊郭をパタパタと駈けるスピード感。ポンポンと飛び出す歯切れの良い江戸言葉。そのテンポの良さはフランキーならではのリズム感であり、川島のシニカルな視点とマッチして希代の傑作となった。

佐平次は肺結核を患っており、療養と称して居残りを決め込んでいるのだが、どこか生き急いでいる。そのやけっぱちさがエネルギーとなるアイロニー。

「三枚起請」など落語の郭ネタなど、お馴染みの噺を盛り込んだシナリオの見事さ。さらに「幕末太陽族」ともいうべき裕次郎の高杉晋作、小林旭の久坂玄端など、激動の時代に生きる若者を登場させている。裕次郎のサムライ姿はなかなか決まっている。品川遊郭の相模屋で落語の登場人物と歴史上の人物を交錯させる。その戯作精神は、外国人の落とし種だがチャキチャキの品川っ子・若衆喜助（岡田眞澄）を登場させたり、「品川心中」のあばたの金ちゃん（小沢昭一）などの脇役たちにも目が行き届いている。

このスタイルは、後年、裕次郎が石原プロで、ジョージ秋山の漫画「浮浪雲」（一九七八年・ANB）を渡哲也主演でテレビドラマ化した時に踏襲している。

当時は死と隣り合わせの業病であった結核を患いながら、その転地療養を決め込んで「居残り」稼業を天職のようにこなす佐平次。フランキーのどこか醒めた表情は、後半になるにつれ狂気すら帯びてくる。ここからは落語の世界ではなく、川島雄三の世界である。

その咳も次第にひどくなり、狂騒曲から一転、画面全体にシンとした死の匂いが漂い始めるのが、最後のパートとなる「お見立て」のシークエンス。田舎のお大尽・杢兵衛（市村俊幸）に墓案内を頼まれた佐平次が、海蔵寺の墓石につまずきながら駆け抜けて行くのがラスト・カットとなるが、川島はさらなる展開を考えていた。

海蔵寺から街道に出た佐平次が、そのまま撮影所のステージから抜け出し、タイトルバックにも紹介された、現代の品川へと走り抜けるというアイデアだった。しかしリアリズムにこだわるキャストやスタッフは猛反対。その説得には、助監督・浦山桐郎から頼まれたフランキー自らがあたった。しかし小沢昭一は、川島のアイデアに賛同したと、ご本人から伺った。左平次が現代の北品川カフェー街にあらわれ、娼婦スタイルの左幸子や南田洋子、貸本屋主人・小沢が、唖然と見送る予定だったという。

この作品について、立川志らくと対話した時に「フランキー堺という二枚目とは言えないコメディアンで個性派の役者と、石原裕次郎というスターを対比させる。この映画は二人の勝負をさせているんだ」（二〇一八年十二月十七日）と話してくれた。カッコいい裕次郎と、カッコいいとは言えないフランキー堺が対峙しているうちに、次第にフランキーがカッコよく見えてくる。裕次郎がいなければ、フランキーの魅力が成り立たないという分析は、この作品の本質を突いている。

映画だけでなくレコードも毎月のようにリリースしていた。七月には「俺は渡り鳥」（作詞・吉田弘　作曲・上原賢六）／「逢えてよかった」（作詞・南沢純三　作曲・福島正二・SP盤・シングル盤）を発売。A面の「俺は渡り鳥」は、SP盤とシングル盤の歌詞が異なる。

八月には、北原三枝が台詞を入れた「何とか言えよ」（作詞・萩原四朗　作詞・久慈ひろし）／翌年に映画化される「錆びたナイフ」（作詞・萩原四朗　作曲・上原賢六）を発売。「錆びたナイフ」はSP盤とシングル盤（初版）ではテイクが異なっている。

『海の野郎ども』八月二十一日　新藤兼人監督
新藤兼人と裕次郎による海洋活劇

『海の野郎ども』は、独立プロで社会派作品を手掛けて来た新藤兼人を脚本・監督に迎えた異色海洋活劇。一ヶ月後の『鷲と鷹』（九月二十九日・井上梅次）が王道をゆく海洋活劇だけに、その相違がはっきりしている。

当時、製作宣伝が作成したプレスシートでの新藤監督の「演出の言葉」には、《これを書いた動機は、新聞には発表されませんでしたが、昨年十一月東京湾で外国船の荷揚げで、アジア・アラブ諸国の下級船員たちが、高級船員の不当な圧迫や、彼らの不正に対して、団結して戦うという事件があったんです。これにヒントを得た訳で、実話のドキュメンタリーと言えます》とある。

新藤の視点は、前述プレスシートの《港湾労働者の密輸事件が契機となって盛り上がる民族感情を中心に、圧迫民族とこれまで被圧迫民族だったものとの斗争を通じて、弱小民族の団結と友愛を描くわけです》という言葉に集約されている。

こうした社会的テーマを通底させつつ、観客の期待する胸のすく裕次郎のアクションをふんだんに見せていく。作家の映画であると同時に裕次郎映画、男騒ぎのするエンタテインメントでもあるのだ。他の日活アクションと異なるのは、作り手が主人公に託す「観念」を台詞ではなく、プロットと事件を通してパッショネイティブに描いていることである。

ここでの裕次郎や登場人物たちは、後の日活アクションのように饒舌ではなく、むしろ寡黙である。極力、説明的な台詞を排除し、その考えを口にすることはなく、物語の動きと、肉体の動きに終始している。

裕次郎が演じたのは、東京港に停泊した外国船に搭載された鉄屑を引き揚げる、鉄屑荷揚げ人夫を束ねる、荷役会社の小頭・千鳥松。白いTシャツにジーンズの裕次郎は、スラッとしてカッコいい。この裕次郎が、邦画史上初のジーンズの主人公という説もある。新しいスタイルだったのだ。

千鳥松は、むくつけき男たちを叱咤しながら、時間内に作業を終わらせなければならない。作業員たちは、鉄屑をくすねて故買しようと虎視眈々。ところが正義感溢れる千鳥松は、不正を許さない。

千鳥松の親方・菊浦（松本染升）は、監督（菅井一郎・安部徹）たちの厳命にしたがい、時間内に荷揚げすることだけを、千鳥松たちに課している。労使のスタンスを明確に見せ、同時に船長や白人の高級船員たちと、金で雇われたアラブ人の下級船員たちの対立をじわじわと描いていく。下級船員たちは、船長に反旗を翻して船のスチームを止める。そのサボタージュに対し、千鳥松は実力行使で立ち向かう。正邪ではなく、立場の闘い。これが前半の見せ場となる。

スチームを再稼働させるために、千鳥松はアラブ人の水夫長（ユセフ・トルコ）とアラブ人の船員A（ジェリー伊藤）らと闘う。しかも船長たちは下級船員の食事をストップさせる。それがきっかけで、船員たちの叛乱が始まる。

後半は、セルゲイ・エインゼンシュタイン監督の名作『戦艦ポチョムキン』（一九二五年・ソ連）や、近年再びベストセラーとなった小林多喜二のプロレタリア文学「蟹工船」（一九二九年）を思わせる社会派映画となる。千鳥松の相棒的存在の北（草薙幸二郎）と、インテリ崩れの男（安井昌二）のキャラクターが、男たちのドラマにさらなる陰影を与えている。

特筆すべきは、名手・宮島義勇によるドキュメンタリータッチの撮影。本作のリアリズムは、宮島のキャメラに支えられている。エキゾチックな伊福部昭の音楽も素晴らしい。アラブ人たちが船上で踊るシーンの旋律は、後の『キングコングの逆襲』（一九六七年・東宝・本多猪四郎）のメインテーマとして再び使われることになる。

撮影中、照明スタッフの関屋氏が事故で亡くなった。その葬儀で裕次郎は一人涙を流した。《オレがぐれたのはオヤジが死んだときからだった。関屋さんの子供をみているうちに、この子たちも、オレみたいにぐれなきゃいいが、と思ったらつい涙が出ちゃったんだ。》（娯楽よみうり・一九五八年一月十七日号）裕次郎の人柄がしのばれる。

本作のスチール撮影で、新藤監督がスチールマンの井本俊康に、裕次郎をローアングルで撮って欲しいと注文。井本は《船のマストを背景に入れ込んだアングルということですが、ただでさえ背が高いのに、ローアングルで撮ると脚の長さがことさら目立ちます。本社の宣伝部の人から「なんだ、これは。化け物の脚みたいじゃないか！」と怒られましたが、このスチールは非常に評判がよく、これ以降、使う使わないはともかく、裕ちゃんのローアングルの全身像は必ず撮影するようになりました。》（井本俊康「映画・裕次郎がいた」月刊イメージフォーラム・一九八七年十月増刊）と語っている。

ここから、裕次郎の宣伝スチールを、ローアングルから撮影することが通例となる。スチールマンの斎藤耕一は、二眼レフのキャメラを構えて、アオリ気味に撮影をした。この「脚を長く見せる演出」を本篇で行ったのは井上梅次監督。続く『鷲と鷹』の裕次郎のファーストカットだった。

裕次郎の海洋活劇

『鷲と鷹』九月二十九日　井上梅次監督

裕次郎を、戦後ニッポンを代表するスターに仕上げた立役者の一人が井上梅次監督。

前作『勝利者』の裕次郎はボクサーだが、ハングリーな努力家ではなく、ハクをつけるための趣味だと公言するような男。プロの選手に痛めつけられたために、その口惜しさからプロになっていく。裕次郎の「俺は自分を自分の手に取り戻すためにチャンピオンになる」というセリフに、後の日活アクションのテーマ「ヒーローの自己回復」が顕在化されている。井上と助監督の舛田利雄のシナリオによる『勝利者』は日活アクション・ヒーローの方向性を決定づけたという点でもエポックとなった。

さて、裕次郎がデビューして二年目に作られた『鷲と鷹』は、その『勝利者』を超える作品を目指して企画された、日活スコープ、イーストマンカラー超大作。プロデューサーの坂上静翁が『勝利者』をしのぐ「日本映画ばなれしたアクションもの」を探していたところ、井上監督からオリジナル『鷲と鷹』の話が持ち上がったという。

『鷲と鷹』の原案は、井上監督が昭和二十年代、新東宝の助監督時代に書いたもの。鶴田浩二が気に入って映画化に向け動いたこともあった。ミステリー、アクションともに、まさに日本映画ばなれした要素のシナリオだった。そのリライトを依頼された助監督の舛田が、自分流に換骨奪胎したものの、再び井上によってオリジナルに戻されたと、舛田監督から伺った。舞台となる貨物船は、撮影用にスタッフが探し回って、ようやく舞鶴で見つけたものだった。

さて、井上は裕次郎とスター三橋達也の共演が、『勝利者』の作品的成功をもたらしたと考えて、今回もオールスター・キャストで、三國連太郎、浅丘ルリ子、月丘夢路、長門裕之とトップスターによる華やかな作品を目指している。

裕次郎扮する野村千吉は『勝利者』同様、後のスクリーン・イメージの原型になっている。裕次郎の初登場シーン。長い足が画面を横切る。見上げる船員たち。「ひでえボロ船じゃねぇか！」。サングラスを外す裕次郎。身長一八三センチ、股下九〇センチ（公称）の裕次郎のプロポーションを活かした演出である。以後の作品でも裕次郎を脚から写すというのは常套となった。

船員として海洋丸に乗り込む千吉には、暗い過去がある。それがミステリーの中核をなすので、ここでは控えるが、裕次郎が過去を克服するために、現在の闘いを続ける、というパターンはここにも見られる。

千吉の過去を知る女・朱実役の月丘夢路がヴァンプ的な魅力をたたえ、同時に、現在の千吉に恋する可憐なヒロイン・明子として浅丘ルリ子を登場させている。その巧みさ。千吉と明子が甲板で抱きあっていると、朱実が散弾銃を持って現れる。その瞬間、大荒れになる海。朱実の嫉妬がアクションに転化されてゆく。井上流の映画術のうまさである。

主題歌「海の男は行く（鷲と鷹）」も極めて効果的に使われている。冒頭、口笛で流れてくるメロディを聞いて、船員が恐怖の表情で殺される。過去の犯罪にまつわる音楽だと提示される。船で裕次郎がウクレレでこの歌を明子に唄いかけるシーンでは、ゆっくりとフルコーラス唄う。その間、千吉は明子を口説いているのだ。そしてキスシーン。そのメロディを明子は父親の鮫川船長（二本柳寛）の前で口笛を吹く。恐怖の表情をする鮫川船長。彼と殺された船員の過去に関わる謎が主題歌に隠されているのだ。

井上梅次監督に、主題歌について伺ったことがある。

《「映画に歌はつきもの」と考えてましたから、冒険ですけど、裕次郎に唄わせようと試みました。それが『海の男は行く』。ウクレレ片手に歌いながら、父を殺した男の娘のルリ子を口説くシーンで、キザっぽい場面でしたが多忠修さんのメロディーに救われましたね。レコード会社に『海の男は行く』を持ちかけたら、ケンもホロロに断られてしまったんです。」（井上梅次「ニッポン映画戦後50年」朝日ソノラマ・一九九五年）

ハイティーンだった浅丘ルリ子の話。

《キャストがすごいんです。だって沢村國太郎さんでしょ、安部徹さん、西村晃さん、柳沢真一さん、クセのある人たちがいっぱい出ていて。本当に船で航海をして撮影をして、女性は月丘夢路さんと私しかいないんです。スクリプターさんは乗っていなくて、助監督さんがやっていらしたから。あれだけの人を仕切るのは（助監督だった）舛さんぐらいしかいないわね。とにかく全部男でしょ。私にはまだ、その時には誰も付いていなくて一人だったし、船に乗れる人数も決まっていたんで、付き人もいませんから、全部自分でやって、あ、でもヘアさん（結髪）はいました。船が揺れて、船酔いが心配だったんです。

裕ちゃんは二十三歳ですからね。キスシーンがあるのよね。裕ちゃんが「海の男は行く」を歌いながら「おあつらえ向きだぜ」なんて言って、私を引き寄せてキスをするの。》（浅丘ルリ子インタビュー・二〇一四年三月八日）。

長期ロケを敢行した洋上シーンも効果的で、夕景の美しさと、クライマックスのセットで暴風雨シーンのコントラストも抜群。セットとロケの判別ができないほど巧みである。なお、洋上ロケ中に、裕次郎がデッキチェアーに手を挟んで、右手薬指を負傷したものの、一部シナリオを変更して、撮影が続行された。東洋一といわれた日活最大のステージに作られたセットでの暴風雨スペクタクルの迫力は圧倒的。

本作がエポックであるもう一つの理由は、ヒーローの持つ孤独感にある。父の仇を前にした千吉が感じる空しさ。復讐だけを糧に生きてきた男が、その情念を失った時に味わう孤独感。これが裕次郎映画の重要なエレメントとなり、昭和三十年代後半から四十年代にかけての「ムード・アクション」の核となってゆく。

十月には、テイチクより「男の横丁」（作詞・猪又良　作曲・村沢良介）が、鶴美幸の「誰かとめて！」とのカップリングで発売（SP盤のみ）。シングル盤では「追想（リコール・ツー・マイ・メモリー）」（作詞・石原慎太郎　作曲・寺部頼幸）が、沢たまきの「PUM-PA-LUM」とのカップリングで発売された。

『俺は待ってるぜ』十月二十日　蔵原惟繕監督
日活アクションの方向性を決定づける

裕次郎は「狂った果実」と「想い出」でレコードデビューを果たし、その甘い歌声は、歌手としての大器を予感させた。この年、昭和三十二年、裕次郎はテイチクと専属契約を結び、「俺は待ってるぜ」（作詞・石崎正美　作詞作曲・上原賢六）をリリース。十万枚を超すヒットとなった。最終的に一九三万枚を記録している。「俺は待ってるぜ」は映画主題歌ではなく、歌手・裕次郎のために書き下ろされたオリジナル曲だったのだ。だから本作は、ヒット曲をモチーフにした歌謡映画でもある。

「唄う映画スター」として、裕次郎は次々とヒット曲を世に放ってゆくが、テイチクという会社のカラーと、裕次郎の甘い歌声は見事にマッチして、戦前から敗戦後にかけてディック・ミネが確立した「テイチク・サウンド」を、裕次郎が昭和三十年代に再び花開かせたのである。

昭和二十九年に製作再開した日活では、松竹や新東宝などから移籍してきた若いスタッフ中心の映画作りをしていた。裕次郎ブームで本流の文芸路線からアクション映画という支流が生まれ、日活の若手助監督が次々と監督デビューを果たしていた。

本作は当初、舛田利雄の監督デビュー作の予定だったが、『鷲と鷹』と重なり、松竹京都撮影所から移籍してきた蔵原惟繕の第一作となった。蔵原は後に『銀座の恋の物語』（一九六二年）で、脚本家の山田信夫と共に、裕次郎＝浅丘ルリ子のムード・アクション路線を萌芽させることになるが、ここでも映画全体のトーンとして、独特の「ムード」を漂わせている。

プレスシートには「弟・裕次郎のヒット曲をベースに、兄・石原慎太郎がシナリオを書き下ろしたサスペンス・ドラマ」とある。これまでの慎太郎原作同様、兄弟の物語である。ブラジルに移民した兄からの手紙を待ち続ける弟。彼には人殺しの過去がある。人に裏切られ続けてきた弟の、唯一の希望は兄の住む異国・ブラジルに行くこと。しかし、その夢は現実の前に崩れ去ってゆく。

主題歌の詞にある「霧」「波止場」「海を渡ってそれきり逢えぬ」「昔なじみ」などのキーワードを巧みにシナリオに転

化させることに成功。後の日活アクションのイメージを決定したエポックの一本である。また、エコーをかけた裕次郎の歌声が「ムード」を一層高めている。

　裕次郎が経営するレストラン「REEF《リーフ》」は、横浜税関のほど近く、貨物引き込み線操車場にある。外国航路の船員たちが集まるレストランというビジュアルは、後年の日活映画のムードの源泉でもある。

　日活アクションといえば港町。『霧笛が俺を呼んでいる』（一九六〇年・山崎徳次郎）や『赤いハンカチ』（一九六四年・舛田利雄）の横浜。『赤い波止場』（一九五八年・舛田利雄）や『紅の流れ星』（一九六六年・同）の神戸。『夕陽の丘』（一九六四年・松尾昭典）の函館など、港町を舞台にしたものが多い。霧笛や夜霧のフランス映画的なムードもさることながら、主人公が過去から逃れ、まだ見ぬ異国へ旅立ちたいという脱出願望を象徴する場所でもあった。

　エキゾチシズム溢れる港町は「海外からの入り口」であり、「海外への出口」でもある。この場合、異国は「自由の象徴」でもあるのだ。日活アクションが、若者たちを魅了し、共感を得たのは「ここではない何処かへ」という若者の想いを主人公に託し続けたことも大きい。

　裕次郎が、神戸で生まれ、小樽で幼少期を過ごし、逗子で青春時代を迎え、海を愛している男のイメージをまとっていたこと。蔵原惟繕がマレーシアのボルネオ島サラワク王国に生まれたボヘミアンであること。さまざまなエレメントが生み出した「ムード」なのである。

　日活撮影所から、横浜が近かったという地の利もあるが、本作から始まる日活アクションの伝統は、ヨコハマはアクションの舞台というイメージの源泉となり、のちの舘ひろしと柴田恭兵の「あぶない刑事」まで連綿と続くことになる。

　主人公・島木譲次（裕次郎）は横浜の港はずれで、ブラジルからの兄の便りを待ちわびている。巻頭、譲次は夜霧の埠頭で、自殺しようとしている冴子（北原三枝）を救う。彼女もまた過去のある女である。孤独な二人には言葉はいらない。オープニングの裕次郎と北原三枝の出会いのシーンはロマンスの萌芽としても素晴らしい演出となっている。

「兄弟の物語」だけに、敵側にも対照的な兄弟が登場する。譲次と兄（河合健二）、そしてキャバレー「地中海」のボス・柴田（二谷英明）とその弟（波多野憲）。弟は冴子に手を出そうとし、冴子はそこから裕次郎のもとに逃れてきたのだ。そして二谷と裕次郎の兄の関係が中盤に明らかになってゆく。

　兄の消息が不明となり、裕次郎が夢見たブラジルが遠のいていく。兄を探し続ける裕次郎に、なじみ客の老医師・内山

（小杉勇）が「兄さんを探すより自分を探せ」と言うシーンがある。その言葉がクライマックスの復讐劇を通じて、大きな意味を持ってくるのだ。

この「自分探し」こそ、裕次郎映画、日活アクションの「永遠のテーマ」でもある。ボクシングのチャンピオン出身でもある柴田を殴る譲次の怒りは、「自分自身を取り戻す闘い」へと昇華してゆく。しかし、すでに譲次のブラジルへの夢は断たれ、その喪失感がヒーローをさらなる孤独に導く。

クライマックス、二谷英明と裕次郎の殴り合いが延々続く。キャバレーのフロアから二階へ、さらにフロアに戻って闘いは続く。フロアに照明を仕込んで、それが不思議な陰影をつける。

石原慎太郎は脚本に《『これから残りの二十分の間、あらゆる知恵を絞っての、二人だけの格闘シーンが続く』とだけト書きし》、裕次郎と二人で見た『スポイラース』（一九四二年・米）でのジョン・ウェインとランドルフ・スコットの殴り合いの再現のように、《お前が実質演出してやってしまえと焚きつけておいた。》と「弟」に書いている。

蔵原監督によれば、このシーンは三日徹夜しても納得がいかず、夜明けのセットで途方に暮れていたら、裕次郎と録音の橋本文雄が後ろに立っていた。裕次郎は「監督、あと一日でも二日でもやりますよ。思う存分撮りたいものを撮ってください」と言って、セットを出て行ったという。結局、もう一晩かけて、この壮絶なファイト・シーンが完成した　段取りではない、ヒーローの「肉体」を映画のなかで出し切る。蔵原演出の原点でもあった。

ラストで悪は滅び、ヒーローがヒロインと結ばれることを暗示している。定石の展開に胸のすくアクション。素晴らしいのはそれだけではない。主人公の孤独感、空しさ。それを夜霧が包み、港町に霧笛が響きわたる。ラストに流れる主題歌の歌詞は、レコードにはない「幻の三番」である。

『俺は待ってるぜ』は、後の日活アクションを構成する重要な要素の萌芽が随所にちりばめられた佳作である。

本作で醸成されたヒーローの過去をめぐるドラマは、翌年の『錆びたナイフ』（一九五八年・舛田利雄）でさらなる発展を遂げ、『赤い波止場』で一つの完成をみる。このロマネスクのバリエーションは赤木圭一郎の『霧笛が俺を呼んでいる』（一九六〇年）や裕次郎の『赤いハンカチ』（一九六四年）など、傑作群を生み出してゆくことになる。そういう意味でも『俺は待ってるぜ』は、裕次郎のフィルモグラフィーでも、日活アクションにとっても重要なスタートを切った作品といえる。

十二月にはテイチクから、初のＬＰレコード（一〇インチ）「裕次郎と貴女の夜」（八曲収録）が発売された。流行歌としては初のオリジナルＬＰレコードとなった。「俺は待ってるぜ」「錆びたナイフ」「アナスタジア」などの合間に裕次郎の語り下ろしのセリフが入る。映画の撮影を終えて、リラックスした雰囲気で女性ファンに優しく語りかける口調は、映画スターなのに飾らない「裕ちゃん」のイメージを、さらに膨らませてくれる。以後、アルバムにはセリフが入りファンのお楽しみとなる。また、ＳＰ盤で「お前にゃ俺がついている」（作詞・大高ひさを　作曲・上条たけし）が、原田美恵子の「おぼえているかしら」とのカップリングで発売。

『嵐を呼ぶ男』十二月二十八日　井上梅次監督

タフガイの代表作

裕次郎と同時代のスターとなる立教大学の長嶋茂雄選手の巨人軍入団が決まったのが十一月二十日、『嵐を呼ぶ男』はその一ヶ月後の十二月二十八日に公開され、大ヒットとなり、昭和三十三年の正月映画の興行成績のトップを飾った。この『嵐を呼ぶ男』が大ヒットするなか、日活は石原裕次郎に「タフガイ」というニックネームを命名。のちの小林旭の「マイトガイ」、二谷英明の「ダンプガイ」、高橋英樹の「ナイスガイ」に先駆けるキャッチーなニックネームとなる。

さて、衝撃的なデビューから一年半、着実に上昇してきた裕次郎人気に一挙に火がついたのが、この『嵐を呼ぶ男』だった。原作・監督は『勝利者』『鷲と鷹』を手掛けてきた井上梅次。原作クレジットがあるのは、井上自らシナリオをノベライズして「小説サロン」に掲載したため。共作は青年座の座付き作家出身で、劇作家で作詞家でもある西島大。

『太陽の季節』で裕次郎を見い出し、『狂った果実』で主役に抜擢したプロデューサーの水の江滝子をスター裕次郎の生みの親とすれば、『勝利者』と『鷲と鷹』で裕次郎のヒーローとしての方向性を決定づけた井上は、育ての親となる。

企画はベテランプロデューサー・児井《こい》英生。自らの児井プロで、溝口健二の『西鶴一代女』（一九五二年・新東宝）、小津安二郎の『宗方姉妹』（一九五〇年・同）などを製作してきたパワフルな企画力と実現力を持っていた。この作品は、井上と児井が箱根の旅館に籠って、昭和三十三年の年頭を飾る裕次郎の正月映画企画を検討するところから始まった。そこで、井上は大胆にも「裕次郎でジャズ映画を作る」と提案した。

井上はそれまでも新東宝で、雪村いづみの『娘十六ジャズ祭』（一九五四年）や『東京シンデレラ娘』（同年）などのハリウッド・ミュージカル風のバラエティ映画を演出しており、この年の正月映画、裕次郎と音楽映画『お転婆三人姉妹・踊る太陽』（一九五七年）を作っていた。その経験とノウハウをふまえての「ジャズ映画」を提案したのである。

ジャズといっても、戦後しばらくはポピュラー音楽のことをすべて「ジャズ」と呼んでいた。いわゆる「ＪＡＺＺ」のメイン・ストリームとは明らかに違う。だからこそ、ドラマーの裕次郎が唄い出す発想も湧いてくるのだろう。奇をてらうようだが、「唄うドラマー」は裕次郎のアイコンとなったのだから、このアイデアは井上の勝利である。

ジャズバンド「シックス・ジョーカーズ」のマネージャー、福島美弥子（北原三枝）が、ドラマー志望の流しの青年・国分正一（裕次郎）を抜擢、スターに育て上げるという物語は、アメリカ映画志向の強い井上らしいプロット。ハリウッドの音楽映画ではおなじみのショウビジネスの楽屋裏を舞台にした、華やかなバックステージものを取り入れたことが、何より斬新だった。

井上によると、北原三枝のマネージャーと裕次郎のドラマーの関係は、昭和三十（一九五五）年に渡辺プロダクションを興したばかりの渡辺美佐と「シックス・ジョーズ」のベーシストだった渡辺晋の関係をモデルにしている。冒頭で、北原三枝と母・高野由美が業界用語を交わしながらタレントの貸し借りとギャラについて会話するシーンが印象的だが、これは美佐の母で芸能プロを率いていた曲直瀬花子とのやりとりを参考にしている。

この映画はある意味、昭和三十年代初頭の音楽業界を舞台にした業界ドラマでもあるのだ。

冒頭、ロカビリー歌手・平尾昌章（昌晃）が「銀座の夜は生きている」を唄う場面がある。作詞したのは気鋭の若手ジャズ評論家・大橋巨泉。それまでの日本映画では取り上げられる機会の少なかった芸能プロの裏話を巧みに織り込んだストーリーは、時代を切り取る風俗映画としても面白い。また金子信雄のジャズ評論家の左京のキャラクター造型も興味深い。

宿敵、チャーリー・桜田に扮しているのはジャズ・シンガーの笈田敏夫。裕次郎のドラムの吹き替えは白木秀雄、笈田の吹き替えは猪俣猛が担当。さらに裕次郎のドラム指導は、ジョージ川口が裕次郎宅で行った。このキャスティングは、主題歌を編曲したトロンボーン奏者・河辺公一（のちに浩市）によるもの。また、留置場でワンシーン出演するフランキー堺も、昭和二十年代、与田輝雄とシックス・レモンズで一世を風靡したジャズドラマー出身。この映画には当時のニッポンを代表する四大ジャズドラマーが関わっているのだ。

出演ジャズバンドでは、渡辺晋とシックス・ジョーズ、白木秀雄とクインテットがクレジットされている。さらに、サックス・プレイヤーとして、この年の秋にハナ肇とクレイジーキャッツに加入したばかりの安田伸が出演。最後の国分英次（青山恭二）のシンフォニック・ジャズの演奏会でも、サックスを吹いている。

敵対する芸能プロの放った持永の乾分・健（高品格）に左手を潰された正一（裕次郎）がドラム合戦に出場するも、傷の痛みでスティックを持てなくなり、突然「おいらはドラマー」と唄い出す。それまで挿入歌的扱いの多かった裕次郎の歌だが、ここではドラマティックに唄われている。マイクを引き寄せ、いきなり歌い出す展開には、ドアが閉まりきらないほど満員の映画館の観客から歓声が上がったという。

ヒロイン・美弥子を演じた北原三枝の話。

《この作品では、本当に苦労しました。私の役のモデルが当時、飛ぶ鳥を落とす勢いだった渡辺プロダクションの渡辺美佐さんだったんです。井上監督からは「とにかくテンポ良く、早口で」と指示されるんです。私は一度台詞が入っちゃったら、変えられないタイプでした。テニヲハひとつでも変えられるとダメなんです。（監督は）「北原三枝さん、今度の役は、あなたの体格がいいし、元気がいいから、あとは台詞でスピードを出して」とスピード感を大事にされたんで、これには苦労をしました。

それ以上に大変だったのが裕さんです。撮影までにドラムをマスターしなければならない。白木秀雄さんにレッスンをして頂いたんですが、本番になると、スティックをクルッと回しちゃうんです。ああ、この人、天才だなって、本当に思いました。苦労も努力もおくびに出さない。それで、大ブームを巻き起こしたんです》（石原まき子インタビュー・二〇一四年十月一日）

芦川いづみは、ドラム合戦のシーンの撮影をスタジオで見学していた。

《ドラム合戦のシーンは、私たちも「どうやるんだろう？」と思っていたんです。私たちも観に行きましたけれども、あのまんまの裕ちゃんで、おもむろにマイク片手に本当に手さばき良く「すごくカッコイイ！」って観てたんです。語りあり、歌ありのドラマーって、どういう風に調子をとって良いのか、すごく難しかったと思うんですけど、ああいうところを、裕ちゃんは持ってた人だったと思うんです。「カッコイイわねぇ！」って私たち言ってたんです。撮影が終わるまで

時間がかかったので、セットの隅で拍手をした覚えがあります。》（芦川いづみインタビュー・二〇一〇年六月三十日）

『嵐を呼ぶ男』は、昭和三十三（一九五八）年の正月映画の興行成績のトップを飾った。ここから、いよいよ石原裕次郎の黄金時代の幕が切って落とされた。

児井プロデューサーは、裕次郎専属のテイチクにレコード化を持ちかけたが「こんな歌とてもダメ」と断られた。「俺は待ってるぜ」はじめ裕次郎のレコードが売れていたにもかかわらず、映画屋が作った曲なんて、という空気があったからである。そこで、児井の指示で日活宣伝部がフォノシートを宣材として製作、公開後の映画館で販売したところたちまち完売。シートでの記載は、劇中のレコード同様「唄うドラマー」というタイトルだった。

その反響を受けて、テイチクは急遽レコード化を決定。年明け早々、一月九日に裕次郎がレコーディングした。そこで曲名が正式に「嵐を呼ぶ男」と改められた。ちなみにカップリングは、やはり映画公開時にシングル化が見送られていた『鷲と鷹』の主題歌「海の男は行く」だった。このシングルは五日間で八万五千枚が売れたという。

こうしてタフガイ裕次郎の黄金時代の幕が開き、『嵐を呼ぶ男』は伝説の映画となり、昭和四十一（一九六六）年には、渡哲也主演、舛田利雄監督でリメイクされた。井上監督も香港映画『青春鼓王／King Drummer』（一九六七年・ショウブラザース）としてリメイク、昭和五十八（一九八三）年には近藤真彦主演で四度目の映画化がなされている。

昭和三十二年度の映画配給収入ランキングでは『嵐を呼ぶ男』は、三億四八八〇万円で四位を記録した。

そして大晦日、裕次郎は「第八回ＮＨＫ紅白歌合戦」の司会・水の江滝子に同行、『ジャズ娘誕生』で共演した江利チエミの応援でサプライズでステージに上がった。

第二部　太陽は輝く

昭和35（1960）年12月2日、裕次郎は北原三枝と結婚。日活国際ホテルでの盛大な披露宴には、各界の名士が出席した。

ドラム・白木秀雄、ベース・栗田八郎、ピアノ・世良譲、トランペット・福原彰、テナーサックス・芦田ヤスシ、トロンボーン・河辺公一でした。曲中の裕次郎さんの台詞が、驚異的にスムースに録れたのには、大森さん、私たちミュージシャン、ディレクターの中島（賢二）さん、みなビックリでした。レコードは七八回転で発売されました。》（河辺浩市・二〇一三年八月）

参加ミュージシャンは、いずれも戦後ジャズ・ブームに活躍したエース・プレイヤーばかり。今聴いてもそのクオリティには驚かされる。まさしく、裕次郎は時代の真ん中にいたのである。

『心と肉体の旅』一月九日　舛田利雄監督
盟友の監督デビュー作

舛田利雄。昭和二十年代、三村伸太郎主宰の新東宝シナリオ塾に参加、池上金男らと共に、三村の助手としてシナリオ修業。ほどなく助監督部に入り、石井輝男、瀬川昌治、渡辺祐介らと共に様々な監督に師事。成瀬巳喜男の『銀座化粧』（一九五一年）や『おかあさん』（一九五二年）などの現場で修業し、新進監督となる井上梅次らと共に、新東宝娯楽映画を助

第一章　独走！　映画黄金時代のトップ
――昭和三十三（一九五八）年

『嵐を呼ぶ男』のビッグヒットで幕開けをした昭和三十三年、日活からフォノシートで発売されていた同名主題歌（作詞・井上梅次　作曲・大森盛太郎）のレコード化が急遽決定した。

一月九日に「嵐を呼ぶ男」、十日に『鷲と鷹』主題歌「海の男は行く」（作詞・井上梅次　作曲・萩原忠司【多忠修のペンネーム】）をレコーディング。一月中にSP盤・シングル盤で発売された。なお、レコード「嵐を呼ぶ男」は、SP盤・シングル盤・コンパクト盤とそれぞれテイクが違う。編曲は戦後ジャズブームで活躍したトロンボーン奏者の河辺公一（のちに浩市）が担当。

河辺は井上監督に頼まれて、映画に参加するジャズマンのキャスティングも担当している。ちなみに「鷲と鷹」は、映画ではウクレレ片手に唄うが、レコードではマドロス歌謡の風味も加え、イントロのアコーデオンが印象的である。

《レコードは当時杉並区堀之内にあった、テイチクレコードのスタジオで録音しました。作曲は大森盛太郎さんで、レコードの編曲は私がやりました。唄はもちろん裕次郎さん。

監督として支えた。

日活入りのきっかけは、井上から「一緒に行こう」と誘いを受けていた頃、新東宝助監督室で受けた一本の電話だった。渡辺祐介への中平康からの電話にたまたま出ると、中平から「舛田くん、君も来いよ」の一言で、その日のうちに日活へ出向いている。

日活入社後は、西河克己や『ビルマの竪琴』(一九五六年)などで市川崑に師事。さらには、井上梅次監督のチーフ助監督として『三つの顔』(一九五五年)『月蝕』(一九五六年)『勝利者』(一九五七年)ではシナリオでも参加、頭角を現していた。

監督昇進のチャンスは、昭和三十二(一九五七)年の夏。裕次郎映画の演出を命ぜられるが、ちょうどチーフ助監督をつとめていた『鷲と鷹』の仕上げの真っ最中のため辞退。そこで蔵原惟繕が『俺は待ってるぜ』でデビューしたのは、前述の通り。この頃、今村昌平、蔵原惟繕、牛原陽一と共に舛田は昇進が約束されていた。

年末、ようやくお鉢が回ってきた時も、企画にはこだわりなく「なんでもいいよ」と引き受けたのが、井上友一郎原作のメロドラマ『心と肉体の旅』だった。

原作は「週刊アサヒ芸能」に連載の風俗小説で、明日のスターを夢見て、博多から上京してきた社長令嬢・稲村直美(南田洋子)と、孤児の立花ルリ子(中原早苗)が、「東洋映画撮影所ゴールデンフェイス」という新人スター発掘のニューフェース試験を受験。ところが才色兼備の直美だけが合格して、仲良し二人組に亀裂が生じる。

後ろ盾もないルリ子は生活のために「銀座クラブ」ホステスとなり男を知る。一方の直美は苦労知らずのお嬢様のまま映画界に入る。対照的な二人の友情と恋愛、生々流転が描かれる。

冒頭の「ゴールデンフェイス試験」シーンには、ゲストが続々と登場する。審査員には、正宗監督(金子信雄)を筆頭に、裕次郎を見いだしたプロデューサー・水の江滝子、月丘夢路、美術・松山崇、原作者・井上友一郎、長門裕之たち。そこに石原裕次郎も舛田利雄の監督昇進を祝うべく、カメオ出演を果たしている。

プレスシートに舛田は、《念願叶って第一作を与えられました。前からプランを樹てて、いろいろやりたいことばかりなので、なにから手をつけたらよいのか迷っています。とにかく、自分としてはこれからの作品を、一本一本確実に撮ってゆきたいと思っております(後略)》と抱負を語っている。

撮影所を舞台にした前半では、黄金時代の日活撮影所の空気が生き生きと伝わる。撮影所では長門裕之に加え、浅丘ルリ子も顔を出している。ハリウッドの「スタジオ訪問」映画のような楽しさに溢れているが、直美の父・稲村雄三（深見泰三）が療養先の箱根で亡くなり、ルリ子が堕ちていくあたりからメロドラマの展開となる。その箱根小涌園のシークエンスでは、同時進行でルリ子が五十嵐（二谷英明）に貞操を奪われるシーンが展開される。翌朝、直美とルリ子が小涌園の庭で再会する場面に、舛田演出のダイナミズムの萌芽が感じられる。この映画では、直美の「心の成長」とルリ子の「肉体の堕落」を対照的に描いていく。

後半、「銀座クラブ」で、直美にルリ子が電話をかける演出もまた、舛田演出の真骨頂。堕ちるところまで堕ちたルリ子が、親友・直美の貞操の危機に、自分の二の舞をさせまいと忠告の電話をする。ワンカットで二人の姿をとらえる姫田真左久のキャメラ！

この演出は、舛田の助監督となる村川透が、昭和五十一年、石原プロモーション製作「大都会―闘いの日々―」第四話「協力者」（脚本・倉本聰・一九七六年一月二十七日）のゲスト・松田優作によるナイトクラブでの刺殺シーンでリフレインされる。村川によれば、舛田に敬意を表してのことだという。

舛田は、この年、続いて小林旭の『夜霧の第二國道』（二月十二日）、裕次郎の『錆びたナイフ』（三月十一日）、歌謡メロドラマ『羽田発7時50分』（四月二十九日）、裕次郎の『赤い波止場』（九月二十三日）、小林旭の『完全な遊戯』（十一月十一日）と、六本もの作品を演出。その娯楽映画へのスタンスは、撮影所、そして観客に大きく支持され、日活のエース監督となり、二十五本の裕次郎映画（うち二本は東宝・石原プロ作品）を手掛け、日活アクションの黄金時代を築き上げることとなる。

『心と肉体の旅』公開中の一月十二日。裕次郎は、日本テレビの人気ドラマ「ダイヤル110番」（夜八時三〇分～九時二六分）第十九話「弾痕」に出演、主題歌も唄った。共演は清川虹子、高田敏江。警視庁の全面協力により全国の警察から寄せられた事件の資料に基づいたストーリーによる、日本初の本格的刑事ドラマで、毎回、新劇や映画スターがゲスト出演した人気番組。十六ミリフィルムで撮影された（一九五七～六四年・シリーズ後半はVTR撮影）。

『夜の牙』一月十五日　井上梅次監督
急遽の連続で完成した異色ミステリー

昭和三十三年の正月興行『嵐を呼ぶ男』で吹き荒れた裕次郎旋風は、日活アクション時代の幕開けでもあった。「信用ある日活映画」を掲げ、良心的な文芸作品を作ってきたものの、真の意味で金の鉱脈を掘り当てた。その核となったのは、前年の『勝利者』『鷲と鷹』『嵐を呼ぶ男』に代表されるアクション路線。その三作を演出した井上梅次監督は、裕次郎の育ての親として、しばしばメディアにも登場。裕次郎は「スクリーン上の育ての親」井上について、こう書いている。

《非常に鋭い方だと思う。映画人二年生のボクがいうのは生意気かもしれないが、いわゆる「映画を知っている」方だと、つくづく敬服している。(中略)なんでもこの方の手にかかると、垢抜けがして、スピーディで、必ずおもしろい。(中略)ボクが、自分で知らずに持っているものを、グイグイと引き出してくださる。ホーム・ルームで毎朝顔を合わせる、受持ちの先生。》(石原裕次郎「わが青春物語」)

その井上がインタビューや原稿などで、急遽「ドタバタのなか完成させた」とよく語っていたのが『夜の牙』。本格ミステリーサスペンスである。

企画されたのが十二月末封切の正月映画『嵐を呼ぶ男』撮影中のこと。一月二週目に封切り予定だった田坂具隆監督の『陽のあたる坂道』の撮影が遅れに遅れていた。夜遅く、井上宅に、山崎辰夫撮影所・所長と照明の藤林甲がやって来た。「それを埋める裕次郎作品を作って欲しい」との要請だった。井上は次作『夫婦百景』(三月十八日)が撮入予定だったが、仕方なく『嵐を呼ぶ男』撮影中に、以前より暖めていたアイデアを急遽シナリオにまとめることにした。

主人公が戸籍を照会すると、既に自分は死んでいる。死亡診断書を書いた医師もいる。検視も済んでいる。故郷の菩提寺には真新しい墓が建てられている。謎を呼ぶなか、主人公は、その真相を突き止めるため、独自捜査を始める……。主人公の医者に三橋達也、その弟分に裕次郎をキャスティング。

宣伝部は早速ティーザー・ポスターを製作。ここで問題が起きた。裕次郎の名前がトップで、三橋達也がトメになっていたのだ。三橋からクレームがつき、山崎所長、井上監督が間に入って、石神清宣伝部長が「ポスターを作り直す」と平謝り。一旦、事態は収束した。

クランクインの夜、神宮外苑球場での準備が整い、あとは三橋の到着を待つばかり。ところが待てども三橋は来ない。仕方なく井上はスケジュールを優先させ、主人公「杉浦健吉」を裕次郎に繰り上げ、裕次郎の「掏摸《スリ》の三太」を、別の役だった岡田眞澄に変更した。

そのまま、三太が襲撃されるシーンを数カット撮影したところで、三橋が現れた。ときすでに遅し、井上は三橋に事情を説明し、裕次郎を主役に据えることを承諾してもらった。

　三橋達也によれば、川島雄三監督を追って日活に入社し、主役を演じ続けてきたが、この頃、日活首脳部からコストダウンのため「ギャラを下げたい」と申し出があり、ならば移籍した川島雄三がいる（東宝傍系の）東京映画に移ろう」と考えていた頃で、そのポスターを観た時に、「これからは裕次郎の時代だな」と思ったが、「井上監督の作品だからと『夜の牙』だけは出演しようと思っていた。けど、現場に行ったら、そういうことになっていて、却って踏ん切りがついた」「巷間言われているように、裕次郎に特別な感情を持っていたわけではない」（三橋達也インタビュー・一九九六年）とのことだった。

　実際、昭和三十二年末の『嵐を呼ぶ男』の大ヒットまでは、日活は従業員に対する給料の遅配が深刻で、所属俳優へのギャラ・ダウンを交渉。北原三枝に対してもギャラを「株券で払いたい」と打診したこともあった。

　しかし『夜の牙』を観ても、そんなドタバタ劇は想像つかないほど、この作品は井上流の娯楽映画話法で、観客を引きつける面白さに溢れている。裕次郎の言う通り「なんでもこの方の手にかかると、垢抜けがして、スピーディで、必ずおもしろい」作品となっている。


　東京の裏町で、ヤクザや庶民相手に医者をしている杉浦健吉（裕次郎）が、弟のように可愛がっている掏摸の三太（岡田眞澄）から、ニューフェース試験を受けたいので保証人になって欲しいと頼まれる。そこで区役所の戸籍係に出向くと、戸籍係（青木富夫）から「あなたは既に死んでいる」と告げられる。大空襲で生き別れになった弟が、自分を埋葬したことになっていたのだ。

　十五年も音沙汰のない弟が存命と知った健吉は、奥伊豆・杉浦家の菩提寺へと赴く。そこで、謎めいた花岡真理（月丘夢路）が自分の墓参りをしていたことを知る。寺には、好人物の住職・卓然（森川信）がいて、当時の状況が少しずつ見えてくる。この「自己の喪失とアイデンティティーの回復」は、アクションに限らず、青春映画にも共通する日活映画のテーマである。ここでは、戸籍上の自分が抹殺されていることから、その真相を突き止めるべく主人公が立ち上がる。

　危険を顧みず、真相の究明に乗り出す、いわば探偵の役割を果たすのが裕次郎、診療所の看護婦・甲野朱実（白木マリ）は、健吉とは肉体関係もある。さらに健吉は、花岡真理にも手を出す。月丘夢路の妖艶さは、『月蝕』（一九五六年）の「ファムファタール＝犯罪的美女」の再来。裕次郎は女の肉体を求める。そこにダーティさを感じさせ、不良性の魅力を強調している。清濁合わせ呑むヒーローは『嵐を呼ぶ男』と同じ。井上が造形する裕次郎のキャラは、単なる正義感というより、自分のために闘う孤独な男、というイメージが強い。

浅丘ルリ子は、三太のガールフレンド・掏摸のお銀を演じている。本作ではマスコット的存在でボーイッシュなルリ子の可愛さは特筆モノ。

東京風景としては、渋谷にあった東急文化会館の屋上が印象的。五島プラネタリウムのドームは、かつての子供たちの憧れの場所だった。

事件の真相、そして全てを操る「黒幕の正体」は、井上映画ならではの意外性が味わえる。なお、撮影中、裕次郎は流感でダウン。一週間近く寝込んでしまい、撮影の遅れを取り戻すために、クランクアップは十二月三十日だった。この日、朝から『嵐を呼ぶ男』大ヒットの知らせが現場にも届いていた。昼の休憩を知らせるチャイムが鳴った時に、井上は「裕次郎の時代の幕開けを知らせる合図」と感じたと、筆者に語ってくれた。

昭和三十二年度の映画配給収入ランキングで『夜の牙』は、二億三七二二万円で八位を記録した。二月には前年の『勝利者』で、裕次郎がブルーリボン新人賞を受賞した。その人気は上昇する一方だった。

裕次郎のレコードが毎月のように発売され、映画は次々と大ヒット。裕次郎人気で、日活の収益は増加、まさしく救世主だった。

二月、前年十月にSP盤で発売された「男の横丁」、やはり前年十二月にSP盤で発売の「お前にゃ俺がついている」がシングル盤としてリリース。同月には「口笛が聞こえる港町」（作詞・猪又良　作曲・村沢良介）／「白い手袋」（作詞・萩原四朗　作曲・上原賢六）のカップリングがSP盤・シングル盤でリリースされた。

『錆びたナイフ』三月十一日　舛田利雄監督

過去と向き合い、現在を闘う

蔵原惟繕の『俺は待ってるぜ』（一九五七年）の成功で、日活アクションが確立したことは間違いない。『嵐を呼ぶ男』（井上梅次）、『夜の牙』（同）と立て続けにメガヒットを飛ばしていたタフガイ裕次郎の次の企画が、石原慎太郎原作・脚本の『錆びたナイフ』だった。これも『俺は待ってるぜ』同様、裕次郎のヒットソングをモチーフにしたアクション篇。

監督は『心と肉体の旅』でデビューし、小林旭とフランク永井の『夜霧の第二國道』（二月十二日）がクランクアップしたばかりの舛田利雄。助監督として裕次郎映画の方向性を決定づけることに成功した功労者でもある。『赤い波止場』（九月二十三日）、『赤いハンカチ』（一九六四年）など、二十五作もの裕次郎映画を残す舛田監督と裕次郎のコンビは、本作から始まった。

《撮影所長から『舛田、お前に裕次郎を一週間やるから、一本撮れ』って言われて、急遽撮ったのが『錆びたナイフ』でした。水の江さんが「石原慎太郎さんのシナリオがあるから」と読んだら、春夏秋冬にわたる話でね。「これを一週間でどうやって撮るんだ！」と言いながらシナリオを直して、前から思っていたんだけど、裕次郎を熱血漢というか、気の短い、カーッとなったら何をするか分からないというようなタイプの男に仕立てようと。北九州にロケに行って、十一日間で裕ちゃんのシーンを撮りました。》（舛田利雄監督インタビュー・二〇〇九年四月）。

急遽、製作が決定され、舛田はシナリオの手直しやロケハンと『夜霧の第二國道』の仕上げを同時進行で行った。

キャストは、北原三枝、小林旭、宍戸錠と豪華版。小林は抜擢に近い起用で、宍戸は豊頬手術をしたばかり。いずれも舛田同様、アクション映画のキャリアは本作から始まる。裕次郎、旭、錠の三人が同じ画面で顔を合わせたのは、『錆びたナイフ』が最初で最後、まさに歴史的共演となった。

『錆びたナイフ』はこれまでの、慎太郎原作・裕次郎主演映画にあった「兄弟の物語」ではないが、裕次郎と旭の「兄弟分」という関係は、そのセオリーを受け継いでいる。

舞台は、北九州、架空の宇高市。悪徳政治家が街を牛耳り、暴力が横行している。ダシール・ハメットの「血の収穫」などのハードボイルド小説やハリウッド・ノワール風の設定。北九州ロケを敢行したが、キャメラを移動することが出来ないほど、見物人が殺到。舛田は裕次郎人気をここで実感したという。

数年前、若い顔役・勝又清次（杉浦直樹）が、市会議長を偽装自殺させた現場を三人のチンピラが目撃。立花行彦（裕次郎）、寺田誠（小林旭）、島原（宍戸錠）の三人だった。それから数年、宇高市では暴力はますます横行。市民は泣き寝入りしていた。やがて島原は組織に殺される。残された立花に暴力追放の狩田検事（安井昌二）が証言を勧めるが、組織は二人を買収しようとする。

立花は「キャマラード」という小さなバーのオーナー。「キャマラード」とは男友達という意味。過去から逃れて静かに生きる立花にとっての安息の場所である。『俺は待ってるぜ』のレストラン「REEF」同様、日活アクションはヒーローの隠れ家的空間を魅力的に描いている。

過去と現在が交錯するストーリーに、立花の「過去」が顕在化してくる。立花には前科があった。愛する恋人を暴行、自殺に至らしめた男を殺していた。『俺は待ってるぜ』同様、主人公の過去が暗い影を落としている。それゆえ立花は口を閉ざし街の暴力にも目をつぶっている。

そこへラジオ局アナウンサー・西田啓子（北原三枝）が現れる。忙殺された市会議長の娘である啓子が立花に好意を寄せ、彼の「過去の克服」と事件の真相の究明に乗り出す。勝又運輸の社長・勝又（杉浦直樹）は悪辣でふてぶてしく、寺田と恋人・由利（白木マリ）を罠にはめる。

その寺田と立花は、慎太郎の原作・脚本作での「兄弟の物語」のように、その相克が描かれている。恋人と遊ぶ金欲しさに、組織の買収を受ける寺田と、プライドを守るために口を閉ざす立花。実の弟のように寺田を慈しむ立花。兄のような立花への寺田の反発。

立花の怒りは、この寺田の死によって爆発する。前述のように舛田は「カーッとなったら何をするか分からない」立花の暴力性を、一気に噴出させる。

事件の真相が明らかになるにつれ、作品のスケールが広がる。警察も検察も手を出すことができない「巨悪」に挑んでゆく。「僕なりの方法で立ち向かってゆくしかないんです」と独白する立花には、それまで以上の孤独感が漂う。反逆児がヒーローになる瞬間である。

裕次郎の主人公は『鷲と鷹』で父の仇を前にし、『俺は待ってるぜ』では兄の仇を殴り殺し、カタルシスを味わうことなく虚無感を味わった。本作のクライマックスでも、復讐の空しさを味わう。それが一層ヒーローの孤独を強調している。全てが終わり、ジャックナイフ越しに映る、ヒロインと共に去っていく裕次郎の後ろ姿。日活アクションの持つロマンチシズム溢れた名場面である。

しかし撮影は強行軍だった。格闘シーンが多く、裕次郎が立回りのアイデアも出した。《テストの時間も入れて五十六時間という撮影、それを『陽のあたる坂道』と平行《パラレル》に撮影したのだから、ほとんど昼夜兼行だった。》（石原裕次郎「わが青春物語」）と裕次郎が著書に書いている。格闘シーンは夜間、夜の七時ごろから、夜中の三時ごろまで撮影。朝九時には田坂組の『陽のあたる坂道』のセットに入る日が続いた
昭和三十二年度の映画配給収入ランキングで『錆びたナイフ』は、二億四八五一万円で七位を記録した。

時代の寵児となった裕次郎は、三月十八日、水の江滝子が

キャプテンをつとめる、ＮＨＫ「ジェスチャー」の生放送に出演、さらに二十四日にはＮＨＫ「私の秘密」にもゲスト出演。「裕ちゃん」がお茶の間に登場、大きな話題となった。

『陽のあたる坂道』　四月十五日　田坂具隆監督

石坂洋次郎が裕次郎のために書いた原作

裕次郎は『錆びたナイフ』で激情を秘めた男を演じ、アクション映画におけるイメージを決定づけた。不良性感度をたたえた裕次郎は実に魅力だった。そしてもう一つの顔が、のびやかに育った戦後派青年のイメージである。

戦後デビューの新人が多い日活の監督のなかで、戦前から数々の名作を残してきた田坂具隆監督の『乳母車』（一九五六年）では、石坂洋次郎原作らしい、屈託を抱えながらも、問題をポジティブに解決していく主人公を爽やかに演じた。

それは『狂った果実』（同年）で見せた反抗的で虚無な青年像とは好対照をなし、石坂洋次郎は映画『乳母車』での裕次郎をイメージしながら読売新聞に「陽のあたる坂道」を執筆。石坂によれば、ジョン・スタインベックが一九五二年に発表し、ジェームズ・ディーン主演で映画化された『エデンの東』（一九五五年・エリア・カザン）をヒントにしている。

兄弟の確執と、美しいヒロインとの三角関係、主人公の出生の秘密……。この要素は本作の成功をきっかけに、赤木圭一郎の『錆びた鎖』（一九六〇年・齋藤武市）の小高雄二と赤木圭一郎の兄弟など、日活青春映画のモチーフの一つとなる。

裕次郎の兄を演じた小高雄二は、この作品で日活映画に初出演。宍戸錠とは日大芸術学部で一緒だったが、それまでは俳優座の舞台に立っていた。好きな映画はジェームズ・ディーンの『理由なき反抗』（一九五五年）だった。

《裕ちゃんの『勝利者』を観て、これはもう日活しかない！　そうでなければアメリカに行くしかない！　という気持ちで日活へ行きました。そのとき劇団には辞表を出したんです。映画でやっていこうと本当に覚悟を決めたのは、撮影が半ばになって、裕ちゃんと本当に仲良くなって、ここでやっていくしかないと思ったときです。》（小高雄二インタビュー・二〇一四年七月二日）

田坂演出は端正で品格がある。スクリーンにおける裕次郎の「育ちの良さ」のイメージは、田坂演出によるところが大きい。

巻頭、東京・世田谷区、田代家への坂道を登ってくる、ヒロイン倉本たか子（北原三枝）の清楚さと、当時の現代女性らしい活発さ。田代家の次男坊・信次（裕次郎）との出会いのシーンは微笑ましく、そこでいきなり信次はたか子の胸を触る。一人一人の言葉遣いが丁寧で、しかもはっきりとした自己主張をしていく。

これは石坂文学の特徴でもあるが、特に、幼くして足が不自由な、信次の妹・くみ子（芦川いづみ）の清純な美しさと、可憐さは魅力的。後半、自ら婦人科へ赴き「赤ちゃんが出来るかどうか？」と医者に詰問するシーンは、数ある芦川のフィルムキャリアの中でも、傑出した名場面。

異父兄弟の民夫には、当初『狂った果実』の弟役・津川雅彦が扮する予定だった。ところが、津川が松竹に移籍することになり、すでに撮影が始まっていたが、急遽、民夫役の俳優を探すことになった。そこで裕次郎は田坂監督に「心当たりの子がいますよ」と話した。

《逗子の家の近所の子で小さいときからの遊び友だちのター坊（河地猛）だ。ボクは自分の出演する台本もあまり読まないのだが、こんどだけは三回読み返した。そうすると民夫の役は不思議とター坊のイメージが浮かんでくるのだった。》（石原裕次郎「わが青春物語」）

そのとき一緒にいた北原三枝も「あの子なら」と賛成した。『狂った果実』の葉山ロケの時からの顔見知りだったのだ。ところが裕次郎は、もしもダメだったら可哀想だと、そうとは言わず日活撮影所に河地猛を呼んだ。

《しかも俺には『用事があるから』って日活撮影所に呼び出したんです。大学一年の後半でした。

それで日活の撮影所で裕ちゃんと話していたんですけど、他愛もない話ばかり。「何の用事？」「いや、ちょっと後でな」と大きな声で言わないんだ。そしたら、帰りに田坂監督に所長室で台本を渡されて「これをやってくれないか」って。》（川地民夫インタビュー・二〇〇九年）

本名の河地猛では、勇まし過ぎるので、田坂監督と宣伝部の発案で、苗字を「川地」、名前を役名から「民夫」と改名、日活映画には欠かせぬ存在となる。

くみ子が熱を上げているジャズ喫茶の花形歌手・ジミー小池＝高木民夫（川地民夫）が、信次とは異父兄弟だと判明する。自らの出生の秘密を知りながら、その運命を受け入れ、前向きに生きていこうとする主人公の姿は、石坂文学の真骨頂でもあり、日活映画の主人公に通底するポジティブさでもある。

それは母親・みどり（轟夕起子）や父親・玉吉（千田是也）たちも同様。それぞれの影の部分がありながらも「ホームスイートホーム」よろしくリベラルな家族関係を続けている。その問題が一気に噴出する後半、彼らは目の前の事態をポジティブに受け入れ、自分たちの人生を前向きに進もうとする。兄・雄吉（小高雄二）と信次の兄弟の確執と対立。そして民夫と信次の殴り合いもまた、彼らにとって成長への重要なステップである。

石坂文学特有のダイアローグの魅力溢れる脚本は、田坂監督と後に作家・隆慶一郎となる池田一朗の共作。三時間を超す長尺を飽きさせず、微笑ましいエピソードと痛烈な風刺を織り交ぜた巧みなシナリオ構成も素晴らしい。

しかし、完璧主義でスローペースの田坂監督による撮影スケジュールは、大幅に遅れ、前年秋の『乳母車』同様、昭和三十二年秋公開の予定が、昭和三十三年の正月へとずれ込み、さらに完成に時間を要することとなった。そのため『嵐を呼ぶ男』を完成させたばかりの井上梅次が、その穴埋めに『夜の牙』を撮り、舛田利雄が『錆びたナイフ』を本作と同時進行で撮影するなど、様々な伝説を生み出した作品でもある。

《この作品で、確実に裕さんが演技を覚えましたね。田坂先生が粘りに粘って裕さんの良さを引き出す訳です。ところが『錆びたナイフ』の撮影がダブっちゃって、これには田坂先生は大反対。私たち、明け方まで撮影して眼を真っ赤にして、寝ないで田坂組に入る訳です。犬小屋のシーンがあったでしょ。あのシーンは三、四日続いたんですけれども、ある日、徹夜明けで行った時、田坂先生が怒って、撮影が半日ストップしちゃったんです。二人の状態が戻るまでって。これは本当に困りました。ただ、先生は私のことは娘みたいに気に入ってくれて、裕さんのことも可愛がってくれて、だから私たち二人は、田坂先生に育てられたの。完成した作品は文字通りの名作で、私たちの代表作となりました。》（石原まき子インタビュー・二〇一二年一月五日）

当時のプレスシートには《新しい世代に生きる石原裕次郎を暖かい眼で見る巨匠 田坂具隆畢生の名作！》とある。田坂監督は、裕次郎の持つ生来の坊ちゃん気質を愛し、そのまま自然な演技を引き出して裕次郎の新境地を開拓した。本作は、その後の裕次郎映画にも大きな影響を与えている。

挿入歌「SEVEN O'CLOCK」（作詞・三木幹太　作曲・佐藤勝）は、劇中ジャズ喫茶で川地民夫が唄っている。裕次郎の新曲「陽のあたる坂道」として五月にレコード発売された。

昭和三十三年度の映画配給収入ランキングでは、配収四億〇〇七一万円で二位を記録した。

四月、デビュー以来、裕次郎を撮り続けてきた日活のスチールマン、斎藤耕一による写真集「海とトランペット」が三笠書房より発売された。映画のスチールや芸能雑誌の特写ではなく、プライベートショットで構成。水の江宅での「居候」の日々、撮影所でのオフショット、葉山のヨットハーバーで寛ぐ姿などに、裕次郎のエッセイがインサートされている。

《僕は仕事場としての撮影所は好きだ。スタジオの活気や、スタッフたちとの共同作業のつらさの味は他所では味わえるものではない。

だが時折、撮影所の中での自分を突き放して眺めて見、ぞっとすることが多々ある。ものを創り出しているはずの自分が何かもっと大きな手によって創られている。今までの自分自身で見知らなかった自分のその影にはっとおびえるのだ。

仕事場としての撮影所は好きだ。しかし絶対的なメカニズムとしての撮影所には、少なくとも僕自身にとってはいろいろ用心しなくてはならないことが数多い。この虚構の中で自分自身を疎外されず喪わずに育っていきたいものだと思わざるを得ない。》(海とトランペット・石原裕次郎写真集・三笠書房・一九五八年)

この頃から裕次郎は、映画スター「裕次郎」としての自分のこれからについて疑問を持ち始めていた。このまま映画俳優を続けていいのか？　それがやがて「俳優は男子一生の仕事ではない」発言へとなってゆく。

サラリーマンからヤクザへ

『明日は明日の風が吹く』四月二十九日　井上梅次監督

老若男女に支持された「カッコイイ裕ちゃん」のイメージは、大衆の心を攫むのがうまい井上梅次監督によるところが大きい。裕次郎を文字通りのドル箱スターに育て上げた井上が『夜の牙』に続いて、昭和三十三年のゴールデンウィーク大作を任されたのが『明日は明日の風が吹く』だった。

東京深川。祭りの夜、粋で鯔背《いなせ》な侠客の親分、松文字組の組長・松山大三(小林重四郎)が、敵対する巴組の刺客・平戸寅次郎(大坂志郎)に刺殺される。それから十八年。組長の遺児、長男・松山良多(金子信雄)はナイトクラブ「ル・ボウ」の経営者になり、次男・松山健次(裕次郎)はサラリーマン、三男・松山三郎(青山恭二)は大学生となっている。組は解散しているが、良多は弟たちに内証で、父を刺殺した巴組の舎弟で難波田組のボス・吉野清五(二本柳寛)の乾分として、暗黒街に身を沈めている。

それを知らずに健次は、天真爛漫な青春の日々を過ごしている。喧嘩っ早くて正義感溢れる、江戸っ子サラリーマンをのびのびと演じる裕次郎。オープニングの侠客の世界と、裕次郎のサラリーマン生活のメリハリ。井上監督らしいケレンがあちこちに見られる。

健次は勤務先の専務の娘・啓子（北原三枝）にプロポーズするが、やくざの息子であると会社にバレてクビになってしまう。家族の平穏を願って、やくざ稼業に身をやつしている気の優しい兄に、健次は「兄貴がサラリーマンになれば良い」。血気盛んな健次は、サラリーマンを辞めて松文字組再興に立ち上がる。

一方、大学で音楽を専攻しているインテリの三郎は、音楽評論家になることを目指しており、吉野千鳥（浅丘ルリ子）と恋に落ちる。ところが千鳥は、難波田組の組長・吉野の養女だったことから、松文字との対立が激しくなる。やくざの世界を描きながら、一方でホームドラマを展開させる。思慮深い長男、血気盛んな次男、インテリの三男の兄弟愛。母との家族愛。さらに「ロミオとジュリエット」的に青山恭二と浅丘ルリ子の悲恋を後半のドラマの主軸にして、松文字組と難波田組の抗争がクライマックスとなる。

プロットの面白さと語り口のうまさ。これが井上映画の魅力。アクション、音楽映画、メロドラマ、そして喜劇と、新東宝時代からなんでもござれの万能選手として活躍してきた井上梅次ならではの娯楽映画になっている。題名の「明日は明日の風が吹く」は、裕次郎が文藝春秋・昭和三十三年三月号に書いたエッセイのタイトルで、まず題名ありきで企画がスタートした。ちなみにこの記事で裕次郎は《この世界に長い間いたいとは思わない。だいいち映画俳優なんて、あまり名誉な商売じゃないものな》と本音を漏らしている。

さて、井上によると本作は「裕次郎の持つ知性と庶民性を結びつけたかった」という。それが、サラリーマンからやくざに転身する主人公となった。

暴力を否定し、話し合いで抗争を解決しようとする理想主義。フランク・キャプラを愛し、ハリウッドの娯楽映画を好んできた井上らしさである。本作は昭和三十九年に、鈴木清順監督が『俺たちの血が許さない』としてリメイクしている。こちらは、長男を小林旭、次男を高橋英樹が演じたが、ラストの壮絶なバイオレンス描写に、両監督の資質の違いが明確に出ている。

音楽シーンも充実。裕次郎が気ままに唄う「明日は明日の風が吹く」（作曲・大森盛太郎）の作詞はもちろん井上。「バナナボート」で一世を風靡した浜村美智子が唄うのは、井上作詞、吉田正作曲の「素肌の女」。本作のお色気パートを一手に担った浜村がセクシーな魅力をふりまいている。

田端義夫の付き人として、この時に撮影所にやってきたのが、野呂圭介。最初は深川での喧嘩シーンの撮影だった。《僕も急遽出ることになったんです。いきなりキャメラの前で、演技なんてもんじゃないですけど、これが僕の初出演です。連日、日活撮影所に行くでしょ。その時「第四期ニューフェース募集」をしていて「これはチャンスだ！」と応募しました。十八歳から二十二歳までの年齢制限があったんですが、二十五歳の僕は年齢を詐称したら、受かっちゃった。しかも赤木圭一郎と同期ですよ！》（野呂圭介インタビュー・二〇一九年三月）

野呂圭介は、昭和三十年代から四十年代にかけて、日活バイプレイヤーとして裕次郎映画を支えていくこととなる。

『明日は明日の風が吹く』は、昭和三十三年度の映画配給収入ランキングで、配収三億二一五〇万円で七位を記録した。

空前の裕次郎ブームのなか、テイチクから四月には新作映画主題歌として「明日は明日の風が吹く」（作詞・井上梅次　作曲・大森盛太郎）／「決闘の河」（同）が、五月には『陽のあたる坂道』主題歌「SEVEN O'CLOCK」（作詞・三木幹太　作曲・佐藤勝）／『俺は待ってるぜ』挿入歌として「遥かなる面影」（作詞・松尾昭典　作曲・佐藤勝）がそれぞれＳＰ盤・シングル盤としてリリースされた。「SEVEN O'CLOCK」はＳＰ盤・シングル盤・コンパクト盤ではテイクが異なる。

また五月、二枚目のＬＰアルバム（一〇インチ）「裕ちゃんと貴女の部屋」（八曲収録）が台詞入りで発売された。やはり五月にはビバップ調の「足にさわった青春」（作詞・大高ひさを　作曲・大久保徳二郎）／「嵐を呼ぶ男」スタイルの「俺は東京のタフ・ガイさ」（東京タフ・ガイ）（作詞・大高ひさを　作曲・大森盛太郎）が、六月には「雑誌・平凡『裕ちゃんの唄う歌』当選作品「風速四十米」（作詞・友重澄之介　作曲・上原賢六）／同・佳作第一席「哀愁の十二番街」（作詞・大橋光哉　作曲・村沢良介）がＳＰ盤・シングル盤で発売。

五月二十五日、両国国際スタジアムの「美空ひばりショー」に裕次郎が特別出演。一万人を超す観客の前で、世紀のスターが共演を果たした。

五月三十日には文化放送で、初のディスクジョッキー番組「石原裕次郎アワー」（金曜・夜九時〜九時三十分）がスタートした。第一回は「裕次郎、ターキー大いに語る」だった。ラジオで素顔の裕次郎の声を聞くことができ、ファンにとっては「裕ちゃん」を身近に感じられる番組となったが、昭和三十四年九月、多忙を理由に番組は惜しまれつつ終了となる。

また六月六日から、ニッポン放送でラジオ連続放送劇「海峡を越えて来た男」（夜八時三十分〜九時）がスタート。八月九日まで全十二回にわたって放送された。

そして日活のドル箱となり、快進撃を続ける裕次郎は、世田谷区成城一丁目にプール付きの豪邸を建築。敷地三百坪、鉄筋コンクリートの二階建て。翌年六月に完成した。石原慎太郎が東宝で『若い獣』（七月十二日）を初監督する際、裕次郎に出て欲しいと日活に依頼。ところが首脳部は「五社協定」で干されたことを理由にそれを拒否。ドル箱裕次郎を引き抜かれては、という心配があったからだ。そこで裕次郎の「引き抜き防止」のために、水の江滝子が「家でも買ってやりなさい」とアドバイス。日活が裕次郎のために用意したのが、この三百坪の土地。その敷地内に水の江が住居を建てた。

この年、裕次郎は専属料年間三百万円、一本あたりの出演料一五〇万円で日活と契約した。

居候から豪邸暮らしになっても、撮影所の仲間たちが集まり、助監督だった熊井啓、『俺は待ってるぜ』でデビューした蔵原惟繕監督たちが連日、仕事とプライベートの境界線がなくなり、梁山泊のような日々を過ごしていた。

ニューフェースや若手俳優にも気軽に「ウチに遊びに来いよ」と声をかけて、裕次郎を慕う若者たちは、裕次郎邸に招かれた。それはまき子夫人と結婚してからも続き、渡哲也たちも裕次郎宅に呼ばれて、打ち解けた関係になっていった。

昭和三十七年頃のことだが、吉永小百合との日活純愛路線でトップスターの仲間入りを果たした、まだハイティーンの浜田光夫もその一人。

《裕次郎さんを、はじめて日活撮影所で見かけたときは感激しましたね。遠目でしたが、十三ステージから昼休みに出てくる裕次郎さんを、憧れの眼差しで見たんです。「あの人が裕次郎さんだ！　映画と同じだな」と思っていたら、裕次郎さんがツカツカと歩いてきて「家が近いそうじゃないか、遊びに来いよ」と声をかけてくれたんです。裕次郎さん直々にですよ。もちろん、すぐ遊びに行きました。》（浜田光夫インタビュー・二〇一四年十月二十九日）

また、この年、裕次郎は水の江滝子と「石原商事」を設立、実業家としても活躍していく。

『素晴しき男性』　七月六日　井上梅次監督

明朗ミュージカルと裕次郎

井上梅次は、多彩なジャンルの娯楽作で、石原裕次郎を映画界のトップスターにのし揚げた功労者であり、様々なジャンルの「滅法面白い」娯楽映画を撮り続けてきた。

その井上による本格的ミュージカル『素晴しき男性』にはアクションもミステリーもサスペンスもない、ショウに生きる若者たちの情熱とさわやかな恋を、軽快なナンバーを交えて描いている。そういう意味では、日活映画としては異色作。しかし井上にとってはお得意のジャンルでもある。

戦後公開されたハリウッド・ミュージカルは、芸人の世界を描いたバックステージものと呼ばれるスタイルが中心だった。新東宝や日活で井上が手掛けてきた和製ミュージカルは、ハリウッドのＭＧＭやパラマウント、フォックスのシネ・ミュージカルにインスパイアされた、プロダクション・ナンバーをクライマックスにスペクタクルを繰り広げるというものだった。

その井上が「次は北原三枝と裕次郎でアメリカ映画に負けないミュージカルを」と手掛けたのが本作。脚本・作詞は井上梅次、作曲はビクターオーケストラを率いていた多忠修。

ここでの裕次郎は、丸の内のレビュー劇場の演出家・団武男、通称「ウルサ型」。そして北原三枝は「素晴しき男性」との結婚を夢見るレビューガール・旗陽子。二人のすれ違いのロマンスを主軸に、陽子が最初に交際するお金持ちの御曹司・土屋秀男（待田京介）と、その姉・土屋麗子（月丘夢路）が、実は武男の……という展開は、いかにも井上流。家族のドラマや恋愛模様を、様々なナンバーで押し進めていく。これぞ、ハリウッド・ミュージカルの手法である。

華やかな衣装は森英恵が担当。日活の衣装を数多く手掛けてきた森英恵だが、クレジットされているのは、本作や川島雄三の『風船』（一九五五年）など、数えるほどしかない。陽子の姉・佃直美（山岡久乃）が丸の内にあった日活国際会館（後の日比谷パークビル）の地下の日活アーケードに出している洋装店は、当時の森英恵ブティックの再現でもある。

また、陽子や武男の夢の砦である丸の内のメトロ劇場は、日活直営の封切館「丸ノ内日活」で外観を撮影。前半、日活国際会館前でバスを降りた陽子が、メトロ劇場に走っていくシーンに、昭和三十三年の東京の空気に触れることが出来る。

タイトル開けすぐ、大きなプロダクションナンバーが始まる。どのナンバーも戦後公開されたアメリカのミュージカル映画を参考にして創造されていて、それが楽しい。登場人物全員による「素晴らしき男性バレエ」は、ＭＧＭの『巴里のアメリカ人』（一九五一年）のクライマックスを意識。そこにウルサ型がプラカードを持って登場。そこで陽子は運命の「素晴しき男性」秀男と出会い夢のデートをする場面で、画面が赤や青に代わるのは、『南太平洋』（一九五八年／日本公開一九五九年）の手法だが、公開はこちらの方が早い。

続いて、ウルサ型のミュージカル・アイデア「幽霊の恋」がシックに展開。これもMGMミュージカルのクライマックス風で、丸さん（キドシン）が山ちゃん（結城敬二）をピストルで撃ってしまい、山ちゃんが幽霊となる展開もジーン・ケリー的だ。

中禅寺湖の療養所「ゆのこ荘」そばでピクニック気分のなか、牧（笈田敏夫）とルミ（白木マリ）が婚約発表して唄う「二人で楽しく」から全員が踊るシークエンスは、『パジャマゲーム』（一九五七年）のピクニックナンバーを彷彿とさせる。陽子と武男の「愛のテーマ」として、随所にモチーフが流れ、中盤で裕次郎が唄うのが「青い駒鳥の唄」。陽子が交際していた秀男と武男が兄弟だと、麗子に告げられて、どちらが本当の〝素晴しき男性〟か、陽子が迷う「ドリーム・シークエンス」は、セットや照明も含めてMGMの『リリー』（一九五三年）の夢想シーンを連想させる。

結婚に失敗した麗子の「もう一人の私」は、宝塚出身の月丘夢路が妖艶なダンスを披露。もう一人の自分と対峙して踊るシーンといえば『カバーガール』（一九四四年）でジーン・ケリーが考案したニューロティックなダンスを思い出す。そしてグランドフィナーレ。すべてが解決して、誰もが幸福になるハッピーエンディングに、主題歌「素晴しき男性」が裕次郎を中心に、フルキャストで唄われる。

ミュージカルとしての完成度よりも、ハリウッド・スタイルのミュージカルを目指す試み。それが裕次郎映画の黄金時代に作られたことが重要である。

井上は、本作を最後に裕次郎映画から離れるが、昭和三四（一九五九）年に小林旭の『嵐を呼ぶ友情』、昭和三十五（一九六〇）年に宝塚で『嵐を呼ぶ楽団』、昭和三十八（一九六三）年に松竹でミュージカル『踊りたい夜』と、数々の音楽映画を手掛け、昭和四十二（一九六七）年に香港に進出して傑作『香江花月夜／香港ノクターン』を発表することになる。

公開に合わせ七月に、「素晴しき男性（素晴しい男性）」／「青い駒鳥の唄」（作詞・井上梅次　作曲・萩原忠司【多忠修】）のカップリング、「泣き虫酒場（泣虫酒場）」（作詞・門井八郎　作曲・上条たけし）／「青春の谷間（どん底のブルース）」（作詞・大高ひさを　作曲・上村晴男）がSP盤・シングル盤でリリースされた。

嵐の中に立つ

『風速40米』八月十二日　蔵原惟繕監督

この年、昭和三十三年、日本映画人口は史上最高の十一億二千万人を突破。生まれたての赤ん坊からお年寄りまで、日本中の国民が年間十一本以上の映画を観ていたことになる。まさに映画黄金時代に、裕次郎は九本の映画に主演している。しかも前年末公開の正月映画『嵐を呼ぶ男』の配収は四位。石坂洋次郎原作の文芸大作『陽のあたる坂道』の配収は洋画邦画を合わせて堂々の二位を記録。空前の裕次郎ブームが、いかにすさまじかったか、映画人口を史上最高に導いたのはタフガイ裕次郎人気が貢献していたといえる。

『太陽の季節』『狂った果実』の反抗する若者としてスクリーンに登場した裕次郎だったが、『俺は待ってるぜ』や『錆びたナイフ』の孤高のヒーローばかりでなく、青年スターとしての魅力を爆発させたのが、昭和三十三年でもあった。

さて『風速40米』では、裕次郎としては『素晴しき男性』同様、屈託のないキャラクターを生き生きと演じている。主人公・滝颯夫《さつお》（裕次郎）は北海道大学工学部建築学科の大学生。アクション映画でアウトローを演じ続けてきた裕次郎は、当時の取材に「学生服を着るので懐かしい」と語っている。

監督の蔵原惟繕は『俺は待ってるぜ』で日活アクションの方向性を決定づけた作家の一人だが、『風速40米』の裕次郎には「影」がない。「陽」のヒーローは、時代の要請でもあった。建築学を専攻し、建築への理想に燃える主人公は、日本経済が急成長を果たし、来るべき一九六〇年代に向け、全国的に建築ラッシュだった昭和三十三年の断面でもある。

物語は、嵐の北アルプスの山小屋で、滝今日子（北原三枝）らの女子大生のパーティが不良に襲われているところから始まる。ヒロインのピンチを助けるのが長身痩躯の颯夫。

デビューしたばかりの野呂圭介は、この乱闘シーンで、山小屋の不良・佐藤役で出演。びしょ濡れの撮影が終わったあと、裕次郎から「寒かっただろう？　風邪を引くといけないよ」と、米軍放出品の寝袋を貸してくれたことを忘れられないという。「大部屋の僕に対する気遣いだったんですが、さすがスターだなと思いました」（二〇一九年三月十六日）とインタビューで話してくれた。

さて、東京の建築現場にやってきた颯夫は久々に帰京、父・敬次郎（宇野重吉）が再婚した妻・政江（山岡久乃）にもまだ会っていない。まさに「山から来た男」。やがて、今日子が帰宅して風呂に入ろうとすると、先客が颯夫で、今日子が義母・政江の連れ子と分かる。

このあたりの呼吸は、実にのびやか。後に日活が得意とする吉永小百合の青春映画や、石坂洋次郎の原作映画に通じる。しかも、ここでの裕次郎は実によく唄う。風呂場での「旅姿三人男」は、テイチクの大先輩、ディック・ミネのヒット曲。そして北原三枝とデュエットする寮歌「都ぞ弥生」は、青春映画らしいさわやかな風を感じさせてくれる。川地民夫との「ソーラン節」は、二人がプライベートでも親しいことが窺える。

そして、根津踏絵（渡辺美佐子）のマンションでピアノを弾きながら甘い声で唄う「街燈」（作詩・中平康　作曲・佐藤勝）は、中平康監督『街燈』（一九五七年）の主題歌。ナイトクラブで「山から来た男」（作詞・三木勘太・作曲・佐藤勝）を、颯夫がプロの歌手も顔負けで唄うのだ。また、タイトルとエンディングに流れる、主題歌「風速四十米」（作詞・友重澄之介、作曲・上原賢六）は、この年の六月にリリースされている。

滝家のセットや颯夫の部屋のレイアウトも、モダンで建築一家にふさわしい作り。日活映画の魅力の一つがモダンなセット。松山崇の美術デザインはお盆映画に相応しく、白を基調にした明るいものである。

ファーストシーンの嵐の山小屋は、クライマックスの暴風雨を暗示させるものとして効果的。「嵐を呼ぶ男」の面目躍如である。主人公のアイデンティティーの喪失と回復をテーマにしている日活アクションだが、『風速40米』の裕次郎と宇野重吉がこだわるのは、建築家のポリシーである。悪徳社長の悪巧みや、父の保身からくる裏切りも、全て乗り越えることができるのが建築家としての矜持。納期に間に合わせるために、風速四〇メートルの巨大台風のなかで、裕次郎は闘い続ける。

この「現場アクション」は、蔵原監督の小林旭主演『爆薬に火をつけろ』（一九五九年）や、後に裕次郎が石原プロで製作する大作『黒部の太陽』（一九六八年・熊井啓）や『富士山頂』（一九七〇年・村野鐵太郎）などの建設スペクタクルに通じる。建築現場で危険と戦う、ひと昔前で言うなら「プロジェクトX」的なドラマでもあるのだ。

クライマックスの台風シーンの特撮は迫力満点。七月二十三日、台風十三号を利用して大手町のビルの前のシーンを撮影。さらに、『鷲と鷹』（一九五七年）でも暴風雨スペクタクルを成功させた日活スタッフによる、暴風雨と裕次郎のダイナミックなアクション。裕次郎の伸びやかな体技は、文字通りアクションスターNo.1の風格がある。当時の宣伝プレスに直筆で「アクションは楽し!!　風がなれば腕もなる!!」と裕次郎自身が書いている。

シャンソン歌手・根津踏絵を演じた渡辺美佐子は、『今日のいのち』や『あした晴れるか』など、数多くの裕次郎映画に助演している。

《思い出深いのは『風速40米』です。私はフランス帰りのシャンソン歌手の役で、リサイタルで歌を唄うシーンがあるんです。蔵原惟繕監督に「私、歌は下手なんで勘弁してください！」って言ったんです。結局、吹き替えになりましたけど。裕次郎さんを誘惑するような大人の女性の役でした。》（渡辺美佐子インタビュー・二〇一八年三月二十八日）

『風速40米』は、昭和三十三年度の映画配給収入ランキングで、配収三億一八〇九万円、七位を記録した。

ハードボイルドに生きる

『赤い波止場』九月二十三日　舛田利雄監督

石原裕次郎が、デビュー以来演じて来たキャラクターは、終生のイメージでもある「太陽」に象徴される「陽性」のヒーローでもあった。

同時に『俺は待ってるぜ』や『錆びたナイフ』では「暗い過去を持つ」孤高のヒーロー。これらは「太陽」に対する「影」の部分でもある。その裕次郎が昭和三十三年の正月映画『嵐を呼ぶ男』で興行的人気を証明した瞬間、戦後の日活アクション時代が本格的に始動した。

その井上監督の助監督として『勝利者』『鷲と鷹』では共同脚本を手掛けた舛田監督の『錆びたナイフ』に続く裕次郎作品が『赤い波止場』。その年にデビューしたばかりの舛田を抜擢するのが、日活映画の若さである。

裕次郎映画を任された舛田が、脚本家の池田一朗と共に、映画製作の責任者・江守清樹郎常務に提出したプロットは、当初ゲイリー・クーパーが天才肌の建築家を演じた『摩天楼』（一九四九年）のような理想主義の若者をイメージ。度重なる核実験で甚大な影響を受けた農作物などへの放射能を除去しようと研究を重ねる情熱家を主人公にしたものだった。研究者の挫折と復活を描いた理想主義の具現を目指したドラマだったという。

ところが会社はそのプロットを「小学二年生が五年生の作文を書くな」と却下。公開日が決定されたなか、舛田と池田が急遽作り上げたのが『赤い波止場』だった。当初、会社がつけたタイトルは裕次郎のヒット曲の映画化となる『口笛が聞こえる港町』だった。

さてモチーフは舛田が学生時代に心酔したというジュリアン・デュビビエ監督、ジャン・ギャバン主演のフランス映画『望郷』（一九三七年）をベースに、池田一朗と共にシナリオを執筆。東京で殺しをして、身代わりを出頭させ、神戸に潜伏している通称「レフトの二郎」は、それまでの裕次郎映画にはなかった職業的殺し屋のアウトロー。真っ白いスーツにサングラスで登場する裕次郎は、実にカッコ良い。

神戸の丘にある洋館で、情婦マミー（中原早苗）と無為に過ごすも、二郎は海外に脱出して、すべてリセットして違う人生を願っている。気怠い二人の朝。現実の幸せを求めるマミーに「飽きた」と言い放つ二郎。何もかも「飽きた」主人公の「ここではない、何処かへ」の願望は、観客である若者の思いであり、舛田監督の思いである。その「脱出へのあこがれ」が、清純な北原三枝のヒロイン・圭子への思いに昇華されてゆくドラマのダイナミズム。翻案とはいえ、日活アクションによって繰り返されるモチーフでもある。

東京帰りの圭子と二郎の「新宿の喫茶店」についての会話。このロマンチシズム。見知らぬ異郷で過ごす主人公の「望郷」への思い。その二郎に立ちはだかる神戸市警の野呂刑事を演じた名バイプレイヤー大坂志郎のうまさ。脇役たちがディティール豊かにキャラクターを作り上げているのが、日活映画の楽しさでもある。

名手・姫田真佐久のキャメラによるシャープなモノクロ映像が、二郎の純白のスーツを一層際立たせる。南京町の祭りの龍の舞いに紛れて、野呂刑事たちをまいて圭子と夜の街を歩く二郎。短い会話に二人の気持ちが込められている。続く刺客による二郎への非情な襲撃。傷ついた二郎を手当しようとする圭子の前に現われるマミー。短いシークエンスに、それぞれの置かれた状況と心理を巧みに描いて、舛田の的確な演出が冴えわたる。

また、岡田眞澄の子分・タア坊とその彼女・美津子（清水マリ子／後の清水まゆみ）のサイド・エピソードもいい。不気味な殺し屋・土田（土方弘）に射すくめられる美津子。タア坊と土田の対決を用水路のフェンス越しに捉えたマスターショット。舛田監督のお気に入りは、日活撮影所のプールで撮影したこの対決シーンだという。

《舛田監督が大抜擢をしてくださって。情婦とはいえ、まだハイティーンの女の子ですから、大好きな彼氏の仇を討とうと思いつめているんです。ナイトシーンだったんですが、撮影ではスッと気持ちが入りました。裕ちゃんに支えられて、初めての大役を演じることができました。大好きなワンカットです。》（清水まゆみインタビュー・二〇一八年八月）

この撮影について、日活宣伝部の小松俊一の日記にはこうある。

《九月八日

「赤い波止場」午後四時出発　横浜三菱倉庫。石原　大坂志郎　清水マリ子（まゆみ）　土方弘。

殺し屋（土方）をピストルで撃つ裕次郎、そのピストルを奪い土方を殺す清水マリ子。初めてピストルを持つマリ子、自分で撃ったピストルの音にビックリ。本番中のためＮＧ。この撮影風景を文化放送〝午後八時十五分〟で実況放送。ロケ風景を実況で電波に載せたのはこれが初めて。》（小松俊一「俺の裕次郎」）

『赤い波止場』の裕次郎はとにかくカッコいい。潜伏している二郎の焦燥感。圭子への思い。「ああ、行きてぇな。あの海の向こうに」。物心ついた時から浮浪児だった二郎が、今の暮らしに「飽きた」と呟く六甲山頂のシーン。「不幸？そんなものくそ食らえだ！」と笑い飛ばす二郎のニヒリズム。「そんなことはない」と否定するヒロインの慈愛。溢れ出すダイアローグは、日活映画の魅力を支えた重要な要素である。

クライマックス、二谷英明演じる兄貴分・勝又との対決シーンの会話。慕ってきた勝又に裏切られたと悟る二郎が、殴り合いながら叫ぶ「俺は悲しいんだ。貴様みたいな男を兄貴分と慕って。俺はこんなバカな自分が悲しいんだ」という台詞の哀切。

当時、映倫が悪役である二郎をカッコ良く描きすぎとクレームがついたほど、レフトの二郎の裕次郎は素晴らしい。看板スターが最後に逮捕されてしまうという展開にびっくりした上層部に、舛田監督が呼び出された。

《裕ちゃんがあまりにもカッコいいからと、それが物議を醸したんです。堀久作社長に呼ばれました。「君なぁ、裕次郎は今や日本の英雄だよ。英雄に手錠を掛けちゃいかんよ」と注意を受けました。映倫の試写では「ギャングがああカッコ良くちゃ困る」って言われました。それほど裕ちゃんは、カッコ良くて、時代のヒーローだったんです。》（舛田利雄インタビュー・二〇〇九年四月）。

舛田は「赤い波止場」で裕次郎に手錠をかけさせ、『太陽への脱出』（一九六四年）ではついにスクリーンで死ぬことのなかった裕次郎に劇的な死をもたらした。その反骨精神こそ、舛田映画の真骨頂であり、裕次郎映画を今なお輝かせているエネルギーでもある。

昭和四十二（一九六七）年、舛田は渡哲也で『赤い波止場』を『紅の流れ星』としてリメイク。渡版は同じフランス映画でもヌーベルバーグの『勝手にしやがれ』（一九五九年・ジャン＝リュック・ゴダール）を思わせる快作だった。ジャン・ギャバンとジャン＝ポール・ベルモンドの違いは、そのまま石原裕次郎と渡哲也の資質の違いでもある。

レコードでも裕次郎の快進撃は続く。九月には、ニッポン放送連続放送劇主題歌「海峡を越えて来た男」（作詞・柴田忠男　作曲・村沢良介）が伊東のり子「愛すればこそ」とのカップリングで発売された。やはり九月には、映画主題歌「赤い波止場」（作詞・中川洋一　作曲・鏑木創）／バッキー白片とアロハ・ハワイアンズをバックに唄った「南国の夜」（作詞・作曲・A・ルッセル）のカップリングが、SP盤・シングル盤で発売された。

十月には「波止場野郎」（作詞・大高ひさを　作曲・上原賢六）／「月影の男」（作詞・猪又良　作曲・山田紘）のカップリング、新作映画主題歌「嵐の中を突っ走れ」（作詞・松浦健郎　作曲・真鍋理一郎）／「男なら夢を見ろ」（作詞・島田磬也　作曲・真鍋理一郎）が、いずれもSP盤・シングル盤で発売。同月発売の三枚目となるLP（一〇インチ）「裕ちゃんの週末旅行」（六曲収録）には、「狂った果実」の再録音や「センチメンタル・リーズン」「ラブレター」「ベリーサウスオブユー」（ザ・ベリー・ソート・オブ・ユー）などスタンダードが台詞入りで収録された。

十月二日、TBSテレビ「現代の顔　昭和のインタビュー石原裕次郎」が放映された。そこで裕次郎は忌憚のない発言をしている。日活でのアクション映画も同工異曲で《いろいろ手を変え、品を変えてやるんだけども、結局は中身は一つなんですよね。僕のアクションものっていうのは。だからね。もうそろそろ変えなきゃいけない時だと言われてるんですよね。観ているお客さんでも飽きちゃうんですよ》と、歯に衣着せぬ言い方である。さらに映画スターとしてチヤホヤされることについて、こう語っている。

《僕はまだ若いでしょう？　自分の若さでね。今の、例えば、一応スターダムにのし上がってね。とやかく、チヤホヤやられていることが、大変僕には迷惑なんですよね。それがね、一番、二十三歳の若さでね。自分のペースに持っていくってのは、これは大変なことなんですよ。それが一番（苦労）ですよ。なんか若いのに歳とったみたいになっちゃってね。それは自分であがいてもね。どうすることもできない状態でしょう？　それに打ちのめされちゃったら、既成の映画俳優になっちゃうでしょう？　いわゆる映画スターですよね。映画俳優なんてのはくだらないですからね。僕から言えばね。絶対、そういう風になりたくないんですよ。それがね。自分ではそういう風に意識して、自分のペースを守っているつもりなんだけども、だんだんだんスポイルされているんですよね。映画というものに。自分でヒシヒシと分かるんですよ。そのつらさってのは大変ですよ。》（一九五八年十月二日・TBS「現代の顔　昭和のインタビュー　石原裕次郎」）

このインタビューでは、聞き手に対してきっぱりと《長い間やっていて、慣れたくないですね。当たり前だぐらいになっちゃって。だからそれまでには辞めますよ。絶対辞めます》と発言。にこやかで丁寧な受け答えに「果たして自分はこのままでいいのだろか？」という二十三歳の青年の苦悩が垣間見える。

熱血教師の裕次郎

『嵐の中を突っ走れ』十月二十九日　蔵原惟繕監督

続く『嵐の中を突っ走れ』は、『赤い波止場』から一転、明朗青春映画として作られている。裕次郎にとっては、初の教師役、しかも女子高校の先生役である。

「太陽族」の象徴として、その不良性を発揮してきた裕次郎が、青春映画で正義感溢れる教師を演じることを「保守への転向」と見る向きもあったが、石坂洋次郎原作の『乳母車』や『陽のあたる坂道』で見せた伸びやかな等身大の青年像に、『風速40米』などのアクションの主人公が持っていた正義感をプラスしたようなキャラクターは、昭和三十三年の時代背景を考えれば、さほど不自然ではない。

『嵐の中を突っ走れ』のスポーツマンで型やぶりの教師像は、むしろ裕次郎にとってピッタリの役柄。後に裕次郎は『やくざ先生』（一九六〇年）、『若い人』（一九六二年）、『青春とはなんだ』（一九六五年）で教師を演じていくが、そのルーツ的作品でもある。

原作・脚本は『風速40米』の松浦健郎。娯楽映画を得意とした人である。タイトルに「雑誌・平凡連載」とあるが、この頃、映画の宣伝を兼ねて、シナリオ作家が芸能雑誌に原作としてシナリオのノベライズを掲載することが多く、これも「日活映画・石原裕次郎主演映画・原作」と、作品を周知させるための、重要なパブリシティの一つだった。

監督は『俺は待ってるぜ』で日活アクションの原型を作り、『風速40米』で正義漢溢れる裕次郎のアクションを演出した、若手の蔵原惟繕。勧善懲悪、明朗健全な松浦脚本そのままに、スクリーンで描くことで、裕次郎の「屈託のない正義漢」がストレートに伝わる。

ストーリーは単純明快。東京の体育大学で、バスケットボール部のコーチをしている吉良千吉（裕次郎）が、親友・中川（岡田眞澄）の要請で馬術大会に急遽出場、そこでヒロインの上月節子（北原三枝）と出会う。その呼吸は、プログラムピクチャーならではの楽しさに溢れている。やがて、千吉は、千葉県館山市の東海学園女子高校の体操教師となる。

台本では、吉良千吉は、バレーボール部のコーチとなっていたが、高校時代バスケットボール部だった裕次郎の希望でバスケットに変更している。

裕次郎と共に不正に立ち向かう、内房タイムス編集長・古城雷助を演じた市村俊幸は、ジャズピアニストながらコメディアンとして、ブーチャンの愛称で、昭和二十年代から三十年代にかけて、映画でも活躍した才人。日活ではやはり、ジャズ・ドラマー出身のフランキー堺とコンビを組んで「フランキー　ブーチャンの～」とその名を冠した喜劇シリーズでおなじみだった。

ユニークなのは、生徒たちが暮らす漁師町が、怪しげな研究機関による実験により、経済的なピンチに陥っていて、その裏に巨悪による陰謀が進行し、その不正を正義漢の千吉たちが暴くという後半の展開。巨悪が巣食う町にやってきたヒーローが、住民たちのために立ち上がる、という図式は西部劇そのもの。学園ものプラス・アクション映画の要素も、観客を飽きさせない。

新任教師・吉良は、西部劇の保安官の役割を果たす。脚本の松浦は、数々の日活アクションやコメディを手掛けているが、こうした「西部劇」の見立て構成によるものが多い。女生徒・たか子（葵真木子）の父親が漁業不振を苦に自殺するあたりも、西部劇によくある展開。巨悪への憎々しさを倍加させるエピソードとして設定されている。

また、実家の漁業不振で東京の大学を辞めてきた節子が、雷助の内房タイムスの記者として働いていて、千吉、雷助と共に、巨悪の不正を暴こうと正義のペンをふるう。裕次郎映画におけるヒロインは、節子のように活発な職業婦人が多い。小林旭映画における浅丘ルリ子は、耐え忍ぶ女性というイメージがあるが、裕次郎映画の北原三枝は常に活発で、ヒーローと活動を共にする。そこに新しさがあった。

余談だが、深見泰三が演じた、漁業組合・組合長の助川銀蔵は、当初、芦田伸介が演じる予定で、プレスシートにも、芦田の名が記載されている。

ある日、女優で振付師の漆沢政子が食堂に行くと、窓際のいつもの席で裕次郎がポツンと一人、ビールを飲んでいる。「ちょっと納得がいかなくてね」。セットを抜け出してきたというのだ。現場では監督やスタッフに対して、不満を一切漏らさず、激することもない裕次郎は、お互いをクールダウンさせるため、時折、こんな風な行動に出ていた。フラストレーションが溜まっていたのである。

十一月には、ハワイアン「ビヨン・ザ・リーフ（珊瑚礁の彼方）」（作詞・作曲・J・ティットマン）／「ラブレター」（作詞・E・ヘイマン　作曲・ビクター・ヤング）をバッキー白片とアロハ・ハワイアンズの演奏で発売。

そして十二月には、新作映画主題歌『紅の翼』（作詞・松尾昭典　作曲・佐藤勝）／「俺はパイロット」（作詞・大高ひさを　作曲・大久保徳二郎）と、LP「石原裕次郎ヒット集」（二〇インチ・八曲収録）が発売されている。

『紅の翼』十二月二十八日　中平康監督

航空アクションへの挑戦！

裕次郎初主演作『狂った果実』でその異才ぶりを発揮した中平康は、職人的手腕と特異な感覚であらゆるジャンルの娯楽映画を手掛けている。

『紅の翼』は、昭和三十三（一九五八）年十二月二十八日、裕次郎二十四歳の誕生日に、昭和三十四年の正月番組として鳴り物入りで公開された。昭和三十三年といえば、映画の観客動員人口が十一億二千万人を突破した日本映画黄金時代。その中心にいたのが、文字通りのスター石原裕次郎だった。

その裕次郎と中平コンビの第二作となったのが『紅の翼』。後に多く作られる航空アクションものの嚆矢となった作品でもある。本作以降、日活アクションにはパイロットを主人公にした作品が数多く作られ、一つのジャンルをなす。

裕次郎の役は遊覧飛行機の副操縦士として都会の空を飛んでいる石田康二。昭和三十三年の東京がカラー、日活スコープいっぱいに展開される。スチュワーデスが「日活国際会館です」と案内するのは、平成十六（二〇〇四）年に解体された日比谷パークビルヂング。二年後、裕次郎と北原三枝が結婚披露宴をするのもここにあった日活ホテル。

殺人犯逃亡のニュースが流れるクリスマスイブ。破傷風に冒された子供のために、血清を八丈島まで、たまたま取材に来ていた日東タイムズ社会部記者・長沼弓江（中原早苗）が運ぶことになる。また大橋一夫と名乗る男（二谷英明）が飛行機をチャーターしたいと現れ、デートがキャンセルとなった石田康二（裕次郎）がセスナを操縦することになる。

中平康の鮮やかな演出で、全く異なる人生を歩む人々が、一つの飛行機に乗り合わせる。細かなエピソードの積み重ねは、観客にこれから起こる災厄を予感させる。同時に、八丈島で血清を待つ人々のドラマも展開する。こうして運命の糸が収束していく感覚は、中平康が愛してやまないアルフレッド・ヒッチコックのサスペンス話法でもある。観客に状況を呑み込ませ、サスペンスの種を植え付ける。セスナが出発するシーンのディティールも、果たしてこの飛行機で八丈島まで無事にたどり着けるのだろうか？　という不安を駆り立てる。

やがて離陸。佐藤勝作曲の主題歌「紅の翼」のインストゥルメンタルが流れ、康二が流暢な英語で管制官と会話する。その英語力に関心した中原早苗に「ただのメリケン語さ」という裕次郎の格好良さ。日活特殊技術部による特撮もクオリティが高い。フライトの間に交わされる会話。それぞれのキャラを浮き彫りにしつつ、次第に二谷英明の正体が明らかになる。そのサスペンス。殺人犯と、好奇心旺盛な記者、冷静沈着なパイロット。やがてセスナが行方不明に。

裕次郎の妹・しのぶに芦川いづみ。弓枝の父・長沼純平に滝沢修。「セスナ行方不明」の報を受けた家族のドラマがサスペンスを盛り上げる。日東タイムス社会部記者・安藤幸宏役の小沢昭一や日本遊覧航空営業主任・水谷鉄の二役・西村晃など日活バイプレイヤーの充実が味わえる。

アクシデントに対する航空会社の対応、報道陣のスクープ主義などの描写は、きめが細かい。小沢昭一の記者が「遺族」と表現したことへの弓江の父の怒り。嘘をついてデートを断ったスチュワーデス・並木敬子（峯品子）が泣き崩れるシーンでの、毅然とした態度のしのぶを演じた芦川いづみの凛々しさ。

原作は新潮に所載された芥川賞作家・菊村到の同名小説。菊村は日東タイムスのデスク役で出演もしている。主題歌「紅の翼」は、公開に合わせてテイチクレコードからリリースされ、オープニングとエンディングで唄われる。作詩は助監督だった松尾昭典。大島上空で裕次郎が唄うのは「大島節」。

本作にはキャメラテストも兼ね、新人俳優だった赤塚親弘がセスナ機捜索のために、空港で遭難機について取材する記者役で出演。赤塚は、翌年赤木圭一郎と改名、裕次郎、小林旭と並ぶ「日活第三の男」としてドル箱スターとなる。また、本作は中平康監督が韓国で『青春不時着』（一九七四年）としてリメイクしている。

『紅の翼』は、昭和三十三年度の映画配給収入ランキングでは、三億六四九五万円で三位を記録した。

第二章 タフガイ裕次郎の時代
――昭和三十四（一九五九）年

日活宣伝部は前年に石原裕次郎に「タフガイ」のニックネームを命名、次々と主演作が作られ、裕次郎ブームは衰えることがなかった。前年には「俺は東京のタフ・ガイさ」もリリースされ、『紅の翼』のポスターの惹句で「タフガイ裕次郎」と表記されている。

このニックネームをきっかけに、日活では、小林旭をマイトガイと呼称、のちに二谷英明のダンプガイ、高橋英樹のナイスガイへと継承されていく。この年、獅子文六が発表した大衆小説「バナナ」には、《タフ・ガイ・ルックとかいって、石原裕次郎が着るようなものも、買い込むし》との記述もある。「タフガイ」とは、ハリウッド・スターのバート・ランカスターのニックネームだったが、日本では裕次郎の代名詞となっていた。

さらに前年半ばには、日活は裕次郎に続く若手スターの育成を目指して、小林旭、川地民夫、沢本忠雄を「日活三悪」と名付けた。時の首相・岸信介の「三悪（暴力・貧乏・汚職）追放」との口癖からの命名。この中でいち早く頭角を現したのが小林旭。裕次郎とは、前年の『錆びたナイフ』で共演。この年、『銀座旋風児』（九月二十日）、『ギターを持った渡り鳥』（十月十一日）のヒットでアクション・スターとして確固たる地位を築くこととなる。

一月には、六枚目となる、台詞入りLPアルバム「裕ちゃんの唄 貴女の唄」がリリースされた。

文芸映画の北原三枝と裕次郎
『若い川の流れ』一月十五日　田坂具隆監督

昭和三十四年、正月第二弾として公開された『若い川の流れ』は、年一作のペースで、文芸大作を手掛けてきた田坂具隆監督による、石坂洋次郎原作の青春大作。翌年、東映に移ることになる田坂にとっては、日活での最後の作品となる。『乳母車』、『今日のいのち』、『陽のあたる坂道』、そして『若い川の流れ』が作られてきた三年半は、裕次郎にとっても、日活にとっても、大きく変革し成長していく時間が流れていた。

「太陽族」の若者から、日本映画のトップスターとなり、「理想の青年像」とまで言われるようになった裕次郎。そのイメージは、すべて日活映画のなかで培われてきた。

この『若い川の流れ』は、これまでの文芸大作に比べると、スケールも含めて、のちに日活で作られていくことになる、『あいつと私』（一九六一年）などの石坂洋次郎原作の青春映画の味わいに近い。石坂洋次郎の原作は、週刊明星（タイトルバックで「週間」となっているのはご愛嬌）の創刊を記念して、創刊号から十二回にわたって連載されたものを石坂が推敲加筆して、角川書店から刊行した同名小説。

石坂が『「若い川の流れ」に期待する』と題して、プレスシートに言葉を寄せている。

《一群の若い男女の生態を、ユーモラスに且つ率直に描写したものである。都会風の滑稽趣味をねらったこの作品は、私の系列上でもまったく目新しいものである。》

これまでの石坂文学にあった地方都市を舞台にした、古いモラルの旧弊、主人公の出生の屈託、などの要素はない。都会に生きる若者たちの物語である。

社会人二年生のホワイトカラーのサラリーマンと、BG（ビジネスガール）の恋愛観と結婚観を、石坂らしい戦後のリベラルな新しいモラルのなかで描いている。一九五九年のトレンディ・ドラマでもある。その「モダン」な感覚は今も古びない。『乳母車』や『陽のあたる坂道』に見られた、暗さや屈託がまったくない。そういう意味で、のびのびとした青春映画であり、この後に沢山作られることになる、サラリーマン映画のルーツとしても楽しめる。

曽根健助（裕次郎）は入社二年目、東洋軽金属・総務部庶務課のサラリーマン。秋田の造り酒屋の一人息子で、東京の大学を出て、自由が丘に下宿している。同僚の北岡みさ子（北原三枝）は、専務の川崎大三（千田是也）一家と、個人的な付き合いをしている。ある土曜、健助は専務から「大切なもの」を自宅に届けて欲しいと頼まれる。専務宅では美しい娘・川崎ふさ子（芦川いづみ）が、健助を待ち構えていた。実は、専務の仕組んだいたずらで、ふさ子の花婿候補として健助を差し向けたのだった。

冒頭のエピソードで女の子には無関心の健助のキャラクターを印象づける。計略見合い、テニスコートでのふさ子とのデートへと、実に心地よいテンポで展開する。「テニスコートの恋」と言えば、この年、ご成婚した皇太子殿下と正田美智子さんを連想させる。

もちろんみさ子も健助に好意を寄せている。しかし安易な三角関係に発展することなく、裕次郎、北原三枝、芦川いづみの三人の「本当の彼氏、彼女探し」が、ユーモラスに描かれる。石坂文学であり日活映画なので、それぞれの心理を言葉にして、明確な自己主張をしていく。

丸の内の若いサラリーマンやBGのライフスタイルや、日活スコープいっぱいに広がる東京風景は眺めているだけでも楽しい。タイトルバックが開けて、日本橋のデパート白木屋の屋上が大写しとなる。キャメラが縦に横に写すのが、日活本社屋上から撮影した晴海通りの雑踏。

みさ子と健助が初めてデートをするアフター5。丸の内から皇居のお堀端を歩く。そこで二人はチンピラ学生に絡まれる。実は、みさ子の弟・北岡靖男（川地民夫）というオチも愉しい。

二人が入るステーキ・ハウス「フランクス」は、裕次郎の友人・フランク榊原が経営するステーキハウス。裕次郎はこの年の暮れに経営に参加した。画面からは裕次郎と北原三枝の睦じい雰囲気が伝わってくる。日活宣伝部の小松俊一「俺の裕次郎」によると、報知新聞の企画で巨人の長嶋茂雄と裕次郎が初めて対談したのが、「フランクス」だったという。

生粋の裕次郎ファンである映像作家のかわなかのぶひろは、昭和三十年代後半、裕次郎の経営という理由で、このフランクスに勤めていたことがある。かわなかによれば《映画『若い川の流れ』に使われていたし、週刊誌などにもとりあげられていたので、当時の裕次郎人気を考えると応募者が殺到したはずである。》（「映画・裕次郎がいた」月刊イメージフォーラム・一九八七年十月増刊）と述懐している。

そして、みさ子の「満腹になるとシアワセな気分で空の散歩をしたくなる」という癖で、夜のビルで二人が歩くシーンには、昭和三十四年の東京の夜の空気が流れている。別れ際、二人が立ち話をするのが、この『若い川の流れ』も封切られた、日活映画の殿堂・丸ノ内日活劇場の前。

上京してきた秋田の父・曾根正吉（東野英治郎）は入り婿で、母・曾根とみ子（轟夕起子）の尻に敷かれている。それに甘んじることが、父の幸福な人生だったという解釈。この母の存在が、映画を豊かにしている。父に似て、女性心理はてんでダメな健助への、女性の扱い方指南、そして二人のヒロインの品定め。轟が理想的な母親をユーモラスに演じている。

ドラマの要となるのが、ふさ子の誕生パーティ。健助はそこで、大学の同級生で、今はCR放送の音楽プロデューサーである室井敬三（小高雄二）と再会する。彼がふさ子をめぐるライバルと知った健助が、ご自慢の「秋田音頭」を唄うシーンも楽しい。パーティの客として、ノンクレジットながら赤塚親弘＝赤木圭一郎が出演している。

こうして様々なドラマを重ねて、健助とみさ子、そしてふさ子は、ベストパートナーを見つけることができるのか？　この映画の裕次郎たちの若々しさ、爽やかさは、時を経ても色あせない。『若い川の流れ』は一九五九年型「婚活」ムービーとしても楽しめる。

　三月には、前年の夏にレコーディングしていた「二人だけの夜」（作詞・猪又良　作曲・村沢良介）／「ふるさとへ帰ろうよ」（作詞・門井八郎　作曲・上条たけし）がリリースされた。

『今日に生きる』　三月十日　舛田利雄監督

和製西部劇の醍醐味

　『嵐を呼ぶ男』のビッグヒットにより「裕次郎時代の幕が開けた」とは井上梅次監督の言葉だが、昭和三十四年にかけて、裕次郎映画の快進撃は日活アクションというジャンルの中核をなしてゆく。そのフォロワーとして、日活がこの年、アクションスターとして大々的に売り出すのがマイトガイ・小林旭。タフガイ・裕次郎と共に、日活アクション王国を築いてゆく。小林旭が和製西部劇「渡り鳥」シリーズでブレイクするのは、この年の秋のこと。

　この『今日に生きる』は、その第一作『ギターを持った渡り鳥』（十月十一日公開・齋藤武市）の先駆けともいうべき、舛田利雄作品。舛田にとっては、前年の『赤い波止場』以来の裕次郎映画となる。

　脚本は、後に小林旭の「渡り鳥」「流れ者」両シリーズで、無国籍映画と呼ばれる和製西部劇を展開していくことになる山崎巌と、舛田組の助監督でやはり後に『夜霧よ今夜も有難う』（一九六七年）などの裕次郎映画のメガホンを執る江崎実生。この二人は、舛田監督の第二作で小林旭がアクションスターの大器を感じさせた『夜霧の第二國道』（一九五八年）の脚本コンビでもある。

　裕次郎にとっては、文芸大作『若い川の流れ』に次ぐ、この年の二作目『今日に生きる』は、まさしく和製西部劇の名に相応しい男性活劇。舛田監督によれば、傑作西部劇『シェーン』（一九五三年・ジョージ・スチーブンス）の世界をヒントに、オリジナルシナリオを山崎巌、江崎実生と共に練ったという。

　北関東の架空の工業都市・宇《う》山《ざん》市。非道な三国伸介（金子信雄）の三国運輸と、善良な山田一郎（二谷英明）の山一運輸が、鉱山の運搬権利をめぐって激しく対立していた。そこへフラリと現れたのが、革ジャン姿の風来坊・城俊次（裕次郎）。トラック免許を持つ俊次は、三国運輸にごっそり運転手を引き抜かれてピンチに陥っていた山一運輸の世話になることに。

　一郎の妻・節子（南田洋子）と、小学一年生になる息子・明

（江木俊夫）は、短気で性急な一郎とは正反対の俊次を歓迎する。『シェーン』の設定そのままである。滑り出しから西部劇の典型的な構成の脚本は、裕次郎をカッコ良く見せることに専念。山一運輸を牧場、トラックをキャトル・ドライブに置き換えれば、西部劇そのもの。また、鉱山の交通課長・佐野（高原駿雄）と三国の癒着で、山一運輸が追いつめられていく様は、高度成長下の中小企業の姿ともダブる。三国の陰謀により、一郎は謀殺されてしまう。残された節子と明のために、俊次は真っ向から三国運輸と戦うことを決意する。

こうした西部劇的プロットに加えて、裕次郎映画らしいのは、俊次の過去をめぐるドラマ。幼くして父親を亡くし、母一人子一人で暮らしてきた俊次が、なぜ風来坊となったのか？　その鍵を握るのが、駅馬車ならぬ国鉄常磐線で宇山駅に降り立つ矢代ユミ子（北原三枝）。俊次の従姉で婚約者の彼女が勤めるのは、西部のサルーンならぬ宇山センターという娯楽施設。

父を失った明に、かつての自分をダブらせる俊次。葬儀シーンのシンクロは、過去と現在をつなぐドラマの要でもあり、ここで観客は主人公の内面を知ることとなる。一郎の死の意味、哀しさをまだ実感できない幼い明を、名子役・江木俊夫が好演している。江木はこの一ヶ月後、『二連銃の鉄』（四月二十二日）でも、小林旭を慕う少年役を演じ「渡り鳥」シリーズで、この手の少年を演じていくことになる。また、俊次の回想シーンで、中学生時代の俊次を演じているのが、少年時代の三浦和義。のちにロス疑惑でマスコミを賑わせる三浦は、水の江滝子の甥で、翌年の『喧嘩太郎』でも裕次郎の少年時代を演じている。

やはり男性活劇に欠かせないのが好敵手。三国運輸の運転手で腕力自慢のワイルドな安西勇を演じているのが宍戸錠。裕次郎と宍戸錠の壮絶なファイトシーンは、男騒ぎのする映画を得意とした舛田映画ならではのダイナミックなもの。宍戸錠も本作での好敵手ぶりが評価され、『ギターを持った渡り鳥』では小林旭の好敵手、『拳銃無頼帖　抜き射ちの竜』（一九六〇年・野口博志）では赤木圭一郎の好敵手として、日活アクションを支えていくこととなる。

挿入歌は、俊次が繰り返し唄う童謡「待ちぼうけ」（作詞・北原白秋　作曲・山田耕筰）。俊次の少年時代の屈託や寂しさが窺え、明とのコミュニケーションの曲となる。このあたりが実に心憎い。

裕次郎の失踪

三月六日、『今日に生きる』はアフレコが終わりクランクアップした。裕次郎は、スタッフや大部屋の役者たちと『狂った果実』や『月蝕』にも登場した横浜のナイトクラブ「ブルースカイ」に来ていた。裕次郎は、高校時代からの仲間、「かぎ家の謙ちゃん」こと山本謙一を葉山から呼び出した。山本が来て、しばらくして裕次郎はトイレで「黙って俺と一緒に来てくれるかい」と山本とタクシーで、横浜駅へ向かい、最終の寝台特急「つばめ」に乗り込んだ。

立て続けに舞い込んで来る映画企画が、あまりにも同工異曲で、「こういう映画にしたい」という自分の意見も会社には通らない。そうした日々に嫌気が差して、失踪してしまったのである。

心身ともに疲れ果てた裕次郎は二週間、関係者も知らない場所に、姿を消した。「何とか一人になって昔に戻りたい」「短い時間でいいから自由になりたい」という気持ちからだった。二人とも財布にはほとんどお金がなかった。途中、知り合いにお金を都合してもらいながら、京都から六甲山、神戸へと旅を続けた。

高校時代からの地元の親友・山本を誘ったのも「あの頃の自分に戻りたい」という気持ちからだった。小樽の幼稚園を脱走して、友達を誘って一日中遊んでいた幼少期の裕次郎の姿と重なる。

さて神戸に着いた二人は、花隈町の料亭「松廼家」に向かった。この店は、裕次郎の父・潔の行きつけだった。この頃、裕次郎は「このまま行っちゃったら俺はどうなるんだろうというジレンマ」があり、「何とか一人になって昔の俺に戻りたい。短い時間でいいから自由になりたい」と悩んでいたのだ。

失踪の直接的な動機は、文芸作品『山と谷と雲』のために、北原三枝が自慢の長い髪をバッサリ切ってしまったことにあった。北原の黒髪は裕次郎のお気に入りだったが、いくら仕事とはいえ、なんの相談もなく、ということが導火線に火をつけてしまったようだ。

《これもね。今は本当に申し訳ないと思いますけど、些細なね、男女の恋人同士のけんかといいますかね。裕さんはきっかけが欲しかったんですね。一つね。その時「裕さん、そう言うことじゃないのよ」と私がもっと思いやりを持って接してあげていれば、何でもなかったんですよね。それをね「売り言葉に買い言葉」的になって、つまらないことで反発し合っちゃったの、二人が。そして裕さんの精神状態がギリギリのところへ行ってて、「何とかして休みたい」ということで。けんかをきっかけにしてね。》（石原まき子インタビュー・二〇一二年六月）

その頃、裕次郎はパターン化されて、なんのヒネリもない映画の企画に辟易していた。自分からこれぞと企画を提案しても、プロデューサーや会社は取り合わない。俳優にも作品を選ぶ権利があると考えていた裕次郎はストライキをすべく実力行使に出たわけだ。

「大スターの失踪」は日活を揺るがし、大部屋の深江章喜や黒田剛たちも、心当たりを探し回ったが、その行方は杳として知れなかった。

この時の心境を裕次郎はあとで、こう語っている。

《前々から恐しかったんですけど、自分がスポイルされた生活とそうはされまいとする意識、虚像と実像の相剋……ま、キザに言うとそんなことですね。ぼくらの（大学の）同級生はまだ卒業してませんが、既に僕の出演料は百五十万くらいになっていたんですから、恐ろしいですよ。このまま行っちゃったら俺はどうなるんだろうというジレンマがあったんでしょうね。学校つまんないから辞めちゃおうって言ったものの エライことしたなみたいなね、そういう壁にぶつかっていた。》（「石原裕次郎…そしてその仲間」）

裕次郎は兄・慎太郎には、自分の居所を電話で伝えていた。兄弟にとっては、亡父の所縁の場所でもあった。花街に立つ娼婦が「裕ちゃん」を見つけ、日活首脳部に伝わってしまった。

裕次郎にしてみれば、突然の失踪ではなく、最初から計画していたことだった。『今日に生きる』のクランクアップを待って、次の作品までの間と決めていた。会社やスタッフに「迷惑をかけちゃいけない」とまず考えての行動だった。怪しまれないように、二月なのにわざとゴム草履にジーパン、ジャンパーの普段着を着ていた。これも計算のうち。無謀なようで周到。やんちゃなようで気配りの人・裕次郎らしい。しかし、裕次郎は《この辺が潮時、これ以上やってると手前で手前が分かんなくなっちゃうと思っていた》（前掲書）。

この大スターの失踪劇は、その後週刊誌などで報道されたが、真相は本人のみぞ知ること。週刊平凡（一九五九年九月二日号）によると、『今日に生きる』公開の翌日、三月十一日に裕次郎は、照明の藤林甲、日活演技事務の坂本正らと共に、大阪の封切館で鑑賞、翌日には帰京している。これもまた伝説の一つである。

裕次郎の男性的魅力に溢れた活劇

『男が爆発する』　四月二十八日　舛田利雄監督

前述のように裕次郎は失踪するも事なきを得た。裕次郎の会社に対する不満や要求は少しずつ認められていたが、会社が頑として首を縦に振らなかったのが、かねてから交際中の北原三枝とのことだった。

さて、失踪騒ぎが落ち着いて、すぐにクランクインしたのがゴールデンウィーク大作。日活はドル箱の裕次郎が頼みの綱でもあった。監督には、裕次郎が全幅の信頼を置いていた舛田利雄が連続登板。舛田監督にとっては、前年『心と肉体の旅』でデビューして以来、初めてのカラー作品。舛田によれば、最初は原作も企画すらもなく、裕次郎でゴールデンウィーク作品を、という会社の意向だけだった。

そこで、柴田錬三郎の週刊現代連載小説をもとに、山崎巌と助監督の江崎実生が、舛田監督と共にプロットを作り、一気に脚本を仕上げた。それゆえにポテンシャルが高く、裕次郎をいかにカッコ良く見せるか？　洋画に慣れた男性観客をいかに楽しませるか？　舛田流の娯楽映画のエッセンスが凝縮され、豪快な痛快作に仕上がっている。

舞台は、軽井沢のほど近く、雄大な八ヶ岳の光景が広がる長野県佐久平。冒頭、汽車が到着して、国鉄の乗務員（青木富夫）が「佐久平」と駅名を呼ぶときに、「さくでえら〜」とにごっているが、これはローカリズムを強調する演出。

前作が西部劇の「風来坊もの」とするならば、こちらは「牧場もの」。頑固な父親が開拓して、今では一つのコミュニティとなっている牧場やその周辺の共同体に、レジャー開発の波が押し寄せてくる。それに立ち向かうヒーローというシンプルな図式に、主人公の出生の秘密、ヒロインに差す暗い影と、その夫の悪事が描かれる。しかも主人公の異父兄が、コミュニティを脅かす開発者の手先という設定で、西部劇の構図に、日活映画らしい「主人公をめぐる屈託」、特に裕次郎映画では繰り返されてきた、『エデンの東』的な「兄弟の確執」を盛り込んでいる。

裕次郎には、婚約者・浅丘ルリ子がいるのだが、裕次郎に惚れている男勝りの活発な白木マリを配し、その兄・二谷英明と裕次郎の確執など、さまざまな趣向が用意されている。北原三枝のヒロインは大人の女性、しかも巨悪の妻で、ほのかな感情は芽生えるも主人公との恋愛には至らない。

八ヶ岳山麓に広がる、室戸米次（滝沢修）と息子・謙作（裕次郎）が経営する佐久平牧場が、八ヶ岳山麓開発株式会社に乗っ取りを企てられる。謙作は、父の喧嘩相手・古平常三郎

(佐々木孝丸)の一人娘で、保育園の先生・千枝子(浅丘ルリ子)と交際をしているが、一方では開拓者・佐久間紋太(二谷英明)の妹・夏子(白木マリ)にも慕われている。紋太は沖縄で強制労働から逃げ出した過去のある男。

ほどなく父・米次が亡くなる。その後、謙作は、農夫達と対立、リーダー格の紋太と対決する。さらに牧場乗っ取りをもくろむ伊達功(小高雄二)が、謙作の異父兄弟と判明する。二人の母、伊達兼子(木暮実千代)はコールガール組織の元締めで、伊達功の父は、政財界の黒幕・興部東吾(柳永二郎)という設定で、長野県の大自然の農場のドラマと、東京を舞台にした汚職をめぐるドラマが同時進行してゆく。

北原三枝が演じる宇津蕗枝は、大金を抱え自殺を計ろうと八ヶ岳を訪れる美貌の人妻。その夫・耕次郎(金子信雄)は牧場乗っ取りを企てる開発会社の経営者。クライマックス、伊達功は殺し屋(深江章喜)に謙作の命を狙わせるが、逆に傷ついて倒れてしまう。複雑な人間関係のなか、豪快なアクションが展開される。

前半、蕗枝の自殺を食い止めようとした謙作が銃を暴発させ、眼を怪我して、東京の病院に入院する。その費用の工面に困った謙作と付き添いの夏子が病院から逃走するシーンがユーモラス。二人が息せき切って駆けて来るのは、国鉄原宿駅前、大きい通りは表参道。現在のファッショナブルな街のイメージとはかけ離れ、東京の空はどこまでも青い。

父との確執で出奔した母・伊達兼子には、舛田監督の要望で松竹の大女優・木暮実千代。その母から小遣いを貰うシーンの裕次郎の屈託のなさ。母と息子の会話には、日活青春映画や『陽のあたる坂道』などにも通底するアイロニカルなムードが漂う。アクション映画でも、こうした描写を重ねて、主人公の明るさと、時折匂わせる暗い影を、観客に伝える。これは日活特有のテイストであり、こうした人物造形が、繰り返されながら洗練され、後のムード・アクションというジャンルにつながっていく。

また、二谷英明と裕次郎の殴り合いの男っぽさは、舛田映画で繰り返され、『赤い谷間の決闘』(一九六五年)の渡哲也と裕次郎の「男と男の世界」へと発展していくこととなる。そういう意味では、後の日活アクションの要素が散りばめられた、ルーツ的作品といえるだろう。

裕次郎のレコードでは、四月には「男の心に星が降る」(作詞・門井八郎　作曲・上原賢六)が原田美恵子の「帰って来た人」とのカップリングで、五月には「清水の暴れん坊」(作詞・大高ひさを　作曲・上原賢六)が一戸竜也「別れ汐風」とのカップリングで発売された。

男泣きする裕次郎……

『山と谷と雲』　五月三十一日　牛原陽一監督

失踪騒ぎ、北原三枝とのロマンスなど、裕次郎のプライベートについて、さまざまなゴシップが芸能雑誌の誌面を飾るなか、男性活劇が二作続いてきた裕次郎映画だったが、正月第二弾の『若い川の流れ』に次ぐ文芸作品が『山と谷と雲』だった。当初は田坂具隆監督の予定だったが、失踪事件でクランクインが延期され降板。そこで監督は名匠・牛原虚彦の子息で、日活アクションのエース監督のひとりとなる牛原陽一が抜擢された。脚本はのちに時代小説作家・隆慶一郎となる池田一朗。

原作者・檀一雄は「最後の無頼派」として戦後の文壇で活躍した作家。女優・檀ふみの父親としても知られ、妻・律子の没後に書いた連作「リツ子 その愛」「リツ子 その死」は、自らの心情を赤裸々に綴った私小説でベストセラーとなった。料理研究家としてもマスコミに登場し、二十年以上にわたって書き続けたライフワーク的な「火宅の人」は、昭和六十一（一九八六）年に深作欣二監督により映画化され、大きな話題となった。

『山と谷と雲』は、その檀一雄が昭和三十一（一九五六）年に発表した「女の山彦」の映画化となる。この頃、檀は後に「火宅の人」で描くことになる舞台女優との関係があった時期。映画で金子信雄演じる流行作家・牧戸一郎には、檀一雄自身が投影されている。また、舞台の山梨県は、檀一雄の故郷（山梨県南都留郡谷村町）でもあり、そういう意味では、「山と谷と雲」もまた私小説的な側面がある。

キャッチコピーに《男泣きする裕次郎の新魅力！》とあるが、裕次郎演じる主人公・牧戸次郎は、無敵のヒーローではなく正義の人でもない。山を愛する自由人であり、一切、人物撮影をしないこだわりを持つキャメラマン。しかも、北原三枝扮する有馬寿々子は、次郎の兄・牧戸一郎（金子信雄）の妻である。兄嫁と義弟のほのかな恋情、美しい山の風景。文芸の香り高いメロドラマとして『山と谷と雲』は企画された。アクションが続いた裕次郎の新生面をというプロデューサー・水の江滝子の戦略が、原作のセレクトから窺える。

映画は、牧戸次郎（裕次郎）が、雪山で雪崩に遭うところから始まる。兄・牧戸一郎は二度の結婚に失敗した流行作家。ボヘミアン的人生に嫌気が差して、山梨県の旧家の娘・有馬寿々子（北原三枝）に、作家・古田（清水将夫）を介して求婚する。そこへ弟の遭難の報が入り、大けがをした次郎を寿々子が看病することに……。冒頭のエピソードで長男と次男の性格を描き分ける。鮮やかな滑り出しである。

やがて、都会を引き払った一郎が、青木湖畔に一軒家を建てて寿々子との新生活をはじめる。田舎の人々とも自然に触れ合うことができる次郎と対照的に、都会人である一郎は、寿々子との田舎暮らしにも嫌気が差して出奔してしまう。自分では抑えることのできない、次郎と寿々子の恋愛感情を、敏感に察知してのことでもある。

次郎と対照的な一郎と結婚することへの抵抗を見せない、寿々子は故郷から一歩も出たことがない、また出る気もない、古風な女性。それゆえ次郎は、兄嫁に対する一郎の仕打ちが許しがたい。そんな次郎に、寿々子と結ばれるように勧める、山男の信吾（安井昌二）の豪放磊落なキャラクター。男の身勝手、男の純情、そして男の行動力が描かれ、最後の無頼派・檀一雄の小説世界を、裕次郎映画に置き換えている。

一郎の孤独や、焦燥、逃避する心情。アクション映画での悪漢が多い金子信雄の繊細な演技。そして、北原三枝の女優としての演技力。女性映画として観ることで、もう一つの世界が広がってゆく。

この映画の裕次郎は、実に爽やかで、理想的な好青年である。特に、村人が反発するなか村の少年・安雄（寺田耕児）と心通わせてゆくエピソードが印象的。次郎の小屋の完成パーティで、安雄と唄う「ペチカ」（作詞・北原白秋　作曲・山田耕筰）の暖かさにその人柄が出ている。

ラストの裕次郎の「男泣き」まで、まさしく裕次郎の「新魅力」に溢れる、文芸映画の佳作である。

『山と谷と雲』がクランクアップした五月、裕次郎は「大島ヨットレース」に出場、念願のセーリングでストレスを発散。六月には、成城一丁目の豪邸が完成。

そして六月十二日、裕次郎は日本映画初のヨーロッパロケに出発した。

『世界を賭ける恋』七月十二日　滝沢英輔監督
日本映画初の欧州ロケを敢行

日活製作再開五周年記念映画『世界を賭ける恋』は、日本映画としては初の本格的ヨーロッパロケ作品として、クランクイン前から大きな話題となっていた。公開に先駆けて上映された特報では、欧州ロケに出発する裕次郎の壮行会や、見送る人々の姿、原作者・武者小路実篤の姿などが活写されている。当時海外ロケが、いかに特別なものだったかは、この特報から溢れる「晴れがましさ」が伝えてくれる。

原作は武者小路実篤の「愛と死」。昭和十四（一九三九）年に発表された純文学で、戦前から、若者の愛読書として親しまれてきた。原作では、主人公の村岡は新進小説家。友人の妹・野々村夏子と愛を育み、二人は婚約をする。幸せをかみしめながら巴里への洋行に旅立った村岡は、帰りの船で、夏子が突然に亡くなった報せを受ける。未婚のまま帰らぬ人となった夏子の墓標には、村岡ではなく野々村夏子と書かれ、村岡の悲しみと無念はより深いものとなる。

小説のヒロイン、野々村夏子は、明るい性格で、人前で宙返りを披露するような快活な女性として描かれ、前半、村岡と夏子が愛を育んでいく展開は、昭和十四年当時の人々にも、多くの共感を持って迎えられた。

いわば古典ともいうべき「愛と死」を、原作のエッセンスそのままに、裕次郎映画に脚色したのが棚田吾郎。戦後、大映の『轟先生』（一九四七年・島耕二）を皮切りに数多くのシナリオを手掛けてきた才人。喜劇からメロドラマ、時代劇まで、情感タップリの作風は、ベテラン監督たちからも高い評価を受けていた。昭和十四年の男女の恋愛感覚は、四半世紀の後に映画化するにあたっても、そのまま活かされている。

《それで私は昨晩、結婚式のことを想像しました。あなたはきっと気むずかしい顔をなさるだろうと思いました。私はうつむいていることにきめました。二人は他の方が見ない時に、ちょっと横目で見合って笑うだろうと思います。》（武者小路実篤「愛と死」）

夏子の手紙は、原作のテイストをそのままシナリオに引用している。それほど原作の「愛と死」が普遍的に描かれているからだろう。ベテランの滝沢英輔監督の演出も、村岡と夏子の出会いから、二人の感情が燃え上がってゆくプロセスを丁寧に描いている。

映画では裕次郎は小説家ではなく、新進気鋭の建築家・村岡雄二。批評家・野々村欽也（葉山良二）の妹・夏子（浅丘ルリ子）は、宙返りが得意なお転婆娘。社交的な夏子にアタックする男たちを尻目に、夏子と村岡は愛し合うこととなる。

野々村欽也の誕生パーティの「隠し芸大会」で、不器用な村岡が指名されて困っていると、その代わりを夏子が買って出て「稗つき節」（宮崎県民謡）を唄う。滝沢英輔監督は、前年、浅丘ルリ子と小林旭の『絶唱』でも、二人の愛の相聞歌として「木挽き唄」を効果的に使っているが、本作でも「稗つき節」は、夏子と村岡の「愛のテーマ」的に使われている。

お転婆で快活な夏子に惹かれた村岡は、自分が勤務する大学の工学部の三十周年記念祭のステージに上がって欲しいと、夏子に依頼する。その記念祭の当日、覆面歌手として登場した夏子は、プロ歌手も顔負けのうまさで「流れのジプシー娘」を披露する。裕次郎映画なのに、浅丘ルリ子がメインで唄うのは、演出とはいえ、最高のファンサービスだったことだろう。ちなみにこの曲は、矢野亮作詞・飯田三郎作曲で、昭和三十一年十二月に大津美子の歌でキングレコードから発売されている。

上映時間一時間四十五分の大半をかけて、村岡と夏子の「愛」のプロセスを描いている。ローマのビエンナーレに出品する村岡の三ケ月の欧州滞在が決まり、二人は婚約。最高の幸せを噛み締めながら、機上の人となる村岡。後半の海外ロケ・シーンでも、村岡の帰りを待つ夏子との書簡がドラマの要となる。二人の気持ちがピュアなだけに、いつの時代にもどんな世代にも、この愛は微笑ましく感じられる。

さて、裕次郎たちロケ隊一行は、昭和三十四年六月十二日、羽田空港を出発。スウェーデン、ノルウェー、デンマークの北欧三国をはじめ、フランス、イタリアで撮影を敢行し、七月九日に帰国している。

映画では村岡は、アンカレッジ経由でコペンハーゲンに到着。羽田を発って三十時間の空の旅を終え、北欧の小パリと呼ばれたコペンハーゲンを見物。ストックホルムでは村岡のいとこ・聡（二谷英明）が出迎える。ストックホルムが村岡の滞在場所となり、そこからローマ、パリへと回ることとなる。

海外旅行が庶民にとっては「夢のまた夢」だった時代、裕次郎が颯爽と欧州各国を歩く姿は、それだけで見ものだったに違いない。このヨーロッパロケの旅日記として、裕次郎の企画・監修による『裕次郎の欧州駈けある記』（八月三十日）が作られている。

やがて「愛と死」の「死」が訪れる。夏子が粟粒性肺結核で亡くなったという訃報に、愕然とする村岡の気持ちは、丁寧な描写が続いてきただけに、観客にもショックな展開。続く、原作でも重要となる夏子の墓についてのエピソード。村岡の職業を建築家としたことで、「夏子の墓を設計しよう」と誓う。棚田吾郎脚色、滝沢英輔監督の「置き換え」が生きてくる。見事なラストとなっている。

『世界を賭ける恋』は、昭和三十四年度の映画配給収入ランキングでは、配収二億七七八九万円で四位を記録した。

テイチクからは、七月に「千切れ飛ぶ愛情」（作詞・池田充男　作曲・上原賢六）／「夜霧のサンパウロ」（作詞・猪又良　作曲・村沢良介）、映画主題歌『世界を賭ける恋』（作詞・大高ひさを　作曲・上原賢六）／「俺の巴里」（作詞・大高ひさを　作曲・

大久保徳二郎）、八月には「星の見えない街」（作詞・上村しげる作曲・上原賢六）／「地獄の横丁」（作詞・猪又良　作曲・村沢良介）、そして映画主題歌「俺らにゃ俺らの夢がある」（作詞・大高ひさを　作曲・佐藤勝）／「男なら夢を見ろ」（作詞・島田磬也作曲・真鍋理一郎）が発売された。

『男なら夢をみろ』　八月九日　牛原陽一監督

不良性感度をたたえた裕次郎のワルぶり

この年、お盆興行を飾った『男なら夢をみろ』は、裕次郎映画としては『男が爆発する』以来のアクション映画となる。『山と谷と雲』、『世界を賭ける恋』と文芸映画が続いただけに、久々といっても三ヶ月ちょっとだが、当時の興行サイクルでは満を持しての登場だった。男性ファンは喝采を送ったことだろう。

ここで裕次郎が演じたのは、肩で風を切る、威勢の良いヤクザ。ダーティなアウトロー役としては、前年公開の『赤い波止場』以来となる。ワルでタフ、しかも滅法強い。

雨宮組の経営するキャバレー「CALBO（カルボ）」の前で、チンピラのピン（神戸瓢介）に絡まれた、高石健太郎（葉山良二）と小野寺由紀（芦川いづみ）が、雨宮組の古川（深江章喜）に因縁をつけられる。学生服の二枚目・葉山良二が、これぞ日活のワル！　という面構えのバイプレイヤー・深江章喜の古川に、一撃でノサれるかと思いきや、反撃をする。意外だが健太郎は腕っ節が強い。

「しっかり！」と笑顔で声援を送る由紀。こういう時の芦川いづみの可愛さはピカイチ。日活アクションのヒロインは清純だけでなく、お茶目でなくてはならないのだ。

そこで古川はナイフを取り出す。単なる殴り合いが、傷害事件になる寸前、「バカヤロ！」の声。続いて、足下からパンをすると、両手をポケットに入れたまま、睨みを利かせる長身痩躯の裕次郎が現れる。

この「脚から頭へのパン撮影」というのは、『鷲と鷹』から始まった裕次郎登場のセオリーだった。この頃の裕次郎のパンツ姿がハイウエストなのも、股下九十センチ（公称）の長さを強調するものだった。

検事志望の健太郎と、雨宮組のヤクザの夏雄（裕次郎）は幼なじみ。昭和二十年の東京大空襲で、両親を失った二人は、終戦後、闇市でたくましく生きてきた。健太郎は、刑事の小野寺耕一（滝沢修）の養子となり、その娘・由紀と育った。しかし、夏雄を焼け跡で拾ったのは、雨宮組のボス、雨宮隆太郎（富田仲次郎）だったために、夏雄は暗黒街で生きてきた。出発点が同じ二人が、その後、どういう人生を歩んで来たか？　裕次郎の初登場シーンでそれが明確となる。

裕次郎と葉山良二の境遇の違いによる対立と友情。そして、二人が想いを寄せる可憐な芦川いづみ。脚本の小川英と池田一朗は、日活アクションをささえたシナリオ作家。裕次郎をカッコ良く見せること、クライマックスへのドラマ運びは、「これぞ日活アクション！」の王道を感じさせてくれる。

滝沢修、富田仲次郎、汚職刑事・笹塚を演じた三島雅夫。三人のベテラン俳優が演じる、大人たちの汚さ、醜さ、憎々しさ。この三人は、いずれも後に「座頭市」シリーズなどで悪役を演じているが、老獪さにかけてはいずれ劣らぬ名優である。同時に若手が演じた悪役も魅力的。労咳の殺し屋・竜平を演じた草薙幸二郎、ふてぶてしい宿敵・横地に扮した垂水悟郎。いずれも、この年あたりから一九六〇年代前半の日活アクションで、数々の個性的な殺し屋や悪役を演じていくことになる。

日活映画らしさに溢れる、裕次郎、芦川いづみ、葉山良二の三角関係。アクション映画ではあるが青春映画のテイストにも溢れている。夏雄と由紀の関係に嫉妬をするのが、夏雄の情婦で踊り子の安城リエ（清水まゆみ）。『赤い波止場』からスポットライトを浴びてきた清水まゆみは、このあと、和田浩治主演のアクション・コメディでティーンの活発な女の子を演じていくだけに、ヴァンプ役は少し背伸びをしてるようで、微笑ましい。

《振付はターキー（水の江滝子）さんに教えて頂いたんです。ターキーさんは元ＳＫＤ（松竹少女歌劇）のトップスターでしたから、マンツーマンでダンスの型を教えてくださるんです。それがうまくできなくて。しかも本番だとあの衣装を着て、スポットライトを浴びて、たくさんの人の前で、階段を降りながら踊るでしょう。本当は恥ずかしくて仕方ないのに、そうも言ってられない。

せっかく、デビューしてここまでやってきたのに、と思って頑張りました。当時は水着になるのもイヤで、後ろ姿で振り向くようなポーズで撮ってもらっていましたから。》（清水まゆみインタビュー・二〇一八年八月）

キャバレー「ＣＡＬＢＯ」や、悪の巣窟となる雑居ビルのセットは、名手・木村威夫によるもの。手前に伸びて来る階段や、空間の切り取り方は抜群のセンスを感じさせる。クライマックスに夏雄が敵のアジトに乗り込むシーンを見ていると、このシーンのために設計されたことがよく分かる。

由紀が洋裁学校に通っているという設定なので、当時の最新モードも楽しめる。衣装はもちろん森英恵。発表会でのウエディングドレスのシルエットは、森英恵らしさに溢れている。それを着こなす芦川いづみのキュートさ！

この映画の前週、日活では小林旭の『南国土佐を後にして』（八月二日・齋藤武市）が公開された。タフガイ裕次郎とマイトガイアキラによる、アクション映画黄金時代が本格的に始動した。日活ダイヤモンド・ラインの礎が出来上がっていく。

『男なら夢をみろ』は、昭和三十四年度の映画配給収入ランキングでは、配収二億〇六四七万円で九位を記録した。

八月十七日、裕次郎は北原三枝と三日間の北海道旅行に出かけた。幼き日の想い出の地を訪ねての休暇だった。ところが小樽で早速新聞記者にかぎつけられ、羽田空港に到着した途端、フラッシュを浴びた。裕次郎と北原の交際にメディアの注目が集まっていた。

『裕次郎の欧州駈ける記』八月三十日

企画・監修　裕次郎によるロケ日記

この『裕次郎の欧州駈ける記』は、いわゆる劇映画ではなく、欧州三ヶ国ロケを敢行した大作『世界を賭ける恋』撮影の合間に撮られたプライベートフィルムによる旅日記。日本映画初の欧州ロケと銘打たれた裕次郎一行のロケーションは、六月十二日から七月九日にかけて行われている。日活宣伝部発行のプレスシートによると『世界を賭ける恋』北欧ロケ終了後の一週間、裕次郎が休みを返上して撮って来たものとされている。パリ〜ソレント〜ナポリ〜ストックホルム〜オスロ〜コペンハーゲン〜ハンブルグ〜スイスと、ヨーロッパの名所旧跡を裕次郎自らが案内するという構成。

プレスのキャッチコピーには《アルプスの雪渓、セーヌの湖畔、ナポリの海辺、ポンペイの廃墟……。北欧から南欧へ名所旧跡に微笑む裕次郎の素顔!!》《あなたと裕次郎の欧州旅行》とある。

映画雑誌のグラビアや特集では、普段着の「裕ちゃん」のプライベートが、ファンのために記事として取り上げられることが多かったが、こうした映画は一部の芸能ニュースにはあったものの、カラー、日活スコープの大きな画面に登場する裕次郎の素顔は、ファンにとって何よりの贈り物だった。

企画・監修・出演は裕次郎自身。巻頭のナレーションで裕次郎が「僕がこんな風にして何の役もなく、映画に出るというのは初めてのことで、実はね、ちょっと戸惑っているんです」とはにかみながら語っている。全篇にわたって素顔の裕次郎の魅力が満載されている。

また各地の風俗を紹介するだけに音楽は重要、『世界を賭ける恋』の音楽は佐藤勝だが、こちらは黛敏郎。ヨーロッパ各地の風俗やイメージを音楽に置き換えることに成功している。日活所蔵の音楽シートによると、昭和三十四年に録音されている。シートには「裕次郎一人歩き」とあるので、録音時点では、まだタイトルは未確定だったようだ。

パリのシークエンスでは、ジョージ・ガーシュインの「巴里のアメリカ人」を思わせる音楽が使われている。「ジャズに続いて展開部、多少奇妙な感じの～続いてガーシュイン調～巴里のアメリカ人?」とメモが残されている。この頃のパリのイメージが窺える。

全体構成は助監督の鍛冶昇によるもので、海外の風俗を観客に伝えるために、音楽と色彩を効果的に強調させている。各地の民謡が随所に流れ、その土地の「色」が、裕次郎によって語られ、ビジュアルで展開していく。

ファンにとって、裕次郎の歌はお楽しみ。本作でも二曲、しかも未レコード化のオリジナルが唄われている。シャンソン「パリ お前の名はパリ」(作詞・谷川俊太郎 作曲・黛敏郎)、コンチネンタルタンゴ「空の青さはどこまでも」(同)。いずれもヨーロッパ風味の裕次郎ソングが楽しめる。

多忙を極めていた時期だけに、ヨーロッパで、旅を満喫してリラックスしている裕次郎の姿が印象的。海外への渡航が自由化され、日本人の海外旅行ブームが訪れるのは、まだ先のこと。庶民にとっては高嶺の花だった。そうした時代に裕次郎映画を中心に、日活では積極的に海外ロケを敢行していくことになる。『世界を賭ける恋』の北欧ロケをきっかけに、スペイン・ロケの『闘牛に賭ける男』(一九六〇年)など、毎年一作ずつ、裕次郎は海外ロケに出かけることとなる。

第三の男・赤木圭一郎との本格共演

『清水の暴れん坊』九月二十七日 松尾昭典監督

この年の秋、裕次郎と赤木圭一郎が、本格共演を果たした。日活アクション黄金時代の礎を築いたスターの裕次郎と、その新時代を担うべく大きな期待を寄せられていた赤木にコンビを組ませた、水の江滝子プロデューサーの企画は、スター映画全盛時代ならでは。

赤木は、昭和十四(一九三九)年東京麻布生まれ。昭和十九年、五歳の時に、空襲が激しくなったため江ノ島の片瀬海岸へ疎開、その後葉山に転居。湘南育ちの赤木は、成城大学在学中の昭和三十三年八月一日、日活第四期ニューフェースとして日活に入社した。同期には、田端義夫の付き人から日活入りした野呂圭介がいる。当初赤木は、本名の赤塚親弘としてエキストラ中心に出演。俳優修業の大部屋時代、数多くの作品にノンクレジットで出演しているが、裕次郎映画では『赤い波止場』で南京街の通行人役、『紅の翼』の記者役、『若い川の流れ』の芦川いづみの誕生パーティの客として「ハッピーバースデー」を唄うシーンなどに出演している。

赤塚親弘を赤木圭一郎と命名したのは『群集の中の太陽』（三月十八日）の井上梅次監督。その甘いマスクと長身痩躯は、裕次郎、小林旭に次ぐ「日活第三の男」として、大々的に売り出されることとなり、この年の四月二十八日、裕次郎の『男が爆発する』の併映作となった『拳銃０号』（山崎徳次郎）で「赤木圭一郎（新人）」として本格的デビューを果たした。そして九月八日封切の『素ッ裸の年齢』（鈴木清順）で初主演、その十九日後の九月二十七日に『清水の暴れん坊』で裕次郎と共演を果たした。

この『清水の暴れん坊』は、赤木圭一郎がスターとして大きく羽ばたくため、裕次郎がその胸を貸した、本格的共演作である。脚本は、後にムード・アクションというジャンルを創出し、裕次郎映画の充実に大きく貢献した山田信夫。昭和三十三年、シナリオ作家協会コンクールに入選、水の江滝子の声がけで日活と契約し、本格的にクレジットされたのは本作が初めて。山田は二ヶ月、水の江宅に住み込んでシナリオを執筆。毎晩のように裕次郎とコミニュケーション。本作では後のムード・アクションにも通底する「主人公をめぐる過去」と、それを克服するための「現在の闘いを続ける」スタイルの萌芽が見られる。

『俺は待ってるぜ』で助監督をつとめた松尾昭典監督にとって裕次郎映画は本作が初めて。本作を機に『男が命を賭ける時』（十二月二十七日）から『忘れるものか』（一九六八年）まで、現代アクションから任侠映画、ムード・アクションまで裕次郎映画を数多く手掛けることとなる。

本作の裕次郎は、全日本放送局の清水支局で問題を起こして、東京に転任してきた若手のラジオ・プロデューサー・石松俊雄。タイトルバックは本篇と関係なく題名をそのままビジュアル化したようなアクションで、日活の大部屋男優総出演の楽しさが味わえる。主題歌は「いかすぜマイクの暴れん坊」（作詩・呉正恭　作曲・二宮久男）。ヒロインの北原三枝は、石松の先輩プロデューサー・児島三紀。

彼女が東京駅で石松を出迎える。穂高への山登りから直行してきた石松は登山姿のまま、東京駅でディック・ミネのヒット曲「旅姿三人男」（作詞・宮本旅人　作曲・鈴木哲夫）を少し口ずさんでいる。屈託のない石松とキャリアウーマンの三紀のスマートとはいえない出逢い。

石松が蕎麦屋で何気なく頼んだ「ビールともりそば」が、麻薬取引の符牒だったことから、映画は動き出す。石松が出たあと、蕎麦屋に入ってくる戸川健司（赤木圭一郎）は麻薬組織の人間。しかも、石松がジャーナリストを目指したのは、健司の父で新劇俳優の戸川潤（浜村純）が麻薬に溺れて、七年前に起こした事件がきっかけであることが明らかとなる。

ここで主人公の「現在の闘い」が始まるわけだが、「石松がなぜ麻薬を憎むか」の理由が、この七年前の事件に関係しているという構成は、後のムード・アクションに通じる。石松は麻薬のルートを探り、決死のルポルタージュを進める。「麻薬の恐ろしさ」を全面にした社会派映画的なテーマがストレートで、それまでの活劇の小道具としての麻薬とは一線を画している。作り手の「社会的意義」が明確に伝わってくる。

石松がチンピラに変装しての潜入取材のシーンでは、当時の浅草六区の映画街が登場、日活の映画館では、蔵原惟繕監督の『海底から来た女』（九月十三日）上映中とあるから、ギリギリのスケジュールで撮影していたことが分かる。

クライマックス、追いつめられ、警官の拳銃を奪った健司が立て籠るシーンは本作の白眉。警官隊に包囲され、狙撃の準備がされるなか、姉・戸川令子（芦川いづみ）が説得に向かう。しかし健司の拳銃が姉を狙う。ハンドマイクで決死の説得を試みる石松。追いつめられた健司の焦燥。「大人は分かってくれない」という青春の痛み。それをポジティブな優しさで包み込もうとする裕次郎の演技がいい。日活オープンセットで、朝日を狙って徹夜撮影が行われた、このシーンに、山田信夫、松尾昭典ら作り手の熱い想いが凝縮され、それに応えるように、裕次郎と赤木が迫真の芝居を見せてくれる。

レコードでは、九月に、前年に読売ジャイアンツに入団し、野球界のトップスターとして大活躍をしていた盟友・長嶋茂雄を讃える「男の友情　背番号3」（作詞・大高ひさを　作曲・上原賢六）／「若い魂」（作詞・大高ひさを　作曲・上原賢六）を発売。

十月には映画主題歌「天と地を駈ける男」（作詞・大高ひさを　作曲・小杉太一郎）／「青空散歩」（作詞・大高ひさを　作曲・大久保徳二郎）を映画公開に先駆けて発売。

『天と地を駈ける男』 十一月一日　舛田利雄監督

ダイナミックな航空アクション

この年、裕次郎は、ほぼ毎月一本ずつのペースで連続登板。まさに日活のエースだった。舛田利雄監督としても、この年の裕次郎映画は『今日に生きる』、『男が爆発する』に次ぐ三作目となる。前二作は、西部劇のようなアクションだったが、この『天と地を駈ける男』は、ガラリと趣向を変えての航空アクション。大空を駆けめぐるパイロット役は、前年末の『紅の翼』以来となる。

しかも、本物志向の舛田監督は、当時《リアルに航空シーンを撮影、特撮では描けない迫力を出したい》（プレスシート）と発言しているように、すべて実機で撮影を試みている。『紅の翼』で裕次郎が所属していた日本遊覧飛行のセスナ、ダブ機全機を撮影用に準備、さらに航空自衛隊、第五空軍USAFの全面協力を得て、大胆な企画を実現してしまった。

亡父が遺した小さな航空会社・稲葉航空を、放漫経営から破綻させてしまった稲葉鉄男（裕次郎）が、借金取りから逃れるために飛び立つオープニング。裕次郎のやんちゃぶりが楽しめるが、これも決死の撮影で、舛田監督によると、借金取り役の役者たちには「相手は飛行機だし、絶対にお前らを轢くようなことはないから、とにかく飛行機の邪魔をしろ」と言いつつ、かつて零戦に乗っていたパイロットには「飛行機が来たら、役者はプロですから、絶対に避けますんで、出来るだけスレスレのところを飛んでください」と頼んだという。

脚本の直井欽哉は、戦争中にパイロット経験があり、航空関係のディティールに詳しい。舛田監督は、シナリオを換骨奪胎しつつ、迫力の航空シーンをクライマックスに据えて、挫折した主人公が復活していくプロセスを「男の成長ドラマ」として描いている。

冒頭、鉄男のセスナは浜辺に墜落。怪我はしたものの、一命をとりとめた鉄男は、航空専門学校の女医・尾関慧子（北原三枝）の毅然とした態度にすっかり喰われてしまう。ヒロインはこれまでの耐える女ではなく、ハリウッド・コメディの常套である「男まさりのインテリ」で、セックスについての会話も含めて、モダンな近代女性の創造に成功している。

退院後、鉄男は相棒の舟木重夫（川地民夫）と共に、航空専門学校へ入学。大会社のパイロットへの道を選ぶ。そこで鉄男は飛行課長で慧子の父・尾関勇太郎（芦田伸介）の指導を受けながら、一流のパイロットを目指してゆく。挫折から一転、再生のドラマとなるが、父を亡くした鉄男にとって、ここでの人間関係が新しい家族のように描かれていく。

ところが好事魔多し。アメリカからやって来た、慧子の婚約者であるエリート・パイロットで鬼教官・ヘンリー立花（二谷英明）の厳しい訓練が始まる。中盤から、鉄男とヘンリーの慧子をめぐる恋の三角関係が作品のポイントとなる。

このあたりから、裕次郎と二谷英明、ヒロインをめぐるドラマが、裕次郎映画の重要な要素となっていく。このパターンを発展させていくと、舛田の『赤いハンカチ』（一九六四年）などのムード・アクションの主人公の過去にまつわる現在のドラマの核となる。

さらに航空専門学校の同級生たちの物語も展開される。特にフライト恐怖症に陥り、志半ばで退校していく楠木三郎（近藤宏）の繊細さは、後の舛田作品『零戦黒雲一家』（一九六二年）で、同じ近藤宏によりリフレインされる。

個性的で型破りな鉄男が、一人前のパイロットとして成長していく後半、眼を患って視力が低下していた芦田伸介の尾関勇太郎が、盲目飛行をするなか、決死の誘導をする鉄男の活躍が、迫力のロケーションで展開されていく。

暴風圏のなかの決死的飛行シーンは、伊勢湾台風本土上陸直前の悪天候を待って撮影。海上でヨットをセスナの翼圧で横転させるカットがあるが、これも葉山沖で実際に撮影されたもの。アイデアを現実に映像にしてしまう、スタッフの活動屋魂は、六十年を越えても、観るものを圧倒する。主題歌「天と地を駈ける男」（作詞・大高ひさを　作曲・小杉太一郎）は、タイトルバックのほか、劇中で鉄男たち航空学校生の愛唱ソングとして、バー「ＢＵＮ ＢＵＮ」で唄われる。

『天と地を駈ける男』は、昭和三十四年度の映画配給収入ランキングでは、配収一億九六五二万円で十位を記録した。

『男が命を賭ける時』十二月二十七日　松尾昭典監督
危険を伴う大油田の爆破シーン

年末十二月二十七日に封切られた、昭和三十五（一九六〇）年の正月のアクション大作。日活宣伝部発行のプレスシートには、《これは人気ナンバーワン裕次郎が広大な油田地帯に二連銃を抱いて活劇の嵐を呼ぶ総天然色娯楽巨篇で、正月映画らしいスケールの大きさと、派手なアクション場面が話題を集めている》とある。

原作は、この年の正月大作『紅の翼』の菊村到。小説新潮に掲載されたハードボイルド小説を、裕次郎と赤木圭一郎の共演で話題を呼んだ『清水の暴れん坊』の脚本で日活に初参加した山田信夫が脚色。山田はこの後、小林旭の『やくざの詩』（一九六〇年）、裕次郎の『青年の樹』（一九六〇年）などを経て、昭和三十七（一九六二）年の『銀座の恋の物語』を執筆。「過去と向き合う男と女の現在」を描くムード・アクションというジャンルを萌芽させ、日活アクションの成熟に貢献してゆく重要な脚本家となる。

また『紅の翼』で中平康のチーフ助監督をつとめ、『清水の暴れん坊』で裕次郎映画を初演出し、そのアクションとドラマ演出を評価された松尾昭典監督がメガホンを取っている。松尾は一九六〇年代の日活のエース監督として、裕次郎はじめ小林旭、赤木圭一郎、和田浩治らダイヤモンド・ラインのスター映画を手掛けていくことになる。

裕次郎は、貨物船の船医を辞め、東京で開業予定の医師・小室丈太郎（二十九歳）。しかし、肝心の医院は完成しておらず、ならばと趣味の猟銃を手に、山間の猟場に出かけるのだが、そこで惨殺死体を発見したことから、事件に巻き込まれてゆく。

ここでの裕次郎もまた、日活アクションのヒーローの条件を備えている。独身でプロフェッショナル。かつての恋人・神沢悠子（南田洋子）は、丈太郎の親友・手納順一（二谷英明）と内縁関係にある。それゆえ港に迎えに来た悠子にも、丈太郎は冷たい。この三角関係は、後のムード・アクションで繰り返されてゆくが「主人公をめぐる過去」として本作の情感のバックボーンとなる。

惨殺死体は、現場付近の開業医・谷口であると判明。丈太郎は警察でその娘・谷口圭子（芦川いづみ）と医学部三年生の谷口雅夫（川地民夫）と知り合う。やがて二人の兄代わりとなった丈太郎は、谷口家に居候することになる。

やがて山間のトンネル工事現場、常磐組の給料を移送中に、手納を乗せたまま現金輸送車が襲撃され、その車が死体と共に発見される。遺体確認に来た手納の内縁の妻・悠子と再会する丈太郎。過去をめぐる男と女のドラマ。これぞ日活アクションの魅力！

「ハンターには、心の底に孤独を抱きしめている人が多いんですよ」。圭子にそう話す丈太郎は「昔から寂しがりやの癖に、がむしゃらでね。自分でもわけの分からない情熱に突き動かされて、時々暴れ回るようなところがあるんですよ」と自己分析。「山や海にいると、そういう僕の野生が、うまく調和がとれてね、平和でいられるんですが……」。山田信夫脚本ならではのダイアローグの魅力。

その丈太郎が過去と向き合い、自分自身と悠子、親友・手納のために闘うことになる。日活アクションでは、こうした主人公の豊かなキャラクター設定と、名台詞、情感に訴える過去にまつわるエピソードが適度な案配で、クライマックスへと観客を昂らせてくれる。

そのクライマックスは新潟という設定だが、雄大に広がる油田地帯でのスケールの大きなアクション場面の撮影は、この年に松尾が監督した小林旭主演の『若い豹のむれ』（六月十六日）で訪れた秋田県秋田市郊外で行われた。

　この頃、裕次郎は『世界を賭ける恋』の北欧ロケの際に猟銃に魅了され、ハンティングに凝っていた。そこで猟銃をぶっ放すヒーローという、裕次郎向きの設定になった。なお、劇中で裕次郎が構えているのはイギリス製のウエストリー・リチャード銃。

　油田でのアクションに続いて、トンネル竣工祝賀で盛り上がる現場に仕掛けられたダイナマイトが爆発するクライマックス、さすが正月映画！　というスケールで展開される。

　すべてが解決し、丈太郎は、再び船医として貨物船の人となる。その丈太郎を見送る悠子、そして圭子と雅夫の姉弟。ヒーローは船で去るというのは、この時期の日活アクション、特に「渡り鳥」シリーズなどの定石だが、孤高のヒーローはなかなか定住者にはなれない。だからこそ、その孤独がカッコいいのである。

　『男が命を賭ける時』は、昭和三十四年度の映画配給収入ランキングでは、配収二億六九三七万円で五位を記録した。

　レコードでは十一月に、シャンソン「枯葉（AUTUMN LEAVES）」（作詞・ジャック・プレヴェール　訳詞・大高ひさを　作曲・ジョセフ・コズマ）／クラリネット奏者・鈴木章治とリズム・エースをバックに唄ったスタンダード「なつかしき思い出（IT'S BEEN A LONG,LONG TIME）」（作詞・サミー・カーン　作曲・ジュールス・スタイン）をリリース。

　十二月には映画主題歌「男が命を賭ける時」（作詞・吉田憲二　作曲・鏑木創）／翌年正月第二弾映画『鉄火場の風』主題歌「最果てから来た男」（作詞・熊井啓　作曲・小杉太一郎）をリリースした。

　また十二月、裕次郎は友人・フランク榊原と共同経営で、ステーキハウス「フランクス」を四ツ谷にオープンした。

第三章　日活ダイヤモンド・ラインによるアクション映画の時代
——昭和三十五（一九六〇）年

昭和三十五（一九六〇）年。日活はドル箱の石原裕次郎を中心とする男性スターを中心にした「日活ダイヤモンド・ライン」を結成。タフガイ＝石原裕次郎、マイトガイ＝小林旭、トニー＝赤木圭一郎、ヒデ坊＝和田浩治。この四人の主演作を週替わりで全てカラーで製作し公開するスターシステムを「ピストン作戦」と名付けた。この日活ダイヤモンド・ライン路線により、この年の日活はさながらアクション帝国の様相を呈してくる。「ダイヤモンド・ライン」と命名したのは、当時の石神清宣伝部長。四人はダイヤの角のように、それぞれ輝いているという意味と、エースを次々と塁に出すという意味で野球のダイヤモンドをかけている。

裕次郎のアクション・スターとしての成功に加え、抜群の運動神経でスタントなしのボディ・アクションを得意とする小林旭、甘いマスクの赤木圭一郎。そして風貌が裕次郎によく似ていることから日活入りが決まったハイティーンの和田浩治。タイプの異なる男性スターを配しての昭和三十五年のラインナップは実に華やかだ。

ちなみに「ダイヤモンド・ライン」と同時に結成されたのが一九六〇年の新人女優による「パール・ライン」。初期メンバーは、笹森礼子、ハーフの歌手・南里磨美、吉永小百合だったが、アクション映画に花を添える女優陣の充実に伴い、この年の暮れには、芦川いづみ、浅丘ルリ子、清水まゆみ、中原早苗、笹森礼子、吉永小百合へと拡大していった。

そうしたなか、六枚目のＬＰ「裕ちゃんのジューク・ボックス」が一月に発売されている。

『鉄火場の風』　一月十五日　牛原陽一監督

過去のある男の痛快アクション

正月第二弾となる『鉄火場の風』は、ダイヤモンド・ライン入りしたトニーこと、赤木圭一郎と裕次郎ががっぷり組んだアクション篇となった。

オープニング、網走刑務所を主人公が出所したところで、タイトル文字と主題歌「最果てから来た男」（作詞・熊井啓　作曲・小杉太一郎）のイントロが流れる。北海道を縦断する汽車。そこで初めて裕次郎が登場する。撮影は昭和三十四年十一月十三日。旭川駅発午前十時四十分小樽行きの列車が、近文駅を出発して山影に消えるまでの二分間が天然色のフィルムに収められたと、翌日の北海道新聞朝刊の記事にある。観客にとっては、映画の主人公は裕次郎そのものなのである。どんな過去を背負って刑務所にいたのか、ドラマの状況よりも、今度の裕ちゃんの役はどうなのという、ファンの期待に応えるスター映画としての風格に圧倒される。

　網走帰りの畑中英次（裕次郎）は、自分を刑務所に追い込んだ事件の真相を探るために東京に戻ってくる。ハードボイルドの主人公よろしく、かつての女・相良那美（北原三枝）にワイルドに接する英次。ナイトクラブの歌手として唄う那美のショットに、復讐の鬼と化した主人公・裕次郎の憂いを帯びた横顔がインサートされる。

　『鉄火場の風』のキャッチコピーはこうだ。《身体を張った勝負だぜ！　切ったタンカは伊達じゃない　男一匹、裕次郎》。主人公がやくざであること。タイトルが任侠映画風であること以外は、本作は後の『遊侠三国志 鉄火の花道』（一九六八年）のような任侠映画ではない。裕次郎のアクション映画のバリエーションとして、シチュエーションがやくざの世界だったということ。とにかく裕次郎がカッコいい。

　そしてこの年、日活ダイヤモンド・ラインに参加する新星・赤木圭一郎と裕次郎の本格的共演の第二作でもある。前年の秋、初主演作『素ッ裸の年令』でファンを獲得した赤木が、スターとして嘱望されていたことは、同じ月に『清水の暴れん坊』で裕次郎映画に出演していることからも分かる。

　タイプの違う裕次郎と赤木。スターとしての風格を備えた裕次郎の英次と、荒削りだが大器を感じさせる赤木扮する速水健が、橋の上で出会うシーンは、本作がスター映画であることを再認識させてくれる。そして路地で二人が対峙し、工事現場で殴り合う。これぞ日活アクションの魅力である。

　監督の牛原陽一は日活娯楽路線を支えた演出家。裕次郎映画は『山と谷と雲』、『男なら夢をみろ』、そして本作と立て続けに演出している。また赤木とは『邪魔者は消せ』（一九六〇年）と、遺作となった傑作『紅の拳銃』（一九六一年）を演出。それぞれのスターの魅力を巧みに引き出している。

　中盤、鉄火場で登場するのが西川政一（宍戸錠）。入れ墨姿の博徒を、宍戸錠が生き生きと演じている。ギャングのような背広姿の胴元役だが、いざシャツを脱ぐと、彫り物をしているというメリハリがいい。ちょうど小林旭の「渡り鳥」シリーズ第二作『口笛が流れる港町』（一月三日）と、赤木圭一郎の「拳銃無頼帖」シリーズ第一作『拳銃無頼帖 抜き射ちの竜』（二月十四日）の間で、好敵手を演じていた頃にあたる。

　鉄火場に対比するように、悪徳医師・新田整（梅野泰靖）

が、高木剛太郎（芦田伸介）に持ちかける野球場の売り上げ強奪計画。このシークエンスは、タイトルのアナクロさとは正反対に、ハリウッドの犯罪映画を思わせる。スタンリー・キューブリックの『現金に身体を張れ』（一九五六年）的犯罪映画の匂いもする。組織からも追いつめられた高木が最後に打って出る大勝負がクライマックスとなる。

高木の情婦となった那美と対照的なのが、純情可憐な食堂の娘・木内昌子《あきこ》（清水まゆみ）。元やくざで、今は堅気の父・木内一巳（殿山泰司）と彼女は、英次が堅気になるように励ます。主人公の再生への希望でもある。一方の健は高木にそそのかされ、強奪計画に参加を余儀なくされる。

クライマックスのアクションと、主人公の再生のドラマが同時進行する、盛りだくさんの構成は、娯楽映画なればこそ。観客は裕次郎映画と赤木映画の二本立を楽しむような感覚で楽しむことが出来る。

スタッフも充実している。脚本は後の名匠・熊井啓。美術には文芸作から娯楽映画まで幅広く手掛け、平成二十二（二〇一〇）年、九十一歳で亡くなるまで現役だった美術監督・木村威夫。キャメラは名手・姫田真佐久。日活映画黄金時代ならではの娯楽映画の要素がタップリつまった快作である。

『鉄火場の風』は、昭和三十四年度の映画配給収入ランキングでは、配収二億四三三五万円で六位を記録した。

この頃、裕次郎は北原三枝との結婚を望んでいたが、日活首脳部は「スター同士の結婚はまかりならん」と反対、反旗を翻した裕次郎は『鉄火場の風』公開三日前の一月十二日に、北原と共にアメリカへと婚前旅行へ出発。結果的に実力行使となるが、裕次郎のビジネス・パートナーでもあるフランク榊原のコーディネイトで、本当は長嶋茂雄、北原三枝、裕次郎の三人で旅行する予定だったが、長嶋が参加できず、北原と二人の旅行になった。

出発時、羽田空港にマスコミが殺到。その猛攻を避けるため北原は税関検査を受けずに機内に入ったが、改めて職員と共に入館管理事務所で通関手続きを取ることに。それがメディアに知られて「婚前旅行」が大々的に報道された。

結局、会社側は二人の結婚を認め、アメリカの裕次郎と北原に「ケッコンユルス、スグカエレ」と電報を打ち、二月に二人は帰国。羽田空港には報道陣とファンが押し寄せ、大変な騒ぎとなる。そして四月二日、裕次郎と北原三枝の婚約が発表された。

裕次郎は報知新聞の「婚約を発表しても相変わらずの人気だが」の質問に対して、こう答えている。《ぼくは自信を持っていた。なにか事件をおこすたびに人気が下がるだろうと言われながらもゴールデンウィークや正月などの稼ぎどきには、他社を圧倒している。それもオールスターを出している他社をリードしていたんだから、愉快だったよ。いまぼくの映画を楽しみに待ってくれる固定したファンがいる。婚約も直接ひびかないと確信していた》。

日活と裕次郎は三年間の専属契約を結んだ。年間出演本数は六本、八月と十二月の休暇が条件だった。

裕次郎はこれまでのギャラを日活に預けていて、それが四千五百万円になっていた。お金に頓着しない裕次郎らしいが、そこで成城に三百坪の土地を購入。

さらにかねてから欲しかったメルセデスベンツ３００ＳＬガルウィングを五百万円で購入した。裕次郎はこの車を「マコの次に大切なもの」として愛し続けた。長らく小樽の「石原裕次郎記念館」に展示されていたが、平成三十年八月、東京・銀座松屋での「石原裕次郎の軌跡」展に合わせて松屋の店舗前にディスプレイされ、ファンを喜ばせた。

『白銀城の対決』三月六日　齋藤武市監督

雪山で展開されるスキーアクション

アメリカへの婚前旅行に出かけた、裕次郎と北原三枝。帰国後に撮影が開始されたのが、『白銀城の対決』だった。

ちょうどこの年、東宝からデビューした加山雄三によると、石原慎太郎と裕次郎兄弟とは、加山の叔父が経営する新潟県岩原スキー場で一緒に滑った仲。裕次郎も加山も慶應ボーイで、スキーの腕前を競うほどの達者ぶりだったとか。

この頃、オーストリアのスキーの名手トニー・ザイラー主演の『黒い稲妻』（一九五八年）、『白銀は招くよ！』（一九五九年）が大ヒット。この『白銀城の対決』と時を同じくして、蔵王ではトニー・ザイラーが来日して松竹映画『銀嶺の王者』（四月二十九日）を撮影。この年は、スキー映画が人気だったのである。

そこで企画されたのが本作である。裕次郎のスキースタイルが楽しめる娯楽篇のメガホンを撮ったのが、意外なことに、これが裕次郎映画初演出となる齋藤武市監督。この頃、齋藤監督は、小林旭の「渡り鳥」シリーズで荒唐無稽な世界を展開させていた。松竹出身で叙情派の齋藤監督と、その女房役の名キャメラマン、高村倉太郎による本作は、美しい長野県の風景や情感溢れる演出が堪能でき、従来の裕次郎アクションとはまた違うテイストが楽しめる。

齋藤武市のリリカルな味は、映画全篇に効果的に流れる

「雪山讃歌」のメロディーや、後半の子供たちと裕次郎をめぐる描写などで活かされている。アクション映画とはいえ、暗黒街や麻薬組織が出てくるわけではなく、主人公たちが愛する山と、そこに住む人たちのための志賀高原ロープウェイ建設をめぐる、主人公とかつての親友の確執が、ダイナミックかつリリシズム溢れる演出で展開される。

城北大学スキー部のエース・伊庭俊介（裕次郎）と、鬼頭達男（長門裕之）は学生時代、仲の良い友人だったが、達男の兄・陽一（内田良平）が雪崩事故で亡くなり、それが原因となり敵対関係となる。数年後、俊介は東洋索道の社員として、ロープウェイ建設の責任者となる。しかし、そのルートをめぐって馬そり業者・山ノ内運送社長となった達男が対立。その裏で糸を引くのが、老獪な実業家・香取善造（金子信雄）だった。この図式は、日活アクションの定石。男と男、それぞれのプライドを賭けた闘いは、西部劇でもおなじみのフォーマットでもある。

主人公の「スポーツだって人生だって結果が問題じゃないんだ。一番大事なことは、どう戦い、どう生きるかってことなんだよ」という台詞に、日活映画イズムがある。

ヒロインには、地元の小学校教師で、俊介の学生時代のガールフレンド・三谷佳子（北原三枝）。俊介が温泉で「小諸馬子唄」をうなっていると、女湯で聞いているのが佳子で、二人が久々に再会してスキーを楽しむシーンに、タイトルバックでも流れる主題歌「白銀城の対決」（作詞・滝田順【今戸栄一】作曲・小杉太一郎）が流れるが、こうした音楽シーンは齋藤監督のお得意でもある。

やがて俊介と達男が再会、対立が決定的となる。妨害工作により、ロープウェイの鉄塔にダイナマイトが仕掛けられ、俊介と達男が殴り合うシーンのダイナミズム。そのダイナマイト事件の汚名を着せられた子供たちが行方不明となり、決死の捜索が展開される。対決ではなくレスキューがクライマックスとなる。ラスト十数分の雪山シーンの撮影は危険を極め、実際に雪崩を起こしたり、裕次郎がヘリコプターに乗り込んで落下するシーンなど見せ場がふんだんに用意されている。こうした自然の風景を捉える高村倉太郎キャメラマンの抜群のセンスも堪能できる。

雪山で行方不明になる小学生の一人・健太に、後に「青春とはなんだ」（NTV・石原慎太郎原作、裕次郎映画のテレビドラマ化）で、高校生・寺田役でお茶の間の人気者となる矢野間啓治が扮している。

何より痛快なのは、すべてが解決した後の志賀高原ロープウェイ（蓮池駅―発哺温泉駅間）の開通式のシーン。実際に開業するのが、この映画の公開およそ一週間後の三月十三日とあるから、このシーンの撮影は開通前に行われたこととなる。さて、本当のワルに、主人公がどんな制裁を加えるか？　ここも見どころの一つである。

祝賀の宴席で、裕次郎が朗々と歌い上げるのが「詩吟・川中島」。スキー焼けした裕次郎の歌声と北原三枝とのスキーシーンが、映画の大団円を締めくくる。

この年、初めての裕次郎のレコードは、三月発売「夜の足音」（作詞・大高ひさを　作曲・速水純）で、カップリングは川地民夫「純愛のブルース」。四月には「香港の薔薇」（作詞・大高ひさを　作曲・大久保徳二郎）と小黒幸子「雨と風のブルース」のカップリングが、最後のSP盤となった。映画主題歌「あじさいの歌」（作詞・滝田順【今戸栄一】　作曲・齋藤高順）／「白銀城の対決」（作詞・滝田順【今戸栄一】　作曲・小杉太一郎）がシングル盤で発売された。「白銀城の対決」は映画テイクと同じ音源を使用している。

レコードは、昭和三十五年六月からシングル盤のみのリリースとなる。

『あじさいの歌』四月二日　滝沢英輔監督
年に一度の青春文芸路線

石坂洋次郎原作、石原裕次郎主演による青春文芸路線は、再開日活のキャッチフレーズである「信用ある日活映画」の言葉通り、良質の爽やかな佳作が多い。年一作、スローペースで田坂具隆監督が作り上げて来た、石坂文学の「理想的な戦後青年像」は、裕次郎の好演を得て、一つのジャンルをなしていた。その田坂が『若い川の流れ』を最後に、東映に移籍したこともあって、昭和三十五年の石坂洋次郎作品のメガホンを執ることになったのが、滝沢英輔監督。

滝沢は戦前、山中貞雄らと脚本家グループ「鳴滝組」を結成、梶原金八の共同ペンネームで数々の傑作シナリオを手掛け、東宝の前身であるP．C．L．映画撮影所で活躍。戦後は、昭和二十九（一九五四）年、再開日活に参加。昭和三十二年に発表した月丘夢路主演の『白夜の妖女』が、第八回ベルリン国際映画祭に出品され、世界的にその名が知られた名匠である。

昭和三十五年、日活は小林旭の「渡り鳥」、赤木圭一郎の「拳銃無頼帖」、そして和田浩治の「小僧アクション」を連作。ダイヤモンド・ラインの若手がアクション中心に活躍していくなか、裕次郎には文芸作中心の演技派スターへの道をたどらせるべく、原作ものを中心に企画。本作に続いて、ゴールデンウィークには石原慎太郎原作『青年の樹』（四月二十九日）、七月には源氏鶏太原作『天下を取る』（七月十三日）がラインナップされていた。

石坂洋次郎の新聞小説「あじさいの歌」は、北海道新聞、中部日本新聞、西日本新聞の三社連合に連載された。過去に妻が男と出奔したと信じている頑固一徹の金融業者社長は、娘を箱入りにして育てている。彼らの前に現れた青年によって、すべて閉ざしていた一家の窓が開いて、明るい未来の陽が差していくことになる。という石坂らしい物語。

裕次郎が扮したのは、商業デザイナーの河田藤助。ある日、神社の境内で足を痛めていた老人・倉田源十郎（東野英治郎）を助けて、倉田の邸宅へとおぶっていく。戦前からの大きな洋館に感激した藤助は、使用人の木村勇造（殿山泰司）と妻・元子（北林谷栄）に怪訝そうに見られる。しかし暖かく迎え入れてくれた娘・けい子（芦川いづみ）の無垢な美しさに魅かれ、満開のあじさいのなかでけい子の写真を撮る。けい子が藤助に聞く「あたしは外の世間の娘さんたちに比べて綺麗なのでしょうか？　それとも見栄えがしないんでしょうか？」は、ヒロインのピュアな性格を表している。

物語が進むにつれ、倉田家の過去にまつわる屈託がドラマを支配してくる。出奔した妻を許すことができない源十郎と、母親をありのままに受け入れようとするけい子。藤助のガールフレンド・のり子（中原早苗）の兄で新聞記者・島村幸吉（小高雄二）のリサーチにより、母が大阪の飛田で曖昧宿を経営していることが判明する。

石坂文学、そして裕次郎映画の素晴らしさは、「影」の部分であるはずの母・長沢いく子（轟夕起子）の存在が「光」となっていく部分。いく子の登場により、登場人物が抱えている多くの問題が解決していくカタルシスは、この映画を魅力的なものにしている。

プレスシートから滝沢監督の言葉を引用する。《古いものはこわれていかなければならないものであり、それに代わる新しい芽を、明るく、のびやかに描くという原作のテーマを忠実に撮って行こうと思っています。》

『あじさいの歌』における、倉田家の立派な洋館は滝沢の言う「古いもの」の象徴であり、商業デザイナーの藤助による倉田家のリニューアル計画は、その「古いもの」を「こわす」暗喩でもある。代々木の藤助のアパート、大阪のいく子の曖昧宿、この映画に登場するそれぞれの「家」の在り方にも注目して欲しい。また、藤助とのり子が抱えてしまった

「秘密」。この映画の若者たちは、セックスにもきちんと向き合い、本当のモラルとは何か？　ポジティブな解決を見せてくれるラストは、日活青春映画ならではの良さに満ちている。

『あじさいの歌』は、昭和三十五年度の映画配給収入ランキングでは、配収二億七〇三七万円で六位を記録した。

青年の理想、理想の青年

『青年の樹』四月二十九日　舛田利雄監督

石原慎太郎原作、舛田利雄監督作品といえば、遊戯感覚で犯罪に手を染めてしまう大学生たちの顛末を描いた小林旭主演『完全な遊戯』（一九五八年）が、まず思い浮かぶ。また、戦災孤児の高橋英樹がヤクザの養子となり、浅丘ルリ子との平穏な生活を一度は夢見るも「俺が俺であるとことに帰るんだ」と死地に赴く衝撃なラストが印象的な『狼の王子』（一九六三年）も佳作である。これらは、舛田映画であると同時に、当時の石原慎太郎の鮮烈かつ強烈な「観念」が貫かれ、他の日活アクションとは一線を画している。

『青年の樹』は、この二作のちょうど中間にあたる時期、しかも六〇年安保で騒然としている昭和三十五年のゴールデンウィークに封切られた。青春映画ではあるが、石坂洋次郎原作などの明朗な世界とは真逆にある、文字通り「青年の力と可能性」を、政治の季節の中で激しく描いたセンセーショナルな作品である。

《現代混迷の谷間に悩む青年たちよ、情けを尊び、愛を知り、大きく強く伸びよ！　青年はかくあるべし》とは、宣伝部によるプレスシートの冒頭に踊る檄文。石原慎太郎の原作は、尾崎士郎「人生劇場」の現代版ともいうべき作品で、週刊明星に連載後、角川書店から刊行された。もちろん連載中には裕次郎主演の映画化が想定されていた。

裕次郎が演じた主人公のモデルとなったのは、二〇一九年現在・横浜港運協会の会長・藤木幸夫氏。父・幸太郎氏は、大正十二年に藤木組を創設。関東大震災の時には、神奈川県の要請で、横浜港外に避難していた貨物船から米三千トンを急遽荷揚げして、被災者への炊き出しが行われた。慎太郎は、その藤木親子の物語「青年の樹」を執筆した。

映画は、横浜のヤクザ、和久組の二代目・和久武馬（裕次郎）の東京学院大学入学式から始まる。総長（滝沢修）が学生たちに「青年よ！」と檄を飛ばす冒頭の演説は、慎太郎の言葉であり、舛田の言葉であり、かつて青年だった大人たちによる、若者への熱いメッセージでもある。それを受け止める生徒たちには、それぞれのドラマがある。ヤクザという特殊な世界で育ってきた武馬が、これから生きる道を選ぶべく大学の門をくぐる。

政治的、思想的なこととは真逆に、ラグビーに興じる森健太郎（武藤章生）は、「なぜ汗を流すのか？」という問いに、酒屋の小僧の頃、ラグビーをする大学生たちを見て、その輝きが「幸せの塊のように見えた」からと話す。そこに学生運動家・坂本（梅野泰靖）の「ジェット機購入反対」のアジテーションが、カットバックで描かれる。森の差し出すおにぎりをパクつく武馬が感じるうまさ！　これこそ「生きている証」という作り手の想いは、いつの時代にも強烈に伝わってくる。

武馬は、跡取りという重い十字架を背負い、生きねばならない。武馬と対照的な存在は、和久組の下で労働をしながら学校へ通う苦学生・坂本（梅野泰靖）。プチブルの同級生に反発しつつ、武馬にも厳しい。舛田監督は、この時代の学生運動の若者たちや労働者の怒りを坂本に託したという。この対照的な描き方は、リアルタイムの六〇年安保を考えると、より深い印象を受ける。坂本の幼なじみで、貧しさゆえ芸者となった中野雪子（笹森礼子）の流転もリアルに描かれる。中盤、彼女の父が亡くなった朝、客と熱海へ遠出した雪子が帰ってくる場面の彼女のしたたかさと、男の弱さ。貧困が生んだ悲劇は、あまりにも生々しい。その時の坂本と武馬、それぞれが何を考え、どんな行動をするのか？

一方、赤坂の料亭の娘・山形明子（芦川いづみ）の母・えい子（宮城千賀子）が、ジェット機購入をめぐる政界汚職で検察庁に呼ばれ、自殺。実はえい子は、達之助のかつての愛人であり、明子の姉・香世（北原三枝）は、武馬の異母姉にあたる。さらに父・達之助が何者かに暗殺されてしまう。武馬は、父の跡を継いで組を存続させるべきか？　政治の季節のなか、特殊な環境に育った青年は、どう生きるべきか？

青年のストレートな感情、エネルギー。そして大人たちの世界の汚濁。一人一人が悩み、行動する。台詞の一つ一つ、描写の一つ一つに昭和三十五年の「今」が凝縮されている。

観念的なことを、具体的な描写やエピソードを通して、観客に伝えて行くという、いつもながらの舛田映画の魅力に溢れている。アクション映画ではないが、登場人物たちの行動原理はアクション映画的ですらある。

武馬が置かれた状況に対し、学生たちが立ち上がるラストのカタルシス。これこそ「見て見ぬふり」ができない、舛田映画の登場人物の行動に他ならない。舛田監督は、この後、裕次郎と火野葦平原作の『花と竜』（一九六二年）の映画化を成功させ、高橋英樹の『人生劇場』（一九六四年）を撮ることになる。それらの精神的ルーツが『青年の樹』である。

『天下を取る』七月十三日　牛原陽一監督
痛快！　裕次郎のサラリーマン喜劇

源氏鶏太。戦後のホワイトカラー社会を描いて「サラリーマン小説の第一人者」として一世を風靡した。その名が一躍知れわたったのは、GHQにより会社の重役陣がパージされ、重役の器ではない連中が「三等重役」として、仕事に浮気に精を出すという連作小説「三等重役」（サンデー毎日連載）から。昭和二十七（一九五二）年に東宝で、戦前の日活出身の春原政久監督により映画化され、河村黎吉の三等社長に、森繁久彌の老獪な人事課長、小林桂樹のフレッシュマンのトリオの名演もあって、サラリーマン社会をペーソスとユーモアで描く「サラリーマン映画」というジャンルが確立した。

それをお家芸にしたのは東宝で、源氏の小説からインスパイアされた森繁久彌の「社長シリーズ」（一九五六〜七〇年）や、小林桂樹が新人サラリーマンを演じた源氏原作の『坊ちゃん社員』正続篇（一九五四年・山本嘉次郎）などが作られていた。

東宝の製作本部長・藤本真澄がその原作を一手に担っていた感があり、日活では昭和三十一（一九五六）年の伊藤雄之助とフランキー堺の『青春をわれらに』（春原政久）があったのみ。そういう意味では、源氏鶏太作品を日活で、しかも裕次郎映画として製作するため、プロデューサー・児井英生の奔走ぶりがしのばれる。

かつて藤島泰輔の『孤獨の人』（一九五六年）の映画化権を、東宝の藤本真澄と取り合って獲得した児井としては「何としても源氏鶏太を」という想いがあった。

日活宣伝部作成のプレスには、源氏が「天下を取る裕次郎君」という文章を寄稿している。

《私は、この大門大太によって、石原君の新しい一面が出てくるのではないかと、期待しています。大門大太は、どこか茫洋としていて、しかも精悍でもあるのです。この二つの相反した性格が、石原君によって見事に表現されそうな気がしています。私はこの映画で、石原君が更に天下を取ってくれるように思っております。》

宣伝のリップサービスもあるが、裕次郎のサラリーマン映画への期待が窺える。

原作「天下を取る」は、週刊現代に連載され、講談社から刊行されたサラリーマン小説。脚本の松浦健郎は、日活アクションを数多く手掛けている娯楽派の職人だが、実は東宝で本家本元『續三等重役』（一九五二年・鈴木英夫）と『一等社員　三等重役兄弟篇』（一九五三年・佐伯幸三）のシナリオを書いた人でもある。

大門大太（裕次郎）は、東洋物産株式会社に入社したばかりのフレッシュマン。同期入社の亀村兵治（長門裕之）を参謀に、ゆくゆくは「天下を取る」と宣言。「目指すは社長の椅子」という大人物である。そんな二人を危なっかしく見守るのが、やはり新入社員の尾山沢子（北原三枝）。彼女は、実は田島社長（清水将夫）の信の厚い人事課の尾山係長（益田喜頓）の娘でもある。

あきれたぼういず出身のコメディアン、益田喜頓のペーソスも見どころだが、この尾山係長の「云うなれば」という口癖は、「三等重役」の主人公の口癖でもあり、昭和二十年代末の流行語で、大太も宴席で言う場面がある。そして会社では、事なかれ主義の平身低頭な尾山が家に帰ると一転、重役の如く振る舞うのも、源氏の短篇小説に由来している。

この『天下を取る』も他のサラリーマン小説や映画同様、親会社との微妙な関係、善良な社長を転覆せんとする悪役重役の登場など、おなじみの展開を見せてくれる。戦後派の三等重役・田島社長と、その理解者の尾山係長が善玉とすれば、グループ会社の東洋金属から派遣されてきた鉄鋼課の西野課長（藤村有弘）と、そのボス袋井専務（金子信雄）が悪玉。敵は社内にあり。というわけで、大門大太と亀村の「天下を取る」大作戦が展開されていく。

その西野課長と、大門たちが知り合うのが、入社早々、亀村の行きつけの新橋のトリスバー「サクランボ」でのこと。亀村のお気に入りの女の子、キミ子にまだ初々しい笹森礼子（新人表記）、大門に首ったけになるユリ子に中原早苗。ここでの宿敵との最悪の出会いは、ユーモア小説のこれまた常套手段。

トリスバーは、昭和三十年代にサラリーマンの憩いの場所として、各地の盛り場にあったスタンドバー。ハイボール一杯五〇円という手頃な値段で、「庶民のサケ」（山口瞳がつけたコピー）を普及させるべく、寿屋（サントリー）が値段を統一させ、ＰＲ誌の普及を通して、全国組織展開。昭和三十三（一九五八）年には千二百軒近くにもなったという。

『天下を取る』の裕次郎と長門裕之のコンビは、屈託がない。立身出世がサラリーマンの、そして大学を卒業した若者の最高の夢だった時代。われらが大門大太は、その夢を、着実に、しかも豪快な処世術で、どんどん実現してしまう。同時に、そうした上昇志向とは対極にある、一生出世と縁のなかった、鉄鋼課の万年平社員「万平」の桐野（嵯峨善兵）も登場する。なぜ桐野が出世コースに進路をとれなかったのか？　傲慢な西野課長に命令され、宴席で恥をさらすこともいとわない。その哀歓。この『天下を取る』は、裕次郎映画の新境地を拓き、源氏鶏太原作で、次々と裕次郎のサラリーマン映画が作られることになる。

『天下を取る』は、昭和三十五年度の映画配給収入ランキング（洋画・邦画含む）では、配収三億二三九二万円で堂々の二位を記録（邦画では一位）。ちなみに一位はチャールトン・ヘストン主演の史劇大作『ベン・ハー』（MGM・ウイリアム・ワイラー）だった。

この七月、七枚目のLP「石原裕次郎・僕のレパートリー」（一〇インチ・八曲収録）がリリースされた。

『喧嘩太郎』八月十日　舛田利雄監督
ダイナミックなサラリーマン喜劇

この年のお盆映画『喧嘩太郎』は、『天下を取る』に続くサラリーマン喜劇。本作はダイナミックな作風で知られる舛田利雄監督がメガホンをとった、文字通り痛快なコメディとなっている。

日活宣伝部発行のプレスに舛田監督が「明るさと正義感溢れる裕ちゃんを‼」と題して寄せた言葉には《今までの裕次郎作品に見られなかった新生面を描く為に、現代青年の血気盛んなエネルギーと云うものを裕次郎君を通じて表現したいと云う意欲のもとに、彼のもつ独特の明るさと正義感溢れる熱血児の魅力を存分に生かして、明るく、コミカルなタッチで出来るだけ面白く描いてみたいと思っています》とある。

第百商事のサラリーマンで「喧嘩太郎」の異名をもつ宇野太郎（裕次郎）は、生まれつき喧嘩っ早いのが玉にキズ。タイトルバック、主題歌「喧嘩太郎」（作詞・大高ひさを　作曲・真鍋理一郎）に乗せて、「赤ちゃんコンクール」、小学校、中学校、高校、そしてデモに明け暮れる大学時代の太郎の喧嘩行状記が描かれる。舛田監督のコメディセンスが窺えるテンポの良いオープニングである。

ちなみに中学生の太郎を演じたのは、舛田の『今日に生きる』でも裕次郎の少年時代を演じた三浦和義。いきなり高校野球のキャッチャーで裕次郎になるあたりも豪快。赤ちゃんコンクールは、『乳母車』にも登場したが、粉ミルクメーカーの主催により、高度成長期には盛んに行われていた。そして大学時代のデモは、この映画が六〇年安保の年に作られたことを考えると、興味深い。

さて大学を卒業して、丸の内の第百商事に入社してから二年。さしもの太郎も喧嘩を自粛、ストレス発散のためのボクシング観戦。そこで、ライバル会社・東洋物産の社長・岩下隆介（三津田健）の隠し子、健二（島津雅彦）を助けて、ハンニャの勘吉（黒田剛）と大立ち回り。その怪我の功名で、太郎は小石川警察署で、婦人警官・深沢雪江（芦川いづみ）と出会う。喧嘩好きの太郎と婦人警官の雪江。二人が互いに魅かれ合うプロセスが、狂騒曲のなかで描かれる。いつもながら、芦川いづみは、実にチャーミング。

勤続三十年、出世とは縁遠かった、定年間際の北浦課長（東野英治郎）は、それまでガミガミと太郎の行状を叱咤しているが、どこか太郎に頼もしさを感じて、サラリーマンの処世術を指南。定年の日、課長とパチンコ屋で会った太郎は、二人で痛飲し、ヤクザ相手に大立ち回りをする始末。定年課長の哀感と、不正もいとわない早田社長（嵯峨善兵）と大竹部長（芦田伸介）の老獪さ。普通のサラリーマン喜劇であれば、善良な課長と老獪な重役というキャラの対比であるが、そこは舛田作品、後半、社長と部長の不正が政界汚職へと発展し、国会の証人喚問へとエスカレート。そこで本当の「大喧嘩」が展開される。

戦後十五年。高度経済成長を驀進する日本は、敗戦国から立ち上がるも、かつての「聖戦」のツケである東南アジア諸国への賠償問題を抱えていた。その賠償をめぐって、与党代議士と役人、第百商事が不正を働いていることが明らかになる。それを知った太郎は正義に燃える。政官業の癒着、甘い汁に群がる悪党たち。今とも何も変わらないが、六〇年安保の頃、戦後賠償は国民にとっても大きな関心事だった。

証人喚問の席で太郎が、「あの戦争」を起こした年長者たちへの怒りをストレートにぶつける。敗戦当時小学生だった太郎は「お年寄りが起こした戦争の責任をとるため、サラリーから税金を払っている。理不尽だが、それは当然のことだ」と弁をふるう。この考えは、舛田映画のヒーローに共通する「見てみぬふりができない」行動原理である。『完全な遊戯』（一九五八年）から『大日本帝国』（一九八二年・東映）へと貫かれている「戦争責任」問題が通底している。

喧嘩太郎の「正義」は舛田監督のモラルでもあり、裕次郎映画のパワーでもある。そして太郎をめぐる三人の女性もイキイキとしている。新橋芸者の万弥（白木マリ）、東洋物産社長令嬢・岩下秀子（中原早苗）、本命の婦人警官・深沢雪江。彼女たちが鉢合わせをするのが、太郎が強引に雪江をデートに誘った映画館・丸ノ内日活のロビー。ここで上映されているのが、ポスターや看板では小林旭の『赤い夕陽の渡り鳥』

（七月一日）だが、太郎と雪江が見るのは同じ小林旭作品でも『口笛が流れる港町』（一月三日）と『銀座旋風児 目撃者は彼奴だ』（三月二十六日）を編集したもの。小林旭と宍戸錠の映画を裕次郎が観る、楽しい楽屋オチになっている。

また、昭和三十五年の東京風景も楽しめる。丸の内界隈だけでなく、スリ（藤村有弘）を追って雪江と太郎が下車するのは、国電恵比寿駅。構内は、国電秋葉原の総武線から山手線への乗り換え階段で撮影。桜田門の警視庁はロケだが、北浦課長と太郎が一泊する築地警察署は、中央区役所を飾り込んで撮影。その前に、築地川の上に三方に架かっていた三吉橋も画面に登場する。失われた風景を観るのも、映画の楽しみの一つである。

『喧嘩太郎』は、昭和三十五年度の映画配給収入ランキングでは、配収二億七六六九万円で五位を記録。

裕次郎のレコードでは、六月に「銀座・海・山」（作詞・大高ひさを　作曲・村沢良介）／「恋の名残り（さいはての旅路）」（作詞・猪又良　作曲・上原賢六）を発売。七月には、映画主題歌「天下を取る」（作詞・大高ひさを　作曲・野崎真二）／「豪傑節」（作詞・藤田まさと　作曲・不詳）、八月には、映画主題歌「喧嘩太郎」（作詞・大高ひさを　作曲・真鍋理一郎）／「サラリーマン・ブルース」（作詞・猪又良　作曲・上原賢六）を発売した。

『やくざ先生』九月二十一日　松尾昭典監督

感化院出身の型やぶり教師の奮闘

この年の裕次郎は、石坂洋次郎の『あじさいの歌』、源氏鶏太の『天下を取る』『喧嘩太郎』と、大衆文学の「原作もの」に数多く主演。もともとこの企画は、俳優の大坂志郎が日活に持ち込んだが「地味」という理由で断られていた。そこで大坂は裕次郎に西村滋の原作を「一度読んで欲しい」と渡した。裕次郎はすぐに原作を気に入って、水の江に進言。ならばと映画化が決定。この頃、裕次郎の企画を日活が受け入れるようになってきたのだ。

原作者の西村滋は、東宝映画『不良少年』（一九五六年・谷口千吉）や、大映映画『悲しみはいつも母に』（一九六二年・中川信夫）の原作者でもあり、「雨にも負けて風にも負けて」では第二回ノンフィクション賞を受賞、「母恋い放浪記」では第七回山本有三記念路傍の石文学賞を受賞した児童文学作家。大正十四（一九二五）年生まれで、幼くして母と死別、ほどなく父親も病を得て亡くなり、孤児として放浪生活を過ごした経歴の持ち主。児童文学「お菓子放浪記」三部作は、

『エクレール・お菓子放浪記』（二〇一一年）として映画化された。太平洋戦争では戦災孤児となった西村が、昭和三十二（一九五七）年に発表したのが「やくざ先生」。

徹底した取材による、昭和三十年代前半の非行少年と彼らを保護する更生施設の実態を描いた原作は、高度成長を邁進するニッポンにとって、センセーショナルかつ、大きな問題をテーマとしたものだった。

その西村原作を裕次郎向きの企画と判断したプロデューサー・水の江滝子の慧眼は、映画の完成度で証明されている。脚本は日活映画に斬新な青春描写をもたらした山田信夫、監督は『清水の暴れん坊』『男が命を賭ける時』で山田脚本による裕次郎映画を手掛けてきた松尾昭典。裕次郎の「やくざ先生」の体当たり教育は、後の青春映画、学園青春ドラマのルーツともいえるだろう。

新田悠三（裕次郎）は、主に戦災孤児出身の非行少年が寄宿している、私立の更生施設・愛隣学園の補導員として赴任。愛隣学園の第一回卒園生の不良少年出身で、無資格の「やくざ先生」である。その体験主義的教育は、時として問題を引き起こす。

タイトルバック、自衛隊機が飛ぶ基地の街の広大な道を、肩で風切って歩く裕次郎の姿はどう見てもアウトロー。『男なら夢をみろ』などで演じてきた、カッコイイやくざ風。

愛隣学園の石田園長（宇野重吉）はリベラルかつ繊細な心の持ち主で、エリートの八木原先生（新田昌玄）、ベテランの渡辺先生（河上信夫）たちは、型破りな新田に反発をする。なかでも養護教員の三浦道子（北原三枝）とは犬猿の仲となる。

生徒たちのキャラクターも日活ならでは。リーダー格の弘二（亀山靖博）、スリの常習・チャリ助（杉山俊夫）、黒人との混血児・由起夫（栗原勇）は、アクション映画のチンピラのようなワルばかり。富士山に登ることを夢見て脱走をはかる富士夫（浅沼創一）や、テレビ女優・有本以津子（宮城千賀子）を実姉と思い込んでいる私生児の照義（広田進司）をめぐるエピソードは切ない。

すぐに問題を起こし、その度に辞表を提出する新田に優しい眼差しの石田園長、そして新田が世話になった浅草の台東警察署の伊藤刑事（芦田伸介）の存在。この映画に登場する大人たちは、新田を温かく見守る。そして新田もまた生徒たちに、兄弟のような愛情を注ぐ。しかし、現実は厳しく、少年たちも一筋縄ではいかない。一つ一つのエピソード、台詞が胸に迫る。

外出日に、新田が生徒を連れて浅草へと出掛ける。スカイクルーザーなど遊具がずらりと並ぶ浅草松屋デパートの屋上から見える光景。そして二天門前や厩橋界隈の風景は、貴重な東京の記録映像であり、うなぎやの値段をめぐる騒動は、世知辛くなった昭和三十年代らしいエピソードでもある。

ヤクザ予備軍の滝田次郎（市村博）が入園するあたりから、ドラマはハードな様相を見せる。次郎と弘二の対立。そして次郎による道子へのレイプ未遂。そんな次郎の心を動かすのが、賄いのおばあちゃん・おとよ（北林谷栄）。次郎は反省し学園での更正も悪くないと感じるが、兄貴分のヤクザ・北村（深江章喜）が連れ戻しにやってくる。

予定調和ではない園長の言葉、次郎が去り際に新田先生を睨みつける無言のメッセージ。『やくざ先生』には、いつの時代にも、どの世界にも通じるテーマが内包されている。生徒が病気で亡くなっても、予算がなく葬式一つ出せない現実。学園の土地は国有地のため、自衛隊のジェット戦闘機の基地建設に収用されてしまう苦いラスト。

昭和三十五年の現実が、二十一世紀の我々に突きつけられる瞬間である。そうした厳しさも、この映画が優れている大きな理由の一つ。苦い現実に直面する学園と生徒たちだが、新田先生の決断は明るくポジティブでもある。これこそ裕次郎映画、これこそ日活映画、ラストの裕次郎の姿は、時を超えて胸を打つ。

『あした晴れるか』十月二十六日　中平康監督
異才・中平康のスクリューボール・コメディ

映画黄金時代、撮影所ではスターが主演するプログラムピクチャーは極力セットでの撮影中心に作られていた。作業効率やマスコミ対策、その理由はさまざまだが、屋外シーンはオープンセット、地方ロケで風景を捉えてローカル色を出して、芝居は撮影所のステージに作られた屋内セットで、というパターンが多い。『狂った果実』で裕次郎の初主演を演出し、『紅の翼』でスカイ・アクションというジャンルを成立させた奇才・中平康は、その黄金律を逆手にとって、全撮影日数の大半を東京の街でロケーションする「東京風景映画」を試みた。それが、裕次郎映画の数あるコメディのなかでも傑出している『あした晴れるか』だった。

とはいえ、裕次郎が東京の街に飛び出て、アクションをするのは、撮影の野次馬を考えただけでも不可能。ならば、人出を避けて、早朝や夜間にということもあってか、この映画の裕次郎は、東京のやっちゃ場・神田青果市場の専務の甥っ子という設定。早朝には威勢のいい名調子でセリに参加する。冒頭、裕次郎の歯切れの良いタンカが楽しめる。しかも新進キャメラマンの役で、クライアントから「東京探検」というテーマを与えられ、この頃の東京の風景、風俗、人々をキャメラで独自に切り取ってゆく。

中平演出は、江戸っ子役の裕次郎の口跡の良さ、語り口の味を、観客に印象づけるべく、裕次郎、芦川いづみ、中原早苗ら主要キャストの台詞を早口にしている。ポンポン飛び出す、台詞の圧倒的な情報量。通常の日活映画のシナリオに比べて、その台詞の量は突出している。それが作品のテンポとなり、リズミカルなカッティングが、映画で流れる時間を心地よいものにしている。

裕次郎はやっちゃ場に住んでいる、正義感とバイタリティ溢れる、熱血キャメラマンの三杉耕平。一方の芦川は、大手写真メーカーの宣伝部員。男まさりで、眼鏡をかけて、ズケズケものを言う、昭和三十年代には珍しい、ボーイッシュなキャリアウーマンの矢巻みはる。二人が、最悪の出会いをして、ケンカをしながら、次第に仲良くなっていく。そこにさまざまな事件が絡んできて、あれよあれよの大騒動となる。というパターンは、ハワード・ホークス監督の『赤ちゃん教育』（一九三八年・米）やプレストン・スタージェス監督の『レディ・イヴ』（一九四一年・米）などハリウッドのスクリューボール・コメディの常套でもある。

オープニング、三杉耕平（裕次郎）は、東京秋葉原にあった東京青果市場で威勢良くセリをしている。叔父・宮下満（三島雅夫）が青果市場の理事をしている関係での、やっちゃ場暮らし。でも本業はキャメラマンということで、銀座にあるさくらフィルム宣伝部長・宇野（西村晃）の依頼で、新企画〝東京探検〟を任される。その同行者となるのが、理屈っぽい男まさりの宣伝部員・矢巻みはる（芦川いづみ）。みはるは、何かと耕平に突っかかり、耕平はべらんめえ調で、みはるをいなす。こうして、当時のファミリーカー、庶民の憧れ、トヨペット・コロナに乗った二人は、新しさと古き伝統が混ざった東京風景の探検へと向かう。

この映画に活写されている、高度経済成長真っただ中の東京風景は、貴重な時代の記録となっている。秋葉原の青果市場、水天宮の交差点、深川不動、そして佃島の渡船……。昭和三十五年の東京の中で、芦川いづみと裕次郎が生き生きと動いて、呼吸をしている。

文芸作でも、アクションでも、清純なヒロイン、清楚な少女を演じてきた芦川が、これまでのイメージと正反対の、酒をあおり、裕次郎に説教をする矢巻女史を、実にイキイキと演じる。黒ぶちの伊達眼鏡は、監督の指定だったとか。「眼鏡を取ると実は美人」というのは、現在の「眼鏡っ子」の元祖といえる。

中国料理店「銀座第一楼」で、宇野宣伝部長と耕平、みはるの会食中に、みはるが傷ついて泣いてしまう。しかしそれは嘘泣きで、手をいっぱいに拡げて顔を隠し、舌をペロッと出す、芦川いづみの可愛さ。マンガチックなキメの画という中平の戯作精神が実に楽しい。

江戸っ子の耕平、男まさりのキャリアウーマンのみはる。二人の会話がポンポンと小気味良くハイテンションで繰り広げられていく。そして、二人の間に割り入ってくる、佃島育ちの下町っ子・梶原セツ子（中原早苗）もまた、威勢の良い早口で喋る。彼らの口から飛び出す台詞は、三人の若いエネルギーの発露でもあり、映画のテンポを歯切れ良くしている。

同時に、日活映画らしい、ヒロインをめぐる家庭の事情や屈託が、ドラマの中核をなしている。みはるの姉・しのぶ（渡辺美佐子）は和服美人の書道家で悩めるオールドミス。弟・昌一（杉山俊夫）は、戦災で両親を失ったいとこで、大きなコンプレックスを抱えている。

映画のなかで起きる最大の事件が、佃島で花屋を手伝っている、セツ子の父・梶原清作（東野英治郎）への、根津組親分・根津保（安部徹）の復讐劇。日活アクションらしい展開とサスペンスをはらみつつ、ユーモラスな笑いを交えて、クライマックスの大立ち回りとなる。

最後のワンカットまで、中平康の才気、裕次郎の若さ、芦川いづみのチャーミングな魅力に溢れ、裕次郎コメディの最高峰の一本となった。

『闘牛に賭ける男』十二月二十七日　舛田利雄監督
北原三枝引退作でスペインロケ

前年の『世界を賭ける恋』に続いて、この年、カナダロケの『ナイアガラの決斗』が舛田利雄監督で企画されたが、実現を見なかった。

『闘牛に賭ける男』は、裕次郎と結婚による女優引退を決意した北原三枝のために企画された海外ロケの大作。水の江滝子プロデューサーにより、監督は裕次郎が最も信頼を置いていた舛田利雄が指名された。舛田監督は、裕次郎映画であると同時に、女優・北原三枝の引退の花道的な作品として、男性アクションでありながら、女性映画を目指し、脚本に山田信夫を迎えた。

舛田と山田信夫は、この年初めてコンビを組み、小林旭のムーディなアクション『やくざの詩』（一月三十一日公開）、裕次郎の青春映画『青年の樹』（四月二十九日）と、いずれも骨太の力作をものしていた。もともと新東宝シナリオ塾出身の舛田は、徹底的に脚本にこだわる。納得のいくかたちに仕上げた上で撮影に臨むため、コンテを書かないことで知られている。

山田との共作は、舛田にとって刺激的だった。この『闘牛に賭ける男』もユニークな構成を試みている。従来の海外ロケ映画は、主人公たちが海外に出かける必然を前半の日本パートで描いて、中盤から後半にかけて海外ロケを展開。そのほとんどは風光明美な観光名所を紹介するもので、ともすれば物語が希薄になりがちだった。

それを打破するために、舛田と山田は、主人公たちが海外から日本を回想するという大胆な発想でドラマを構築。そうすれば、裕次郎と北原三枝、そして二谷英明が、それまでどういう経緯で、どういう気持ちで生きてきたのか？　どうしてスペインにいるのか？　という、主人公たちの内面まで掘り下げることが可能となる。しかも、遠い外国で異邦人としての孤独や疎外まで描けるという、この当時のプログラムピクチャーとしては、大胆な挑戦でもあった。

日本新聞社事業部の北見徹（裕次郎）は、心血を注いでいたスペインからの闘牛公演が中止となり、会津若松支社へ転勤させられ、その後一ヶ月で退社。そこで始めるのが「世界テレビ」なる会社。昭和三十五年当時、テレビ界では洋画ドラマのブームが席巻していた。「ローハイド」や「ララミー牧場」といった海外ドラマを買い付け、テレビ局に販売するビジネスは、マスコミにもてはやされた花形商売。北見を動かすのは「野心と情熱」。それが裕次郎に相応しいと、当時でも珍しいプロモーターという職業を設定したという。

そして北原三枝は、新劇の劇団「灯」の女優で、やはり「野心と情熱」を持っている佐倉冴子。セレブで何の不自由もないお嬢さんだが、演劇に賭けるパッションを、生きる証と考えている。その冴子には、江藤財閥の次男で銀行家の江藤良二（二谷英明）というフィアンセがいる。江藤にも「野心と情熱」があるが、それは北見や冴子のものとは違う。

仕事に賭ける男と野心を持つ女、そして金の力のみを信じる男……。この三人の葛藤は、後にムード・アクションで繰り返しリフレインされる、男と女の過去をめぐる物語の基本でもある。日活アクションの魅力の一つである、「主人公の過去をめぐる物語と現在のすれ違い」の萌芽がここにある。しかもこの映画では、すれ違ってしまった男女が、現在のスペインで再会を果たし、それぞれの「野心と情熱の果て」が描かれていく。

彼らの現在がヨーロッパの場面であり、過去が回想シーンの日本というのはユニークであるが、山田信夫や舛田の後の作品を見れば、納得ゆく作り方となっている。また「野心と情の果て」ということでは、スペイン料理屋で、北見たちに一杯の酒をねだる、酔いどれ画伯・宗方（芦田伸介）が強烈な印象を残す。舛田映画の魅力は、こうした「観念」を分かりやすく「具体的に」描くことにもある。

しかも、まるでアクション映画を見ているような面白さがあるのが、北見が立ち上げた「世界テレビ」が快進撃するシークエンス。当時のテレビ界の内幕やマスコミのリアクションは、現在の眼で見ると実に興味深い。草創期のテレビ界の寵児となるも、その成功は長くは続かず、財界の横やりで挫折してしまう。この「栄光と挫折」のシークエンスをさらに拡大すると、後の裕次郎と舛田による『栄光への挑戦』（一九六六年）の骨子となる。

また冴子と北見が、結婚の約束をして旅立つはずの上野駅の場面は、回想シーンで二度登場するが、それが女と男、それぞれの立場から、別な描き方をしている部分も、彼らの「現在」を観客が理解する上で、重要な場面となっている。舛田によると、この上野駅の撮影は、裕次郎が時の首相・池田勇人邸に招かれて懇談をした後だという（記録によると十月十四日）。

五日後の十月十九日には、裕次郎以下撮影隊は南欧ロケに出発。スペインでは、フランコ総統の独裁政権下だったが撮影は順調に行われ、十一月十二日に帰国。十一月十四日からセット撮影が行われ、舛田監督の「野心と情熱」による『闘牛に賭ける男』は完成した。ところが、試写を観た堀久作社長が、その大胆な構成に「分かりにくい！」と激怒。大騒ぎになった。以後、日活では「回想シーン」は御法度というムードになったという。

『闘牛に賭ける男』は、昭和三十五年度の映画配給収入ランキングでは、配収二億九四三三万円で四位を記録した。

前述のように、この作品の撮影中、十月十四日の夜、自民党の機関紙「自由新報」で池田勇人首相と裕次郎の対談が行われた。「太陽族」として「反逆児」の象徴として映画界に登場した裕次郎が、本人の思いとは別に時代を牽引する映画スターとなった。日活宣伝部（当時）の小松俊一は、俳優はあまり政党に近づかない方が賢明の考えで、二の足を踏んだが、裕次郎は快諾。池田勇人邸で五十分ほどの対談で、二人は意気投合。池田首相はその場で梅原龍三郎画伯へ電話「君から貰った絵を裕ちゃんにプレゼントしていいだろ？」と、その絵を進呈された。そして裕次郎の大好物であるカレーライスが出された。しかも麦飯だったという。「貧乏人は麦を食え」発言で知られる池田勇人だが、なんともはやである。

ともあれ裕次郎は、一国の総理大臣のお眼鏡に叶うほどの存在となっていた。その夜、裕次郎は『闘牛に賭ける男』の撮影のため上野駅へ向かった。

裕次郎と北原三枝の結婚

アメリカへの逃避行という実力行使に出た裕次郎と北原三枝。二人の交際をマスコミは大々的に報じ、この年の四月二日、二人は婚約した。世紀のカップルの誕生に、映画界や裕次郎ファンの間では、祝福ムード一色だった。

二人の出逢いは、初主演作『狂った果実』を引き受ける際の、裕次郎の「相手役は北原三枝さんで」の一言から始まった。撮影が始まり、初めてのキスシーンでは「いくよ！」と口では言いながら、憧れの女優を前に、体を震わせていたという。その時「この人は、他の人のいうような不良でもなんでもない、純情でナイーブな人なんだ」とその人柄に好感を持ったという。

北原が裕次郎を意識したのは『狂った果実』の撮影も後半に差しかかった時のこと。裕次郎が、連日のように北原に電話をかけて、その日にあったことなどを話すようになってから。二人の交際が始まったのは『狂った果実』公開の頃、仕事の後、多摩川土手で星を見つめながら将来について話をしたり、北原の自宅近くの都立大学のそばでランデブーを楽しんでいた。

のちに裕次郎は、北原について、こんな風に書いている。

《俺は『君の名は』以来、カミさんのファンになっちまったんだ。初対面の第一印象は、やはり思った通りの清純な人だなっていう感じだった。カミさんとなんとなくコンビになって、結局二十二本ぐらいコンビとして撮ったんじゃないかな。その内、俺自身も北原三枝と一緒になるかもしれないと予感を持ったりした。》

結婚にあたり、裕次郎は妻となる北原三枝にこう言った。

《朝帰りしてもガタガタいうな、どんなことがあってもガタガタいうな、男の付き合いは大切だ！　それに永い人生を一緒に歩いていく最低のルールとして、それぞれにきた郵便物は勝手に封を切らない、机の引き出しは開けない。》

スターとしてのプライバシーを尊重して欲しい、裕次郎の気持ちを察して、北原はこれを承諾した。

昭和三十五年十二月二日金曜日、日活本社のあった日活国際会館の日活ホテルで、石原裕次郎と北原三枝の盛大な結婚式が行われた。総費用は七千万円。披露宴の招待客は四百名、政財界の大物から、盟友・長嶋茂雄、三船敏郎、宝田明、司葉子、高倉健・江利チエミ夫妻、赤木圭一郎、力道山、王貞治など錚々たる顔ぶれが揃い、華燭の典を祝福した。

報道陣は百十二社・二百二十四人が殺到し、二人の結婚を祝福した。前年、昭和三十四年四月十日の「皇太子ご成婚パレード」以来の「世紀の結婚式」として芸能マスコミだけでなく、新聞各紙も報道。この年は六〇年安保に明け暮れた「政治の季節」でもあり、だからこそ「裕次郎と北原三枝の結婚」をメディアは大歓迎したのだろう。

まき子夫人のウエディング・ドレスは森英恵がデザイン、裕次郎のタキシードは、裕次郎専属テーラーになっていた遠藤千寿が手掛けた。

披露宴では、渡辺晋とシックス・ジョーズがリラックスした音楽を演奏、作家・石坂洋次郎、兄・石原慎太郎、森繁久彌たちがスピーチ。寺部震とココナッツ・アイランダーズの伴奏で、北原がリクエストした「狂った果実」を裕次郎が歌い、パーティはクライマックスを迎えた。

成城の裕次郎宅では一年前からまき子夫人が生活の準備を始めており、半年前から既に婚前生活を始めていた。しかしこれもマスコミには漏れないように隠密行動だった。

そうした華やかなムードのなか、『闘牛に賭ける男』が十二月二十七日に公開され、もちろん大ヒットを記録した。北原は結婚を機に女優を引退、本名荒井まき子から石原まき子として、裕次郎を公私ともに支えることとなる。

結婚式の前夜、裕次郎は正月第二弾の映画『街から街へつむじ風』の挿入歌とレコードのレコーディングを深夜に行った。それが生涯の大ヒット曲となる「銀座の恋の物語」だった。通常、映画とレコードは別に収録されるのだが、多忙を極める裕次郎の場合、一緒に録音することもしばしばだった。

その後、いつものようにスタッフや仲間たちと夜の街に繰り出して飲み明かした。クレイジーキャッツのリーダー、ハナ肇もその場にいた。そのまま式場となる日活ホテルに宿泊したが、ホテルに戻ったのは朝の六時か、七時。披露宴が近づいても、ホテルの部屋から出てこない。周囲が心配するなか、裕次郎が気づいたのは夕方。四時からの挙式のために、あわてて支度を始めたという。

十二月、「港」（作詞・渋谷郁夫　作曲・久慈ひろし）／「夜の渚」（作詞・南沢純三　作曲・野崎真二）を発売。

同月発売の八枚目のＬＰ「裕ちゃんのかくし芸」（一〇イン

チ盤・十四曲収録）ではテイチクの大先輩・ディック・ミネの「人生の並木路」「或る雨の午后」「長崎エレジー」「上海ブルース」や、唱歌「宵待草」「荒城の月」「故郷の空」、民謡「黒田節」「五木の子守唄」、童謡「七つの子」「夕やけ小やけ」「赤い靴」「叱られて」「ふるさと」を収録。この年九月、文化放送のラジオ番組のために録音された楽曲を台詞と共に収録。

第三部　俳優は男子一生の仕事にあらず

映画俳優からプロデューサーへ。
裕次郎の野心が映画界を大きく変えてゆく。

第一章　ケガで入院！
――昭和三十六（一九六一）年

『街から街へつむじ風』　一月十四日　松尾昭典監督
「銀座の恋の物語」誕生！

裕次郎と北原三枝の結婚後初めてとなる、昭和三十六（一九六一）年の年頭に公開されたのが、久々の明朗アクション『街から街へつむじ風』だった。前年の裕次郎映画は、文芸大作、海外ロケ作品と大きな作品が続いたので、松尾昭典監督の本作は、肩の凝らない典型的な日活アクションとなっている。しかも、本作では裕次郎ソング、いや日本の歌謡曲のなかでも代表曲となる、定番デュエットソング「銀座の恋の物語」が初めて登場したことでも、記憶されるエポック作品となった。

裕次郎扮する主人公は、ドイツ留学から日本に帰国早々の医師・正木晋一。冒頭、バスから降り立ち酒屋の店先で「灘の生一本！」と、威勢の良いキャラクターを印象付ける。そこへ、エンストしたオープンカーが駆け込んでくる。運転者は活発な現代娘・徳山冴子（中原早苗）。この二人が出会ったところでタイトルが始まる。主題歌「街から街へつむじ風」（作詞・大高ひさを　作曲・鏑木創）の楽しさ。バックには、竣工したばかりの首都高速、有楽町の日劇など東京の風景が活写される。ドイツ帰りの晋一が東京の変貌に驚いたように、六十年近くを経た後の我々もまた当時の風景が新鮮に見えてくるから不思議だ。

晋一の父・東光（宇野重吉）は、荒寺・洪福寺の住職。地元で開業希望の晋一は、資金を作るために渋谷の大下外科での勤務医となる。二人で呑みながら「ノーエ節」を唄う一夜の楽しさ。宇野重吉と裕次郎の父子のイメージは、後年の「松竹梅」ＣＭへと続いていく。

大下外科では、チンピラが巣食っていて、副院長・大下庄二（小高雄二）を脅している。数年前の医療過誤と、庄二の恋人・クラブ歌手・南かおる（南寿美子）をネタに、病院の立ち退きを迫っているのは、杉浦（土方弘）率いる愚連隊。その子分三人組（待田京介・中田博久・沢井杏介）がコメディ・リリーフとして笑いを誘う。

この映画は、骨太の活劇というより、小林旭の「渡り鳥」「流れ者」シリーズや、赤木圭一郎の「拳銃無頼帖」シリーズのようなコミック・アクションの味わい。一つ一つの台詞の応酬が楽しい。敵のアジトのナイトクラブで因縁をつけ、後に晋一の弟分となる関西から来た三兄弟（武藤章生・近江大介・神戸瓢介）の、もう一つの三人組もコミカルな大活躍を見せる。

こうしたテイストは、当時、日活がコメディ路線を進んでいたことが大きい。その脚本を手掛けていた山崎巌の参加が、それまでの裕次郎映画にはない「軽さ」をもたらしている。庄二とかおるが入った深夜喫茶で、寝ているほとんどの客と、ウトウトしているウエイターが、クラシック音楽で一瞬目覚めるギャグも利いている。さらに、二人を脅しに来た、近藤宏演じる杉浦の「さっさと立つんだ」の大声に一瞬起きるギャグのリフレイン！　子分（待田京介）が「シー」と兄貴分をたしなめる。二段オチの面白さ。

脚本は山崎巌と山田信夫。タイプの異なる作家、それぞれの資質が出ている。全体のコミカルなテイストは、「渡り鳥」の山崎巌。この映画の屈託でもある、大下外科の院長（東野英治郎）と息子・庄二の確執と、庄二のコンプレックスを克服するために、自分の胃がんを摘出させようとする院長の親心。このあたりは山田信夫の「過去の克服」というテーマを感じる。

ヒロインは、大下外科の看護婦・北川美樹子（芦川いづみ）。晋一の留守中に東光と意気投合する。可憐な芦川が、映画を明るく楽しくしてくれている。ナイトクラブ「COOPER《クーパー》」の支配人でスカーフェイスの坂崎（大坂志郎）が、晋一に拳銃をつきつけ、ロシアンルーレットをするシーンは、当時は斬新だったろう。坂崎の意外や意外の正体は、初見の方には驚きだろうが、これも山崎巌らしい味。

後半、庄二が敵に拉致され、晋一が「COOPER」に乗り込むシーン。正二の恋人・かおるのデュエット相手を募集する司会者（広瀬優・ノンクレジット）に応えて、晋一が手をあげる。そこで唄うのが「銀座の恋の物語」（作詞・大高ひさを　作曲　鏑木創）。「銀恋」を歌いながら敵陣に堂々と入っていくのだ。かおるを演じたのは南寿美子だが、歌声はテイチク歌手の牧村旬子（ノンクレジット）。ここで裕次郎と牧村の歴史的デュエットを聞く事ができる。この時の「銀座の恋の物語」は映画とレコードは同じテイクである。この曲をテイチクのスタジオで裕次郎が吹き込んだのが、昭和三十五年十二月一日。裕次郎と北原三枝の結婚式の前夜だった。

この作品で村人の妻・タミを演じている漆沢政子は、『ジャズ娘誕生』『素晴しき男性』などを手がけてきた振付師でもあった。この頃、「本場ニューヨークで振付の勉強をしたい」と悩んでいた漆沢は、ロケ先の宿で裕次郎にそのことを話した。すると裕次郎は「仕事のプラスになるんだから、会社に申し入れればいいじゃないか。とにかく行っちゃえば？」とアドバイスした。裕次郎も悩んでいた。「俺もこのままで良いのか」と……。

一月、テイチクより映画主題歌として「銀座の恋の物語」（作詞・大高ひさを　作曲・鏑木創　デュエット・牧村旬子）／「街から街へつむじ風」（作詞・大高ひさを　作曲・鏑木創）が牧村旬子「ゆがんだ月」との三曲入りでリリースされた。

裕次郎、ケガで入院！

昭和三十六年一月十四日、石原裕次郎が日活に入社して五年目、正月第二弾の映画『街から街へつむじ風』が公開された。戦後日本映画界が生み出したスーパースター・石原裕次郎は、二十六歳になっていた。前年十二月二日には、数多くの映画で共演してきた女優・北原三枝と盛大な華燭の典を挙げたばかり。北原は、スペインロケを敢行した大作『闘牛に賭ける男』を最後に、スクリーンを引退、裕次郎夫人・石原まき子として、初めてのお正月を迎えていた。

さて『街から街へつむじ風』で裕次郎が南寿美子と劇中で唄った挿入歌「銀座の恋の物語」は、後にデュエットソングの定番となる。公開に合わせてにレコード発売され、街角からその甘い歌声が流れていた。

その頃、日活は裕次郎、小林旭、赤木圭一郎、和田浩治の四人による日活ダイヤモンド・ラインを敷いており、その主演作をローテーションで公開する「ピストン作戦」を展開。この年は野村孝監督『海が俺を待ってるぜ』、アフリカロケの『キリマンジャロの決闘』が企画されていた。裕次郎は、次作に予定されていた『激流に生きる男』の撮影前、まき子夫人と共に志賀高原ブナ平へスキー休暇に出掛けていた。

一月二十四日、この日、午前中から昼ごろまで、慶應の後輩・加山雄三とスキー場で一緒に滑っていた。加山は、裕次郎の勧めで前日、国体スキーの神奈川県予選大会に出場、三位に入賞。前夜、加山はその報告に裕次郎に会いに来ていたのである。加山と別れた後、スキーを楽しんでいた裕次郎は、コースでスキーヤーと衝突。アクシデントに見舞われる。救急隊が駆けつけ、まき子夫人が不安な面持ちで立ち会っていた。痛みに耐えながら裕次郎は、衝突した女性スキーヤーが、マスコミに追われないよう「早く行きなさい。絶対に自分の名前を言うんじゃないよ」との配慮を忘れていなかった。

裕次郎は東京港区の慶応病院に入院した。診断の結果、右足首粉砕複雑骨折、全治八ヶ月の重傷だった。切開手術をすれば、俳優としての命である身長が詰まる可能性がある。しかも裕次郎は高校生のときに左脚を骨折し、その後遺症で左脚を引きずるような癖があった。その上さらに右脚となると、歩き方に影響が出かねない。そこで、主治医のアドバイスで、切開手術をするのではなく、後遺症の残らない自然治療法をとることとなった。まき子夫人の看病がここから始まった。

入院中、こんなことがあった。裕次郎の病室のスイングドア越しの隣の部屋に、スキーで骨折した芸術家・岡本太郎が入院してきた。二人ともケガなので身体は健康。裕次郎は岡本太郎の部屋で、沖縄から届いたという泡盛を飲んだこともあった。さらには同じフロアに、作家の平林たい子が入院してきた。平林は裕次郎がデビューした年の映画『地底の歌』の原作者でもある。あまりにも、裕次郎と岡本が騒がしいので、「そこの若いの二人、うるさい！」と叱ったとか。

さて、ドル箱スター・裕次郎の休養は、日活にとっては大きな痛手となった。次回作『激流に生きる男』は、ダイヤモンド・ラインのスターで「日活第三の男」と呼ばれた赤木圭一郎が代役をつとめることになり、すぐにクランクイン。トニーのニックネームで、昭和三十五年に「拳銃無頼帖」シリーズや『霧笛が俺を呼んでいる』などの数々のアクション映画で、スターダムに上り詰めた赤木を、裕次郎は弟のように可愛がっていた。赤木は『清水の暴れん坊』で弟分を演じ、『鉄火場の風』では堂々と渡り合い、ダイヤモンド・ライン入りが決まった。裕次郎不在の日活を支えるのは、赤木圭一郎のはずだった。

ところが、アクシデントは重なる。二月十四日、赤木は日活撮影所内でセールスマンが持ち込んだゴーカートの試運転中に、大道具工作場の鉄壁に激突して、頭蓋骨を骨折。すぐに慈恵医大病院に運ばれたが意識不明の重篤な状態が続いた。その報はすぐに裕次郎にも届いた。そのときのことを裕次郎は「闘病記」にこう記している。

《二月十四日　突発事故だ　赤木君が頭がい骨骨折した　今日で二日経ったわけだが　今だ意識不明……　手術の後肺炎を併発　何んと日活はついてない事ョ　唯々赤木の快復を心に念じて　やまない。》

しかし、裕次郎や日活の仲間たち、そしてファンの願いもむなしく、二月二十一日、赤木圭一郎は還らぬ人となった。

《二月二十一日　赤木が二十一才の若さにして　この世を去った　午前七時五十一分だそうだ　遂に来る時が来た様な気持だった　あのゲラゲラ大声で笑っていた彼が……　この事は　俺の気持ちが落ち着いてから　ゆっくり書きたい。》

（裕次郎の闘病記）

このとき、裕次郎は病院のベッドで、自分のこれまでのキャリア、そしてこれからのことを一人考えていた。裕次郎は、二十代半ばを迎え、会社が決めた企画で、決められた台本のセリフを憶えて、監督の指示に従って演技をする、映画俳優は「男子一生の仕事にあらず」と感じていた。

昭和三十五年四月二日、裕次郎がまき子夫人と婚約発表した直後に、こんな発言をしている。

《とにかく（小林）旭の映画にしてもぼくの映画にしても興行的に安定しているからといっていまのままの状態では進歩がない。いつか頭うちになるときがくる。そうしたことをさけていくのが、ぼくのようにある程度会社に自己主張できるものでなければならない。》（一九六〇年四月二日・報知新聞）

入院中、裕次郎は自分で自分の作りたい映画を企画して製作したいと、自らのプロダクション設立への夢を抱くこととなる。見舞いに来た日活撮影所のスタッフや、気の置けない仲間たちと、映画への夢を語り合い、彼らの抱えている不満を聞いた裕次郎は、このときに、石原プロモーション設立を決意したと思われる。

後に裕次郎はこの時のことを回想している。

《金じゃなくて仕事に対する不満。（略）こんな無駄なことやらなくたって、こうすればスタッフ半分で出来るな、とかね。三十六年に足を折りまして、入院してたときはそんなことばかり考えていました。製作部の仲間に㊙の資料を持ってきてもらって、予算的にこれ削れる、メイン・スタッフがロケ・ハンで芸者上げてドンチャン騒ぎしなければこれだけ削れるとかね（笑）。こうすれば少数精鋭でいい映画作れるな……　まあ単純な考えでしたけど、この頃からですね。自分のプロダクションを持ちたいと思ったのは。》（「石原裕次郎…そしてその仲間」）

まだ新婚だった石原まき子は当時をこう回想している。

《思えば、新婚一ヶ月で私の看病が始まったのです。その長期入院のときに、裕さんはいろいろ考えたんだと思います。

そのあたりのことは、とても一言二言で言えることではありませんが、骨折をして寝ている裕さんは、自分で映画を撮りたい、プロダクションを作りたいという決意を固めていったんです。それは日活でのお仕着せの作品に出続ける、映画スターという仕事から、解放されたい、というストレートな気持ちからだったと思います。そこを一歩踏み出した時に「このままで良いのか」ということにぶつかったと思います。病院のベットで寝ているときに、はたと気づいたんじゃないでしょうか？

将来、俳優としていくのか？　製作者としていくのか？　その思いが潜在的に蓄積していたのかもしれません。でも、それを反対するのは、女房としてのエゴでしかない。あなたが今、日活を離れたら、あなたにとって大きな損失になりますよ、と止める理由もないんです。そのあたりが、とても複雑な思いでした。

しかも日活は裕さんが頑張ったこともあって順調で、たまたまトップスターの裕さんが骨折して、半年以上もスクリーンから遠ざかっている。早く治って復帰して欲しい、ということもよく分かるので、そのときは非常に困りました。

だから、裕さんの復帰作も、何がいいだろうと、日活と裕さんのことを考えていました。坂上静翁プロデューサーと一緒に、田園調布の石坂洋次郎先生のお宅にお邪魔して、次回作は先生の『あいつと私』と決まったときは、正直ほっとしました。裕さんは日活に戻っていったのですから。》（石原まき子インタビュー・二〇一四年十月一日）

《よし退院したら自分の手で映画作りたい、会社に我がままやらせてもらおうと決めた。ところが、この我がままだけは、強烈な反撥を喰らった。》（『石原裕次郎…そしてその仲間』）。

日活映画五月号には、裕次郎の再起第一作として、アクション大作『ノサップの銃《ガン》』と内定《七月には久々の勇姿をファンの皆さんにお目にかけられるはず。》とあるが、この題材は宍戸錠主演作となる。

退院した裕次郎は、日活撮影所に復帰。まき子夫人のアイデアによる石坂洋次郎原作の青春映画『あいつと私』（中平康監督）は満を持して公開され、大ヒットを記録した。

療養中、「銀座の恋の物語」はじめ、裕次郎のレコードがラジオや街角に流れ、その復帰を望むファンの声は裕次郎にも届いていた。

三月九日には車椅子で、長門裕之と南田洋子の結婚式に出席、三月二十三日に仮退院をして、二十八日にはテイチク堀之内スタジオで「孤独の青春」と「日本海」を吹き込んだ。その後、再入院して五月二十九日に退院。六月一杯を山梨県下部温泉でリハビリに専念した。

六月には、テイチクから久々のシングル盤「孤独の青春」（作詞・池田充男　作曲・野崎真一）／「日本海」（作詞・渋谷郁夫　作曲・久慈ひろし）、七月、九枚目のＬＰ「裕ちゃんの『銀座の恋の物語』」（一〇インチ・九曲収録）を発売。八月には「さよなら恋人よ」（作詞・猪又良　作曲・志摩千香子）／「俺は行くぜ」（作詞・萩原四朗　作曲・野崎真一）を発売。

『あいつと私』九月十日 中平康監督

復帰第一作は明朗青春映画！

《新人のつもりで 石原裕次郎

長い間ご無沙汰しました。こんなに長い間休んだことはなかったので、物を考えるのにはよいチャンスでした。仕事や自分というものをもう一度見つめてみて、ファイトがモリモリと湧いてきたものです。そして、この作品では新しい裕次郎のスタートという意味でも五年間の〝アカ〟をさらっと流して、新人の気構えでぶつかったつもりです。》（「あいつと私」プレスシート・日活宣伝部・一九六一年）

七月二十八日、裕次郎は久しぶりに日活撮影所へ復帰、ほどなく『あいつと私』がクランクインした。

復帰第一作を何にするか？ 石原まき子は坂上静翁プロデューサーに「アクションものより、裕さんにふさわしい、石坂洋次郎先生の映画が良い」と提案。それを受けて、日活首脳陣が『あいつと私』を選んだというのも納得できる。前年に和田浩治主演で企画されたものだが、やはり裕次郎向きの題材。派手なアクションより、明朗な青春篇は、肉体的負担への配慮はもちろん、青春スター裕次郎の再生という思惑もあった。

この作品の特報には、裕次郎の復帰を祝う日活スターの姿が活写されている。そのセレブレーションの気分と明朗青春映画はピッタリ。さらに『狂った果実』で内外の映画人に影響を与え、航空アクション快作『紅の翼』で裕次郎映画の新機軸を打ち出した中平康が監督に指名されたことで、この復帰第一作の成功が約束された。

映画は、前年の昭和三十五年の初夏から秋にかけての物語。六〇年安保を迎え、日本中が騒然としていた政治の季節。学生たちも連日デモに参加し、変わりゆく政治への抵抗をしていた。そんななか、経済的にも裕福な恵明大学のブルジョワ学生である黒川三郎（裕次郎）とクラスメートの浅田けい子（芦川いづみ）たちの一夏を、リリカルに描いた作品となっている。

さわやかといっても、そこは石坂洋次郎。『陽のあたる坂道』同様、一見屈託のない登場人物の複雑な出生の秘密と、年頃の男女が直面するセックスという問題を、サラリと描写している。

リベラルな父親のもと、女系家族で何不足なく育ったけい子が、黒川三郎の「男」を意識して、母親の庇護から巣立ち「女」としての自覚をするという構成。

その感情の高まりを昭和三十五年六月十五日の夜に持って

来たところに、本作の時代性がはっきりと出ている。この夜、安保条約に反対する学生や労働者数十万人が国会に詰めかけ、警官隊と衝突。東大文学部の女子学生・樺美智子が亡くなるという痛ましい事件が起こった。

　クラスメイトの加山さと子（笹森礼子）の結婚式の夜。折しも六〇年安保闘争が最高潮の盛り上がりをみせ、学生をはじめホワイトカラー、労働者たちが国会周辺を取り囲んでいる。さと子に失恋した金沢正太（小沢昭一）は自棄になりデモに乱入、ノンポリである三郎も騒然とした国会周辺の現実を目の当たりにする。

　けい子は、母親の庇護との決別を宣言し、三郎とのセックスへの願望と感情の高まりをデモにぶつけていく。イデオロギーと騒乱。恋愛感情とセックス。その夜、デモに参加した女学生が先輩達に陵辱されてしまう。そうした出来事に直面するヒロインのモノローグが強烈な印象を残す。本作が優れているのはこうした石坂洋次郎イズムを、適確なショットと場面構成で映像化していく中平康の映画的視点である。

　夜が明けて、三郎、けい子、正太の三人が日比谷公園で飲む牛乳が実に美味しそうである。立て続けに何本も飲む。何かを洗い流すように、消費してしまったエネルギーを取り戻すかのように。

溢れ出るダイアローグ。登場人物たちのディスカッション。これぞ石坂洋次郎の魅力であり、中平康の醍醐味でもある。クライマックス、ホテル王・阿川正男（滝沢修）が黒川家を訪ね、三郎の母親・モトコ（轟夕起子）の誕生日パーティのシークエンスで、永年のわだかまりが一挙に爆発する。エゴイスティックだが可愛い女性でもある母親・モトコと、髪結いの亭主を地でゆく父親・甲吉（宮口精二）。チャップリンを思わせる風貌の宮口はコミカルに、仕事の出来る女房を持つ男の悲哀を好演。それなりに均衡を保っていた夫婦の前に、母のかつての恋人・阿川が現れたことで起こる波紋。その危機を乗り越えるために三郎が下した決断とは？　日活映画らしい「個のあり方」と、アイデンティティーの獲得、そしてさわやかなハッピーエンドは、実に鮮やかである。

　キュートな芦川いづみはもとより、女優陣が華やかなのも本作の魅力。芦川の妹に吉永小百合と酒井和歌子。まだあどけない酒井和歌子は、後に東宝映画でフレッシュアイドルとして活躍することになる。末妹の尾崎るみ子を含めての四姉妹は『若草物語』的でもあり、細川ちか子のユーモラスなおばあさんに、高野由美のお母さんは、日活映画の女優陣の充実ぶりを再認識させてくれる。

　主題歌「あいつと私」は、谷川俊太郎作詞、六条隆（黛敏郎）の作曲。劇中では、タイトルとエンディングのほか、夏期休暇の前のクラスの余興大会で唄われている。

『あいつと私』は、昭和三十六年度の映画配給収入ランキングでは、配収四億〇〇〇八万円で三位を記録した。

九月は「あいつと私」（作詞・谷川俊太郎　作曲・六条隆【黛敏郎】）／「あいつと私と」（作詞・滝田順【今戸栄一】　作曲・上原賢六）、十月には『堂堂たる人生』主題歌「若い生命を傾けて」（作詞・渋谷郁夫　作曲・小杉太一郎）／「お前に逢いたいぜ」（作詞・松島敬之　作曲・野崎真一）を発売。

『堂堂たる人生』十月二十二日　牛原陽一監督

源氏鶏太原作の痛快サラリーマン喜劇

一九六〇年代、日本映画界の一つのトレンドとなったのが「サラリーマン映画」だった。ホワイトカラーのサラリーマンたちの物語が支持されたのは、高度成長を支えた庶民の中心が、それまでの第一次産業から、都会の給与生活者にシフトしてきたことの証でもある。日活でもサラリーマン映画が数多く作られた。裕次郎主演の『堂堂たる人生』は、監督・牛原陽一、共演・長門裕之、設定も含めて、源氏原作のサラリーマン映画『天下を取る』の姉妹篇的作品となった。

裕次郎の主人公は、東京蔵前にある中小企業・老田玩具KKのサラリーマン・中部《なかべ》周平。快調な主題歌「若い生命を傾けて」（作詞・渋谷郁夫　作曲・小杉太一郎）が流れるタイトルバックでは、裕次郎が玩具を前にご満悦な表情。タイトルの最後に登場するのは、SF映画『禁断の惑星』（一九五六年）に登場したロビー・ザ・ロボットのブリキ玩具。ハリウッド映画の人気キャラクターだが、日本で生産し世界に輸出されて大ヒットした玩具でもある。

開巻、周平と同僚・紺屋小助（長門裕之）が、ヒロイン・石岡いさみ（芦川いづみ）と出会うのが、浅草観音様として知られる金龍山浅草寺。玩具問屋が軒を連ねる蔵前とは目と鼻の先。いさみは、浅草の寿司屋・寿し竜のひとり娘。江戸っ子で、思い込んだら即、というキャラクターで、日活ヒロインならではの行動力の持ち主。

その父・石岡竜吉に、桂小金治。昭和三十年代後半、日活映画で活躍した小金治は、松竹大船の川島雄三作品『こんな私じゃなかったに』（一九五二年）で映画デビュー、名バイプレイヤーとして活躍。昭和三十年代前半には、松竹で番匠義彰監督の「花嫁シリーズ」などで、下町の老舗の番頭などを好演。そこで培った「下町の頑固者」イメージを本作でも発揮している。

《沢山の人と映画で知り合ったけどね。裕次郎がいちばんの親友。いちばん最初に裕ちゃんと共演したときは、向こうは大スター。こっちは脇役でしょ？　初めての日活だったこともあって、緊張していたんです。ちょうど撮影の合間で、裕ちゃんがスタジオの食堂の前の芝生に座って台本を読んでたんだね。挨拶して、「桂小金治です。お世話になります。どうぞよろしく」って言ったんだ。普通なら「あ、どうも！」。それで終わりだよね。パッとホンを閉じてね、立ち上がってね、「石原裕次郎です。どうぞよろしく」って。これで惚れちゃったんだよね。あれだけの大スターが、こんなチンピラに立ち上がって挨拶してくれるなんて嬉しいじゃない。》（桂小金治インタビュー・二〇一三年六月二〇日）。

　さて、周平といさみが出会った日の夜、すし竜を出た二人が夜の雷門で会話をするシーンがある。浅草雷門といえば、世界中に知られた観光スポットでランドマークだが、現在の形のものが完成したのが、この映画の前年、昭和三十五年のこと。パナソニックの創設者・松下幸之助が寄進して話題となったばかりで、門の朱色も真新しい。風神雷神像もまだ納められていない。

　東京下町を舞台に、玩具への夢を紡いでいる周平と、経営者としては失格だが好人物の社長・老田和一（宇野重吉）は、ビジネスライクに仕事をすすめることができない。昔気質ということで共通している。そこにドライな参謀タイプの小助と、なんとしてでもＢＧになりたい、いさみが加わって物語が展開していく。

　会社の資金繰りのため、周平と小助、いさみが、大阪の興和産業に出張に赴く。大阪ロケも、浅草の下町風景とコントラストをなしている。三人が大阪に向かうのは、東京〜大阪間を走っていた東海道本線電車特急「こだま」号。昭和三十三年に、国鉄初の電化特急として運行が開始され、東京大阪間を六時間五〇分で結ぶ、新幹線登場までは、最速のビジネス特急だった。

　サラリーマン映画、ことに源氏鶏太原作ものでは、真っ直ぐな青年主人公を認める、清濁併せ呑んだ大物が必ず登場する。目の前に立ちはだかる巨悪や、青年を後見する後ろ盾だったりと様々だが、本作では、大阪のバー・八千代のマダム・八千代（浦里はるみ）のパトロンで、財界の黒幕・原産業社長・原大作（東野英治郎）がそれにあたる。

　『喧嘩太郎』でも裕次郎と名コンビを見せた、ベテラン東野の老獪ぶりも、この映画の楽しみの一つ。そして、小林旭の「銀座の次郎長」シリーズで、桂小金治と共に銀座の旦那として出演していた、エノケン劇団出身で浅草は古巣の中村是好が、老田玩具の支配人・堅田倉蔵を好演。やはり喜劇映画でおなじみの清川虹子が、いさみの母・達子を演じ、桂小金治と共に、下町ののれんを守る肝っ玉母さんぶりを見せてくれる。

　また、この頃、日活映画でタイアップが盛んだった、日清食品の「チキンラーメン」が劇中に登場する。大太がアパートで寝込んでいると、月給を持ってきたいさみと、二人でどんぶりに魔法瓶のお湯を注いでチキンラーメンを作る。仲睦まじく食べ始めた途端、バー「サレム」の弘子（中原早苗）がやってきて、ひと悶着。この頃は、鍋で煮込むより、丼にお湯を注いで三分、という食べ方が主流だったことが分かる。

『堂堂たる人生』は、昭和三十六年度の映画配給収入ランキングでは、配収二億八九七七万円で八位を記録した。

　年一回の恒例となった裕次郎の海外ロケ作品。この年は、アフリカを舞台にした『キリマンジャロの決闘』が予定されたが、それがエジプトロケの『ナイル河の決闘』となり、『アラブの嵐』と改題された。

　十月十二日、裕次郎、芦川いづみを始めとする撮影隊一行は、エジプトロケへ出発した。

『アラブの嵐』十二月二十四日　中平康監督

エジプトロケを敢行した国際アクション

　日活宣伝部発行のプレスシートに、中平康監督が「雄大な風景と物語と裕次郎と」と題してコメントを寄せている。

《この作品は本編の九割を現地で撮影した本格的な海外ロケーション作品だっただけに、かつてない新機軸のアクション映画ができあがったと確信している。ロケ効果については、観光映画のようなものではなく、ローカル・カラーを生かし、エジプトの雄大な風景と物語と、裕次郎が渾然と一つに溶け合い、大きな迫力を出すよう試みた。（後略）》

　斬新かつモダンな感覚で、内外から高い評価を受けていた中平康が初の海外ロケ作品を任され、大いに張り切っている、という印象を受けるが、実は中平はパリを舞台にしたコミカルなミステリーをイメージしていた。ところが、日活は前年の『闘牛に賭ける男』がヨーロッパを舞台にしていたこともあり、パリへ行きたいという監督の要望は受け入れず、エジプトロケとなった。

　その視点で観ると、裕次郎扮する主人公・宗方堅太郎が、会社の重役たちから「パリへ島流し」を画策されるが、なかなかパリには行けずに、結局エジプトのカイロに到着するという戯作的な展開にも、中平の想いが窺える。

堅太郎は、大日本物産社長・宗方達之助（千田是也・写真のみノンクレジット）の孫で就職したものの、祖父の威光が大きすぎて、会社では手も足も出ない状態。その反発で博打に夢中の放蕩三昧。ところが、達之助が急死。会社の重役たちは大慌て、堅太郎に跡取りになられては困ると、海外への「島流し」をもくろむが……。

冒頭の日本パートは、『あした晴れるか』のようなハイテンポなギャグがポンポンと飛び出す快調な演出が堪能できる。

文学座の稲野和子がこのシーンに出演している。

《日活で石原裕次郎さんの『アラブの嵐』というエジプトロケの映画に、「若い子二人を」と文学座が頼まれて、私と小川真由美さんが、のんきに出たんです。その監督が、中平康さんだったんです。これが私の初めての映画だったんです。舞台と映画って、お芝居といっても断然システムが違いますでしょう。だから、とても興味深かったですね。》（稲野和子インタビュー・二〇一四年五月九日）

フランス行きの船も途中下船してしまった堅太郎は、祖父の遺書の「狭き日本を出て　広き世界に生きよ」に感銘を受けて、会社の用意したチケットでベイルートへと向かう。その機内で知り合ったのが、デザイナー志望の美人・白鳥ゆり子（芦川いづみ）。日本語以外一切使わないと決めている堅太郎と、カイロで生き別れとなった父母を探すため語学を勉強してきたゆり子の取り合わせ。海外へ行く日本人の両極端なパターンは、今も昔も同じ。

ベイルート空港で、大日本物産現地駐在員たちの歓迎にウンザリした堅太郎は、行き当たりばったりでカイロ行きのチケットを購入。そのとき、何者かが堅太郎の鞄をすり替えてしまう。しかもロビーで堅太郎の隣に座っていた男の背中にはナイフが……。

ここから、ミステリータッチの展開となるが、中平が意識したのはアルフレッド・ヒッチコック監督お得意の『知りすぎていた男』（一九五六年）のような「巻き込まれ型サスペンス」だろう。何事にも無頓着な性格の堅太郎は、自分の鞄がすり替えられたとは知らず、そのままカイロ行きの飛行機に乗り込む。

カイロでゆり子と堅太郎を出迎えるのは、エジプトに流れてきた異邦人・中川孝次（小高雄二）。ここからの展開は、ミステリー・コメディ・タッチとなる。ナイトクラブ「メナ」の歌手・ライラには、エジプトのトップ女優・シャディア。ライラは自国の独立を目指すナショナリストの同志で、すり替えられたバッグには、その革命のために重要な機密書類のマイクロフィルム入りのペンダントが入っていた。

そのため堅太郎は、革命騒ぎに巻き込まれる。革命の同志だけでなく、反革命の帝国主義者一味もペンダントを狙っており、堅太郎は次々と危険に巻き込まれ、ゆり子や中川もその騒ぎの渦中の人となる。

サッカーラの砂漠で、堅太郎の乗った車がパンク。一人、砂漠に放り出されるシーンで「ここで飛行機でも出てくりゃ、まるでアメリカ映画だな」とつぶやく。そこで「船方さんよ」をひとくさり唄ったところで、セスナが急襲してくるのは、ヒッチコックの『北北西に進路をとれ』（一九五九年）のパロディ。これぞ中平康の戯作精神！

堅太郎が現地の人とピラミッド登り競争をしようとして「また足でも折ったら大変だ」と一旦は止めようとするが、祖父の遺言「挑まれた戦いに、背を向けるなかれ」に従ってトライする。

昭和三十六年という時代を考えると、日活スコープの大きな画面いっぱいに広がる広大なエジプトの光景は、観客の興味をそそるものだったに違いない。ギザのクフ王のピラミッド、スフィンクス。その光景のなかで裕次郎がアクションを繰り広げる、まさしく洋画のような日本映画が『アラブの嵐』だった。


エジプト滞在中に、こんなことがあった。カイロの日本大使館夫人が主催する公邸でのパーティに、裕次郎、小高雄二、芦川いづみたちが招かれた。ところが、ホスト側の夫人がなかなか出てこない。特派員、商社マン夫人、アラブのプロデューサーや女優たちが集まっているのに。ようやく現れた大使夫人の高慢な態度に、裕次郎は怒って、その場で啖呵を切って、ホテルに戻ってしまった。

『アラブの嵐』は、昭和三十六年度の映画配給収入ランキングでは、配収二億八八〇〇万円で九位を記録した。


十二月、映画公開に併せて「でっかい青空」（作詞・谷川俊太郎　作曲・六条隆【黛敏郎】）／「アラブの嵐」（作詞・大高ひさを　作曲・大久保徳二郎）／翌年公開の「男と男の生きる街」（作詞・熊井啓　作曲・伊部晴美）を発売（三曲収録）。主題歌「でっかい青空」は、この年に大流行したドドンパのリズム、映画テイクと同じ音源を使用している。映画主題歌は格好の宣伝材料であり、映像ソフトがない時代、観客にとって映画を追体験させてくれる大事なメディアだった。

十二月二十四日、裕次郎は右太腿腫性膿瘍で入院、手術をした。結婚一周年を迎えたこの年、裕次郎夫妻は山中湖畔に別荘を建築している。

第二章　夢へ向かって
――昭和三十七（一九六二）年

昭和三十七年は、日活創立五十周年、撮影所誕生八周年の記念すべき年として、華々しく幕開けた。浜田光夫、高橋英樹、吉永小百合、松原智恵子、和泉雅子、田代みどりの青春スターによる「日活グリーン・ライン」の結成。「日活銀座」と呼ばれるパーマネントのオープンセットの第一期工事が、二月の完成を目指して進んでいる真っ最中だった。

『男と男の生きる街』一月十四日　舛田利雄監督

「大都会」の原点となる社会派アクション！

この年も日活の正月第二弾は恒例の裕次郎映画。監督は、北原三枝の引退作『闘牛に賭ける男』以来、ちょうど一年ぶりとなる舛田利雄。前年の昭和三十六年の裕次郎映画は、小林旭、宍戸錠、二谷英明らの「日活ダイヤモンド・ライン」のアクション路線とは対称的に、青春もの、サラリーマンものが中心だった。エース舛田利雄の登板は、久々の本格アクションを期待させた。

『男と男の生きる街』は、本格ミステリー・アクションを目指したオリジナル。シナリオは、翌年『帝銀事件 死刑囚』（一九六四年）で監督デビューを果たす社会派の熊井啓と舛田の共作。熊井には『鉄火場の風』以来の裕次郎映画となる。

熊井のシナリオは、社会正義に燃える事件記者・裕次郎の活躍を描くものだったが、舛田はそれにミステリー要素を加え、さらに加藤武の刑事との対立と友情を軸に、男と男のドラマに仕立て上げた。しかも舞台は、大阪→京都→神戸の三都。舛田は『赤い波止場』で神戸を舞台に、殺し屋の孤独を描いて傑作をものしているが、舛田も裕次郎同様、神戸出身だけに関西ロケも充実している。

大阪西成区で発生した殺人事件。被害者は身元不明。凶器は鋭利なメスのようなもの。毎朝大阪新聞社社会部の記者・岩さんこと岩崎捷夫《たけお》（裕次郎）が現場へと急行。捷夫は、休暇を取って登山をしようとしていたが、しぶしぶ現場入りする。

殺害現場では、大阪府警捜査一課の刑事・北川始（加藤武）が実況見分している。北川刑事と捷夫は、過去にわだかまりがあり、今では犬猿の仲。当初は単なる殺人事件を追う事件記者と刑事の物語だが、被害者・朝倉俊夫（英原穣二）の身元が明らかになり、京都西陣へその妹・朝倉和枝（芦川いづみ）を、捷夫が訪ねていくあたりで、事件の背後に隠された大きな謎が提示されていく。

舛田映画の魅力の一つが「分かりやすさ」にある。主人公をめぐる過去や、中盤の神戸での捜査シーンにインサートされる、ビジュアルによる説明カット。無駄な説明台詞を極力抑えて、事件の謎解きと、捷夫の父親・岩崎警部（稲葉義男）と新人時代の北川刑事が捜査していた密輸事件が、次第にリンクしていく。これが裕次郎映画には不可欠な「過去をめぐる物語」である。

捜査中に岩崎警部を誤射して、射殺してしまった北川刑事。その「過去」を許せない捷夫。北川が捷夫の姉・岩崎恵美（南田洋子）と交際中であることも、次第に明らかになる。この誤射事件は、舛田の『赤いハンカチ』（一九六四年）でリフレインされることになる。

物語が進むにつれ、捷夫とその家族をめぐる過去のドラマが顕在化していく。これこそ日活アクションならではの構成であり、同時に、この映画には三組の兄妹（もしくは姉弟）が登場して、それぞれの幸福や不幸が描かれ、それが次第にリンクしていくことで、ドラマが色濃くなっていく。

また、舛田映画らしくシックなビジュアルも魅力的。冬の京都、大阪の雑踏、そして神戸港の寒々とした夕景。山崎善弘のキャメラは、どこまでもスタイリッシュで、画面にリアリティを感じさせてくれる。

真犯人が明確になってからは、アクション映画らしく、奇想天外な展開となる。並木（浜田寅彦）、神津（長門勇）、岡野（井上昭文）たちの右往左往ぶり。これをコミカルにすると、後の『殺人者を消せ』（一九六四年）となるわけだが、舛田映画にはこうした集団謀議がしばしば登場する。

事件記者と刑事、新聞社と警察の関係は、石原裕次郎が後年、石原プロで製作するドラマ「大都会―闘いの日々―」（一九七六年・ＮＴＶ）の設定を思わせる。

タイトルバック、大阪の空撮風景に流れるのが、裕次郎が唄う主題歌「男と男の生きる街」。この場面には舛田監督も出演している。作詞は熊井啓、作曲は日活アクション、特に舛田作品のムードをＪＡＺＺＹなサウンドで支えた伊部晴美。

映画公開の一月に、ディック・ミネのカバー曲「旅姿三人男」（作詞・宮本旅人　作曲・鈴木哲夫）／「上海ブルース」（作詞・北村雄三　作曲・鈴木哲夫）を発売。裕次郎の愛唱歌であり、ファンにとっても懐かしいカバー。やがて懐メロブームで、裕次郎は戦前、戦後の流行歌を次々とカバーしてゆく。

日活と裕次郎の契約は、この年の二月いっぱいで満了。裕次郎は再契約を保留にする。この件に関して「日活作品の体質を改善するために、いくつかの条件を会社側に出しており、それを呑んでもらうため」と報道陣に語っている。二月には株式会社東京ビルディングを設立、実業家として次のステップに向けての準備を始めていた。

そうしたなか三月四日に『銀座の恋の物語』が公開され、全国平均入場料が七十一円のとき、三億円の配給収入を記録することになる。

日活ムード・アクションの萌芽

『銀座の恋の物語』三月四日　蔵原惟繕監督

数あるデュエットソングの中でも、最も親しまれている「銀座の恋の物語」。平成二（一九九〇）年には銀座・数寄屋橋公園に歌詞が建立され、平成二十八（二〇一六）年には地下鉄日比谷線銀座駅の発車メロディとなった。前述のように、もとは昭和三十六年一月公開の『街から街へつむじ風』の挿入歌として、裕次郎と牧村旬子のデュエットでレコード発売され、ジワジワと浸透。最終的にはシングル売上が三三五万枚（二〇〇五年・テイチク調べ）となる、数ある裕次郎のレコードのなかで一番ヒットしたのが「銀恋」と親しまれるこの曲。

発売から一年、大ヒット曲となった「銀座の恋の物語」をフィーチャーして作られたのが本作である。しかも、この年の二月に第一期工事が完成した日活撮影所パーマネント・オープンセット、通称「日活銀座」での最初の撮影作品となった。そのお披露目にふさわしいと『銀座の恋の物語』が選ばれた。

「日活銀座」建設計画は、年々厳しくなる交通事情やオリンピックを前にしての盛り場ロケの制限など、さまざまな問題をクリアして撮影をスムースにするため、まず撮影所の東側約一七〇〇坪の敷地に銀座、新橋、新宿などの盛り場を再現する第一期工事に着手。日活美術部がロケハンをして緻密に再現、竹中工務店による鉄パイプによるセットは、風速六十メートルに耐え得るものと、日活五十年史（一九六二年）にある。

監督は『俺は待ってるぜ』で日活アクションの方向を決定づけた蔵原惟繕。脚本に『霧笛は俺を呼んでいる』（一九六〇年・山崎徳次郎）のムードを作り上げた熊井啓と、本作以降の「ムード・アクション」成立の立役者となった山田信夫。『銀座の恋の物語』は、昭和三十九（一九六四）年の『夕陽の丘』から正式に日活宣伝部によって命名される「ムード・アクション」の萌芽となった記念すべき作品でもある。

ムード・アクションとは、裕次郎と浅丘ルリ子のメロドラマの「ムード」、裕次郎の「アクション」を融合させた作品群で、『憎いあンちくしょう』（七月八日・蔵原惟繕）、『赤いハンカチ』（一九六四年・舛田利雄）、『夜霧よ今夜も有難う』（一九六七年・江崎実生）と佳作が多い。『銀座の恋の物語』をムード・アクションの萌芽としたのは映画評論家の渡辺武信である。このあたりは、渡辺の「日活アクションの華麗な世界」（未来社）に詳しい。

しかし『銀座の恋の物語』はアクション映画ではない。銀座の裏町に住む芸術家の卵の伴次郎（裕次郎）と、彼との結婚を夢見るお針子の秋田久子（浅丘ルリ子）のメロドラマである。婚約した二人が、次郎の実家に行くために新宿で待ち合わせをするが、その途中、久子が交通事故に遭ってしまう。記憶喪失になった久子は、次郎の前から姿を消す。必死に久子を探し続ける次郎。一年半後、銀座松屋デパートで久子を見つけた次郎だったが、今では井沢良子として生きている彼女は、何も覚えていないのだ。

この映画は、記憶を失った久子のアイデンティティーを回復するドラマであり、次郎が久子との失った日々を取り戻すために、懸命に闘う物語でもある。

主人公の自己回復。このモチーフは『赤いハンカチ』の裕次郎の元刑事につながり、交通事故で姿を消すルリ子の設定は『夜霧よ今夜も有難う』に通じる。「過去」に幸せな日々を送った裕次郎とルリ子が、数年後に再会。その時、二人は決して結ばれることのない「現在」にいることを実感する。それがムード・アクションのモチーフである。その萌芽が『銀座の恋の物語』にあるのだ。

かつて田坂具隆や井上梅次は「裕次郎の地を引き出す」演出を心がけていた。裕次郎には芝居をさせなくてもいい、というメソッドだった。俳優デビューして六年、この作品での裕次郎の演技について蔵原惟繕は、かわなかのぶひろのインタビューに、こう話している。

《あの頃になると、裕ちゃんはある程度、自分の芝居を計算して演るようになっていました。まぁ、自然に表現するということは根本にありますけれど、役者としてうまくなってきましたね。》（蔵原惟繕「映画・裕次郎がいた」月刊イメージフォーラム・一九八七年十月増刊）

主人公・次郎は画家。商業デザインから誘いがあっても、自分の芸術を確立させるため貧乏暮らしをしている。同居しているのはジャズピアニストの宮本修二（ジェリー藤尾）。二人のアパート暮らしを描く前半は、MGMミュージカルの傑作『巴里のアメリカ人』（一九五一年・ヴィンセント・ミネリ）を思わせて楽しい。ジーン・ケリーは売れない画家、同じアパートのピアニストのオスカー・レバントもコンサートマスターを目指している貧乏作曲家だった。

日活映画は外国映画をモチーフにしたものが多い。『赤い波止場』はジャン・ギャバンの『望郷』（一九三七年）を意識しているし、『嵐を呼ぶ男』はジェームズ・キャグニーの『栄光の都』（一九四〇年）にインスパイアされている。『帰らざる波止場』（一九六六年）は『過去を持つ愛情』（一九五四年）の影響を受け、『夜霧よ今夜も有難う』はハンフリー・ボガートの『カサブランカ』（一九四二年）をお手本にしている。しかし、それが単なるイタダキに終わらず、独自のロマンチシズムを形成しているのが素晴らしい。見事な換骨奪胎なのだ。

宮本が作曲し、次郎と久子が作詞をした歌と、次郎が久子のために描いた肖像画。二つの小道具が、久子の記憶を回復する装置として効果的に使われている。次郎と待ち合わせの日、久子はその肖像画のための額縁を買う。記憶喪失となった久子が住むアパートに絵が入らないままポッカリと開いた額が置いてある。その肖像画の行方も後半のドラマの芯になっている。

また、次郎のアパートにある壊れたおもちゃのピアノを、記憶を失った久子が弾いていると、次第に主題歌のメロディになっていく。ところが一つだけ鳴らないキーがある。クライマックスの名場面である。

裕次郎とレコードのパートナー・牧村旬子が、宮本の恋人役で出演。コメディリリーフとして登場する関口典子（江利チエミ）がジャズ喫茶で、飛び入りで唄う「奴さん」は彼女のヒット曲。また「ノッポの彼氏とオチビの彼女」は、江利と舞台「マイ・フェア・レディ」（一九六三年）で共演する高島忠夫が作詞作曲。なお、東京地区での併映作は、舛田利雄監督が坂本九の大ヒットをモチーフに映画化した『上を向いて歩こう』。いずれも「日活銀座」を効果的に使用した歌謡映画二本立は、興行界でも大きな話題となった。

前年、昭和三十六年、水の江滝子の肝いりで、十三歳の少女・和泉雅子が日活に入社した。銀座生まれの和泉はこの『銀座の恋の物語』で久子が勤める洋裁店のお針子・キン子をキュートに演じている。

《母校の泰明小学校の前で裕ちゃんとロケをしたんです。誰か同級生が通らないかなと思ってね。どんなお芝居をするかより、周りが気になっちゃってね。セリフも飛んじゃいました。だから裕ちゃん、私が緊張したと思ったらしいけど、そうじゃなくて。「私は裕ちゃんと出てんだ！」ってのを同級生に見せたくてね。ところが一人も通らないんで、カッカ

しちゃって（笑）》（和泉雅子インタビュー・二〇一九年三月二十六日）

映画『銀座の恋の物語』主題歌として、三月にテイチクから、牧村旬子とのデュエット曲「銀座の空にも星がある」（作詞・大高ひさを　作曲・野崎真一）／「東京の日曜日」（作詞・大高ひさを　作曲・鏑木創）を発売。二曲とも劇中未使用だが、銀座の路地裏の若い恋人たちの心情は、映画のコンセプトと同じ。『銀座の恋の物語』は、昭和三十六年度の映画配給収入ランキングでは、配収三億円で七位を記録した。

本作の封切り間もなく、三月八日にはサラリーマン映画『青年の椅子』がクランクインした。懸案の契約更改をめぐっては、水面下での日活との交渉が進み、四月には、裕次郎の申し出を受諾するかたちで、それまでの専属契約から一年ごとの年間本数契約となった。裕次郎としては専属契約で身動きできない「籠の鳥」から、決められた本数の作品に出演すれば、テレビなどに自由に出演できることになり、独立への第一歩となった。

三月には前年からのヒット曲を収録した十枚目のＬＰ「裕ちゃんと一緒に」（一〇インチ・八曲収録）がリリースされ、これが最後の一〇インチ盤となった。

『青年の椅子』四月八日　西河克己監督

高度成長を支えた熱血サラリーマン映画

裕次郎のサラリーマン映画第四弾は家電メーカーの熱血サラリーマン奮戦記『青年の椅子』。原作は、北海道新聞・東京中日新聞・中部日本新聞・西日本新聞に連載された源氏鶏太の同名小説で、当時、講談社から単行本が発行されている。

脚本は、これまでの三作すべてを手掛けてきた娯楽派の松浦健郎。松浦は、サラリーマン映画の嚆矢となった、源氏鶏太原作の『續 三等重役』（一九五二年・鈴木英夫）や『一等社員 三等重役兄弟篇』（一九五三年・筧正典）の頃からサラリーマン映画も得意としてきた。

監督の西河克己は、松竹から多くのスタッフたちを率いて、再開日活の原動力となった人でもある。三國連太郎主演の『生きとし生けるもの』（一九五五年）でデビューを果たし、若原雅夫と芦川いづみの『春の夜の出来事』（一九五五年）などを手掛け、メロドラマ中心に活躍をしていた。

日活アクションでは『無言の乱斗』（一九五九年）で主演デビューした和田浩治の主演作を連作。『六三制愚連隊』『素っ飛び小僧』『若い突風』『疾風小僧』『竜巻小僧』、そして世紀のコミック・アクション『俺の故郷は大西部』（いずれも一九六〇年）と、「小僧アクション」と呼ばれるコミカルな活劇を手掛けてきた。和田が裕次郎に風貌が似ていることから日活アクションのセルフパロディとして作られており、今でもファンが多い。同時に、昭和三十六年には、石坂洋次郎原作、吉永小百合主演の『草を刈る娘』を演出。以後、吉永の青春映画の監督として、リリカルで叙情味溢れる世界を作り上げてゆく。

その西河監督が、初めて裕次郎映画を撮ることになったのが、この『青年の椅子』。喜劇映画、青春映画に持ち味を発揮する演出家だけに、水の江滝子プロデューサーによる西河の起用は、まさに適任。

さて、裕次郎の主人公は、日東電機工業社員・高坂虎彦。新入社員ではなく、入社してから四年間九州支社で勤務していた豪放磊落な青年。折しも会社は創立二十周年を記念して、バイヤーたちのトップを招いての接待会の準備中。野心家で、出世のためならどんな手もいとわない、やり手の総務部長・菱山（滝沢修）は、社内の精鋭を集めて接待要員に抜擢。ところが、その当日、会社での最終確認のための重要な会議の席に遅れて入ってきたのが、菱山部長とは一面識もない高坂虎彦だった。

彼を指名したのが、菱山部長とはライバルだが、温厚な営業部長・湯浅（宇野重吉）。乗り物酔いをする高坂のために接待場所の鬼怒川温泉まで護衛を買って出るのが、営業部のタイピスト・伊関十三子（芦川いづみ）。当時、新婚列車として人気だった、東武鉄道のデラックス・ロマンスカーに乗って、高坂と十三子が鬼怒川温泉に向かうシーンは、鉄道ファンにとっても貴重な記録となっている。

サラリーマン映画ではおなじみのエピソードが、小気味良いテンポで展開する。その宴会で、日東電機の面々が戦々恐々としているのが、最大の取引先である畑田商会の社長・畑田元十郎（東野英治郎）。酒癖が悪くて評判の畑田は、案の定、上得意の矢部商会の社長令嬢・矢部美沙子（水谷良重／現・水谷八重子）に絡んでしまう。それをやんわり止めに入ったはずの高坂が、あろうことか宴会の席で、畑田を投げ飛ばしてしまう！

前半「鬼怒川温泉あさやホテル」の宴会シーンで、主要人物のキャラクターをきちんと印象づける。会社にとってマイナスの行動をした高坂は、菱山部長らに咎められ、酒乱の畑田社長には疎まれるが、実は、彼らこそ、日東電機の危急を救う救世主となるのが後半。このメリハリは、サラリーマン映画の楽しさであり、西河克己の演出は緩急自在、飽きさせない。

ラスト近くに、大磯で療養中の矢部商会社長・矢部（小川虎之助）が登場するが、大磯で小川虎之助というと、日活ファンなら小林旭の「銀座の次郎長」シリーズの一本槍先生を思い出す人も多いだろう。小川虎之助は、サラリーマン映画の元祖『三等重役』（一九五二年・春原政久）で、先代社長を演じていた人。云うなれば、ここにもサラリーマン映画の伝統がある、ということになる。

公開に併せて四月、『青年の椅子』劇中で唄った「ふるさと慕情」（作詞・渋谷郁夫　作曲・久慈ひろし）／ディック・ミネのカバー「人生の並木路」（作詞・佐藤惣之助　作曲・古賀政男）を発売。「ふるさと慕情」は、モダンなイメージの裕次郎には珍しい民謡アレンジの曲。裕次郎が、沖縄風の居酒屋で石垣島出身の同僚（谷村昌彦）と酒を酌み交わして唄う。熊本県球磨郡五木村に伝わる「五木の子守唄」をアレンジした曲。

五月には映画主題歌「雲に向かって起つ」（作詞・滝田順【今戸栄一】　作曲・伊部晴美）／「思い出はいい奴だった」（作詞・門井八郎　作曲・上原賢六）を発売。また、ハワイアン「南国の夜」（作詞・作曲・A・ルッセル）／「珊瑚礁の彼方」（作詞・作曲・J・テイットマン）を再発売している。

四月二十八日、裕次郎は前年に続いて「大島ヨットレース」に出場した。

『雲に向かって起つ』　五月一日・滝沢英輔監督

政治の不正に挑む反逆児の保守化

太陽族の象徴として、反発する戦後派若者の心情と行動を、数々の小説でセンセーショナルに描いてきた石原慎太郎。そしてそれらの小説のモデルでもあり、兄・慎太郎の文学世界を銀幕で具現してきた太陽の男・石原裕次郎。彼らにとってもニッポンにとっても、昭和三十年代は、まさしく青春でもあり、成長の時でもあった。この『雲に向かって起つ』が公開されたのは、昭和三十七年五月。『太陽の季節』から六年の時を経て、裕次郎は五十二本の映画に出演していた。その間、日本の経済も政治も文化も急転回してきた。

『雲に向かって起つ』の舞台は、政治の中枢である国会。裕次郎扮する主人公・坂木武馬は、新聞社に入社して間もなく国会記者クラブに配属された新人記者。不正を断固として許さない、正義感の塊のような男。

慎太郎原作・裕次郎主演作は、太陽族の生態を描く『狂った果実』、日活アクションの原点的作品『錆びたナイフ』、安保の時代に「自分自身とは何か」を模索するヤクザの跡取り大学生の揺れ動く青春を描いた『青年の樹』と、時代と共に変節してきた。しかし、主人公が大きな求心力を持ち、懸命に自己と格闘しながら生きて行く様が、映画の題材として魅力的であることは変わらない。

「週刊明星」に連載された慎太郎の同名小説を、後に時代小説作家・隆慶一郎として文壇で活躍する池田一朗が脚色。武者小路実篤原作『世界を賭ける恋』や石坂洋次郎原作『あじさいの歌』を手掛けてきたベテラン、滝沢英輔が監督にあたっている。この年裕次郎は、アクメロ（アクション・メロドラマ。宣伝部命名）『銀座の恋の物語』、サラリーマンもの『青年の椅子』と、ハイペースで主演作を撮っていた。

公開にあわせて、当時の芸能雑誌「週刊平凡」（一九六二年五月十七日号）には「裕次郎の参議院立候補宣言」と題して、「裕次郎と政治」という記事が掲載されている。太陽族が大人になり、いつしか政治家を目指すかも、というのは、当時の大衆が裕次郎に抱いていたイメージだろう。反抗する若者の保守化。それを成長と捉えていた時代でもある。それは慎太郎がこの後、政治の世界へ進むことで具現化される。

この映画は、国会と政治の周辺を舞台に、熱血新人記者に扮した裕次郎が、持ち前の正義感で、「ビルマ戦後補償」にまつわる疑惑と、六年前の政治家暗殺事件の謎を解くというプロットで、しかもパワフルな喜劇となっている。「戦後補償を国会で糾弾」といえば、舛田利雄の『喧嘩太郎』があったが、本作も明朗かつパワフルという点では変わらない。

ヒロインは『銀座の恋の物語』から本格的に再びコンビを組むことになった浅丘ルリ子。「渡り鳥」シリーズなどで続いてきた小林旭とのコンビは、小林の美空ひばりとの結婚を機に解消。ルリ子は日活の戦略で裕次郎映画のヒロインとして、昭和四十年代にかけて、数々のヒット作に連続出演。「ゴールデンコンビ」となる。

ルリ子が演じたのは、六年前に殺された政治家の娘・中藤礼子。一九五三年型のコロナを運転して、武馬と国会入口で遭遇するトップシーン。眼鏡をかけ、早口でまくしたてる。コメディエンヌとしての浅丘ルリ子の魅力溢れるシーンとなった。「眼鏡をかけても美人」パターンである。

亡くなった中藤代議士の政治姿勢に共感する、若者グループ「痛快会」の面々。このメンバーのなかに、後に作家として活躍する百瀬博教の顔も見える。

坂木にぞっこん惚れて、頼もしい味方となるのが、キップの良い芸者・花奴（水谷良重／現・水谷八重子）。水谷良重は、この頃、各社の映画に立て続けに出演、まさしく売れっ子だった。彼女のアパートに泊まる羽目になった武馬が、翌朝、美味しそうに朝ご飯をパクつくシーンに、裕次郎の伸びやかな青年の魅力が溢れている。

物語は次第に、六年前の中藤代議士暗殺をめぐる核心へと迫って行くが、テンポ・アクション・笑いに、ベテラン滝沢英輔の手堅い演出が楽しめる。特に、クライマックスの大乱闘シーンで、武馬が礼子に告白する場面が、実に楽しい。

日活娯楽映画の良さは、どんな題材でも、どんな設定でも、主演スターの魅力を最大限に打ち出して、いつもの展開を見せてくれること。そういう意味では、肩の凝らない裕次郎コメディの典型となっている。

『憎いあンちくしょう』　七月八日・蔵原惟繕監督

エポックとなったロードムービー

五月二十五日には、蔵原惟繕監督、浅丘ルリ子共演による『憎いあンちくしょう』がクランクイン。山田信夫のオリジナル脚本は、裕次郎のアイデアがもとになっている。

《正月だったかしら、やはり同じ蔵原サンの『銀座の恋の物語』が終わるころ、ボクが半ば冗談に、マスコミにふだん追われてる男（女でもいい）が、東京からこつ然と姿を消したらどういうことになるだろう、と持ちかけたら、ターキーさんや監督がガゼン乗っちゃってね。山田信夫さんがちゃんとした脚本に肉付けしてくれたんです。》（「石原裕次郎…そしてその仲間」）

リップサービスかもしれないが、裕次郎の本音でもある。ドル箱である裕次郎映画の題材に新味がなくなり、ルーティン化していた。同じ頃、蔵原も「もう一度アウトサイダーに戻そう」と、成城の水の江滝子宅に、蔵原、山田、企画部の黒須孝治（のち作家・黒須紀一郎）が集まり、新たな裕次郎映画の企画を模索していた。

《僕がノブさん（山田）と出会って、お互いのテーマとか娯楽性がうまく邂逅した、彼の大ヒット作ですね。あの時代の一連の脚本の中ではひときわ鮮烈な脚本ですよ。》（蔵原惟繕「映画・裕次郎がいた」）。

脚本・山田信夫、監督・蔵原惟繕コンビによる、前作『銀座の恋の物語』は、それまでヒーローの自己回復への闘いが主軸だった日活アクションにあって、記憶を失ったルリ子とかつての日々を取り戻そうとする裕次郎の、ラブストーリーに主眼を置いたという点では、「ムード・アクション」の萌芽的作品といえる。

北原三枝や芦川いづみをヒロインとしてきた裕次郎映画

が、小林旭の相手役を経て、大人の女性としての魅力を開花させてきた浅丘ルリ子を恋人に迎えたのは、当然の帰結でもある。可憐な少女と、成熟した大人が共存するルリ子と、円熟味を増してきた裕次郎。二人が織りなすドラマに深みが増してきたのがちょうど、この『憎いあンちくしょう』から。

「神風タレント」という言葉が流行したこの時代。非人間的なマスコミ社会に対するアンチテーゼとして、「自己を喪失した主人公が続ける孤独な戦い」を描き続けてきた日活らしい作品となった本作には、数々の映画的魅力が溢れている。

マスコミの寵児となり、名声を得た主人公・北大作（裕次郎）と、その恋人でありマネージャーである榊田典子（浅丘ルリ子）。二人は、お互いの「新鮮さ」を失わないために、指一本触れないという協定を交している。出会ってから七百数十日。その記録を壁に刻み続ける典子。いつしか二人は、倦怠期を迎えている。殺人的なスケジュール、ストイックな毎日、セックスへの期待とあきらめ。そんな二人の感情の一つ一つが、溢れ出すダイアローグや斬新なカット割、リアルなショットに託されている。

その二人の前に飛び込んできたのが「純粋愛は存在するのか？」というテーマ。九州の山間部で医師をしている恋人・小坂敏夫（小池朝雄）のために、つましく貯金をしてジープを買ったBGの井川美子（芦川いづみ）。彼女の願いは、そのジープを九州まで届けて欲しいということ。井川美子をゲストに招いたテレビ番組の生放送中に、大作はすべてを捨てて車を届けることを宣言する。

この瞬間、映画は動き出す。契約違反を恐れたマネージャー・典子はパニックに陥り、視聴率至上主義のテレビ局プロデューサー・梅谷一郎（長門裕之）はチャンスとばかりに浮足立つ。そのカリカチュアと、大作のひたむきさ。ジャガーを乗り捨て、ジープを駆るその姿は、次第に主人公・北大作から、虚像を演じ続けてきた映画スター石原裕次郎の実像へと重なってくる。

一九六〇年代、高度成長まっただ中のニッポン。東京〜京都〜大阪へとひたすら走るジープ。ドキュメンタリー・タッチで切り取られた映像は、それまでの日活アクションの映像とは一線を画している。その裕次郎を虚像の象徴であるジャガーで追いかける典子の鬼気迫る表情。

京都、東寺の境内で運転代行の尾崎宏（川地民夫）が現れる。典子の浅はかな計略だったが、大作がこれに激怒。この瞬間、二人の間に決定的な亀裂が入る。

中盤、大阪で絶望に打ちひしがれた典子が、睡眠薬自殺を図る場面の重量感は、エゴイスティックなまでに、人間の内面と行動を描く蔵原演出の真骨頂。

大作を追い続ける典子は次第に、スケジュール放棄をしたタレントを説得するマネージャーの役割から、恋人の理解しがたい行動を見極めようとする「女」に戻ってゆく。淡路島ルートを取った大作を見失った典子の焦燥感。福岡に着いてからの博多どんたくの騒乱。

ドキュメンタリー・タッチのリアルな映像と、カリカチュア描写による主人公の感情。目的地近くの険しい山道で、典子のジャガーが脱輪し、大作が助けに来るエピソードと映像のカタルシスは、まさしくアクション映画の醍醐味であり、主人公たちの精神的な絆の回復を象徴している。

《僕はロケの既成空間に裕ちゃんを閉じ込めたくなかった。もう一回大きな場に解放してつっこませたかったんですね。それが博多の山笠祭りのシーンで爆発した。みんな傷だらけになっちゃったんです。》（蔵原惟繕「映画・裕次郎がいた」）

余談だが、浅丘ルリ子は本作のために運転免許を取得、体当たりで撮影に臨んだという

《どこへ行っても（裕次郎さんは）すごい爆発的な人気でしたから、もう黒山の人だかりで、撮影するのが大変な騒ぎで、どこへ隠れれば人がいなくなるのか？　何回もそういう目にあって。でも本当に、いつも優しくてね。ロケーションの時も「ルリ子、ルリ子」っていつもかばってくださって。あの人ね、ちょうど私の肩が自分の肘を乗っけるのにちょうどいい高さなんですよ。いつも私の肩に、こう乗っけて、歩いていたのを思い出しますね。

（大阪ロケでは）裕ちゃんの人気がすごかったでしょう。それを望遠で遠くから撮るんですから、私も裕ちゃんも本当に人々に取り囲まれて、すごく怖かった。その空気まで映画にしてしまうのが蔵原さん。

だから、新しくて、しゃれた映画だったんですね。私、この時二十二歳だったんですが、どうしてもこのマネージャー役・典子だけは、三十歳くらいになってから、やりたかったなって、しみじみ思うんです。まだ二十二歳じゃ完成されていないんです。だから台本と、監督の言う通りに、何も分からずにやっていた、という感じがして。》（浅丘ルリ子インタビュー・二〇一四年三月）

クライマックス。二人にとって「純粋愛は存在するのか？」というテーマが顕在化してくる。現代のテレビとさほど変らない、野次馬的なクルーたち。「純粋愛」を提議した井川美子と敏夫の再会と、典子と大作の対比。さんさんと降り注ぐ日差しと九州の大地の中の、主人公たちの感動的なラブシー

ンは美しさを超えて神々しくもある。蔵原は前掲のインタビューで「僕らの裕ちゃんをもう一度、という思いが実った作品ですね」と語っている。

この作品に続いて、蔵原と山田信夫コンビは『何か面白《おもろ》いことないか』（一九六三年）でも、裕次郎とルリ子に、様々な障壁を作り上げて、その克服の果ての愛のドラマを描き、裕次郎とルリ子は「ムード・アクション」を通じて、新たな黄金時代を築くことになる。また、本作は蔵原＝山田コンビによる『何か面白いことないか』、『夜明けのうた』（一九六五年）へと連なる、浅丘ルリ子の「典子三部作」の第一作にもあたる。

七月、ディック・ミネの「夜霧のブルース」（作詞・島田磬也　作曲・大久保徳二郎）／「雨の酒場で」（作詞・清水みのる　作曲・平川浪竜）を発売。「夜霧のブルース」は昭和二十二年のヒット曲をカバー。もともと「俺は待ってるぜ」など裕次郎の曲は、ディック・ミネから連なるテイチク・サウンドの系譜として作られていて、懐メロという感じがしない。

また同月には、映画主題歌「憎いあンちくしょう（可愛いあの娘）」（作詞・藤田繁夫【藤田敏八】）が高橋英樹「霧の夜の男」とカップリングで発売された。そして裕次郎にとっては初の十二インチ（三十センチ盤）ＬＰ「映画主題歌篇『狂った果実』から『銀座の恋の物語』まで（第一集）」（十四曲収録）と「同（第二集）」（十三曲収録）を発売している。

豪快！　戦争アクション

『零戦黒雲一家』八月十二日　舛田利雄監督

続く『零戦黒雲一家』は戦争アクション大作。『錆びたナイフ』（一九五八年）以来、ダイナミックな作風で、アクション・スター、タフガイ・裕次郎のイメージ作りに貢献した舛田利雄監督に、「スカッとした戦闘機乗りの映画を作りたい」と裕次郎が提案。裕次郎はキャラクターのアイデアから、具体的な場面の構想などを、舛田監督に熱く語った。

その『零戦黒雲一家』は、昭和三十五年の八月作品として「日活映画昭和三十五年五月号」でアナウンスされたが、延期され、二年後にようやく実現した。

やがて種子島へ一ヶ月のロケーションを敢行、自衛隊から練習機を借りて、零戦仕様にペインティングしたものを、実際に飛ばして迫力あるシーンが撮影された。普段、撮影所のセット中心の映画作りに慣れていた裕次郎は、種子島に作られた基地から、実際に飛び立つ戦闘機や、敵機の爆撃シーンを目の当たりにして「これが映画だよな」と少年のように興奮したという。

舛田監督は、『錆びたナイフ』から、石原プロモーション製作の昭和四十七（一九七二）年『影狩り ほえろ大砲』まで二十五本の作品を共にした、いわば盟友。舛田が筆者のインタビューに「裕ちゃんとは戦友だった」と語っているように、黄金期の日活撮影所をフィールドに、二人は日本映画の「ある時代」を築き上げた。裕次郎のスクリーン・イメージは、多くの舛田作品によるところも大きい。

この『零戦黒雲一家』は、助監督時代に市川崑監督の『ビルマの竪琴』（一九五六年）の現場体験はあるとはいえ、舛田監督にとっては初の戦争映画。従来の日本映画では通例化していたミニチュア特撮による戦闘シーン中心のものではなく、実機を飛ばして空中戦を再現するというリアルな空戦アクション映画を目指して、それが見事に成功している。

昭和三十年代半ばより、映画界には戦記映画ブームが到来。円谷英二特技監督率いる東宝特撮陣による『太平洋の嵐』（一九五九年・松林宗恵）や『太平洋の翼』（一九六二年・同）といったパノラミックな特撮映画が大ヒット、少年誌の画報記事や漫画、プラモデルなど、子供たちにもそのブームが波及していた。イデオロギーはともかく、娯楽映画、スペクタクルとしての戦記物ブームだった。

その状況を踏まえて、ハリウッド映画のような爽快な戦争アクションを目指したのが本作。原作は高倉健の『殴り込み艦隊』（一九六〇年・東映）の原作など戦記ものを得意とした萱沼洋。脚本は、小林旭の航空アクション『太平洋のかつぎ屋』（一九六一年）『嵐を突っ切るジェット機』（同年）などを手掛けた星川清司と、ほとんど自作の脚本に参加している舛田監督。リアルな航空アクションは、裕次郎が気骨のあるパイロットを演じた『天と地を駈ける男』で経験済み。

今回は、太平洋戦争中に活躍した「零式戦闘機」通称ゼロ戦を主役に、壮快なスカイアクションを展開。零戦として登場する飛行機は、ロッキード社のAT‐6テキサン機。第二次世界大戦から米軍の練習機として使われ、戦後、航空自衛隊の練習機として活躍していたもの。それをペインティングして零戦役に起用。シルエットは実際の零戦とは異なるが、ミニチュアもAT‐6の形にしているので、映画では違和感がない。余談だが、舛田監督が日本版監督をつとめた『トラ・トラ・トラ！』（一九七〇年）の零戦もテキサン機だった。

現代の自衛隊の演習シーンから、浜田光夫が昭和十八年の太平洋ソロモン諸島での鮮烈な体験を回想するというオープニングが印象的だが、当初は自衛隊の演習ではなく、現代の若者風俗を描く予定だった。舛田監督は後の『あゝひめゆりの塔』（一九六八年）のファーストシーンをその手法で描いた。

裕次郎が演じた中尉・谷村雁は、根っからの軍人というより、それまでの裕次郎同様、型破りなヒーロー。ならずものたちの航空隊員たちは、谷村に反発しつつ、その魅力に惹かれてゆく。ここでは、ギャングやチンピラ役が多かった日活バイプレイヤー陣が、よりパワフルに個性を発揮している。内田良平や、郷鍈治、高品格らが実に魅力的で、それぞれのキャラクターが際立っている。さながら集団アクションの趣がある。なかでも近藤宏が演じたコンプレックスを持つ〝大学〟こと柴田忠一・二飛曹は、『天と地を駈ける男』でやはり近藤が演じた挫折していくパイロットのリフレインでもある。

情熱的な裕次郎のヒーロー谷村に対する、クールな二谷英明の八雲上等飛行兵曹。日活らしく国家よりも個人というタイプを好演。そこに現れる渡辺美佐子扮する奈美。度重なる危機的状況を経て、二人の男たちが厚い友情で結ばれるという展開は、アクション映画の王道でもある。

一ヶ月に及ぶ種子島ロケでは、スタッフ、キャスト共に男性陣ばかりで、女優では渡辺美佐子一人だけだった。

《プロデューサーが、さすがに「これはまずい」って思われたんでしょうね。裕次郎さんはじめ、スタッフが合宿していた旅館の隣の薬屋さんの二階に、私ひとり泊めて頂いたんです。で、おかしかったのが、食事の時間になると「渡辺さーん！」と声がかかるんです。「ハーイ」って、私はなんと屋根伝いに旅館へ行くんです。裕次郎さんと夕景のシーンがあって、なかなか美しい映像に仕上がっているんですが、すぐに陽が沈んでしまうので、一回では撮りきれなくて、三日間通いました。》（渡辺美佐子インタビュー・二〇一八年三月）

現代と戦中をつなぐパイロット・予科練を演じた浜田光夫の想い出である。

《『零戦黒雲一家』の時は、嬉しかったなぁ。ぼくは小百合さんと青春路線でしょう。裕次郎さんはアクションだから、何しろ路線が違うから、共演はまずあり得ないと思っていたけれど、舛田利雄監督から声をかけて頂いて。戦争映画ですから男ばかりで、種子島に一ヶ月ロケに行きました。こんなに楽しくて、嬉しいロケはなかったですね（笑）。裕次郎さんは、しょっちゅう日に焼いていてね、いつも小麦色の肌で、ドーランを塗るのが好きじゃない人でした。そのままでやりたいんです。しかも、監督が舛田利雄さんでしょう。豪快で、弾着も派手で、撮影現場が戦場のようでした。》（浜田光夫インタビュー・二〇一四年十月二十九日）

主題歌「黒いシャッポ」は佐藤勝作曲、作詞は舛田監督。浜田光夫扮する予科練が吹くハーモニカの音色に併せて、裕次郎が劇中唄うシーンはしみじみとした名場面。当初、シナリオの＃95では、ドモ久（高品格）が、ドラム缶風呂を炊きながら唄うことになっており、撮影前に収録されたプレスコ音源が日活に残っている。

クライマックスについて、舛田監督はこう回想している。

《潜水艦が助けに来るんですが、乗れる人員も限られていてね。映画を面白くするには、極限状況を作らないといけないですから。敵機は攻めてくるし、潜水艦まではカヌーを漕いでいかなければならない。しかもオールがないから役者に手で漕がせて、飛行機を飛ばしました。

ただ、潜水艦は種子島ロケじゃないんです。瀬戸内海です。南洋の孤島という設定だから、島が映ったら興醒めだから、苦労しました。結局、豊後水道で、島も映らない角度を見つけて、そこで潜水艦を撮ったんですが、波がすごくて、撮影どころではない。飛行機が飛んでくるタイミングもあるし、役者も必死ですよ。なんとか撮影をしました。そしたら、潜水艦の艦長さんが、撮影隊の動きに感激したそうです。》（舛田利雄監督インタビュー・二〇〇九年四月）

終盤、部下たちに「生きろ」と命ずる谷村。死ぬことより生きることの難しさを説く主人公。ここに舛田監督のメッセージがある。後の舛田作品『さらば宇宙戦艦ヤマト 愛の戦士たち』（一九七八年）で、ヤマトが白色彗星帝国の超巨大戦艦に艦隊特攻を試みようとする時に、艦長・古代進が乗組員たちに放つメッセージは、本作のリフレインである。のちに舛田監督は数多くの戦争映画を手掛けることになるが、その作品に通底するテーマは一貫している。

本作の主題歌として八月に「ラバウル小唄」（作詞・若杉雄三郎　作曲・島口駒夫）／「黒いシャッポの歌」（作詞・舛田利雄　作曲・佐藤勝）がリリースされた。

九月には、流行歌のルーツともいうべき「船頭小唄」（作詞・野口雨情　作曲・中山晋平）／藤原義江のヒット曲「出船」（作詞・勝田香月　作曲・杉山長谷夫）をカバーしている。そして十月、オリジナルとして、ビッグヒットとなる「赤いハンカチ」（作詞・萩原四朗　作曲・上原賢六）／「露子に逢いたい」（作詞・丸山環【萩原四朗】作曲・久慈ひろし）がリリースされた。戦前から続いてきた正調テイチク・サウンドともいうべきオーソドックスな流行歌のスタイルが、復古調ブームの中、大ヒット。生涯の代表曲の一つとなる。

九月に入って裕次郎は、かねてからの計画を実現させるために、日活で製作を手掛けていたプロデューサー、中井景《あきら》宅に足しげく通い、相談を重ねていた。中井は『太陽の季節』『乳母車』から『闘牛に賭ける男』にかけて、ずっと、裕次郎主演作の製作主任をつとめていた。昭和三十六年、裕次郎が入院した時にも、裕次郎の相談を受けていた。退院後初の海外ロケとなった『アラブの嵐』からプロデューサーとなっていた。

「景さん、極秘だけど、おれ日活から独立して映画作りたいんだ。協力してくれないか」。裕次郎は真剣だった。長年の映画作りを通して、信頼関係を作ってきた日活スタッフも思いは一緒だった。自分が納得する映画作りをして、それを映画館に来る観客ひとりひとりに届けたい、それを楽しんでもらいたい。

昭和三十三年頃から、取材でも「俳優は男子一生の仕事にあらず」と公言してきた裕次郎が、三十になるのを前に決意したのが「自分で撮りたい映画を撮る」ことだった。

しかし、その実現には日活の思惑や、五社協定という大きな壁が待ち受けていた。

『若い人』 十月六日・西河克己監督
吉永小百合と裕次郎

「若い人」は昭和八年から昭和十二年にかけて発表された石坂洋次郎初の長篇小説。石坂が秋田県立横手高校の国語教師時代に「三田文学」に断続的に連載した、当時としてはセンセーショナルな作品。初映画化が、昭和十二（一九三七）年の豊田四郎監督による東宝映画、それを機に石坂洋次郎原作映画はおよそ八十本作られている。日活でも浅丘ルリ子の『愛情』（一九五六年）、石原裕次郎の『乳母車』（一九五六年・田坂具隆）、『陽のあたる坂道』（一九五八年・同）、『あじさいの歌』（一九六〇年・滝沢英輔）、『あいつと私』（一九六一年・中平康）など、二十九本もの石坂文学が映画化されている。

『若い人』は本作を含めて四度映画化されている。主人公の教師・間崎と生徒・恵子は、前述の初作は大日方伝と市川春代、昭和二十七（一九五二）年の東宝作品では池部良と島崎雪子、三作目が本作で、昭和五十二（一九七七）年の東宝作品では小野寺昭と桜田淳子が演じた。

九州、長崎のミッションスクールを舞台に、若い数学教師・間崎慎太郎（裕次郎）と、屈託を抱えた生徒・江波恵子（吉永小百合）、歴史教師・橋本スミ子（浅丘ルリ子）、三人の微妙な関係を明るいムードの中で描いている。恵子は、母・ハツ（三浦充子）の恋愛遍歴のなかで生まれた私生児。その境遇を享受しているようで、反面、奔放な母親に強烈な反発を覚えている。屈託のない間崎を恋愛対象として憧れることで、こころの均衡を保っている。やはり間崎に心を寄せている橋本スミ子は、女性として恵子に対し、強いライバル意識を感じている。美しい風景や、明るい雰囲気とは対照的に、主人公を廻るドラマは「さわやか」とは言いがたい。テーマの重さと、主人公たちの若さのエネルギー。石坂文学の永遠のテーマでもある。

修学旅行の雨の夜、行くところもなく彷徨っていた恵子の激情を、抱きしめることで受け入れてしまう瞬間のパッションは、人間の弱さからくる受容ではなく、青春のなかの恋愛という印象を受ける。青春映画の旗手として、数多くの日活青春映画の佳作をものしている西河克己監督は、こうした感情の捉え方が実にうまい。裕次郎とは『あいつと私』以来、二度目の共演となる吉永小百合は、懸命に演じるために、共演者とも気軽に話をすることなく、恵子役に集中していた。雨のニコライ堂のシーンの吉永の想い出。

《少女の切ない気持ちを、どう演じたらいいのか、懸命にやってはいるんですけど、それでもやっぱり、やり足りなかったんです。そうしたら裕次郎さんが『もっと思い切りぶつかってきて』と、直接ではないんですが、仰ってくれたんです。スタッフが降らす雨に打たれながら、裕次郎さんの胸に思い切りしがみついた時の感触は、今でも鮮明に残っています。》（吉永小百合インタビュー・二〇一二年十月）

そのパッションは、恵子だけでなく、スミ子の嫉妬や、彼女に失恋したスミ子の叔父・島森敬（小沢昭一）などなど、さまざまな登場人物のシークエンスにもある。そのパッションゆえに、男と女の世界や、肉親の憎み合いといった重いテーマが、登場人物たちのエネルギーによって乗り越えられるのではという、ポジティブな気分になれる。

ハツの放蕩ゆえに生まれた恵子の苦悩。それを間崎への恋愛感情にぶつけ、自ら間崎の子を妊娠したと噂を流すハイティーンの複雑な心理。そのわだかまりが一気に爆発するのが、泥酔したハツとその情人・江口健吉（北村和夫）の修羅場に間崎が巻き込まれケガをするシーン。しかし、そこでも問題が提示されるだけで、解決されることはない。むしろハツがケガをした間崎に対し、女性としてアプローチし始める。恵子をめぐる状況は、間崎によって何ら変わることなく、むしろ母子で一人の男性を奪い合うというような状況を予見させる。その苦さと現実の重さ。

それを救ってくれるのは、裕次郎のみなぎるエネルギーであり、小百合の弾けんばかりの若さ。二人の役者の肉体である。それがスクリーンに溢れるからこそ、西河演出のパッションによって、ある種の爽快感が全篇を貫いている。日活映画らしい明朗さと、スターの持つ華やかさ、若さのエネルギーに満ちた青春映画の佳作となっている。

十一月には、ウインターソングの定番「雪の降るまちを」（作詞・内村直也　作曲・中田喜直）／「トロイカ」（ロシア民謡　訳詞・森おくじ）をリリース。

『金門島にかける橋』十一月三日　松尾昭典監督

台湾との合作による
大スケールのスペクタクル

『世界を賭ける恋』（一九五九年・滝沢英輔）を皮切りに、日活は年に一作のペースで裕次郎の海外ロケ大作を製作してきた。この年、秋のシルバーウィーク大作として文化の日に公開されたのが、日活と台湾の中央電影公司の合作による『金門島にかける橋』だった。裕次郎は九月二十七日から十月二十七日にかけて台湾へロケーションに出掛けている。

これまでの海外ロケ作品は、日活女優の北原三枝や芦川いづみがヒロインで、日本での人間関係をそのまま海外で展開するタイプの作品だったが、本作は、台湾の人気女優・華欣《ファーシン》を迎え「国際ラブロマンス大作」として製作。

これは、東宝が香港のキャセイ・オーガナイゼーションと合作で連作していた、宝田明と香港の人気女優・尤敏《ユーミン》による『香港の夜』（一九六一年・千葉泰樹）と同じアプローチである。

これらの「国際ラブロマンス」映画は、アジアの映画マーケットを目指す日本の映画会社と、日本の映画スターを招聘して映画製作を目指す台湾や香港の映画会社双方のメリットによるところが大きい。そして美男美女がエキゾチックなアジアの風景のなかでロマンスを展開するというテイストは、ウイリアム・ホールデンとジェニファー・ジョーンズの『慕情』（一九五五年・ヘンリー・キング）以来、映画界の定番でもある。

一方では、台湾ではハリウッド映画と共に日本映画が数多く上映されていた。台湾としては台湾語映画のマーケットを凌駕される危機感もあり、日本映画上映に本数制限をかけるなどの対抗策を講じていた。しかし、日本側も台湾は重要な海外マーケット。ならばと日台合作映画が作られた。本作、大映の『真・始皇帝』（田中重雄）、にんじんプロ『カミカゼ野郎　真昼の決斗』（一九六六年・深作欣二）などで、中華民国軍隊の全面協力で派手な爆破シーンやスペクタクルが展開された。

　本作はやはり裕次郎映画であり、日活アクションでもある。舞台は、戦火渦巻く台湾海峡。実際に紛争の地であった金門島を舞台に、戦火の中の激情を、リアルな戦闘シーンをクライマックスに据えた、スペクタクル大作でもある。

　医師・武井（裕次郎）が陽麗春《ヤンリーツウン》（華欣）を元気づけるため、東京のナイトクラブで真珠をプレゼントするシーンでのナプキンとチェリーで作った人形に託して自分の気持ちを話す場面のリリカルさ。後半、金門島で、自分を見失っていた武井を励ます麗春の言葉としてリフレインされる。

　中華民国国軍が全面協力した戦闘シーンの大迫力。現地スタッフによって再現された戦闘場面は、火薬の量が半端ではない。まさに戦争スペクタクルの名に相応しい。特にクライマックス、台湾から金門島に戻る、武井や麗春たちが、集中砲火を浴びる場面。そして金門島での艦砲射撃シーン。スタントマンをほとんど使わずに、裕次郎が猛烈な爆発のなかヒロインと共に決死の演技をするシーンは、今では考えられないスケールで撮影されている。

　キャストは日台混合、日中戦争で家族を失った、金門島のリーダー的存在で麗春の養父・王哲文《ワンツーウン》を演じた大坂志郎は、中国語の台詞を達者に喋って、まるで現地俳優のように自然な演技を見せてくれる。その息子・王小栄《ワンシャオロン》を演じたのは売り出し中の山内賢。その姉・美蘭《メイラン》は台湾スターの唐宝雲《タンパオユン》、陽麗春の許嫁で軍人の劉上尉《リョウシャンウェイ》には武家麟《ウーチャーリン》が演じている。武井の婚約者・かおるに芦川いづみ。それぞれの芝居の息もピッタリ合っている。

　メロドラマに相応しく、麗春と武井の恋は、許嫁・劉上尉との結婚により実らぬものとなる。古い格式を重んじる王哲文の日本への憎しみと、武井への友情。さまざまなエレメントが二人の障壁となる。台北に舞台を移してからは、武井を追ってきたかおる（芦川いづみ）も登場して、さらにメロドラマ度がアップしてくる。

　助監督の千野皓司が作詞、黛敏郎がペンネームの六条隆名義で作曲した主題歌「めぐりあい」がタイトルバックに流れ、二人の恋愛のモチーフとしてこの曲の旋律が効果的に使われている。

　ラストで、戦火のなか、麗春は共産党軍の銃弾を受け倒れる。武井に抱かれた麗春が「やっとお逢いできた。でももう……」「違う、麗春、これから始まるんだよ。どんなことがあったって、僕は君を離さない」「私幸せ……今度、逢う時、戦争のないところで……」と言って絶命する。

日本では昭和三十七年の公開だが、台湾での公開は翌年の昭和三十八年八月。台湾の国民党の全面協力で撮影されたために、完成作を台湾で上映する際に審査で問題となり、台湾版『海灣風雲』ではラストシーンが改変された。再撮影に際して、裕次郎の役を、台湾の青年が吹き替えを担当。クライマックス、武井が撃たれて亡くなり、ヒロインは国軍の大尉と結ばれるシーンが再撮影された。

日活では、トップスターの裕次郎のためにサラリーマンもの、戦争アクション、青春映画と、様々な作品を企画。娯楽映画としては、それぞれの作品のクオリティは維持され、魅力的なものも多かったが、そこには裕次郎の考える「冒険」も「挑戦」もなかった。だからこそ独立プロダクションを設立して、思う存分映画作りをしたい、という思いが募るばかりだった。

この頃、中井景たちとプロダクション設立の準備を進める一方、唯一映画の企画を話し合えたのが舛田利雄だった。舛田は裕次郎の意を汲んで、それを作品に反映させてきた。その舛田から「次の正月映画は何をやりたい？」と持ちかけられた。裕次郎は「時代劇、侠客かなんかは？」と気軽に答えた。酒の上とはいえ、スーツを着た殺し屋や、熱血漢、サラリーマンなどパターン化された役柄ではない、自分らしいヒーロー像はないものか、裕次郎は真剣に考えていた。

裕次郎と舛田監督のアイデアをもとに、高木雅行プロデューサーが選んだのは、火野葦平原作の『花と竜』だった。

『花と竜』十二月二十六日　舛田利雄監督

任侠映画はここから始まった！

昭和十二（一九三七）年、「糞尿譚」で第六回芥川賞を受賞した作家・火野葦平。「麦と兵隊」「土と兵隊」「花と兵隊」の兵隊三部作は、当時三百万部を超える大ベストセラーとなり、昭和十四（一九三九）年に日活で田坂具隆監督が『土と兵隊』を映画化している。

戦後は、戦犯作家として公職追放を受けるが、その後は九州男児の生き様を描いた自伝的な「花と竜」で再びベストセラー作家となり、その圧倒的な筆致で、いつの時代も日本人に愛された作家の一人で、その映画化作品も多い。火野葦平は、福岡県遠賀郡若松町（北九州市若松区）で、港湾荷役を一手に担う玉井組を率いる、玉井金五郎と妻・マンの長男として産まれており、「花と竜」は自身の両親の物語だった。映画のラストで誕生する赤ん坊が原作者ということになる。

九州のパワフルな男性と、男勝りの女性の生き様を描いた「花と竜」は、戦後、たびたび映画化されている。昭和二十九年に東映で藤田進と島崎雪子による『花と竜 第一部 洞海湾の乱斗』『同 第二部 愛憎流転』（佐伯清）、昭和三十七年に本作、昭和四十年には東映で、今度は中村錦之助と佐久間良子による『花と龍』『続 花と龍 洞海湾の血斗』（山下耕作）、そして昭和四十八年には松竹で渡哲也と香山美子の『花と龍 青雲篇 愛憎篇 怒濤篇』（加藤泰）が作られる。

また歌謡曲でも、昭和三十九年に村田英雄が日本テレビ「村田英雄の花と竜」の主題歌として、自ら作詞作曲して唄って大ヒットしている。「花と竜」は舞台、映画、歌謡曲、テレビドラマとさまざまなメディアでヒットを繰り返してきた。

裕次郎と浅丘ルリ子による、舛田利雄の『花と竜』は、日活アクションにおいても、日本映画界においても革新的な作品となった。裕次郎はデビュー以来、『幕末太陽傳』以外は、現代劇のヒーローを演じ続けてきた。再開日活ではほとんど時代劇を製作していなかったこともあり、他社のようなオープンセットもなく、またノウハウもない。

それゆえ裕次郎が、明治時代を舞台にした、いわゆるコスチュームプレイを演じること自体、新しいことだった。しかも、まだヤクザ映画、任侠映画というジャンルが本格的に浸透する以前、血気盛んな若き玉井金五郎を演じることは、日活アクションの観客である若者層、裕次郎ファンにとって一見、保守への転向ともとられる企画でもあった。

そこは舛田監督。裕次郎の玉井金五郎を、上昇志向の強い、明治の「太陽族」ともいうべきキャラクターとして位置づけ、浅丘ルリ子の玉井マンの鉄火ぶり、そして岩崎加根子の蝶々牡丹のお京の色香、いずれも良い意味での新鮮な魅力に溢れている。

お京を演じた岩崎加根子の話。

《裕次郎さんは、本当に優しい方でした。優しいと一言で言い表せないほどです。とても照れ屋さんで、皆さん、そう仰るでしょうけど、とても素敵な方です。『花と竜』の時は、私と裕次郎さんのシーンはセット撮影だったのですが、お京という女性は、姐御肌というか仇っぽいでしょう。実際の私にはそんなところがなくて、舞台でもありませんでした。娘役専門でしたから。しかも裕次郎さんの肌に惚れて、刺青を彫っていくんです。「この餅肌がね、良い」ってうっとりと、お京が言うんです。でも裕次郎さん「餅肌じゃねーよ！」って（笑）。普段、裕次郎さんはヨットで海に出ていたから、日焼けしていたでしょう。だから、そう言ったんでしょうけど。》（岩崎加根子インタビュー・二〇一八年三月）

日露戦争前の明治三十年代、伊予出身の玉井金五郎（裕次郎）は、ブラジル行きを夢見る二十六歳の青年。無一文でやってきた門司港で、持ち前の頑健な身体を生かして、ゴンゾ（船から荷物を運ぶ労働者）として働くこととなる。石炭まみれの作業場で出会ったのが、男まさりの女ゴンゾ・谷口マン（浅丘ルリ子）。マンは金五郎の夢にかけることを決意。二人は若松へ渡り、金五郎は永田組の親分になり代わり采配を振ることとなる。

そんな金五郎に魅かれるのが、イカサマ博徒の年増女・蝶々牡丹のお京（岩崎加根子）。隆々たる金五郎の肉体に惚れ込んで、刺青を彫る。そのお京とマンの対比もドラマの主軸となる。ラムネ好きの金五郎が、出入りを前にマンに「ラムネを十本買ってこい」と指示する、そのユーモア。ラムネを買って来たマンが、喧嘩支度をしている玉井組の灯をみて思わず「きれい」と漏らす場面など、日活映画ならではの味。

クライマックス、金五郎が、単身、敵の待ち構える神社へと向かう。一面の雪景色、静寂な世界、真っ白な空間の静謐な感覚。名手・松山崇の美術に、日活映画の光と影を演出してきたベテラン藤林甲の照明が冴えわたる。デビュー以来世話になっている藤林のことを裕次郎は「お父ちゃん」と慕っていた。舛田監督によると、この照明決めには、相当な時間をかけたという。

その静寂を突き破る壮絶な立ち回り。単身、敵の刃を受ける金五郎の身体から鮮血が流れ、真っ白な雪景色を真紅に染めてゆく。その美しさ。

斬られても刺されても、金五郎は不死身なのである。裕次郎の「ヒーローは死んではならない」という日活映画の不文律を逆手にとって、「これでもか」の演出は、舛田映画らしい豪快さが堪能できる。ここで死んでは、原作者・火野葦平も生まれないわけだし、この物語が成立しないわけだから、確信犯である。

時代劇のノウハウを持たない日活スタッフの英知を結集して作られた侠客の世界は、斜陽の映画界に大きな影響を与えた。余談だが、戦後日本映画黄金時代、絢爛たる時代劇を量産して「東映城」と呼ばれた東映では、年々動員数が激減、新機軸を探していた。そこへこの『花と竜』が登場。東映首脳部は「これからは任侠映画だ」と、刺激を受け、舛田利雄を東映に引き抜こうとした。それから三ケ月後、『人生劇場 飛車角』（一九六三年・沢島忠監督）が公開され、そこから任侠映画の時代が始まることになる。任侠映画の先駆けとされる『人生劇場 飛車角』よりも、裕次郎の『花と竜』が早かったことは、映画史において記憶されるべきだろう。舛田によれば、本作の完成後、東映から移籍のオファーが来たという。

任侠映画、ヤクザ映画は、日活がその先駆だったことは間違いない。明けて昭和三十八（一九六三）年、日活は高橋英樹の『男の紋章』（七月十四日公開・松尾昭典）、小林旭の『関東遊侠伝』（八月十一日公開・松尾昭典）と次々と任侠映画を製作することとなる。

舛田はこの後、昭和四十五（一九七〇）年にＮＥＴ（現テレビ朝日）で「ナショナルゴールデン劇場 花と竜」の脚本・演出を手掛け、こちらは渡哲也が玉井金五郎、倍賞美津子がマンを演じている。

余談だが、パキスタンのペシャワール会現地代表で「国境なき医師団」の中村哲氏は、玉井金五郎とマンの孫、火野葦平の甥にあたる。中村の母が火野葦平の妹である。

『花と竜』は、昭和三十七年度の映画配給収入ランキングでは、配収三億六〇四〇万円で四位を記録した。

主題歌「花と竜」（作詞・滝田順【今戸栄一】作曲・伊部晴美）は、十一月二十一日にテイチクスタジオでレコーディング、十二月に牧村旬子「泣きたい」とのカップリングでリリースされた。

また十二月には、冒頭にナレーションが入ったＬＰ「郷愁（裕ちゃんのリバイバル・ヒット・メロディー）」（十曲収録）をリリース。「船頭小唄」「出船」など、これまで唄ってきた戦前歌謡からディック・ミネの「旅姿三人男」「夜霧のブルース」など流行歌のカバーを収録。

十二月二十七日
石原プロモーション設立会見

日活のリーディングスターとして、七年間、常にスクリーンで活躍を続けてきた裕次郎は、水面下でかねてからの計画の実現に向けて動いていた。俳優が独立プロダクションを作ることは、映画界の因習である「五社協定」への挑戦だった。日活にしても、デビューから育ててきた看板スターの独立は、飼い犬に手を噛まれるようなもので、おいそれと許すはずはない。裕次郎は自分のホームである日活を拠点に映画製作を進めることで、育ての親への義理を果たすことは心得ていた。そのための根回しも続けていた。

それまでも、独立プロダクションとしては、新藤兼人監督の近代映画協会、岸惠子、久我美子、有馬稲子が立ち上げた、にんじんくらぶなどがあったが、裕次郎が考えていたのは、あくまでも日活とのパートナーシップで映画を製作し、日活の劇場で上映していくことだった。

昭和三十四年、黒澤明が黒澤プロダクションを設立。その背景には、東宝の思惑もあった。国際的評価の高い黒澤作品は、一方ではスケジュール超過、予算超過がたび重なり、業を煮やした東宝が黒澤明にもリスクを負わせ、クオリティの高い作品をリスクを軽減させて製作していこうというものだった。黒澤が『用心棒』(一九六一年)や『椿三十郎』(一九六二年)などの娯楽作品を連打していたのは、黒澤プロの収益を図るためでもあった。

そして昭和三十七年には、東宝の製作本部長・藤本真澄の肝いりで、三船敏郎が三船プロダクションを設立。第一回作品として、岡本喜八監督が温めていた『五十万人の遺産』の製作準備に入っていた。メガホンは三船自身が執ることになっていた。

黒澤プロも三船プロも、東宝配給で作品を製作。いわば企業内プロダクション。その先例を踏まえて裕次郎は「日活を出る意思は全くない」と表明していた。

昭和三十七年十二月二十一日に、裕次郎は日活撮影所の山崎撮影所長に内諾を得た。十二月二十七日、翌日に二十九歳の誕生日を迎える裕次郎は、午後一時、東京・日比谷の日活本社に江守清樹郎専務を訪ね、石原プロモーション設立を報告。江守は「私が承諾したとしても五社協定という壁はどうするんだ?」と簡単にはいかないことを示唆した。そこで裕次郎は「石原プロモーションは、映画製作だけでなく、テレビ番組の製作や、歌手のマネージメント、外国からのアーティスト招聘をしたい」と、意欲的にプロダクション設立への思いを語った。

まるで『闘牛に賭ける男』の主人公のようである。

一時間半に及ぶ会談のなかで「日活から出ないこと」「本数契約を続けること」「君は日活の石原裕次郎なんだぞ」と釘を刺したが、最終的には「大いにやりなさい」と、裕次郎にエールを送ったと、江守がのちに回想している。

同日、午後四時。帝国ホテルに新聞各社の記者を集めて、裕次郎は「石原プロモーション設立記者会見」を開いた。裕次郎、まき子夫人、石原慎太郎、中井景らが出席。そこで「日活の江守専務にプロダクション設立の快諾を頂いたこと」「株式会社として昭和三十八(一九六三)年一月十日に登記すること」「事務所を虎ノ門興業ビル内に置くこと」などを発表した。ここで裕次郎は「アメリカとの合作映画の企画を考えている」ことも示唆している。年末に渡米してハリウッドの知人と共に、交渉にあたると記者の前で話した。

そこでの裕次郎は、いつもの「裕ちゃん」ではなく、堂々たる経営者としての風格があった。翌日の新聞記事から、その会見の模様をピックアップしてみる。

《裕次郎は「日活に不満があって反旗をひるがえすというのではないよ。ただ現在のように映画をベルトコンベヤーに乗ってガサガサ作られていては、限界に来てしまっている。来年は映画会社の縮小は目に見えているし、なんらかの変化はありそうなので、先手を打ったのだ」「石原慎太郎と三年ほど前から話し合い、考えていたことで、タイミングとチャンスを待っていた」「製作はユニット形式だが、完全な自主制作になる。日活との契約は三月に切れるが、年間八本の映画出演としても、石原プロと日活の契約は年間五、六本になる。》（東京中日スポーツ）

日活とのユニット形式は、ハリウッドの「ヘクト・ランカスター・プロ」をイメージしていた。バート・ランカスターを見出したプロデューサー・ハロルド・ヘクトとランカスターが立ち上げた独立プロダクションで『ベラクルス』（一九五四年・ロバート・アルドリッチ）などが世界的に大ヒットしていた。

《このユニット・プロはわれわれの夢で、茶の間のおばあさんでも劇場に足を運ばせるような面白い作品を作りたい。それにはこうしたプロの形式で行くしかない。》（東京タイムズ）

さらにはまき子夫人のカムバックも示唆された。そして「他社出演は?」の質問に対して《現段階では無理だろうが、五社協定の壁が破れるのは目前だし、プロの実績があがれば、黒澤プロなどとの提携も夢ではなくなるだろう。テレビにも魅力があったが、これからは問題なく出演できる。舞台も……。》（東京中日スポーツ）と意欲的だった。

会見を終えた裕次郎は、大晦日、まき子夫人と共に、アメリカへと旅立った。

第四部　太陽に向かって立つ

レコーディングはいつもリラックス。2、3回のリハーサルで、すぐにOKテイクが出た。テイチクスタジオにて。

第一章　石原プロモーション始動！
——昭和三十八（一九六三）年

正月映画『花と竜』が大ヒットを続けるなか、マスコミは裕次郎の去就に注目していた。やがて昭和三十八年一月十日、株式会社石原プロモーションが登記された。

石原裕次郎　代表取締役社長
中井景　映画製作担当常務取締役（元・日活プロデューサー）
坂本正　営業・総務担当常務取締役（元・日活俳優部　裕次郎のマネージメント担当）
石原まき子　非常勤取締役
石原慎太郎　非常勤取締役
中島博文　社員（元・広告会社勤務）
奥山長春　社員（元・日活演出部）
水の江滝子　顧問

裕次郎は、代表取締役社長に就任。社長の椅子はマスコミで噂された金四万円の総皮張りではなく、その三分の一で買った布張りで、裕次郎は「オレだけがなんでデラックスにしなきゃならない。みんなと同じようにビジネス・ライクなものでいい」と笑った。

こうして石原プロモーションは船出をした。石原プロモーション設立会見を終えて、暮れの十二月三十一日、裕次郎はまき子夫人とアメリカへ休暇旅行に出かけた。

その帰途、一月十六日、ハワイに立ち寄りワイキキで過ごし、一月二十二日、ホノルルで記者会見をし、裕次郎は七月の太平洋横断ヨット・レースへの参加を表明した。裕次郎が日本で建造中の「コンテッサ三世」号で参加し、前年「太平洋単独横断」を成功させた堀江謙一も乗組員として参加する。しかし、石原プロモーションの映画第一作のため、裕次郎はこのレースには参加できず、兄・石原慎太郎がトランスパシフィック・レースに参加、大きな話題となった。裕次郎は堀江謙一とは意外な形でジョイントすることになる。

ハワイから二十五日に帰国した裕次郎を待っていたのは、日活との契約更改交渉だった。

一月三十日、日活へ、年間出演本数については、日活製作作品は三本（前年は八本）、石原プロの自主製作は二本までと、契約更改案を提出。日活がさらに本数を増やしたい場合は、別途両者の話し合いで取り決めるというもの。交渉は石原プロモーションを通して行われ、その結果「日活、裕次郎、石原プロの三者による契約」となった。これは専属契約が主体の映画界にとっては、極めて異例なことだった。ここから、裕次郎と日活の関係は「専属であって専属ではない」という微妙な立場となる。

そして、いよいよ石原プロモーション第一回作品に向けて、プロジェクトが始動することとなる。

一月、テイチクから牧村旬子とのデュエットで「籠の鳥」(作詞・千野かおる　作曲・鳥取春陽)／ディック・ミネと藤原千多歌の「長崎エレジー」(作詞・島田磬也　作曲・大久保徳二郎)、三月には「残雪」(作詞・渋谷郁夫　作曲・久慈ひろし)／「利根の船頭唄」(作詞・池田充男　作曲・野崎真一)をリリースしている。

『何か面白《おもろ》いことないか』三月三日・蔵原惟繕監督

蔵原惟繕の精神的アクション映画

シナリオ作家・山田信夫と蔵原惟繕監督は、裕次郎映画では『銀座の恋の物語』と『憎いあンちくしょう』の二大傑作を生み出している名コンビ。二人の出会いは、昭和三十四(一九五九)年のピカレスク・ロマンの佳作、葉山良二主演の『地獄の曲り角』。山田信夫は松尾昭典、舛田利雄監督と数々の裕次郎映画を執筆し、日活娯楽映画に新鮮な風を入れた才人でもある。その山田が作家性を発揮したのが、蔵原惟繕監督とのコラボによる川地民夫主演のファンキー族を描いた『狂熱の季節』(一九六〇年)だった。

その新しい風が裕次郎映画に吹き荒れたのが、当時アク・メロ(アクション・メロドラマ)と呼ばれ、後にムード・アクションの萌芽作品とされる『銀座の恋の物語』であり、「純粋愛はあるのか?」という疑問を投げかけた異色ロードムービー『憎いあンちくしょう』であった。この山田と蔵原コンビが、フェリーニの『道』(一九五四年・伊)にインスパイアされた傑作、芦川いづみ主演の『硝子のジョニー 野獣のように見えて』(一九六二年)を経て、再び裕次郎映画に取り組んだのが、この『何か面白いことないか』だった。

退屈に満ちた現代。惰性で付き合うこと、セックスをすることを「愛」と錯覚している若者たち。仕事をしていても、遊んでいても、皆「何か面白いことないか」とつぶやいている。昭和三十八年の日本で、若者、大人たちは、「退屈」を持て余している。そんな日常に、映画で「何かを投げかけようとする」作者の意図がはっきり見える。それゆえ裕次郎映画のなかでも異色作という印象もある。

レビューの踊り子・テンコこと倉橋典子(浅丘ルリ子)と、とりあえずの恋人「週刊現代人」の記者・小池宏(武内享)が映画館の座席に座っている。食い入るようにスクリーンを見つめる典子と退屈気味の小池が観ているのは、一九五八年の第十一回カンヌ映画祭グランプリ作品のソヴィエト映画『戦争と貞操』（ミハイル・カラトーゾフ）。ヴィクトル・ローゾフの戯曲「永遠に生きるもの」を映画化したもので、恋人たちを無情に引き裂く戦争の悲劇を描き、それまでの共産主義の教条的なソ連映画と一線を画したデタント映画として、若者たちの圧倒的な支持を受けた。今では『鶴は翔んでゆく』のタイトルで知られる映画のクライマックス、ヒロインのヴェロニカ（タチアナ・サモイロワ）が戦車の列を突っ切る衝撃的なシーンが、『何か面白いことないか』のモチベーションになっているのではないか。

有楽町日劇地下にあったアートシアター専門の映画館・日劇文化から出た典子と小池は、いつものように銀座の、いつもの喫茶店で、いつものコーヒーと、いつものチョコレートパフェを注文する。映画の感動は瞬時にして薄れ、退屈に支配されてしまう典子。灰皿の形にいら立ち、それを壊すこともできない。

そんな典子に挑発的に声をかけるのが、主人公・早坂次郎（裕次郎）である。退屈している典子の前に、別世界からやってきたような非日常的な存在として登場する次郎には、目的があった。昨日まで一流航空会社の花形パイロットだった次郎は、職を辞め、自らに一千万円の生命保険をかけ、それを担保に、典子の父の遺産のセスナを月賦で売って欲しいというのだ。「生きるためにセスナが欲しいんです」。その次郎の言葉は、典子にとって「君は死んでいるのに等しい」という言葉でもあった。

ことほど左様に、山田信夫のシナリオはダイアローグの魅力に溢れている。この『何か面白いことないか』で紡ぎ出される台詞の数々は、今なお輝き続けている。

蔵原映画の浅丘ルリ子は実に魅力的である。イライラしていても、泣き叫んでいても、とにかく可愛い女性なのだ。やがて次郎はセスナを手に入れ、毎月十万円の月賦を懸命に払う。それが面白くない関東航空の社長・岩本銀三（加藤武）は、ことごとく次郎を邪魔者にする。そんな次郎を「セスナにまたがったドンキホーテ」と揶揄するのが、小池宏に代表されるマスコミ。

『憎いあンちくしょう』でも提示された、マスコミに踊らされる現代人。マスコミのエゴイズム。氾濫する情報のなかで、人々が、真実を見失いかけている。だからこそ、次郎は自ら生きるために、セスナを飛ばそうとする。

中盤、典子のささやかな悪意が、すべての歯車を狂わせる。大事件ではないのに、目の前の出来事に、登場人物たちが、どう感じ、どう揺れ動くかを、微細に描き続けることで、些細なことがアクション映画の大事件のように感じられる。これぞ、山田・蔵原映画のパッションでもある。

次郎がギターを奏でながら「憎いあンちくしょう」(作曲・藤田繁夫【藤田敏八】 作曲・六条隆【黛敏郎】)を唄う。裕次郎映画につきものの歌唱シーンですら、健司(川地民夫)とガールフレンドのセックスのBGMというアイロニカルな演出。シニカルで、息が詰まりそうな展開の果て、ラストにやってくる安堵感。裕次郎映画のなかでは異色作だが、それゆえ尽きせぬ魅力に溢れている。

山田と蔵原の観念を裕次郎に託して描こうとしたために、成功したとは言い難いが、そうしたアバンギャルドな実験を、裕次郎映画で行うことを認めた水の江滝子のプロデューサー感覚も含め、素晴らしい作品である。

山田・蔵原コンビは、浅丘ルリ子の典子をスピンオフさせて、昭和四十(一九六五)年に「典子三部作」の最終作となる傑作『夜明けのうた』を発表する。『憎いあンちくしょう』『何か面白いことないか』と併せて観ると、もう一つの「浅丘ルリ子の世界」を堪能することができる。

『太陽への脱出』四月二十八日 舛田利雄監督
太陽の男の壮絶な死!

昭和三十八(一九六三)年四月二十八日。恒例のゴールデンウィーク映画として封切られた『太陽への脱出』(舛田利雄)は、それまでの裕次郎映画とは大きな違いがあった。日活の屋台骨を支えてきた裕次郎だったが、石原プロモーションを設立し、日活の専属契約から解放されたこともあり、様々な心境の変化があった。

あるとき、裕次郎は舛田利雄に「一度、映画のなかで死んでみたい。一度死んで、生まれ変わりたいんだ」とその心情を吐露した。そのとき企画されていたのは、バンコックロケの『暗黒街殺人命令』という作品。暗黒街を舞台に兄弟の確執と情愛を描く、従来の裕次郎映画の枠を出ない娯楽大作だった。裕次郎の話を聞いた舛田利雄は、すぐにプロットを手直した。

裕次郎の役は、日本商社の海外駐在員・速水志郎。会社の命令で、密かに武器の輸出をする「死の商人」だったが、国会でそれが問題となり、志郎は姿を消し、今はバンコックでナイトクラブを経営する中国人としての人生を歩んでいた。そこへ新聞記者・佐伯正平(二谷英明)が現れ、事の真相を知る。組織の歯車として利用されていたと知った裕次郎は、日本へ戻り、武器を製造している工場へ単身乗り込んで行く。クライマックス、マシンガンを手にした志郎は、武装した組織の連中に取り囲まれ、蜂の巣のように射たれ、壮絶な死を遂げる。

自己の喪失と、それを取り戻すための戦い。日活アクションで裕次郎が演じてきた主人公の行動原理であるが、『太陽への脱出』は、さらに踏み込んでヒーローの死を描いている。裕次郎にとってこれは、日活の看板スターから、石原プロモーションを立ち上げ、映画製作者という新たなステージへと船出するための、再生の儀式でもあった。このとき、裕次郎は生まれ変わったのである。

名前も存在も剥奪された主人公が、組織の裏切りを知って、すべてを公表するために立ち上がる。そのカタルシスはヒーロー映画なればこそ。

全篇のほとんどをバンコックロケで撮影。タイといえば、小林旭の『波涛を越える渡り鳥』（一九六一年）など、日活映画ではお馴染の国。ヒロインの岩崎加根子は、裕次郎＝舛田監督の『花と竜』（一九六二年）の蝶々牡丹のお京役を印象的に演じた。今回は、現地女性・楊愛蓮として、献身的に裕次郎に尽くし、自らの身を挺して守り続ける。中盤、愛蓮のささやかな希望で、寺院で結婚式を上げる志郎。組織に狙われながらの決死の脱出を試みるアクションシークエンスと、バンコックロケの効果も最大限に活かされている。岩崎はタイでの撮影の厳しい日差しに体調を崩してしまったという。

《すごい炎天下の撮影でした。現地の人は外に出歩かない時間なんです。私は黒のチャイナドレスを着てたんですが、「あれ？　おかしいな」と思いながら我慢していたんですが、二谷英明さんに「ダメみたい」と倒れ掛かってしまいました。そうしたら裕次郎さんが「これは日射病だよ！　かかとを叩けば治るよ」とハイヒールを脱がして、かかとをトントン叩くんです。「石で叩くと良いんだよ」って石を持って（笑）でも一向に治りません。スタッフが土地のお医者さんを連れて来たんですけど、注射器に真っ赤な薬が入っているの。裕次郎さん「お加根さん、この注射怪しいからやめろ！あの医者の爪は真っ黒だぞ！」。本当に細かいところまで見てるんです（笑）。結局、救急車を呼んでくれて。裕次郎さん、本当に優しいんです。「救急車を呼んで！」と指示して、「お加根さんゆっくり入院してろ！」ああ、ホントのスターって優しいんだなと思って感動しました。》（二〇一八年三月・岩崎加根子インタビュー）

志郎が日本に戻ってからの展開も素晴らしい。ベテラン宇野重吉の日東新聞社社会部デスクの豹変ぶり。公器である新聞すら政治的圧力で機能しないのだ。名前を剥奪された志郎が自己を回復するために、自ら武器製造工場に立て篭もる。壮絶かつ衝撃的なクライマックスとなる。

「いっぺんスクリーンで死んでみたい」という裕次郎の思いを、派手なスペクタクルと反骨精神で作品に昇華させた舛田演出は、どこまでもクールなハードボイルド・テイストが貫かれている。

絶命した志郎のサングラスが大写しになり、そこに朝日が映る。助監督・小澤啓一が苦心して撮影したカットだが、小澤監督・渡哲也の『無頼　人斬り五郎』（一九六八年）でリフレイン。さらに「西部警察」最終回でも渡哲也のサングラスに、同様の演出が繰り返された。ナイトクラブでピアノを弾きながら裕次郎が唄う挿入歌は、これも裕次郎の希望で詩人・中原中也の詩集「在りし日の歌」（一九三八年）所収の「骨」に、伊部晴美が曲をつけたもの。「ほらほら、これが僕の骨だ」というペシミスティックな歌詞と、心を打つ静かなメロディ。異国の地で外国人として生きるボヘミアンの哀切たる心境を歌い上げ、作品のテーマを巧みに表現して名曲となった。

三月にはLP「男の歌声　裕次郎ヒット・ソング流行歌篇」（十三曲収録）がリリースされた。

四月、「白い浮雲」（作詞・萩原四朗　作曲・上原賢六）が三条江梨子「さらばふる里」とのカップリングで、『太陽への脱出』主題歌「骨」（詩・中原中也　作曲・伊部晴美）が田代みどり「ママと一番星」とのカップリングで発売。「骨」は映画テイクと同じヴォーカル音源を使用、台詞は別収録。五月、中国民謡「不了情」を「忘れじの瞳」（作詞・大高ひさを　採譜・久慈ひろし）として、三条江梨子「湖畔の乙女」とのカップリングでそれぞれ発売した。

五月にはLP「男の歌声〈第二集〉裕次郎ヒット・ソング流行歌篇」（十二曲収録）が店頭に並び、六月リリースの「海に消えた恋」（作詞・滝田順【今戸栄一】　作曲・志摩千香子）／「赤い帆影」（作詞・滝田順【今戸栄一】　作曲・久慈ひろし）のジャケットには、十月公開の『太平洋ひとりぼっち』のスチルを使用している。

『夜霧のブルース』　六月三十日・野村孝監督

孤独の人生に差す暖かな光が消えた時……

野村孝監督による『夜霧のブルース』はディック・ミネの

ヒット曲を裕次郎がカバーして、復古調に乗ってリバイバル・ヒットした同名曲をモチーフにしたアクション。『太陽への脱出』同様、これまでの裕次郎映画とは少々テイストが異なる。タイトル題字は裕次郎が筆で書いたもの。

横浜港では、船の荷役を牛耳る野上（山茶花究）が、ライバルの岡部組をつぶして、一挙にその利権を手に入れている。そのきっかけが、数日前の岡部組の暴動騒ぎ。一発の銃声が市民を巻き沿えにしたため、社会的制裁を受けたからである。そこに「野上を殺す」という謎の電話がかかってくる。

ミステリアスな滑り出し。裕次郎が登場するまでに展開されるシークエンスは、ミステリーでいう「謎の提示」にあたる。野上の命を狙って、岡部組の港湾労働者である西脇順三（裕次郎）が登場してから、その「謎解き」が始まる。

西脇はなぜ野上の命を狙うのか？　そこから西脇のモノローグとなる構成の妙。

原作は劇作家・菊田一夫の戯曲「長崎」。それを初めて映画化したのが昭和二十二（一九四七）年の松竹映画『地獄の顔』（大曽根辰夫）。水島道太郎が西脇順三を演じている。その『地獄の顔』の主題歌として、戦後間もなく大流行したのがディック・ミネの「夜霧のブルース」（作詞・島田磬也　作曲・大久保徳二郎）だった。ディック・ミネといえば裕次郎の専属レコード会社テイチクの大先輩。「夜霧のブルース」はテイチク専属作家・大久保徳二郎の作曲による、戦後、裕次郎が日活映画で唄って来たムーディな楽曲のルーツでもある。

とはいえ『地獄の顔』が戯曲「長崎」とは内容が違っていたように、主人公の名前が西脇順三であること、主題歌が「夜霧のブルース」であること以外、『夜霧のブルース』は『地獄の顔』とも「長崎」とも全く異なるストーリーである。そこは日活ムード・アクションというジャンルの初期作品としてのオリジナリティをきちんと創出している。

本作のように主人公が身の上話をするフラッシュ・バックは、黒澤明の『羅生門』（一九五〇年）や、小林正樹の『切腹』（一九六二年）で成功した話法である。いずれも名シナリオライター・橋本忍の作品だが、本作の脚本を手掛けている国弘威雄は、橋本忍に師事、共作も多い。師匠譲りのフラッシュ・バック・スタイルで主人公の過去の物語、その心情が、裕次郎の主人公により、観客に提示されてゆく。

西脇順三が語りだす、やくざだった過去。港町神戸の新開地で暴れていた上海帰りの孤児である順三を拾い上げ、親がわりに育ててくれた貝塚興業社長・貝塚鉄次（小池朝雄）との確執。肩で風を切っていた順三を魅了した美しいメロディは、上海で無惨な死を遂げた母の面影を感じさせた。そのメロディを音楽喫茶のオルガンで弾いていた美しい女性・榊田みち子（浅丘ルリ子）との出逢い。丁寧なショットを積み重ねて主人公の「失われた日々」が紡ぎ出されていく。

原作では舞台だった長崎を、ヒロインの故郷として脚色。故郷へ戻るみち子に対する順三の激情。出発した長崎行きの汽車でのシークエンスの高揚感は、本作が優れた恋愛映画であることの証でもある。その順三とみち子の愛の日々、かけがえのない時。これこそ日活映画の最大の魅力である。そうした感覚を共有できるショットが、伊部晴美の印象的な音楽と共に展開される。

やがて、その日々がすでに失われたものであることが、順三のモノローグで観客に伝えられる。その喪失感を埋め、失われたアイデンティティーを取り戻すために、現在の闘いを続けねばならない主人公の孤独。これこそ、評論家・渡辺武信が名著「日活アクションの華麗な世界」（未来社）で定義づけた日活映画のセオリーであり、ムード・アクションの構造的特徴である。

順三のモノローグを聞かされる悪役・野上源造は、当初、新劇のベテラン俳優・滝沢修が演じることになっており、映画雑誌などで発表されている。結局、コメディアン出身の名バイプレイヤー山茶花究が実に憎々しげに演じた。山茶花といえば第二次「あきれたぼういず」を皮切りに、数々の喜劇映画出演を経て、性格俳優として活躍していた。こうした狡猾な悪役を演じさせたら天下一品である。

なぜ、順三とみち子が神戸から横浜へ移ってきたか？　そのきっかけとなるシークエンスのヴァイオレンスな感覚に、裕次郎映画の変化が窺える。そして、ルリ子の気丈なヒロインぶり。二人のささやかな生活。小林旭作品を数多く手掛けて来た野村孝監督の唯一の裕次郎映画となった本作だが、丁寧なショットの積み重ねがもたらす、裕次郎とルリ子の過去の描写は実に素晴らしい。クライマックスのアクションとメロドラマの按配も絶妙である。

すべてが終わったラストシーン。誰もいないアパートの部屋のショットが切ない。そこに差し込まれる新聞記事。裕次郎のモノローグとは正反対の、客観的な事実のみが羅列されている記事のアップ。『夜霧のブルース』は、日活ムード・アクションでも際立った異色作であり、特に深い印象を残す傑作の一本である。

石原プロモーション第一回作品

日活との本数契約に基づいて裕次郎は次々と主演作に出演

しながら、石原プロモーションでは、第一回作品への準備が着々と進んでいた。一年前、神戸の堀江謙一が、小型ヨット「マーメイド号」で、単身、太平洋を横断、サンフランシスコに到着したことが、アメリカの新聞で報道されて、大きな話題となった。一躍、時代の寵児となった堀江が発表した手記「太平洋ひとりぼっち」（文藝春秋）は菊池寛賞を受賞、たちまちベストセラーとなっていた。

逗子で育ち、父・潔に買ってもらったディンギー「ダンディ号」でセーリングを楽しんできた海の男・裕次郎は、四歳年下の堀江青年の冒険に共感していた。思えば、日活入りのきっかけとなったのも、『太陽の季節』のヨット指導だった。勝手の分からないスタッフやキャストのために、裕次郎とその仲間たちが、劇中に登場するヨットを操舵したのが、映画に関わった最初だった。

映画スターになってからも、ヨットをこよなく愛して、兄・慎太郎と共にしばしばヨットレースに出場、この年、『太陽への脱出』の封切日、四月二十八日には「大島ヨットレース」に出場している。六月四日には、一千万円を投じて、ヨット「コンテッサⅢ世」を建造、進水したことも大きな話題となった。

その裕次郎が「堀江謙一の冒険を映画で再現したい」と、石原プロモーション第一回作品に『太平洋ひとりぼっち』を選んだのは当然の帰結であった。ところがすでに原作権は、大映が押さえていた。「なんとか映画化したい」。裕次郎の想いを知った慎太郎が大映本社に、社長の永田雅一を訪ね「映画化権を譲って欲しい」と直談判した。

当時、スポーツニッポンの映画記者で、のちに石原プロモーションでプロデューサーとなる川野泰彦が、大映撮影所でこの話を聞き、他紙を出し抜いて「石原プロ第一作決まる！」とスクープ。

この記事から数日後、石原プロモーションと日活は『太平洋ひとりぼっち』の製作会見を開いた。監督は大映と契約していた名匠・市川崑と発表された。スポーツニッポン紙面では、石原慎太郎がメガホンを取るとも報じられていたが、監督が決まるまで、二転三転している。

石原プロモーション製作とはいえ、配給、公開は日活である。「監督を誰にするか？」。日活専属監督ではない、これまで組んだことがない、この作品を大きく「化けさせてくれる」力を持った人でないといけない。人選には難航、様々な監督の名前が上がり、裕次郎が自ら交渉にあたったこともあった。

結局、大映に対する仁義もあり、信頼のおける舛田利雄の「市川崑さんなら」の一言が決め手となった。舛田は、日活に入社してほどなく市川崑の助監督として『ビルマの竪琴』（一九五六年）に就いたことがある。この頃、活躍の場を大映に移していた市川崑の起用に、日活は難色を示した。その理由は「五社協定」だった。

五社協定とは「各社専属の監督、俳優の引き抜きを禁止する」という映画会社の利益保全のための悪弊でもあり、戦後、製作再開をした日活の脅威から、業界を守るための協定。もとより、それまでの映画界の常識を旧弊、悪癖と思っていた裕次郎は、あえてそのタブーに挑むこともいとわなかった。

紆余曲折を経て、市川がメガホンを執ることになり、早速、市川夫人の和田夏十がシナリオ執筆に入った。クランクインは七月四日と決定され、着々と準備が進んでいた。

クランクイン前、雑誌「婦人公論」で堀江謙一と対談した裕次郎はこんな風に語っている。

《ただ小さい船に乗って太平洋を横断したということだけでなく、ああいう大事業をなしとげた堀江君の、もう少し原作以上に人間味も画にだそうとしています。何ていうか心理的な密出国という対社会的なそのこわさ——。ただ、嵐でこわいのは誰でも本を読めば分かるわけだが、もっとちがう人間的なこわさ、嬉しさというものがこんどの本では出ているわけです。堀江君の性格、人間としてやはりそういう活字では表せない恐怖感とか、いろいろあると思うのです。そういうものを全部、心理的に追求して夏十さんは書いているんだけども……》（婦人公論・一九六三年・七月号）

七月四日、石原プロモーション第一回作品『太平洋ひとりぼっち』がクランクインした。撮影初日は兵庫県西宮市のヨットハーバーのロケーションだったが、裕次郎やスタッフとは別のホテルに宿泊していた市川崑監督は「風邪による発熱」で寝込んでるということで、監督不在のまま初日を迎えた。監督から「助監督にキャメラを回して欲しい」と伝言があり、スタッフと協議の結果、予定の撮影を行った。裕次郎にしてみれば、折角の船出の監督不在は、士気が下がる思いだった。

妹役には浅丘ルリ子、父役に森雅之、母役に田中絹代、という異色のキャスティングも話題となり、太平洋上でのマーメイド号の航海を再現すべく、実際に裕次郎が操舵して、撮影が行われた。ハワイ、サンフランシスコへもロケーションを敢行して、新聞、雑誌がその状況を次々と報道していった。細部にわたって再現されたマーメイド号は、三杯造られた。東京、ハワイ、サンフランシスコにそれぞれ置いて、撮影が行われることとなった。

テレビ「裕次郎アワー　今晩は、裕次郎です」（NTV）

クランクイン前日の七月三日、日本テレビ系で、石原プロモーション初製作となるレギュラー番組「今晩は、裕次郎です」の放映が始まった。それまでテレビ出演は、インタビューや映画紹介など、日活スターとしてのもので、タレントとしてトークや歌を披露することはほとんどなかった、裕次郎のテレビ進出は大きな話題となり、この年の一月から新聞や週刊誌を賑わせていた。

《石原裕次郎・テレビへ進出　四月から毎週一本（三十分）石原プロTV部門で内容検討》（東京中日スポーツ・一九六三年一月二十二日）

《四月一週からスタート！　日本一のゴールデン番組出現!!　特別情報　出演料五千万円!?　〝裕次郎〟引き抜きをめぐるテレビ争奪戦！　昨年発足した石原プロモーションが、テレビ界に不気味な動きを見せはじめた！　そして彼をめぐるテレビ局の想像もつかない争奪戦！》（「週刊平凡」一九六三年二月二十一日号）

天下のスターがプロダクションを立ち上げ、テレビへ進出する。様々な憶測が飛び交うなか、当初の予定より三ヶ月遅れとなったが、『太平洋ひとりぼっち』と共に制作発表されたのがバラエティ番組「裕次郎アワー　今晩は、裕次郎です」（提供・サッポロビール）だった。裕次郎がホストとなり、毎週、多彩なゲストを招く、トークと歌の音楽バラエティだった。構成はニッポン放送の社員だった山谷馨。倉本聰のペンネームで内職していたことを上司に咎められ、この頃退社。フリーとなり倉本聰として日活作品も手掛けることとなる。他に作家は「11PM」を手掛ける菅沼定憲、ディレクターはやはり「11PM」の勝田健だった。

当初、裕次郎は家族揃って楽しめる夜の早い時間を希望していたが、ちょうど野球中継の時期と重なり、結局、毎週水曜夜九時四十五分からの三十分番組として、野球中継が終わってからの放送となった。

テーマ曲「星を求めて」（作詞・中州ロー　作曲・山本直純）はレコード発売されなかったが、サッポロビールのノヴェルティとして宣伝用フォノシートが配布された。作詞の中州ローは、石原プロ・日活作品『殺人者を消せ』（一九六四年）の原案の長沢朗（長沢ロー）のこと。毎週、裕次郎が「サッポロジャイアンツ」を飲む生コマーシャルが放映された。

当時、広告代理店に勤務していた音楽ジャーナリストの竹村淳は、この生コマの担当だったが、裕次郎が唄う時には、フロアに駆り出された。

《たとえばトニー・ベネットで大ヒット中の「想い出のサン・フランシスコ　I left my heart in San Francisco」を裕ちゃんが唄うとき、その英詞を大きな紙に大書きして掲げるのだ。》（竹村淳「反戦歌　戦争に立ち向かった歌たち」アルファベータブックス・二〇一八年）。

第一回のゲストは、長嶋茂雄、浅丘ルリ子、村田英雄、渥美清という錚々たる顔ぶれで、鳴り物入りで放映がスタート。毎週、弘田三枝子、古今亭志ん生、坂本スミ子、藤田まこと、橋幸夫、ミッキー・カーチスなど、それまで裕次郎と共演機会のなかった、テレビや歌謡界の人気者がゲストとなり、翌年十一月二十八日まで、全三十回が放送され、テレビ界の大きな話題となった。

また、七月二十一日には、ＮＨＫの音楽番組「こよい歌えば　石原裕次郎とともに」（夜七時二〇分〜七時五九分）に出演。銀幕のスターのお茶の間進出は、そのイメージチェンジにも一役買ったこととなる。

石原プロ第一回作品『太平洋ひとりぼっち』は、その「今晩は、裕次郎です」でも、撮影秘話が披露され、ファンの期待が高まることとなる。

なかにし礼との出逢い

『太平洋ひとりぼっち』の下田ロケーションでのこと。撮影も順調に進んで、裕次郎はリラックスしていた。中井景と裕次郎はホテルのバーで「この中で一番幸せそうなカップルにご馳走しようという話になった。見わたすと、若いカップルがいる。裕次郎が声をかけると、二人は新婚だった。ならば祝福しようと、裕次郎は二人と酒を酌み交わした。まだ若い夫に「何やっているんだい？」「シャンソンの訳詞をしています」。その青年は、シャンソン歌手の深緑夏代に依頼されたのがきっかけで、シャンソンの訳詞をしていた。「シャンソンなんてやってないで、日本語の歌詞を書きなさい。良いのが出来たら持っておいで」とアドバイスをした。

青年の名は中西禮三。若き日の作詞家・なかにし礼だった。それから一年後、なかにしは初めて作詞作曲をした曲を、虎ノ門の石原プロの事務所に持っていった。曲は「涙と雨にぬれて」。その頃、石原音楽出版を設立した裕次郎がプロデュースする歌手・裕圭子《ひろ》とロス・インディオスでポリドールからレコードが発売された。裕次郎の「二人の世界」

をきっかけに、ムード歌謡ブームが歌謡界に席巻していた。裕圭子のバージョンはヒットに至らなかったが、すぐに、ビクターの和田弘とマヒナスターズが田代美代子をヴォーカルに「涙と雨にぬれて」をリリース。田代は、なかにしとは銀座のシャンソン喫茶「銀巴里」で知り合い、旧知の書いた曲を「歌いたい」と和田弘に提案して実現、これが大ヒットした。

　こうして作詞家・なかにし礼が歌謡界に登場。裕次郎のヒット曲を次々と手掛けることになる。裕次郎は若い才能を見つけては「埋もれさせてはいけない」とピックアップ、精一杯応援していく。本当の意味でのプロデューサーだった。

　さて、話を『太平洋ひとりぼっち』に戻そう。これは、日活系の映画館で上映された特報に踊るコピーである。

《ただひとり太平洋の波涛を／ヨットで横断した日本青年の／冒険と感動の物語／太平洋ひとりぼっち／石原裕次郎の執念と／市川崑の叡智が／からみあって白熱する／青年とヨットの雄渾な交響曲《シンフォニー》》

　『太平洋ひとりぼっち』は十月二十七日、映画界でいう「シルバーウィーク」に公開された。公開直前の十月二十二日、日本テレビの「今晩は、裕次郎です」では、北原三枝、田中絹代をゲストに招いて「ぼくの太平洋ひとりぼっち」が放映された。十月二十五日にはTBS「映画の窓」にゲスト出演して『太平洋ひとりぼっち』の撮影裏話を披露。精力的にプロモーション活動も行っている。

『太平洋ひとりぼっち』十月二十七日・市川崑監督

映画への夢の具現化

　当時のプレスシートには宣伝文案として《☆日本映画界の両雄・市川崑・石原裕次郎が全精魂を傾けて本年度のベスト・ワンを狙う世紀の話題作!!》とある。市川崑監督といえば、大映で『炎上』（一九五八年）や、『鍵』（一九五九年）、『おとうと』（一九六〇年）などの文芸作や、『黒い十人の女』（一九六一年）などの作品でスタイリッシュかつクールな映像美を創出。プログラムピクチャーの時代に、映画作家として高く評価され、映画ファンにも認知されていた。日活では『青春怪談』（一九五五年）、『こころ』（同年）、『ビルマの竪琴』（一九五六年）を演出し、川口浩主演の太陽族映画『処刑の部屋』（同年）で大映に移籍して以来の日活映画となり、裕次郎とはもちろん初顔合わせとなった。脚本は、市川崑夫人の和田夏十。

また、裕次郎は、設立間もない円谷特技プロダクションに特撮を依頼した。「特技監督・円谷英二」を希望してのことである、五社協定で東宝専属である円谷の名前を出すわけにはいかず、円谷の戦時中からの弟子で松竹出身の川上景司を特技監督として迎えた。助監督には、大学生の頃より円谷宅に出入りしていた中野稔、東宝で美術助手を務めていた熊谷健、撮影には高野宏一と佐川和夫、撮影助手には大学生だった鈴木清、中堀正夫。いずれも、のちの「ウルトラQ」「ウルトラマン」「ウルトラセブン」の主要スタッフが揃っていた。石原プロモーション第一作は、円谷プロダクションの第一作でもあったのだ。

美術には、東宝特撮映画で活躍していた石井清四郎、その弟子の倉方茂雄がマーメイド号のミニチュアを製作した。ちなみに倉方は「ウルトラマン」（一九六六〜六七年・TBS、円谷プロ）のカラータイマーを製作することになる。

さて、映画は、市川崑のモダン感覚溢れる演出で、ときにはユーモラスに、ときには厳しく、極限状況におかれた青年の孤独を活写。

太平洋単独横断に出発した青年（裕次郎）の一人称で語られる。洋上での孤独、父（森雅之）との確執、母（田中絹代）の思い。そして妹（浅丘ルリ子）の兄に対する、つっけんどんだけど優しい気持ち。青年と家族のエピソードが、随所にインサートされ、青年の孤独に陰影をつける。ハナ肇、芦屋雁之助、大坂志郎、そして草薙幸二郎といったベテランたちが、短い出番ながら、青年の冒険に関わる重要人物として登場する。特に、先輩を演じたハナ肇は、市川崑企画の大映作品『足にさわった女』（一九六〇年・増村保造）で映画初主演、『黒い十人の女』でもクレイジーキャッツとしてゲスト出演。本作でも、朴訥としたキャラクターを好演している。

山崎善弘のキャメラ、藤林甲の照明、松山崇の美術、橋本文雄の録音と、日活を支えたスタッフが、市川崑独特のビジュアルやサウンドを創出。武満徹と芥川也寸志による音楽も実に素晴らしい。ヨットの中、孤独にさいなまれるシーンに、使われた具体音楽（ハサミやチェーンなどの器具を使うミュージック・コンクレートの手法）の斬新さ。テーマ曲「太平洋ひとりぼっち」は、武満のトリビュート・コンサートで演奏され、アルバムなどでもカバーされている。また青年がヨットで「有難や節」（一九六一年・守屋浩）や「上を向いて歩こう」（同・坂本九、米ビルボード誌でチャートインするのは一九六三年六月）を口ずさみ、そしてハワイの日系人向け放送から流れる村田英雄の「王将」（同）を聞いて、「将棋のコマをヨットに置き換えたら、今の僕の心境にピッタリ」と青年が独白する。まさに歌は世につれである。

なお本作は、一九六三年度、第十八回芸術祭賞、第十四回ブルーリボン企画賞を受賞。キネマ旬報ベストテン第四位に輝いた。さらにサン・セバスティアン映画祭では文化市民賞を受賞、フランスのカンヌ映画祭に出品、アメリカのゴールデン・グローブ映画賞にノミネートされている。

クランクイン初日、撮影現場に現れなかった市川崑。裕次郎は「風邪による発熱によるもの」と思っていたが、サンフランシスコでのロケ中に、スタッフからその真相を聞かれて唖然とした。

撮影前日に関西入りした監督は、予てから交際中のある映画女優との逢瀬に向かい、結果として翌日の現場に間に合わなかったというのである。今ではよく知られるエピソードだが、それを聞いた裕次郎のショックは大きかっただろう。しかし、市川崑の演出は素晴らしく、裕次郎にとっても監督にとっても、代表作の一本となったのは間違いない。

現在では、映画としても評価されているが、残念ながら興行成績は振るわず、大ヒットとはいえなかった。とはいえ、裕次郎が紡ぎ出した「映画への夢」は、こうして第一歩を歩み出した。

『太平洋ひとりぼっち』のキャンペーンを終え、十一月十四日、日活撮影所に戻った裕次郎は、正月映画『赤いハンカチ』の撮影初日を迎えた。前年に発売され、空前のヒット曲となった同名曲をモチーフに、舛田利雄監督がダイナミックにアクション映画化した。ほどなく三十歳を迎える裕次郎のために「大人のアクション映画」として、舛田監督が作り上げた世界は「ムード・アクション」の嚆矢となった。

撮影を終えた石原裕次郎は、大晦日恒例の「ＮＨＫ紅白歌合戦」への出演オファーを受けるも「年末、年始はゆっくりしたい」と出演を辞退。それがまた話題となった。

レコードもコンスタントにリリース。九月には、テイチク創業三十周年記念作品として、浅丘ルリ子とのデュエット「夕陽の丘」が「青い満月」のカップリングで発売された。二曲とも、「赤いハンカチ」の作詞・萩原四朗、作曲・上原賢六による作品。「夕陽の丘」は、戦前に東海林太郎が唄った「上海の街角」のようなノスタルジーに溢れた流行歌のスタイル。このアナクロ感が独特の味わいとなっている。

十二月には「傷心の雨」（作詞・門井八郎　作曲・春川一夫）が浅丘ルリ子の映画主題歌「霧に消えた人」とのカップリングでリリースされた。

第二章　最高のシンガー
――昭和三十九（一九六四）年

昭和三十九（一九六四）年一月一日。裕次郎はＴＢＳ「女性専科」拡大版に出演。新作映画のことや、新年の抱負について大いに語った。昭和三十七年十月に発売された「赤いハンカチ」は、ラジオのベストテン番組で十ヶ月連続一位を記録していた。

一月三日、舛田利雄監督『赤いハンカチ』が公開され大ヒットとなる。「裕次郎の新境地」と批評も好意的で、日活はこの大ヒットを受けて、大人の魅力をたたえた裕次郎のムード・アクションを連作することになる。

一月二十八日には「今晩は、裕次郎です」が最終回（第三十回）を迎えた。ゲストに美空ひばりを迎え、二人のヒット曲が次々と披露された。

ここで裕次郎の歌について触れておこう。

昭和三十一年八月、テイチクから「狂った果実」「想い出」で歌手としてデビューした裕次郎の歌は、いつの時代も聴くものを魅了する。その囁くような歌声は「語るがごとく唄い、唄うがごとく語る」。以前、筆者が取材で裕次郎邸を訪ねた際、まき子夫人に二階の「プレイルーム」に案内して頂いた。キャビネットには、裕次郎が愛聴した様々なLPレコードがあった。なかでも目を引いたのがチェット・ベイカーのアルバム。一九五〇年代から断続的ではあるが一九八〇年代にかけて、ヴォーカリストとしても活躍したウエスト・コースト・ジャズのトランペッター。囁くような歌声は「ウィスパー・ヴォイス」として、今でも人気がある。チェット・ベイカーの代表作「チェット・ベイカー・シングス」（一九五四年）を裕次郎のキャビネットで見つけたとき、裕次郎の歌声の秘密を理解できたような気がした。

昭和二十年代後半、高校から大学にかけての頃、裕次郎は試験勉強をしながら米軍極東放送・FENでジャズを聴いていた。その時《面白いのが出てきたのが、チェット・ベイカーでね。男か女か分からない。ラッパと同じフィーリングで唄うんですね。》（『石原裕次郎…そしてその仲間』）と、高平哲郎のインタビューに答えている。

舘ひろしが語る裕次郎の歌声の魅力。

《小さな、囁くような声で唄うんですが、それでいてピッチが揺れない。あの唱法は裕次郎さんだけのものです。僕も語るように唄うことを心がけて歌いましたが、届かないですね。裕次郎さんが僕に「『二人の世界』は、一番の最後は普通に唄う。二番と三番はファルセットにして唄うんだよ」と直接言ってくれたことがあるんです。》（舘ひろしインタビュー・二〇一八年十一月二十八日）

裕次郎は、譜面こそ読めないが、音感とリズム感が抜群だったと、旧友・山本謙一（淳正）が著書「ベスト・フレンド　裕次郎・青春のレクイエム」（青萌堂・二〇〇四年）で記している。その裕次郎のリズム感の素晴らしさは、レコードやCDに凝縮されている。

日活撮影所で映画主題歌を吹き込む時も、二、三度練習しただけで、すぐにOKが出た。テイチクスタジオでのレコーディングでも、二、三回唄って本番だった。しかも前述のように、初レコーディング以来、喉ならしのビールを用意するのもディレクターの役割だった。新曲の仮歌（ガイド・ヴォーカルを入れた音源）のテープを、成城の自宅からスタジオのあった杉並区・堀之内までの四、五十分の間、車の中で何度か聴いてくるだけだった。これは、裕次郎が撮影現場にはシナリオを持ち込まず、全て台詞を頭に入れていたことと通じる。天性だけでなく、現場を停滞させないという気遣いによるものだった。

テイチクのディレクター・高柳六郎が「忘れるものか」（一九六九年）で独り立ちしたとき、裕次郎が高柳に送った言葉である。

《改めて言うまでもないけど、俺は映画屋で、六さんは歌作りのプロ。だから音楽面のことは、すべて六さんに任せる。企画のことで、あれこれと思いつきで言い出すことはあるかも知れないが、歌作りに関しては、一切、口出ししないつもりだ。お互いのテリトリーだけは、はっきりして仕事に取り組みましょう。》（高柳六郎「石原裕次郎 歌伝説」社会思想社・二〇〇〇年）

不世出の映画スターは、最高のシンガーでもあった。数あるヒットソングのなかでシングル売上ランキング一位は「銀座の恋の物語」（一九六一年・三三五万枚）、二位は「二人の世界」（一九六五年・二八五万枚）。そして第三位にランクされたのは昭和三十七年発売の「赤いハンカチ」（二七五万枚）だった（二〇〇五年・テイチクエンタテインメント調べ）。

『赤いハンカチ』　一月三日・舛田利雄監督

日活アクションの最高峰

裕次郎映画に傑作、佳作数あれど、その頂点の一つが『赤いハンカチ』だろう。昭和三十七年十月にリリースされ、大ヒットとなった「赤いハンカチ」を主題歌にした本作は、この後ムード・アクションと呼ばれることになる。舞台となる港町・横浜のムード、主人公をめぐる過去のドラマ、浅丘ルリ子と裕次郎のロマンチシズム……。それぞれの要素が巧みに絡み合って、深い情感を湛えた傑作に仕上がっている。

この「ヒット曲から映画を」という企画は、『嵐を呼ぶ男』などのプロデューサー、児井英生らしい発想。それを単なる歌謡映画と捉えずに、大人のための裕次郎映画を成立させてしまう舛田利雄の豪腕も素晴らしい。かつて宍戸錠氏と「日活アクションのベストは何か?」という談義をしたときに、迷わずベストとして挙がったのがこの『赤いハンカチ』だった。この映画は、ロマンチシズムがあり、主人公のアイデンティティーの喪失と回復、挫折と復活、そして男と女の永遠に交わる事のない深い心の傷が、情感たっぷりに描かれている。

石原プロモーションを設立して一年、前年秋には初プロデュース作品『太平洋ひとりぼっち』を発表、名実ともに充実していた時期。盟友・舛田を監督に迎え、数多い舛田のフィルモグラフィーの中でも代表作の一本となった。

物語は四年前にさかのぼる。麻薬組織の容疑者・平岡老人（森川信）が、刑事・三上次郎（裕次郎）と同僚の石塚武志（二谷英明）によって逮捕される。三上は平岡の娘・玲子（浅丘ルリ子）と、平岡の拘留のことで知りあいになる。事件の真相が明らかにならないまま、平岡を護送しようとした石塚が拳銃を奪われ、三上は同僚を救うために平岡を射殺してしまう。

三上と玲子が初めて出会う冬の朝。家の玄関先でみそ汁を差し出す玲子。おいしそうにする三上刑事。「うまい。ヘソまで暖まる!」リリカルな名場面である。ところが次に二人が逢うシーンでは、三上は玲子の父を射殺した仇になる。厳しい目つきの玲子。「過失? そういえば、あなた自分を許せるのですか!」

それから四年。三上は事件を機に、刑事を辞めてダム工事の作業員となっている。そんな三上を、事件の真相を調べている土屋警部補（金子信雄）が執拗に追い回す。自分を許すことのないまま、過去を封印し、償いの気持ちで生き続ける三上は、横浜に帰ってくる。

山下町のホテル・ニューグランドの前で三上が目にしたのは、刑事を辞め実業家として成功している石塚と、その妻となった玲子の姿だった。ホテルを見上げる三上と、窓から彼を見つめる玲子。そこから映画は三上が失った四年間を取り戻すドラマと、事件の真相をめぐるミステリーとして展開していく。

もはや玲子は、味噌汁を差し出した女の子でも、父の死を恨む憎悪に燃えた娘でもなかった。洗練された人妻なのだ。石塚はニヒリストの実業家になっている。『赤いハンカチ』を傑作たらしめているのは上質のミステリーということだけではなく、裕次郎とルリ子、そして二谷をめぐる三角関係のメロドラマであり、さらには主人公が自己回復のため、失った時間を取り戻すために孤独な戦いを続けるドラマでもあるからなのだ。

音楽を担当したラテンギターの名手・伊部晴美のギターが哀切なメロディを奏でるタイトルバック。ニヒリストになっている旧友。そしてラストの多摩霊園……。『赤いハンカチ』は、キャロル・リードの名作『第三の男』（一九四九年・英）をモチーフにしている。裕次郎＝ジョセフ・コットン、二谷＝オーソン・ウエルズ、ルリ子＝アリダ・ヴァリ、金子信雄＝バーナード・リーの役回り。この本歌取りは、映画のムードをより高めてくれる。

しかし、他の日活アクション同様、それはあくまでもモチーフの出発点にしか過ぎない。失われた四年間を取り戻そうとする裕次郎と、現在を生きるルリ子のメロドラマは哀切だ。クライマックス、横浜の安ホテルで、逃亡者となった三上と玲子が抱きあう。「よかった」ただそれだけを言い、熱いキスを交わす二人。しかし三上は「今じゃない」と体を離す。「男には忘れることができないことがある。これが済むまで、俺は君を抱くことさえできないんだ」。山崎巌と舛田によるシナリオのセリフ一つ一つが胸を刺す。

やがて、四年前の事件があった警察の中庭で明かされる真相。なぞ解きの面白さもさることながら、裕次郎・二谷・ルリ子の関係を含めてのドラマの決着は見事だ。千葉和彦によるセットデザインも素晴らしい。この中庭のセットのクライマックスは『赤いハンカチ』の重要なポイントとなる。ファースト・シークエンスの事件と呼応するラスト・シークエンス。

全てが終わっても、玲子と三上は再び結ばれることはない。三上の「今」は永遠に訪れないのだ。孤独の影を引きずりながら、裕次郎が去ってゆくラスト・ショットの哀切さ。この作品の成功がムード・アクションというジャンルにさらなる拍車をかけ、大人のための裕次郎映画が成熟していくこととなる。

『赤いハンカチ』は、昭和三十八年度の映画配給収入ランキングでは、配収二億八〇〇〇万円で三位を記録。小林旭や宍戸錠、高橋英樹らが健闘していたものの、レジャーの多様化に伴い、映画人口が減少するなか、アクション映画が頭打ちとなっていた日活では、裕次郎とルリ子による「大人のためのアクション」を新たなドル箱路線として連作していく。
一月三十日、『太平洋ひとりぼっち』が第十四回ブルーリボン賞・企画賞を受賞した。

三月十八日、裕次郎はまき子夫人とアメリカ旅行中に、ハリウッドへ立ち寄り、パラマウント・スタジオで『青春カーニバル』（一九六四年十二月十二日・日本公開）撮影中のエルビス・プレスリーを表敬訪問。エルビスは一九三五年一月八日生まれ。前年の十二月二十八日生まれの裕次郎とは、ほぼ同年代。裕次郎が日活からデビューをした頃、エルビスは「ハートブレイク・ホテル」「ハウンド・ドッグ」などをヒットさせていた。

いずれもレコードと映画で、日米のトップスターとなり「反抗する若者」の象徴的存在でもあった。その二人が若者から成熟した大人へと転換していく時期に邂逅している。

同年代のビッグスター同志のツーショットやまき子夫人を交えての写真が残されている。エルビスは裕次郎の存在を知らなかったかもしれないが、旧世代に対する「カウンター」として登場した二人の出会いは、日米のエンタテインメントの歴史を考えても「大事件」である。ちなみに、プレスリーの服装は映画の衣装のまま。黒のタートルネックに黒のパンツ、ブルーのブルゾン・スタイル。裕次郎はスーツで少し神妙な面持ちである。映画の冒頭で「Poison Ivy League」を唄うシーンの撮影前後と思われる。映画は三月九日にクランクイン、四月二十日まで撮影が行われているので、九日目に裕次郎がセットを訪ねたことになる。

テレビ・さくらスターライト劇場「あしたの虹」（KTV）
四月五日～九月二十七日
テレビ・一千万人の劇場「小さき闘い」（CX）
五月六日

さて、テレビバラエティ「今晩は、裕次郎です」を終えた石原プロモーションは、初のテレビ・ドラマ制作に進出した。関西テレビをキー局に、フジテレビなど全国FNN系列で放送の石坂洋次郎原作、監修による「あしたの虹」である。毎週日曜日夜九時四十五分～十時三十分、四月五日から九月二十七日まで、全二十六回放映された。

キャストは、金井克子、渡辺篤史、桂小金治、根上淳、中村メイコ、ジュディ・オングに加えて、昭和三五年末の『闘牛に賭ける男』で、結婚引退をしていた北原三枝が、久々に女優復帰したのである。裕次郎は出演していないが、主題歌

「あしたの虹」（作詞・門井八郎、作曲・上原賢六）は裕次郎が歌い、夫唱婦随のテレビドラマ制作も大きな話題となった。

　そして五月六日には、フジテレビ「一千万人の劇場」枠で、石原慎太郎原作「小さき闘い」（夜九時四十五分〜十時四十五分）がドラマ化されることになり、石原裕次郎が主演することとなった。マスコミは「ドラマ初出演」と報じたが、空前の裕次郎ブームだった昭和三十三（一九五八）年には、日本テレビの「ダイヤル１１０番」第十九話「弾痕」（一月十二日放送）にゲスト主演しているので、これが二度目の主演となる。

　「小さき闘い」は、脳腫瘍に冒された中学二年の少年・高村俊夫（池田秀二）と、高村家の専属運転手・橋本鉄哉（裕次郎）の交流を描いたヒューマン・ドラマ。

　アクション映画のイメージが強い裕次郎が、病気と向き合う少年を励ます男を感動的に演じた。スタジオでの収録で、カット割りなどの演出に「映画的になってきましたね」と感心したという。「小さき闘い」は「一千万人の劇場」枠の第一回作品に予定されていたが、原作者の石原慎太郎と、脚色の山中恒の間の意見調整に時間がかかり、いったん延期されていた。その後、ようやく了解を得て、製作が再開されたと、放送前日、五月五日の読売新聞で紹介されている。日活映画ではアクション、青春、サラリーマンとステレオ・タイプの役が多かった裕次郎は、過去を持つ激情を秘めた男と、病に冒された少年の心の触れ合いを描くヒューマンドラマに手応えを感じて、この年の秋、石原プロモーションで映画化を企画することになる。

　さて、裕次郎のレコードでは、一月には、テイチクから「淡雪のワルツ」（作詞・萩原四朗　作曲・野崎真一）が浅丘ルリ子「別れのビギン」とのカップリングで、同月にはジェリー・ヴェールとメリー・メイヨーのカバー「グッドバイ・ナウ（GOOD-BYE NOW）」（作詞・アル・スティルマン　訳詞・福智紀代　作曲・ロバート・ティレン）が浅丘ルリ子「教えて教えて」とのカップリングで発売された。

　四月には初のステレオ盤となる、田端義夫のカバー「別れ出船」（作詞・大高ひさを　作曲・長津義司）／モノラル盤「波千里」（作詞・門井八郎　作曲・上原賢六）をリリース。そして四月には、フジテレビ・さくらスターライト劇場主題歌「あしたの虹」（作詞・門井八郎　作曲・上原賢六）／同番組から沢リリ子とのデュエット曲「ふるさとの花」（作詞・門井八郎　作曲・上村張夫）がリリースされた。また四月には、ＬＰ「男の歌声〈第三集〉石原裕次郎ヒット・ソング・流行歌篇」（十二曲収録）が発売。これがLPでは最後のモノラル盤となった。

『夕陽の丘』四月二十九日　松尾昭典監督
ムード・アクション路線が定着

本作は昭和三十年代後半から四十年代前半にかけて、裕次郎主演で連作されたムード・アクションの代表作の一本。「ムード・アクション」について、日活アクション研究の先達でもある映画評論家・渡辺武信が「自己のロマンチシズムにこだわり続けるヒーローと、現実的幸福を優先するヒロインとの間に葛藤が生じる」（『日活アクションの華麗な世界』未来社）ことであると定義づけている。同時に、裕次郎による主題歌や挿入歌が作品のムードを形成している。まさしく歌が重要な役割を果たすアクション映画でもある。

いずれも裕次郎と浅丘ルリ子の間には、克服しなければならない大きな障壁が立ちはだかっている。これまでの作品で醸成されたイメージを、さらにアクション映画へと昇華させていったのが、この年の正月映画として封切られた『赤いハンカチ』だった。このヒットにより、裕次郎映画の新たなラインが確立される。

さて、『夕陽の丘』のポスターには「裕次郎・ルリ子がヒット・デュエットで描く最高のムード・アクション」と、日活宣伝部によって「ムード・アクション」という表現が初めて使用されている。本作は日活が明確に「ムード・アクション」を意識した第一作でもある。

篠原健次（裕次郎）は、兄貴分の森川（中谷一郎）が入獄中、その情婦・長島聖子（浅丘ルリ子）と関係を持ってしまう。聖子に横恋慕した串田（名古屋章）が、それをネタに聖子を強請り、身体を奪おうとする。しかし、健次は聖子の危急を救い、串田は負傷する。やがて組織から追われた健次は、聖子の故郷である北海道の函館へ逃亡。聖子を待ち続けるが……。兄貴・森川の信頼を捨て、聖子を信じて逃亡者となる健次の孤独。果たして聖子はやってくるのか？　それがサスペンスとなり、観客は裕次郎と共に焦燥を味わうことになる。

さらに、潜伏先の函館で健次の前に現れるのは、聖子と瓜二つの妹・長島易子（浅丘ルリ子二役）。大人の魅力溢れる聖子と、清純な易子の対比もまた、本作の大きな魅力となっている。聖子のパッションと、易子の純情。清楚さと大人の魅力。ルリ子が二役で演じた二面性は、『赤いハンカチ』で見せた、少女から大人への変貌のバリエーションでもある。

バーテンダーとして、再び聖子を待ち続ける健次が、ギターを片手に「俺は待ってるぜ」（作詞・石崎雅美　作曲・上原謙六）を唄う。ファン・サービスだけでなく、健次の思いを歌に托した名場面でもある。裕次郎とルリ子のデュエットでヒットした「夕陽の丘」（作詞・萩原四朗　作曲・上原賢六）は、ラストに映画バージョンが流れるが、むしろ「俺は待ってるぜ」の方が印象深い。

健次が潜伏する北洋ホテルのマダムに細川ちか子。『赤い波止場』で轟夕起子が演じた占い好きのホテルの女主人を彷彿とさせる。無国籍といわれた日活アクションのムードは、こうしたディティールから形成されていることを改めて感じさせてくれる。

クライマックス、再び健次の前に聖子が現れる。果たして聖子は約束を守ったのか？　それとも？　ここから先の展開は、映画を観てのお楽しみ。「現実的な幸福を求めるヒロイン」と「自己のロマンチシズムにこだわるヒーロー」との葛藤。日活ムード・アクションの真骨頂がここにある。

五月、三島敏夫のヒット曲をカバーした「俺はお前に弱いんだ」（作詞・石巻宗一郎　作曲・バッキー白片）／「無情の街」（同）をリリース。前者はバッキー白片とアロハ・ハワイアンズのリーダー・バッキー白片が作曲、ベースの石巻宗一郎が作詞。ハワイアンのモダンさと、裕次郎の甘い歌声と間奏の台詞が印象的な傑作で、裕次郎はムード歌謡ブームをリードしていく。石巻宗一郎とバッキー白片のコンビは「白樺の湖」などの裕次郎ソングを手掛けており、裕次郎の「南国の夜」「珊瑚礁の彼方に」などハワイアンの名曲カバーのバックをつとめている。

七月、浅丘ルリ子とのデュエット「東京さすらい歌」（作詞・萩原四朗　作曲・上原賢六）／裕次郎の「可哀そうな露子」（作詞・萩原四朗　作曲・上原賢六）をリリースしている。

『鉄火場破り』七月十二日　齋藤武市監督

着流しヤクザの裕次郎が大暴れ！

『花と竜』（一九六二年・舛田利雄）は、斜陽になりつつあった映画界に任侠映画というジャンルを確立した。昭和三十八年には東映が鶴田浩二主演『人生劇場 飛車角』（三月十六日公開・沢島忠）、日活が高橋英樹主演『男の紋章』（七月十四日・松尾昭典）を製作。任侠映画は、マンネリ化していた時代劇、アクション映画のカンフル剤となり、昭和三十九年には、邦画界を任侠ブームが吹き荒れることとなる。

この『鉄火場破り』は、裕次郎には『花と竜』に次ぐ、任侠アクションの第二作となる。原作・脚本はシナリオ作家の甲斐久尊。監督は「渡り鳥」シリーズで、ギャンブルを活劇の重要アイテムとして見せ場にしていた齋藤武市。小林旭の出世作『南国土佐を後にして』（一九五九年）では、ダイスの眼と呼ばれる小林旭のギャンブラーがカップを使って、サイコロを立てる超絶技巧シーンが大きな話題となったが、そうした遊戯感覚をエンタテインメントにした功労者でもある。

裕次郎映画は『白銀城の対決』（一九六〇年）以来、二本目となる齋藤だが、本作で徹底したのは「賽の目勝負」のあの手この手。博打のテクニックの数々を見せながら、博打シーンが物語を押し推し進める形で映画が展開する。任侠映画ではあるが、ギャンブルテクニックを映画的に見せてくれるのである。

物語は明治の中頃、黄金の腕ゆえ、あらゆる賭場から出入り禁止となった壷振りの源（宇野重吉）は、まだ小さい息子を背負いながら、賭場でイカサマ師の監視役をしていた。博徒の哀れな末路を実感していた源だったが、ある日、かつてのライバル、カミソリの竜（山茶花究）と再会。最後の勝負に挑む。

宇野重吉と山茶花究。二人のベテランが火花を散らすオープニング。勝負が終わり、引退を決意した源の前に、幼い息子・政二郎がやってきて壷とサイコロを玩具にする。それを叱責する源。

時は流れて、明治三十九年。倅引きとなった源は男手ひとつで息子を育てているが、小学生となった政二郎は、友達のメンコを総ざらいするなど、すでに博打の才能が芽生えていることが匂わされる。

開巻、十数分、まだ裕次郎は登場しない。主役が現れる前に、博徒の世界の厳しさを、丁寧な描写を重ねて描いている。やがて警察署の前、源が青年になった息子・政二郎（裕次郎）を迎える。政二郎は源の心配をよそに、日本一の博徒となるべく、賭場に出入りしていたのだ。

ここから関東政と名乗り、旅に出た政二郎が各地の賭場で腕を磨いていくプロセスが、ケレン味タップリに描かれる。剣豪映画における「道場破り」のような扱いで、あの手この手の博打シーンが楽しめる。第一ラウンドともいうべき、関東政の最初の勝負の相手は、父を倒したカミソリの竜。相対する二人。竜の超絶テクニックで、政は負けを喫してしまうが、その挫折が青年の「力」となる。

やがて政が出会うのが、父親の借金のカタで芸者となった千鶴（芦川いづみ）。その苦境に手を差し伸べる政に、愛情を抱く千鶴だが、政はいったん「渡世人には女は必要ない」と拒む。その政のストイシズム。やがて、千鶴と所帯を持つことになる。

芦川いづみが寡黙で、ひたすら耐える芸者・千鶴を演じているが、ほとんど笑わない。快活でおきゃんな現代っ子が多い芦川にとっては意外な役だが、それがかえって作品の新鮮さとなっている。関東政の腕が上がれば上がるほど、その名が轟けば轟くほど、賭場のヤクザたちは恐れをなして、しまいには、父の源がそうであったように、各地の賭場から干されてしまう。果たして……。

ラスト近く、関東政とカミソリの竜の一騎打ちの場に、源が現われる。このシークエンスは西部劇的であり、男の映画の醍醐味に溢れている。竜と源、そして政。三人のプロフェッショナルの息詰る対決。これこそ『鉄火場破り』最大の見せ場だろう。

都知事時代の石原慎太郎にインタビューした時、「新味のない映画ばかりだったが、『鉄火場破り』の最後に裕さんが出てくると、我が弟ながら、おお！　カッコいい！　と思った」と話していた。裕次郎の佇まい、所作、眼力、どれを取ってもファンには惚れ惚れするのだ。

八月には「あしたの虹」などを収録したLP「男の歌声〈第四集〉石原裕次郎ヒット・ソング流行歌篇」がリリースされた。これがLPでは初のステレオ盤となった。

裕次郎のハリウッド進出作品

『素晴らしきヒコーキ野郎』十月十九日・ケン・アナキン監督

この頃、ハリウッドから裕次郎へ、20世紀フォックスの大作映画『素晴らしきヒコーキ野郎』（ケン・アナキン監督）への出演オファーがあった。一九一〇年、ロンドン、パリ間の飛行機レースに、世界中の名パイロットが集結して、華麗なる空のレースが展開される七〇ミリのスペクタクル映画。スチュワート・ホイットマン、サラ・マイルズ、ジェームズ・フォックス、といったイギリス、ハリウッドの名優たちのなかで、石原裕次郎が、日本が誇る飛行機乗りのエース「ヤマモト」役に抜擢されたのである。『鉄火場破り』公開翌日の七月十三日、裕次郎はイギリスへ渡った。

裕次郎は日本人・ヤマモト役であるが、セリフはすべて英語。しかも吹き替えはジェームズ・ヴィリーアズが担当した。世界各国から賞金目当ての名うてのパイロットが、世紀の飛行機レースに出場すべくロンドンに集結する。ハリウッドの大作であるが、登場人物の国民性をステレオタイプに描いたコメディ作品だった。

裕次郎は「日本人なのになんで英語なんだ?」と戸惑った。しかし『007/ゴールドフィンガー』(一九六四年)の公開直前のドイツ人の名優・ゲルト・フレーベも英語を喋っていて、国際語としての英語を、改めて意識したという。

イギリスでの撮影を終えた裕次郎は、その後アメリカ、ハワイを経由して八月九日に帰国した。ハワイでは、ヨット操舵中に右まぶたを切り、十一針を縫うケガとなった。イギリスからアメリカ旅行中、石原プロモーションと日活提携の次回作の構想を漠然と考えていた裕次郎は、帰国後、舛田利雄に「ヒッチコック映画のような殺人コメディはどうだろうか?」と提案。ユーモラスなミステリー映画を作ろうと話し合い「殺人者がいっぱい」という企画を立ち上げる。


『殺人者を消せ』 九月十九日・舛田利雄監督

新機軸のアクション・コメディ!

それが石原プロ=日活提携作品『殺人者を消せ』となる。ヒロインは十朱幸代。裕次郎は、カストロ髭をたくわえた冒険家志望の青年と、アメリカ留学中の製薬会社の若社長の二役を演じた。若社長を亡きものにせんとする、重役たちの陰謀を、裕次郎扮する冒険家の青年が暴くというミステリー・アクションだが、コメディらしい陽性の魅力に溢れている。次々と殺人が巻き起こるうち、それが狂想曲となり、人間の正邪の本質が見えてくる。しかもそれをブラック・ユーモアで描くのが舛田利雄監督の狙い。

原案の長沢朗(長沢ロー)は、後に音楽プロデューサーとして小川知子の「ゆうべの秘密」や岡崎友紀の「おくさまは18才」などヒット曲を手掛ける才人。裕次郎のブレーンとして石原プロに所属していた。従来の日活アクションとは異なるアプローチによるコミカルなシナリオは、舛田と『赤い波止場』(一九五八年)などの傑作をものした池田一朗。当初のタイトルは、「太陽族」の裕次郎のミステリー・アクションということで、『太陽がいっぱい』(一九六〇年・仏=伊・ルネ・クレマン)をもじった、コミカルな「殺人者がいっぱい」というものだった。

早川次郎(裕次郎)は、革命のヒーロー、キューバのカストロに憧れ、カストロ髭を蓄えて、密航を試みる。自由を求める主人公のキャラクターを印象づけ、密航が成功すると思いきや、すぐに檻の中の人となる。次郎は、泉海運社長の次男・泉信夫(裕次郎/二役)にそっくりということで、経理課長・佐竹正一(小池朝雄)に、今は海外にいる信夫に成り済まして社長代理になって欲しいと頼まれる。社長と副社長が事故に遭い、経営者不在となってしまったからだ。ニセ社長となった次郎が、羽田空港に降り立つと、迎えるのが一癖も二癖もありそうな、泉海運の重役たち。

キャスティングが実に見事。専務・沖利蔵には大映の高松英郎、宣伝担当常務・植草一政（小高雄二）、経理担当常務・須田透（大坂志郎）、シップチャンドラー・森中正（永井智雄）、営業担当常務・山下圭作（嵯峨善兵）、元・社長秘書で株主の小西マコ（稲野和子）の面々。彼らが次郎を社長に祭り上げて、会社の実権を握ろうとするが、次郎は持ち前の好奇心と義侠心から、本格的に社長業に乗り出してしまうので、ややこしいことになる。

そんな次郎のなりすましを、いち早く見抜くのが、フィアンセ・林百合（十朱幸代）。彼女は泉海運の大株主・林真太郎（宇佐見淳也）の娘である。六〇年代半ばの裕次郎映画のヒロインをつとめる十朱幸代のフレッシュな魅力が堪能できる。

十朱幸代がこの時のことを語ってくれた。

《東映や松竹の俳優さんは、本当に大スターという感じだったんですが、裕次郎さんは全く違いました。撮影所に来るときも、一人で車を運転してきて、お付きの人がいるわけでもなく、フラリと撮影所を歩いているんです。初めて共演させて頂くときに、セットにご挨拶に行ったら、ライティング待ちで、座ってらしたんです。まだペーペーの私に、ちゃんと立ち上がって「石原裕次郎です」と、礼儀正しくお辞儀なさるんです。こんなすごい方が、と本当に驚きました。そのとき、まだファン意識があって「サインください」ってお願いしたんです（笑）。すごい達筆！　あんな豪快な人なのに、綺麗な字を書かれるんです。

劇中、裕次郎さんを乗せて、車を運転するシーンがあるんですが、私は免許取り立てだったんです。撮影が終わったら、「いろんなカーアクションをしたけど、こんなに怖いのは初めてだよ」って（笑）。

撮影現場でも、さりげなく優しくして下さる方なんです。若いスタッフにまで声をかけて、ラフなようでいて、実は気遣いの人なんですね。撮影所で裕次郎さんを嫌いな人がいない。人の悪口は絶対、言わないし、こんなに皆に好かれる人っているかしらと思うほど、誰にでも優しい素敵な人でした。》（十朱幸代インタビュー・二〇一八年三月十三日）

当初のタイトルが「殺人者がいっぱい」だけあって、誰が真犯人か、誰が首謀者か？　観客に適度な混乱をさせつつ、次々と次郎はアクシデントに見舞われる。にもかかわらず、自分を追ってきたダンプが爆発炎上をした後、平気で立ちションベンをしようとしたり、次郎のマイペースぶりが笑いを誘う。

また、重役たちがサウナで謀議をするシーンも、小林旭の『完全な遊戯』(一九五八年)で集団謀議の罪を追求した舛田監督らしいパロディ感覚に溢れている。薬マニアの森中正、姑息な植草宣伝部長らのユニークなキャラが、次郎を亡き者にせんとあの手この手。目薬に硫酸を仕掛けたり、花に毒薬を振りまいて殺そうとしたり。花に毒を仕掛けようとした山下常務が、なぜか花壇の中から死体で発見されるなど、殺人者のなかにも裏切り者がいることが、事態をますます混乱させていく。

その殺人計画のハイライトが、ベッドの下に仕掛けられたダイナマイトをめぐる大騒動。小西マコの誘惑で、ベッドインすると爆発する仕掛けが、どうなるか? 百合の焼きもちと、次郎の鼻の下、どっちが強いのか? 殺人をネタにしたブラック・ユーモアは、これまでの舛田作品にないもので、見せ場がふんだんに用意されている。そのギャグや仕掛けは、舛田監督のアイデア。

次郎のパワフルかつユーモラスなキャラもこれまでの裕次郎映画にはないもの。「だんだんハッスルしてきたぞ!」という行動原理に、この当時ブームだった植木等の無責任男の影響も見受けられる。また、荒木一郎が泉海運の社員・村井に扮して、これまたユーモラスなアクセントとなっている。

この作品で悪女・小西マコを楽しそうに演じていた稲野和子の話である。

《裕ちゃんを殺そうとする悪い一味の紅一点でした。(笑)これは楽しかったですね。あの頃は、映画に続けて出ていたので、日活の大部屋さんたちが「稲野和子をプールの中に投げ込もう」って相談があったって、後で聞きました(笑)舛田さんの映画は、カラッとしていて、中平(康)さんの情念の世界とは正反対、それが楽しかったです。

裕次郎さんはとても優しくてね。私がいちばんビックリしたのが、お昼の時間に、裕次郎さんビールを飲むんです。「ビール飲んで、午後からの撮影どうするんだろう?」って。ほら、まだ私、真面目だったから(笑)「お酒飲んで大丈夫ですか?」と聞いたら「まぁカーコ、みんな飲んでるんだから、飲め飲め」って。「私、午後一番手なんですけど、赤くなったら芝居が出来ませんよ」って言ったら「いいよ、いいよ。出番を後に回せば」って(笑)》(稲野和子インタビュー・二〇一四年五月九日)

クライマックス、重役たちと共にヨットに乗った次郎が、元祖・太陽族としてウクレレ片手に、挿入歌「あの娘の願い」（作詞・滝田順【今戸栄一】作曲・伊部晴美・未レコード化）を唄うシーンは、日活映画のセルフパロディでもある。

同時上映は、吉永小百合と浜田光夫共演の『愛と死をみつめて』（齋藤武市）で、この年の日活映画最大のヒットとなった。

『「小さき闘い」より　敗れざるもの』
十月三十日　松尾昭典監督

少年とアウトローの友情

続いて石原プロモーションは、日活提携作品として、フジテレビ「一千万人の劇場」枠で五月に放送して好評だった、石原慎太郎原作の「小さき闘い」の映画化を企画。脚本は、テレビ版やドラマ「あしたの虹」を手掛けた山中恒、監督には裕次郎映画を数多く手掛けてきた松尾昭典。

ヒロインには『殺人者を消せ』に続いての十朱幸代。今回の裕次郎は脳腫瘍に冒された中学生・俊夫（小倉一郎）と本音でぶつかり合う、元無頼の運転手を好演。スクリーンに展開されるヒューマン・ドラマは、俳優・石原裕次郎にとっても新境地となった。

原作は昭和三十八年十二月に刊行された石原慎太郎の「死の博物誌 小さき闘い」（新潮社）。病と闘う子供の姿を感動的に描いたもの。脚本の山中恒は、裕次郎同様、少年時代を北海道の小樽で過ごした。早稲田大学卒業後に児童文学の創作をはじめ、昭和三十五（一九六〇）年「赤毛のポチ」で日本児童文学協会新人賞を受賞、新進作家として活躍していた。後にはテレビ「あばれはっちゃく」シリーズの原作や主題歌の作詞、大林宣彦監督の『転校生』（一九八二年）の原作、脚本などを手掛けることになる。浜田光夫と田代みどりの『サムライの子』（一九六三年・若杉光夫）は、山中の原作を映画化したもの。ともあれ、後にシナリオ作家としても数多くの映画に関わる山中の初めてのシナリオが、テレビ「小さき闘い」であり、その映画化『敗れざるもの』ということになる。

地位も名誉もある両親のもとで、何不自由なく育った高村俊夫（小倉一郎）は、自宅ガレージの屋上での天体観測が趣味の中学生。高村家のお抱え運転手・橋本鉄哉（裕次郎）のことを「橋本君」と呼び、格好の遊び仲間、相談相手として日々を過ごしている。ある日、俊夫がふとしたことで転んで、かかりつけの木崎医師（大坂志郎）が呼ばれる。その場では何でもないと診察されるが、橋本が話した症状から視野狭窄であることが判明し、中央恵愛病院に緊急入院、脳腫瘍と診断される。

後に青春ドラマ「俺たちの朝」（一九七六年・NTV）などで活躍する小倉一郎が、死と向き合い、勇気ある闘いを続ける少年・俊夫を渾身の演技で見せてくれる。俊夫が「橋本君」と呼ぶ、橋本鉄哉の人物造形も秀逸で、裕次郎が『錆びたナイフ』などで演じてきた「激情を秘めた男」の延長にある。橋本の激しさを時々匂わせる松尾監督の演出も、さりげなくて実に良い。

たとえば、俊夫の脳外科手術について、高村家の女中・キミ（恩田恵子）たちが、台所で噂話をしているシーン。橋本がくわえ煙草でカボチャに包丁を突き立て「こうやるんだよ。頭」と言う凄味。橋本がどんな修羅場を生きてきたのか、観客に一瞬で伝える巧みな演出である。同時に、未来のない俊夫のため、精一杯のことをしようと、懸命に考え、行動する橋本の姿も、観客の胸を打つ。考えるだけでなく「行動をする」。これが日活アクションのヒーローの姿でもあるからだ。

また、俊夫が冒された病・メニンジオーマについても、映画は眼をそらすことなくきちんとに描くことで、俊夫が向き合わねばならない「運命」の過酷さを突きつける。松尾監督は手術場面のために徹底的に取材を行い、美術スタッフが精緻に再現、リアルなシーンが完成した。所内試写を観た江守専務から「手術のシーン、もう少しなんとかならないかね」とカットの指示が出た。松尾は十一秒ほどオミットしたが劇場公開後、気分が悪くなり途中退出する観客がいた。そこで会社の判断で、各地の劇場に編集マンが派遣され、カットを余儀なくされてしまう。今では考えられないことだが、監督の無念たるや、想像するに余りある。

俊夫と橋本の行動が「治ること」を前提にしたものから「死ぬこと」が前提となる苛烈さ。「何でも見ておきたい」という俊夫を、お祭りやさまざまな場所に連れて行く橋本の「行動」は、俊夫の「小さき闘い」の原動力でもある。

星が大好きな俊夫が、もう通う事ができない中学校を橋本と共に訪れ、校庭で二人だけの授業をする。「星の界《よ》」を俊夫が橋本と一緒に唄うシーンの哀切さ。チャールズ・コンヴァースが作曲したアメリカの愛唱歌を、明治時代に杉谷代水が宇宙をテーマに作詞、明治四十三年の「教科統合中学音楽2」に掲載され、長い間歌い継がれてきた美しい曲。このメロディは賛美歌三一二番「いつくしみ深き 友なるイエスは」にも使われている。

俊夫の臨終の夜、橋本はその亡骸を抱きしめ「坊ちゃん……あんた、偉かった……本当に偉かったよ」と語りかける。その翌日、橋本は高村家を去る。

病気と闘い抜いた俊夫と、彼に向き合った橋本が最後に得たものこそ「人間にとってかけがえのないもの」というメッセージは、裕次郎をはじめ、この映画に関わったすべての人の想いだろう。

石原プロモーションと三船プロダクション

その頃、裕次郎は三船敏郎と水面下で打ち合わせを重ね、三船プロダクションとの製作提携に向けて精力的に動いていた。三船と裕次郎がこのプロジェクトについて、初めて話し合いを持ったのは、石原プロモーションが立ち上がったばかりの昭和三十八年春のことだった。

ちょうど三船は、自らメガホンをとった『五十万人の遺産』（四月二十八日）を三船プロで製作していた。二人とも、テレビのブラウン管には収まらない、映画館の大きなスクリーンならではのスケールの大きな、本当の意味でのエンターテインメント作品を、自分たちの手で作り出そう、ということで意見が一致していた。

また、石原プロモーションも、日活との提携作品をコンスタントに製作しており、次回作として司馬遼太郎原作の本格時代劇大作『城取り』（舛田利雄）の製作を決定したばかり。裕次郎は映画製作に意欲的だった。そうしたなか、十月一日、十七時からホテル・ニュージャパンで、三船敏郎と石原裕次郎による「石原プロモーション、三船プロダクション提携記者会見」が行われた。

両社は、昭和四十（一九六五）年四月から、翌年三月までの一年間に、三船と裕次郎の共演作を二本製作、東宝と日活がそれぞれ一作ずつ配給するというもので、東宝と日活に配慮していた。しかも裕次郎は大先輩・三船に対する礼儀として、先に東宝で公開される作品への出演を表明した。二人の会見は、観客動員数が減少するなか、新しい施策も打ち出さないまま、旧態依然とした「五社協定」の枠から出ようとしない日本映画界にとって、画期的な提案だった。

そこで第一作として発表されたのが、日活で『憎いあンちくしょう』などの裕次郎作品を手掛けてきた山田信夫の脚本、東宝のエースで三船のデビュー作『銀嶺の果て』（一九四七）年からの付き合いである岡本喜八監督作品、戦火の中国大陸を舞台にした痛快アクション大作『馬賊』だった。

《あくまでも三船・石原両プロのスムースな話し合いで実現したとはいえ、第一作の配給をめぐって、今度は東宝、日活側でかなりむずかしい問題が起こる可能性はある。この二人の顔合わせなら興行五億円は固いだろうといわれるほどのものだけに、簡単にどちらが先と決められまい。これについて裕次郎はあくまでも先輩三船を立てているが、ひと波乱は避けられそうにもない。》（一九六四年十月二日「スポーツニッポン」）

果たして、記者会見の直後、日活が早速クレームをつけてきた。石原裕次郎は日活が育てきたスターである。独立プロ作品とはいえ、東宝系の劇場のスクリーンに出ること自体が問題である、という会社のメンツによるものだった。それまで多少の軋轢はあっても、石原プロモーションと日活の提携は順調に進んできたが、次回作のクランクインを控えてぎくしゃくし始めていた。

九月には「黒い海峡」（作詞・萩原四朗　作曲・野崎真一）／「男の秋」（同）がリリースされ、「黒い海峡」は年末に映画化されることとなる。十一月、「俺の心に風が吹く」（作詞・大高ひさを　作曲・志摩千香子）／秋満義孝クインテットの演奏による「幸福をいつまでも」（作詞・池田充男　作曲・牧野昭一）をリリースした。

十一月には、宮尾たか志のナレーション入りで「黒い海峡」「白い浮雲」「赤いハンカチ」「青い満月」など四曲を収録した企画物ＬＰ「四つの恋の物語」をリリースしている。

十一月十八日、裕次郎はフジテレビのドラマ「君らの手の中に」に出演している。

『黒い海峡』　十二月三十一日・江崎実生監督
暗黒街に生きる

江崎実生監督が、初めての裕次郎映画を任されたのが、昭和三十九年十二月三十一日公開の正月映画『黒い海峡』だった。江崎は、熊本大学卒業後の昭和二十九（一九五四）年、製作再開直後の日活に助監督として入社。『鷲と鷹』では、井上梅次組のチーフ助監督・舛田利雄の下で裕次郎映画の現場を支えた。舛田が監督デビューを果たしてからは、『今日に生きる』『男が爆発する』などのシナリオも手掛け、「鬼の舛田組」のなかで持ち前のロマンチシズムや叙情性で大いに貢献。あえてチーフにはならなかったというが、江崎の持つロマンチシズムは、活劇の適度なスパイスとなったと推測される。

さて『黒い海峡』は、『夜霧のブルース』（一九六三年・野村孝）、『赤いハンカチ』（一月三日・舛田利雄）、『夕陽の丘』（四月二十九日・松尾昭典）と連作されてきたムード・アクションの系譜にあたる。この映画の裕次郎はやくざである。

槙明夫（裕次郎）は、高校生の時の交通事故をもみ消してもらった恩義で、横浜の船場組のボス・船場龍太郎（山形勲）に忠誠を誓ってやくざの道へ。組のために刑務所で服役してきたばかり。槙はかつて船場の娘・則子（十朱幸代）と恋人だったが、刑期を終えた後、則子には冷たい。親分への忠誠ゆえ、恋人を持つことが許されないと思っている。

その船場組は、槙が刑務所にいる間、本来の港湾荷役だけでなく、資金源として麻薬の取引に手を染めている。そんなやくざ稼業に嫌気が差した、幹部・大貫哲次（中谷一郎）は、堅気になり恋人のナイトクラブ歌手・香山知佐子（吉行和子）と結婚しようと思っている。槙と大貫は、親友だが、二人の考え方の違いが、次なる悲劇を生むこととなる。

ある日、大貫が麻薬取引の現場から、ブツを持って行方不明となる。その裏切りに怒った船場は、血眼で大貫を探させる。その行方を神戸に追った、幹部・宮井（中台祥浩）が死体で発見され、槙が神戸へ向かうことになる。

『夕陽の丘』では、兄貴分・中谷一郎の女・浅丘ルリ子と恋愛関係となった裕次郎は函館に逃げ、追手の影に怯えていた。『赤い波止場』の裕次郎は、東京から逃げて神戸に潜伏して、組織が放った刺客と対決する。裕次郎は、逃亡し、潜伏しながら、希望のために、現在のために闘う主人公を演じてきた。『黒い海峡』の裕次郎は、自分の最大の理解者だった中谷一郎を、組織のために、掟のために追う。立場の逆転による、構造の変化が映画に新鮮なイメージをもたらしてくれる。

江崎監督初の裕次郎映画だけに、あの手この手を随所に用意している。例えば、船場組に雇われて、神戸に現れる殺し屋・尾崎（小高雄二）。殺人マシーンだが、そのキャラクターはユーモラス。小林旭の「渡り鳥」「流れ者」や、赤木圭一郎の「拳銃無頼帖」で宍戸錠が演じてきた好敵手的でもある。それもそのはず、脚本には江崎と長年コンビを組んできた、日活アクションのユーモアを支えた山崎巌が参加。小高雄二のオーバーなキャラと、裕次郎のクールな槙のコンビネーションは、中盤のディティールを豊かなものにしている。

特筆すべきは江崎演出の特長である「緊張と緩和」。ロングショットで展開されているシーンに、突如としてアップがインサートされることで画面の緊張感、ドラマの密度が高まる。大貫を探す神戸のシーンの焦燥。阪急三ノ宮の駅で、知佐子の後を追って阪急電車に乗った槙が、知佐子とコンタクトをとる大貫を見つけるシーンの緊迫感。槙に気付き、六甲山駅で電車を降り、別な車両に乗り移るまでの一連のカットは、江崎演出の真骨頂でもある。

神戸の大月興業のボス・大月（垂水悟郎）の別荘での、大貫と槙の「宿命の対決」シーンの充実。日活アクションならではの主人公の心情を吐露するシーンと奇想天外なガン・アクション。そこに小高雄二の尾崎が参入してくる面白さ。この一連の画面設計には、江崎の意気込みが感じられる。

槙を掟と恩義に忠実な男にした、高校生の時の交通事故の真相が明らかになるクライマックス。大貫の葬儀の場面の映像設計と、槙の心情吐露、そして衝撃のラストまでの展開。師匠・舛田利雄ゆずりのダイナミックさと、ロマンチストの江崎ならではの繊細さが同居して、深い印象を残してくれる。

ヒロイン・則子の扱いも見事。アクションや大貫をめぐるサスペンスには絡むことがないのに、きちんと十朱幸代の存在感が全篇を貫いている。彼女が営む婦人帽子店「イースタン」のウィンドウを見つめる槙に気づくシーン。神戸に旅立つ直前の槙の自室のシーン。神戸で槙を訪ね、夜の公園で槙が過去を話すシーン。そしてラスト「黒い海峡」（作詞・萩原四郎　作曲・野崎真一）が流れる墓地のシーン。いずれも十朱幸代が美しく撮られている。

《それから三作目が裕ちゃんと初めて組んだ『黒い海峡』（昭和三十九年）。アクション・メロドラマなんだけど、僕は男と男の闘いのアクションはあまり好きじゃなくて、メロドラマとか、男と女の争いに興味があるんですよ。》（江崎実生「日活1954―1971」）

江崎のヒロインへのまなざしは、『帰らざる波止場』（一九六六年）、『夜霧よ今夜も有難う』（一九六七年）と続くムード・アクションをさらに充実させていくことになる。

『黒い海峡』は、昭和三十九年度の映画配給収入ランキングでは、配収二億一三〇〇万円で十位を記録した。

この年の秋より、裕次郎は、エーザイの「ユベロン」CMに出演、連日のようにお茶の間に登場、CMソング「ユベロン人生」（作詞・臼井ひさし　作曲・小林亜星）を唄った。契約料は、年間三千万円で昭和四十二（一九六七）年までの三年契約だった。こうした収入が映画製作の資金となる。裕次郎は積極的に広告やテレビ番組の仕事を「会社のため」に引き受けた。

第三章　渡哲也との出会い
――昭和四十（一九六五）年

昭和四十（一九六五）年一月、「星屑のブルース」（作詞・松島敬之　作曲・野崎真二）／「白樺の風」（作詞・大高ひさを　作曲・野崎真二）が、二月には「祇園町から」（作詞・萩原四朗　作曲・上原賢六　台詞・祇園千子）／久美悦子とのデュエット「鴨川艶歌」（作詞・萩原四朗　作曲・上原賢六）がリリースされた。

また一月二十七日から読売テレビ系のドラマ「王将物語」（主演・長門裕之、藤純子）の主題歌を裕次郎が唄って話題となった。三月にテイチクから主題歌レコード「王将・夫婦駒」（作詞・大高ひさを　作曲・野崎真二）／「勝負道《どう》」（作曲・長津義司）がリリースされた。B面の「勝負道」は、脚本を手掛けた藤本義一が作詞している。

『城取り』　三月六日・舛田利雄監督
司馬遼太郎×裕次郎の豪快時代劇！

一月十日、石原プロモーションが、『太平洋ひとりぼっち』以来、製作費を全額出資した第二回作品『城取り』（舛田利雄監督）がクランクインした。司馬遼太郎が、この年一月二十日から連載開始した「城を取る話」を原作としている。しかし、連載前の映画化決定だったために、司馬遼太郎から登場人物と設定、大枠のアイデアを聞いた中井景が、舛田監督と脚本家・池田一朗（のちの時代小説作家・隆慶一郎）とディスカッション。映画用にプロットを練り上げ、舛田と池田でシナリオ化した。

裕次郎は、かつて川島雄三監督の『幕末太陽傳』（一九五七年）で高杉晋作を演じたことがあったが、本格的時代劇への主演はこれが初めてとなる。

裕次郎初の本格時代劇ということだけでなく、舛田以下、日活スタッフには時代劇映画のノウハウがなかった。そのため、三船敏郎の紹介で、殺陣には、戦前は日活大将軍撮影所で斬られ役を演じ、戦後は東宝で黒澤明や稲垣浩、岡本喜八らの時代劇を手掛けてきた久世竜が参加することになった。しかし、ここでも五社協定による東宝との関係もあり、久世はノンクレジットで協力している。しかし、裕次郎はあえてその壁に挑もうとした。その熱意で、日活映画の枠を超えた豪華キャストが揃った。

裕次郎がイメージしたのは、黒澤明監督の『七人の侍』（一九五四年・東宝）や『隠し砦の三悪人』（一九五八年・東宝＝黒澤プロ）だった。時代劇の枠を越えた爽快なスペクタクルを目指していた。まずは、その出演者・千秋実と藤原釜足をキャスティング。大映時代劇のヒロインで、勝新太郎夫人の中村玉緒に、東映の時代劇スターの近衛十四郎、松竹喜劇やテレビ「番頭はんと丁稚どん」（一九五九〜六一年・MBS）でおなじみの芦屋雁之助、さらに俳優座の若手でまだ新人の石立鉄男らが、顔を揃えた。この顔ぶれ、この組み合わせが、後のスター・プロ作品の時代を予見させる。そして日活からは松原智恵子。石原プロモーション製作に相応しく、五社協定の枠を超えたキャスティングだった。現場には舛田の要望で、この頃は日活演技課にいた小林正彦が、制作部の応援として参加。小林は、後に石原プロモーション専務となる、

撮影中、こんなアクシデントがあった。フランス航空機長のピストル密輸事件に絡み、拳銃不法所持で、裕次郎宅が家宅捜索されたのだ。結局、美術品の刀剣を押収され、嫌疑外の銃刀法違反で書類送検された。しかし、これは警察がメンツを通すための詭弁だった。二月二十二日の記者会見では、身に覚えのない嫌疑に対しての怒りを、裕次郎は報道陣にぶつけた。マスコミも同情的で、翌日のスポーツ新聞の芸能面は、裕次郎への好意に溢れ、この件はそれ以上広がることなく落ち着いた。

さて、物語は戦国最後の時代。数々の武勲を立ててきた主人公は、本名を秘して車藤三（裕次郎）と名乗っている。藤三は、家康打倒を目指す上杉景勝に賛同して、会津若松へとやってくる。

背中に刀を二本差した裕次郎の颯爽としたサムライぶり。時代劇は『幕末太陽傳』以来、しかも本格的戦国時代劇は初めてなのに、堂々たる風格である。藤三は、何度も死線を共にくぐり抜けて来た盟友・俵左内（千秋実）に、来訪の目的を「男見物に来ただけ」と告げる。男見物とは、日活アクション的な言葉でもある。本格戦国時代劇でありながら、主人公の行動原理や、その言葉は、これまで裕次郎が演じて来た様々なヒーローのバリエーション。そこが舛田映画の魅力でもある。藤三は、上杉家の智将で家老・直江兼続（滝沢修）に仕官を勧められるが固辞する。ヒーローはあくまでもアウトローである、という舛田映画のセオリーがここでも見受けられる。

上杉家には、家康の軍勢が会津に向けて攻めて来たという報が入る。一方、伊達政宗が多聞山城を築いて、戦乱に乗じて上杉家を乗っ取ろうと画策。それを知った藤三は「見て見ぬふり」ができなくなり、「俺がその城を取ってやろうか？」と、左内に持ちかける。ここから映画が動き出す。藤三は、

多聞山城を取るために行動を起こす。道中知り合った、伊賀の抜け忍・樵《きこり》の彦十（石立鉄男）、人心を読むことが出来る巫女志願の娘・お千（中村玉緒）、そして火薬のプロフェッショナル・白粉屋長次郎（芦屋雁之助）を仲間に引き入れ、左内と共に五人のチームを結成。

メンバーを集めるまでのプロセスは、『ナバロンの要塞』（一九六一年）などのハリウッド活劇を思わせる。これが初時代劇となった舛田監督だが、滅法面白い映画を撮るため、いつものように、あの手この手で観客を飽きさせない。

藤三たちが、いよいよ築城中の多聞山城に乗り込む。そこには、伊達家で一、二位を誇る豪の者・赤座刑部（近衛十四郎）と、その右腕の渋谷典膳（今井健二）が、農民たちに城の完成を急がせていた。果たして、藤三たちは、城を乗っ取り、伊達政宗の陰謀を打ち砕くことが出来るのか。

二時間十三分という長尺に見せ場がふんだんに用意され、次々と主人公たちに危機が襲いかかる。ハリウッドでは「クリフハンガー」と呼ばれるスタイルで楽しませてくれる。

肝心の多聞山城のセットは、予算もあってハリウッド並みとはいかず、城というより砦にしか見えず、撮影に苦慮したという。それもあって、撮影はナイトシーンが中心となり、スタッフには強行軍だった。

藤三がお千に詰め寄られた時の「自分たちの幸せは、自分たちで摑まにゃならない」という台詞！　これぞ日活アクションである。

東映の剣戟スター・近衛十四郎と裕次郎の智慧をめぐらせた闘いは、クライマックスの一騎打ちへと一気に展開していく。劇画タッチの演出で繰り広げられる、豪快な裕次郎と近衛の殺陣は、白戸三平の忍者漫画のようで楽しい。

冷徹な赤座刑部の弱味は、盲目の娘・摩耶姫（松原智恵子）。今井健二の渋谷典膳の顔には戦の大きな傷があり、それがコンプレックスを匂わせ、刑部はそんな典膳に摩耶姫を託そうとする。悪役側のドラマもきちっと描いて、その悲劇性を高めてくれる。ちなみに、当初、摩耶姫には緑魔子、渋谷典膳には宍戸錠がアナウンスされていた。

大映から呼ばれた中村玉緒は、長男を出産してほどなくの出演。裕次郎がプロデュースする作品だからと、夫・勝新太郎は快諾したという。

《裕次郎さんにとっても、初めての時代劇ということで、大映京都の時代劇育ちの私に声をかけてくれたんでしょうね。有馬温泉に、オープンセットを建てて、一ヶ月もロケーションをしたんです。まだデビューしたばかりの石立鉄男さんに、関西の喜劇の芦屋雁之助さん、それに私という、本当に異色の顔合わせでした。ナイトシーンが多くてね。焚き火のシーンで火の粉が目に入って、大変でした。

夜の宴会は、いつも石立鉄男さんが盛り上げてくれて、ほら、裕次郎さんはすぐにお酒でしょ？　のちに石原プロの専務になる小林正彦さんも現場におられたんです。

あの頃の映画はロケーションになるとアフレコなんです。撮影が終わって日活撮影所のダビングルームでアフレコをしたんですけど、裕次郎さんも私も一ヶ月も前のことなんで、セリフを忘れちゃっているんです。で、なんとかかんとか適当にごまかして喋って、最後だけ合わせてたら、スタジオの向こうから録音担当者が「最後だけ合わせせないでください。ちゃんとセリフを言ってください」って（笑）裕次郎さんもプロデューサーなのに。これが一番の思い出です。》（中村玉緒インタビュー・二〇一八年二月十九日）

鳴り物入りで宣伝したにもかかわらず、残念ながら『城取り』は思ったような成績を残すことはできなかった。同時上映は、これがデビュー作となる日活、期待の新人・渡哲也が助演した宍戸錠主演作『あばれ騎士道』（小杉勇）だった。

四月、前年の十月に発表された三船プロと提携で製作予定の『馬賊』は、日活内部で配給問題から反対が起こり、一時製作延期と発表された。石原裕次郎と三船敏郎の夢は、五社協定の前にあえなく頓挫してしまったのである。裕次郎は「これでは三船さんとの男の約束が立たない」とその悔しさを周囲に漏らした。三船敏郎は当時、この件について、スポーツニッポンの取材に、こう語っている。

《周囲のあらゆる問題を解決してから円満にやりましょうということで、十月に私の方は東宝と、裕ちゃんは日活との了解を得て発表に漕ぎ着けた訳だから、今更なんだかんだというのも変な話です。初めから裕ちゃんと共演しようということを考えたのは、沈滞した映画界に少しでも話題を投げようということであって、それ以上おこがましい気持ちはない。》（三船敏郎談）

《「男の約束がたたない」とがんばっていた裕次郎も、結局五社協定に抗しきれなかった。自分の配給網をもたず、親会社に頼らなければならない、それぞれ会社と専属契約を結んでいる、という二つの厚いカベには、二大スターも勝てなかったといえよう。》（一九六六年五月十四日「報知新聞」）

四月には昭和三十八年からシリーズ化されてきたヒット集のＬＰ「男の歌声〈第五集〉」（十二曲収録）が発売され、五月には、「赤いハンカチ」と並ぶビッグヒットとなった「二人の世界」（作詞・池田充男　作曲・鶴岡雅義）／映画主題歌「泣かせるぜ」（作詞・滝田順【今戸栄一】　作曲・鶴岡雅義）が発売された。作曲の鶴岡雅義は、ラテン・グループ「トリオ・ロス・カバジェロス」でレキント・ギターを弾いていた頃のレパートリーを、裕次郎のためにリニューアル。池田充男の作詞で吹き込まれた。これが大ヒットして、鶴岡は自身のムードコーラス・グループ「鶴岡雅義と東京ロマンチカ」を結成することとなる。「二人の世界」は、TBS「歌のトップテン」で二十週間トップの座をキープ、この年を代表するヒット曲となった。

テレビ「結婚について」（TBS）

五月三十一日には、TBSテレビ「結婚について」第三話「祝婚」（脚本・矢代静一　演出・宮武昭夫）に出演している。裕次郎としては三本目のテレビドラマ出演となるが、三話オムニバスの最終話で、これが初のテレビ時代劇となった。共演は岩本多代、信欣三、田村高広、山岡久乃、金子信雄、石坂浩二だった。「結婚について」は毎回豪華スターが出演することが話題となった。第一話「三つの椅子」は芦川いづみ、山本陽子、松原智恵子が出演。第二話「瓶の中」にはのちに石原プロ入りする竹脇無我、佐々木愛が出演した。

第三話「祝婚」の物語である。室町時代、応仁の乱の頃を舞台に、山里から妹の婚礼衣装を買いに出てきた文太（裕次郎）は、その変わり様に驚く。文太はとある機織りを見つけて着物を求めようとするが、主人もその娘・つる（岩本多代）も、どういうわけか人目をはばかっている。町は悪徳領主（金子信雄）の悪政により、次々と人が殺され、人心は荒れていた。

裕次郎が演じた文太は、正しいことのためには、自分の生命も犠牲にして厭わない「無私の人」。その文太に惹かれる、岩本多代演じるヒロイン・つる。自分への謀反に怯えて、無辜の人を次々と殺してやまない金子信雄の領主。三人三様の人間ドラマが展開していく。

裕次郎が後年、『走れメロス』のスタジオドラマに出演した」と語っているのは、この「祝婚」のこと。

TBSの番宣資料で、裕次郎は《私は映画俳優なのですから、映画でいい仕事をしなければならないのは当然のことです。しかし、ちょっと欲ばりのようですが、テレビにも強い意識を持っています。ただ、茶の間の人気とりになるのなら、どんなテレビにも出るというのではなく、年に何回か、いい内容の作品にがっちりと取り組んでみたいと思います》

とコメントを寄せている。

五月には「南国の夜」（作詞・作曲・A・ルッセル）／「珊瑚礁の彼方」（作詞・作曲・J・ティットマン）のステレオ再録音バージョンを発売。

六月には芸能生活十周年を記念して「裕ちゃんの超豪華アルバム　石原裕次郎ヒット全集　魅惑の歌声」が、歌謡界としては初めての二枚組LPレコード（全二十八曲収録）として発売、「祇園町から」の台詞なしバージョンが収録された。このアルバムのリリースを記念して六月二十五日、東京ヒルトンホテルで「ヒット全集発売記念パーティー」が開かれた。

六月、トランス・パシフィック・レースに、兄・慎太郎と共に出場するが、七日、裕次郎は洋上で腹痛となり途中で下船、慎太郎が操舵してゴールインした。

七月には、シングル「ささやきのタンゴ」（作詞・石巻宗一郎　作曲・バッキー白片）／「忘れはしないいつまでも」（同）が、バッキー白片とアロハ・ハワイアンズの演奏でリリースされた。

七月十四日には、石原慎太郎原作による青春映画『青春とはなんだ』（舛田利雄）で、アメリカ帰りの型破りな高校教師を演じて話題となる。同作は、この年の十月から、東宝製作、夏木陽介主演で、日本テレビでドラマ化されて人気番組となり、のちに続く「青春学園」シリーズの先駆けとなった。余談だが、このドラマは「太陽にほえろ！」に裕次郎を起用する岡田晋吉のプロデュース作品だった。


『青春とはなんだ』七月十四日　舛田利雄監督

熱血教師！　青春ドラマの原点！

石原慎太郎×石原裕次郎×舛田利雄。日活映画の最高の原作・主演・監督トリオによる『青春とはなんだ』には、のちの「青春ドラマ」のあらゆる要素が詰まっている。古い因習が残る地方都市のとある高校に、アメリカで武者修行をしてきた若い教師が赴任。生徒たちと友達のようにフランクに付き合い、ともに笑い、ともに怒る。青春の喜びと悲しみを分かち合い、古いモラルを打ち破り、学園に新しい息吹を送り込む。それもそのはず、日本テレビ系の学園ドラマ「青春シリーズ」のルーツが、慎太郎の原作「青春とはなんだ」だったのだ。

この「青春とはなんだ」は、慎太郎が裕次郎をイメージして執筆した新聞連載小説（中国新聞ほか）で、昭和四十（一九六五）年に講談社から刊行され、高校生を中心にベストセラーとなっていた。石坂洋次郎の「青い山脈」が戦後間もなくの若者たちに支持されたように、慎太郎が描いたアメリカ帰りの教師・野々村健介の行状記は、この時代の高校生たちの圧倒的な支持を受けていた。教師役は、吉永小百合との『若い人』（一九六二年）以来久々となるが、この映画の主人公・野々村健介は、まさしく太陽の子・裕次郎に相応しい、ポジティブなキャラクターとなっている。

主題歌「青春とはなんだ」は、舛田監督が水の江滝子プロデューサーから「主題歌を」の要請を受けて、「アメリカらしい曲」ということで「聖リパブリック讃歌」を指定。タイトルバックには日本語歌詞（作詞・渋谷郁夫）による男性コーラス、劇中には裕次郎の英語歌詞バージョン、ラストのファイアストームで生徒たちによるコーラスバージョン、ラストのファイアストームでの大合唱で、効果的に登場する。舛田のバンカラ趣向と、原作のモダニズム、そして裕次郎の爽やかさのイメージが融合して、最初から「耳になじむ」主題歌となった。

主題歌「青春とはなんだ」（作詞・渋谷郁男　作曲・伊達政男）は、「海の男だ」（作詞・門井八郎　作曲・上原賢六）のカップリングでリリースされている。ちなみにレコーディングが行われたのは六月。

アメリカでの十年にわたる留学、武者修行を終えて帰国して来た野々村健介（裕次郎）は、背中に名誉の傷を持つ、スケールもアメリカ・サイズのでっかい男。地方の小都市にある岩代高校に、英語教師として赴任。アメリカ式の合理主義と、大和魂のファイティング・スピリッツを矜持に、野々村は、美人教師・杉浦圭子（十朱幸代）たちのシンパシーを受けつつ、旧態依然の地方都市の学園に、嵐を呼ぶことになる。

教科書は「君たちには何の役にも立たない」と、生徒に生きた英語を教えようとする野々村先生の姿は、当時の受験戦争に反対する意思表示でもある。シェリーの詩の関係代名詞をめぐる生徒・高松保夫（太田博之）との対話は、英語教育の本質にせまる名シーンだろう。

このフォーマットは、夏目漱石の「坊ちゃん」以来のパターン。脚本は『やくざ先生』で、やはり裕次郎の体当たり教師を見事に描き出した山田信夫。舛田監督とは、浜田光夫の『太陽は狂ってる』（一九六一年）などで、若者のやり場のないエネルギーを描き、さらに数多くの裕次郎映画で「自己の回復」というテーマを繰り返し描いてきた。今回も、裕次郎の野々村先生の型破りぶり、そして久保（吉田毅）と寺田（中村上治）をはじめとする、やんちゃな生徒たちのドラマ、東大を目指す優等生の高松保夫（太田博之）とそのガールフレンドの樋口育子（西尾三枝子）の愛など、盛り沢山のドラマが展開してゆく。

魅力的なのは、裕次郎の熱血教師ぶり。舛田の豪快な演出は、高校生たちの喧嘩、ラグビーの練習場面、いずれもエネルギーに溢れている。また、いつの世にも、若者たちを悩ませるのが大人たちの私利私欲。事なかれ主義で悪辣な陰謀をめぐらす教頭の勝又（須賀不二男）と、ＰＴＡ会長の友田（松本克平）、そして教頭たちの口利きで利権をむさぼる金高組社長（深江章喜）の老獪さ。それを野々村先生と悪ガキたちが、どう粉砕するか？　ストレートな構成は、アクション映画のような快感に溢れている。

進学組と落ちこぼれ組の対立、ＰＴＡと町のボスの癒着、小さな町で起こる騒動は、当時のニッポンの縮図でもあり、その解決へのプロセスも含めて、後の「青春シリーズ」の原点といえるだろう。

渡哲也との出会い

九月十八日には、この年『あばれ騎士道』でデビューしたばかりの新人・渡哲也との共演による、海洋アクション『泣かせるぜ』（松尾昭典監督）が公開された。

《テツとの出会いは日活撮影所の食堂だった。あいつが日活に入ってきた当時、僕はすでに専属を離れて、フリーの立場で日活映画に出演していた。

その日、撮影で日活にいた僕は、例によってビールを飲みながらカレーライスを食っていた。そこへ、宣伝部の人間に連れられて挨拶にやって来たのがテツだった。

「新人の渡哲也です。よろしくお願いします」

折り目正しい挨拶をした。

僕は立ち上がって、

「そうですか。頑張ってください」

と言って手を差しだして握手した。

後になって渡が、僕との初対面のことを、こんなふうに言った。

「顔を見つけた順に挨拶をしていって、石原さんが六番目くらいでしたけど、わざわざ立ち上がって挨拶してくれたのは石原さんだけでした」》（『口伝 我が人生の辞』石原裕次郎・主婦と生活社刊）

『泣かせるぜ』には、かつて『鷲と鷹』（一九五七年）で、三國連太郎と石原裕次郎が壮絶な殴り合いをしたように、裕次郎と渡哲也が嵐のなか、船のデッキで殴り合いをするシーンがある。日活としては「第二の裕次郎」として渡哲也を大々的に売り出すべく、この映画に出演させたこともあり、二人のアクション・シーンは大きな見せ場となった。

『泣かせるぜ』九月十八日　松尾昭典

渡哲也と裕次郎、初共演！

日活には海洋アクションというジャンルがある。その嚆矢となったのが裕次郎の『海の野郎ども』（一九五七年・新藤兼人）だった。東京湾に停泊する貨物船を舞台にしたもので、本格的な洋上ドラマは、続く『鷲と鷹』（同年・井上梅次）から。『勝利者』（同年）でボクシング映画が、日活の若手スターの登竜門となったように、以降、日活では、赤木圭一郎の『俺の血は騒ぐ』（一九六一年・山崎徳次郎）、小林旭の『太陽、海を染めるとき』（同年・舛田利雄）、和田浩治の『海峡、血に染めて』（同年・鈴木清順）と、ダイヤモンド・ラインのスターによる海洋アクションが作られてきた。

裕次郎にとって久々の海洋アクション『泣かせるぜ』には、この年にデビューした期待の大型新人・渡哲也を日活スターとして育てるべく、ゲンを担いで出演させている。演出を任されたのは、裕次郎の信も厚い松尾昭典監督だった。

渡哲也は、島根県生まれで兵庫県の淡路島に育った。青山学院在学中、日活が浅丘ルリ子主演一〇〇本記念映画の相手役の新人「ミスターXコンテスト」の募集があった。そこで弟・渡瀬恒彦や友人が本人に内緒で応募。渡も一度は怒ったが、友人の「撮影所で裕次郎に会えるかも」の言葉で日活撮影所を訪れた。その時、正式にスカウトされ、昭和三十九年に入社。『あばれ騎士道』（三月六日）の宍戸錠の弟役でデビューを果たした。

さっそく、憧れの裕次郎との初共演となったのが、この『泣かせるぜ』。原作は早世した推理作家・新羽精之（一九二九〜七七年）の「海賊船」。裕次郎映画のメイン監督の一人、松尾昭典がメガホンをとり、数々の日活アクションを手掛けた小川英と中西隆三がシナリオ執筆。いわば定番の舞台設定で、裕次郎と新人・渡哲也を正面から組ませ、そのスケールのなかで、渡哲也を「第二の裕次郎」にしようという日活のねらいが感じられる。

舞台は静岡県清水市。オンボロのカツオ漁船・第五黒潮丸の、一癖も二癖もあるならず者の船員たちに慕われているのが、これまた無鉄砲な船長・響伸作（裕次郎）。

この番外野郎たちの設定は、例えば『零戦黒雲一家』のならず者部隊に通じる。無線士・レコード（川地民夫）、ボースン・ポパイ（井上昭文）、甲板員・トド安（近藤宏）、操舵手・チビ勝（野呂圭介）、機関士・アンコウ（武藤章生）、航海士・

哲（玉村駿太郎）、コック長・松吉（青木富夫）、甲板員・クラゲ（柳瀬志郎）、機関長・トーロク（榎木兵衛）を眺めているだけでも楽しい。規格外の男たちが、強い信頼関係で結ばれている。これが日活アクションの味でもある。第五黒潮丸の船主・渋川（桂小金治）への無茶苦茶な対応も含めて、コミカルな楽しさに溢れている。

裕次郎とは公私ともに付き合いがあった桂小金治を、コメディ・リリーフとして起用したのは、松尾監督の計らいだと いう。

《あっ、これ！ 海に落っこちるやつだ！ 松尾監督にね、「このままじゃ、つまんないから、私、海に落っこちましょうか？」って言ったのよ。そしたら監督が、「師匠、泳げるの？」って言うから、「泳げなくてこんなこと言うわけないでしょ」って言ったら、監督「面白い」って言って、「もう一回落っこってくれ」って言われて、二度落とされたの（笑）》（桂小金治インタビュー・二〇一四年六月二十日）。

ここでもユートピア的な共同体が出来ている。しかし彼らに対して、真っ白い制服を着て白河丸の乗組員にならないかと持ちかける、自他共に認める模範的な白河丸の山路船長（大坂志郎）は、正反対の存在として描かれている。その山路を慕う若い二等航海士・白石浩（渡哲也）は、品行方正の真面目な正義漢として登場する。

映画は響伸作と白石浩の対立を軸に、船舶保険金詐欺をめぐる悪党の陰謀を描いていく。ドラマとしては、この陰謀と白石の成長がメインとなるが、日活アクションの「観念的テーマ」としては、響伸作の「過去」と、それを知るかつての恋人で今はバー「サルビヤ」のマダム・新村千加（浅丘ルリ子）の「現在」を描くムード・アクションとしての設定が施されている。

清水港の近くで小さなバーを開いている千加は、かつて神戸の令嬢で画家。恋人の伸作は大型船の船長だったが、三年前に船を事故で沈めてしまい、職を辞して、今では漁船を操舵している。千加は、そんな「伸作の現在」を受け入れられない。彼女は、清水まで伸作を追って、親の財産で「サルビヤ」を開いている。一方の伸作も、千加は「自分の過去」を受け入れられないと思っている。このすれ違い。

伸作は千加に「俺に昔の夢をかけても無駄だ。俺は俺のやりたいようにするしかないんだ」と言い放つ。これぞ日活映画に通底するテーマである。

ダイナミックな場面とミステリーが交錯する。第五黒潮丸の調理室からプロパンガスが漏れて炎上、無線士・レコードが大けがを追ってしまう。さらに事故後に、コック・松吉が謎の自殺をとげ、彼と最後の夜を過ごしたバーの女（長山藍子）の証言から、伸作は陰謀の匂いを感じて、船員と共に白河丸に乗り込むことになる。

陰謀が渦巻き、次々とピンチに見舞われる伸作たち。無垢な白石は、何も疑うことなく任務を遂行している。やがて……。海洋活劇＋ムード・アクションの魅力に溢れ、見せ場がふんだんに用意されている。

松尾昭典監督の手堅い演出は、観客を飽きさせることなく、クライマックスの暴風雨の乱闘シーンでは、渡哲也と裕次郎、新旧日活スターの大暴れも楽しめる。

このシーンの撮影では、大先輩に遠慮する渡哲也に対し、裕次郎が「そこはフックだ！」「次はストレート！」とアクションを自ら指導。渡の緊張を解して順調に撮り終えることができた。

本作で裕次郎の胸を借り、アクションスターとしての大器を感じさせた渡哲也は、続いて正月映画『赤い谷間の決闘』（十二月二十八日公開）で、いよいよ男性アクションの雄、舛田利雄の裕次郎映画に出演することになる。

九月には、シングル「雪国の町」（作詞・萩原四朗　作曲・上原賢六）／「故郷へ帰る」（同）がリリースされた。

芸能生活十周年記念リサイタル

この年、芸能生活十周年を記念して、石原プロモーションは、石原裕次郎初の全国縦断リサイタルを企画した。九月二十日の水戸市の茨城県立スポーツセンターを皮切りに、東北、北海道、九州、中国、中部、北陸、関西の主要都市を周り、ファイナルの東京渋谷公会堂公演まで、全国二十四カ所、一日二回公演、計五十四回公演を行うことになった。

石原プロを立ち上げて二年、『城取り』の興行的失敗もあり、家族ともいうべき社員スタッフの収入も確保しなくてはならない。「自分たちの撮りたい映画」のための資金も必要だ。プロダクションを運営していくために、裕次郎自らがファンの前に立つことを決意したのである。

《あくまでぼくひとりのステージで、文字どおりワンマンショーにしたかった。それになるべくなら石原プロ単独の力でやりたかった。その方がもし失敗してもだれにも迷惑はかけないから。》（石原裕次郎・一九六五年十一月五日・東京中日スポーツ）

《裕さんは映画の中や、撮影所で行われる館主大会のような催しで唄うことはあっても、いわゆるコンサートのステージに立つなんて、考えてもいなかったと思います。でも昭和三十八年に、石原プロモーションを設立しまして、社員を抱えて、一国一城の主となりました。社員の毎月の給料や、その頃から企画していた映画の製作費のために、リサイタルを開こうということになったのです。

これは切実、シビアだったんです。経営者として、なんとかしなければならない。しかも一箇所や二箇所では、やる意味がない、もちろん、ファンの方々に楽しんでいただきたいという思いもありました。

そこで全国縦断リサイタルという、今では、当たり前になってしまったことですが、それを日本で初めて行ったんです。全国縦断の初日は、水戸からでした。それで最後の東京まで二十四箇所まわったんです。》（石原まき子インタビュー・二〇一四年十月一日）

司会には、映画『堂堂たる人生』で初共演以来、『赤いハンカチ』、『泣かせるぜ』と共演してきた、落語家・桂小金治を起用。前歌も、ゲスト歌手も登場しない。ワンマンショーのスタイルにこだわってのステージだった。

裕次郎はラスベガスで観た、ハリー・ベラフォンテのシンプルなステージをイメージしてステージングを考えた。衣裳もタキシードではなく、白や濃紺のパンツにカラフルなシルクのシャツを、長年の友であるテーラーの遠藤千寿にオーダー。裕次郎のイメージ通り、シックなシルエットのシャツとパンツが出来上がった。そのシンプルさが、飾らない、素顔の「裕ちゃん」をイメージさせた。全国縦断リサイタルに合わせて、遠藤は五十枚の色違いのシルクシャツを用意した。

ステージでは「赤いハンカチ」「俺はお前に弱いんだ」「銀座の恋の物語」などのヒット曲を次々と歌い、桂小金治との軽妙なやりとりをしながら、デビューの頃から、スキー骨折で闘病生活を余儀なくされた日々のことなどを、大いに語った。ファンサービスにつとめる裕次郎、客席から憧れのスターをみつめるファンたち。パフォーマーとオーディエンスが一体化した和やかな雰囲気に、裕次郎は、映画では味わったことがない、生の観客のリアクションを、身を以て知ったという。

《まずファンの熱狂に驚いた。これほどぼくを受け入れてくれているとは思わなかった。スクリーンだけじゃ感じ取れないものが客席からはね返ってくるんだ。あれではだれだって身を入れて歌いたくなりますよ。》（石原裕次郎・一九六五年十一月五日・東京中日スポーツ）

十一月九日、東京渋谷公会堂で最終公演が行われ、延べ二十万人の観客動員を記録した。ステージを開催するにあたり、裕次郎自身の希望で、各地方の警察と相談し、暴力団との関与を完全に排除したことも、マスコミから評価され、イメージアップの一助となった。そしてこのステージの模様は、十一月二十四日にフジテレビ「ゴールデン歌まつり 石原裕次郎リサイタル」（夜八時〜八時五十六分）としてオンエアされた。

全国縦断リサイタルを終えた裕次郎には、休む間もなく、正月映画『赤い谷間の決闘』（舛田利雄）のクランクインが待っていた。『泣かせるぜ』に続く、渡哲也との共演作だった。

中学生の頃、淡路島の映画館で石原裕次郎の鮮烈なデビューに出会った渡にとって、裕次郎は憧れの人であった。初対面のとき、日活撮影所の食堂で、食事の手を休めて、わざわざ立ち上がって「頑張ってください」と肩を叩いてくれた裕次郎との交流は続いていた。撮影所で、渡の顔をみつけると、裕次郎は「おい、頑張ってるな」「今夜は空いてるか？」と親しみを込めて声をかけてくれた。まだ新人で、経済的には恵まれているとは言えない、若手の渡を、よく自宅に招いて食事を共にしていた。

そういうとき、裕次郎は必ずといっていいほど、ジャケット、スラックス、セーター、ネクタイなどをクローゼットから持ち出して「持って帰れ」と言ってくれた。二人は背丈も靴のサイズも、そして誕生日（十二月二十八日）も一緒だった。

『赤い谷間の決闘』十二月二十八日　舛田利雄監督
裕次郎と渡哲也による「男対男」活劇！

昭和四十年末、翌年の正月映画として、石原裕次郎×舛田利雄コンビに、新星・渡哲也が参加して、理屈抜きの娯楽アクションを目指したのが、骨太の男性活劇『赤い谷間の決闘』。裕次郎映画に始まる男性スターの登竜門的な海洋アクションの洗礼を受けた渡が、今度は、舛田監督の豪快な「男対男」の和製西部劇ともいうべき世界に挑戦した。

舞台は北海道の石切場。東京の大学生・渡辺健（渡哲也）は、母親が「この上で自分を産んだ」という石を「この眼で確かめたい」「自分のルーツを知りたい」と、標登呂《しべとろ》駅に降り立つ。渡はアイビールックのダッフルコートに学生服という出で立ち。舛田監督によると、まだ学生気分が抜けないイメージがあった渡自身に重ね合わせて、渡辺健のキャラクターを造型したという。「自分探し」のプロットは、日活アクションの大きなテーマ。青年は自分のアイデンティティーを確立させるためにも、自らのルーツを探すのである。

その標登呂駅で、健に手荒い歓迎をするのが、この土地を牛耳るワル、鮫島三兄弟。退治（垂水悟郎）、積（深江章喜）、錠（野呂圭介）の三人は、見るからに悪辣で、昭和三十年代の日活アクション、特に舛田映画でおなじみの面構えの持ち主。新人・渡哲也をノシてしまう。これこそ舛田監督が用意した、通過儀礼の儀式に他ならない。

そこで、いよいよ裕次郎が登場。今回の役は、北海道の石切り場でベッカクと異名を持つ人夫頭・風間信吾。健をダイガクと呼び、その青白さを鼻で笑う。『赤い谷間の決闘』は、このベッカクとダイガクの対立と友情、そして男の成長を描いている。

ここでの石切場は、例えば『今日に生きる』（一九五九年・舛田利雄）での、鉱山のトラック輸送の現場のように、活劇映画に相応しい舞台として用意された。前半、次々とダイガクは男たちに叩きのめされる。大学の空手部の学生という設定は、青山学院大学空手部だった渡哲也であり、それを厳しくも暖かく見守るベッカクは、先輩スターの裕次郎そのものであり、後に石原プロモーションで、渡哲也が裕次郎を支えていくことを考えても、フィクションながら、二人の師弟関係が成立するプロセスを観ている気分になる。

北海道を舞台にした豪快な男性活劇であるが、実はロケーションは、栃木県の採石場で行われている。舛田は《予算と時間がないから、北海道には行けない。場所探しには大変苦労しました。関東の近場で、なんとか北海道みたいな雰囲気のところを探そうと、車に乗って探しまわりました。》（「映画監督・舛田利雄」ウルトラヴァイブ・二〇〇七年）と筆者のインタビューに答えている。冒頭の標登呂駅は、『男が爆発する』（一九五九年）でも使った長野県の佐久平駅で撮影された。

事あるごとにベッカクに反発するダイガクの姿は、誰もが一度は通る青年時代の姿として描かれている。中盤、二人が対峙して、ベッカクが「自分の過去」を吐露し、ダイガクの「性根に腹が立つ」と言い放つシーンは強い印象を残す。

小沢栄太郎扮するボス・鮫島大五郎がダイガクを殴るシーンがあるが、アップで撮ると小沢栄太郎の拳が渡哲也の頬にも触れない。それでは観客にバレるので、本気で殴って欲しいと、舛田が小沢に指示をするが、「いや、僕にはとても殴れない」と断ったという。ならばと、舛田監督が小沢栄太郎の衣装を着て、渡哲也を殴り飛ばして撮影をしたものの、その時、渡哲也が脳震盪を起こしてしまったという。

ラスト、裕次郎と渡が馬に乗って、朝焼けの平原を行くショットは、「渡り鳥」シリーズの名手・高村倉太郎キャメラマンによる名シーン。思ったような画が撮れないため、クランクアップ後、舛田が助監督の小澤啓一に頼んで再撮影。

なので裕次郎と渡哲也の吹き替えが担当している。一九六〇年代半ばにはいささかアナクロなテイストと感じる向きもあったろうが、『赤い谷間の決闘』は、オーソドックスなスタイルの最後の男性活劇なのである。

主題歌「赤い谷間のブルース」（作詞・大高ひさを　作曲・野崎真一）／挿入歌「孤児の歌」（作詞・渋谷郁男　作曲・中川洋一【黛敏郎】）は、公開前の十一月にリリースされた。

第四章　ムードアクションの成熟
——昭和四十一（一九六六）年

昭和四十一（一九六六）年のお正月は、前年の全国縦断リサイタルの成功と、「二人の世界」の大ヒットもあって「歌手・石原裕次郎」がクローズアップされた。一月一日に放送された、TBSテレビ「1966歌謡ビッグショー」（昼一時〜二時）に出演。吉永小百合、橋幸夫、江利チエミらと共に、新年の抱負を語った。

この年、石原プロモーションは、映画製作、コンサート製作、タレントマネージメントだけでなく、看板である石原裕次郎の歌唱曲の出版を管理すべく、関連会社として音楽出版社を設立することとなった。二月五日に株式会社石原音楽出版社設立を発表、三月一日に発足した。

そうしたなか二月二十五日、前年五月発売のヒット曲を映画化した『二人の世界』（松尾昭典）が公開された。石原プロモーションの中井景と、日活の水の江滝子プロデューサーが企画にあたっているが、日活製作による浅丘ルリ子とのゴールデンコンビによるムード・アクション。これまでヒット曲が映画化され、映画からヒット曲が数多く誕生してきたが、ビジネス面では歌唱印税のみだった。この曲以降は、石原音楽出版が、楽曲の出版権、原盤権の管理をすることとなる。

またこの映画のヒロインを演じた浅丘ルリ子は、日活との専属契約を解消し、石原プロモーション専属となり、昭和四十七（一九七二）年まで所属した。

『二人の世界』　二月二十五日・松尾昭典監督
大ヒット曲からムード・アクションへ

様々な監督の手によって、銀幕の恋人を演じた裕次郎と浅丘ルリ子。しかも過去のある男と女の物語は、裕次郎の唄うムーディな主題曲と、ルリ子の大人の魅力と相まって、大人のためのムード・アクションというジャンルに成熟してきた。

映画で繰り返し語られて来たのが、ヒーローとヒロインをめぐる過去と、主人公のアイデンティティーを取り戻すための現在の闘い。裕次郎の歌の持つ（それが新曲であったとしても）ノスタルジックなムードが、甘美な記憶装置のスイッチとなり、観客の感動を深いものにしてくれる。

本作の主題歌「二人の世界」がリリースされたのは、映画公開の前年昭和四十（一九六五）年五月だから、まず主題歌ありきの企画。

「泣かせるぜ」も手掛けたレキントギターの名手・鶴岡雅義が、ラテンバンド「トリオ・カバジェロス」時代にレパートリーにしていた曲を、裕次郎のためにセルフリメイクした「二人の世界」（作詞・池田充男）は、「TBS歌謡ベストテン」で二十週連続一位にランキングされるほどの大ヒットとなる。最終的には二八五万枚を売り上げ、裕次郎ソングの歴代二位になった。鶴岡はこのヒットをきっかけに、東京ロマンチカを結成、ムードコーラス・ブームを牽引してゆく。

さて映画『二人の世界』だが、脚本は『赤いハンカチ』などムード・アクションを手掛けていた小川英と松尾監督。長崎に、十五年前に殺人犯の汚名を着せられ、海外へ逃亡していた北条修一（裕次郎）が、時効二日前に現れる。あと二日で逮捕は免れるのに、北条は事件の真相を探り、真犯人をつきとめるために、わざわざ危険を冒す。日活アクションに通底するテーマである主人公の「アイデンティティーの回復」が本作のテーマでもある。

香港から日本に向かう客船のデッキで夜の海をみつめる北条。旧知の週刊誌の記者・川瀬（二谷英明）に、声を掛けられた北条は、フィリピン人・フェリーノ・ヴァルガと名乗る。川瀬は十五年前に、北条の無実を信じてペンで戦った元・新聞記者だった。

船のラウンジで、北条は佐川玲子（浅丘ルリ子）に接近。川瀬から逃れるために「昔からの知り合い」ということにしてもらう。北条と玲子がダンスをしながら交わす、ありもしない「二人の世界」の会話。小学生の時の出会いを創造し、その思いに浸る。そこへ主題歌「二人の世界」が流れる。出逢ったばかりの二人が、甘美な記憶を模造して親しげに踊る。ムード・アクションならではの滑り出しである。

劇中、北条は玲子に「人間は一生に一度やるべきことがある」と、復讐のために立ち上がる意思表示をする。「二人の現在があれば良い」女と、「現在のために過去の清算を決意した」男。一緒にいる二人の気持ちのすれ違い。玲子は、父親がヤクザの組長だったことを利用して、北条の真犯人探しに協力する。いつもは敵対関係にある二谷英明も、今回は裕次郎の強力なサポーター役となる。

刻一刻とせまる時効の瞬間。長崎県警は包囲網を敷き、北条逮捕に向けて動き出し、巨悪・関根（山形勲）は、北条の行動を阻止する。主人公のアイデンティティーを取り戻すための孤独な闘いが繰り広げられてゆく。北条を愛するゆえの玲子の行動が、かえって枷になってゆくクライマックス。どこまでもヒロインは「現在の幸福」を手にしようとしてしまう。それでも北条は闘い続ける。「過去と決別」するために。

嵐野英彦による音楽は、主題歌「二人の世界」（作詞・池田充男　作曲・鶴岡雅義）の旋律をライトモチーフとしてムードを高める。BGMとして流れる園まりの「逢いたくて逢いたくて」や、劇中、ナイトクラブで唄われる「夢は夜ひらく」などのヒット曲が、時代を懐かしく感じさせる。

すべてが終って、再び、裕次郎の「二人の世界」が流れるシーンの安堵感。エンドマークの後から、本当の意味での「二人の世界」が始まることを暗示させるラスト。さわやかな感動をもたらしてくる。

この『二人の世界』は、ロングラン公開となり、主題歌のイメージもあいまって大ヒットを記録。従来よりも長い三週間となったのは、日活の台所事情もあった。これまで二本立て、二週替わりだった映画興行を、動員が見込める企画に関してはは三週間に引き延ばすというもの。コストパフォーマンスを意識してのことだった。裕次郎は、週刊誌での三船敏郎との対談で、こんな風に言っている。

《いい映画、おもしろい映画を出したいですね。つまんない映画に客がくると困るんですよ。権威っていうものがなくなっちゃう。こないだの『二人の世界』っていう映画は、撮るつもりで撮ったんじゃないんです。突発事故みたいなもんですよ。それが最近にない数字を上げるんですよね。これは困っちゃうんですよ。困るんです。ほんとに困るんです。映画をつくるんじゃなくて、つくられてるみたいな感じです。》（「週刊朝日」一九六六年五月二十日号）

裕次郎の日活での映画一作あたりの出演料は、推定五百万円。高峰秀子の四百万円を抜いて最高ランクになっていた。

三月「夜霧の慕情」（作詞・大高ひさを　作曲・野崎真一）／「雨の港町」（作詞・渋谷郁男　作曲・伏見竜治）、四月には浅丘ルリ子とのデュエット「山の湖」（作詞・萩原四朗　作曲・牧野昭一）が浅丘ルリ子の「芦ノ湖哀歌」とカップリングで、映画『青春大統領』主題歌「愛のうた」（作詞・池田充男　作曲・ユズリハ・シロー【中川博之】）／「星かげの海」（作詞・池田充男　作曲・上原賢六）がリリースされた。

また四月には、前年の縦断リサイタルを収録したライブLP「芸能生活十周年記念　石原裕次郎・日本縦断リサイタル《東京渋谷公会堂実況録音》」（十三曲収録）がリリースされて大きな話題となった。

『青春大統領』　四月二十七日・江崎実生監督

ジャニーズと裕次郎の娯楽アクション大作

続くゴールデンウィーク公開の『青春大統領』は、オーストラリアロケを敢行した石原プロモーション、日活提携作品。石原プロモーションの銭谷功、ジャニーズ事務所のメリー喜多川がプロデューサーとして企画にクレジットされている。浅丘ルリ子は、ジャニーズの四人組（あおい輝彦、飯野おさみ、中谷良、真家ひろみ）のマネージャーに扮して、貿易振興会のシドニー出張所次長役の裕次郎が、不正薬品認可をめぐる陰謀を暴くというストーリー。裕次郎とルリ子のムード・アクションに、若手のジャニーズが加わって、華やかな娯楽映画となった。石原慎太郎が、浅利慶太と共に日生劇場設立や、ミュージカルの舞台に関わっており、そのステージにジャニーズが出演していた。そこで、裕次郎との共演映画の話が持ち上がった。ロケ隊一行は三月七日からオーストラリアのシドニーへロケーションに出かけ、四月二十七日から公開された。

江崎実生監督作品としては、裕次郎との前作『黒い海峡』とは打って変わったコメディ感覚溢れる陽性の青春アクションに仕上がっている。

オーストラリア、シドニー。日本貿易促進会の調査員・峰岡隆志（裕次郎）は、久しぶりの休暇を過ごしている。そこへ豪州に輸出予定だった、日本の製薬会社からの薬がキャンセルされたとの報せが届く。その担当商社・大村物産は、峰岡の大学時代の親友・大村紀一（二谷英明）の会社だったため、峰岡は、急遽、日本へと帰国。羽田の東京国際空港で、峰岡は売出し中のジャニーズとそのマネージャー園田京子（浅丘ルリ子）とすれ違う。

実は、京子は峰岡・大村の大学時代の後輩で、五年前まで三人は仲良しトリオだった。しかも大村は京子のパトロン的存在としてジャニーズをバックアップ、京子へ求婚もしている。峰岡は薬の輸出ストップの真相を確かめるため大村物産へ、京子は大村から受け取った、宝石が散りばめられた南十字星のペンダントと一千万円の小切手を返却するために、やはり大村物産を訪ねてくる。しかし、大村は行方不明。そこで峰岡と京子が五年ぶりに再会。お互いの「現在」を知ることになる……。

アイドル映画とはいえ、ムード・アクションの定石の展開を見せてくれる。脚本は江崎監督と名コンビだった山崎巌と、この映画のプロデューサーでもあり、裕次郎の『あいつと私』（一九六一年）などの製作主任で、石原プロで活躍することになる銭谷功。

ジャニーズは、渋谷区代々木中学出身で、ジャニー喜多川命名の「ジャニーズ少年野球団」に所属していた、真家ひろみ、飯野おさみ、中谷良、そしてあおい輝彦の四人で、昭和三十七年四月に結成されたグループ。唄って踊れる若手男性アイドル（という言葉は当時なかったが）として、昭和四十年四月に日生劇場で幕開けした、石原慎太郎作、中村八大作曲のミュージカル「焔のカーブ」に主演を果たす。

なお、昭和四十一年一月にも、慎太郎作、中村八大作曲のミュージカル「宝島」（日生劇場）公演が行われており、テレビ、ステージに続いて、裕次郎映画への出演も、慎太郎との関係を考えれば自然な流れだろう。また、ジャニーズはこの年、アメリカ進出が決まっており、その前段として「世界を目指す」というプロットは、ファンの期待をあおるに十分だったことだろう。

さて、大村の行方を追う、峰岡と京子をサポートするためにジャニーズの四人も捜査に協力する。そこで物語が動き出すわけだが、裕次郎の歌、ジャニーズの歌や踊りが随所に登場するのは、音楽シーンの扱いが巧みな江崎監督らしい構成となっている。

主題歌「愛のうた」（タイトルでは「愛の唄」とある）は、シドニーの風景のなかタイトルバックに流れる。裕次郎の歌の途中で、ジャニーズのダンスがインサートされ、また裕次郎に戻るという構成。

ジャニーズ初登場の場面では「リズムにのって」をレッスンしている。そして、峰岡の手伝いをしたご褒美に、ジャニーズが箱根に一泊旅行に招待された場面で唄う「パンチングマーチ」の楽しさ。峰岡と昔なじみの、スナック「ハイランドクイーン」のマスター・金兵衛（桂小金治）の娘・圭子（裕圭子）とのデュエットで始まり、車に乗ったジャニーズが唄うシーンの躍動感！　これぞアイドル映画の楽しさに溢れている。

裕圭子は、裕次郎がプロデュースする新人歌手で芸名の「裕《ひろ》」は裕次郎にあやかったもの。この年、なかにし礼が作詞作曲した「涙と雨にぬれて」をロス・インディオスと共にリリース。裕次郎の芸能ブレーンとして石原プロに所属していた長沢ローと、のちに結婚することとなる。

夜のロッジで裕次郎が「粉雪の子守唄」（映画バージョン）を唄う。そして、最大の見せ場が「ジャニーズ・ショウ」。劇中で怪我をしたあおい輝彦の復活をミュージカルで再現というのが日活アクションらしい。

ことほど左様に裕次郎とジャニーズ、それぞれのファンへのサービスが用意されている。裕次郎・ルリ子・二谷英明の「過去と現在」をめぐる物語は、いつもながらのムード・アクションだが、この作品はアクション・シーンも含めて、コミカルなテイストに溢れている。裕次郎が敵の一味に捕まり拷問される。次のシーンの脱出劇では、ルリ子とジャニーズが参戦してエレベーターでのドタバタが繰り広げられる。「軽演劇に進みたかった」と江崎監督から伺ったことがあるが、まさにスラップスティックである。

同時に、事件の黒幕である政治家・黒田（滝沢修）の老獪さ、そして何事にもパーフェクトな峰岡に対する大村のコンプレックスと、それがゆえに不正に手を染めてしまう人間的な弱さ、といった屈託も描かれている。日本通信社の水野記者（鈴木瑞穂）のたどる悲劇など、ダークサイドを描くのも、日活アクションらしい。

また、ジャニーズ・ジュニアとして出演している松下公次は、後のフォーリーブスの北公次。裕次郎や浅丘ルリ子との共演シーンも用意されている。ともあれ、スターとアイドルの強力なタッグで作られた『青春大統領』には、一九六〇年代の日本のエンタテインメントの姿が凝縮されている。

テレビ「バラエティー　すてきな仲間」（NET）

三月三十一日、NET（現・テレビ朝日）で石原プロモーション制作による番組「バラエティー すてきな仲間」（毎週木曜夜八時三〇分～九時）がスタートした。昭和三十九（一九六四）年の「今晩は、裕次郎です」以来の、裕次郎を中心としたバラエティ・ショー。イメージしたのは、アメリカの「イン・パーソン・ショー」。昭和三十年代後半よりフランク・シナトラやペリー・コモなどの歌手がホストの番組が数多く放送されていた。スターの素顔が、リラックスしたムードの中で垣間見える。そんな大人の番組を目指していた。向田邦子、宮田達男が構成を担当、銀座裏のとあるビルを舞台にして、ゲストとのトーク、歌をまじえて、物語が展開していく。

《一階は、裕次郎の経営するスポーツ洋品店、二階は北原三枝の高級洋装店、地下一階は喫茶バーでバーブ佐竹がシェーカーを振り、マヒナが専属バンド、料理屋のオヤジに桂小金治、お客はゲストスター。歌あり、恋あり、モードありのなかに、銀座人種の生態を〝のぞきまショー〟ということらしい。》と、当時の紹介記事にある。番組スタートにあたり裕次郎は「石原プロのテレビの仕事は、この番組一本で勝負」「毎回トップスターにゲスト出演を頼むつもりだ」と意気込みを語っている。また「あしたの虹」以来、久しぶりに北原三枝がレギュラー出演することになった。

裕次郎はまき子夫人のテレビ出演について「マコが出ることになったのは別にカムバックすると云うことじゃないよ。石原プロに協力したいという彼女の意思を尊重したまでさ。それに洋装店のマダム役にはピッタリだしね」と笑って取材に答えている。

二人の共演は昭和三十五年の北原三枝引退作『闘牛に賭ける男』以来六年ぶりとなり、新聞や雑誌の話題となった。第一回目の紹介記事である。

《第一回「それにつけても金の欲しさよの巻」（三月三十一日）裕次郎と夫人・北原三枝が結婚後初めて共演。第一回の今日は小料理屋「桂」の金さん（桂小金治）が狂言回しになって、レギュラーの登場人物を紹介しながら権利金や仕入れ代金の支払いに追われる主人公たちの生活をコミカルに描く。脚本・向田邦子。》

出演者もバラエティに富んでいる。レギュラーはバーブ佐竹、磯部玉枝、園佳也子、桂小金治。ゲストには緑魔子（四月七日）、三船敏郎（五月十九日）、ジャニーズ（五月二十六日）、浅丘ルリ子（六月二日）、飯田蝶子（六月九日）、桑野みゆき（六月二十三日）。

『黒部の太陽』への道

石原音楽出版の設立、テレビバラエティーの制作、オーストラリアロケと、精力的にビジネス展開を続けていく裕次郎だったが、水面下では、三船敏郎との共同製作映画の可能性を探っていた。「週刊朝日」の表紙を飾った裕次郎と三船の二人による「連載トップ対談 ふたりで話そう 輸出映画で売ろうじゃないか」で、二人はこう語っている。

《三船　両プロの合作ということも、去年から懸案のやつがあるけれども、裕ちゃんのほうは日活から今年八本もの発注があるっていうし、どうなるのか。これからいろいろ話し合って、なんとか実現したいと思ってるんですがね。

石原　だけど、三船さん、近い将来なんていうと逃げるようだけど、ほんとうに近い将来、一、二年ですよね、今年をふくめて一、二年のうちに、そういうことができる口火が切れると思うんですがね。

三船　日活や東宝という会社とは別の形で、石原プロ、三船プロの共同製作ということでね、あとは日活でもいいし、東宝でもいいし、松竹でもいい、買ってくれればいいわけだから。

石原　どこが買ったっていいんです。いままで、そのへんのところが、黒いベールみたいなものがあるんだな。ほんと、黒いベールですよね。黒い敷布かなんかだったら、またおもしろいかもしれないけどね。だけど、黒いベールも、むこうが透けて見えてる。だから苦しいですけどね。その苦しさが、なにか脈が少し出てきたように思うんです。今年ごろから、すごく楽しい映画界になると思いますね。》（「週刊朝日」

昭和四十一年五月二十日号）

肝心の岡本喜八監督『馬賊』の企画が「五社協定」の壁の前に、あえなく頓挫してしまったこともあり、裕次郎のフラストレーションが感じられる発言である。

その透けて見える黒いベールを剥がすべく、裕次郎は自分の手で、自分が作りたい映画を作る、という確固たる信念を抱いて、三船敏郎との共同プロジェクトを深く静かに準備していた。それが、世紀の難工事と呼ばれた黒四ダム建設をスクリーンで再現する「黒部の太陽」の映画化だった。

「黒部の太陽」は、昭和三十九年五月二十七日から九月十九日にかけて、木本正次が毎日新聞に連載、講談社から刊行されたノンフィクションである。裕次郎が企画するきっかけはこうである。

三船プロダクションの根津博プロデューサーが、石原プロモーションの中井景専務に「こんなスケールの映画を作りたいですね」と薦め、昭和四十一（一九六六）年六月末、裕次郎が映画化権を獲得した。ジョン・フランケンハイマー監督の『グラン・プリ』（一九六六年）撮影のため、イタリアにいた三船も、中井から送られてきた原作を読んで、「これはいい」とすぐにプロジェクトへの参加を表明した。

戦後、関西地方では電力不足による停電が頻発していた。そこで、電力不足を解消するべく、関西電力の代表取締役・太田垣士郎は、昭和三十一年に黒部ダム建設に乗り出す。この黒四ダム建設は戦前にも計画されていたが、戦争で中断していた。水量豊富な黒部川は水力発電にはうってつけだった。しかし問題は場所だった。あまりにも奥地にあるため、建設資材を運ぶことも難しい。ならばと、長野県大町からダム予定地の富山県立山町まで、大町トンネル（関電トンネル）掘削を開始するも、アクシデントに見舞われる。その途中、大破砕帯から大量の水が噴出、多くの犠牲者を出してしまい、工事は遅々として進まず、世紀の難工事と呼ばれた。最大の難関である破砕帯を突破してトンネルが開通。一七一人の犠牲者と七年の歳月をかけて、黒部ダムが完成したのは、裕次郎が石原プロモーションを設立した昭和三十八年のことだった。

この「世紀の難工事」を空前のスケールで映画化しよう。裕次郎と三船はプロデューサーとして、映画化に向けて動き出す。九月から、裕次郎、中井景たちが、関西電力、黒四ダム工事を分担した建設会社五社への訪問をはじめ、協力要請を行うこととなる。十一月十六日には、裕次郎、三船、中井景が関西電力を訪ね、芦原義重社長に、正式に映画化の挨拶をした。ここで中井景は、関西電力と建設会社五社への精神的バックアップを懇請した。同時に、製作が決まった後の関電所有の土地に立ち入る自由と、前売り券一〇〇万枚の販売協力を要請した。芦原社長は、日本を代表する二人の映画人の熱意を感じ、こう答えたという。

《太田垣士郎社長の偉業を自己資金で映画化してくれるというのは、すばらしいことだ。》（熊井啓『「黒部の太陽」ミフネと裕次郎』新潮社・二〇〇五年）

時を同じくして、中井景は、舛田利雄とは新東宝シナリオ塾時代からの盟友・池上金男に、映画の大枠であるストーリーを記したシノプシスの作成を依頼した。十一月二十五日に池上のシノプシスが完成、五〇〇部印刷されて、関電、建設会社五社の関係者に送られた。

そのシノプシスには、三船、裕次郎、中井の連名で製作者の言葉が記されている。《今般、私どもは、黒部川第四発電所建設に取材した木本正次氏原作『黒部の太陽』を完成せしめた人々の精神を体し、且つ先輩友人の皆様に広くご支援をいただきながら、困難な仕事である事を当然と自覚し、完遂いたす覚悟であります。》

十一月六日、そのシノプシスについての意見を聞くために、池上金男と中井景が関電本社を訪れる。そこで聞かされたのは、とある映画会社の首脳が、関電の芦原社長に、石原裕次郎と三船敏郎の映画作りに協力するリスクを説いたが、関電の重役会議での席上、芦原社長は、裕次郎と三船を擁護した、という話。結局、関電は従来通り製作協力をするという話だった。こうして関西電力からの全面協力は快諾されたものの、プロジェクトにとって「五社協定」という大きな壁が、「大破砕帯」のように大きく立ちはだかっていくこととなる。

この年、裕次郎は『青春大統領』に続いて、『夜霧の慕情』（六月一日公開・松尾昭典）、『夜のバラを消せ』（七月九日・舛田利雄）、『帰らざる波止場』（八月十三日）と精力的に日活作品に主演している。これは、この年の日活との契約条件で、石原プロモーション提携作品も含む八本という契約のためである。前述の三船との対談で次のように、語っている。

《石原　とにかく忙しいんですよ。今年は八本撮ってくれってていわれてね。

三船　へーエ、八本なんてできますか。

石原　できないです。日活との共同作品でいいというんで、石原プロとしては一本つくるごとに、いくらかになるんですから、それはいいんですけどね、それに縛られちゃうと困るんですよ。》（「週刊朝日」昭和四十一年五月二十日号）。

と本音を漏らしている。それでも日活のトップスターとして映画主演を続けていったのは、着々と準備が進められていた『黒部の太陽』の実現のためであった。

アウトローの愛

『夜霧の慕情』　六月一日・松尾昭典監督

昭和四十一年の裕次郎映画は、ムード・アクション一色に染まっていた。『二人の世界』（二月二五日・松尾昭典）、『青春大統領』（四月二十七日・江崎実生）、そしてこの『夜霧の慕情』。主人公をめぐる過去と、現在の闘いを裕次郎のムーディな歌声と共に描く、という基本は共通しているが、いずれも新機軸を盛り込んで新鮮さを維持していた。

それまでヒロインは、浅丘ルリ子、十朱幸代といった日活スターだったが『夜霧の慕情』では、はじめて他社の女優、松竹の桑野みゆきを相手役に迎えた。それが作品に新しいムードを与えている。桑野みゆきは、戦前松竹の大女優・桑野通子の娘で、小津安二郎監督の『彼岸花』（一九五八年）や、番匠義彰監督の『三羽烏三代記』（一九五九年）、大島渚監督の『青春残酷物語』（一九六〇年）などで、松竹の人気女優として活躍していた。とはいえ、桑野が映画界入りするきっかけが、井上梅次の日活作品『緑はるかに』（一九五五年）のオーディションだった。その後、川島雄三監督の『飢える魂』（一九五六年）に出演、映画キャリアは日活からスタートしたので、久々に、デビューの地へ戻って来たともいえる。彼女は黒澤明の『赤ひげ』（一九六五年・東宝）にも出演しており、『夜霧の慕情』の頃は、大人の女優として、さらなる大輪の花を咲かせようという時期でもあった。

本作の裕次郎は、広島の三陽興業の幹部・堀部良郎。幼くして原爆で家族を失い孤児となるが、三陽興業の社長となる中根修蔵（芦田伸介）に育てられ、父のように慕っている。その堀部と対照的な兄貴分が、宍戸錠扮する相良潤吉。上昇志向が強く、根っからの一匹狼であるため、親分への忠誠心は、堀部のように堅牢なものではない。

ある日、中根が刑務所に入ることになり、三陽興業の運営を相良と堀部に託される。折しも広島では、敵対する三村宗司（二本柳寛）率いる旭会が精力を拡大、三陽興業は押され気味。やがて中根は息子のように信頼している堀部に「ある事」を頼んだ。それは、薬研掘でバー「ペガサス」のママをしている愛人・宮沢亜紀（桑野みゆき）の面倒をみて欲しいというものだった……。

堀部と亜紀は、すぐに深い仲となり、忠誠心と愛情の狭間で、堀部は苦悩する。これが本作のムード・アクションの「ムード」のパートとなる　最初、堀部はじゃじゃ馬の亜紀を扱いかねて、風呂場に投げ込み、シャワーを浴びせかける。そうした最悪の出会いから、安芸の宮島で二人が心を通わすまでのプロセスは、日活アクションより、松竹メロドラマの味でもある。

一方、「アクション」の部分は、私利私欲だけの相良の裏切りで、三陽興業が旭会に飲み込まれていくというハードな展開を見せる。相良には、仁義など関係ないのだ。堀部は、旭会の麻薬が、三陽興業より大幅に安いことを知り、薬の横流しをしている製薬会社の営業部長・久保好雄（金子信雄）に接近する。

同じ松尾作品『清水の暴れん坊』（一九五九年）では、麻薬を憎んでいた裕次郎が、積極的に組のために麻薬ビジネスに手を染めている。そういう意味ではヤクザ映画である。それでも、相良の裏切り、旭会の非道さを許すことができない、堀部なりのモラルがある。

亜紀のマンションから見える原爆ドームと、それを挟んで堀部が原爆ドームの前を歩くショットに、映画のハードさの根底に、広島という土地の「過去と現在」があることが、観客に伝わってくる。堀部と相良が対峙する「広島市民球場」など、広島の風景も重要な要素である。

『鉄火場の風』（一九六〇年・牛原陽一）以来の共演となる、宍戸錠と裕次郎の壮絶なアクションは、それこそ『今日に生きる』（一九五九年・舛田利雄）以来となり、ハードで激しく展開される。そして、広島空港で「夜霧の慕情」が流れる哀切なラストは、「アクション・メロドラマ」のエンディングに相応しいものだろう。

『夜のバラを消せ』七月九日　舛田利雄監督
007ブームと裕次郎映画

一九六〇年代半ば、全世界を空前のスパイ映画ブームが吹き荒れた。その台風の目となったのが、イアン・フレミング原作による「007」シリーズ。イギリスが産んだプレイボーイ・スパイが世界をまたに駆けて、美女をモノにして、世界征服をもくろむ巨悪の陰謀を粉砕する。大人のための現代の寓話は、停滞する映画界の起爆剤となっていた。

その影響で、世界中にエピゴーネンが生まれていた。日本でも東宝の宝田明の『100発100中』（一九六五年・福田純）や、日活の小林旭の『俺にさわると危ないぜ』（一九六六年・長谷部安春）などの和製ボンド映画ともいうべきアクション映画が作られていた。同時に日本の小説界、映画界では「忍法帖」ブームが席巻し、忍者映画や忍者漫画があらゆる世代の人気を獲得していた。

裕次郎は、ムード・アクションで新境地を開拓、新たなアクション映画黄金時代を迎えていた。この『夜のバラを消せ』が、「００７ブーム」と「忍法帖ブーム」の産物であることは明らかだが、ムード・アクションにコミカルで陽性なテイストを盛り込むというのは、舛田利雄ならではの発想。

原作は柴田錬三郎が、若者向けの週刊誌「平凡パンチ」に連載していた「俺の敵がそこにいる」。前述の『１００発１００中』と『俺にさわると危ないぜ』の原作者・都筑道夫と共に、シバレンの愛称で親しまれた柴田の作品は、今で言うエンターテインメント小説。かつての立川文庫などの大衆小説の役割を担っていた。その原作を脚色した瀬川昌治と下飯坂菊馬は、当時、東映で活躍中の娯楽映画監督と脚本家。瀬川監督によると東映で企画されたものが、日活に買われたという。シナリオを改稿するため、舛田は、かつて新東宝シナリオ塾で、三村伸太郎の同門だった池上金男に声をかける。

池上は、東映で傑作『十三人の刺客』（一九六三年・工藤栄一）などで健筆をふるっており、本作で舛田作品に参加し、以後『紅の流れ星』（一九六七年）など舛田作品の共同脚本家として、六〇年代末まで日活アクションを支えてゆく。

ヒロインには、『夜霧の慕情』同様、日活外の女優をキャスティング。舛田がたまたまテレビを見ていたら、西野バレエ団が踊っていて由美かおるを「おもしろい娘」だと発見し、裕次郎に相談。裕次郎もその番組「11ＰＭ」（ＮＴＶ）を観ていて、日本テレビの知り合いに電話で「あの子は誰？」と問い合わせ、由美かおるの起用が決まったという。由美がテレビ「レ・ガールズ」（一九六七年・ＮＴＶ）に出演するのは、翌年のこと。撮影のときは、まだ十五歳。

裕次郎扮する主人公・徳川新六は、職業不詳のプレイボーイ。アイビー・ルックの「平凡パンチ」ファッションで、高級外車をぶっ飛ばしている。オープニングに流れる主題歌「夜のバラを消せ」は、イントロやブラスを利かせた演奏など、ボンド映画のジョン・バリーの曲を思わせるアレンジ。舛田映画にＪＡＺＺＹなムードを提供して来た、名手・伊部晴美アレンジの音楽は外国映画のようだ。主題歌の作詞は舛田利雄。最後「俺の敵がそこにいる」というフレーズは柴田錬三郎の原作の題名でもある。

冒頭に登場する、新六を追尾するバイクの中国人女性・梨花（斎藤チヤ子）は、後に日活アクションの作家たちが台本を手掛けるアニメ「ルパン三世」の峰不二子を思わせる。こうしたキャラの配置が映画をスタイリッシュにしている。

政界の黒幕・千成（東野英治郎）に育てられた孤児・徳川新六（裕次郎）が、危機また危機に遭う冒険活劇。オープニングのジャガーとバイクのチェイスや、七五〇度以上になると大爆発を起こす新薬「LY7」で新六が拷問にかけられる場面や、秘密基地の描写など、随所にボンド映画的な雰囲気に満ちている。

　主人公をめぐる「過去」は、フランスのブローニュの森で、孤児として拾われた新六のアイデンティティーにまつわるもの。徳川新六という名前そのものが、養父である政界の黒幕・千成（東野英治郎）によって付けられ、新六の人生が政界の黒幕のマリオネットに過ぎなかったことが、次第に明らかになってくる。屈託など何もなさそうな、ヒロイン・ゆかり（由美かおる）にも、暗い過去の物語があることが、中盤になって明らかになる。ハイティーンなのに愛人稼業を愉しんでいるように見えるゆかりの屈託と、精神的な無国籍者・新六が、自らの「現在」を勝ち得るために、巨悪たちに立ち向かっていく後半。ムード・アクションの要素もあり、千成の愛人・鶴代（芦川いづみ）のキャラの陰影など、舛田映画らしいテーマが顕在化してくる。

　《真っ赤なジャガーを乗り廻し、拳銃の名手で、女に強く、滅法強い裕次郎が、悪の黒幕に単身、機智と不死身の体力で挑戦するスピードとパンチとお色気も盛り込んだ現代アクション》（プレスの解説）とあるように、奇想天外な異色アクションとなった。

過去を持つ男と女の愛情

『帰らざる波止場』　八月十三日・江崎実生監督

　昭和四十一年は、ムード・アクションが成熟した年でもあり、緩急自在の演出でその世界観を作り上げた立役者のひとりが、江崎実生監督。数ある裕次郎と浅丘ルリ子の共演作のなかでも「ムード」、ドラマの展開、ラストシーンの余韻も含めて最高作の一つが『帰らざる波止場』である。フランソワーズ・アルヌール主演の『過去を持つ愛情』（一九五四年・アンリ・ヴェルヌイユ）がベースになったと、江崎監督から伺った。もとは篠田正浩監督が書いたシナリオに山田信夫が手を入れて、それを江崎監督が全面的に改稿。そういう意味では、江崎のロマンチシズムへの思いが一番深い作品かもしれない。

　舞台は、『俺は待ってるぜ』（一九五七年・蔵原惟繕）以来、裕次郎映画の「哀愁」「ムード」作りに貢献して来た港町横浜。江崎監督の師匠にあたる舛田利雄の傑作『赤いハンカチ』（一九六四年）や、江崎監督が初めて手掛けた裕次郎映画『黒い海峡』

（一九六四年）でも横浜は重要なバック・グラウンドだった。舞台であると同時に、横浜の持つ「異国への出入口」のエキゾチシズムが「ムード」作りに、大きく貢献している。

裕次郎が演じるのは、ジャズピアニスト・津田史郎。三年前、津田が仕事から帰宅すると、恋人・京子（原良子）が何者かと争っている。結果的に、津田は京子を誤って殺してしまい、男はその場から逃走。誤りとはいえ、殺人罪で津田は刑務所で三年の刑に服すことに。

やがて津田が出所する。神奈川県警の江草刑事（志村喬）が津田を執拗に追う。津田が、かつてのマネージャー・新村（杉江弘）からギャラを巻き上げる。そこへ三年前の事件で、京子と争っていた男・ジョッキーのジロー・長江（深江章喜）が入ってくる。津田は横浜中華街で地回り（野呂圭介）から、長江の素性を聞き出し、競馬場へと向かうが、そこで美しき財閥夫人・水沢冴子（浅丘ルリ子）を目撃する。

裕次郎は、他のムード・アクションのヒーロー同様、自分の「過去を取り戻すため、現在の闘い」を続ける。長江は麻薬組織の人間で、京子のかつての恋人だった。その黒幕は沢田（金子信雄）で、一大シンジケートを築いている。長江を執拗に追い続ける津田と、津田を泳がすことで麻薬組織の全貌を摑もうとする江草刑事。

裕次郎と名優・志村喬の関係は、フランスのフィルムノワールのアラン・ドロンとジャン・ギャバンのように味わい深い。自分のための闘いを続ける男と、それを利用する老獪な刑事。この図式は『赤いハンカチ』（一九六四年）の裕次郎と刑事・金子信雄にもそのまま当てはまる。裕次郎が恋人を喪失してしまった現在、その真相をつかむことで、自分の「失われた時」を取り戻そうとする姿は、『錆びたナイフ』（一九五七年）とも重なる。

本作を傑作たらしめたのは、ヒロインの浅丘ルリ子の存在。やはり、「男と男の闘いのアクションより、メロドラマや男と女の争いに興味がある」という江崎の真骨頂である。冴子は、夫が急逝、その莫大な財産を手にしている水沢財閥の未亡人。しかし、彼女はどことなく憂いを秘めている。津田と冴子は水上バスで再会する。彼女は、そのとき、大きな指輪を海の中へと落とす……。

ドラマのお膳立てが整ったところに、「過去を持つヒロイン」を登場させ、その存在が主人公の「現在の希望」へとつながってくる。しかし、二人の心はなかなか通わない。そのプロセスこそ、江崎のロマンチシズム溢れるムード・アクションの醍醐味でもある。

津田に嗅ぎ回られたくない組織は、津田を「国外逃亡させる」とパスポートと金を手配するが、国内に留まらせたい江草刑事が、それを阻止する。一方の冴子は、横浜発世界一周の航海に出ようとしている。津田にその「パートナーにならないか」と持ちかける。こうして「過去を持つ男と女」が運命を伴にしてゆく。

本作の魅力の一つが音楽。裕次郎の唄う主題歌「帰らざる波止場」（未レコード化）の効果的なリフレインにある。随所にサックスをフィーチャーしたモチーフが効果的に流れるが、裕次郎の歌声が素晴らしい。津田と冴子が、津田の行きつけのイタリアン・レストランで、ウエイターに乞われるまま、津田が「帰らざる波止場」を唄うことで、観客の感情を昂らせてくれる。

美術の千葉和彦による、このイタリアン・レストランのセットが、実に素晴らしい。海に面したテラスと店内の間には、風にそよぐカーテンが間仕切りになっている。この開放感は、日活アクションの主人公の持つ、海外への憧れ、明日への希望の具現化だろう。

ここでの主題歌「帰らざる波止場」（作詞・江崎実生　作曲・中川洋一【黛敏郎】）の歌唱シーンは、津田と冴子の心理の綾を巧みに表現する装置となっている。

（1）主題歌
（2）冴子への弾き語り（二人の第一の幸福）
（3）冴子といったん別れた津田が独りで唄っていると、冴子が現れる（二人の現在のための再会）
（4）エンディング（希望と絶望）

この手法は、翌年の『夜霧よ今夜も有難う』（一九六七年・江崎実生）でさらなる成熟を遂げる。

単身、敵のアジトに乗り込んだ津田が復讐をとげ、冴子との未来が約束される旅立ちのために、横浜の大桟橋に向かう。最後のシークエンスの志村喬と裕次郎の会話は、日活ムード・アクションのなかでも最高の一つ。希望に満ちた表情の冴子の美しさ！　しかし……。津田の過去、そして現在の闘いを観て来たわれわれは、その未来を信じたいと願いつつ、それが絶望に変わることを知っている。それゆえ最後に流れる「帰らざる波止場」は、実に切ない。

青年実業家の栄光と挫折

『栄光への挑戦』　十月八日・舛田利雄監督

続く、石原プロと日活提携作品『栄光への挑戦』は、裕次郎扮する元プロボクサーで青年実業家が、政財界や暴力組織からの執拗な妨害を受けながらも、ビジネスをまっとうしようとする姿を描いたアクション映画。舛田利雄が裕次郎とディスカッションをして、池上金男と共にプロットを作った。これは二十八歳で石原プロモーションを起こして、映画界に果敢にも挑戦していった裕次郎自身の姿とも重なる。

ここでの裕次郎は、元プロボクサーで、身体を張ったファイトマネーを元手に、さまざまなアイデア商法を成功させ、成功への階段を昇りはじめた実業家・宗吾郎。かつて宗はスパーリングパートナー・長田良（川地民夫）に大怪我を負わせ、長田は二度とリングに立てなくなった。宗はその長田を生涯のパートナーと考えている。ハングリーな人生を過ごしてきた宗は、栄光をつかむため、自らの身体で「金を叩き出すんだ！」と、ファイトマネーを稼ぎまくる。

二年でボクシング界を引退し、真山紀子（浅丘ルリ子）と長田で始めた「香水とアクセサリーの店ムネ」では、香水の量売りとアクセサリー・レンタル、画廊を経営する傍ら、バーやキャバレーへの絵画レンタルが大成功。さらに宅地ブームに乗ってムネ不動産を開業、キャバレー、スーパー、アミューズメントビルを経営するなど、多角的に成功する。手際良くオープニングで、その姿が描かれる。

裕次郎演じる宗は、すでに青年ではなく成熟した大人。かつて反逆児だった男が、アミューズメントを中心とした娯楽産業の寵児となる。そのビジネスの進め方は、ボクサー時代のようにハングリー精神に裏打ちされている。信じるのは自分のみ。その唯我独尊は、暗黒街にも通じて利害のバランスを保っている政界の黒幕・八田隆平（三津田健）には、五月蠅《うるさ》い存在となっている。

時代の寵児への黒幕の横槍。舛田との『闘牛に賭ける男』で裕次郎が外国テレビ買付会社でのし上がっていった時に、やはり三津田健の財界のボスに邪魔される展開のリフレインである。この『栄光への挑戦』の宗吾郎は、ビジネスというリングで孤独な闘いを続けるボクサーとして描かれている。

シナリオは舛田監督と、新東宝シナリオ塾からの盟友・池上金男のオリジナル。大人となった裕次郎を、リアルな現代社会で、どんなヒーローにするか？　ビジネス界を舞台にしたアクション映画、という切り口は、後の舛田の傑作『社葬』（一九八九年）の大いなるルーツといえる。

「ムネ興業」新宿支店を任されていた長田は、密かに売春組織を運営していた。八田たちの策謀で、その長田を自殺とみせかけて殺害、売春スキャンダルで「ムネ興業」の信頼は失墜する。

そのハングリー精神ゆえに、宗は暴力団から叩きのめされ、踏みにじられる。まさに「栄光と挫折」である。そんな宗の最大の理解者であり、盟友的存在なのが、銀座署の市川警部補（小林桂樹）である。『坊ちゃん記者』（一九五五年・野口博志）以来、日活映画には十一年ぶりとなる小林桂樹が、裕次郎の親友役として出演。それまでの東宝映画などで小林が培って来た飄々とした味で、満身創痍となった主人公の強力な味方となっていく。

また、宗をビジネスパートナーとして支え続ける浅丘ルリ子の紀子は、ムード・アクションのヒロインのような激しい恋愛の対象ではないが、宗のすべてを理解している母性の強い存在。この頃の浅丘ルリ子は実に美しい。徹夜明け、デスクで居眠りする姿など、舛田の細やかな視点が利いている。

何もかも失ってしまった宗にとっては、紀子が大切な女性だったと気づく。お互いが「やすらぎの存在となる」という描き方に、裕次郎映画の成熟が感じられる。

『逃亡列車』十二月二十四日　江崎実生監督

目指すはハリウッドの戦争アクション

一九六〇年代には、エンタテインメントとしての戦争アクションが全盛だった。フランク・シナトラの『脱走特急』（一九六五年・マーク・ロブソン）や、バート・ランカスターの『大列車作戦』（一九六四年・ジョン・フランケンハイマー）など、列車を舞台にした戦争スペクタクルも多い。この『逃亡列車』は、邦画の戦争活劇の中で、爽快さ、奇想天外さ、そして戦争に対するスタンスも含め、代表作の一つとなっている。

原作は昭和三十九（一九六四）年、日本交通社から刊行された渡辺明の同名小説。紹介文には「終戦前後にわたる北朝鮮・満州を舞台に、鉄道部隊の一日本兵と美貌の朝鮮人少女とのロマンスを中心に（中略）人間の愛憎と哀歓の姿を映し出した、ヒューマニズムの香り高い感動の終戦記録」とある。それを巧みに脚色したのは、池上金男と宮川一郎。演出はムード・アクションのメイン監督として、数々の佳作をものしてきた江崎実生。

舞台は、昭和二十年八月、終戦間際の満州と朝鮮国境・図《と》佳《か》線の三道溝《さんどうこう》。ならず者揃いの「独立鉄道第三十大隊」に配属された、北支での捕虜経験を持つ遊軍少尉・有坂大作（裕次郎）が、同胞たちを故国へ帰国させるべく、鉄路を守る決死の戦いを繰り広げる。負傷したまま行方不明となった逃亡兵・岡二等兵（山内賢）の捜索を命ぜられた「独鉄三十部隊」が、ソ連軍の侵攻の脅威に晒され、抗日ゲリラの妨害を受けながら、任務を遂行して行く。

「独鉄三十部隊」の面々は、日活アクションならではのユニークな顔が揃っている。平時には国鉄の機関士だった班長・工藤軍曹（玉川伊佐男）、田代兵長（木島一郎）、邦枝上等兵（小松方正／ナレーションも）、内地では社長の大山一等兵（潮万太郎）、葑間の佐野一等兵（本郷淳）、前田一等兵（武藤章生）、インテリの松本一等兵（中尾彬）。それぞれを際立たせることで、クライマックスのアクションが生きてくる。緩急自在の江崎演出は、いつもながらにお見事である。

山内賢の岡二等兵を匿って治療をしている医師・倉吉麻美（十朱幸代）は、弾丸の摘出手術を恐れているという弱さも見せる。この三道溝の診療所での有坂と麻美の「生きること、闘うこと」についての会話は、主人公の戦争に対するスタンスを表明する重要な場面。

これぞ日活アクションの精神的バックボーンである。医師として、人間としての弱さを、有坂少尉に指摘された麻美が後半、その恐怖を克服し、人間的に成長するシークエンスの布石となっている。さらに岡二等兵が逃亡するきっかけとなった、恋人の従軍看護婦・山下光子（伊藤るり子）が登場。「独鉄三十」に民間人が加わり、運命共同体となっていく。

十朱幸代が語る戦場さながらの撮影現場の想い出。

《戦火の中、手術をしなければならない軍医役ですから、大変でした。外で銃撃戦をしている最中に私が手術をする場面で、1テイク目を回したら、爆薬が足りなかったみたいで、部屋のガラスが破裂しなかったんです。スタッフが「爆薬！」って声を上げているのを「どういう意味なんだろ？」って聞いていたんです。そしたら次のテイクではすごい爆発だったんです。何倍かの爆薬を仕掛けたみたいで、その爆風でガラスが粉々に砕けて、私の背中に刺さっちゃったの。しかも深くて、大変でした。》（十朱幸代インタビュー・二〇一三年七月三十日）

やがて運命の八月十五日。敗戦を迎えてからの主人公の戦いは、「国家のため」から「生き延びるため」の戦いへと転じて行く。この瞬間からドラマも生き生きとしてくる。アクション映画に相応しく、主人公たちにタイムリミットが訪れる。有坂少尉の親友・山村大尉（川津祐介）から「十八日の午後八時まで、輸送船が清津の港に待っている」との連絡が入る。

それまでに動かなくなった機関車を修理して、港へたどり着かなければならない。三道溝駅に残されたわずかな資材では、汽車のシリンダーや燃料を確保するのは難しい。そこで兵士たちの平時の職業が役立ち、経験と知恵が生きてくる。「人を殺す兵器」が、自分たちを助ける「命の道具」へと変化してゆく。「戦争と平和」というテーマを具体的に観せてくれる。アイデアの勝利である。

国鉄の全面協力を得て、八ヶ岳山麓を満州の広大な風景に見立てて撮影した。国鉄小海線の野辺山地区に引き込み線を敷設。オープンセットを組んでいる。登場する蒸気機関車「C－56　112」は、長距離航続を可能にしたテンダー式に設計された、ドイツで開発されたもの。昭和十年から昭和十四年までに一六〇両が鉄道省向けに製造されている。映画に登場する「C－56　112」は、汽車製造会社が製造した「製造番号1518」で、まさしく映画の舞台となった戦時中から活躍したもの。

シナリオでは、車両番号「ミカイ七〇〇七」とあるが、当初は、南満州鉄道、満州国鉄線などで標準の貨物機関車として活躍していた「ミカド型」一番目の形式「ミカイ（JF1）形蒸気機関車」を想定していたことが分かる。その名残りで、本編での貨物車の「ワフ七〇〇七」という番号となっている。

タイトルバックの主題歌「逃亡列車のテーマ～戦友」（作詞・杉野まもる）は、これが初の裕次郎映画となる山本直純が作曲、軍歌「戦友」を織り交ぜている。挿入歌「番外野郎」は、レコードの一番・三番と四番の歌詞違いを唄っている。

江崎監督のロマンチシズム溢れる演出は、ラスト近く、出発した列車で、顔と顔、眼と眼で見つめ合う、裕次郎と十朱幸代の無言のカットに集約されている。二人の間には会話がないが、その気持ちを観客も共有することができる。そこに流れる主題歌「逃亡列車のテーマ」（二番と三番の歌詞違い）の歌詞とドラマがリンクする。これぞ娯楽映画の面白さ！　である。

この年後半リリースされた裕次郎のシングルでは、八月には「逢えるじゃないかまたあした」（作詞・滝田順【今戸栄一】作曲・鶴岡雅義）／「涙はよせよ」（同）、九月には「こぼれ花」（作詞・萩原四朗　作曲・上原賢六）／「男ながれ唄」（同）、十二月には「500マイル」（アメリカ民謡）／「もずが枯れ木で」（作詞・サトウハチロー　作曲・徳富繁）がライブ・アルバムからシングル・カット、映画主題歌「逃亡列車のテーマ」（作詞・杉野まもる　作曲・山本直純）／「番外野郎」（同）が発売された。

LPでは八月に「男の歌声　第六集　石原裕次郎」（十二曲収録）を発売。企画LPとして十月にリリースされた「裕次郎のクリスマス・キャロル」は、フランク・シナトラやエルビス・プレスリーが出していた「クリスマス・アルバム」を目指し、「ホワイト・クリスマス」「きよしこの夜」「ジングル・ベル」「赤鼻のトナカイ」「もろ人こぞりて」「聖者の行進」「ブルー・クリスマス」「シルバー・ベル」「トロイカ」「粉雪の子守唄」「神の御子は」「蛍の光」の十二曲を収録した。

第五部　太陽は黒部に昇る

世界のミフネと裕次郎。二人は「五社協定」という破砕帯を突破した。

第一章　『黒部の太陽』へ向かって
——昭和四十二（一九六七）年

昭和四十二（一九六七）年になると、裕次郎は日活映画への出演ペースを落とすことにした。かねてから準備を進めている『黒部の太陽』の実現に向けて、すべてのエネルギーを集中することにしたからだった。

多忙な日々のなか、前年十月二十日（と十一月）にレコーディングした「夜霧よ今夜も有難う」（作詞・作曲・浜口庫之助）／「粋な別れ」（同）が二月にシングル・リリースされた。

『夜霧よ今夜も有難う』三月十一日　江崎実生監督

裕次郎とルリ子のムード・アクション到達点

三月十一日には、浅丘ルリ子とのムード・アクション『夜霧よ今夜も有難う』が公開された。

日活ムード・アクションの集大成『夜霧よ今夜も有難う』は、浜口庫之助の作詞・作曲による同名主題歌のムードと相まって大ヒット。『赤いハンカチ』と並ぶ、裕次郎映画の代表作である。ムード・アクションという言葉は、日活宣伝部が『夕陽の丘』の宣伝コピーとして作ったものだが、映画評論家の渡辺武信は『憎いあンちくしょう』（一九六二年）から『波止場の鷹』（一九六七年）までの間に作られたものを、ムード・アクションと定義している。いずれも、自己のアイデンティティーとロマンに生きる「男」と、現実的な幸福を求める「女」の葛藤を様々なドラマの中で描いた作品とされている。

そういう意味で『夜霧よ今夜も有難う』は、ムード・アクションの条件を満たした佳作となった。浜口庫之助作詞・作曲による主題歌は、歌謡史に燦然と輝く名曲で、裕次郎の甘い歌声と共にファンに今なお愛され続けている。裕次郎のシングル売上では、累計二五五万枚でオールタイムの第四位となっている（二〇〇五年・テイチクエンタテインメント調べ）。

多くの日活アクションが、往年の名作映画にインスパイアされているが、本作のベースとなったのが、ハンフリー・ボガートとイングリット・バーグマンによる『カサブランカ』（一九四二年・マイケル・カーティス監督）である。舛田利雄監督の『赤い波止場』が、『望郷』（一九三七年・ジュリアン・デュヴィヴィエ監督）を見事に日活アクションに換骨奪胎したように、江崎実生監督は、洋画の持つムードとロマンチシズムを取り入れ、日本映画ばなれした空間作りを成功させている。

外国航路の貨物船の船長・相良徹（裕次郎）は、バレエダンサーの北沢秋子（浅丘ルリ子）と婚約するが、結婚式の当日に、秋子が失踪。失意のうちに船を降りた相良は、それから数年後、横浜で外国人相手のクラブ「スカーレット」を経営、裏では密出国を斡旋していた。ある日、秋子が夫である東南アジア某国の革命派幹部グエン・ホアダイ（二谷英明）と共に密出国させて欲しいと現れる。

再会した二人の間には「千五百回の昼と千五百回の夜」が過ぎていた。失われた過去の為に、目の前に現れた秋子の「現在を受け入れられない」相良の苦悩。過去と決別するための克服のドラマは切なく、まさにムード・アクションの面目躍如。

裕次郎＝ボガート、ルリ子＝バーグマン、二谷英明＝ポール・ヘンリードとするなら、佐野浅夫の宮武刑事はクロード・レインズの警官、二本柳寛の港南会のボス・佐伯はコンラッド・ファイトの役どころ。オリジナルで「アズ・タイム・ゴーズ・バイ」を唄う黒人ピアニストのドゥリー・ウイルソンにあたるのが、高品格のコックの仙吉。二人の想い出の曲はもちろん「夜霧よ今夜も有難う」。

本作のムード作りに貢献しているのが、魅力的なダイアローグの数々。野上竜雄、石森史郎、そして江崎によるシナリオには名台詞がちりばめられている。相良と秋子が交す、失われた四年間についての「千五百回の朝と昼、そして夜」の会話。ピアノを弾く裕次郎の前に現われた秋子が、「貴方の好きなもの。雨上がりの舗道……。ひとりぼっちのゴリラ……」と相良が好きだったものを挙げ、続いて「私の好きなもの」を挙げてゆく。渡辺武信も指摘しているように、これはリチャード・ロジャース作曲、オスカー・ハマースタイン二世作詞の「マイ・フェバリット・シングス」（「ザ・サウンド・オブ・ミュージック」）にインスパイアされたものだろう。この会話はチャーミングな中に、失われた二人の時間が凝縮された名シーンとなっている。

セット中心の撮影現場について、浅丘ルリ子の想い出。

《この映画は、ほとんどセットが多かったんですね。ただ、セットとなると、裕ちゃんは遅れていらっしゃいます。一時間ぐらい。私たちは九時開始ですから、早くから起きて、セットの中で待っています。一時間ほどして「おはようございます！」私がムッとしてるんですよ。「ルリ子ごめんね！」てニッコリ手を振ってね。もうそれで許せちゃうんですね。その一言で。》（浅丘ルリ子インタビュー・二〇一二年六月一日）。

余談だが、「こぼれ花」（作詞・萩原四朗　作曲・上原賢六）の歌唱シーンでの国籍不明のコンガ奏者として登場するのは、浜口庫之助。浜口といえば、日活ダイヤモンド・ライン第四の男・和田浩治主演の『有難や節　あゝ有難や有難や』（一九六一年・西河克己）にも、行幸のパロディ場面で、なんと天皇陛下風のスタイルで出演。自らが作曲した裕次郎ソングを唄ったCDもリリースされている。

キャストで印象的なのが、太田雅子時代の梶芽衣子。『泣かせるぜ』『赤い谷間の決闘』『夜霧の慕情』に続く、裕次郎映画への出演となる。彼女は後に『日本残侠伝』（一九六九年）でブレイクし、「野良猫ロック」シリーズ（一九七〇〜七一年）、そして東映の「女囚さそり」シリーズ（一九七二〜七三年）で、アクション・ヒロインとして活躍することになる。

『夜霧よ今夜も有難う』は、全篇に漂うムーディな雰囲気、ディティール豊かな人物造形、魅力的なダイアローグ、そして裕次郎ソング。娯楽映画としてのエレメントに溢れた文字通りの佳作となった。

『嵐来たり去る』　五月三日・舛田利雄監督

任侠にかける男の意気地

続いて、五月三日、裕次郎には『鉄火場破り』（一九六四年・齋藤武市）以来となる任侠アクション『嵐来たり去る』が公開された。監督は舛田利雄。

一九六〇年代後半、邦画界に空前の任侠映画ブームが席巻していた。この映画が製作された昭和四十二年、東映では高倉健の「日本侠客伝」、大映では市川雷蔵の「若親分」、日活では高橋英樹の「男の紋章」シリーズが連作され、男性観客の支持を受けていた。こうした任侠映画のルーツは、裕次郎と舛田による『花と竜』（一九六二年）だが、空前の任侠映画ブームのなか、久々に裕次郎と舛田監督が本格的任侠映画に取り組んだのが本作。

任侠映画ではあるが、裕次郎が扮する主人公・富坂英五郎は、今では堅気の板前。料亭「山月」の花板として板場を切り盛りしている真面目な男。かつては侠客として鳴らしたであろう、その鉄火な性格は、賭場で見せる凄味に名残りがある。これは舛田が『錆びたナイフ』の時に、裕次郎に託した「激情を秘めた男」のリフレインでもある。同時に、後の舛田作品の戦争スペクタクルやヒューマンドラマで展開される「歴史の中の人間」という視点で、列強に対し出兵して富国強兵を維持した「明治の男たち」の生きた姿を描いている。

外地では兵隊がロシアを相手に戦っていた時代。かつての侠客・富坂英五郎は、ドスを包丁に持ち替えて、その腕前を頼りに生業としている。このアイロニー。出征する主人公の親友・峰勇一郎（葉山良二）と、反政府運動に身を投じる腹違いの弟・峰浩（藤竜也）。考えも立場も正反対の兄弟の間に主人公を配置することで、激動の時代の男たちのそれぞれの立場を象徴化している。

同時に、勇一郎と浩の父である、戦争成金の峰謙吉（安部徹）と、身分に執着する後妻・峰時子（富永美沙子）の虚栄に満ちたスノビズムを描いて、戦争を背景にしたブルジョワの肥太りをカリカチュアしている。

しかし、その「家族のドラマ」は、あくまでも主人公をめぐる状況に過ぎない。富坂英五郎は、他の舛田作品同様「アウトロー」である。英五郎にとって守るべきものは板前としての矜持と、恋人である柳橋の芸者・小春（浅丘ルリ子）とその父親で、師匠にあたる江戸一番を誇った板前・大友嘉助（三津田健）との日常でしかない。雄一郎に「弟を頼む」と頼まれ、若さゆえなりふりかまわず政治活動をしている浩のことが「見て見ぬふり」ができないために、その平穏な日々に終止符を打たざるを得なくなるのだ。

このドラマ構成は、翌年に舛田監督と池上金男のオリジナル脚本で手掛けることになる『昭和のいのち』（一九六八年）や、舛田が新国劇＝フジテレビで手掛ける大作『暁の挑戦』（一九七一年）といった作品へと発展していく。任侠映画ではあるが、類型に陥らないための、作り手の創意工夫がここにある。

原作は「姿三四郎」で知られる作家・富田常雄が報知新聞に連載した小説。任侠小説というより、激動の時代を生きる板前を描いたエンタテインメントとなっている。舛田は映画化に際して、英五郎の「包丁式」を徹底的にリアルに再現すべく、プロの料理人に取材。「男の嵐」（作詞・なかにし礼　作曲・木村勇）が流れるタイトルバックで、鯉をさばくシーンに力を入れ、裕次郎も相当勉強したという。

劇中、英五郎が組合の旦那衆の反対を押し切って、包丁式の神事を執り行うのが文京区の根津神社。舛田映画ではおなじみの神社で、実際に包丁式のしきたり通りに撮影を行っている。この映画には、根津神社だけでなく、もう一つ、東京の下町の神社が登場する。浅草にほど近い鳥越神社だが、こちらはセットで組まれ、浩の産みの母・お咲（東恵美子）と英五郎、小春が出会う縁日のシーンと、クライマックスの壮絶な戦いのシーンと二回登場する。ロケの根津神社とセットの鳥越神社にも注目されたい。鳥越神社のシーンでは、木村威夫の素晴らしい美術が堪能できる。

さて、英五郎と添い遂げたいと願う小春の純情にも、魔の手が伸びてくる。峰謙吉と癒着している陸軍参謀・七尾中佐

（藤岡重慶）が、賄賂として小春を囲いたいと要求してくるのだ。覚悟を決め、その前に英五郎の妻になろうと、英五郎を呼び出し、屋形船で逢瀬をする。しかし好事魔多し。小春と英五郎への横やりは、料亭「山月」の女将・八重（沢たまき）からも入る。女の嫉妬が、二人の運命を翻弄する。このメロドラマ的呼吸は、舛田映画の味でもある。八重は当初、芦川いづみの予定だった。

とはいえ、任侠映画であっても、日活アクションの主人公たちは、義理や人情に縛られながらも「自分自身のための現在の闘い」を続ける。英五郎と小春も、自分たちの幸せを摑むため、どんな妨害や障害も乗り越えようとする。この行動原理は、東映任侠映画と大きな違い。日活らしさである。

クライマックス、敵である小松川伝蔵（深江章喜）との闘いに、鳥越神社に乗り込んだ英五郎に、強力な助っ人が現れる。映画の前半からしばしば登場してきた、かつての弟分・猿の銀次（長門裕之）のコミカルなバディ感覚は、陰惨になりがちな斬り合いをエンタテインメントにしてくれる。この頃『日本侠客伝　雷門の決斗』（一九六六年・東映）など東映任侠映画の常連だった長門が久々に日活映画に出演、味のあるキャラクターとなった。

なかにし礼作詞、木村勇作曲の主題歌「男の嵐」は、五月に昭和三十九年にレコーディングしていた「島の夜明け」（作詞・池田充男　作曲・野崎真一）とのカップリングでリリースされた。また六月には、ハワイアン「倖せはここに」（作詞・作曲・大橋節夫）／ベティ稲田のカバー「さすらい」（作詞・清水みのる　作曲・バッキー白片）をリリース。

コンセプトアルバムでは五月、「裕ちゃんのホリディ・イン・ハワイ」（十二曲収録）がリリースされた。《ハワイの香りを一ぱい！　クールに歌ってとどける……》とは帯のコピー。「南国の夜」「珊瑚礁の彼方」「小さな竹の橋の下」「ブルー・ハワイ」「クウイポ」「ウア・リケ・ノ・ア・リケ」「倖せはここに」「さすらい」「狂った果実」「想い出」「ケ・カリ・ネイ・アウ」「おやすみなさい」のカバーをリラックスした雰囲気で唄って名盤となった。このアルバムのために「狂った果実」と「想い出」が新録音されたが、「想い出」は昭和三十一年のファースト・レコーディングとは別バージョンで収録された。

また前年に引き続き二枚組アルバム「石原裕次郎ヒット全集　魅惑の歌声VOL.２」（二十八曲収録）を発売。「東京の何処かで」（作詞・渋谷郁男　作曲・野崎真一）は初収録。コピーは〈ファン待望裕ちゃんの「魅惑の歌声」第2弾ついに完成！〉、特典はカラー・カレンダーだった。

裕次郎は、昭和四十（一九六五）年に引き続き、『黒部の太陽』の資金を集める意味もあって「第二回リサイタル」を行なった。五月十二日の大阪・フェスティバルホールを皮切りに、名古屋・愛知文化講堂、京都・南座、東京・渋谷公会堂の四都市、四会場、計二十四ステージに立った。司会は、桂小金治がNET「アフタヌーンショー」で多忙となり、日活の仲間である藤村有弘が担当、浅丘ルリ子、黛ジュンがゲスト出演を果たした。演奏は有馬徹とノーチェ・クバーナ、ロス・インディオス。この時のライブは九月に「実況録音盤　石原裕次郎リサイタル」として二枚組LP盤が発売された。

『黒部の太陽』クランクインへの道

ここからは、筆者が「石原プロモーション五〇年史」（二〇一四年）のために執筆した『黒部の太陽』製作の舞台裏についての原稿と、当時の新聞記事の抜粋をもとにしたドキュメントで再構成していく。


話は少しさかのぼる。

石原プロモーションの中井景は、シノプシスを執筆した池上金男に『黒部の太陽』のシナリオを依頼していたが、結局、仕上がることなく、三月末に池上がプロジェクトを降りることとなる。

この年の夏にはクランクインをしないと、翌年の公開は難しい。中井は、ゴールデンウィークの日活作品『嵐来たり去る』に出演する裕次郎と、三船プロダクション作品『上意討ち　拝領妻始末』（五月二七日・小林正樹）の製作・主演をしている三船敏郎のスケジュールを念頭に、どうやって映画製作をしていくか、その道筋に頭を悩ませていた。

なんといっても一番の問題は「監督をどうするか？」だった。裕次郎の意見もあり、『帝銀事件・死刑囚』（一九六四年）、『日本列島』（一九六五年）を手掛けた日活の熊井啓監督が最有力候補に上がった。熊井は吉永小百合主演で進めていた『忍ぶ川』を監督することになっており「スケジュール的に難しい」と半ば諦めていたが、三月に入ってから『忍ぶ川』の企画が頓挫。製作延期とアナウンスされた。そこで、三月二十八日、中井は『黒部の太陽』への参加を密かに要請した。熊井啓このとき三十六歳だった。

これを快諾した熊井がシナリオの草稿を作り、井手雅人と共に仕上げに入る。熊井は、一七一名もの犠牲者を出した関電トンネル建設に焦点を合わせ、同時に戦前の強制労働による高熱トンネル建設の「黒三工事」の惨事をインサートすることで、困難に立ち向かった二つの世代の人々のドラマを描く演出プランを考えた。

四月二十九日、シナリオ執筆を進めている熊井啓の自宅に、『嵐来たり去る』の出演を終えた裕次郎が、中井景と共に訪問。「みんな聞いてます。いっちょ監督をよろしくお願いします」と挨拶をした。『黒部の太陽』の劇場用プログラムに裕次郎は、この映画を作るにあたっての決意を、こう綴っている。

《どうせ独立プロで映画をつくるなら、不可能と思われる材料に取り組まねば意味がない。既成邦画五社でつくれる題材なら、何も苦労して独立プロでつくる意味がない。そうだ、こういう材料をドラマにし、映画にすることこそ、独立プロに生きるボクたちの使命ではないか。そこで前々から「一緒に何かをやりましょう」と手を組んでいた畏敬する三船敏郎先輩に相談した。

「よし、われわれの力で、不可能を可能にしてみよう」——さすがに、世界に名だたる三船先輩である。そこからわれわれの準備がスタートした。

そして関西電力、熊谷組、間組、鹿島建設、佐藤工業、大成建設など、いわゆる黒四建設に従事した関連会社を訪ね歩き、はたして映画化できるかどうかを聞き、あわせて協力かたを懇願した。関連会社の方々は快く協力を約してくれた。「やれる！」ぼくと三船先輩はようやく、自信めいたものを持った。》（石原裕次郎『黒部の太陽』パンフレット「わが人生の記念作」・一九六八年）

準備は着々と進んでいたが、解決すべき問題が次々と浮上してきた。日活社員の熊井啓が監督することを「日活が承諾するのか？」その結論が出ないまま、五月九日『黒部の太陽』の製作発表会見の当日を迎えた。

三船敏郎は午前中、岡本喜八監督の『日本のいちばん長い日』で阿南惟幾陸相に扮するため東宝撮影所で頭を八分刈りにしていた。裕次郎は関西からスタートする全国リサイタルのリハーサルをしていた大阪から帰京。午後三時に成城の三船スタジオで、熊井と打ち合わせをした。

五月九日、午後五時、ホテルオークラで『黒部の太陽』製作発表会見が始まった。出席者は、石原裕次郎、三船敏郎、木本正次、熊井啓、中井景の五人である。

会見で三船敏郎と石原裕次郎は《五社や企業のいっそうの了解・協力を得て、ぜひとも皆さんの期待に添う立派な作品をつくり、沈滞した日本映画界のために全力を傾注し貢献したい。熊井監督によるシナリオも完成している》（『黒部の太陽』ミフネと裕次郎・熊井啓・二〇〇五年・新潮社）と答えた。

《三船と石原の二人は、ひところ製作は実現しないという噂まで出たこの企画が、実現できる喜びでいっぱいの様子。「いままでの映画界にはないスケールの大きな作品を作りたい。やっと第一回のコンクリート固めが終った気持ちだが、最後までやりとげたい。この作品に心からホレこんでくれた熊井さんをおいて、他に人はいないという気持ちで監督をお願いした」と語っていた。

製作は三船プロダクションと石原プロモーションが五分五分の条件で受け持つ。しかし邦画五社以外での映画作りはまだむずかしく、熊井監督も日活との話合いが終っていないし、この作品の配給も決まっていない。

熊井監督は「日活との話合いは済んでいないが、どんな事態になっても私はこの作品を撮るつもりだ」という。》（朝日新聞・一九六七年五月十日）

《石原裕次郎の話　花火をあげてもポシャるようなことになっては大変みっともないことだと思う。そうならないためにも、われわれはこの十ヶ月間というものは大変慎重に事を運んできた。三船さんを含めた三人のこの映画に対する熱意が一体となって、いまや頂点に達したところだ。》（スポーツニッポン・一九六七年五月十日）。

それから二ヶ月、クランクインまでは紆余曲折の日々が続く。日活は、熊井啓の監督起用はルール違反として、監督降板を申し入れるが、熊井は「記者会見で監督すると言ったからには責任を持って作るのが義務」と、反ね退けた。五月十一日の邦画五社長会議の席上で、日活の掘久作社長の発言がスポーツ紙で報じられた。
《熊井君は、契約者ではなく、係長待遇のウチの正式社員だ。東宝は、他社の社員を引っぱり出して、シナリオを書かせ、監督までやらせた映画を配給するつもりなのか。日活では配給しないからそのつもりで。》（日刊スポーツ・一九六七年五月十七日）
メディアでは、熊井啓起用についての手続きが問題視され、道義的な問題と書き立て、早くも『黒部の太陽』が暗礁に乗り上げたかのようなムードが作られていった。
そうした危機を乗り越えながらも、一進一退を繰り返しながらプロジェクトは進み、撮影準備が始められた。「関電トンネルの坑口は現地に作り、夏と冬の二回に分けて撮ること」、「本坑は熊谷組と間組トンネルを直結した、全長二百数十メートルのものを作り、夏に撮影すること」、「破砕帯からの出水シーンは、特別に設計した大型水槽を作り、撮影すること」など、具体的なプランが練られていった。

六月二日、日活の堀社長は「熊井啓を貸し出せない」と強調、さらに五社協定を引き合いにして「日活はもとより、他の邦画四社も配給しないはずだ」と発言。そこでは監督起用のみならず、公開についても言及。この発言により、『黒部の太陽』は《邦画五社の配給系統から締め出されることが明らかになった》（報知新聞・一九六七年六月三日）と報じられた。この段階で、熊井監督の起用手続き問題ではなく、裕次郎と三船の共演は「五社協定に抵触するから容認できない」という、日活の本音が明らかとなった。

《堀さんの発言は予想していたが、立場上強い言葉になったのだと思う。わたしが会ったときは同じ意味のことを言われたが、ニュアンスは必ずしもかたくななものではなかった。今後、三船さんと何度も足を運んで熊井監督のことを日活にお願いするつもりだ。三船さんとも意思を確認しあったが、とにかく映画を作ってしまおう、という当初からの信念はぐらついていない。熊井さんがこの映画を演出しなくなることは考えられない。わたしの口からは言えないが、熊井さんも腹は決まっていると思う。》（石原裕次郎・報知新聞・一九六七年六月四日）

関電常務取締役の岩永訓光は、裕次郎、三船に対して、全社を挙げて社内の意見を一本化して全面協力の方向に持っていくと明言、約束した。五社協定という破砕帯にぶつかり、難航しつつある『黒部の太陽』プロジェクトだったが、岩永常務は裕次郎、三船、両プロデューサーにとって心強い存在だった。岩永常務は熊井に「もし、五社協定で今後、映画が撮れなくなったら、関電が責任を持ちますから、私に任せてください」とまで言った。

七月下旬クランクインのスケジュールを考えるとキャスティングが急務だった。出演協力を申し出てくれた俳優のなかには、五社協定を気にして躊躇する者もあった。しかし、真っ先に出演を表明したのが、裕次郎の盟友・二谷英明だった。やがて、裕次郎と父子を演じた劇団民藝の宇野重吉が、劇団員の出演を快諾して、全面協力を申し出た。

新劇界からは滝沢修、宇野重吉、清水将夫、信欣三、芦田伸介、佐野浅夫、山内明、大滝秀治、加藤武、北林谷栄。新派の柳永二郎。新国劇の辰巳柳太郎。といった面々、映画界からは志村喬、佐野周二、岡田英次、二谷英明、高峰三枝子……。まさしく日本の映画、新劇、新派、新国劇を代表する俳優たちが、裕次郎と三船の「映画を作る」という思いに賛同して、出演を快諾したのである。

六月半ば、五社協定の締め付けはますます厳しくなり、三船敏郎は憔悴しきっていた。三船は東宝の看板スターである。今後のことを考えれば、五社の了解のもと円満な映画製作が望ましい。しかし日活は熊井啓起用を「ルール違反」として認めない。関西電力も「岩永常務の気持ち」はあるものの、実際の協力体制が整っていない。さらには石原プロモーションと三船プロダクションで製作費をどう捻出するか？解決の糸口は見つからないまま、時が過ぎていた。

その頃、東宝の副社長・森岩雄と製作本部長の藤本真澄が三船敏郎に「再考するように」と牽制した。独立プロとはいえ、三船プロダクションは東宝の肝入りで設立、作品も東宝での配給が約束されているからこそ成り立って来た。東宝にしてみれば「日活の堀久作社長が良い顔をしない」ことで「五社協定のバランス」が崩れてしまう。それだけは避けたい。そこで三船に対し翻意を促したのだ。

豪放磊落のイメージとは正反対、繊細な性格の三船は迷っていた。その勢いが失速して、裕次郎に弱気な発言をしてしまった。裕次郎は満身創痍になろうとも『黒部の太陽』を成功させる」と頑張ってきたのに、最大のパートナーである三船の迷いに、戸惑いを隠せなかった。「この映画は実現できないかもしれない。」裕次郎は自宅で一人悩んでいた。

その日、まき子夫人が買い物から帰宅すると、裕次郎は一人ポツンと部屋で佇んでいた。

《リビングに入って行ったら、裕さんが背中を向けてあぐらをかいてうつむいているんです。庭に面して南側に向いて。おかしいな、と思ったら、一升瓶が見えました。「あ、やってるな」と、裕さんの心境を解っていなかったんですが、そのうちに身体が揺れてきて、横から見たら泣いていたんです。

西日が涙に光って、大粒の涙が宝石のようにポトポト落ちて。悔しがって「畜生！」と、自問自答しながら泣いているのね。初めて見たんです。「男の涙」を。》（石原まき子インタビュー・二〇一三年一月）。

その経緯を裕次郎から聞いた石原慎太郎は、すぐに森岩雄と藤本真澄に直談判した。五社が敵に回るのなら、関電が映画会社を作り、そこに資金を出す。そうすれば五社とは関係ないところで映画ビジネスが成立する。実際にそういう話が自分のところに来ていると、ブラフをかけた。「太陽の季節」の映画化権交渉の時の裕次郎のようだったが、慎太郎にしてみれば、命がけで奮闘している弟へのせめてもの想いからだった。

実は、日活が一番怖れていたのは裕次郎の独立で、『黒部の太陽』の問題と「裕次郎の日活出演の問題を切り離すこと」だった。噂となっていた「裕次郎のフリー問題」について、裕次郎と村上寛・日活撮影所長、壷田十三・日活常務が三者会談を行い、お互いの意思確認をしたことで「フリー問題」は決着した。

「フリー問題」は解決したものの、日活堀社長は、相変わらず『黒部の太陽』の製作・配給には反対を頑なに貫いていた。日活社員・熊井啓の監督起用を「ルール違反」と問題にしていることに対し、熊井は「日活に辞表を出してフリーになることが最良の方法」と裕次郎、三船にその決意を表明した。熊井がフリーになることで五社協定とは無関係になるはずだった。

そこで六月二十三日、堀社長と、石原、三船の三者会談が行われた。社長室の外で、熊井啓と中井景が待機していた。裕次郎と三船を前に、堀社長は「君らが製作をやめなければ、熊井を解雇する」と激しい口調で言った。交渉は決裂したのである。熊井はこの日の朝、日活へ辞表を提出しようとしたが、辞表は受理されなかった。日活は、辞表を受け取らずに解雇処分をする方針だったのだ。

その日の夜、石原邸には、三船、熊井、中井景、そして「日刊スポーツ」の吉田一郎記者、「スポーツニッポン」の川野泰彦記者が集まっていた。二人は、映画記者でしかも裕次郎番だった。後に、石原プロモーションに入社して、プロデューサーとなる川野は、この日のことを、著書にこう書いている。

《石原裕次郎がゆっくりと、まだ火を点けたばかりの煙草を大きなクリスタルの灰皿でもみ消してから、口を開いた。

「やりますよ、俺は。五社協定とやらにかけられても良い。絶対やりますよ」

しばらく又、沈黙が続く。

その場にいた全員の目が三船敏郎の方に流れていく行く。先刻来、三船敏郎は口を閉ざし、目を閉じて瞑想しているようでもある。

長く重い沈黙の時が流れる。実質的にはしかし、数分間のことであったのかも知れない。

すると、三船敏郎がやにわにすっくと立上がり、強い目で全員を眺め回してから、ゆっくりと口を開いた。

「判った……。俺もやる。裕ちゃん一人に迷惑は掛けない」》

（川野泰彦「だれも書かなかった―スター伝説　我が、石原裕次郎」報知新聞社・一九九九年）

川野記者と吉田記者は、三船と裕次郎の「決意表明」を記事にして良いかと聞き、二人は快諾。その場から電話で記事を送った。熊井啓によれば、そのとき裕次郎は「ただ今、これで破砕帯を突破しました！」とシナリオにあるセリフを言い、それからは祝杯を上げたという。

飲んでいるとき、熊井が書いてきた辞表を裕次郎に見せた。「記念に、俺にくれ」と裕次郎はそれを受け取り、まき子夫人が預かった。今でもその辞表は石原家の裕次郎の仏壇に保管されている。

翌日の日刊スポーツに掲載された三船と裕次郎の談話である。

《三船敏郎（三船プロ社長）の話「甘ったれているわけではないが、できれば皆さんの温かい気持ちに包まれて作れれば……、と思って堀社長をはじめ、日活の首脳部にお会いした。堀社長からは「五社協定はちゃんとある。みんなをガンジガラメにしようということではないが……」といったお話をうかがった。熊井さんを苦しい立場に追い込んでしまったが、所期の目的どおり何とかして合理的に撮っていきたい。配給問題はいちおう棚上げしてスタートするが、作ったあかつきには、東南アジアでも、どこでも売って歩きますよ」。

石原裕次郎（石原プロ社長）の話「やっとヤマ場の端に太陽が昇りはじめた。黒四ダム建設の七年間の苦闘というようなものは、人生にもある。ややもすれば周囲の動きでモヤモヤとするようなことが何度もあったことだ。クランクインしてからが、ペナントレース。純粋な気持ちを最後まで忘れずに頑張ります。」》（日刊スポーツ・一九八七年六月二十四日）

六月二十五日、熊井啓のもとに、日活からの「解雇通知」が届いた。五社協定の最後の揺り戻しだった。この不当に対し、スポーツ紙だけでなく、一般紙の記者たちが動いた。学芸部だけでなく、社会部が公取委に「この問題に対してどう思うか？」の取材を始め、この問題は芸能ニュースのレベルを遥かに越えた社会問題となっていった。六月二十九日の朝日新聞が、社会面に三段見出しで「映画五社ボイコット『黒部の太陽』多難なスタート」と報道した。

また三船敏郎は、石原裕次郎と打ち合わせをした上で、六月二十六日、単独で日活・掘久作社長と『黒部の太陽』の配給について会談。関電が前売券一〇〇万枚の販売に協力するという好条件を提示したのである。一〇〇万枚といえば、三億五千万円の収入になる。三船がこれをカードにしたことで、状況は急展開する。最初、五社協定をかざして『黒部の太陽』製作中止に追い込もうとしていた堀だったが、この好条件を受け、自ら五社協定へのルール違反を行い、『黒部の太陽』の配給をすることとなった。

《壷田・日活常務の話「日活で配給してくれませんかとまで言ってきているのに、それもダメですよということは道義的にも言えないし……そこで、まあ、おとなになって、映画界のために、おたがいの譲歩で日の目を見るように、もう一度考え直してみようじゃないか……という段階にきているのは事実です。」

三船敏郎（三船プロ社長）の話「なんとか円満に解決したいと思って、渡米も延ばしてきたわけですが、堀社長がご理解をしめしてくれ『黒部の太陽』の映画製作に明るい見通しが立つところまで漕ぎ着けました。これでやっと私もアメリカへ行けます。」

石原裕次郎（石原プロ社長）の話「われわれの真意を理解してくださった結果と思いますが、とにかく明るいムードが出てきたことで、この映画を作る意味合いも倍増したと思います。いっそう張り合いが出てきました。あとは恥ずかしくない作品にするだけです。」》（日刊スポーツ・一九六七年七月三日）。

『黒部の太陽』は、こうして「五社協定」という大破砕帯を突破することができた。六月二十八日には、帝国ホテル大広間で「黒部の太陽　製作開始記念パーティー」が開かれた。高峰三枝子、浅丘ルリ子、浜美枝、辰巳柳太郎など芸能人が出席、そして三木武夫夫人・睦子氏、岩永訓光・関電常務、裕次郎が演じる主人公のモデルとなった、関電トンネルを貫通させた笹島建設・笹島信義などの関係者たちが一堂に会して、世紀の映画プロジェクトの門出を祝った。

そして、七月三日。メインスタッフの編成が完了した。撮影・金宇満司、照明・平田光治、音楽・黛敏郎、美術・平川透徹、山崎正夫、小林正義、録音・安田哲男、編集・丹治睦夫、助監督・片桐直樹、製作補・銭谷功。各社から集められた精鋭ばかりだった。

裕次郎、三船が「五社協定」を突破していく間に、井手雅人と熊井啓は『黒部の太陽』のシナリオを仕上げていた。

三船は関電の黒四建設事務所次長・北川、裕次郎は関電トンネル掘削を請け負った熊谷組の下請け会社の岩岡にキャスティング。二人を見守る関電社長・太田垣士郎には、劇団民藝のベテラン・滝沢修が決まり、この三人のドラマを主軸に物語が構築された。そこに戦前の「黒三工事」を請け負った人物として、岩岡の父・源三を創造。新国劇のベテラン・辰巳柳太郎が演じる国家権力の尖兵だったエゴイストの源三と、その父を憎悪する戦中派の岩岡との「父子の確執」が、戦前と戦後の二つの世代の対立の構図を鮮やかなものにした。裕次郎映画に通底してきた「アイデンティティーの回復ドラマ」が盛り込まれた。さらにワーカホリックである北川の白血病に見舞われた次女をめぐる「家庭のドラマ」も、ダイナミックなスペクタクルに陰影をつけている。

こうして昭和四十二年七月二十三日、『黒部の太陽』は、関西電力本社の撮影からクランクイン。この日は、まき子夫人の誕生日でもあった。続いて、黒部峡谷でのロケーションが行われ、撮影は順調に進んでいった。

裕次郎はプロデューサーとして、前人未到の大作映画に取り組み、その製作指揮をしながら、ファンのため、日活のために映画スター「裕ちゃん」として、お盆公開の新作映画に出演していた。それが、西村昭五郎監督のハードアクション『波止場の鷹』だった。

『波止場の鷹』 八月十二日・西村昭五郎監督
ムードアクションからハードボイルドへ

江崎実生の『夜霧よ今夜も有難う』（一九六七年三月十一日）が、ムード・アクションのロマンチシズムの究極とするなら、同じ浜口庫之助作詞・作曲のムーディな主題歌「粋な別れ」をフィーチャーした西村昭五郎の『波止場の鷹』は、ロマンチシズムを徹底的に排したドライなハードボイルドの極北といえる。また、日活アクション研究の先達、渡辺武信は本作までをムード・アクションと定義している。

西村昭五郎は、昭和二十九年に、従兄の吉村公三郎監督の紹介で日活へ入社。モダン感覚溢れる中平康に師事。『アラブの嵐』では、裕次郎と一緒にエジプトロケへ。やがて傑作コメディ『競輪上人行状記』（一九六三年）で監督デビューを果たす。お仕着せの歌謡映画の企画を断り続け、第二作目の『帰ってきた狼』（一九六六年）を撮ったのが三年後。その作風は徹底的にドライ、小林旭の『不敵なあいつ』（一九六六年）をハードなテイストに仕上げ、ファンを喜ばせた。そんな西村が、初めて裕次郎と組んだのが『波止場の鷹』となる。

原作はハードボイルド作家・生島治郎のデビュー作「傷痕の街」。脚色はハード・アクションを得意とした小川英と中西隆三。姫田真佐久のキャメラは、フォーカスの多いこれまでのムード・アクションとは対照的に、クールでシックなショットの連続で、この翌年から本格的に始まる「日活ニューアクション時代」の幕開け、そして新しい裕次郎映画の誕生を感じさせてくれる。

舞台は港町横浜。巻頭で、水上警察が麻薬密輸組織を一網打尽にするプロセスが描かれる。その指揮にあたる岩崎部長刑事（丹波哲郎）の捜査は容赦がない。その描写は、ハードボイルドに相応しい。

裕次郎の役は、ヤクザでも探偵でもなく、シップチャンドラー（船舶納入業者）を経営する中小企業の社長。資金繰りが苦しく、そこに眼をつけたのが、警察の捜査で手も足も出なくなっている、暗黒街組織だった。

丹波哲郎と裕次郎は、これが初共演となるが、本作では従来の日活アクションのような相棒感覚は排除され、それぞれの立場での闘いが展開される。

久須見商会の社長・久須見健一（裕次郎）が、井関斐那子（浅丘ルリ子）のバー「ローレライ」に、番頭格の社員・稲垣修平（安部徹）と共にやってくる。経営が苦しい久須見に手を差し伸べるのが、吉田海運の社長・吉田隆次（須賀不二男）。しかし、正義感の久須見は、麻薬に手を染めている吉田からの荷受けの仕事を断る。ここで久須見は吉田をはねとばし、その頭がテレビのブラウン管をぶち破って、血だらけとなる。この激しさ！

久須見には、ミッションスクールに通う、年の離れた妹・順子（久万里由香）がいて、その下校時にはいつも車で迎えにいく。「あにいもうと」のむつまじい仲が描かれ、その幸せは仕組まれた交通事故で、瞬時にして崩れ去る。久万里由香は、後に『女番長　野良猫ロック』（一九七〇年・長谷部安春）で梶芽衣子の妹役で強烈な印象を残すことになる。真理アンヌの実妹でもある。

足を負傷し、杖をついて歩くようになっても、久須見は吉田からの誘いを受け入れない。その時点で稲垣以外の久須見商会の従業員は、全て辞めてしまう。久須見にとって心の平安は、稲垣の息子・タア坊とのささやかなひととき。タァ坊にせがまれて、久須見が唄う「草原情歌」（中国民謡）のリリシズム。

不屈の久須見は、マラッカ号の大きな取引を入札するが、その資金がない。困り果てる久須見に手を差し伸べたのが、バー「ローレライ」のマダム・斐那子だった。

これまでのムード・アクションと違い『波止場の鷹』の浅丘ルリ子は、恋愛の対象ではなく、主人公を窮地に追いやるハードボイルド小説でいう犯罪的美女「運命の女＝ファム・ファタール」として登場。斐那子の父は、高利貸し・井関大三（小沢栄太郎）で、情愛もなく美しい娘をビジネスの道具として利用するような非情な男。資金繰りに詰まった久須見に、斐那子は父を紹介する。彼女は「私が欲しいのはあなたよ」と久須見の肉体と愛を求める。それに対して久須見は「お父さんに紹介するたびに、そういう礼を求めるのか」とクール。

しかし、久須見に仕掛けられた罠は、井関からの借金でクリアになるほど甘いものではなかった。どうしても久須見を麻薬取引の隠れ蓑にしたい、吉田の裏で糸を引いている巨悪の陰謀が次第に明らかになってくる。中小企業の社長が、自らの会社と、自分の矜持のために、あえてその罠に挑んでいく。生島治郎が得意としたハードボイルドの定石であるが、裕次郎の満身創痍ぶりは壮絶を極める。

命綱の資金も強奪され、タァ坊まで誘拐されてしまう。久須見は、自分を陥れた者に対する怒りに燃え、反撃を開始する。クライマックスの緊迫感、ハードな展開も含めて、実に新鮮な感覚に溢れている。

やがて、本当は愛し合えたかもしれない斐那子と久須見が対峙する。浅丘ルリ子は実に美しい。ヒロインが主人公を「その愛ゆえに窮地に陥れる」という展開は、これまでのムード・アクションにはない。ヒロインが悪女なのである！

敵から麻薬を奪い取り、反撃に出る久須見。クライマックスのボートでのアクションは、『007／サンダーボール作戦』（一九六六年・テレンス・ヤング）にインスパイアされているが、なかなかの迫力である。

すべてが終わり、父親を失ったタァ坊を引き取ろうする久須見だが、恐怖の体験をしたタァ坊は、それを拒む。このシーンがリアルで、それゆえ、ラストの「粋な別れ」（作詞・作曲・浜口庫之助）のタァ坊とのツーショットが利いてくる。西村昭五郎監督による裕次郎映画はこれ一作となったが、日活アクションの新しい可能性を示唆した佳作となった。

『波止場の鷹』が公開された八月、「帰らざる海辺」（作詞・なかにし礼　作曲・河村利夫）／「波涛の彼方」（同）を発売。九月には日活映画化を想定した「銀の指輪」（作詞・萩原四朗　作曲・曽根幸明）／「露子の手紙」（同）を発売している。

『黒部の太陽』の撮影がたけなわの九月には、この年行われたステージのライブ盤二枚組ＬＰ「実況録音盤　石原裕次郎リサイタル」（十九曲収録）を発売、「二人の世界」「愛のうた」「夜霧の慕情」から、「５００マイル」「愛は限りなく」、浅丘ルリ子とのデュエットによる「ハワイアン・ウェディングソング」などが収録された。帯には〈裕ちゃんムードがいっぱいのステージを再現！〉のコピーが踊っている。

十月には、企画・中部日本放送・東海ラジオ放送による名古屋のご当地ソング「白い街」（作詞・内村直也　作曲・野崎真二）／「東京の何処かで」（作詞・渋谷郁男　作曲・野崎真二）がリリースされることになった。ラジオドラマ「えり子と共に」を手掛けた劇作家で、「雪の降る街を」の作詞者でもある内村直也が「名古屋のご当地ソングを裕次郎に唄ってほしい」と企画。レコーディングは八月二十二日に行われ、テイチクの名古屋支社も力を入れ、十月の発売日に名古屋市内で新曲発表会を開催することにした。

しかし裕次郎は『黒部の太陽』の撮影で動きがとれない。

撮影スタッフは「それどころじゃない」という緊迫した空気だった。ところが、その話を聞いた裕次郎。「分かった。ヘリを使えばなんとかなるだろう。何とかしますよ」（高柳六郎「石原裕次郎　歌伝説」社会思想社・二〇〇〇年）と、誰も思いつかなかったヘリコプターでの移動を提案した。

『黒部の太陽』決死の撮影の日々

お盆映画『波止場の鷹』完成ほどなく、八月に入ると日活撮影所でのセット撮影がスタートした。日活撮影所ではドラマ部分のセットのほか、地獄と呼ばれた戦時中の「黒三」の高熱トンネル・シーンのセット撮影が行われた。同時にクライマックスの大破砕帯突破シーンの撮影のため、愛知県豊川市の豊川海軍工廠の跡地にある、熊谷組機械工場の敷地内に、トンネルのオープンセットが組まれた。本坑と間組の迎え掘りトンネルを合わせて二一〇メートルを超える大規模なものだった。

ここでクライマックスの破砕帯の出水シーンの撮影が行われることになっていた。その準備をしながら、連日撮影が行われていた。トンネル掘削現場の撮影だから、俳優たちは資材を運び、実際の建設を再現する。日活撮影所の俳優がエキストラの先頭に立って、実際に建設に携わった笹島建設の作業員たちと共に連日、過酷な現場で仕事をしていた。

疲労が重なるにつれ、ケガ人も出て、撮影現場は停滞していた。そこで中井景と熊井啓は、日活撮影所の演技事務係でのちに製作補となった小林正彦に、現場の仕切りを頼む事とした。日活から出向してきた小林正彦は、これまでも『太平洋ひとりぼっち』（一九六三年）、『城取り』（一九六五年）と、石原プロモーション製作の映画に応援参加をしていた。

小林が現場に入ると同時に、俳優のスケジュール調整、撮影の段取りを精力的にこなし現場の混乱は落ち着きを見せた。「コマサ」のニックネームで、現場の熊谷組の人々にも親しまれた小林は、以後、石原プロモーションの映画作りだけでなく、石原プロ専務として、会社を切り盛りしてゆくこととなる。

さて、巨大なセットで撮影準備が進められていたのが、破砕帯にぶつかった切羽が崩壊し、濁流が花崗岩などの砕《ずり》を巻き込んで人々を呑み込む第一部のラストカットである。

撮影は九月三十日。その前日、準備していた砕落し装置が、三〇トンの砕の重さに耐えきれず、砕が落下してしまった。壊れた装置は直ちに修理作業に入り、落ちてしまった砕はダンプカーで運んでくることとなった。

金宇満司キャメラマンをはじめとするスタッフは、それぞれのパートの準備を入念にして、午後五時に、石原裕次郎と三船敏郎がセット入り、リハーサルがはじまった。

クライマックスは、貯水タンクから流れ出す大量の水と共に、花崗岩の砕が流れてくる状況を再現するというものだった。撮影の二日前に黒四建設事務所次長を務めた、三船が演じた北川のモデルとなった芳賀公介が、熊井啓に「この装置では危険だと思う」と進言。頑丈とはいえ「セットのトンネルが水圧に耐えられるかどうかが気になる」ということだった。熊井は熊谷組の担当から設計図の写しをもらい再検討に入り、撮影が進められることになったが、中井景は一抹の不安を感じ「もしものことがあったら僕は（石原）社長を助けに飛び込みます」と言った。

そして、熊谷組の笹島班として、実際の関電トンネルの破砕帯を突破した、裕次郎扮する岩岡のモデルとなった、笹島建設社長・笹島信義が「何か変な予感がするから、トンネルのなかへ塩を撒いて清めたほうがいい」と、撮影前に熊井啓に進言。トンネル工事現場には「女性を近づけてはいけない」というジンクスがあり、女性見学者や、女性スクリプターを、トンネルの外に出すことにした。

やがて六時、本番の撮影が開始された。ここで思わぬアクシデントが発生してしまう。切羽が裂け、膨大な水と共に砕が流れてきて、裕次郎たちを呑み込んでしまった。三船は無事だったが、裕次郎は全身打撲、親指を骨折してしまった。

石原裕次郎はそのときのことを、こう語っている。

《僕は一度、死んでいる。

『黒部の太陽』の出水シーンの撮影事故で気を失い、何分か何秒かはわからないけど、その間、僕は確実に死んでいた。逃げ場のないトンネルの中に、四百二十トンという大量の水が十秒足らずで放出されたんだ。一瞬の出来事に、トンネルの中で撮影していた僕もスタッフも逃げる間もなかった。

「アッ」

と思った瞬間に気を失っていた――そんな感じだった。

だから正気に戻った僕は、スタッフの何人かを死なせたものと覚悟した。幸いにも全員、命は助かったけど、カメラマンの金宇さんなんか、体中、傷だらけ。スタッフ四、五十人、みんなが病院へ運ばれていったんだ。

ケガが一番ひどいのが僕だった。キャプタイヤという撮影コードが、僕の身体に蛇みたいに絡まっていた。絡まった瞬間、気絶して、水もだいぶ飲んでしまった。病院に担ぎ込まれて、ストレッチャーの手術台の上に乗せられたときに、

「先生、煙草を吸わせてくれ」

と言って、砂利だらけの軍手を取り、煙草を指で挟んで吸おうとしたら、右手の親指がなかった。後ろ側に折れ曲がっていたんだ。トンネルで流されながら必死でレールの枕木につかまろうとして押し流されて、失神した。親指は、たぶんそのときに折れたんだろうね。

十本の指先はすべて、レールの下に敷いたバラス（砕石）にこすられて、指紋が全部、なくなっていた。親指の骨折のほか、左の大腿部も大打撲して、これはいまでもすごい傷跡が残っているんだ。

でも、スタッフ四、五十人の全員が助かったのは、考えてみれば奇跡だと思う。神に感謝しつつ、プロデューサーとしてはひと安心したものだった。（中略）

調査の結果、原因はコンクリートの乾きすぎにあることが判明した。撮影が一日延びたために、コンクリートが固まりすぎて、タンクから出た水が一度溜まり、それに圧力が加わって、一気に吹き出したものだった。

周到な準備をし、完璧を期して臨んだ撮影だったが、コンクリートの予想外の乾きの早さまで計算できなかった。

だが、それでもカメラマンはカメラをまわしていたんだ。

さすが、プロだよな。問題はフィルムだ。映っているか、どうか──。

奔流に押し流され、あちこちに転がったカメラを拾い集めて、現像所に走らせた。

映っていたよ。全部、映っていた。フィルムは水に強いことは知っていたが、ここまでとは思わなかった。

すぐにラッシュを見た。水が流れ始めて我々が奔流に巻き込まれるまで、わずか三秒だった。本物の事故だからね。迫真のシーンになっているのは当然で、ラッシュを見ていて、僕は吐き気がしてきた。

そして、事故扱いのため、コマサは、事情聴取で豊橋署に一晩泊められるんだよね。

こうして『黒部の太陽』は完成した。国立劇場で試写会が開かれ、皇太子殿下がお見えになって、陛下はインターミッション（幕間）のときに、出水シーンについて、「あれはどういうふうに撮影されたんですか」

と、僕に質問された。

くわしくご説明申し上げて、僕は言った。

「あれは、本物の事故を撮ったんです」──と。》（石原裕次郎「口伝　我が人生の辞」）

様々な難局を乗り越え『黒部の太陽』は昭和四十二年十二月二十四日、日活撮影所での石原裕次郎が出演した「源三の部屋」のセット撮影でクランクアップした。すぐに熊井啓は仕上げ作業に入ることとなる。

この間も裕次郎は浜田光夫の復帰作『君は恋人』（十一月三日）や、正月映画『黄金の野郎ども』（十二月二十三日）など、日活映画への出演を続け、日活スターとしての存在感をファンにアピールしていた。レコードでは十一月に、LP「男の歌声7　石原裕次郎」（十二曲収録）をリリースしている。

水の江滝子と共演

『君は恋人』　十一月三日・齋藤武市監督

吉永小百合とのゴールデンコンビで、日活青春映画の時代を拓いた浜田光夫。子役として『石合戦』（一九五五年・若杉光夫）で、日活のスクリーンに登場して以来、『キューポラのある街』（一九六二年・浦山桐郎）や『泥だらけの純情』（一九六三年・中平康）など、数々の作品で見事な演技を見せ、若手実力派として活躍していた。ところが、昭和四十一（一九六六）年七月、名古屋で葉山良二と食事中、暴漢に電気スタンドを投げつけられ、右目に大怪我を負って、一年数ヶ月間もの休養を余儀なくされる。順風満帆な俳優人生のなかで見舞われた不幸なアクシデントは大きく報道され、その復帰はファンの間でも待たれていた。

そこでプロデューサー水の江滝子は、浜田光夫の復帰のために『君は恋人』を企画。久々に現場に戻ってくる浜田を暖かく迎えるべく、日活スターに号令をかけ、文字通りオールスター映画を鳴り物入りで製作することを企画。石原裕次郎、小林旭、吉永小百合といったトップスターを筆頭に、脇役に至るまで日活の「顔」がズラリと並んでいる。

オープニング、スポーツカーを走らせ、東京調布の日活撮影所に浜田光夫が、久しぶりに戻って来るシーンから映画は始まる。撮影所のアットホームな雰囲気、川地民夫、山本陽子らが、その復帰を祝福する。自らメイクをする浜田の手には、新作映画「君は恋人」の台本。こうした映画製作の裏側は、ファンにとっては何よりのプレゼント。この歓迎ムードは、特報、予告篇でも描かれている。

その、劇中での新作映画「君は恋人」を演出するのが、裕次郎扮する石崎監督。裕次郎が監督の映画！　それだけでもファンの期待は高まる。撮影初日の現場で、監督と会話するプロデューサーは水の江滝子自身。実は、そのすぐ側に齋藤武市監督も立っている。キャメラが回り、浜田光夫が動き出すと、出会い頭にぶつかる勝ち気な女の子が、太田雅子（後の梶芽衣子）。

こうして次々と日活スターが登場する。和泉雅子、山内賢、高橋英樹、和田浩治、吉永小百合、松原智恵子、芦川いづみ、山本陽子、浅丘ルリ子、宍戸錠、二谷英明、渡哲也、川地民夫、葉山良二、そして小林旭……。とにかく、日活アクション、青春映画、文芸作でおなじみのスターが、豪華に顔を揃えている。それを眺めているだけでも実に楽しい。これだけのメンバーが一堂に会した作品は空前絶後、まさしく夢の企画である。

『黄金の野郎ども』十二月二十三日　江崎実生監督

スカーフェイスのダーティ・ヒーロー

石原裕次郎と江崎実生監督。昭和四十年代、ムード・アクションを開花させた二人。特に『帰らざる波止場』（一九六六年）での主題歌を効果的に使ったロマンチシズムは、代表作『夜霧よ今夜も有難う』（三月十一日）に結実。その後、西村昭五郎監督の『波止場の鷹』は、ムード・アクション最終作と定義されることが多いが、同時にヴァイオレンスとハードボイルドのテイストが加わることで、裕次郎映画がさらなる変化を遂げつつあった。

この『黄金の野郎ども』は、『夜霧よ今夜も有難う』に続いて、江崎が手掛けた裕次郎映画。その間に江崎は、ブラックユーモア溢れるハードな活劇『七人の野獣』（八月一日）、『七人の野獣　血の宣言』（十月二十一日）を手掛けており、それが作風の変化へと繋がっている。

さて『黄金の野郎ども』では、なかにし礼作詞、大澤保郎作曲の主題歌「ひとりのクラブ」を効果的に配したムード作りは従来通りだが、大きく変わったのがハードボイルドとしてのテイスト。それまでの甘美さに背を向けるように、本作の裕次郎は頬に傷のあるスカーフェイスのヤクザ。命ぜられた仕事は、どんな難しいものでも途中で降りないプロフェッショナルである。

冒頭、「ひとりのクラブ」が流れるなか、リゾート地熱海で、大人たちの痴態が繰り広げられる。この映像感覚は、後の江崎監督作「女の警察」シリーズへと発展してゆく。そこでクールにサングラスをかけて佇むのは、関東一円に強大な勢力を誇る、組織暴力団・沢田組の幹部・立原英次（裕次郎）。この乱交パーティも沢田組のシノギ。朝、立原を迎えにオープンカーで、情婦のユリ（真理明美）が迎えに来る。しかし、立原は冷たく追い返す。このあたりの呼吸、裕次郎をスカーフェイスにしただけのことはある。その立原が向かうのは、朝の漁場。懸命に地引き網を引く漁師をみつめる立原。そのコントラスト。

その立原は、傘下の大山（松本染升）の大山土木と、黒田（富田仲次郎）の黒田建設のモメ事を収めるため、親分の沢田（北村和夫）から「黒田組の賭場荒らし」を命ぜられる。そこで立原は「この仕事が終わったら、引退させてください」。漁師を見つめていた立原の想いが台詞として表明される。これが江崎映画の魅力である。

やがて立原は、信頼のおける弟分・増沢（玉川伊佐男）と加賀（郷鍈治）を引き連れ、新横浜へと向かう。大山土木では、立原と昔なじみの清水（二谷英明）が、立原たちを迎え、作戦を決行する。

ところが、沢田と黒田で裏取引が行われ、大山が手を引くことになり、立原たちは組織から命を狙われることとなってしまう。しかも、賭場襲撃の時に、黒田組の幹部・三鬼鉄（宍戸錠）の弟・三鬼武（藤竜也）を殺したため、三鬼鉄は立原への猛烈な憎しみを抱いている。

組織に忠誠な主人公が、親分たちの転向で命を狙われる羽目となる。まさしく「仁義なき」ヤクザの世界である。同時に、増沢と加賀、有能な二人と立原の信頼関係の絆も描かれている。フランスのフィルムノワールのような感覚と、スピーディな展開のテンポの良さが、興奮を誘う、江崎の緩急自在の演出。

クールな立原と、かつて命を助けられたことを恩義に感じている清水の友情。清水には、ダンサーのかおる（広瀬みさ）という恋人がいて、二人の夢は小さなレストランを出すことである。立原とは正反対の堅気の世界の入口に立つ清水とかおる。この三人の関係が後半の要となる。清水は立原を思いやり、立原は清水たちの幸せを願う。それを阻むのは、非情なヤクザの世界。

江崎演出は、クールな立原、ダーティな三鬼鉄、そしてウエットな清水たち、それぞれ見事に描き分けている。さらにアクション、と見せ場の連続で、適度なヴァイオレンスを盛り込みつつ、『夜霧よ今夜も有難う』で見せた甘美さとは正反対の非情な世界を創出。特に大胆な省略と、巧みなモンタージュによる時間経過が、作品の小気味良いリズムとなっている。

横浜を離れた立原は、三鬼鉄の執拗な追跡から逃れ、生々流転をする二年間が、「ひとりのクラブ」が流れるモンタージュで表現されている。二年後、仙台空港で働いている立原と、タクシー運転手となった加賀が再会して、後半の反撃のドラマが始まる。あれから清水たちはどうなったのか？

横浜でかおるの消息を尋ね歩いた立原は、小さなスナック・リリーを見つける。その喜び、清水との再会……。これまでクールに展開していたドラマが、ここで一気に情感溢れる世界へとなってゆく。立原、清水、増沢、裏切られた男たちだが、恩義を感じた仲間だけは、絶対に裏切らない。お互いを思いやる心。登場人物の心理の綾を、絶妙のタイミングでクローズアップを挿入して、観客に感覚で伝えてくれる江崎演出のうまさ！

余談だが、横浜のバー「ＰＯＲＴ」のマダムを演じた笹森みち子は、笹森礼子の妹で、後に江崎監督夫人となる。

クライマックスのハード・アクションと、その後に待っているラスト・シーンの後味の良さ。後の日活ニューアクションの原点ともいうべき映画だが、裕次郎×江崎監督による大人のロマン溢れる傑作である。

『黄金の野郎ども』主題歌「ひとりのクラブ」（作詞・なかにし礼　作曲・大澤保郎）は、ボサノバ調の軽快な曲。十二月に「愛のくらし」（同）とカップリングでリリースされた。年末の「第九回日本レコード大賞」では、十年連続ヒットの功績により、特別賞を受賞している。

第二章　太陽は黒部に昇る
――昭和四十三（一九六八）年

新年を迎え、裕次郎は『黒部の太陽』のポストプロダクションを続けていた。

今年は『黒部の太陽』を、いよいよ公開する。古巣日活との「五社協定」をめぐる闘い。盟友・三船敏郎の迷い。様々な破砕帯を突破して、ようやく完成披露が近づいていた。

『遊侠三国志　鉄火の花道』　一月十三日・松尾昭典
裕次郎、小林旭、高橋英樹の三大スターによる任侠大作！

期待が膨らむなか、石原裕次郎、小林旭、高橋英樹の三大スターに、浅丘ルリ子のヒロインを加えた豪華共演による痛快仁侠篇『遊侠三国志　鉄火の花道』が封切られたのは、昭和四十三年一月十三日。タフガイ・裕次郎とマイトガイ・アキラの本格的共演は、昭和三十三年の『錆びたナイフ』以来、十年ぶりのことだから、両者のファンにとっても大きなトピックだった。

一九六〇年代末は、任侠映画が花盛り。東映、大映、日活ともに、明治大正を背景にした任侠映画や、現代ヤクザ映画を連作。アクション帝国だった日活にとっても、小林旭や高橋英樹による任侠路線は、斜陽のなかのささやかな光明でもあった。

日活では高橋英樹の『男の紋章』（一九六三年）、小林旭の『関東遊侠伝』（一九六三年）を製作。アクションのラインナップに任侠映画というジャンルが加わることになる。

裕次郎は『地底の歌』（一九五六年）や『鉄火場の風』（一九六〇年）で、現代やくざを演じていたものの、初めて賭場に生きる渡世人に扮したのが、昭和三十九（一九六四）年の『鉄火場破り』だった。その後は、かつて侠客だった板前を演じた明治もの『嵐来たり去る』（一九六七年）のみ。明治大正を背景にした任侠映画は本作を併せて三本しか出演していない。

一方、高橋英樹と小林旭は、「花と竜」の原作者・火野葦平の小説を映画化した『新遊侠伝』（一九六六年・齋藤武市）でユーモラスなテキ屋のコンビを演じている。これがアキラのコミカルな面を引き出し、高橋英樹と共演作の『対決』（一九六七年）と『血斗』（同年）で演じた金と女に目がない、ドライなヤクザ満州常という当り役を得た。生真面目な英樹と、C調なアキラ、それに熱血漢の裕次郎の侠客をプラスしたのが、『遊侠三国志　鉄火の花道』ということになる。
《私は「男の紋章」シリーズで任侠映画に連続出演していて、映画館ではいつも「石原裕次郎」「高橋英樹」と二本立てで並ぶのに、ご一緒する機会はない。渡哲也が入ってきてすぐに共演したのが、羨ましくてね。ようやく昭和四十三年の『遊侠三国志　鉄火の花道』で裕次郎さんと共演することができたんです。三人そろい踏みで、最後に殴り込みに行くんですが、私にとっては「憧れの裕次郎さん」と共演なんて、すごい出来事でした。これはやっぱり嬉しかったですね。今までやってきた甲斐があると思いました。》（高橋英樹インタビュー・二〇一八年十月三日）

脚本は、松尾昭典監督と任侠映画で名コンビだった星川清司。大正末年を背景に、三人のアウトローたちが、巨悪を叩きのめすシンプルかつ痛快な展開となっている。松尾監督と星川による脚本は、日活三大スターの魅力を最大限に引き出す巧みな構成。オープニング、タイトルバックで裕次郎の活躍を見せ、高橋英樹の生真面目なキャラクターを登場させ、小林旭のユーモラスで抜け目がない三枚目の見せ場を作る。この三人が、ヒロイン浅丘ルリ子のために、悪を倒すために、行動を開始する。

小林旭は「裕次郎とは久しぶりの共演で、片目の一本松が初めて出てくる映画だった（中略）。これで三枚目を演じたのは気楽で、全くのバイプレイヤーとして楽しめたね」（アキラ自作を語る・二〇〇六年）と、オールスター映画でコミカルな役を演じた楽しさを語っている。

英樹扮する花田丈吉は「自分自身のためにカタギになる」と、はる（磯部玉枝）に宣言をする。これこそ『二人の世界』（一九六六年）などのムード・アクションに通底にする「アイデンティティーの回復」宣言に他ならない。一方、アキラ扮する片目の一本松は「銭勘定だけで動く」徹底したドライなキャラクター。この二人が、小村伸次郎（裕次郎）を探して、葛西まで道行きをする途中、刺客（杉江弘）を日活映画『血煙高田馬場』（一九二八年・伊藤大輔）上映中の映画館に誘い出し、立ち回りをするシーンのケレン味。それぞれのキャラクターを際立たせるエピソードを積み重ね、クライマックスの大立ち回りのカタルシスに向けて、すべてのベクトルが集約されていく後半は、娯楽映画の楽しさに溢れている。

かつて黄金コンビとして「渡り鳥」「流れ者」シリーズで共演を重ねていた浅丘ルリ子と小林旭は『不死身なあいつ』（一九六七年）以来の共演だが、裕次郎との微妙な関係がユーモラスに展開する。

本作では裕次郎、英樹、アキラともに、主題歌や挿入歌は、明確に唄わないが、劇中、小林旭が「吉五郎地蔵由来」と大正期に流行した「ストトン節」（「アキラのストトン節」の原曲）をさらりと唄う。

クライマックス、裕次郎と小林旭のやり取りの格好良さ。裕次郎の二枚目に対し、小林旭の三枚目がすべてさらってしまう。星川清司＝松尾昭典のコンビは、本作で誕生させた片目の一本松のキャラクターをスピンオフさせて『三匹の悪党』（一九六八年）、『代紋　地獄の盃』（一九六九年）を作ることになる。

『黒部の太陽』　二月十七日・熊井啓監督

映画史上最大のプロジェクト、遂に完成す！

一月十九日、前年暮れからのポスト・プロダクション作業を終えて、いよいよ『黒部の太陽』が完成した。東洋現像所で零号試写が行われた。一月二十一日から全国試写が開始され、石原裕次郎も精力的にキャンペーンに参加した。

二月六日には、東京三宅坂・国立劇場で「チャリティー試写会」が開催された。常陸宮御夫妻、秩父宮妃殿下はじめ、各界の著名人が来場し、その盛況ぶりがマスコミや映画雑誌を賑わせた。

二月十七日、『黒部の太陽』は東宝の洋画劇場・日比谷映画劇場でロードショー公開された。切符売り場の窓口には、次回上映の切符を求める人の長蛇の列が並んだ。この日、裕次郎はまき子夫人と共に、日比谷に駆けつけ、劇場に白分の作った映画を観に来た観客の行列を目の当たりにして、感激したという。

それまで、自社のチェーン館で二本立て公開を基本としていた映画界だが、長年続いてきた製作＝配給の一元化によるブロックブッキングシステムの限界を、製作サイドが痛感していた。スター・プロ製作による超大作映画が、会社の枠を超えて上映されることは画期的だった。

三月一日からは全国日活系で封切られ、空前の大ヒットとなった。最初の一年で観客動員数七三三万七千人を記録、日本映画の興行新記録を樹立した。映画配給収入ランキングでは、配収七億九五一六万円で一位となった。

三月、久々のシングル「さすらい花」（作詞・萩原四朗　作曲・上原賢六）／「春愁」（同）がリリースされた。五月には、この年政界進出を果たすことになる兄・石原慎太郎作詞による「青年の国をつくろう」／「日本の朝」（作曲・小林亜星）、六月には「夜霧の恋の物語」（作詞・大高ひさを　作曲・鶴岡雅義）／「夜の愁い」（作詞・松島敬之　作曲・牧野昭一）と連続リリース。

昭和三十年代から、裕次郎のフォノシートが発売されている。レコードより安価で、グラビア・ページにビニール製のシート三枚から四枚組のフォノシート・ブックは、手軽に曲を楽しむことができるメディアだった。テイチクからは、テイチク・フォノ・グラフとして「裕ちゃんとたのしく」が第十集まで発売されたほか「夕陽の丘　石原裕次郎集」「裕ちゃんのクリスマス特集」「石原裕次郎特集号」「石原裕次郎物語」などが発売されている。フォノシート専門の勁文社からは『銀座の恋の物語』宣伝を兼ねて「撮影所風景」を収録した「裕次郎ヒット曲集1」、『零戦黒雲一家』をフィーチャーした「裕次郎ヒット曲集2」などが発売されてきた。

昭和四十三年三月発売の勁文社「YUJIRO ISHIHARA ひとりのクラブ」には、なかにし礼作詞・鈴木邦彦作曲のオリジナル「花の散りぎわ」／同「花のかんざし」／軍歌「ラバウル小唄」が収録された。これは昭和四十年代、石原音楽出版が設立され、原盤権を所有した楽曲の音源供給をしたもの。「花の散りぎわ」「花のかんざし」は二〇〇一年「石原裕次郎大全集」でCD化されるまで、レコード発売されることなく「幻の裕次郎ソング」だった。

『昭和のいのち』六月二十二日　舛田利雄監督
殴り込みを拒否した裕次郎

昭和四十二年、日活では映画製作の要でもあった江守清樹郎専務、山根啓司撮影所長ら、製作再開時からの主要役員が退陣、製作サイドが一新され、さまざまな新方針への転換が図られたものの、斜陽には歯止めがかからなくなっていた。『黒部の太陽』が大ヒットを続けるなか、日活も自社制作で上映時間三時間近い大作映画に、石原裕次郎を主演させるべく企画をしていた。ジリ貧の映画界としては、一本立ての大作映画を作ることは、二本立て興行よりもコストダウンになる。しかも『黒部の太陽』で、大作映画の良いイメージがついている。堀久作・日活社長のジュニア・堀雅彦が日活撮影所長となり、製作部門を統括しており『昭和のいのち』というタイトルありきで、舛田利雄がメガホンをとることになった。裕次郎主演の歴史大作ということだけ決まっていたが、原作もなく、舛田と池上金男がオリジナルシナリオを執筆した。舛田はこう語っている。

《（明治百年という）回顧ブームはあったかもしれない。二・

二六事件を中心とする暗黒時代のなかで、一人の男がテロリストになって、首相を暗殺に行く。実際にあった五・一五事件をモデルにしてね。『昭和のいのち』というタイトルなんだから、そういう殺人テロに向かって行った若者の精神はどうなんだろう。というところから、裕ちゃんの主人公を作ったんです。》（『映画監督舛田利雄～アクション映画の巨星・舛田利雄のすべて～』・二〇〇七年・ウルトラヴァイヴ）

任侠活劇『嵐来たり去る』（一九六七年）で舛田と池上が描いた「激動の時代のヒーロー」というコンセプトを、そのまま昭和初期にシフトさせ、憂国の士である裕次郎が首相暗殺のテロリストとなるも挫折、生きる目的を失うが愛する者のために戦い、最後は自分を救ってくれたテキ屋一家の危急のために立ち上がるという骨太のプロットを作り上げた。

この方法論は、後に舛田の代表作となる『二百三高地』（一九八〇年・東映）や『大日本帝国』（一九八二年・東映）での戦争大作として結実することになる。

当時、舛田はプレスシートに《裕ちゃんと私とは、作品の上でも十何本とつきあってきましたが、一度、五・一五、二・二六事件などで代表される激動の昭和初期を背景に、スケールのある主人公を演じて貰いたいと思っていました。（中略）「黒部の太陽」で素晴らしい日本人の根性をみせてくれた俳優石原裕次郎が、この波瀾万丈の物語のなかでも、再び日本男児の魅力ある正義感、人間愛を表現してくれるものと楽しみにしています》とコメントを寄せている。

「七誓会」の一員である愛国の士、日下真介（裕次郎）が、内閣総理大臣・草薙剛（島田正吾）暗殺を命ぜられ、首相宅を訪れる。そこで草薙と対峙した日下は、逆に諭される。

二・二六事件の時の犬飼首相の「話せば分かる」に対して、青年将校の「問答無用」と銃を撃った、リベラルに対するファシズムへの舛田なりのアンチテーゼである。「話せば分かる」に耳を傾けたことで、日下がその後どう生きていくのか。それが『昭和のいのち』の物語でもある。

日下と心を通わせるカフェーの女給・四谷はる（浅丘ルリ子）の弟で、日下を理想の先輩として慕ってきた四谷隆（中村賀津雄）は、日下の首相暗殺の失敗を許す事ができない。日下は、思い詰めた四谷に襲われ、瀕死の重傷を負うが、たまたま居合わせた医師・笹島（岡田英次）とその親友で、浅草のテキ屋の親分・佐久良耕平（辰巳柳太郎）に、命を救われる。テキ屋の世界で生き生きとした人間たちと共に暮らしながら、日下は見失いかけた自分を取り戻していく。

ひょんなことから日下は、左翼活動をしている秋山邦雄（浜田光夫）を救い、その恋人で向島の造兵工廠の女工だった佐川静（北林早苗）が、玉ノ井の娼家へ売り飛ばされることを知り、足抜けさせるために玉ノ井に向かう。そこで日下は、かつて心を通わせた、はるが娼婦となっていることを知る。

天下国家と個人の幸福。大義名分の思想よりも、大切な人を救うために、日下は行動をする。首相暗殺に向けたエネルギーを、娼婦となってしまった女性を助け出す行動に転換させる。そのダイナミズム。大作映画ではあるが、日活アクションの主人公の行動原理がここにある。

かつて「太陽族」として、権威に対する反逆の象徴的存在だった裕次郎が、国を憂うテロリストとして登場する。その衝撃もまた、舛田監督の狙いでもある。

時代や立場が変わっても、自分自身のため、自分が愛するもののために、闘いを続けるヒーローとしての裕次郎は『昭和のいのち』でも健在である。昭和の世相を絡めつつ、主人公が義侠心に生きる男に転生する姿を描いている。

東宝の浜美枝を佐久良耕平の娘・奈美にキャスティングしたのは、裕次郎映画のヒロインに新風を、という舛田の要望。その兄で、テキヤの跡取りでありながら、陸軍中尉として国のために闘う市郎に高橋英樹。

この『昭和のいのち』は、敵対するヤクザ組織への殴り込み寸前でエンドマークを迎えることとなる。シナリオに用意されていた立ち回りを、裕次郎が「ここでやめてくれ」とラスト・シーンを撮らせなかったという。

《僕もそうだし、裕ちゃんもそうだったんですよね。最後のあの立ち回りはもう嫌だと（笑）。もう決まりごとだからね。僕一人だったらやっぱり会社も、「いやぁ、舛田さん、やっぱり最後の立ち回りは絶対入れよう」って言って撮らされただろうけど、裕次郎の言うことだからしょうがないってことで、そういうことにしたんだよね。》（舛田利雄インタビュー・二〇〇九年四月）

日活としても「裕次郎が嫌だと言っている」と舛田監督が言ったら、それ以上、文句は言えなかったという。

ポスターや宣材には、《日活の総力を結集！「黒部の太陽」に続いて放つ感動の娯楽超大作！》《「黒部の太陽」の裕次郎が再び世に問う激情の大ロマン！》とのキャッチが踊った。

東宝から初めて日活撮影所で出演した浜美枝はこう感じていた。

《初めての日活は裕次郎さんを中心に、フレッシュな雰囲気で若い俳優さん、スタッフの方々も仲良く、アットホームな雰囲気でした。裕次郎さんは、まさにスターのオーラがあって、それでいて優しくて、外から来た私にも緊張感を持たせないような心遣いをしてくださいました。本当に周りのスタッフにも気配りをされる方でしたので、とても居心地の良い現場でした。
私にとっては初めての「やくざ映画」的な世界でした。衣裳は全て着物でしたが、あまり抵抗はなかったです。撮影はとてもスムースに進行して、とにかくお昼休みが楽しみでした。みんなが食堂の前の広場に集まってワイワイとおしゃべりをして（笑）。その撮影所の雰囲気は裕次郎さんが作って来たんだなぁと感じました。》（浜美枝インタビュー・二〇一八年十二月十二日）

『昭和のいのち』の公開は六月二十二日。このとき、裕次郎は兄・石原慎太郎が出馬する参院選の公示を前にして、活発な応援活動をしていた。北海道から九州まで、全国主要都市へ選挙応援に回っていた。

裕次郎が行けば「歌を聞かせて欲しい」と後援者たちからの要望が寄せられることとなり、そこで裕次郎がファンや支持者のための歌唱指導教室まで開いたという。そのためにレコーディングされたのが、慎太郎作詞の「青年の国をつくろう」（五月発売　作曲・小林亜星）だった。七月七日の七夕選挙では、慎太郎が三〇〇万票を獲得して当選を果たした。

この頃、石原プロモーションは、歌手やタレントのマネージメント業務も行っていた。前年、昭和四十二年、ビクターの歌手・渡辺順子が石原プロモーションへ移籍、黛ジュンと改名し、二月に東芝レコードから「恋のハレルヤ」で再デビューを果たした。続いて七月に第二弾「霧のかなたに」をリリースして、この曲で年末の第十九回ＮＨＫ紅白歌合戦に出場した。さらに明けて昭和四十三年一月に発売した「乙女の祈り」は同月に正式スタートしたばかりのオリコン二位、三十一万枚を超す大ヒットとなった。さらに五月発売の「天使の誘惑」はオリコン三位、四十六万枚をセールスして「第十回日本レコード大賞」を受賞。九月にリリースした「夕月」では六十六万枚を超すヒットを記録。石原プロ所属歌手として、一九六〇年代末の歌謡界を席巻した。

七月、テイチク創業三十五周年記念商品・十枚組ＬＰ「石原裕次郎大全集」をリリース。「狂った果実」から「夜霧の恋の物語」までデビュー以来のシングル曲に、新録音の「男なら」「裏町人生」「田原坂」「人を恋うる歌」「旧第一高等学校東寮寮歌（あゝ玉杯に花うけて）」「戦友」などのカバー曲を加えてＬＰレコード十枚に及ぶ豪華セット。予約特典として彫刻家・本郷新の製作による「裕次郎全身像」（ドイツ合金ZALF製イブシ銀仕上げ）が購入者にプレゼントされた。

九月には「忘れるものか」／「さよならは云ったけど」を

リリース。いずれも伊東ゆかりの「小指の想い出」を手掛けた作詞家・有馬三恵子と作曲家・鈴木淳が手掛けた裕次郎ソング。「忘れるものか」の「抱いてやりたい　燃えてもみたい」という歌詞の体温の高さが、それまでの楽曲とは違う味わいとなった。

『黒部の太陽』の大ヒットで、映画製作会社としての石原プロモーションでは、次々と映画の企画が立てられ、持ち込まれていた。その頃、候補として上がっていたのが、『黒部の太陽』の原作者・木本正次によるルポルタージュである。水不足に悩む中国のために、日本政府の協力で日本企業がダム建設を記録した「香港の水」だった。

大自然を克服する男たちのスケールの大きなドラマだったが、裕次郎が興味を持ったのは、『銀座の恋の物語』『憎いあンちくしょう』（一九六二年）などの蔵原惟繕監督が持ち込んできた「栄光への5000キロ」（笠原剛三著）だった。北アフリカで行われるサファリラリーに挑んだ、日本人チームの記録をヨーロッパ、アフリカ・ロケを敢行して行うという壮大な企画だった。早速、リサーチ、製作準備に入った。

裕次郎は、その頃、まき子夫人と共に、メキシコ・シティで開催されるメキシコ・オリンピック観戦へと出かけることとなった。裕次郎は特派記者としてスポーツニッポン紙面でオリンピック・レポートを連載。

この時、ハワイからロサンゼルス経由でメキシコに向かうことになった裕次郎は、ホノルル空港でベトナム戦線へと旅立つ若者たちとその恋人や家族たちとの別れの場を目にした。同行したスポーツニッポンの川野泰彦記者に、裕次郎は思わず「つらいなあ」と呟いた。平和の祭典メキシコ・オリンピックと、泥沼化するベトナム戦争。裕次郎が目の当たりにした一九六八年の世界の現実であった。

この時に感じたことが、のちに『ある兵士の賭け』（一九七〇年）で、ベトナム戦争の従軍キャメラマンを演じるモチベーションになったのかもしれない。

帰国してきた裕次郎を待っていたのは、宝酒造「松竹梅」CMへの出演と制作の仕事だった。それまで女性タレントが出演していたCMに、男性映画スターの起用を、ということで企画されたもの。ここから宝酒造・大宮隆社長（当時）と生涯続く友情がはじまる。松竹梅のCMには、劇団民藝の宇野重吉が共演。撮影は金宇満司、演出は舛田利雄という布陣で毎年、新作が撮られることとなる。

また十一月にはLP「男の歌声〈第8集〉石原裕次郎」（十二曲収録）をリリース、「忘れるものか」など最新ヒット曲に加え、未発表曲「泪が燃える」（作詞・大高ひさを　作曲・野崎真一）、「黄色い月」（作詞・萩原四朗　作曲・野崎真一）、「白夜の都」（作詞・池田充男　作曲・久慈ひろし）、「別離（ラズルカ）」（作詞・渋谷郁男　作曲・牧野昭一）も収録された。

十二月二十八日、石原プロモーションの次回作『栄光への5000キロ』の製作発表会見が行われた。そして正月映画『忘れるものか』の公開日は、裕次郎の三十四才の誕生日でもあった。

『忘れるものか』十二月二十八日　松尾昭典監督
東宝の星由里子との初共演

この年の裕次郎三本目の日活作品『忘れるものか』は、翌、昭和四十四（一九六九）年の正月映画として公開された。ロマンチシズムをたたえたメロドラマとしてのアクション映画は、『夜霧よ今夜も有難う』（一九六七年）以来、久々となる。

東宝の星由里子をヒロインに起用したのは、『夜霧の慕情』（一九六六年・松尾昭典）での松竹の桑野みゆき、『昭和のいのち』（舛田利雄）の東宝の浜美枝、と他社の女優と共演することで新機軸を打ち出してきた前例にならってのこと。

星由里子は、昭和三十三（一九五八）年、東宝シンデレラ娘グランプリに輝き、東宝専属として『すずかけの散歩道』（一九五九年・堀川弘通）でデビュー。浜美枝、田村奈巳と共に「東宝スリーペット」を結成、一九六〇年代の東宝娯楽映画のヒロインとして活躍。とくに、加山雄三との「若大将」シリーズ（星の出演は一九六一〜六八年）では、マドンナ澄子を演じて一世を風靡した。

《初めての日活映画は、とても新鮮でした。特に石原裕次郎さんを慕っているスタッフやキャストの方ばかりで、石原さんを中心に懸命に映画作りに取り組む、その姿が印象的です。

『忘れるものか』の舞台は、私が住んでいる京都が舞台で、石原さんと二谷英明さんがかつての親友で、私は石原さんが好きだったのに、二谷さんと結婚してしまった、という過去を持つ三人の物語です。それまで青春映画のヒロインが多かった私にとって、本格的な大人の女性の役でした。

石原さんは、とてもスマートで、初めての日活で勝手が分からない私を、上手にエスコートしてくださいました。『若大将』のヒロインから脱皮して、大人の女優としてこういう方向に行きたい、こうしたい、と思っても、なかなか良い作品にめぐり合うことができず迷っている時期でした。そこへ石原さんの映画に呼んでいただいて、背伸びしながらも大人の女優へと脱皮するきっかけになりました。》（星由里子インタビュー・二〇一八年二月二十八日）

舞台は京都。O．T．商会社長・津村洋介（二谷英明）の運転する自家用車が、何者かが仕掛けたダイナマイトで爆破炎上してしまう。その遺体を京都・右京署で確認するのが、津村の妻・夕子（星由里子）。美しい着物姿の夫人である。やがてタイトル、主題歌「忘れるものか」に乗せて、古都・京都のさまざまな風景が活写される。主題歌の終わりと共に、新幹線で京都駅に降り立つのが、主人公・岡部司郎（裕次郎）。彼は、新幹線八条口からタクシーに乗って、東山にある津村の墓参りをする。そこで岡部と夕子が再会を果たす。

津村と夕子、そして岡部には「過去」に「何か」があったことを、観客に伝える滑り出し。岡部と津村は、かつての親友同志、一緒にO．T．（岡部と津村のイニシャル）商会を起業して、京都の暗黒街を牛耳る尾形組の専横に立ち向かいながら、会社をもり立てていたことが明らかになる。夕子は岡部に惹かれていたが、津村が夕子を愛していることを知り、岡部が身を引くかたちで、夕子は津村と結婚した。

ムード・アクションで繰り返し描かれてきた「かつて結ばれるはずであった男女」の再会の裏にある主人公と親友をめぐるドラマ。津村の死は、事業の失敗からの自殺ということで落ち着く。

ところがO．T．商会の社員・小野（日野道夫）の話を聞くうちに、岡部は津村の死そのものに疑念を抱きはじめる。京都新報の記者・鴨沢（金田龍之介）の話で、疑念はよりいっそう深まってゆく。

そして「現在」の岡部の敵となる、組織暴力団・尾形組のボス・尾形として、東宝のベテラン男優・田崎潤が凄味を見せてくれる。野呂圭介や榎木兵衛、黒田剛、ファンには顔なじみの日活バイプレイヤーたちを前に、さすがの貫禄の田崎からは東宝の「暗黒街」シリーズなどの匂いもして、そのミクスチャーが楽しめる。一九六〇年代末には、こうして映画会社の枠を越え、俳優が他社出演することが多くなり、各社のカラーが次第に希薄になっていくことにもなった。

津村の死の真相を探るうち、岡部は次第に孤立しはじめる。尾形組は、岡部やかつての弟分・ケン（川口恒）たちへの妨害をはじめ、ケンのガールフレンド・かおる（太田雅子／後に梶芽衣子）がそのターゲットとなる。警察もあてにはならない。やがて、かおるからの情報で、津村には生前親しくしていた女性の存在が明らかになる。高瀬川のそばで、バー「むらさき」を経営するマダム・ルミ（市原悦子）へ、津村が入れあげていたのだ。そのことを糾す岡部だが、ルミは否定する。しかし、「むらさき」に夕子が来ていたことから、岡部の疑念はある核心へと変わる。

往年のムード・アクションの味わいはあるものの、この頃の邦画に共通する「画面の寒さ」でいささかチープな印象となっている。すでに映像の中のロマンチシズムを維持していくのも、難しい時代に入ってしまったのだ。とはいえ、ラスト、夕子と岡部は再び別れることとなり、そこに流れる「忘れるものか」の哀切さ。この後味のためにファンは裕次郎映画を観るのだ。

第三章　アフリカ・サファリ・ラリーへの挑戦
――昭和四十四（一九六九）年

『栄光への５０００キロ』のクランクインを二月に控え、ロケーションの準備、タイアップと、石原プロモーションのスタッフが忙しく動いていた頃、日活の契約違反で、石原裕次郎と日活の間の契約が白紙となった。これで裕次郎は事実上フリーとなり、この年の日活映画出演は、年末の『嵐の勇者たち』（十二月三十一日・舛田利雄）一作品のみとなる。

『黒部の太陽』を共同制作した三船敏郎は、続く『栄光への５０００キロ』への出演も快諾した。

二月、テイチクから「港町・涙町・別れ町」（作詞・作曲・浜口庫之助）／「君も生命を」（同）がリリースされた。「夜霧よ今夜も有難う」「粋な別れ」と、裕次郎ソングの定番を生み出してきた、ハマクラさんこと浜口庫之助による「港町・涙町・別れ町」は、長く愛唱されるスタンダードとなる。

『風林火山』三月一日　稲垣浩監督

スター・プロによる戦国絵巻

石原裕次郎は『黒部の太陽』での大先輩の協力に感謝して、自らも三船プロダクションの『風林火山』に、上杉謙信役として出演することとなる。

兵法に秀でた山本勘助（三船敏郎）は、甲斐の武田家の家臣・板垣信方（中村翫右衛門）に取り入って、武田晴信、のちの信玄（中村錦之助）の軍師となる。仕官した勘助は、諏訪攻めでは諏訪頼茂（平田昭彦）を謀殺。しかし、その姫・由布姫（佐久間良子）に魅せられた勘助は、その思いを胸に秘めながら、晴信に仕える。やがて信濃攻めが長期化、武田勢は劣勢となる。信濃の諸侯が逃げ延びた越後には、上杉謙信（裕次郎）がいた。いよいよ、武田と上杉の川中島の合戦が近づく。

裕次郎の上杉謙信は、終盤までその姿を見せない。しかも台詞は全くないが、圧倒的な存在感で中村錦之助の武田信玄を文字通り凌駕する。その風格、見事な馬さばき。映画スター・石原裕次郎の堂々たる戦国武将ぶりが堪能できる。

この企画は『黒部の太陽』製作、公開に五社協定を盾に難色を示した、東宝の製作本部長・藤本真澄が、その成功を受けて、三船敏郎に製作を持ちかけた。井上靖の原作は、黒澤明が映画化を考えていたという。三船は『黒部の太陽』完成後、ハリウッド映画『太平洋の地獄』（一九六九年・ジョン・ブアマン）撮影のため長期間パラオに出かけていたが、帰国後、プロデューサーとして精力的に映画化に向けて動いた。

東宝出身の三船、東映の佐久間良子、東映の中村錦之助、東宝の志村喬といった会社の枠を超えた映画スター、中村翫右衛門、中村勘九郎，中村梅之助ら歌舞伎界、新國劇の緒形拳など、各ジャンルのそうそうたるメンバーがキャスティングされた歴史スペクタクル大作。

戦前より時代劇の傑作を生み出してきた名匠・稲垣浩と、その数々の名作で主演してきた三船による戦国スペクタクル大作は、製作時からマスコミの話題となった。しかも橋本忍と国弘威雄による脚本は、山本勘助の人間的魅力、武田信玄の豪放磊落さ、由布姫の気丈夫、そして上杉謙信の風格と、各スターの見せ場をたっぷり用意して、見事な戦国絵巻となった。

『黒部の太陽』で突破した五社協定という破砕帯はすでになく、斜陽の映画界を、自らの手で再興しようという三船の気概に、石原プロの裕次郎、中村プロダクションを立ち上げる中村錦之助たちが結集したスター・プロの作品として大ヒットを記録した。三月公開のため、『風林火山』は昭和四十三年度の映画配給ランキングでは、ダントツの七億二〇〇〇万円の配収で堂々の一位となった。

五月にはテイチクからスチール・ギターをフィーチャーした「白樺の湖」(作詞・石巻宗一郎　作曲・バッキー白片)／「霧の街角」(同)がリリースされた。リラックスした裕次郎の歌声には、大人の歌手としての成熟が堪能できる。ＬＰ「ゴールデンアーチストシリーズ　裕次郎魅惑のブルース」(十二曲収録)も同時発売された。

石原プロモーションが次に取り組んだ『栄光への５０００キロ』は、昭和四十一(一九六六)年、アフリカ・サファリ・ラリーで、日産チーム監督としてクラス優勝、チーム優勝を果たした笠原剛三のドキュメント「栄光への５０００キロ東アフリカ・サファリ・ラリー優勝記録」(一九六六年・荒地出版社)を原作に、昭和四十四年の第十七回ラリーにキャメラを持ち込んで、実際のレースのなかで撮影しようというものだった。

笠原剛三の原作の映画化は蔵原惟繕が日活時代から暖めていたが企画が通らないまま、昭和四十二年、蔵原は日活を辞めてフリーになった。シンポジウムのためソ連に向かうことになった蔵原は、栄田清一郎プロデューサーに企画を託した。大手映画会社も二の足を踏んだプロジェクトだったが、偶然、栄田が銀座で中井景と会って、企画の話をしたところ、報告を受けた裕次郎が「うちでやりましょう」と即答したという。蔵原が帰国した時には、すでに態勢が整っていた。

中井は日活時代『ビルマの竪琴』（一九五六年）や裕次郎の『アラブの嵐』（一九六一年）などで海外ロケのノウハウがあり、日活の製作主任だった石原プロの銭谷功も『金門島にかける橋』（一九六二年）の台湾ロケ、『青春大統領』（一九六六年）のオーストラリアロケを経験済み。

すべての準備に先立って、アフリカのロケハンに『黒部の太陽』の製作主任として現場を仕切った小林正彦が向かっていた。石原裕次郎は小林に「この本が映画に出来るかどうかってことを、とにかく調べてみてくれ」と頼んだという。東アフリカのケニアでロケーションが出来るか、実際のラリーの映像が撮れるか。そのためのリサーチでもあった。

ヨーロッパから東アフリカへ単身、ロケハンのための下準備に向かった小林は、日産自動車の現地販売所の協力で、ラリーのコースとなる四カ国、五〇〇〇キロを、自動車で周ったという。その報告を聞いた裕次郎は正式に製作を決定。それから、蔵原監督、山田信夫、キャメラの金宇満司以下、メインスタッフと再度ロケハンに出かけている。

さて、クランクインは二月十日、二月下旬から三月上旬には、ヨーロッパのモンテカルロ、ニース、モナコ、スイス、パリでロケーションが行われた。三月九日から四月十七日にかけて、東アフリカ・ケニアのナイロビを中心にサファリ・ラリーに撮影隊が参加した。およそ二ヶ月に及ぶ海外ロケは、日本映画史上、かつてない規模だった。キャメラの金宇満司は、『黒部の太陽』に引き続きの参加だが、蔵原監督とは『黒い太陽』（一九六四年）でコンビを組み、アフリカへは羽仁進監督、渥美清主演『ブワナ・トシの歌』（一九六五年）の長期撮影を経験済み。

さらに『黒部の太陽』の仕上げをした録音の紅谷愃一も、苛烈なロケに参加して、現場のサウンドの臨場感を記録。無謀ともいうべきスケジュールをこなすことが出来たのは、『黒部の太陽』から参加した製作担当の小林正彦の采配あればこそ。

『栄光への5000キロ』七月十五日　蔵原惟繕監督

ロマンチシズムとリアリズムと

すべて本物にこだわる裕次郎と蔵原惟繕は、本作を単なるレース・ドキュメントにするのではなく、孤独にレースを続ける男と、そんな恋人を待ち続けることが出来なくなってしまった女の「男と女」のドラマとして描くことにした。企画を温めてきた蔵原の要望で『銀座の恋の物語』（一九六二年）をはじめ、蔵原と名コンビを組んだ山田信夫がシナリオを執筆することとなった。ヒロインには日活で数々の作品で恋人役を演じた浅丘ルリ子を迎えた。

山田・蔵原監督のコンビは、これまで裕次郎とルリ子を主演に「男と女」のドラマを展開してきた。例えば『憎いあンちくしょう』では「純粋愛は存在するか?」という大命題をテーマに、神風タレントの裕次郎が、東京から九州の無医村までジープを届けるという行動に出る。それが理解できない恋人でマネージャーのルリ子の焦燥、目的を果たした裕次郎とルリ子が結ばれるまでを描いた傑作だが、『栄光への5000キロ』の裕次郎とルリ子は、これらの蔵原作品の集大成のようでもある。

映画的に面白くするために、モナコ公国でのラリー・モンテカルロ、フランス・パリでのロケーション、そして富士スピードウェイでの日本グランプリを盛り込んで、クライマックスの東アフリカのサファリ・ラリーへとドラマを展開していく。

どの組織にも所属しないジプシー・クルーとして世界のレースを転戦してきた五代高之（裕次郎）は、ファッション・デザイナーの優子（浅丘ルリ子）とはパートナーの関係にあるが、正式に結婚をしていない。二人を結びつけているパッションが薄れつつあるときに、五代はモンテカルロ・ラリーで事故を起こし、九死に一生を得る。一方、五代のライバルである友人のピエール（ジャン＝クロード・ドルオー）も、妻のアンナ（エマニエル・リヴァ）が同行しているが、安住の地はなく子供を作ることが出来ない。

ドラマは二人のドライバーの孤独と、その男を待ち続けることに疑問を持つ二人の女性の心象風景を、美しい映像のなかで描く。倦怠期に陥った男と女の「愛の回復」が作品の大きなテーマとなっている。それまでの日活での蔵原作品は、登場人物が自分の気持ちを言葉で表現していたが、本作はフランス映画のようなヴィジュアルで、男と女のドラマが映像で直感的に展開されていく。映画は寡黙だが、映像は多弁である。

ピエールを演じたジャン＝クロード・ドルオーは、アニエス・ヴァルダ監督の『幸福《しあわせ》』（一九六六年）やトニー・リチャードソン監督の『悪魔のような恋人』（一九六九年）などに出演したフランス俳優。アンナ役のエマニエル・リヴァは、広島を舞台にしたアラン・レネ監督の『二十四時間の情事』（一九五九年）に主演、日本でもおなじみだった。二〇一三年の第八十五回アカデミー賞では『愛、アムール』（二〇一二年）で八十五歳、史上最年長の主演女優賞にノミネートされた。ジャック・シャブロル役のアラン・キュニイは、フェデリコ・フェリーニ監督の『甘い生活』（一九五九年）や、のちに『エマニエル夫人』（一九七四年）などに出演したフランスのベテラン俳優。

三船敏郎が日産の日高専務、仲代達矢が主人公のかつてのライバルで、現在は日産特殊実験課としてサポートする竹内正臣を演じている。日本映画を代表する二人の俳優と裕次郎の共演は、大作映画に相応しい風格となっている。サファリ・ラリーの日産チームの監督・野村憲一を演じた伊丹十三は、『北京の55日』（一九六三年）や『ロード・ジム』（一九六五年）などのハリウッド映画にも出演していた国際派。浅丘ルリ子とは、蔵原監督の『執炎』（一九六四年）で共演している。

そうしたスターのキャスティングと同時に、サファリ・ラリーで五代をサポートするメカニック・江藤には青年座の笠井一彦が抜擢され、自然な演技を見せてくれる。音楽は前作に続いて黛敏郎。裕次郎と蔵原の『憎いあンちくしょう』『何か面白いことないか』でも音楽を手掛けている。

当初のキャスティングでは、メカニック・江藤は浜田光夫にオファーがあったという。

《このときは、ぼくはまだ日活専属だったんですが、裕次郎さんから「出て欲しい」と言われて、メカニックの役のオファーがあったんです。そこで石原プロの小林正彦専務と二人で、日活の堀久作社長のところへ直談判に行ったら「まかりならん！」と一喝されて、二人でシュンとして帰って来たんですよ。結局その役は、日活の役者じゃダメだからと、青年座の笠井一彦さんが演じることになりました。》（浜田光夫インタビュー・二〇一四年十月二十九日）

《石原プロから『栄光への５０００キロ』のお話があった時は本当に驚きましたし、嬉しかったですね。オファーがあったときは、天にも昇る思いでした。車が好きだったもんでオーディションを受けるときも、絶対に決めてやろうと思いましたね。先に、裕次郎さんはヨーロッパロケに出発されていて、ぼくが初めてお目にかかったのは、ケニアのナイロビのホテルなんです。第一印象は、イメージ通りの育ちのいい坊ちゃん、という感じです、年下のぼくがそういう事を言うのはおこがましいですけど。本当に人が良い、素晴らしい方でした。》（笠井一彦インタビュー・二〇一三年一月二十三日）

蔵原監督は、プロデューサーとしての裕次郎について、インタビューで語っている。

《東京から中井景がお金が足りなくなってナイロビまで

やって来た時も、普通ならプロデューサーなんだから頭抱えますよ。当時のお金で二億、それがアフリカ・ロケでほとんど使い果たされた。あれは勝者と敗者を同じ視点で見つめていこうというドラマで、敗者の部分は切ってしまおうかどうかという判断を迫られた時に裕ちゃんはひと言、『蔵さんやりましょう』と》（蔵原惟繕「映画・裕次郎がいた」）

この『栄光への5000キロ』では、ユニークなパブリシティ作戦が展開された。石原プロモーションは『黒部の太陽』で宣伝協力をした日本芸能企画に、製作宣伝を依頼。日本芸能企画は、スポーツニッポンの文化部長だった深見喜久男が設立した会社で、幅広い記者たちのネットワークを持つ。五社協定とのもめ事も、裕次郎たちへのシンパシーによりプラスに作用していた。この記者仲間のネットワークによる、新聞雑誌への好意的な記事の露出度が、映画製作中のパブリシティ作戦の勝利に結びつくと、裕次郎は考えた。

まだ海外旅行が庶民にとっては「夢」だった時代。裕次郎は、東アフリカのナイロビに、新聞各社の芸能担当記者を招いて、取材をして欲しいと提案。海外ロケ作品では、普通、映画会社の宣伝チームが現場写真を撮り、話題を提供して記事にしてもらうというのが常だった。

裕次郎は、記者たちの眼で、耳で、肌で体感したことを、そのまま記事にしてもらうことで、映画を楽しみにしてくれるファンや、観客となってくれる人々に、現場の空気を届けたいと考えた。

日本芸能企画の深見喜久男は、この裕次郎の提案を受け、毎日、読売、東京（中日新聞）、産経新聞の一般紙、報知、サンスポ、スポニチ、日刊、デイリーのスポーツ各紙、スポニチ・テレビニュース社の映像班からなる報道陣を、現場へ派遣することになった。

日程はおよそ一週間。現地で触れ合った裕次郎の人柄に、惹かれた記者たちは、その後「ナイロビ会」を結成。裕次郎と交流を続けながら、折りにつけ、裕次郎や石原プロモーションの強力なシンパとなってゆく。独立プロである石原プロモーションにとって、この記者たちとの交流は、何にも代え難い財産となった。

『栄光への5000キロ』の配給は松竹映配、ロードショーは全国東急洋画系、松竹系での一般公開が決まった。『黒部の太陽』は大ヒットしたものの、日活は同時上映の文化映画に対する三〇パーセントの利益配分を計上した報告書を石原プロモーションに送付してきた。二本立て興行の場合、配給収入はその二作品で折半、というのが基本的な取り決めだったが、短篇映画の場合は三〇パーセントという考え方だった。しかし現実には、短篇映画の同時上映記録は、どこにもなく、日活はその報告を訂正したものの、配給収入に対する不信感が芽生えたことは確かである。

そこで裕次郎は『栄光への５０００キロ』の配給は、もっとすっきりとできないものかと、洋画の配給会社と組むことにした。松竹映配も、裕次郎の壮大な映画プロジェクトへの協力を快諾。東京では七月十五日に渋谷パンテオン、新宿ミラノ座、東銀座の松竹セントラルを中心に、全国主要都市の洋画系でロードショーされ、空前の大ヒットとなり、昭和四十四年度の映画配給収入ランキングでは、配収六億五〇〇〇万円で洋画を含めて堂々の一位を記録した。

劇場プログラムに裕次郎が寄せた「結びのことば」にこうある。

《小生、石原プロの社長として製作者として、また俳優として、こんごとも全力投球で突っ走ることはもちろんですが、そこにやはり一切の私利私欲をなくした場所で、モノを見つめていきたいと思っています。》（「栄光への５０００キロ」プログラム・一九六九年）

『栄光への５０００キロ』のポストプロダクションの最中に、石原裕次郎は盟友・勝新太郎が立ち上げた勝プロダクション製作の『人斬り』のため京都・太秦の大映京都撮影所に赴いた。

『人斬り』八月九日　五社英雄監督
盟友・勝新太郎との初共演

勝新太郎の勝プロダクションとフジテレビが提携した時代劇大作『人斬り』に裕次郎が出演することになった。斜陽の映画界で三船敏郎と共に『黒部の太陽』を成功させた石原裕次郎と、『燃えつきた地図』（一九六八年八月・勅使河原宏）で映画製作に乗り出した勝新太郎。マスコミは「スター・プロの時代到来」と華々しく書き立てたが、同時に五社によるプログラムピクチャーを中心とした映画界の斜陽に歯止めがかからなくなってきたことの証でもあった。そして新たに映画製作に乗り出したのが、テレビ局。昭和三十四年に開局した、民放としては後発のフジテレビが、この年の五月一日、東宝傍系の東京映画との共同で『御用金』を製作、同年の年間興行ランキングで一〇位となる大ヒットを記録していた。

さて『人斬り』は、『御用金』に続いて、フジテレビの人気番組「三匹の侍」（一九六三年）のディレクターで同作の映画化で監督デビューを果たした五社英雄が演出。司馬遼太郎の短編小説「人斬り以蔵」に着想を得て、黒澤明作品を手掛けてきた橋本忍がオリジナル脚本を執筆。

　勤皇か？　佐幕か？　策謀渦巻く幕末で、土佐藩の郷士・岡田以蔵（勝新太郎）が、土佐勤王党の党首・武市半平太（仲代達矢）に見出され、最強の暗殺者となり「人斬り以蔵」と呼ばれ、京の都を震撼させる。殺人をすることは、土佐藩のため、勤皇のための「天誅」と武市に教え込まれ「人斬り」を生き甲斐にしている以蔵と、郷里の親友・坂本龍馬（裕次郎）の友情。そして薩摩藩士でやはり「人斬り」と恐れられた田中新兵衛（三島由紀夫）との交流を、徹底的なバイオレンスと共に描いていく。

　自分を暗殺の道具としか見ない武市半平太に隷属している以蔵に対して、もっと広い視野を持てとアドバイスする坂本龍馬。大義のための滅私か？　信念のための自由か？　坂本龍馬の行動原理は、日活映画で裕次郎が演じてきたキャラクターの延長にある。殺伐としたドラマの中で、しばしばインサートされる裕次郎と勝新太郎のツーショットは、作品のアクセントとなっている。

　また、三島由紀夫の田中新兵衛が実に素晴らしい。勤皇の志士たちが集まる居酒屋「おたき」で、坂本龍馬と出会い、自己紹介をするシーンが、三島にとっては撮影初日だった。

《立廻りの撮影が一番たのしみで、本当はここから入りたかつたのに、スケジュールの都合で、「おたきの店」のセリフ場面からなので、内心これは困つたことだと思つた。撮影に馴れないで、いきなり登場場面のセリフから入るといふことは、役者として大きな負担である。》（三島由紀夫『人斬り』出演の記・大映グラフ一九六九年八月号）

　リハーサルではあまりにも三島の演技が硬いため、五社監督は三島に一度普段着に着替えてもらい、リラックスしてテストをするとうまくいき、改めて衣裳を着けての本番はＯＫとなった。しかし徳利から茶碗に酒を入れて飲むシーンがどうもうまくいかない。それを見ていた勝新太郎が「たった今、人斬ってきたばかりの奴が、そんな平然としてられるか」と、監督に最初のカットをＯＫにしようと提案した。

　三島由紀夫の緊張している姿に、勝はプロの俳優では出せないリアリティーがあると感じ《自分が人斬り新兵衛だと思ったら、もう人斬り新兵衛なんだ。監督がとやかくいったら、冗談じゃない、オレは人斬り新兵衛だといってやれ》（室岡まさる『市川雷蔵とその時代』・一九九三年・徳間書店）と三島を励ました。

　そして石原裕次郎との芝居。田中新兵衛はいずれ「この変節漢を斬ってやる」と思いながら、坂本龍馬に自己紹介をする。そこに流れる緊張感。裕次郎と互角にわたり合う三島由紀夫の存在感が、フィルムに記録されている。

映画は八月九日に大映系で公開され、大きな話題となり、作品評価も高かった。このときには、すでに「五社協定」は有名無実な旧弊と化していた。動員数が激減するなか、映画会社も、スター・プロに頼らざるを得ない状況にあった。

『人斬り』は、昭和四十四年の映画配給収入ランキングでは、配収三億五〇〇〇万円で四位を記録している。

テレビ『黒部の太陽』（NTV）八月三日～十月十二日

また八月には、民芸映画社とMNSプロの制作で、日本テレビ系列で連続ドラマ「黒部の太陽」（八月三日～十月十二日・全十一回／製作話は全十二回・カラー）が放映された。メガヒット作品のドラマ化ということで、制作費一億二〇〇〇万円と当時としては破格だった。鳴りもの入りで放送された。

制作の民芸映画社は、宇野重吉や滝沢修の劇団民藝系列の映画製作会社で、昭和二十九年、日活が「五社協定」（当時は松竹、東宝、大映、新東宝、東映）の反対を押し切って製作再開した時に、劇団民藝映画部が製作提携、俳優や演出家を供給した。そして昭和三十二年に、劇団民藝映画部が独立して民芸映画社が設立され、日活配給で吉永小百合と浜田光夫の『ガラスの中の少女』（一九六〇年・若杉光夫）などの作品を製作していた。

このドラマ化は、『黒部の太陽』でのキャスティングや製作協力をした民芸に対する裕次郎たちの返礼でもあった。脚本は岩間芳樹、石松愛弘、横光晃、監督には日活の吉田憲二、鈴木清順、松竹の渡邉祐介、民芸映画社の若杉光夫たちが参加している。

石原裕次郎は映画には登場しないキャラクターで、地質学者で東大講師・曽根役を演じ、十一回のうち七回分に出演している。

新聞のラジオ・テレビ欄に掲載された八月三日放送の第一話「神話への序曲」の紹介によれば、近電社長・山垣（芦田伸介）が、建設工事の着手を記者会見で発表するところから物語が始まる。ドラマでは工事の進捗状況は《あくまでもタテ糸で物語はすぐにヨコに広がる》とある。

そのヨコ糸となるのが、家族のドラマ。建設事務所次長に抜擢された芳沢技師（松下達夫）は、定年間際だが、ワーカホリックで家庭を顧みない人生を歩んできた。妻（齋藤美和）と、芳沢の部下で大学出の技師（寺田農）と婚約した長女（吉田日出子）は、父母の夫婦生活をみて、結婚に踏み切ることができない。その妹・笑子（二木てるみ）は白血病に冒されてしまう。

裕次郎演じる曽根も、研究室にいるよりも山歩きが好きな男で、家庭を顧みず、登山で結ばれた妻（有馬稲子）も、芳沢の妻同様、寂しい思いをしている。

原作と映画のエッセンスを取り入れつつ、黒四ダム建設を背景にしたホームドラマとして脚色されている。なお、鈴木清順演出の第五話「男の中には鳥がいる」と、第七話「へんな奴」は、スポンサーの意向で放送が取りやめられた。当時のラテ欄に掲載されたサブタイトルと出演者は次の通り。

八月三日「神話への序曲」芦田伸介、石原裕次郎、有馬稲子、寺田農、吉田日出子。

八月十日「決断」石原裕次郎、芦田伸介、有馬稲子、寺田農、吉田日出子、松下達夫、斎藤美和、二木てるみ、北沢彪、神田隆。

八月十七日「ダムという名の酒場」宍戸錠、藤田尚子、万代峰子、中原早苗、松下達夫、寺田農。

八月二十四日「サブタイトル不明」宍戸錠、藤田尚子、万代峰子、松下達夫、寺田農、神田隆、玉川伊佐男。

八月三十一日「男の中には鳥がいる」松下達夫、寺田農、吉田日出子、斎藤美和、磯部玉枝、早川保、藤原釜足（未放映）。

九月七日「殺し屋」米倉斉加年、垂水悟郎、寺田農、松下達夫、斉藤雄一、神田隆。

九月十四日「破砕帯」寺田農、吉田日出子、松下達夫、芦田伸介、石原裕次郎、斎藤美和。

九月二十一日「春遠からじ」寺田農、吉田日出子、松下達夫、芦田伸介、石原裕次郎、水戸光子、辻万長。

九月二十八日「つらぬきしもの」芦田伸介、石原裕次郎、寺田農、吉田日出子、松下達夫、斎藤美和、磯部玉枝。

十月五日「生と死と」石原裕次郎、有馬稲子、寺田農、吉田日出子。

十月十二日「黒部の風」石原裕次郎、有馬稲子、芦田伸介、寺田農、吉田日出子、松下達夫、斎藤美和。

『富士山頂』への登頂

『栄光への５０００キロ』の大ヒットにより、石原プロモーションの次回作への期待が、映画界のみならず世間の注目を集めていた。『栄光への５０００キロ』の仕上げ中に、裕次郎が決めた次回作が、新田次郎原作、日本一の富士山の山頂に気象レーダーを設置させた男たちの物語「富士山頂」（文藝春秋）の映画化だった。

昭和三十四（一九五九）年、中部地方を襲った伊勢湾台風は、日本列島に甚大な損害をもたらし、多くの犠牲者を出した。「台風の進路を予測できたら」。そのために、広範囲の雨雲を察知できるレーダー施設の建設が急務となった。

やがて四億五千万円の巨費と二年の歳月をかけて、昭和三十九（一九六四）年に、富士山頂レーダーが設置された。富士山頂は全方向にわたってレーダーの電波が遮られることがなく、富士山測候所にレーダーを設置することになったのだが、資材搬入の困難さ、設置場所の気象条件の過酷さがネックとなり、実現不能といわれた。新田次郎は気象測量機の第一人者で、高山気象研究の専門家としてこのプロジェクトに参加。その一部始終を記録したのが原作である。

原作を読んだ裕次郎は、新田次郎に会うことにした。

《新田さんは、以前は気象庁にいた人だから、富士山頂のレーダードームについて、いろんなエピソードを持っていて、これが実に面白い。

富士山頂にレーダーを建設した男たちの悪戦苦闘のドラマだと、四季が織りなす富士山頂の姿……。（この小説を映画化すれば、きっときれいな映画になるぞ）

新田さんの話を聞きながら、僕は製作を決心した。》（「石原裕次郎　口伝　我が人生の辞」）

脚本には、橋本忍と共に三船プロの『風林火山』（一九六九年）を手掛けた国弘威雄。日活で裕次郎の『夜霧のブルース』（一九六三年）、『夕陽の丘』（一九六四年）とムード・アクションの佳作のシナリオを手掛けている。新田次郎が全面協力をして、当時の状況をリアルに再現。監督には、大映の村野鉄太郎が抜擢された。村野も、以前から新田次郎の「富士山頂」の映画化を考えており、それを知った石原プロモーションからオファーがあったという。

山頂にドームの鉄骨を運搬する危険な任務を帯びる朝日ヘリコプターの操縦士に、日活のトップスターとして群を抜いた活躍をしていた渡哲也が抜擢された。

渡は、昭和四十（一九六五）年に「第二の石原裕次郎」としてデビューしてほどなく、『泣かせるぜ』（一九六五年・松尾昭典）、『赤い谷間の決闘』（一九六五年・舛田利雄）で、裕次郎と共演。斜陽の映画界のなかで、日活期待の若手として「無頼」シリーズなどのやくざ映画、『野獣を消せ』（一九六九年・長谷部安春）などのニューアクションで、俳優として新境地を拓いていた。映画での共演は『赤い谷間の決闘』以来だったが、成長著しい渡が、『富士山頂』にはどうしても必要だと、裕次郎が声をかけたのである。

《石原さんというのは不思議な人で、自分なら腹が立ってしまうようなことでも、すべて許してしまう。また人を疑うということも知らない人で、素直に信じてしまう。心が広く、スケールのでかい、そばにいるだけで夢を与えられてしまうと言いますか、とにかく一緒にいると居心地がとても良い人でした。》（「渡哲也　俺」柏木淳一・一九九七年・毎日新聞社）

《ヘリのパイロット役で出演したのが、渡哲也だ。パイロットは実在の人物で、当時、レーダードームを頂上に運ぼうにも、火口のところは上昇気流が激しいため、ヘリが寄りつけなかった。

そのとき、テツが扮するパイロットが、「やってやれないことはない」と言って飛ぶのだ。

ところが撮影で実際にヘリを飛ばしてみると、これが思うようにいかない。四回も五回もチャレンジした。気候の変化がすごいのだ。》（「石原裕次郎　口伝　我が人生の辞」）

ここから、一九八〇年代の「西部警察」へとつながる、裕次郎と渡のパートナーシップが本格的に始まったのである。

富士山頂の剣が峰は気圧が平地の六八％、六時間以上いると九〇％の人が高山病にかかってしまう過酷な状況。夏の間、四十日間しか作業が出来ない、その間に建設をしなければならない。実際の富士山ロケも、まったく同じ状況で、裕次郎たちは苦労を重ねたという。撮影機材、照明機材を山頂まで運び、山頂での撮影となる。

夏山のロケは、昭和四十四年七月二十七日から四十日間にわたって行われたが、宿を朝の四時に出発して撮影を続け、宿舎に戻ってくるのは夜の八時過ぎ。地上のシーンに比べ、山頂で裕次郎の顔がむくんでいるのは、気圧の関係によるもの。また、冬山のシーンは、十月七日から一週間にわたって行われ、裕次郎、山崎努ら五名の俳優に、十六名のスタッフがマイナス十三度の苛烈な撮影に臨んだ。

『富士山頂』は翌年二月、日活系で公開されることが決定。懸案の配給と配収問題は、同時上映作を石原プロモーションの製作映画とすることで解決した。それが石原プロ専属となっていた浅丘ルリ子の『愛の化石』となる。

その頃、裕次郎に日活から正月映画への主演のオファーがあった。契約問題がこじれ、実質的にフリーとなっていた裕次郎は、この年、三船プロの『風林火山』、石原プロの『栄光への５０００キロ』、勝プロの『人斬り』と、スター・プロ製作映画のみに出演していた。日活としては、正月映画は、なんとか看板スター・裕次郎に出演してもらいたい。そこで企画されたのが、舛田利雄監督によるオールスター映画『嵐の勇者たち』だった。

この頃、石原プロモーションでは、自社の撮影所建設の計画が持ち上がっていた。立川に広大な土地を取得して、映画製作、テレビドラマ製作機能を備えた撮影所を作ろうというものだった。『黒部の太陽』『栄光への5000キロ』の大成功により、このヒットが続けば、石原プロが映画製作、テレビドラマ製作に力を入れることができる。そのためには、三船プロのように、自分たちのスタジオを所有し、それを貸しスタジオにすることでの収益も見込める。これも裕次郎の新たなロマンだった。十二月七日には、ホテルオークラで、石原プロモーション創立七周年パーティが盛大に開催された。

この年、裕次郎のシングルは四枚。十二月には「忘れた虹」（作詞・山上路夫　作曲・三木たかし）／「夜霧の舗道」（同）がリリースされた。この年、由紀さおりの「夜明けのスキャット」を作詞した山上路夫と、森山良子の「禁じられた恋」を作曲した三木たかし、新進作家の二人を起用して一九六九年の新しい歌謡曲に挑んだ意欲作。

LPでは十一月に、二枚組「ゴールデン・セラー　デラックス　石原裕次郎ヒット全集　魅惑の歌声　第3集」（二十四曲収録）が、十二月には、LP「ゴールデンアーチストシリーズ　裕次郎が唄う『魅惑の叙情歌』（戦前篇）無情の夢」（十二曲収録）のために「無情の夢」「雨に咲く花」「君恋し」「並木の雨」「青春日記」「人生の並木路」「影を慕いて」「酒は涙か溜息か」「船頭小唄」「雨のブルース」「国境の町」「上海ブルース」の戦前のヒット曲を新録音した。

さらに十二月には、正月映画『嵐の勇者たち』主題歌「反逆のメロディー」（作詞・渋谷郁男　作曲・伊達政男）が、一九六七年にレコーディングされていた「泪が燃える」（作詞・大高ひさを　作曲・野崎真一）とのカップリングでリリースされた。

『嵐の勇者たち』十二月三十一日　舛田利雄監督
日活オールスターによるピカレスクロマン

昭和四十四年十二月三十一日、翌昭和四十五年の正月大作として公開された『嵐の勇者たち』は、昭和三十年代半ばよりアクション映画王国を築き上げてきた日活が、文字通りのオールスターキャストで究極の日活アクション大作を目指して企画された。

舛田利雄によれば「会社から正月映画でとにかく全員を出してくれ」という要請を受け、シナリオを『拳銃は俺のパスポート』（一九六七年・野村孝）でデビューし、『野獣を消せ』（一九六九年・長谷部安春）などを手掛けていた若手の永原秀一と共に執筆。永原の斬新な感覚、抜群のディティール構成力と、裕次郎映画のメイン監督として日活アクションの黄金時代を担った舛田監督の才能が融合。石原裕次郎、二谷英明、川地民夫、宍戸錠のベテラン勢と、渡哲也、藤竜也らの日活ニューアクションのスターの魅力を絶妙の按配で配して、正月映画らしい華やかなキャスティングとなった。

浅丘ルリ子、松原智恵子は出演していないが、併映の『華やかな女豹』（江崎実生）に出演しているので、正月番組に日活スターが勢ぞろいした。

舛田と永原がイメージしたのは、フランク・シナトラ一家が総出演の犯罪映画『オーシャンと11人の仲間』（一九六〇年・ルイス・マイルストン監督）。メインのヒロインに、『昭和のいのち』（一九六八年・舛田利雄）に引き続き、東宝から浜美枝を招いて《プライドの高い、鼻持ちならない女をやってもらった。》（「映画監督・舛田利雄」）のも、舛田の狙い。

《女優を続けようか迷っていた時期だったんですが、日活撮影所の雰囲気はとても新鮮で、充実した仕事をさせていただきました。日活に出て、自分のなかで区切りが出来たのかもしれません。》（浜美枝インタビュー・二〇〇六年）

タイトルの「嵐」は、裕次郎映画だからということで『嵐を呼ぶ男』（一九五七年・井上梅次）などにちなんでつけられたもの。これだけのオールスターを集めて、限られた時間で作品を仕上げなければならないということでロケーションは、都内、横浜、油壺と撮影所の近郊で行われた。

巨悪の生駒正光（柳永二郎）とその愛人・志摩亜紀子（浜美枝）。その配下の浅見真吾（内田良平）、青井（青木義朗）、深田（深江章喜）の巨悪グループが、悪役サイド。

亜紀子が持っている時価数十億のダイヤを狙うのが、元刑事の島地陶介（裕次郎）と神崎明（二谷英明）、川辺（川地民夫）、浜野（浜田光夫）、藤木（岡崎二朗）、太郎（藤竜也）、浩（和田浩治）たち。いわば往年の日活スター連合軍である。

さらに亜紀子を誘拐するグループが、やはり生駒に恨みがある元ヤクザの唐沢恭（渡哲也）と英（郷鍈治）たち、日活ニューアクション・チーム。

これにファッションデザイナー・亜紀子の店の助手の冬子（吉永小百合）、理江（山本陽子）、佳代（梶芽衣子）らが巻き込まれる。そこに私立探偵・大門五郎（宍戸錠）が絡んで、それぞの思惑が錯綜するドラマが複雑に進行していく。

裕次郎の元刑事と渡哲也のチンピラ。日活ダイヤモンド・ラインの時代と、日活ニューアクション、二つの世代の相克を軸に、女性陣も華やかに絡んで来る。亜紀子のデザインしたファッションは、実はお針子の冬子によるもの。なので亜紀子は冬子たちにも恨まれている。腹いせに冬子たちが亜紀子のクルーザーに忍び込んでこっそり遊んでいると、唐沢たちが亜紀子を誘拐してくる。

これだけの設定で、登場人物がおよそ十八人。コミカルな犯罪映画として作られながら、裕次郎の島地をはじめ、日活アクションらしくそれぞれの「過去」のドラマが盛り込まれ、「個の葛藤」が描かれている。

冒頭の生駒と亜紀子の婚約パーティの司会は、久々に日活出演の岡田眞澄。このパーティでの亜紀子のダイヤを狙う主人公たちの動きが実に鮮やか。エレクトーン奏者の楽譜が入れ替わって、予定外の曲が演奏される。それが主題歌「反逆のメロディー」。この曲は、生駒に恨みを持つ者たちが密かに歌い継いで来たという設定で、劇中、効果的に使用されている。

裕次郎が唄う主題歌は、ユニークな使われ方をしている。冒頭、日活マーク前に、画面が真っ暗のまま「反逆のメロディー」（作詞・渋谷郁夫・作曲・伊達政男）が流れる。洋画のオーバーチュアを意識しての演出となっている。劇中、登場人物たちがリレーのように合唱するシーンも、終わりゆく日活アクションへの鎮魂歌ともとれる名場面。

日活オールスター総出演の大作のなかで、強烈な印象を残すのが、内田良平演じる殺し屋・浅見真吾の持つ悲しい過去と暗い影。これが、日活アクションの魅力でもある。この設定は小林旭の『海から来た流れ者』（一九六〇年・山崎徳次郎）で、宍戸錠が演じた悪役の生い立ちとよく似ている。こうしたディティールがスパイスとなって、世界観を拡げている。

また油壺のマリーナで、裕次郎と渡哲也やヨットのマストを見上げるカットがあるが、これもまた日活の伝統を感じさせてくれる。「太陽族」でスタートした日活の裕次郎映画の終焉が近い時期だけに、不思議な感慨がある。ちなみにこのヨットは、石原慎太郎所有のもの。

舛田利雄と永原秀一は、この映画から十年後、石原裕次郎と渡哲也主演による石原プロモーション製作のドラマ「大都会ＰＡＲＴⅡ」（一九七七～七八年・ＮＴＶ）のコンストラクション作りに参加。第一話「追撃」は永原脚本、舛田監督、第三話「白昼の狂騒」では本作のチーフ助監督だった村川透監督が永原脚本を演出。この三人を中心に、舛田組出身の監督やライターたちが、一九七〇年代末から八〇年代のアクションドラマの新時代を築いていくこととなる。

『嵐の勇者たち』は、残念ながら、斜陽の映画界ではビッグヒットとはいえず、日活は翌昭和四十五年二月公開の『富士山頂』に大きな期待を寄せることになる。

第六部　栄光と挫折

初のテレビ映画「大都会―闘いの日々―」のオープニングは裕次郎が演出。自分が納得いく作品を作る。それがモットーだった。

第一章　斜陽の映画界での闘い
――昭和四十五（一九七〇）年

この年の正月、裕次郎の仕事は、フジテレビの新番組「歌うロマンスタジオ」へのゲスト出演（夜十時〜十時五六分）から始まった。一月には、懐メロブームに乗って、児玉好雄のカバー「無情の夢」（作詞・佐伯孝夫　作曲・佐々木俊一）と二村定一の「君恋し」（作詞・時雨音羽　作曲・佐々紅華）のカップリングがリリースされた。前年十二月に発売されたLP「裕次郎が歌う「魅惑の抒情歌」（戦前篇）無情の夢」からのシングルカットだった。

年頭から、過酷な富士山へのロケーションを敢行した『富士山頂』の仕上げが行われ、二月十日に試写会の開催の運びとなった。

そして二月二十八日、全国日活系の映画館で『富士山頂』が公開された。同時上映は、浅丘ルリ子のヒット曲をモチーフにした『愛の化石』。演出は、「私は貝になりたい」（一九五九年・TBS）などを手掛けたテレビ・ディレクター、岡本愛彦。浅丘ルリ子、高橋悦史、田宮二郎たちによるメロドラマで、こちらも石原プロモーションの製作だった。

第三の難攻不落
『富士山頂』二月二十八日　村野鐵太郎監督

『黒部の太陽』、『栄光への5000キロ』と斜陽の映画界で、次々と話題作を手掛けてきた石原裕次郎。いずれも難攻不落、前人未到と呼ばれる題材の映画化を成功させてきた。その裕次郎が次に挑戦したのが、日本一の富士山の山頂に気象レーダーを設置させた男たちの物語。原作は山岳小説の雄・新田次郎。脚本は、橋本忍門下の国弘威雄。監督には大映の村野鉄太郎。

富士山レーダー建設に取り組む三菱電機技術部員・梅原悟郎に石原裕次郎、大成建設の現場監督・伊石昇に山崎努。そして朝日ヘリコプターの操縦士・加田雄平を演じた渡哲也は、昭和四十六（一九七一）年に石原プロへ入社することとなる。

裕次郎や三船と共に、勝プロダクションを立ち上げ、スター・プロの時代を築いた大映の勝新太郎が資材を山頂まで運ぶ馬方・朝吉役で出演。朝吉といえば、「悪名」シリーズ（一九六一〜七四年）で、勝が同名キャラクターを演じているが、本作での朝吉もそのイメージの延長にある。裕次郎と勝は、会社は違うが同時代のスターとしてプライベートで交流があり、勝プロの『人斬り』(一九六九年)には裕次郎が坂本龍馬役で出演、その返礼もあっての出演となった。

この時期、三船プロの『待ち伏せ』(三月二十一日)に裕次郎と勝が出演するなど、スター・プロ間の交流が盛んだった。斜陽の映画界のなかで、裕次郎、勝新太郎、三船敏郎、そして中村錦之助らのスター・プロの作品が映画界を牽引していた。

その朝吉の弟分・辰吉に、東宝アクション全盛時代に活躍した、和製リチャード・ウィドマークと呼ばれた佐藤允。勝新太郎と佐藤允のやりとりは、緊迫のドラマのなかで笑いを誘う。本作には大映が製作協力していることもあって『大魔神』三部作(一九六七年)で大魔神を演じていた橋本力や、勝が可愛がっていた酒井修など、大映の大部屋のバイプレイヤーの俳優と、裕次郎映画でおなじみの浜田光夫、黒田剛、武藤章生、榎木兵衛といった日活の俳優の共演も楽しめる。

出演シーンは少ないが、裕次郎の妻には東宝の星由里子。昭和四十三年の裕次郎映画『忘れるものか』で初の他社出演を果たした星にとっての二度目の裕次郎との共演となる。

石原プロからのオファーについて星由里子の想い出。

《その頃、私は母と東京の成城に住んでおりまして、石原さんのお宅はすぐ近くだったんです。ある日、家に帰ったら、我が家の門の前に、石原さんと、のちの石原プロモーションの小林正彦専務がおられて、「石原プロモーションで映画を製作します。これをお読みください。お願いします」と『富士山頂』の台本をお持ちになったんです。東宝を通してではなく、直接お見えになられたことに、石原さんのこの映画にかける情熱を感じました。

五社協定でご苦労されたこともあるのに、ルールやマナーも十分分かっておられた上で、ストレートな思いを伝えに直接行動される。それが『黒部の太陽』という前人未到の大作を成功させた石原さんの情熱だったのだと思います。》(星由里子インタビュー・二〇一八年二月二十八日)。

出演者のほとんどが男性の『富士山頂』のなかで市原悦子が、気象庁測器課長・葛木(芦田伸介)の妻を好演している。ちなみに芦田伸介が演じた葛木のモデルは原作者・新田次郎。葛木家のシーンは、新田の自宅で撮影が行われている。

『富士山頂』は、昭和四十五年二月二十八日に東銀座の松竹セントラル、渋谷パンテオン、新宿ミラノ座などの松竹東急系でロードショー公開され、同時に日活系で封切られた。同時上映は、石原プロモーション製作による、浅丘ルリ子のヒット曲をフィーチャーした『愛の化石』（岡本愛彦）だった。

『富士山頂』は昭和四十五年度の映画配給収入ランキングでは、配収二億八〇〇〇万円で三位を記録した。

『富士山頂』公開時の雑誌「シナリオ」一九七〇年三月号（シナリオ作家協会）に、石原プロモーションのラインナップがズラリと掲載されている。『富士山頂』、『愛の化石』、『ある兵士の賭け』、『エベレスト大滑降』、いずれも昭和四十五年に製作公開されている。前年末のラインナップ発表で紹介された予定作品も合わせて、「風の音」（井手雅人脚本）、「黒地の絵」（大野靖子脚本・森谷司郎監督）、「さいはてに愛を」（井手雅人脚本）、「駆け出した女」（斎藤耕一脚本・監督）、「戦艦武蔵」（井手雅人脚本）、「酒顚童子」（野上龍雄脚本）、「参謀本部の密使」（猪又憲吾・井手雅人脚本）、「峠」（井手雅人脚本）、「ひかりごけ」、「砂の十字架」など、十四本の企画が発表されている。

『富士山頂』は、斜陽の映画界に果敢にも挑戦しながら『黒部の太陽』『栄光への５０００キロ』で結果を出してきた、裕次郎の「映画への限りない夢」が垣間見える企画だった。しかしビッグヒットとはならなかった。前述のラインナップで実現することになるのが「エベレスト大滑降」と「砂の十字架」となるが、これが裕次郎と石原プロにとって、大きな「十字架」となっていくのは、もう少し後の話。

三月、淡谷のり子の「雨のブルース」（作詞・野川香文　作曲・服部良一）／ミス・コロムビアの「並木の雨」（作詞・高橋掬太郎　作曲・原野為二）が前年十二月発売のＬＰ「裕次郎が歌う『魅惑の抒情歌』（戦前篇）無情の夢」からのシングル・カット第二弾となる。

五大スター競演による娯楽時代劇

『待ち伏せ』三月二十一日　稲垣浩監督

『黒部の太陽』の成功、『風林火山』の大ヒットで、斜陽の映画界に「スター・プロ」の底力を見せつけた三船敏郎の三船プロダクションが、石原裕次郎、勝新太郎、中村錦之助、そして浅丘ルリ子を招いて製作した時代劇大作。

監督には空前の大作『風林火山』をまとめ上げた時代劇の名匠・稲垣浩。稲垣は、大正十一（一九二二）年に日活向島撮影所に役者として入所して以来、日本映画の歴史と共にあった。伊藤大輔監督の「伊藤映画研究所」「阪東妻三郎プロダクション」「片岡千恵蔵プロダクション」など、黎明期のスター・プロに参加して、昭和十（一九三五）年、日活京都撮影所に入所。その前から、三村伸太郎、山中貞雄、滝沢英輔、八尋不二ら、京都の鳴滝に住む若き映画人たちと、映画会社の垣根を超えた脚本家集団「鳴滝組」を結成。梶原金八の合同ペンネームで、山中貞雄の名作『丹下左膳余話　百万両の壺』（一九三五年・日活）、『河内山宗俊』（一九三六年・同）などの脚本を手掛けた。

稲垣浩は、斜陽の映画界で「自分たちの撮りたい作品を撮る」と立ち上げた、三船敏郎の三船プロダクション、勝新太郎の勝プロダクション、裕次郎の石原プロモーション、中村錦之助の中村プロダクションなどのスター・プロに、若き日の自分たちの姿を重ねていたに違いない。

撮影所システムはすでに瓦解し始めていた。ならば自分たちで、観客が納得する娯楽映画を、というトップスターたちの気概を受け止めての参加だった。

とはいえ、予算は限られている。『風林火山』のような人海戦術のスペクタクル大作は難しい。ということで、プロデューサーの三船敏郎たちが考えたのが、スターがずらりと顔を合わせた「グランド・ホテル形式」による映画づくり。

舞台は人里離れた山中にある「茶屋」。そこにそれぞれの思惑を抱いた男女が集まり、様々な葛藤のドラマが繰り広げられる。ＭＧＭ映画『グランド・ホテル』（一九三二年）に由来する「グランドホテル形式」とは、一つの舞台に様々な人物が集い、それぞれの人生が同時進行で展開していくというもの。このスタイルであれば、三船、裕次郎、勝新、錦之助の夢の顔合わせが、成城九丁目にあった三船プロダクションのスタジオ（トリッセンスタジオ）のセット内で実現できる。このトリッセンスタジオの一部は、元は裕次郎のボート小屋のあった場所に建築されたもので、裕次郎も経営者の一人として名を連ねている。

脚本は、藤木弓（稲垣浩のペンネーム）、小国英雄、高岩肇、宮川一郎らベテラン脚本家が共同で執筆。

天保年間。素浪人・鍋刀三郎（三船敏郎）は、「からす」と呼ばれる武士（市川中車）からの密命を帯びて、人里離れた三洲峠にやってくる。途中、夫・伊太八（土屋嘉男）からの暴力に耐えていた・おくに（浅丘ルリ子）を道連れにした鍋刀三郎は、茶店におくにを置いていく。その茶店の離れには、医者くずれの玄哲（勝新太郎）が居座り、亭主・徳兵衛（有島一郎）とご禁制の薬を密造している。そこへ、数年前、無実の罪で在所から所払いを受け、今は旅がらすの弥太郎（裕次郎）がやってきた。さらに、盗人を捕まえたものの、瀕死の重傷を負った役人・伊吹兵馬（中村錦之助）が転がり込んでくる。

一見、関係のなさそうな五人が、それぞれ運命の糸で繋がり、ついには御用金を狙う盗賊の陰謀、さらには、松本藩を取り潰そうとする、江戸幕府の思惑まで見えてくる。

黒澤明監督の『用心棒』（一九六一年）以来、三船敏郎のイメージとなった素浪人の豪快な殺陣、そして裕次郎演じるドライな股旅・弥太郎の現代的なキャラクター、裏のある不気味な勝新太郎の玄哲、直情径行型の真面目な役人・中村錦之助の伊吹兵馬、影のある浅丘ルリ子のおくに。いずれも主役級のスターの演技合戦が楽しめる。そこにおきゃんな茶屋の娘・お雪を演じた北川美佳がコミカルな味を添えている。

特に裕次郎は、時代劇とは思えないほどの、良い意味での軽い芝居で、コメディ・リリーフとして、重厚な三船の素浪人と好対照を見せてくれる。

「グランド・ホテル形式」ということもあり、五大スター競演が最大の売りゆえ、登場人物の造形やプロットには、脚本サイドの苦労がしのばれる。作品の仕上がりは、クライマックスの三船敏郎の殺陣も含めて、娯楽映画として満足のゆくものであったが、時代劇大作を期待した観客にとっては物足りないものであったかもしれない。

鳴り物入りの宣伝が展開されたが、斜陽に歯止めがかからなくなっていた映画界では、興行的には振るわず、満足のゆく結果を出せなかった。三船敏郎と稲垣浩監督は昭和二十六（一九五一）年の『海賊船』以来、『宮本武蔵』三部作（一九五四～五六年）、そしてヴェネツィア映画祭でグランプリとなった『無法松の一生』（一九五八年）などで名コンビを組んできたが、これが稲垣浩監督にとって最後の作品となった。

四月にはテイチクから、ハワイアン・スタイルの「南の恋歌」（作詞・滝田順【今戸栄一】　作曲・バッキー白片）／「ささやき」（作詞・池田充男　作曲・村沢良介）がリリースされた。

ちょうどこの頃、製作がスタートしていたのが、世界的スキーヤーで登山家の三浦雄一郎が、世界最高峰のエレベストから、スキーで文字通り大滑降する世紀の冒険に、キャメラを持ち込んで、ドキュメンタリーとして記録しようという『エベレスト大滑降』と、ハリウッドとの合作を目指した『ある兵士の賭け』だった。『エベレスト大滑降』は、石原慎太郎が製作の指揮を取り、着々と準備が進められていた。

映画へのあくなき夢を抱いて裕次郎が、世界マーケットを意識して取り組んだ『ある兵士の賭け』は、感動の実話をもとにしたヒューマン・ドラマだった。

『ある兵士の賭け』六月六日
キース・エリック・バート、千野皓司、白井伸明監督

目指すはハリウッド！

昭和三十五（一九六〇）年十二月二十八日に、大分合同新聞に掲載された「歩いてきたサンタの米兵　神奈川から一三〇〇キロ別府白菊寮改築の募金旅行」という記事がある。

別府市の児童福祉施設「光の園　白菊寮」は、戦災孤児や混血児、浮浪児など不幸な身の上の子供たちの施設。別府にあった米軍キャンプの兵士たちは、ことあるごとに白菊寮の子供たちと触れ合っており、そのなかに本作のモデル、ジョン・O・アーン大佐（当時は少佐）がいた。大佐はその後、神奈川県座間のキャンプに移動。昭和三十五年、白菊寮の改築費用が不足していることを知ったアーンは、座間キャンプの兵士たちと賭けをして、資金を集めることを思いつく。座間から別府まで一三〇〇キロの道程を、二週間かけて歩くというものだった。

アーンは、その後も募金のためのウォーキングを続けた。そして昭和四十（一九六五）年、自らベトナム戦線に志願、ベトナムなら日本に近いため、クリスマス停戦の時に「日本で募金が続けられる」という理由からだったという。しかし、この年のクリスマス、アーンは地雷に触れて戦死。白菊寮の子供たちは、その死を悼んだという。

そのエピソードを映画プロデューサー・奥田喜久丸が耳にして、友人のシナリオ作家、ジェームス三木に話した。すると、偶然にも三木が、昭和四十一（一九六六）年の白菊寮完成パーティーの司会だったことが判明した。それがきっかけとなり、奥田は映画化を企画、三木と共にストーリーをまとめた。最初、東宝で映画化が検討されたが、戦闘シーンなど幾つか難しい問題があり、企画は見送られていた。

それから二年半、奥田からこの話を聞いた石原プロの中井景が、映画化を決定し、プロジェクトが動き出した。奥田は東宝傍系の東京映画で、フランク・シナトラが演出した日米合作映画『勇者のみ』（一九六五年）や、『００７は二度死ぬ』（一九六七年）の日本ロケのコーディネイトを手掛けており、アメリカとの交渉を担当。米軍への協力要請や、フランク・シナトラ・ジュニア、デイル・ロバートソンの出演交渉などに当たった。

ジェームス三木のストーリーを脚色したのが、アメリカ側が戦争映画『クロス・イーグル作戦』（一九六八年・未公開）などを手掛けたヴィンセント・フォートレー。日本側がこれがデビューとなる猪又憲吾。監督のキース・エリック・バートは、キース・ラーセンの名前で『北西騎兵連隊』（一九五三年）などに出演。映画では『Mission Batangas』（一九六八年）を初演出したばかり。日本側監督には、日活出身の千野皓司。フランキー堺主演の『極道ペテン師』（一九六九年）が注目されての抜擢となった。

主人公のクラーク・J・アレン少佐には『大酋長』（一九五九年）などの西部劇に出演したデイル・ロバートソン。その妻には、『バタフィールド8』（一九六〇年）などに出演していたダイナ・メリル。そして、アレン少佐の一三〇〇キロのウォークに同行するデニス・ディクソン伍長に、フランク・シナトラ・ジュニア。父・フランク・シナトラ譲りの歌声を、劇中、京都府山崎のサントリーのビール工場でのシーンで披露している。

日米合作とはいえ、Bクラスのスタッフ、俳優ばかりで、日本での知名度がほとんどなかった。

これが作品のスケールダウンにつながってしまう。「日本映画がアメリカのマーケットを狙う作品にしたい」裕次郎の意気込みとは裏腹に、クランクイン前から状況は良好とは言えなかった。

『黒部の太陽』では関西電力、『栄光の５０００キロ』では日産自動車と、大手企業とタイアップして、潤沢な資金で映画作りをしてきた石原プロだったが、『富士山頂』では三菱電機を始め、期待していたタイアップが取れずに自己資金での映画製作を余儀なくされた。その上での興行的失敗は大きかった。中井のプロデューサーとしての才覚や読みの甘さが、裕次郎の「夢の実現」の足枷になりつつあった。さらに映画界を取り巻く状況が悪化してきたことも大きい。

それでも映画を作る。動き出したプロジェクトには、製作中から陰りが見えていたが、裕次郎たちは突き進んだ。

さて、裕次郎が演じたのは、朝鮮戦争でアレン大尉と知り合い、その過去を知る従軍カメラマン・北林宏。善行の人、美談の主のアレンにつきまとい、ぬぐい去れない過去を突きつける。裕次郎には珍しく、ヒール的役割として登場するが、次第にアレンの真意に触れてゆく。そして『栄光への５０００キロ』に続いて、三船敏郎が、大分合同新聞編集局長・衣笠忠夫役で出演している。

アレン少佐の目的地である、大分県別府市にある児童養護施設〝白菊寮〟の園長、山田しげには新珠三千代。この頃、東宝映画を中心に活躍していたために東宝女優のイメージがあるが、昭和三十年代前半は日活の女優として、裕次郎と『乳母車』（一九五六年）で共演している。

また、この頃、石原プロモーションに所属していた浅丘ルリ子が特別出演、道中、倒れたディクソン伍長を助ける、滝口節子を演じている。

神奈川〜静岡〜名古屋〜京都〜広島〜山口〜九州と、アレンたちが歩く昭和四十五年の日本の風景も、今となっては貴重な記録。昭和三十七年、裕次郎が『憎いあンちくしょう』でジープを疾駆させ、東京から九州を縦断するが、そのロケーションと比較すると、八年間の日本の変わり様を目の当たりにすることが出来る。また、主題歌「ある兵士の賭け」（作詞・阪田寛夫　作曲・山本直純）がフォーリーブスの歌でCBSソニー・レコードから、サントラ・アルバムはコロムビアから、それぞれリリースされた。主題歌は「クワイ河マーチ」「史上最大の作戦のマーチ」のようなハリウッドの戦争映画からヒットしたマーチを意識して作られた。また主題歌として浅丘ルリ子の「節子」（作詞・丹古晴巳　作曲・山本直純）がテイチクから発売された。フランク・シナトラ・ジュニアの「節子」もCBSソニーレコードから発売。競作盤で話題作りを試みた。

撮影中、日本側監督・千野皓司とプロデューサー・中井景の間に意見の相違があって対立、結局千野が降板することになった。後を引き継いだのは、助監督・白井伸明だった。最終的に二人は共同監督としてクレジットされている。

昭和四十五年六月六日、松竹映配の配給により、松竹系で公開されたが、批評も散々で、興行的には惨敗を喫した。この映画について裕次郎は、後年、こう述懐している。

《成功の甘い香りが『黒部の太陽』であるなら、苦労の苦汁は、昭和四十五年に製作した『ある兵士の賭け』だった。当時の金で、五億八千万円の負債を抱えてしまった。

この映画はハリウッドの監督・シナリオライター・主役を使って撮ったため、これに莫大な金がかかってしまって、国内の配給ではペイしなくなった。この映画に続いて、プロスキーヤーの三浦雄一郎さんがエベレストを滑降する『エレベスト・シンフォニー』という映画を製作するのだが、作品の出来はよかったものの、配給をめぐってトラブルがあって興行的に失敗した。》（「石原裕次郎　口伝　我が人生の辞」）

『エベレスト大滑降』　七月十八日
上映中の公開打ち切り

三浦雄一郎がこの年、五月五日にエベレストの標高七九八五メートルのサウスコルからスキーで滑降する「日本エベレスト・スキー探検隊」の計画をフィルムに収めようと、探検隊メンバーである石原慎太郎が企画。日本エベレスト・スキー探検隊の総本部長は作家・藤島泰輔だった。

日本からのキャメラマンが高山病にかかり、急遽『黒部の太陽』を手掛けた金宇満司が、『ある兵士の賭け』の現場を助手の奥村祐治に任せて、カトマンズへ飛んだ。遠征隊と共に現地入り。結局五月六日にサウスコルから二〇〇メートル下の岩場「イエロー・バンド」から滑降することになり、三浦は減速用のパラシュート、酸素マスク、救命胴衣、通信機内蔵のヘルメットを着用して滑降したが、一分四〇秒のところで、パラシュートで減速中に転倒してしまった。

しかし、この時点で世界で最も標高が高い地点からのスキーによる滑降と世界中の賞賛を浴びた。『エベレスト大滑降』は、渋谷パンテオンで常陸宮殿下を迎えて試写会が行われた。当初、ナレーションを担当する予定だった裕次郎は、『ある兵士の賭け』にかかりきりで、この作品にはノータッチで、試写を観るまで、作品の詳細を知らされていかった。その裕次郎への配慮もあって、プロデューサーのクレジットには中井景、銭谷功のみだった。

しかも、クライマックスの滑降シーンを、パブリシティ番組で放送してしまい、配給の松竹映配から「契約違反」とクレームがついて、上映が打ち切られてしまった。

満足のゆくタイアップが取れなかった『富士山頂』、製作時のトラブルが続き興行成績も不振だった『ある兵士の賭け』に続いて、石原プロにとっては大きな失敗となった。中井景は本作を最後に石原プロを退社。その後フリーのプロデューサーとなる。

しかし、のちにこのフィルムは、カナダの映画プロデューサー、バッジ・クローリーが石原プロモーションから買い取り、再編集をして『エベレストを滑った男』（一九七五年）として公開。なんと第四十八回アカデミー賞で長編ドキュメンタリー映画賞を受賞。二〇一〇年には、米アカデミー・フィルム・アーカイブがこの作品を、未来に残す作品として保存対象として、収蔵することとなった。

その頃、日活は大映との共同配給システム、ダイニチ映配を設立して、互いの作品をそれぞれの劇場チェーンで同時公開するという興行形態をとっていた。コストダウンが必至の映画界において、興行を維持していくのは日に日に難しくなっていた。それゆえ、日活としては、看板スターだった裕次郎の作品をどうしても公開したいという意向が強かった。

ダイニチ映配で、「日活の裕次郎映画と、大映の勝新太郎作品の二本立てを、お盆興行の目玉にしたい」と持ちかけられた裕次郎は、相次ぐ自社作品の不振もあって、気分転換の気持ちで、この申し出を引き受けた。製作は日活と石原プロモーション、企画内容、スタッフ、キャストは裕次郎がハンドリングするというのが条件だった。

裕次郎の指名でプロデューサーとなったのが、元スポーツニッポン記者で、『黒部の太陽』の五社協定問題のときにも、ジャーナリストとしてサポートしてきた川野泰彦。川野は昭和四十三年に、プロデューサーとして石原プロモーションに入社。さまざまな企画のサジェストをしており、浅丘ルリ子の『愛の化石』のプロデュースも手掛けていた。

「アクションものは避けたい」という裕次郎の意向で、それまで作られたことがない、裕次郎のコメディ・タッチのホームドラマが作られることになった。スタッフも舛田利雄監督以下、デビュー以来、裕次郎とチームを組んで来たベテランで固め、石原慎太郎の子育てエッセイ「スパルタ教育」（光文社カッパホームズ）を原作に、佐治乾と中野顕彰がシナリオを担当。

ヒロインには、大映を代表する女優・若尾文子を迎え、プロ野球の審判・裕次郎と若尾文子夫婦の子育て奮戦記という異色の作品が企画された。

裕次郎の後輩で、二軍落ちしたロッテオリオンズの投手役には、裕次郎の推薦で渡哲也がキャスティングされた。ところがクランクイン初日、日活から渡哲也の起用にストップがかかった。

契約更改をめぐって、渡哲也サイドと日活が揉めて「五社協定」にかけるという話が持ち上がっていた。それが通ってしまえば、渡哲也は映画界から追放されることになる。なんとしてでも、五社・社長会に諮られる前に、この事態をおさめるべく裕次郎が動いて、日活の堀久作社長に直談判した。話合いの結果、渡哲也と日活の契約を、石原裕次郎の責任で円滑に行うことを条件に、この件は決着した。

『スパルタ教育　くたばれ親父』八月十二日　舛田利雄

現代っ子対太陽族！

昭和四十五年の夏は大阪万博一色だった。日本中の家族連れが、大阪千里の日本万国博覧会会場を訪れ、連日入場者の記録を塗り替えていた。裕次郎にとっては半年ぶりの日活作品は、万博で沸き立つこの年の八月十二日、お盆映画として、勝新太郎の人気シリーズ第二十一作『座頭市　あばれ火祭り』（三隅研次）と二本立てで公開された。

一九六〇年代、高度成長を遂げた日本では、核家族化がすすみ、団地、社宅族といわれるホワイトカラーには平均二人の子供がいて、マイホームパパと呼ばれ、休日には家族サービスに励んでいた。さらにこの時代、少年マガジンに連載された、梶原一騎原作、川崎のぼる画「巨人の星」にはじまる「スポ根」ブームが席巻。少年たちにとって、野球が娯楽の王様でもあった。

この年、舛田利雄は、二〇世紀フォックスの大作『トラ・トラ・トラ！』（一九七〇年）の日本側監督として、その仕上げのためにハリウッドと東京を往復する多忙な日々を送っており、裕次郎映画は、前年末の『嵐の勇者たち』以来となる。さらに、日活と大映が共同配給機構「ダイニチ映配」を立ち上げて、日活と大映作品を二本立て公開するなど、日本映画界の斜陽はますます歯止めが利かなくなりつつあった。

そうしたなか、夏の裕次郎作品を任された舛田は、ビッグバジェットのアクション作品ではなく、アイデア勝負の企画を実現させる。それが『スパルタ教育　くたばれ親父』だった。

本作での裕次郎は、プロ野球審判員。巨人の長嶋茂雄選手と交流があったとはいえ、裕次郎は最初、野球の審判役には難色を示したという。舛田は、前年、昭和四十四年十月三十日の後楽園球場での日本シリーズ第四戦・巨人対阪急での「土井の足」事件にヒントを得て着想したという。

この一件で、舛田は、審判に興味を持ち、脚本の佐治乾、中野顕彰と共にオリジナル・ストーリーを考案した。裕次郎は、伝説の審判・岡田功にインスパイアされた、頑固一徹なプロ野球審判・田上悠三を演じることとなる。

審判を主人公にしたとはいえ裕次郎映画。その後輩で、血気盛んなロッテオリオンズの二軍選手・原和也には渡哲也をキャスティング。日活アクションの人物配置でホームドラマを作るという大胆な試みに挑戦。田上の妻で、五人の子供の母親役に、大映のトップ女優・若尾文子を起用、裕次郎とはこれが初共演となる。

厳密を重んじる、厳格なプロ野球の審判員、ガミさんこと田上悠三（裕次郎）は、東京の公団住宅で妻・尚子（若尾文子）と五人の子供たちと共に暮らしている。グラウンドでは、頑固一徹のガミさんだが、子供には放任主義をとっている。日曜祝日も仕事をしている父親への反発から、子供たちはワガママし放題。

その悪ガキぶりが、前半の見どころとなるが、いくら演出とはいえ、子供たちの無茶苦茶ぶりは、さすが舛田映画。子供たちは、宅配用の牛乳瓶を割りまくり、花壇の花を引っこ抜き、止めてある高級外車のボンネットに上がって、おしっこをかけてしまう。たまりかねてベランダから「ウルサい！」と怒鳴るオジさんが出て来るが、これが舛田自身という楽屋オチもある。

ちなみに、イタズラされた外車は、舞台となった団地に住んでいたチーフ助監督の村川透の私物だという。いかにも豪腕、鬼の舛田組らしいエピソードである。

そんなガミさんは、心機一転、スパルタ親父と化す。ガミさんのスパルタぶりは外へも広がっていく。審判員の小島（青木義朗）が心臓発作で倒れ、その娘で英愛学園高校三年生の雅子（有川由紀）が学校でドロップアウトしていたため、持ち前のスパルタ教育で、高校生達の根性を叩き直す。ところが、ヤリ過ぎのガミさんに子供と妻が造反、お祖父ちゃん・義郎（田崎潤）の家に、家出してしまう。

微笑ましいホームドラマ描写、プロ野球審判の世界などを描きつつ、クライマックス、お祖父ちゃんの家にバイクで乱入し、海岸で大暴れする暴走族と、裕次郎が対決するアクション場面も盛り込み、「太陽族対暴走族」という図式となる。最後の十分間の展開は、それまでのホームドラマから一転、舛田監督らしいアクション映画となる。

『錆びたナイフ』（一九五八年）から始まった、裕次郎と舛田監督のコンビ作だが、日活では本作が最後となる。二人が映画で顔を合わせるのが、二年後の石原プロ＝東宝作品『影狩り』（一九七二年）。確実に、一つの時代が終わりを告げようとしていた。

この年、日活は山本薩夫監督の超大作『戦争と人間』の製作をすすめていた。日本映画演劇陣総出演のオールスター大作で、裕次郎への出演要請があった。川野泰彦によれば、裕次郎は最初、出演に難色を示した。うまく断る方法はないか。川野は出演料を「三千万円なら」と法外な金額を提示した。もちろん断る口実だった。しかし日活幹部は「それでお願いします」とOKしたという。裕次郎の役は、大日本帝国奉天総領事館の書記官。出演シーンはごくわずかだが、圧倒的な存在感はさすがに大スターの貫禄があった。

『戦争と人間　第一部　運命の序曲』
八月十四日　山本薩夫監督

超大作のなかの裕次郎

一九六〇年代半ばからのレジャーの多様化、テレビの普及、若者の趣味の広がりに、娯楽の王者を誇っていた映画産業はついていくことができず、邦画各社は起死回生のヒット作の企画を模索していた。そうしたなか、名匠・山本薩夫と日活は「信用ある日活映画」の伝統をもう一度花開かせようと、五味川純平の戦争文学「戦争と人間」の映画化に取り組んだ。民芸映画社長で数多くの日活映画を手掛けた大塚和、新星映画社で山本薩夫と共に映画作りをしてきた宮古とく子がプロデューサーとして、この超大作の製作にあたった。

原作者・五味川純平は、満州生まれで東京外国語学校の英文科を卒業後、満州鞍山の昭和製鋼に入社、昭和十八年に召集を受け、激戦の満州東部ソヴィエト連邦との国境各地を転戦。昭和二十年八月九日、ソ連軍が満州を侵攻した時には、五味川の所属部隊は、ほぼ全滅。生存者は五味川を含めて数名だったという壮絶な体験を味わう。戦後、昭和三十年にその体験をもとに「人間の條件」を発表、一三〇〇万部という大ベストセラーを記録。同作は松竹で小林正樹監督が映画化（一九五九〜六一年・全六部作・上映時間九時間三一分）。

さて、この『戦争と人間』は、その『人間の條件』を超える大作として企画され、昭和四十五年の本作『第一部　運命の序曲』（一九七分）、昭和四十六年の『第二部　愛と悲しみの山河』（一七九分）、昭和四十八年の『第三部　完結篇』（一八七分）の三部作で上映時間九時間二三分という文字通りの戦争大河映画として作られた。

これまで戦争映画では、スペクタクル性が薄い、戦争の記憶が生々しい、といった理由で、時系列で描かれることが少なかった昭和六年の満州事変前夜から、昭和十四年のノモンハン事件までの八年間に、軍部と新興財閥の癒着、そして傀儡国家・満州国建設、泥沼化する戦争、そこに生きた様々な人々のドラマを、ダイナミックに描いている。

泥沼の日中戦争に突き進んで行く日本と日本人をテーマに、社会派の巨匠・山本薩夫監督が、日本映画演劇陣総出演という言葉に相応しい超大作として、堂々たる作品に仕上げた。

この『第一部　運命の序曲』では、大正時代にのし上がった新興財閥である五代家の人々と、軍部の台頭、張作霖爆破事件から満州事変に至るまでの道を、さまざまなエピソードを交えて描いている。伍代家当主・由介に劇団民藝の重鎮・滝沢修、その弟で中国での利権を軍部との癒着で一挙に拡げて行く伍代喬介に、日活アクションの悪役などで活躍した個性派・芦田伸介。いずれも主役であるが悪役として描かれている。そして『風と共に去りぬ』（一九三九年・ヴィクター・フレミング）で、ヴィヴィアン・リーが演じたヒロイン、スカーレット・オハラを彷彿とさせる、伍代由介の娘・由紀子に浅丘ルリ子。この頃の浅丘ルリ子は、風格、色香、そして気だるい雰囲気、最高の美しさともいうべき輝きを放っている。

裕次郎が演じたのは、日本奉天総領事館・篠崎書記官。リベラルで、文民統制をモットーとする、心あるエリート官僚を好演している。裕次郎が出演したのは、三部作のうち、第一部のみ、出演シーンもごくわずかであるが、数多くの裕次郎映画を手掛けてきた山田信夫脚本は、裕次郎演じる篠崎書記官の台詞一つ一つに、これまでの映画で培って来たヒーローのイメージを投影させている。

暴走する関東軍に対し、最後まで抵抗を見せる篠崎は「今、日本の運命を決定的な瞬間がよぎろうとしています。この時に、白は白、黒は黒とハッキリ対処できないのなら、私たち外交官は存在の理由を失います」と言い放つ。外交官としての立場が機能しないのなら、外交官を辞めると宣言する。この発言と行動論理こそ、幾多の日活アクション、日活青春映画、日活文芸作のなかで、裕次郎が繰り返してきた、ヒーローのアイデンティティーでもある。

この裕次郎の行動原理をヒーローの条件とするなら、『戦争と人間』においてそれを満たしているのは、高畠正典（高橋幸治）、服部達夫（加藤剛）、不破学（田村高廣）、そして標拓郎（伊藤孝雄）と、数えるほどしかいない。ほとんどが悪役である。それがゆえに、悪魔的存在の鴫田駒次郎（三國連太郎）や伍代喬介のワルぶりがイキイキとしている。また梨園のプリンス、中村勘九郎（十八代目中村勘三郎）が、伍代俊介の少年時代を好演。伍代家に生まれたゆえ、貧しいものを救済することができない、俊介の苦しみと悲しみを、見守りつつ「物事は一つの方向で考えてはいけない」と諭す、父・由介の「勝者の論理」と無意識の驕り。単なるスペクタクルや観念だけではなく、大河ドラマとしての人間の描き方は、山本薩夫作品ならではの風格がある。

昭和四十五年度の映画配給収入ランキング（洋画・邦画含む）では、配収五億九〇〇〇万円で堂々一位を記録した。

八月にはシングル「雨」（作詞・萩原四朗　作曲・上原賢六）／「哀愁の島」（作詞・萩原四朗　作曲・野崎真一）がリリースされた。

九月十三日、日本万国博覧会が閉会式を迎えた。万博フィーバーが終わった頃、もはや映画の斜陽に歯止めがかからなくなっていた。この年、日本の映画人口（映画館入場者数）は、ついに二億五四七九万人へと減少。ピークの昭和三十三年が一一億二七四五万人だから、相当深刻な状況だった。

その頃、裕次郎は、前述のラインナップの最後に挙げられていた『黒部の太陽』の木本正次原作の「砂の十字架」（「週刊現代」連載、講談社刊）の映画化に意欲的だった。

茨城県鹿嶋市の臨海工業都市建設の礎となった鹿島開発に情熱を注ぐ、茨城県の職員・植松一也（裕次郎）の、土地開発に賭けた「夢」とその苦い顛末を描くというもの。ヒロインには東宝の司葉子、監督は松竹のベテラン中村登と、いずれも初顔合わせとなった。十月二日『甦える大地』の製作発表が行われ、撮影は茨城県鹿島灘を中心とするロケーションからスタートした。

十一月には、前年に引き続き、全曲新録音のＬＰ「ゴールデンアーチストシリーズ　裕次郎が歌う『魅惑の叙情歌』（戦後篇）懐かしのブルース」（十二曲収録）をリリース。「懐かしのブルース」「夜のプラットホーム」「君待てども」「白い花の咲く頃」「啼くな小鳩よ」「星の流れに」「胸の振り子」「フランチェスカの鐘」「別れても」「港が見える丘」「水色のワルツ」「別れのタンゴ」など昭和二十年代の流行歌をカバーしている。

十二月には、ベテラン音楽家の服部良一が裕次郎のために書き下ろした「銀座　夜のブルース」（作詞・池田充男）を発売。カップリングの敗戦直後に霧島昇が唄って大ヒットし、裕次郎の愛唱歌でもあった「胸の振子」（作詞・サトウハチロー　作曲・服部良一）は、前述のＬＰ「魅惑の叙情歌」（戦後篇）からのシングル・カット。翌年のテイチクのヒット賞を受賞することとなる。

戦前、戦後を通してモダンな名曲を手掛けてきた服部良一が、昭和二十二（一九四七）年、テイチクのディック・ミネをイメージして作曲した「胸の振子」は、当時、服部がコロムビアの専属だったために霧島昇がレコーディング。斎藤寅次郎監督『見たり聞いたりためしたり』（同年・新東宝）では、灰田勝彦が唄っている。時は流れ、昭和四十五年、ディック・ミネの流れを汲む裕次郎がカバー。甘くモダンなジャズソングで『男の世界』の主題歌としてスクリーンに流れた。

この年公開した『富士山頂』『ある兵士の賭け』『エベレスト大滑降』の興行的失敗で、石原プロは五億八千万円の負債を抱えてしまった。なんとしても『甦える大地』で起死回生を図りたい。裕次郎は祈るような気持ちで、撮影現場で陣頭指揮をとっていた。

第二章　ある時代の終焉
——昭和四十六（一九七一）年

さて『甦える大地』製作と並行して、日活から石原プロモーションに昭和四十六年の正月第二弾作品のオファーがあった。『スパルタ教育　くたばれ親父』で異色のホームコメディに挑戦した裕次郎だったが、「久しぶりに日活調のアクションもいいんじゃないか」の一言で企画したのが、『嵐の勇者たち』以来、一年ぶりとなるアクション映画だった。

『男の世界』一月十三日　長谷部安春監督
日活アクションへの挽歌

タイトルは、そのものズバリ『男の世界』。監督は、日活ニューアクションの旗手として、集団抗争活劇『縄張はもらった』（一九六八年）、渡哲也と藤竜也の『野獣を消せ』（一九六九年）などを手掛けてきた長谷部安春。前年にスタートした「野良猫ロック」シリーズの監督でもある。

戦後、日本映画界が生んだ最大のスター石原裕次郎。『太陽の季節』で、センセーショナルなデビューを果たし、日活アクションというジャンルのリーディング・スターとなって十五年。この『男の世界』は、裕次郎にとって最後の日活映画となった。ストーリーは、裕次郎が入社の頃からのスチールカメラマンでプライベートでも友人の映画監督・斎藤耕一によるもの。製作は石原プロモーション、プロデューサーは裕次郎。スケールこそ大きくないが、タイトルといい、プロットといい、裕次郎映画の集大成的アクションとなった。

裕次郎映画はこれが初めてとなる長谷部は、小林旭の『俺にさわると危ないぜ』（一九六六年）でデビュー、ヴァイオレンスな世界をスクリーンに叩き付けてきた俊英。前年、昭和四十五年の「野良猫ロック」シリーズが大ヒット。新時代のアクション映画の監督として注目を集めていた。脚本の中西隆三は長谷部の高校時代の友人でもあり、裕次郎映画では傑作『帰らざる波止場』（一九六六年・江崎実生）や『波止場の鷹』（一九六七年・西村昭五郎）などを手掛けてきた。長谷部とは『みな殺しの拳銃』（一九六七年）、ニューアクションの嚆矢となった『野獣を消せ』でコンビを組んで、日活アクションに新風を起こしていた。

『男の世界』の裕次郎は、五年前に日本を離れた伝説の男・紺野忠夫。「主人公の過去をめぐる、現在の闘い」を演じ続けて来た裕次郎のスクリーンイメージの集成のようなキャラクターである。ナイトクラブを経営していた紺野は、敵対するヤクザ・白石剛（内田良平）に、最愛の恋人を殺され、すべてを捨てて、カナダへ旅立ったという過去がある。その白石は五年の刑期が終わりに近づき、出所が間近だったために、紺野を知る人々は復讐に戻ったのではないか、と考える。

「紺野が帰って来る」との情報が、かつての仲間を色めき立たせる。小高雄二、菅原謙次、川地民夫、二瓶正也、杉山俊夫、武藤章生ら共演陣もファンには嬉しい。大映の菅原と東宝の二瓶以外は、日活アクションで裕次郎と共演して来た仲間たち。さらになべ・おさみが加わり、男の世界が作られている。

紺野が最初に現れたのが、かつて彼が経営していたナイトクラブ。盲目のピアニスト・ジョニー（チコ・ローランド）が、思い出のメロディ「胸の振子」を弾いている。レイ・チャールズを思わせるジョニーのキャラクターは、ジャズが好きで、休暇には藤竜也と海外のジャズ・フェスティバルまで出掛けていたという長谷部らしい。

そんな紺野を出迎えるのが、旧知の・茂木健三警部（宍戸錠）。白石剛を逮捕しなければ、紺野が殺していたかもしれない、という茂木警部は、日活アクション的な好キャラクター、宍戸錠のクールな演技がファンには嬉しい。

ことほど左様に、『男の世界』には、同窓会的な気分が横溢している。舛田利雄の『嵐の勇者たち』が、『オーシャンと11人の仲間』（一九六〇年・ルイス・マイルストン）的なオールスター映画とするなら、さらにシックにしたのが本作。ムード・アクション的ではあるが、ヒロインは登場しない。紺野には、五年前に失った恋人が「最後のヒロイン」なのである。『男の世界』をムード・アクションとするなら、その「ムード」を支えているのが、かつての恋人との日々を思い出す縁としての挿入歌。主人公の「過去の記憶装置」として、裕次郎の往年のヒット曲が効果的に使われている。

紺野が恋人との日々を思い出す「夜霧よ今夜も有難う」、神吉（菅原謙次）のマンションで、ギターで弾き語りをする「赤いハンカチ」が裕次郎映画の記憶を呼び起こす。特に服部良一作曲、サトウ・ハチロー作詞の「胸の振子」は、裕次郎自身の愛唱歌の一つで、『カサブランカ』（一九四二年・マイケル・カーチス）の「アズ・タイム・ゴーズ・バイ」の役割を果たしている。またスキャットを効果的に使い、ＪＡＺＺＹなサウンドを展開した鏑木創の音楽も素晴らしい。

また、紺野が庇護者として可愛がる若者たちが登場する。緒方修（沖雅也）とその恋人・西崎伸子（鳥居恵子）の二人は、紺野にとって、かつての自分たちのように「希望に満ちた存在」。主人公の守るべき〝現在〟の象徴として、二人の若者が描かれている。ご存知のように、沖雅也はこの後、「太陽にほえろ！」のスコッチ刑事として、裕次郎と共演することになる。

長谷部監督の演出は、日活アクションの歴史への敬意を表しつつ、悪役側の人間関係も丁寧に描いている。白石にも、その弟分・窪田（三田村元）にも、守るべき妻がいる。その人間関係ゆえに、クライマックスの対決が生きてくる。白石と紺野、宿命の対決の行方と、その鮮やかな顛末も含め、日活アクションの精神的集大成となった。

この年、日活は八月公開の『八月の濡れた砂』（藤田敏八）と『不良少女魔子』（蔵原惟二）を最後に、ロマンポルノ路線へと転向することとなり、この『男の世界』が、裕次郎にとって最後の日活映画となった。

日活の専属だった俳優たちは、口を揃えて「他の撮影所と違う、自由な雰囲気があった」と懐かしむ。

昭和三十一年、太陽族の申し子として、日活撮影所に現れた裕次郎は、映画界の因習や風習を意に介さなかった。スタッフに対しても、一番若い助手の名前まで覚えて、気安く声をかける。その場で困っている人がいると「どうした？」と優しく言葉をかける。

誰もが「裕ちゃん」と親しく声をかけ、裕次郎は付き人もつけずに一人で撮影所にやってくる。そんな裕次郎を中心に、昭和三十年代の日活撮影所は、上も下もない、みんな仲間のような意識と連帯感で結ばれてきた。

その空気を「日活学校」と名付けたのは川地民夫だった。和泉雅子によれば、昼休みには、食堂の前の芝生に車座になって座り、ギターで唄ったり、おしゃべりするのが何よりも楽しかったという。

《裕ちゃんはとても優しくて、あの頃の日活撮影所は、裕ちゃんを中心に、みんなが同じ学校のクラスメイトみたいで、学校嫌いの私としては、本当に居心地が良かったです。だから、日活がロマンポルノ路線に転向して、一般映画を撮らなくなるギリギリまで、私は日活の専属だったんです。みんなが他へ移っても、私は最後まで日活の専属で居たかったんです。

それは裕ちゃんが作った「みんな仲間」「みんな仲良し」という雰囲気なのね。共演作は少なかったけど、撮影所で会うと「おう！　チビ、元気か！」とパッと明るい顔を見せてくれるんです。私は兄が欲しかったので、裕ちゃんは今でも永遠の理想のアニキだと思っています。》（和泉雅子インタ

ビュー・二〇一九年三月二十七日）

昭和三十八（一九六三）年、第七期日活ニューフェースだった山本陽子の「日活学校」の想い出。

《他の撮影所のことは分からないのですが、日活は俳優もスタッフも、仲間意識と連帯感があって、まるで学校の同窓生みたいで、わけへだてなく、仲が良かったんです。それはやはり裕次郎さんが、そういう方だったんですね。スターだから主演だからと偉ぶらずに、スタッフの助手さんにも優しく声をかけて、仲間として皆と付き合う。それが日活の良さであり、撮影所の空気を作っていたと思います。》（山本陽子インタビュー・二〇一八年三月六日）

その中心に輝く「太陽」のような存在が裕次郎だった。裕次郎の自然なふるまい、自由を愛する心が作ったリベラルな「日活学校」の時代が終わりを告げようとしていた。

栄光と夢の挫折

『甦える大地』二月二十六日　中村登監督

二月二十六日、松竹映配の配給で『甦える大地』が全国松竹系で公開された。『黒部の太陽』、『富士山頂』に続くいわば「建設映画」であるが、高度成長に陰りが見え、時代は「モーレツからビューティフルへ」となり、あらゆる産業や経済状況が悪化していくなか、こうした「開発映画」を作ることは、ある意味、無謀でもあった。

「黒部の太陽」の木本正次が昭和四十五年に発表した原作「砂の十字架―鹿島人工港ノート」（講談社）は、茨城県知事（当時）・岩上二郎が、開発が遅れていた鹿島地区を工業化によって解放しようと鹿島港の開発計画を進めていく姿を描いたノンフィクション。鹿島港開発計画による工業誘致は、砂丘地域の農民、漁民を貧困から救おうとする信念を持って行動する岩上知事の姿に、裕次郎は「これだ！」と映画化を決めた。

江戸時代、寛保、弘化年間の利根川大洪水から、度重なる水害に打撃を受けて来た、鹿島の農漁民たちのために、水戸の郷士・中館広之助（渡哲也）は、治水工事に挑むも失敗。荒ぶる水を人間は御しきれないまま、百数十年の時が流れる。

志半ばで自死した中館のスピリッツを描くことで、裕次郎扮する主人公・植松一也の行動原理を観客にダイレクトに伝える。渡哲也から裕次郎へのリレーションを映画のなかで描いている。

ニュース映画「スポニチ・テレビニュース」では、中館と農民たちが、治水工事に励む時代劇パートで、数台あるキャメラの一台を、裕次郎自らが回している姿が、記録されている。

さて、その植松のモチベーションとなるのが、茨城県知事・岩下三雄（岡田英次）の理想。その実現のために、冷笑されながらも中央官庁への陳情を続けてゆく開発職員・植松の行動。「思いの実現のため」に、とにかく動く男。映画俳優を「男子一生の仕事にあらず」と豪語して、困難に立ち向かいながら映画製作を続けた、裕次郎自身が投影されている。裕次郎はそこにロマンを感じたのだろう。

植松の情熱を官吏としてサポートするのが、建設省の辣腕・野田鋭介（三國連太郎）。裕次郎と三國の本格共演は、井上梅次監督の海洋アクション『鷲と鷹』（一九五七年）以来となる。『鷲と鷹』で壮絶な殴り合いを演じた裕次郎と三國。この二人が成熟した大人の俳優として、丁々発止のやりとりをする。

監督は、松竹の名匠・中村登。昭和十六（一九四一）年に『生活とリズム』でデビュー、戦後は『我が家は楽し』（一九五一年）や『集金旅行』（一九五七年）などの作品を手掛け、『古都』（一九六三年）と『智恵子抄』（一九六七年）では二度、米アカデミー賞外国映画賞にノミネートされている。裕次郎とはもちろん本作が初めて。それまで一面識もなかった裕次郎の「中村監督に賭けてみたい」の一言で引き受けたという。

ヒロインには、東宝を代表する女優・司葉子。こちらも裕次郎とは初共演だが、中村登監督とは、二人の代表作となった『紀ノ川』（一九六六年）でコンビを組んでいる。そうした初めて尽くしこそ、裕次郎の挑戦でもあった。

《考えてみたら、日活育ちの裕次郎さんと、東宝の司葉子、そして松竹の名匠・中村登監督が、一つの作品でご一緒するなんて、映画界も大きく変わって来たんですね。中村監督とは私の代表作となった『紀ノ川』（一九六六年）で初めてご一緒したんですが、俳優の自然な力を引き出して、それをドラマに活かしていく演出家です。そんなことから裕次郎さんは私をご指名したのかもしれません。》（司葉子インタビュー・二〇一七年十二月十八日）。

中村登監督は、鹿島灘建設七年の歴史は、戦後二十五年の日本の縮図ととらえ、「従来の生産企業映画とは全く異質の作品」として演出したという。それゆえ本作には、成功のカタルシスだけでなく、開発の果ての苦い現実も描いている。ラスト近く、土地成金となった地元の人たちが荒れてゆく様は、この時代の日本の現実そのものだった。

このラストシーンは、そのまま昭和四十五年の日活映画『反逆のメロディー』（澤田幸弘）の最初のシークエンスにつながる。新興工業都市（鹿島市でロケ）では、開発で潤った土地にトルコ風呂が立ち、二つの暴力団が対立している。そこへ、その土地にゆかりのあるヤクザ・原田芳雄が戻ってくるところから始まる。水の江滝子の最後のプロデュースとなるこの作品に主役として抜擢されたのが俳優座の原田芳雄。裕次郎に始まる水の江の「新人発掘」の最後となったのが原田だった。それを考えると『甦える大地』と『反逆のメロディー』を続けて観ると、一九七〇年代という時代の断面が見えてくる。

『甦える大地』は、『ある兵士の賭け』の失敗を踏まえ、製作予算管理を徹底した。

《この映画は作っていく段階で俺自身も非常に勉強になったし、意義のある作品ですよ。完成した時、「製作費に二億円はかかったでしょう」と言う人があったけど、実際の製作費は一億二、三千万円でね。しかも製作費の心配はいらないし、配給収入もある。つまり石原プロとしては初めから安心して、儲かった作品ですよ。》（石原裕次郎「太陽の神話」・一九八二年・集英社）

裕次郎の入院と渡哲也の入社

『甦える大地』がようやく完成した。石原裕次郎は、二月末から全国キャンペーンで各地を精力的に駆け回っていた。昭和四十六年三月二十四日、午後四時、秋田県秋田市に到着してすぐのこと、裕次郎は秋田第一ホテルで体調不良で倒れてしまった。すぐに秋田日赤病院の医師が往診、その場で「急性肺炎」と診断され、三月二十七日、帰京、慶応病院に入院することとなった。そこで「肺結核」であることが明らかになった。

高校時代に患っていた軽い胸部疾患が、『ある兵士の賭け』などの石原プロ映画の失敗による、会社経営の危機的状況への心労が重なって発病したのだ。四月八日には、国立熱海療養所に転院、仕事を離れて、療養に専念することとなった。昭和三十六（一九六一）年のスキー事故による長期入院以来の闘病生活となった。

この頃、石原プロモーションの経営は危機に瀕していた。会社を存続させるため、外部から経営再建に乗り込んできた再建派は、社員の人員整理をして、映画製作会社としては何よりも大事な撮影機材を売却して負債の返済をするように提案。この三五ミリキャメラは、『黒部の太陽』の大ヒットによる利益で『栄光への５０００キロ』撮影用に購入したものだった。

病床の裕次郎は「会社の解散もやむを得ない」と思ってい

た。映画の「負債をどう返そうか」。所有している土地を手放せば、幾らかになるだろう。裕次郎は病院のベットで、悩んでいた。その頃、熱海の病院を母・光子が見舞った。その時、裕次郎は「お母さん、相談があるんだ」「なあに?」「マコと離婚しようかと思うんだ」と。裕次郎にしてみれば、先手を打っておけば、マスコミや債権者から守ることができる。それは裕次郎の優しさゆえの考えだった。

しかし、その話を義母から聞いたまき子夫人はショックだった。「私という人間は、裕さんにとっていったい何なの?」と。まき子夫人は、どん底のときこそ夫婦で耐え忍ぶ覚悟をしていた。

裕次郎は、こんな状況だからクルマを手放そうと考えた。外国車からコストの安い国産車へと乗り換えるつもりでいた。すると「社長はスターなんですから、今まで通りでいてください」と小林専務に言われたという。それでも個人の資産はほとんどないというところまで来ていた。

ある日、母・光子が厳重に封をした封筒を「使いなさい」と持ってきた。二百万円の現金が入っていた。裕次郎はそれをまき子夫人に「おふくろから」と渡した。厳重に封をしたのは、裕次郎が勝手に開けられないようにとの母の配慮だった。

父・潔が亡くなって、自暴自棄になった裕次郎が通帳を持ち出して、大ゲンカしたことがあったからだ。「出て行きなさい」と、母・光子は二階の裕次郎の部屋から洋服や道具などを投げ始めた。すると、裕次郎は庭に降りて、母が投げるものを「よいしょ」と次々とキャッチした。結局、母は大笑いして一件落着。

そんな母・光子を裕次郎は「理想の女性」と生涯、大切にした。

さて、負債を背負った石原プロモーションの苦境から脱するため、裕次郎を慕うスタッフたちが密かに動いていた。小林正彦専務と、『甦える大地』の頃に社員となったキャメラマンの金宇満司（のちに常務）は、機材を売却せずに「自分たちに機材を貸して欲しい」と申し出たのだ。

テレビ番組、CMの制作会社を立ち上げて、その利益を石原プロモーションの借金返済に当てようという計画だった。それを聞いた裕次郎は「皆の思いはよく分かった。ありがとう。俺にできることがあったら言ってくれ」と精一杯の気持ちを伝えた。

そのとき、十億円近くまで膨れ上がっていた負債を返済すべく、小林、金宇たちは四月二十六日、製作プロダクション、石原プロモーション・フェニックス「IPF」を設立した。コマーシャルを中心に、映像制作の下請けを積極的に行い、初年度だけで六千万円を売り上げた。

七月一日、大きな負債の原因となった『エベレスト大滑降』が、スペインのサン・セバスティアン国際映画祭に正式招待され、審査員特別賞・銀の目賞を受賞した。石原プロから、若手のプロデューサー・増田久雄が海外セールスを兼ねて映画祭に参加していた。まったく皮肉なことであるが、この映画はのちにカナダのプロダクションに買い取られ『エベレストを滑った男』と再編集され、世界各地で上映され、第四八回アカデミー賞でドキュメンタリー映画賞を受賞、高い評価を受けることとなったのは前述の通り。

この年、一月公開の『男の世界』を最後に、裕次郎は日活のスクリーンから離れていたが、渡哲也は日活のトップスターとしてアクション映画の主演を続けていた。しかし斜陽に歯止めがかからず、前年六月から大映と日活がそれぞれの映画館に共同で配給する「ダイニチ映配」としてプログラムピクチャーの製作を続けていた。

三月に大映が二五〇〇人の希望退職者を募集、四月には本社ビルを売却。日活は六月に堀久作社長が退陣、息子・堀雅彦が後任となるが興行の不振で経営が悪化していた。やがて日活は『八月の濡れた砂』（藤田敏八）と『不良少女魔子』（蔵原惟二）を最後に映画製作を中断。ダイニチ映配は自然解消となる。十月には、大映配給株式会社による配給が始まるが、十一月『悪名尼』（田中重雄）と『蜘蛛の湯女』（太田昭和）を最後に、十二月に倒産することとなる。

その状況のなか、七月三日公開の『関東破門状』（小澤啓一）を最後に、渡哲也と日活の契約が切れることとなる。日活を離れた後、身の振り方に悩んでいた渡哲也は、フリーとなっていた舛田利雄監督の声がけで、フジテレビと新国劇提携の大作『暁の挑戦』（五月二二日・松竹系）に主演した。続いて、日活出身の浅井秀剛が製作を手掛けた舛田監督の『さらば掟』（九月一五日・松竹系）に主演した。

『さらば掟』では、「IPF」を立ち上げた金宇満司が撮影、やはり石原プロの椎葉昇が照明をそれぞれ担当しているが、これは舛田の声がけによるもの。入院中の裕次郎のために、頑張っている石原プロモーションのスタッフのため「裕ちゃんのことを考えたら、そうするのは当たり前のことだった」と舛田監督。

この『さらば掟』は、舛田が渡哲也のために企画したが実現しなかった「続・紅の流れ星」の流れをくむもの。『紅の流れ星』（一九六七年）は、裕次郎の『赤い波止場』（一九五八年）のリメイクであり、裕次郎映画の系譜がこうして継承されてきた。いわば日活での渡哲也のニューアクションの「その後」でもある。

撮影現場で、「ＩＰＦ」を設立した石原プロモーションのスタッフたちの裕次郎への熱い想いに触れ、今後について考えていた渡哲也は、自分の行く先は「石原裕次郎さんのところしかない」と思うようになっていた。ある日、渡哲也は、舛田利雄に「自分は、石原さんのところに行こうと思うんです」と相談した。

舛田は「おい、哲よ。それは本気か？　お前、それでいいのか？　石原プロに行くということは、いつまでたっても、お前は二番目なんだぞ！」

渡は「それでいいです。自分は、石原さんについて行きます」と、固い決意を表明した。

この年の秋、渡と舛田の『さらば掟』が公開されてすぐのこと。裕次郎の肺結核が完治、退院、復帰が決まっていた。ある日、渡哲也は、虎ノ門にあった石原プロモーションの事務所へ、ひとり裕次郎を訪ねた。その時、渡のポケットには『さらば掟』出演料とほぼ同額の一八〇万円の封筒が入っていた。当時の管理職クラスの年収に匹敵する額だった。

渡は裕次郎に「皆さんのお茶代にでも使ってください」と封筒を差し出した

《うれしかった。

涙がにじんだ。

僕の潤んだ目を見て、テツは石原プロに入ろうと決心したのだと、後に語ってくれた。

「テツ、あんなつぶれる会社へ行くことはないよ」

「おまえさん、自分でやれよ」

「バカなことすんなよ」

俳優とかプロデューサーとか、いろんな人に、いろんなこと言われながら、テツはウチへ来てくれることになる。

「社長の下で働けるだけでいい。会社がぶっ潰れたら潰れたで、女房、子供ぐらい食わせられます」

テツはそこまで言ってくれた。

石原プロがどん底のときに、僕は渡哲也という男を得たのである。》（『石原裕次郎　口伝・我が人生の辞』）

昭和四十六年十月、渡哲也が石原プロモーションに入社。十月八日には、東京12チャンネル（現・テレビ東京）「スクープ！」枠で「男・裕次郎再起す」（夜八時）が放映された。半年ぶりに裕次郎がファンの前に登場したのだ。東京プリンスホテルで開催の「石原裕次郎　全快祝賀パーティー」からの生中継番組では、三船敏郎、勝新太郎、高峰三枝子をはじめとするそうたる映画スターが、裕次郎の全快を祝した。途中から裕次郎が、自ら進行を買って出て、招待客をもてなす姿を、ブラウン管の前のファンが目の当たりにした。

この年、リリースされた裕次郎のレコードは以下の通り。

三月、五枚組ＬＰ「石原裕次郎デラックスアルバム55 SET DELUXE」（五五曲収録）、四月「いつも二人で」（作曲・曽根幸明）では阿久悠が初めて裕次郎の曲を手掛けた。カップリングは「東京の夜」（作詞・わだじゅんこ　作曲・曽根幸明）、六月には、立原正秋の小説をベースにした「剣と花」（作詞・萩原四朗　作曲・上原賢六）／浅丘ルリ子が台詞を入れた「地獄花」（同）がリリースされている。この翌年、立原正秋の「剣と花」は、松竹で渡哲也主演、舛田利雄監督で映画化されることとなる。

また九月にはＬＰ「男の歌声〈第9集〉石原裕次郎」（十二曲収録）をリリース。新録音の「モカの匂う街」（作詞・池田充男　作曲・上原賢六）、「再会の夜」（作詞・池田充男　作曲・野崎真一）、「あいつの女」（作詞・小笠原マミ　作曲・服部良一）、「サヨナラ横浜」（作詞・なかにし礼　作曲・ユズリハ・シロー【中川博之】）を収録。

十一月、久しぶりのナレーション入りの二枚組ＬＰ「ゴールデン・ヒット・ヒストリー　石原裕次郎　歌とその独白」（二十四曲収録）をリリースした。

この頃、カーステレオ用に8トラックカセットがブームになり、設立時には裕次郎も参画していたポニーから、レコード会社の枠を越え、様々なアーチストの新録音による音楽ソフトがリリースされていた。裕次郎も十二月発売のカセット用に、霧島昇の「誰か故郷を想わざる」、藤山一郎の「丘を越えて」、近江俊郎の「さらば故郷」、近江俊郎と二葉あき子の「なつかしの歌声」、霧島昇の「旅役者の歌」をレコーディングしている。

十一月発売のシングル「サヨナラ横浜」／「モカの匂う街」は、六月発売のＬＰ「男の歌声〈第9集〉」からのシングル・カットだった。

この「サヨナラ横浜」がリリースされた十一月は、裕次郎のホームグラウンドだった日活が、白川和子主演『団地妻昼下りの情事』（西村昭五郎）でロマンポルノ路線へと転向。一つの時代が終わりを告げた時でもある。

第七部　太陽はふたたび……

渡哲也と裕次郎。
二人の映画スターが、テレビ界に新たな風を呼んだ。

第一章「太陽にほえろ！」放映開始！
――昭和四十七（一九七二）年

昭和四十七（一九七二）年一月二日。ＮＨＫ「新春　歌のグランドステージ」に石原裕次郎が出演した。日活の小林旭、デビュー以来の友人でもある東宝の宝田明、松竹の倍賞千恵子ら、映画黄金時代を支えた各社のトップスターが、それぞれの歌のレパートリーを披露する、華やかな「おせち番組」となった。映画界の斜陽には拍車がかかり、大映は前年十二月に倒産、日活はロマンポルノに転向、東宝は植木等の『日本一のショック男』（坪島孝）、東映は高倉健の『新網走番外地　吹雪の大脱走』（降旗康男）、松竹は渥美清の『男はつらいよ　寅次郎恋歌』（山田洋次）がお正月映画として上映されていた。

裕次郎映画が次々と封切られていた昭和三十年代とは大きく様変わりをしていた。その中で気を吐いていたのが、渥美清、倍賞千恵子主演の「男はつらいよ」シリーズだった。

石原プロモーションに入社した渡哲也は、二月二十三日公開の松竹映画『追いつめる』に主演。退職刑事・田宮二郎と暴力団幹部・渡哲也の対決を描いた、舛田利雄監督による日活テイストに溢れたドライなアクション映画となったが、興行的には振るわなかった。

二月には裕次郎のシングル「夜霧の終着駅」（作詞・梅本としお　作曲・花礼二）／「愛への祈り」（作詞・滝田順【今戸栄一】作曲・伊藤雪彦）がリリースされている。

やはり二月、裕次郎とまき子夫人がナレーションを録音した二枚組ＬＰ「石原裕次郎　想い出の映画主題歌集」（二十四曲収録）と「石原裕次郎　懐メロを歌う」（二十四曲収録）、「石原裕次郎　〝ファンが選んだヒット曲集〟」（二十四曲収録）の三セットが、ポスター付で発売された。

二月には新録音ＬＰ「ゴールデンアーチストシリーズ　裕次郎・古賀メロディーを歌う　人生劇場」（十二曲収録）が発売、「夕べ仄かに」「男の純情」「啄木の唄」「回想譜」「人生の並木路」「影を慕いて」「青春日記」「青い背広で」「東京娘」「緑の地平線」「東京ラプソディー」を収録した。

三月十七日には、東京12チャンネル「金曜スペシャル」枠で「鶴田浩二・石原裕次郎・男の世界」がオンエアされた。松竹から東宝、東映のスターとして活躍してきた鶴田浩二と、日活育ちの裕次郎。映画では共演を果たすことがなかった二人のリーディング・スターのテレビでの顔合わせによる豪華版。

企画・演出は、前年裕次郎の全快祝いパーティを生中継した「男・裕次郎再起す」のプロデューサー・金子明雄。東映ニューフェース出身で、俳優からテレビマンに転身した金子が、裕次郎と鶴田浩二、二大スターの共演を企画した。鶴田が裕次郎の「二人の世界」を歌い、裕次郎が鶴田の「ハワイの夜」を披露して、二人で「人生劇場」をデュエットした。

ＩＰＦは、昭和四十五年から裕次郎と宇野重吉の共演でお茶の間に親しまれてきた宝酒造「松竹梅」ＣＭを製作するなど、順調にテレビ界で実績を重ねてきていた。

一方、映画界は、昭和三十年代のように、自社製作で二本立て興行を維持するのも大変な時代になっていた。自社作品だけでなく、外部プロダクションによる娯楽映画を配給する傾向で、この年の東宝の正月第二弾は、勝新太郎の勝プロダクション作品『座頭市御用旅』（森一生）と『子連れ狼　子を貸し腕貸しつかまつる』（三隅研次）の二本立て。東宝はこうした外注制にシフトしていた。

そこで『ある兵士の賭け』の企画者でもあるプロデューサーの奥田喜久丸が、石原プロモーションに映画製作を持ちかけた。こうして、折からの劇画ブームに乗って、さいとうたかをが昭和四十四年から四十八年にかけて「週刊ポスト」に連載していた「影狩り」を裕次郎主演で映画化することとなった。監督を引き受けたのは舛田利雄。

《この頃、石原プロは大変な時代で、銭がなくてね。しかも裕ちゃんが病気をして、退院をしてきたばかりの頃じゃないかな。とにかく大変だった。（中略）小林正彦が石原プロ側のプロデューサーとして立ったんだけど、とにかくお金をプールしなければならない。だから僕が「金を抜け」って言ってね。監督がプロデューサーに「金を抜け」って、そんなことは前代未聞だけどね（笑）》（『映画監督・舛田利雄〜アクション映画の巨星　舛田利雄のすべて〜』）

『影狩り』は、『甦える大地』以来、一年ぶりとなる裕次郎の映画作品となった。三月七日、マスコミを集めて大々的に『影狩り』の製作発表が行われ、裕次郎、舛田、丹波哲郎らが出席した。

裕次郎は《原作が面白いので、シリーズ化するつもりです。再起一作目ということにはこだわらず、現代の若者にも分かる時代劇にしたいですね。コスチュームなどはマキシコート風やパンタロン風の袴など、今までの時代劇にはないものをと、考えています。とにかく一年生のつもりで頑張ります。》とコメントしている。

四月十五日、渡哲也主演、舛田利雄監督コンビによる、立原正秋原作の文芸ドラマ『剣と花』（松竹）が封切られた。舛田としては、渡哲也との『追いつめる』、この『剣と花』、そして裕次郎との『影狩り』と、日活時代から支えてきた二人の俳優とのコンビ作が続く。いずれも、石原プロモーションの屋台骨を支えるトップスターをサポートする、舛田の男気あればこそ。

映画での完全復活に続いて、テイチクでは裕次郎の新曲プロジェクトが進行していた。浜口庫之助が裕次郎のために作詞・作曲した「恋の町札幌」は、発売に先立ち四月に放送開始されたＮＨＫ「歌のグランドショー」で五月二日に初披露。裕次郎は五月のマンスリー・ゲストとして三十日まで出演している。「恋の町札幌」は、ご当地ソングブームのなか作られ、大ヒットを記録、裕次郎ソングのキーワードである「アカシヤ」や転調部分の明るさと喪失感のある歌詞で、代表曲の一つとなった。カップリングは、札幌グランドホテル賛歌「ポプラと私」（同）。

シングルも立て続けにリリースされているが、五月発売のシングル「泣きながら微笑んで」／「夏の終わり」は作詞・作曲が兄・石原慎太郎作品で、慎太郎は「弟」にこの曲のレコーディング現場について記している。

《弟の音感がいいのはわかっていたが、現場で初めて見た楽譜を三、四度ピアノでさらってそのままレコーディングというのは、眺めていてもどうにも解せない、というより何かに申し訳ないような気がしてならない。》（石原慎太郎「弟」）

これは「泣きながら微笑んで」と同日にレコーディングした「恋の町札幌」「ポプラと私」のこと。

裕次郎は慎太郎の曲の譜面を見て「ああ、なるほど、悪かねえよな、ふーん、これ何かの映画に使えるんじゃねえか」とスタッフに声をかけた。裕次郎はいつものように、カラオケをプレイバックしながら二度唄った。

それでＯＫならそのまま使用するのが通例だったが、慎太郎が「そろそろ本番」と指示を出したり、歌詞の解釈に注文をつけると「その通りやってるじゃねぇか」と、いつものような兄弟の言い合いになりそうになった。ついに裕次郎は「おい、兄貴っ、お前はベートォベンじゃねえんだぞ」と。売り言葉に買い言葉で、慎太郎は「こんな出来なら俺がやったほうがずっとましだ」「回せ回せ、当人が唄うとさ」とスタジオで唄う羽目になったという。

この一部始終を見ていたのが、テイチクのディレクターの高柳六郎だった。

《慎太郎さんの「おう、いいだろう！」で、慎太郎さんが歌い出した。歌い終えると、すかさず裕次郎さんが、「やっぱり、俺の方がうまいね。兄貴のはビブラートが強すぎるんだよ。所詮、しろうとさん。それじゃ売れません」と二べもなく切り捨てる。慎太郎さんも負けていない。

「ともかく俺の歌を聞いてみようじゃないか」

早速、吹き込んだばかりの歌をいっぱいに流すと……。裕さん、

「やっぱり、俺の方がうめえだろう！」と、兄貴に同意を強要する。

「ま、いいだろう」で、一件落着。》(高柳六郎・石原裕次郎歌伝説　音作りの現場から・社会思想社・二〇〇〇年)

五月には二枚組LP「ベスト20デラックス　石原裕次郎」(二十曲収録)を発売。同月、LP「ゴールデン・カスタム・デラックス〝男の詩〟石原裕次郎　なかにし礼を歌う」(十二曲収録)は、「夜汽車にて」(作曲・上原賢六)、「さらば青春」(作曲・中村泰士)、「ひとり旅」(作曲・鈴木淳)、「戦士は傷つきながら眠る」(作曲・なかにし礼)、「帆のない小舟」(同)、「男のブルース」(作曲・中村泰士)、「波止場の女」(作曲・野崎真一)、「遠きふるさと」(作曲・大沢保郎)、「男の酒場」(作曲・野崎真一)、「心のともしび」(作曲・大沢保郎)、「何故か愛せない」(作曲・鈴木淳)、「道」(作曲・上原賢六)を唄ったコンセプト・アルバム。レコーディングは二月十日と二十九日、三月十七日に行われている。

『影狩り』　六月十日　舛田利雄監督
人気劇画をスペクタクル時代劇化

六月十日、東宝系で『影狩り』が封切られた。「週刊ポスト」(小学館)に連載中のさいとうたかをの同名劇画を、池上金男がシナリオ化、あの手この手のアクションのつるべ打ちで、折からのバイオレンス・ブームのなか、スマッシュ・ヒットとなった。

老中・田沼意次(丹波哲郎)が、財政破綻しつつあった徳川幕府の窮地を脱するために、地方の弱小藩の壊滅をはかる。地方藩の取り潰しによる領地没収の目的で、各地に公儀隠密「影」が放たれ、各藩の落度を暴いていった。その犠牲となり、家族や身分を失った三人の剣客、室戸十兵衛(裕次郎)、日光・幹武之進(内田良平)、月光・日下弦之介(成田三樹夫)が、「影狩り」となって、その「影」に立ち向かい、幕府の陰謀を打ち砕いてゆく。

今は浪人の身の十兵衛は、かつて仕えていた藩で、幼君の自害を介錯し、その理不尽さゆえに「影狩り」になったという「過去」を持つ。その時の許嫁が千登世(浅丘ルリ子)。千登世は父の遺言を守るため、十兵衛と共に自死しよう

と、鳥追いに身をやつしている。ある日、十兵衛は、その千登世と再会を果たす。ここは、舛田の傑作『赤いハンカチ』（一九六四年）のように、裕次郎とルリ子、二人の過去をめぐるドラマであり、ダイナミックな物語の陰影となっている。

互いの立場を表明し、相容れないかつての許嫁。千登世は、十兵衛を殺し、自害することのみがモチベーションとなっていて、十兵衛は影を倒すことで「生きている実感」を感じている。そのロマンチシズムは、まさに日活アクションの味わい。

ニヒリストの月光、豪放磊落で女好きな日光、そしてストイックな十兵衛。この三人が実に魅力的である。当初、月光役には丹波哲郎、田沼意次には石原慎太郎が予定されていた。

宍戸大全が担当したアクションシーンは、これまでにない劇画的なアイデアに溢れ、劇画の映画化ならではの楽しさに溢れている。

タイトルバックに流れる主題歌「影狩り」（作詞・保富康午　作曲・大沢保郎）は、レコードテイクと歌詞が異なる映画バージョン。九月には、レコード・映画主題歌「影狩り」、挿入歌「残酷な夜明け」（作詞・保富康午　作曲・広瀬健次郎）がリリースされた。

「太陽にほえろ！」（ＮＴＶ）
一九七二年七月二十一日〜一九八六年十一月十四日
テレビ界に吹き荒れる刑事ドラマ旋風

石原慎太郎原作、裕次郎主演『青春とはなんだ』（一九六五年・舛田利雄）をドラマ化して青春シリーズの製作を手掛けていた日本テレビの岡田晋吉、東宝テレビ部の梅浦洋一の両プロデューサーは、この頃、石原裕次郎を中心にした刑事ドラマを企画していた。青春シリーズのエッセンスと、日活アクションで一時代を築いた裕次郎の魅力を融合させた、全く新しい「青春アクション」というジャンルを目指し、石原プロモーションにプレゼンテーションした。

それが金曜夜八時のゴールデン枠で、夏にスタート予定の刑事ドラマでの捜査第一課・係長役へのオファーだった。映画人であることに誇りを持っていた裕次郎は、岡田たちからの再三のラブコールを断り続けていた。舛田利雄によれば、『影狩り』のロケ地まで、岡田と梅浦が陣中見舞いに来て、裕次郎を説得していた。その話を聞いた舛田は「今は、石原プロの台所のこともあるから、とにかく出演したほうがいい」とサジェッションをした。その番組のタイトルは「太陽にほえろ！」。舛田の話に耳を傾けた裕次郎は出演を快諾。

ただし、一クール十三話が出演の条件だった。

警視庁七曲署・捜査第一係のボス・藤堂俊介（裕次郎）と、個性的な刑事たちが活躍する刑事ドラマで、山さん・山村精一（露口茂）、ゴリさん・石塚誠（竜雷太）、殿下・島公之（小野寺昭）、長さん・野崎太郎（下川辰平）に加えて、萩原健一が新人のマカロニ刑事・早見淳として登場。これまでの刑事ものとは一線を画していた。

グループ・サウンズ「テンプターズ」から沢田研二との「PYG」を経て、本格的に俳優活動をスタートさせたショーケンこと萩原健一と、日本映画黄金時代を象徴するリーディング・スター、石原裕次郎の本格的テレビドラマ進出は、斜陽の映画界とは正反対に成長、拡大を続けるテレビ界にとっても大事件だった。

《ウチの連中は、

「この際、無理をしないで、テレビのレギュラーを持つのがいいんじゃないですか」

という意見だったけど、僕にしてみれば、あんな小さなブラウン管に収まるのは、まだ早いって気持ちがあるから、

「ブラウン管が、いくらでっけぇたって、せいぜい三十インチだろう。そんなんじゃ、ハミ出しちまうぜ」

けんもほろろに断ったんだけど、

「じゃ、ワンクール十三本だけでも」

と懇願されて引き受けた。それが十年になっちゃったけどね。》（「石原裕次郎　口伝・わが人生の辞」）

「太陽にほえろ！」は、裕次郎の本格レギュラー出演ということで、大きな話題となり、結局、昭和六十一（一九八六）年十一月十四日まで、十四年間、全七一八話続く長寿番組となり、テレビ界で二谷英明の「特捜最前線」（一九七七〜八五年・ANB）、鶴田浩二の「大空港」（一九七八〜八〇年・フジ）など、往年の映画スターを中心にしたテレビ映画が製作され、「刑事ドラマ」ブームを巻き起こすことになる。

映画スターのテレビ進出は、結果的に成功を果たしたが、裕次郎の「太陽にほえろ！」出演に最後まで反対したのは、まき子夫人だった。自分の納得する映画が観客の満足の行くものでありたい、自分は映画を作り続けたいと、裕次郎が考えていることを誰よりも知っていたからだ。

《「太陽にほえろ！」の出演要請があった時に、大反対したのは私なんです。裕次郎という人を知っていたから、もしもこの作品が当たったら、裕さんは断れずに出演を続けるだろう。だからワンクールだけのお約束で、それ以上は出ないでください。と先輩面して言ってしまったんです。でも、結局、裕さんは自分の新しい代表作として『太陽にほえろ！』

を愛しましたよね。》（石原まき子インタビュー・二〇一三年一月）。

石原裕次郎が「太陽にほえろ！」への出演を始めた頃、渡哲也は松竹大船撮影所で、任侠映画の雄・加藤泰監督の『人生劇場　青春・愛欲・残侠篇』（七月一五日）に出演。尾崎士郎原作の十三度目の映画化となるこの作品では、田宮二郎の吉良常、高橋英樹の飛車角、そして渡哲也は飛車角と心を通わせる侠客・宮川を演じている。

「太陽にほえろ！」の好調が続くなか、十月に裕次郎はシングル「何故か愛せない」（作詞・なかにし礼　作曲・鈴木淳）／「ひとり旅」（同）をリリース。五月発売のLP「〝男の詩〟石原裕次郎　なかにし礼を歌う」からのシングルカットだった。

時代劇アクションシリーズ第二作！

『影狩り　ほえろ大砲』十月十日　舛田利雄

一方、裕次郎主演の『影狩り』は、室戸十兵衛（裕次郎）、日光（内田良平）、月光（成田三樹夫）の主演トリオ、劇画的なダイナミックなアクションなどが、男性観客に受けて、記者会見で裕次郎が語っていたように、製作中から第二作のオファーがあり、第一作公開の翌日、六月十一日に『ほえろ大砲』の製作発表を行った。

こうして、石原プロモーション製作、東宝配給、舛田利雄監督の『影狩り　ほえろ大砲』が、十月十日に公開された。

徳川末期、大砲の伊勢守の異名を持つ豊後佐伯藩では、かつて公儀より所蔵を許された大砲「四海波」が使い物にならなくなったために、新しい大砲を作り始めていた。もし、公儀の大砲改めを受ければ、お家取り潰しは必至と、城代家老・星野修理（青木義朗）は、「影狩り三人衆」の室戸十兵衛、日光、月光を招く。三人は鉄砲師・芝辻道斉（加藤嘉）の小屋で、大砲を傾山に運ぶ作戦を練るが、影狩りが留守の間に、影一味は道斉の小屋を襲撃、皆殺しにしてしまう。次々と襲いかかる影たちに、影狩りはどう対抗するのか？

今回はアクション、お色気ともにスケールアップ。ヒロインの芝辻美也に夏純子、影狩りに次々と襲いかかる「くの一軍団」の牧（カルーセル麻紀）、おえん（宮下順子）、おせん（白木万理）、くの一（伊佐山ひろ子、山岸恵美子、牧恵子、瀬戸ユキ）らが、奇想天外なアクションとお色気をふりまいている。

エンディングに流れる主題歌「影狩り」（作詞・保富康午　作曲・大沢保郎）は、レコードや第一作とも異なる別バージョンとなっている。

低予算ながら、あの手この手のビジュアル・ショックを用意し、観客を飽きさせずにクライマックスへと筋運びをする。なぜ月光が影になったのか？　なぜ十兵衛が女を抱かないのか？　そうしたキャラクターにさす暗い影が、荒唐無稽なアクションのなかに、しっかりと陰影となっているのは、舛田利雄の豪腕あればこそ。

《これも石原プロにお金を残さなきゃいかんので、一作目と同じくらいの予算にして、それでも大砲が出てきたりするから、大変でした。撮影所も東宝は高いから、一番安い大映多摩川（大映映画撮影所）で撮ったんです。その時分、もう大映は倒産していたから、安く使えた。それに石原プロにはトラックがあって運転手もいたから、セットの材料なんかは全部京都から持って来さしてね。それでセットを丸々組み上げたんです。》（『映画監督・舛田利雄〜アクション映画の巨星　舛田利雄のすべて〜』２００７年・ウルトラヴァイヴ）

『影狩り』は裕次郎にとっては映画では唯一のシリーズものとなった。

この年の後半、裕次郎のＬＰが続々リリースされている。九月には二枚組「ベスト20デラックス　石原裕次郎　VOL.２」（二十曲収録）、十一月「『男の歌声』第10集」（十二曲収録）、二枚組「ベスト20デラックス　石原裕次郎港町を唄う」（二十曲収録）、同「石原裕次郎スクリーン・メモリー」（二十曲収録）が台詞入りでリリース。

また十二月にはコンセプト・アルバム「ゴールデンスター・カスタム・デラックス　石原裕次郎女心を歌う」（十二曲収録）をリリース。「再会」「赤坂の夜は更けて」「知りすぎたのね」「東京ナイト・クラブ」「希望」「ワン・レイニー・ナイト・イン・トーキョー」「今日でお別れ」「夜明けのうた」「いつかどこかで」「グッド・ナイト」「女の意地」「知りたくないの」など女心をテーマにした歌謡曲を九月から十月にかけてレコーディングした。

折からの「太陽にほえろ！」（東宝製作）の好調もあって、続く東宝＝石原プロモーション提携作品が企画された。十一月十一日、裕次郎と渡哲也の二枚看板共演による、男性アクション『反逆の報酬』の製作発表が行われた。渡哲也主演の日活ニューアクション『斬り込み』（一九七〇年）で監督デビューを果たし、『反逆のメロディー』（同年）などを手掛け、裕次郎とは「太陽にほえろ！」で一緒の澤田幸弘が演出することとなった。

第二章　プロデューサー・裕次郎、スター・渡哲也
――昭和四十八、四十九（一九七三、七四）年

裕次郎と渡哲也のピカレスク・ロマン
『反逆の報酬』　二月十七日　澤田幸弘

昭和四十八年（一九七三）二月十七日、東宝系で石原プロモーション製作、東宝提携作品『反逆の報酬』が封切られた。「太陽にほえろ！」のボス・藤堂俊介で、再び頼もしいヒーローのイメージが醸成されていた裕次郎にとって、昭和四十六年の最後の日活映画『男の世界』以来となる現代アクション。テレビの枠では収まらない本格男性アクションを目指している。裕次郎がスカーフェイスの悪党を楽しげに演じている。

脚本は、裕次郎と渡哲也が共演した『嵐の勇者たち』（一九六九年）を手掛けた永原秀一と、『昭和残侠伝　人斬り唐獅子』（一九六九年）など東映任侠映画や日活の「朱鞘仁義」シリーズを青山剛名義で執筆していた長田紀生。タイトルは「翔べ！　悪党たち」「悪党天使」という仮題を経て『反逆の報酬』となった。

監督の澤田幸弘は、渡哲也の「無頼」シリーズ（一九六八〜六九年・舛田利雄、小澤啓一）の助監督でもあり、渡哲也の魅力を知り尽くしている。監督デビュー作『斬り込み』（一九七〇年）では、渡哲也を主演に、藤竜也、郷鍈治、沖雅也たちのバイオレンスなアクションで、日活ニューアクションの騎手のひとりとなる。特に、渡哲也と原田芳雄の『関東幹部会』（一九七一年）は、日活アクションの終焉時期にもかかわらず、東映のやくざ映画とは一線を画す、日活らしい男たちのノワールとなった。

さて『反逆の報酬』は「太陽にほえろ！」で頼しきボスを演じていた石原裕次郎が「映画じゃないと出来ない」ことを目指して、スカーフェースの暗黒街に生きる男を演じている。

主人公・沖田徹男（裕次郎）は、二年前に仲間割れで桜井産業の社長・桜井孝（成田三樹夫）に殺されたはずの男。異母妹・秋子（鰐淵晴子）とは、まるで恋人のように仲が良かったが、突然の徹男の死により、秋子は今は桜井の配下として麻薬取引に手を染めている。この「あにいもうと」の関係や、二人の気持ちは、保富康午作詞による挿入歌「徹男と秋子のバラード」の歌詞に描かれている。劇中ではメロディーのみだが、映画を観終わってから聴くと、より一層の興趣がわく。

渡哲也が演じる村木駿は、品行不良で新聞社をクビになり今は恐喝もいとわない報道カメラマン。冒頭、戦火のベトナムで、アメリカの軍人・ジョー（チコ・ローランド）から、日本にいる恋人に思い出のペンダントを渡して欲しいと託される。実はジョーはヘロインの運び屋で、恋人というのは桜井の配下となった秋子だった。

こうして、二人のワルが出会う。ヘロインを横取りし、スキャンダルで桜井を脅して、大金をせしめようとする徹男と村木。二人が桜井の麻薬組織を壊滅させるまでを、虚々実々の駆け引きや、派手なカーアクションと共に描く。

『黒部の太陽』にも出演した、裕次郎ファンの大女優・高峰三枝子がバー「アンカー」のマダム・よしえ役で友情出演。かつて日活アクションでは轟夕起子や細川ちか子が演じた、主人公の過去を知る大人の女性、つまり映画における「母性」の役割を果たす。敵のボスの情婦にして、石原裕次郎扮する主人公の異母妹・上月秋子に鰐淵晴子。渡哲也扮する村木駿の恋人・沢本真由美に、日活出身の夏純子。

石原裕次郎、小林正彦と共にプロデューサーとしてクレジットされているのは、『ある兵士の賭け』（一九七〇年）などを手掛けてきた奥田喜久丸。東宝傍系の東京映画で昭和三十年代から製作を手掛けてきた奥田は、フランク・シナトラ監督の日米合作『勇者のみ』（一九六五年）の製作や『007は二度死ぬ』（一九六七年）などのコーディネイトをしてきた、いわばブローカー的な存在。フランキー堺とシティ・スリッカーズ時代からフランキーのマネージャーとなり、東京映画に移籍したフランキーのマネージメントをしているところから映画プロデューサーとなった。斜陽となった映画界で、石原プロモーションに東宝系での映画製作を持ちかけ、『影狩り』二部作もプロデュースしている。

東宝のスクリーンで上映されたとはいえ、桜井の顧問弁護士・菊川を演じた小池朝雄、不気味な殺し屋・矢部を演じた藤岡重慶とそのコンビのナイフ投げの名手・健一を演じた武藤章生、そして村木をつけ狙うダーティな刑事・岩本を演じた深江章喜など、日活映画ではおなじみの面々が顔を揃えている。桜井の乱交パーティで腹上死する政治家・水野剛造を演じた小泉郁之助も、『赤い波止場』（一九五八年）などで共演してきた日活のバイプレイヤー。

また「影狩り」二部作で月光を演じた成田三樹夫も、憎々しげに狡猾なボス桜井を好演している。

裕次郎としては日活最後となった『男の世界』（一九七一年）以来、久々の本格的なアクション映画となる。バー「アンカー」での渡哲也との殴り合いシーンは、『錆びたナイフ』（一九五八年）のクライマックスの二谷英明との戦い同様、延々と展開される。これはジョン・ウェインとランドルフ・スコットの西部劇『スポイラース』（一九四二年）以来の活劇の伝統。石原慎太郎は『錆びたナイフ』のシナリオを執筆した時に、裕次郎と『スポイラース』のクライマックスをやろうと話したという。

殴り合いの果てに、敵対してきた徹男と村木の間に友情が芽生える。これぞ日活アクションの味わい。昭和三十年代から裕次郎が切り拓いてきたアクション映画の伝統が息づいている。キャメラの金宇満司、録音の佐藤泰博は、石原プロモーションのスタッフでもあり、一九八〇年代にかけて裕次郎の映像作品をサポートしていく。照明の藤林甲は、日活でデビューの頃から裕次郎作品を手掛けてきたベテラン。裕次郎は「お父ちゃん」と慕っていた。

脚本の永原秀一と澤田監督はこの後「大都会」「西部警察」シリーズでアクションドラマのメインライターとしても石原プロ作品を支えていくことになる。

石原裕次郎と渡哲也。日本のアクション映画を牽引してきた二人が、馴染みのスタッフ、キャストで、テレビのフレームには収まりきれない、お茶の間のモラルでは描ききれない、男たちの友情と復讐を、映画ならではのダイナミックなアクションのなかで演じている。

主題歌「反逆の報酬」が流れるエンディングのユーモアと爽快さ！

二月、テイチクでは「赤いハンカチ」のイメージを投影させた「アカシヤは枯れた」（作詞・萩原四朗　作曲・上原賢六）／「あの橋を渡ろう」（同）をリリース。裕次郎ソングの王道ともいうべき歌謡曲に仕上がった。また、久々となる東宝映画『反逆の報酬』主題歌「反逆の報酬」（作詞・保富康午　作曲・広瀬健次郎）と挿入歌「徹男と秋子のバラード」（同）も同時リリース。三月には、萩原四朗と上原賢六コンビの新曲「アカシヤは枯れた」をフィーチャーしたＬＰ「ベスト20デラックス　萩原・上原・石原トリオが生んだ『郷愁の歌』」（二十曲収録）がリリースされている。

「太陽にほえろ！」そして日活アクションのリバイバル・ブームもあって、石原裕次郎のレコードが続々と再発されるなか、歌番組にも積極的に出演。ＮＨＫでは裕次郎をフィーチャーした番組が放送された。四月二十一日、ＮＨＫ「ワンマンショー」枠で「石原裕次郎　歌のパーティ」（夜八時〜八時三〇分）に出演。六月十二日、ＮＨＫ「歌のゴールデンステージ—アロハ！　夢のハワイ—」（夜八時〜夜八時五四分）に出演、オールドファンから、若い世代まで、その甘い歌声で魅了した。

レコードでは、五月に二枚組ＬＰ「ベスト20デラックス石原裕次郎懐メロアルバム」（二十曲収録）、六月にシングル「宴のあと」（作詞・西沢爽　作曲・北原じゅん）／「俺の詩集」（作詞・藤田まさと　作曲・北原じゅん）をリリース。同月、全曲新録音によるＬＰ「石原裕次郎ナイトクラブムード　よこはまたそがれ」（十二曲収録）を発表。「よこはまたそがれ」「あいつ」「銀座ブルース」「柳ケ瀬ブルース」「霧にむせぶ夜」「ベッドで煙草を吸わないで」「喝采」「知床旅情」「君こそわが命」「君は心の妻だから」「ウナ・セラ・ディ東京」「ラブ・ユー東京」などを二月と三月にレコーディングした。

『ゴキブリ刑事』　六月九日　小谷承靖監督

渡哲也主演作を裕次郎がプロデュース

この年、二本目となる石原プロモーション製作、東宝配給作品が、石原裕次郎プロデュース、渡哲也主演のハードアクション『ゴキブリ刑事』だった。新岡勲が「週刊漫画ＴＩＭＥＳ増刊」（芳文社）に連載した劇画が原作。公安部・特捜本部のはみ出し刑事・鳴神鉄也のワイルドな活躍を描いた人気作品を脚色したのは、剣持亘。かつて石原慎太郎原作、裕次郎主演のテレビドラマとその映画化『小さき闘いより　破れざる者』（一九六四年）を手掛けた脚本家でもある。監督は、『俺の空だぜ！　若大将』（一九七〇年）でデビューを果たし、昭和四十八年に日米合作のミュージカル映画『Marco』の共同監督をつとめた小谷承靖。東宝育ちの娯楽映画監督と、石原プロモーションのコラボは、映画界の変節でもあった。

『影狩り』二部作、『反逆の報酬』と、東宝系での石原プロモーション作品を共同プロデュースしてきた奥田喜久丸、石原プロの小林正彦が、渡哲也とアクション映画の新境地を拓こうと企画した。

「ゴキブリ刑事《デカ》」こと鳴神涼（原作では鉄也）が、容赦なく悪党狩りをするバイオレンス・アクション。レイバンのサングラスに、角刈り、３ピースのスーツ・スタイルは、この後の「大都会」「西部警察」での渡哲也の刑事スタイルのイメージの原点となった。とはいえ、小谷監督が目指したのは「太陽にほえろ！」などのテレビの刑事ものとは正反対のベクトル。スティーブ・マックィーンの『ブリット』（一九六八年）、クリント・イーストウッドの『ダーティハリー』（一九七一年）、ジーン・ハックマンの『フレンチ・コネクション』（一九七二年）と、この頃のトレンドであったハリウッドの「はみだし刑事のバイオレンス・アクション」のテイストを、石原プロモーションのスタッフと作り上げること、だった。次々と見せ場を用意して、銃撃戦、ブルトーザーやダンプカーなどの建設用特殊車両を豪快に駆使したあの手この手のアクションが続く。

　キャメラ・金宇満司、照明・椎葉昇、美術・小林正義、録音・佐藤泰博、いずれも石原プロモーション作品を支えていくスタッフによる『ゴキブリ刑事』の成功は、同年に作られる第二作『ザ・ゴキブリ』（十二月一日）、そして石原プロのテレビ進出のきっかけとなる昭和五十一年の「大都会―闘いの日々―」へと昇華していく。

　プロデューサーとして娯楽映画作品を手掛け、「太陽にほえろ！」も好調な裕次郎は、コンスタントにシングル盤を発表している。十月には、CM出演をしてきた宝酒造とのタイアップ企画、松竹梅「よろこびの詩」作詞募集・最優秀作品「きょうよりあしたが」（作詞・大塚和子　作曲・中村泰士）／阿久悠作詞による「旧友」（作曲・中村泰士）をリリース。歌手としての健在ぶりも見せている。

　エポックとなったのが、この年「なみだ恋」が大ヒット中だった八代亜紀と裕次郎の「夢のデュエット」。裕次郎のレコーディング・ディレクターを長年勤めてきた中島賢二らにより企画された。十月リリースの八代の二枚組アルバム「八代亜紀　演歌ごころ―花と蝶―」のために、「銀座の恋の物語」と「夕陽の丘」がレコーディングされた。裕次郎のたっての希望で「いくら忙しくても、デュエットは一緒に」ということで、テイチクの虎ノ門スタジオで録音された。

　八代は少女の頃から憧れてきた銀幕のスター裕次郎とは、毎年四月十五日に行われるテイチクのヒット賞のパーティでの面識はあったが、初めてのレコーディングは相当緊張したという。

《お付きの人が沢山いらして、裕次郎さんの姿がなかなか見えません。どうしよう？と思っていたら、裕次郎さんがこっちを向いて手を挙げてくれたんです。「亜紀ちゃん、今日はよろしくね」と声をかけてくださって、その言葉で、どれだけホッとしたことか。優しい声でね。スタジオに入って、裕次郎さんが言ってくださったのが「歌は亜紀に任せるよ。ムード作りは俺に任せろ」。私が緊張していることも察してくれて、最高の言葉をかけてくれたんです。》（八代亜紀インタビュー・二〇一九年三月十四日）

　裕次郎のリードで唄った八代亜紀との「銀座の恋の物語」

「夕陽の丘」が好評で、すぐに裕次郎と八代亜紀のデュエット曲が企画され、この年の十二月にレコーディング、翌年八月リリースされることになるのが「別れの夜明け」（作詞・池田充男　作曲・伊藤雪彦）だった。この曲はカラオケブームに乗り、デュエットソングの新境地を拓くこととなる。

十月には、二枚組ＬＰ「ゴールデン・スター・ツイン・デラックス石原裕次郎・哀愁」（二十四曲収録）を発売。十一月、二枚組「ベスト20デラックス　熱烈なるファンに贈るタフガイ裕次郎」（二十曲収録）、十二月には「同　石原裕次郎と魅惑の夜」（二十曲収録）が発売され、後者には「慕情のひと」（作詞・池田充男　作曲・野崎真二）も収録された。

また、十一月には、当時の四チャンネル録音による「石原裕次郎魅惑のミリオンセラー」（十二曲）が発売された。八代亜紀との「銀座の恋の物語」「夕陽の丘」に、再録音の「港町・涙町・別れ町」「俺はお前に弱いんだ」「夜霧よ今夜も有難う」「粋な別れ」「二人の世界」「夜霧の慕情」「錆びたナイフ」「黒い海峡」「赤いハンカチ」「俺は待ってるぜ」（録音は八月）が収録された。

『ザ・ゴキブリ』十二月一日　小谷承靖
好評！　シリーズ第二作

渡哲也の『ゴキブリ刑事』の好評を受けて、すぐに企画されたシリーズ第二作『ザ・ゴキブリ』は、日活出身の沖雅也、東宝出身の峰岸隆之介（徹）をゲストに迎えている。新岡勲の原作コミックス第一巻収録「殺人ゲーム」を、剣持亘と小谷承靖監督がシナリオ化した。

ゴキブリ刑事・鳴神涼（渡哲也）が、新たに着任した臨海工業地帯で、組織暴力と公害企業の癒着を暴く。十文字会の黒田（安部徹）、市政審議会会長の大山（河津清三郎）、公害企業の志村（南原宏治）、そして右翼の大物・児島（丹波哲郎）たちを、徹底的に叩きのめしていく。

この年、渡哲也は六本の映画に出演。裕次郎と並ぶ石原プロモーションの看板スターとして、斜陽の映画界で奮闘した。さらにレギュラー時代劇「荒野の用心棒」（ＮＥＴ製作・三船プロダクション）にも出演。お茶の間でも新たな人気をえていた。

映画でもテレビでも一作ずつ、ストイックに真剣に取り組む渡の姿勢は、観客やお茶の間のファンの支持を受けて、翌昭和四十九年放映予定のＮＨＫ大河ドラマ「勝海舟」の主演に抜擢され、収録が続けられていた。

昭和四十九（一九七四）年

渡哲也の主演が決まったＮＨＫ大河ドラマ第十二作「勝海舟」は、「座頭市」の原作者・子母沢寛の「勝海舟」「父子鷹」「おとこ鷹」を原作に、シナリオ作家・倉本聰が脚本を手掛け、大きな話題となった。収録は前年、昭和四十八年十月から始まったが、渡は十二月二十七日の収録をＮＨＫで終え帰宅した後に発熱した。第四話で水ごりをするシーンがあり、風邪が悪化してしまったのだ。年が明けても熱が下がらず、渡は一月六日からのリハーサルに参加することができなくなってしまった。

裕次郎の「太陽にほえろ！」は放映開始三年目を迎え、石原プロモーションとしては、ようやく低迷を抜け出して、これからという時の渡哲也の急病だった。渡は「無理してでも」と思ったが、このままでは収録を続けるのは難しいと、石原プロは渡哲也の降板をＮＨＫに申し入れた。渡の病名は「左胸膜緊急性癒着性肋膜炎」と発表され、二月一日から、二年前に裕次郎も入院した、熱海の国立第二病院での入院生活は九ヶ月近くに及ぶこととなる。

渡哲也の代役は松方弘樹が演じることになり、その後脚本の倉本聰がスタッフと意見が折り合わず途中降板。これがきっかけで倉本聰は北海道に拠点を移すことになった。

さらに、アクシデントは続く。同じ二月に、裕次郎が自宅階段で転倒、左肩を打撲して病院で「左鎖骨骨折」と診断された。ギブスで固定を余儀なくされた。

その頃、二月には裕次郎のシングル盤「二人の雨」（作詞・山口洋子　作曲・鈴木淳）／「過去の恋人」（同）がリリースされている。

同時発売のＬＰ「石原裕次郎―こころの詩―」（十二曲収録）はオリジナルの叙情歌によるコンセプト・アルバム。「粉雪の詩」（作詞・池田充男　作曲・曽根幸明）、「千曲川慕情」（作詞・高月ことば　作曲・大沢保郎）、「春を惜しむ歌」（作詞・高月ことば　作曲・曽根幸明）、「ふるさとに道あり」（作詞・池田充男　作曲・中川博之）、「無常の唄」（作詞・高月ことば　作曲・上原賢六）、「雪の舟宿」（作詞・池田充男　作曲・野崎真一）、「泣き砂浜」（作詞・池田充男　作曲・野崎真一）、「旅情」（作詞・池田充男　作曲・鈴木淳）、「面影」（作詞・高月ことば　作曲・野崎真一）、「人生寮歌」（作詞・高月ことば　作曲・中川博之）、「首途《かどで》」（作詞・高月ことば　作曲・大沢保郎）、「ながれ舟小唄」（作詞・池田充男　作曲・上原賢六）が前年九月から十月にかけてレコーディングされた。

三月発売のＬＰ「ゴールデンスター・カスタム・デラックス　石原裕次郎／八代亜紀　二人の旅路」（十二曲収録）に八代との「別れの夜明け」「恋路」が収録された。

　さて、裕次郎はギブスをつけたまま、四月二十三日の「歌のゴールデン・ステージ—裕次郎魅惑のステージ—」（夜八時～八時五十四分）に出演して、ファンに健在ぶりを披露した。

　この年、「太陽にほえろ！」が六月十四日放送「燃える男たち」で堂々の一〇〇回を迎えた。当初は、一クール十三話の予定で、七曲署捜査一係長・藤堂俊介役を引き受けた裕次郎だったが、番組は高視聴率を続け、今や子供から年配まで、裕次郎を知らない世代からリアルタイム世代まで、幅広い視聴者層から「ボス」として、圧倒的な支持を受けていた。その人気がレコードの売り上げにもフィードバックされ、新曲もコンスタントにリリースされてきた。かつて日活がホームグラウンドだったように、一九七〇年代の裕次郎は「太陽にほえろ！」が新たなホームグラウンドとなったのだ。一番大きかったのが、「太陽にほえろ！」での裕次郎を「頼もしきリーダー」として初めて知った若いファン層である。その若いファンが回を追うごとに急増していった。

　何と言っても、裕次郎と若手俳優の組み合わせがシリーズの魅力となった。第一話から登場したマカロニ刑事・早見淳（萩原健一）が第五十二話「13日金曜日マカロニ死す」（一九七三年七月十三日放送）で殉職。次週の第五十三話「ジーパン刑事登場！」（一九七三年七月二〇日放送）からは、文学座の若手、松田優作のジーパン刑事・柴田純が登場。以後、若手の俳優が新人刑事を演じ、殉職というかたちで卒業していくこととなった。

　ジーパン刑事以後も、テキサス・三上順（勝野洋）、ボン・田口良（宮内淳）、スコッチ・滝隆一（沖雅也）、ロッキー・岩城創（木之元亮）、スニーカー・五代潤（山下真司）、ドック・西條昭（神田正輝）、ラガー・竹本淳二（渡辺徹）、ジプシー・原昌之（三田村邦彦）、ボギー・春日部一（世良公則）、ブルース・澤村誠（又野誠治）、マイコン・水木悠（石原良純）、デューク・島津公一（金田賢一）、ＤＪ・太宰準（西山浩司）などの若手刑事が七曲署に赴任した。

　若手俳優と、ベテラン裕次郎の組み合わせが、大いなるマンネリズムの中の新鮮味となり、「太陽にほえろ！」は、十四年続く長寿番組となっていく。

　五月、二枚組ＬＰ「ゴールデン・スター・ツイン・デラックス　石原裕次郎」（二十四曲収録）を発売。裕次郎のシングル盤では、七月に「帰り道　別れ道」（作詞・増永直子　作曲・鈴木淳）／「恋はゆきずり」（作詞・山口洋子　作曲・鈴木淳）が発売され、テレビでは宝酒造「松竹梅」CMで、裕次郎とまき子夫人の初共演がオンエアされた。久々にファンの前に、おしどり夫婦ぶりがアピールされ、大きな話題となる。また七月には「ゴールデンスター・カスタム・デラックス　石原裕次郎　ラヴ・ソング　帰り道別れ道」（十二曲収録）が前述のシングルと同時発売され、八代亜紀とのデュエット「恋いのち」や、「赤坂で別れて」渡哲也のヒット曲「くちなしの花」のカバーが収録された。

そして八代亜紀とのオリジナル、デュエット曲「別れの夜明け」（作詞・池田充男　作曲・伊藤雪彦）とカップリング「泣き砂浜」（作詞・池田充男　作曲・鈴木淳）が八月にシングル盤として発売。「別れの夜明け」は、三月発売のLP「ゴールデンスター・カスタム・デラックス石原裕次郎／八代亜紀　二人の旅路」からのシングル・カット。裕次郎はこれまでも、牧村旬子、浅丘ルリ子とデュエット曲を発表してきたが、前年に「なみだ恋」で日本レコード大賞歌唱賞を受賞した八代亜紀との共演は、新たなデュエット曲の定番となった。

《スタジオに入って、裕次郎さんが言ってくださったのが「歌は亜紀に任せるよ。ムード作りは俺に任せろ」。私が緊張していることも察してくれて、最高の言葉をかけてくれたんです。で、テストの時から、本当に包み込むようにリードをしてくれるんです。お酒がお好きな裕次郎さんなので、ウイスキーの水割りとタバコを片手に。どこかのバーか、ホテルのラウンジにいるような、優しい空間でした。イントロが鳴って歌いだすときに、ぐっと肩を引き寄せてくれて「ムード作りだ」って。それがチャーミングなんです。私はそれを楽しむ余裕なんてありません。もうドキドキでしたから。》（八代亜紀インタビュー・二〇一九年三月十四日）

ところが何度唄ってもディレクターからNGが出てしまう。歌は上手くいってるのに、裕次郎がリラックスして、水割りのグラスをつい傾け、カタカタという氷の音をマイクが拾っていた。「氷の音が入ってます」と、何度かリテイクを重ねたと言う。そういう時の裕次郎は「おう、亜紀、ごめんごめん」とまるで少年のように照れていたという。

裕次郎は、その八代亜紀の大ヒット曲「なみだ恋」を、ポニーのカセットテープのために五月にレコーディングしている。

さて、渡哲也が九ヶ月の入院を経て、完全復帰したのが十月。マスコミを集めての復帰会見には、裕次郎も同席した。同月、裕次郎の盟友・勝新太郎の勝プロダクションが、映画での当たり役「座頭市物語」（フジテレビ）をテレビシリーズ化。鳴り物入りで放映が開始された。

斜陽の映画界で、同じスター・プロを率いて奮闘した仲間たち、三船敏郎、萬屋錦之介たちが次々とテレビ映画へと進出していた。裕次郎は、勝新太郎からの「裕ちゃん、座頭市に出てくれよ」のオファーを快諾した。それが十一月十四日放送の第七話「市に鳥がとまった」（脚本・池田一朗　監督・田中徳三）である。

座頭市（勝新太郎）が出入りで知り合った凄腕の剣豪（裕次郎）は、鳥と心を通わすことができる心優しき鳥見役だった。殿様の幼馴染で、絶対に人を斬らないことを信条にしている平和主義者で、小鳥を愛でている。しかし市には、小鳥が近寄らない。

なぜなら市の「殺気をおそれているから」と、飄々とした表情で言う裕次郎の伸び伸びとした演技が楽しい。竿を振り回し、鳥黐《とりもち》で悪党どもを翻弄する裕次郎のユニークな立ち回りは、勝新太郎のアイデアだという。

十月、〈日本の偉大なエンターティナー石原裕次郎の魅力の全てを集大成した歴史的大企画〉と鳴り物入りで、ＬＰ十枚組ボックス「石原裕次郎の世界」が発売された。『男・海・情・街・酒・愁・炎・女・偲《しのぶ》・旅』それぞれのテーマに、これまでの楽曲を集成。加えて次の楽曲を新たにレコーディングした。

四枚目『街』には「俺は淋しいんだ」、ディック・ミネ「或る雨の午后」、「東京午前三時」。

五枚目『酒』にはエト邦枝「カスバの女」、アイジョージのヒット曲を八代亜紀とデュエットした「赤いグラス」、鶴田浩二「赤と黒のブルース」。

六枚目『愁』には、二葉あき子「恋の曼珠沙華」、八枚目『女』には布施明「そっとおやすみ」、ペギー葉山「爪」、デューク・エイセス「女ひとり」。

十枚目『旅』には「慕情」、「時には母のない子のように」、「想い出のサンフランシスコ」「南国の夜」、「メランコリー」、「５００マイル」、「枯葉」、「さらばローマ」、中国民謡「草原情歌」、「忘れじの瞳」、「ブルー・ハワイ」、「愛は限りなく」などのヒット曲、スタンダード・ナンバー（八月〜九月）に録音。

十一月にはＬＰ「ゴールデンスター２５００シリーズ　石原裕次郎ベスト歌謡16」（十六曲収録）を発売している。

第三章　大都会

――昭和五十～五十四（一九七五～七九）年

昭和五十（一九七五）年

渡哲也は昭和五十（一九七五）年一月、深作欣二監督の東映作品『仁義の墓場』を映画復帰作として撮影に入った。東映は高倉健、菅原文太に続く主力として渡哲也主演作を次々と企画、渡もそれに応えようと張り切っていた。というのも、「勝海舟」で渡が降板したとき、代役を東映の岡田茂社長に相談して、岡田が松方弘樹を推薦したことへの返礼もあった。

病み上がりとはいえ、もちろん渡も相当に力を入れていた。深作組らしく徹夜が続く撮影現場には、熱気が溢れていたが、渡にとっては、過酷な日々が続いた。二月十五日の公開前後には、キャンペーンで全国を駆け回っていた。

二月十九日、東映で行われた岡田茂社長の記者会見では「今年はわが陣営に引き込んだ渡哲也君の〝渡路線〟を確立することだ」と表明。高倉健との「オホーツク番外地（大脱獄）』、五月には菅原文太との『県警対組織暴力』、六月の『スーパー・アクション　強奪（資金源強奪）』など、渡のローテーションは年間六本ほどになると、大々的に発表。東映としても主力スターとして考えて、大きな期待を寄せていた。

ところが、多忙な日々が続いて、自ら主演を希望した高倉健との次回作『大脱獄』（石井輝男）のクランクインが迫るなか、ついに渡がダウン。三月十二日に東大病院に入院した際には、マスコミには「慢性肺感染症」と発表されたが、実際には「膠原病」だったことが、のちに明らかになる。

さて、裕次郎は、毎週金曜日、夜八時から放送の「太陽にほえろ！」人気もあり、この年、映画デビュー、レコードデビュー二十周年のメモリアル・イヤーを迎えていた。二月には裕次郎芸能生活二十周年記念シングル「北国の空は燃えている」（作詞・岩谷時子　作曲・平尾昌晃）／「お前だけに……」（同）が発売された。『ある兵士の賭け』『甦える大地』の興行不振でピンチを迎えた石原プロモーションだったが、裕次郎は五月に発表された「昭和四十九年度芸能人所得番付」では申告所得八千万円で一位となった。『黒部の太陽』が大ヒットした昭和四十三年の一位（申告所得五千万円）以来の返り咲きである。

そして七月、裕次郎はトランス・パシフィック・ヨット・レースに参加した。これはサンフランシスコからホノルルまでのヨットレースで、その歴史は古い。一八八六年にハワイのカラカウア王がサンフランシスコのパシフィック・ヨットクラブへカラカウア王の五十歳の誕生パーティーの招待状を送ったことがきっかけで始まった伝統のある国際レースだった。裕次郎は昭和三十八年に参加表明したが『太平洋ひとりぼっち』の撮影で断念。兄・慎太郎が初の日本チームとして参加。裕次郎は、昭和四十年に初めてチーム・キャプテンとして参加したが、途中で盲腸炎が再発してしまい離脱、兄・慎太郎によりヨットは完走していた。

今回は昭和四十八年に続いての参加だった。

五月にはLP「石原裕次郎ベスト歌謡16　北国の空は燃えている〜くちなしの花」（十六曲収録）、六月には四チャンネルLP「石原裕次郎・愛の世界」（十二曲収録）をリリース。八月発売の「石原裕次郎芸能生活二十周年記念盤　ファンが選んだ　石原裕次郎ヒット歌謡ベスト16」（十六曲収録）はナレーション入り。全国二万三八二七名の「裕ちゃんファン」が選んだオールタイムのベスト盤となった。

アニバーサリー・イヤーのイベントとしては、六月二十四日にNETで「石原裕次郎芸能生活二十周年記念・太陽は今も輝く！」が放映され、六月には雑誌「スタア」募集入選歌石原裕次郎芸能生活二十周年記念「海鳴りの宿」（作詞・池田康生　作曲・遠藤実）／「おもかげの街」（作詞・松本じゅん　作曲・遠藤実）が発売された。

九月七日には、NHK「ビッグショー」で「石原裕次郎あの青春の詩―そして今も―」が放送された。デビュー二十周年を記念して、スタジオ収録のワンマンショーがオンエアされ、往年の映画主題歌やヒット曲を唄った。九月、鶴岡雅義作曲による「青い滑走路」（作詞・池田充男）／「ふたり」（同）がリリースされた。

この頃、石原プロモーションでは、初製作となるテレビドラマ「大都会―闘いの日々―」の企画が進行していた。裕次郎は、若き新聞記者の俳優を探していた。

ある日、日本大学の学生が、先輩と赤坂東急ホテルで食事をしていた時に、その場に居合わせた裕次郎から「こっちへ来いよ」と声をかけられた。その青年はスキーのインストラクターをしており、陽に焼けていた。「何歳までスキーをやるつもり？」「三十五歳になったら山小屋の親父になるつもりです」。青年は車が好きで『栄光への5000キロ』が良かったことなどを話した。しばらくすると青年は石原プロに招かれ、試写室で『栄光への5000キロ』を見せてもらい、裕次郎からロケ話などを聞いて楽しい時間を過ごした。

すると今度は「撮影所へ来い」と裕次郎自ら日活撮影所を案内してくれた。ステージで裕次郎に「こっちをのぞいて」と言われるままにしたら、それがキャメラテストだった。

青年の名前は神田正輝。女優・旭輝子の息子で、俳優になる気はさらさらなく、オフシーズンのアルバイトのつもりで、撮影現場に赴くことになった。

十月一七日、石原プロモーションとしては初の連続ドラマ「大都会―闘いの日々―」の製作発表が行われた。企画は、この年の三月、渡哲也が三度目の入院生活を余儀なくされた頃、かつて渡が降板した「勝海舟」の脚本家でもある倉本聰が、裕次郎と渡哲也主演による本格的刑事ドラマ企画を提案。これを受けて「太陽にほえろ！」の岡田晋吉と、山口剛の両プロデューサーと、石原プロモーションの石野憲助プロデューサーが、実現に向けて動き出した。当初「夜の勲章」と仮題がつけられていた。

倉本聰が書いた「企画意図」である。

《くどくど理屈を並べ立てるのは止めよう。／要するに茶の間の観客に、無条件で愉しんでもらえるものを。／決して視聴者に媚びることなく、それでいて視聴者の、圧倒的な支持を得られるものを。／視聴者をなめない本物を。本格的なサスペンスの醍醐味と、そして一寸だけ、嘘でない人生のペーソスを。》

正式タイトルは「大都会―闘いの日々―」と決定され、当初は十月からの放映も検討されたが、渡哲也の復帰第一作として、翌昭和五十一年一月からの放送となった。

《日本テレビの「太陽にほえろ！」は僕個人が出演しているだけですが、やっているうちに、そろそろテレビの時代が来るぞということで、石原プロとしては初めて「大都会」を作りました。皆と相談して「哲、治ったら仕事しようか」って、あいつを中心にして「大都会」が始まったわけです。》

（「石原裕次郎…そしてその仲間」）

警視庁城西署・新聞記者クラブの東洋新聞のキャップで、博打好きの通称バクさん・滝川竜太（裕次郎）と、捜査四課刑事で組織暴力団壊滅のために本庁から城西署に派遣された黒岩頼介（渡哲也）。高校の先輩後輩である、この二人を主軸に、警視・深町行男（佐藤慶）率いる、通称「深町軍団」の面々、課長代理・一色光彦（玉川伊佐男）、警部・加賀見乙吉（中条静夫）、巡査部長・丸山米三（高品格）、巡査部長・高木吾一（草薙幸二郎）たちが、関西から東上してくる組織暴力団・潮会の殲滅作戦を展開する。

これまでの刑事ドラマでは描かれることがなかった、組織暴力団専門の捜査四課と、暴力団の闘いが描かれる。さらに警察の記者クラブの個性的な面々に、宍戸錠、平泉征（後に平泉成）、柳生博、寺尾聡をキャスティング。マスコミVS警察の攻防戦もドラマに深みをもたらしている。

この構図は、かつてNHKで放映され、日活でもシリーズ映画化された「事件記者」のフォーマットであり、舛田利雄による裕次郎映画『男と男の生きる街』（一九六二年）も裕次郎の記者と加藤武の刑事の物語だった。

渡哲也の黒岩刑事は、妹・恵子（仁科明子、後に仁科亜季子）と二人暮らし。かつて黒岩への報復として、暴力団が高校生の恵子に暴行を加えたという過去が、「あにいもうと」の黒い影となっている。黒岩と恵子のそれぞれのトラウマがドラマに深い味わいをもたらしている。また、黒岩が密かに付き合うバー「ムンク」のマダム・三浦直子（篠ひろ子）は元ヤクザの情婦であり、黒岩への暴力団の情報を提供する。

黒岩の妹・恵子に惹かれる、滝川の部下の新人記者・九条浩治に、裕次郎が赤坂東急ホテルでスカウトした神田正輝。それまで九条役の候補に上がっていたのが、のちに「西部警察」に出演することになる五代高之だった。余談だが、五代の芸名は『栄光への５０００キロ』の裕次郎の役名にちなんだもの。

脚本は、倉本聰をメインに、倉本の「6羽のかもめ」（フジテレビ）でテレビ・シナリオを書き始め、のちに自由劇場の舞台「上海バンスキング」を手掛ける斎藤憐。裕次郎の『嵐の勇者たち』（一九六九年）を手掛けた日活ニューアクションの永原秀一、『夜霧よ今夜も有難う』（一九六七年）の野上龍雄、「ダイヤル１１０番」（NTV）の大津皓一、柏原寛司、金子成人といったベテランから若手まで多彩なチームが、それぞれの個性を生かした濃密な人間ドラマを展開。演出も、日活で渡哲也の「無頼」シリーズを手掛けた小澤啓一、『反逆の報酬』（一九七二年）の澤田幸弘、舛田利雄、そのチーフ助監督でもあった村川透、そして東映出身の降旗康男と個性的な監督ばかり。

映画で育ち、映画を愛し続け、アクション映画というジャンルを切り拓いてきた石原裕次郎が、テレビという新たなフィールドで映画人の底力を見せようと、ベテランスタッフ、馴染みの俳優たちの個性を最大限に生かしたテレビシリーズが、こうして始動した。

《あのときはテレビって、ちっちゃいなんて思ってた反面、どんなものかな、という気もありましたね。

で、ハタと思ったら（テレビ）は金がないわけです。安い予算でね。

こっちは映画屋だから、まず作るところからやってみようじゃないかと。あれだけひでえものをやるんだったら、損はまずない。うまくやりゃやるほどに儲かると。

今さらに人間を集める必要もないし、器材はうちにある。それでおっ始めたのが「大都会・闘いの日々」ですよ。》（石原裕次郎インタビュー・週刊明星・一九八三年六月二日号）

十月にはLP「石原裕次郎ベスト歌謡16　青い滑走路」（十六曲収録）を発売。十一月にはNHK「ビッグショー」放送番組より「ゴールデンスター・カスタム・デラックス　石原裕次郎　あの青春の詩―そして今も―」（十一曲収録）が、裕次郎と奈良岡朋子のナレーション入り、構成・杉紀彦で発売された。

十二月には「女優シリーズ」第一弾として、山本陽子のナレーションで綴るLP「愛の放浪《たび》」（十六曲収録）が構成・滝田順で発売。オリジナル曲「汐騒」（作詞・滝田順【今戸栄一】作曲・伊藤雪彦）、「帰っておくれ」（作詞・ゆうき詩子　作曲・野崎真一）、「愛ふたたび」（作詞・高畠じゅんこ　作曲・五十嵐悟【中川博之】）、「愛すれど哀しく」（同）を十月にレコーディングしている。

十二月三〇日、石原裕次郎にとっては二度目となる「第十七回日本レコード大賞特別賞」を受賞。新番組「大都会―闘いの日々―」のセット撮影に入っていた石原裕次郎は、授賞式には出席せずに、電話出演をして司会の高橋圭三にその喜びを伝えた。

昭和五十一（一九七六）年

石原プロモーション初めてのテレビ映画

「大都会―闘いの日々―」（NTV）
一九七六年一月六日～八月三日

そして、年が明けて昭和五十一（一九七六）年一月六日火曜日、夜九時から日本テレビ系で「大都会―闘いの日々―」第一回「妹」（脚本・倉本聰）が放映された。監督の小澤啓一は、日活では舛田利雄組のチーフ助監督として裕次郎の『太陽への脱出』（一九六三年）などの現場を支え、渡哲也の『大幹部無頼』（一九六八年）で監督デビューを果たした。いわば裕次郎と渡にとっては盟友とも言える間柄。小澤は初期「太陽にほえろ！」も手掛けている。かつて「映画への夢」を抱いて『黒部の太陽』で五社協定に挑戦したように、石原プロモーションがテレビ製作へ本格進出したことは、テレビ界、映画界にも大きなインパクトを与えた。古巣である日活がロマンポルノ路線へ転向し、各社ともプログラムピクチャー製作を中止、活躍の場を失いつつあった裕次郎の盟友である映画スタッフや俳優に、次々と声をかけ、彼らの新しいフィールドを作ったのだ。それこそが裕次郎の「映画界への愛」でもあった。

優秀なスタッフによる、良質な作品を、という裕次郎のプロデューサーとしての想いは、「大都会―闘いの日々―」全三十一話に凝縮されている。オープニングのタイトルバックは裕次郎自身が演出、テーマ音楽は篠原仁志が作曲、劇中音楽は伊部晴美とゼロ座標が担当した。ともあれ、この日から石原プロモーションのテレビ・ドラマの時代が幕開けすることとなった。

一月十九日には、盟友・勝新太郎の勝プロダクション製作によるフジテレビの時代劇「痛快！　河内山宗俊」第十六話「夜明けに消えた男星」（脚本・田口耕三　監督・安田公義）に、裕次郎がゲスト出演を果たした。

老中・水野忠邦による「天保の改革」で倹約令が敷かれ、町人たちの不平不満が募っていた天保年間。理不尽な権力の横暴に反抗した数寄屋坊主・河内山宗俊（勝新太郎）とその子分、片岡直次郎（出門英）、丑松（火野正平）たちの胸のすく活躍を描いた痛快時代劇。裕次郎は、国許から追われた過去を持つ浪人・竜岡を飄々と演じている。

裕次郎のテレビ出演は続いた。二月一日は、NHK「ビッグショー」「高峰三枝子～優しく美しく懐かしく～」に、裕次郎がゲスト出演した。戦前から松竹のトップスターだった高峰は、かねてから裕次郎の大ファンで、『黒部の太陽』『反逆の報酬』に出演するなど、公私ともに交流を続けてきた。

一月にはLP「石原裕次郎ヒットメロディーを歌う　VOL. 1雨の酒場で」（十六曲収録）、二月にはシングル盤では「別れの慕情」（作詞・島広史　作曲・結城丈）／「夜更けの港町」（同）が発売された。

カラオケブームに乗り、これまでの曲を収録したLPが続々とリリース。四月には古賀メロディーを集めた「石原裕次郎／「人生の並木路」（十六曲収録）、五月には「ヒット歌謡ベスト30　石原裕次郎　八代亜紀」（三十曲収録）、六月には「ヒット歌謡ベスト30　石原裕次郎」（三十曲収録）、八月には「―石原裕次郎　八代亜紀―演歌競演」（十二曲収録）、台詞入り「石原裕次郎　想い出のスクリーン　日活映画サウンド・トラックより」（十二曲収録）と、毎月のように発売された。

中村雅俊をサポートする裕次郎

『凍河』四月二十四日　斎藤耕一監督

　この年、裕次郎が久々に映画出演を果たした。四月二十四日、日活時代、スチールカメラマンとしてスナップやポートレートを撮影してきた斎藤耕一監督の松竹映画『凍河』だった。

　原作は五木寛之の朝日新聞連載小説。主演は青春ドラマ「われら青春！」（ＮＴＶ・一九七四年）でデビューを果たし、松田優作との刑事ドラマ『俺たちの勲章』（同・一九七五年）、『俺たちの旅』（同）で人気沸騰の文学座の若手・中村雅俊。中村演じる青年医師の苦悩と旅立ちを爽やかに描いている。

　実は、デビュー前の中村は「太陽にほえろ！」第八十四話「人質」（一九七四年二月二十日放映）に、医師の役で文学座からテスト出演している。その中村の主演映画へ、裕次郎の友情出演となった。

　裕次郎は、主人公の青年医師・竜野努（中村雅俊）の兄・一郎を演じた。五十嵐じゅん（五十嵐淳子）、原田美枝子といった当時の若手俳優たちに加えて、佐分利信、岡田茉莉子らベテランが助演するヒューマン・ドラマ。この作品は『太陽の季節』でデビューを果たし、数々の映画に出演してきた裕次郎にとって一〇一作目となったが、最後の劇場映画への出演が、『狂った果実』のスチールを手がけた斎藤耕一作品というのはファンにとっても感無量である。

　横浜にある精神科・和親会病院に赴任してきた青年医師・竜野努（中村雅俊）は、年上の兄・一郎（裕次郎）からバイクの乗り方の指南を受けるほど、兄を慕っている。病院では、現代のシュバイツアーと呼ばれる高見沢院長（佐分利信）と彼をサポートする唐木道子（岡田茉莉子）のもとで、リベラルな雰囲気の治療が行われていた。努は、全治しているのに退院しようとしない患者・阿里葉子（五十嵐じゅん）の心の傷に触れ、コミニュケーションをしているうちに惹かれてゆく。

　斎藤監督ならではのフォトジェニックな映像で展開されるヒューマンドラマ。葉子と努の愛のテーマとして流れる荒井由美作詞・作曲、ハイファイセットの「朝日のなかで微笑んで」に、一九七〇年代の空気が凝縮されている。

　裕次郎は、トップシーン。努にバイクの乗り方を教える場面と、後半、葉子との結婚を決意した努の報告を受けるステーキハウスの場面。後半、裕次郎が着ている背広は、遠藤千寿の手になるもので、九月にリリースされる裕次郎のＬＰ「ノスタルジア」のジャケットと同じもの。

この年「太陽にほえろ！」は五月十四日放送「すべてを賭けて」（脚本・長野洋、小川英　監督・竹林進）で二〇〇回を迎えた。放映開始以来、高視聴率を続け、一九七〇年代の「刑事ドラマ」ブームを牽引していたが、この記念回では、ゴリさん・石塚刑事（竜雷太）の許嫁・道代（武原英子）の叔父（小林昭二）に嫌疑がかかり、私生活と仕事の間で苦悩するという物語。ことほど左様に「太陽にほえろ！」は、アクションよりも人間ドラマ、人情話にウエイトがあり、事件を起こす犯人、その事件を捜査する刑事たちの心情や心理描写、そしてそれを優しく見守る、人生の先達としてのボス・藤堂俊介（裕次郎）の存在が、絶妙なバランスだった。このエピソードは二八・六％の高視聴率を記録した。

一方、渡哲也は「大都会─闘いの日々─」の刑事・黒岩頼介役で、俳優としてのさらなる境地を拓いていた。心の葛藤、屈託を抱え苦悩する黒岩刑事の姿は、それまでのアクションものでは前面に出てこなかった俳優・渡哲也の新たな魅力となった。

その渡にとって『仁義の墓場』以来の映画出演となったのが、六月十九日公開の東宝『続・人間革命』（東宝映像＝シナノ企画）だった。昭和四十八年製作の宗教スペクタクル大作の続篇で、前作に引き続き舛田利雄が演出することになり、舛田のたっての希望で渡哲也の出演となった。ここでも渡は、戦後を生き抜いてきた無頼派のヤクザを演じており、舛田や小澤啓一監督の「無頼」シリーズの主人公「人斬り五郎」を思わせる革ジャン姿のアウトローを好演した。

裕次郎の盟友であり、渡にとっては恩人であるその舛田利雄が、二人のために「大都会─闘いの日々─」の演出オファーを快諾。シリーズ当初から、舛田に声がかかっていたが、『続・人間革命』の撮影や仕上げで最初からは参加できなかった。スケジュールが空いた途端に、手渡されたのが、七月六日放映の第二十七話「雨だれ」（脚本・倉本聰）と、七月十三日放映の第二十八話「不法侵入」（脚本・齋藤憐）の二本のシナリオだった。

「大都会─闘いの日々─」は、当初二クール全二十五話で製作が続けられていたが、視聴率が好調で、作品評価も高く、八月三日放映の第三十一話「別れ」（脚本・倉本聰　監督・村川透）が最終回として放映された。

「大都会」放映中の六月、裕次郎のシングル「泣くのはおよし」（作詞・池田充男　作曲・野崎真二）／「愛してる……」（作詞・池田充男　作曲・大沢保郎）が発売された。

九月には、裕次郎が二年前から企画プロデュースを手掛けてきたアルバム「ノスタルジア」がリリースされた。裕次郎と共に戦後を歩んできたファンには懐かしい、ノスタルジックなスタンダードを唄ったジャズ・ヴォーカル・アルバムだった。

レコーディング・セッションは昭和四十九（一九七四）年八月三十日に、ロサンゼルスの名門RCAスタジオで行われた。編曲指揮はジャズ界の巨人、ベニー・カーター。監修はオリヴァー・ネルソン、ドラムスのシェリー・マンをはじめ、参加ミュージシャンも錚々たるメンバーだった。「ラブ・レター」「キッス」「アズ・タイム・ゴーズ・バイ」「アゲイン」「モナ・リザ」「ザ・コール・オブ・ザ・ファラウェイ・ヒルズ」「サマータイム・イン・ヴェニス」「ルビー」「ザ・リバー・オブ・ノー・リターン」「セプテンバー・ソング」など往年のスタンダードナンバーをリラックスして唄う、円熟のヴォーカルが堪能できる。ナンバーの間には、裕次郎のナレーションで曲の思い出やエピソードが語られる（ナレーションを外したバージョンが昭和五十七年に再発売された）。

また、この年十月四日にスタートする、勝プロダクション製作の新番組、「新・座頭市」（CX）の主題歌「不思議な夢」と挿入歌「野良犬」をレコーディング、放映開始に合わせて十月に発売された。作詞は石原裕次郎の盟友・なかにし礼、作曲は村井邦彦と演奏も手掛けた日高富明。

十月二十五日放映の第四話「月の出の用心棒」（脚本・池田一朗、岩元南　監督・太田昭和）には、裕次郎がゲスト出演している。裕次郎が演じているのは、上意討ちのため、藩を後にして三年、今では浪人のような風体の過去を持つ男。

御前試合で真吾（佐々木功）を制した矢吹源太郎（裕次郎）。真吾は、同僚から恋人の兄・源太郎を八百長試合と罵られ、同僚を切り倒して、恋人である源太郎の妹・美緒（吉沢京子）を連れて逐電してしまう。ところが源太郎に、真吾を討ち取れと上意討ちの命が下る。

ある日、市と親しくなる源太郎。実は放浪生活がたたって、源太郎は三年前から少しずつ視力を失ってきている。「弟子入りさせてくれ」と市に言う。その夜、ようやく巡り会えた妹・美緒は女郎に身をやつしていた。あろうことか真吾が美緒を売り飛ばしていたのだ。その身請けのために、利根崎一家の用心棒となる源太郎。しかも市は、利根崎一家がその縄張りを狙っている笹岡一家に草鞋を脱ぐ。やがて……。

裕次郎は、前作「座頭市物語」や「痛快！　河内山宗俊」では、飄々とした味わいの武士を演じていたが、ここでは視力を失いつつある孤独な武士を演じている。源太郎の「俺には俺でやらなくちゃならんことがある」というセリフは、さすが『赤い波止場』（一九五八年）の脚本を手掛けた池田一朗（のちの作家・隆慶一郎）。裕次郎映画の主人公の行動原理をここでリフレインしている。

盲目の座頭市と、源太郎を待ち受ける過酷な運命。それが、二人の友情の絆となり、運命の皮肉で二人が対峙しなければならなくなる。まるで映画のような、二人のスターの交流は、私生活での二人を連想させて、より深い印象を残す。

「新座頭市」主題歌は、十一月発売の二枚組LP「ヒット歌謡ベスト30　石原裕次郎」（三十曲収録）にも収められた。このアルバムには小椋佳「めまい」、加藤登紀子「ひとり寝の子守唄」。布施明「シクラメンのかほり」、ジェリー藤尾「遠くへ行きたい」、カルメンマキ「時には母のない子のように」など、裕次郎が好んでいたニューミュージック系のアーチストの曲を新録音している（八月にレコーディング）。

また十二月には「石原裕次郎・メモライズ・ベスト16　俺は渡り鳥」「石原裕次郎・メモライズ・ベスト16　青い月だよ」（十六曲収録）に、往年のテイクが収録された。

昭和五十二（一九七七）年

「大都会ＰＡＲＴⅡ」ハードアクションへの転身

年が明けて一月二十六日。かねてから準備を進めてきた、石原プロモーション製作の新番組の製作発表会見が行われた。四月から放映開始の日本テレビ系「大都会ＰＡＲＴⅡ」である。前年八月に放送終了した「大都会―闘いの日々―」から半年、シリーズの徹底的なリニューアルが検討されていた。前作では倉本聰の企画による、記者クラブと捜査四課、二つの組織のそれぞれの立場の違いから生まれる、対立、融和に、組織暴力団の勢力拡大を絡めたハードな社会派ドラマとして展開されてきた。それから一転、第二部では派手なアクション、爽快さ、ユーモアなど、エンタテインメント要素を膨らませるべく、徹底的なリニューアルが図られている。

前作では城西署・記者クラブのキャップだった裕次郎は、「大都会ＰＡＲＴⅡ」では、城西署管内にある私立の「渋谷病院」のベテラン外科医・宗像悟郎を演じている。捜査課の部長刑事・黒岩頼介（渡哲也）、丸山米三（高品格）、大内正（小野武彦）、平原春夫（粟津號）といった前作からのレギュラーに加えて、「太陽にほえろ！」のジーパン刑事として人気を博した松田優作がはみ出し刑事トク・徳吉功として登場。

正統派の渡哲也と異端の松田優作との共演による化学変化が、視聴者にとって新鮮な魅力となった。そして上条巌刑事・通称サル（峰竜太）が本作より参加。凶悪犯罪に問答無用で立ち向かう黒岩たちの姿は、「黒岩軍団」と呼ばれることとなる。

また、日活時代から共演作が多く、渡哲也が途中降板を余儀なくされた「勝海舟」で、海舟の妻・たみを演じた丘みつ子が、渋谷病院の看護師・吉野今日子役で出演。黒岩に想いを寄せているヒロインのパートを担っている。また玉川伊佐男が渋谷病院院長・梶山保を演じ、新米看護師・三田典子を、舛田利雄監督の長女・舛田紀子が演じている。

「大都会ＰＡＲＴⅡ」（ＮＴＶ）
一九七七年四月五日～一九七八年三月二十六日

「一九七七年　東京都、人口一一六八万　警視庁警察官四〇二六七人　犯罪発生件数二〇万九千件　犯罪検挙率八八％」

小林清志のナレーションで始まる「大都会ＰＡＲＴⅡ」は、四月五日火曜日、夜九時からオンエアが開始された。第一話「追撃」の脚本は、前作も手掛けていた永原秀一、演出は舛田利雄監督。ということは、昭和四十五年の正月映画で、裕次郎と渡哲也が共演した『嵐の勇者たち』（一九六九年）のコンビである。前作では映画の仕事のため、二本のみ演出した舛田だが、今作ではシリーズのコンストラクションを作るディスカッションにも参加。「いかにして視聴者を飽きさせないか」という視点でハードアクションへの転向に大いに貢献している。

舛田によれば、アクション度が高くなり、より勧善懲悪になってきたのは日本テレビ側からの要望が強かったという。

《この「大都会ＰＡＲＴⅡ」をスタートさせる時に、永原と齋藤憐を連れて、箱根だったか熱海の旅館に籠って、いわゆるコンセプトから、全体の流れの方向性、人物設定などのアウトラインを作りました。

裕ちゃんが渡を見守る。精神的にも庇護するという関係は、外科医と刑事だけども、兄貴と弟のような関係で行こうというのは、最初のコンセプトを作るときからありました。「大都会―闘いの日々―」よりは、もっと二人の関係を濃厚にしています。「太陽にほえろ！」同様、裕ちゃんは後進を見守るという存在ですね。

優作というのはオモロい奴だね。とにかく役に入り込んでしまう。だから時には僕の方からセーブさせることもありました。ああいう役者には好きなようにやらせておけばいいんで。それを存在でセーブさせるのが渡の役ですしね。どんなに優作がやんちゃでも、渡と裕ちゃんがいるんだから、引き締まる。視聴者が優作に何を期待しているか。それを引き出すのが監督の仕事です。》（舛田利雄インタビュー・二〇〇六年）

寡黙な渡哲也と饒舌な松田優作。生真面目すぎる黒岩に対して、どこまでが台本に書かれていて、どこからがアドリブかが分からない徳吉の軽快さ。その二人を見守る守護神的存在の裕次郎の宗像医師。「太陽にほえろ！」が社会派の人情ドラマとするなら、こちらはハリウッドの刑事アクションのようなエンタテインメント性に溢れている。派手な銃撃戦、カーチェイスを展開しながら、凶悪犯を叩きのめしていく。その理屈抜きの痛快さ。

演出陣も、舛田利雄、村川透、澤田幸弘、蔵原惟繕、長谷部安春といった日活アクションを手掛けてきたベテランがローテーションで参加。

六月八日放送の第十三話「俺の拳銃」（脚本・峯尾基三　監督・舛田利雄）で、ヒラ・平原春夫（粟津號）が殉職。七月五日放送の第十四話「切れたザイル」（脚本・永原秀一　監督・舛田利雄）から、前作で新人記者・九条を演じていた神田正輝のジン・神総太郎と、苅谷俊介の弁慶・宮本兵助の二人の刑事が登場。視聴率も十六〜十七％台をキープして、若者世代を中心に人気番組となっていった。

放映がスタートした四月には裕次郎にとっては、生涯の代表曲のひとつとなる「ブランデーグラス」（作詞・山口洋子　作曲・小谷充）が「足あと」（同）のカップリングでリリースされた。「ブランデーグラス」はじわじわとヒットし、累計一一〇万枚を超え、昭和五十五（一九八〇）年のレコード大賞特別賞に輝くこととなる。

七月、裕次郎はイギリスで一九五七年から一年おきに開催されていた、世界最大の外洋ヨットレース「アドミラルズ・カップ・レース」にこれが初となる日本チームの団長として参加。その記録映画を撮影するために、村川監督が撮影クルーと共に同行した。この時の模様は、翌年、日本テレビ「木曜スペシャル」枠で「アドミラルズカップ―1977―裕次郎は燃えた！」としてテレビ放映された。レースの後、裕次郎はまき子夫人と共に、イングランドのワイト島カウズに一ヶ月滞在、のんびりと休暇を愉しんでいる。

八月にはシングル「別れの言葉に接吻を」（作詞・野口恵作曲・四方章人）／「秋子」（作詞・池田充男　作曲・四方章人）が

リリースされた。

十一月四日。裕次郎がテレビ朝日系「徹子の部屋」に初出演。少年時代の話や、日活時代の失踪事件、まき子夫人との結婚、三船敏郎との『黒部の太陽』のエピソードを語った。

十二月、「霧の波止場で」（作詞・池田充男　作曲・上原賢六）／「青いサファイヤ」（同）がこの年三枚目のシングル・リリースとなった。

この年、リリースされたLPは次の通り。二月「石原裕次郎・メモライズ・ベスト16　男の横丁」「同　嵐の中を突っ走れ」（十六曲収録）。四月の「石原裕次郎／めまい」（十二曲収録）では、小椋佳「春の雨はやさしいはずなのに」、芹洋子「四季の歌」、小椋佳「この胸の高なりを」、エンゲルベルト・フンパーディング「ラスト・ワルツ」、小椋佳「公園に来て」をレコーディング。

六月発売の二枚組「赤いハンカチ～ブランデーグラス　石原裕次郎」（三十曲収録）では渡哲也「水割り」をカバー。八月「石原裕次郎スーパーヒット16　別れの言葉に接吻を」（十六曲収録）、十月、二枚組「石原裕次郎　狂った果実～別れの言葉に接吻を」（三十曲収録）、十二月「石原裕次郎　八代亜紀―愛・別離の詩―」（十二曲収録）。

昭和五十三（一九七八）年

昭和五十三（一九七八）年一月三日、東京12チャンネル「人に歴史あり」に裕次郎が出演、半生を振り返った。日本テレビ系で放映中の「大都会ＰＡＲＴⅡ」は、関東地区では火曜日夜九時からの本放送が好調で、さらに平日の夕方四時から同時に再放送され、さらに人気に拍車がかかっていた。松田優作のトクの良い意味での悪ノリぶりと、ハードな展開に十代から二十代の若者を中心に「大都会」ブームが巻き起こりつつあった。

第十九話「別件逮捕」（一九七七年・八月九日　脚本・齋藤憐　監督・蔵原惟繕）で、前作からレギュラーだった黒岩の妹・恵子（仁科明子）と、黒岩の上司で城西署次長・深町行男（佐藤慶）が番組を卒業。前作で描かれていた恵子の暗い過去も、今作では一切描かれなかった。仁科明子は番組放送中に、松方弘樹との不倫騒動で芸能活動を休止、のちに松方と結婚することとなるが、降板後もオープニング映像には、恵子のカットが登場している。この「あにいもうと」の関係は、「西部警察」シリーズでも大門圭介（渡哲也）とその妹・明子（古手川祐子・登亜樹子）へと受け継がれていく。

さて、二十話以降の展開は、良い意味で前作の社会派ドラマから、派手なカーチェイスや銃撃戦を主体とした娯楽アクションへとシフトしていく。

この年、一月二十四日放送の第四十三話「城西署爆破計画」(脚本・小野竜之助　監督・澤田幸弘)はそれまでで最高の視聴率二三・七%を記録。以後、視聴率は常に二〇%以上をキープ。三月二十八日放映の第五十二話「追跡１８０キロ」(脚本・金子成人　監督・岩崎純)で、好評のうちに最終話(二二・三%)を迎えた。

監督の岩崎純は、このシリーズで助監督を務めており、最終回で監督デビューを果たした。「大都会ＰＡＲＴⅡ」の場合、ひとりの監督が二話を二週間で撮影し、一日の休日を取って、別な監督が次の二話の撮影に入る。それを一年間続けての五十二話だった。

この時点で、九月からの第三作「大都会ＰＡＲＴⅢ」の製作も決定。裕次郎と渡哲也のパートナーシップにより「黒岩軍団」の快進撃はまだまだ続くこととなる。

次回作まで半年間の充電期間が用意されたものの、渡哲也は、休む間もなく四月からの新番組に主演することとなった。石原プロモーションにとっては、初のＶＴＲによるスタジオドラマで、二月十四日、記者会見で「ビックコミック・オリジナル」連載中のジョージ秋山の「浮浪雲」を、渡哲也主演、倉本聰の脚本でドラマ化することが発表された。テレビ朝日をキー局に、日曜夜八時枠での放送だ。

二月十九日には、ＮＨＫ「ビッグショー・石原裕次郎　男ひとり気ままな夜」が放映された。ジョージ川口、松本英彦、小野満らジャズメンたちの演奏で裕次郎がリラックスしてヒット曲を唄った。

一月、ＬＰ「石原裕次郎　オリジナルヒット12　霧の波止場で」(十二曲収録)が発売され、オリジナル曲「それぞれの旅」(作詞・池田充男　作曲・長戸大幸)、「海を離れた男のブルース」(作詞・池田充男　作曲・上原賢六)、「行先」(作詞作曲・長戸大幸)を新たにレコーディング。ＮＴＶ木曜スペシャル「アドミラルズ・カップ―１９７７―裕次郎は燃えた!」挿入歌「海びとの詩」(作詞・池田充男　作曲・曽根幸明)、「海よお前だけに……」(作詞・池田充男　作曲・曽根幸明)も、このアルバムに収録されている。

三月、時代へのレクイエムともいうべき裕次郎のシングル「昭和たずねびと」(作詞・杉紀彦　作曲・三木たかし)/「嘆きの天使」(同)がリリースされ、「昭和たずねびと」はカラオケ・ソングの定番となり息の長いロングセラーとなる。

四月発売のＬＰ「石原裕次郎　男のロマン　昭和たずねびと」(十二曲収録)には、「恋無情」(作詞・池田充男　作曲・野崎真二）、「旅路の町」（同）、「引き潮」（作詞・杉紀彦　作曲・三木たかし）、三曲のオリジナルが収録された。

四月二日、「浮浪雲」第一話が放映された。企画したのは倉本聰。幕末の品川宿で問屋場を営む「夢屋」の主人・雲（渡哲也）、妻・かめ女（桃井かおり）、十一歳の息子・新之助（伊藤洋一）一家を中心に、幕末の様々な実在の人物が登場。虚実入り混じったコメディが展開していく。雲は店の仕事一切を番頭・欲次郎（谷啓）に任せて放埓な日々を過ごして「ひるあんどん」と呼ばれているが、いざとなると剣の遣い手として悪漢を叩きのめす。この二面性を、渡哲也が楽しそうに演じている。

オープニング・クレジットに「このドラマはフィクションであり　時代考証その他、かなり大巾にでたらめです。」と出る。裕次郎の『幕末太陽傳』（一九五七年）と同じスタイルで、歴史上の人物が次々と登場する。坂本龍馬（山崎努）、沖田総司（三浦洋一）、勝海舟・西郷隆盛（フランキー堺）、岡田以蔵（川谷拓三）たちが、フィクションの人物と邂逅し、毎回、コミカルなエピソードが展開された。

スタジオでのVTR収録の「映像の軽味」を生かして「何でもあり」のナンセンスな世界は、テレビならではのユニークなものとなり、渡哲也のイメージチェンジとなった。

谷啓に加えてハナ肇、犬塚弘、桜井センリらクレイジーキャッツのメンバーがゲストとして登場。最終回・第二十話では、裕次郎がゲスト出演。かめ（桃井かおり）の兄で、は組の頭・岩吉の役を演じた。威勢の良い喧嘩っ早い江戸っ子の乱暴者で、雲（渡哲也）は義兄が大の苦手。「大都会」シリーズとは全く違う二人の名コンビぶりがお茶の間を沸かせた。

この年、四月二十八日、日本テレビ系「太陽にほえろ！」三〇〇回記念「男たちの詩」（脚本・小川英、四十物光男　監督・竹橋進）が放送された。

冒頭、マカロニ刑事（萩原健一）が殉職した地を訪れていたボス・藤堂俊介（裕次郎）が、何者かの凶弾に倒れてしまう。手術室に入る前、藤堂が山村（露口茂）に警官の制服を着ていた男に撃たれたと告げる。ボスが撃たれたとの報を聞いて、七曲署から異動していたスコッチ刑事（沖雅也）や、殉職したジーパン刑事（松田優作）の母（菅井きん）が駆けつけ、やはり亡くなったテキサス刑事（勝野洋）が愛した警察犬・ジュン号をつれ、ボン（宮内淳）が捜査を開始する。

その頃、ボスには北山署・署長への栄転話が持ち上がっていたが、それを固辞していた。その理由は、マカロニ、ジーパン、テキサス……。若い刑事たちの死に責任を感じ、七曲署の捜査一係長として職務を全うすることが、せめてものつぐないと考えていたのだ。後輩たちを思いやる頼きボス。日本映画界を牽引してきた裕次郎のイメージとボスの姿が重なる。三〇〇回を重ねてきた「太陽にほえろ！」ファンには、懐かしい、あの顔、この顔が登場する最高のエピソードの一つとなった。

このエピソードが放映されてほどなく、五月、裕次郎は久々に幼少時代を過ごした、第二の故郷・北海道小樽を訪れた。ＮＨＫ札幌放送局制作による「ほっかいどう７：３０」の「７：３０発『北帰行』石原裕次郎・小樽」（北海道では六月一日・全国放送は六月三〇日放映）のロケーションのためだった。昭和十二（一九三七）年から戦時中の昭和十八（一九四三）年にかけて、三歳から九歳の幼少時代、遊びまわった小樽市内で、当時住んでいた家を訪れ、魚市場や小樽運河、富岡教会など想い出の地を訪ね、感慨を新たにした。

兄・慎太郎と共に通っていた稲穂小学校（当時は稲穂国民学校）では、後輩の小学生たちと楽しそうに交流するなど、裕次郎の素顔が垣間見え、その人柄に触れることができるドキュメンタリーとなった。

六月、ＬＰボックス「石原裕次郎大全集」がカラオケレコード「裕次郎と歌おう」付きの六枚組で、ＬＰ「女優シリーズ」第二弾として岩下志麻のナレーションで綴る「石原裕次郎　八代亜紀　ナイト・クラブムード　二人の世界」が、それぞれリリースされた。

九月には、この年七月に亡くなった古賀政男の追悼盤として「石原裕次郎・古賀メロディーを歌う　人生劇場」（十二曲収録）、十月にはカラオケ二曲入のＬＰ「ふれあいシリーズ石原裕次郎オリジナルベスト」（十六曲収録）がリリースされた。

十一月には、久しぶりのコンセプト・アルバム「石原裕次郎　別離のテーマ10章」（十曲収録）がナレーション入りでリリース。全曲の作詞と構成は杉紀彦が手掛けた。収録曲は次の通り。「きまぐれ通りはたそがれて」（作曲・平尾昌晃）、「ここへおいでよ」（作曲・長戸大幸）、「港町の少女」（作曲・八角朋子）、「みぞれの酒場」（作曲・曽根幸明）、「海峡メルヘン」（同）、「おもいで」（作曲・長戸大幸）、「こぬか雨の女」（作曲・曽根幸明）、「愛の絆」（作曲・八角朋子）、「想い出のジェニー」（同）、「さいはて哀歌」（作曲・平尾昌晃）。

「大都会ＰＡＲＴⅢ」（ＮＴＶ）
一九七八年十月三日～一九七九年九月十一日

人気シリーズ第三作「大都会ＰＡＲＴⅢ」が十月三日の放映開始に向けて、クランクイン。「浮浪雲」のコミカルなキャラから一転、渡哲也が半年ぶりに、角刈り、レイバンのサングラスのクールな黒岩頼介部長刑事に戻って、満を辞しての三度の登場となった。

舞台は今回も城西署捜査課だが、前作が「大都会―闘いの日々―」の完全な続篇でなかったように、設定やキャラクターもリニューアルして、独立した作品として作られている。裕次郎は今回も渋谷病院の外科医・宗像悟郎を演じ、渡哲也の黒岩頼介との関係はそのままだが、黒岩がより非常でクールなキャラクターとなっている。凶悪犯に対して射殺することも厭わない。二インチのリボルバーを携帯していたが、第十六話「殺人犯奪回要求」（一九七九年一月二十三日　脚本・浅井達也　監督・櫻井一孝）からはレミントンショットガンも使用することに。

捜査課の刑事たちは、、トク（松田優作）、ジン（神田正輝）、山元課長（滝田裕介）に代わり、寺尾聡のジローこと牧野次郎、星正人のトラこと虎田功が登場する。

物語もよりストレートで、凶悪犯による許しがたい犯罪を、黒岩軍団が阻止して、犯人をショットガンで仕留める、という勧善懲悪のエンタテインメント作品へとシフトしてきた。のちの「西部警察」シリーズの前段的な作品となった。社会派ドラマからエンタテインメント志向へ。本作では黒岩の妹や家庭も登場せず、恋人もいない。つまり私生活は描かず、しがらみを断ち切って、凶悪犯罪に立ち向かう孤高のヒーローとして、意識的なリニューアルを目指している。それゆえ日活アクションから連綿と続いてきた、主人公の抱える屈託や過去の出来事による暗い影、といった要素は薄くなり「悪は許さない」という単純な行動原理のみがクローズアップされていった。

番組企画案には《状況を判断する明晰な頭脳と、強靭な体力にものをいわせての凄まじい行動力は凶悪犯逮捕マシン》とある。個性的な刑事たちが黒岩を団長と慕い、絶体絶命の死線を乗り越えた男同士の連帯感と、胸のすくアクションのカタルシスが主体となっていく。

こうして十月三日「大都会ＰＡＲＴⅢ」第一話「帰ってきた黒岩軍団」（脚本・永原秀一　監督・村川透）がオンエアされ、二一・八％の高視聴率をマークした。

石原プロモーション社長として、人気番組のプロデューサーとして、人気俳優として裕次郎は多忙な日々を過ごしていた。十月には、テイチクよりシングル盤「クロスオーバー・ラブ」／「想い出のカルナバル」がリリースされた。これまで多くの裕次郎ソングを手掛けてきた浜口庫之助の作詞・作曲によるシティ・ポップスは新しい時代のサウンドで、ファンには新鮮な魅力となった。浜口と裕次郎は、ともに港町・神戸の生まれ。酒が好きで、新しいものが好き。浜口はいつも「これを裕次郎さんに唄ってほしい」と新曲を提案。「夜霧よ今夜も有難う」「粋な別れ」「恋の町札幌」など裕次郎の歌声の魅力を次々と引き出していった。

　この頃、裕次郎は一年ほど前から、舌に違和感を感じていた。この年の春、宝酒造の大宮隆会長と観光旅行に出かけた際、キムチを口にした裕次郎は「辛い味がしみるんですよ」と言った。それを聞いた大宮会長は、すぐに病院に行くようにと勧めたが、多忙を理由にそのままにしていた。秋になって裕次郎の異変に気付いたまき子夫人から、病院で検査をするように説得され、ようやく慶応病院に行くと「舌下腫瘍」と診断された。十二月一日、「太陽にほえろ！」撮影を終えた裕次郎は、そのまま慶応病院に入院。十二月四日に腫瘍除去手術が行われたが、腫瘍は悪性の舌癌だった。十四日に仮退院した裕次郎は、十八日、国際放映のスタジオで「太陽にほえろ！」撮影に参加、通院しながら現場復帰を果たした。これまでも骨折や肺結核での長期入院を経験してきた裕次郎は、スタッフやファンへの責任感から「番組に穴を空けるわけにないかない」と、まずは撮影のことを考えていた。

　しかし、これが長い病魔との戦いの始まりだったことは、誰も知る由がなかった。

　十二月二十八日、裕次郎は四十四歳、渡哲也は三十七歳の誕生日を迎え、盛大な祝いが行われたが、この日、田宮二郎が猟銃自殺。田宮主演の人気ドラマ「白い巨塔」放映中で、その突然の死は大きな衝撃と共に報道された。裕次郎は、同時代を生きた映画スターの突然の死を悼んだ。

第八部　陽は沈み、太陽はまた昇る

「生還率３％」の手術を乗り越えて奇跡の生還。まき子夫人と石原プロモーション副社長として裕次郎を支える渡哲也の献身があればこそ。

第一章　西部警察
――昭和五十四、五十五（一九七九、八〇）年

昭和五十四（一九七九）年

この年、石原裕次郎は、芸能生活二十五周年のメモリアル・イヤーを迎えた。

「大都会PARTⅢ」も高視聴率をマークして、「太陽にほえろ！」人気も続き、順風満帆に見えたが一月二日には、貧血状態で慶応病院に再入院してしまう。しかし八日後の一月十日には、ゴルフ場でマスコミの取材を受けるなど、メディアには変わらぬ姿が報道された。現実には、連日、コバルト照射を受け、苦しい治療の日々が続いていた。本人には「良性の腫瘍」と伝えられ、マスコミには「舌下白板症」と発表された。

しかし「太陽の男」は再び立ち上がった。二月十三日には正式退院を果たし、四月十二日、石原プロモーションで裕次郎の快気祝いが開催された。

もちろん、その間にも歌手として、二月にはシングル「みぞれの酒場」（作詞・杉紀彦　作曲・曽根幸明）／「海峡メルヘン」（同）がリリースされた。前年十一月発売のLP「石原裕次郎　別離のテーマ10章」からのシングル・カットだった。三月にはLP、女優シリーズ・星由里子のナレーションで綴る「石原裕次郎　八代亜紀　想い出の歌」が発売された。A面には裕次郎の曲が七曲、B面には八代亜紀の曲が収録された。五月には二枚組LP「石原裕次郎　夜霧よ今夜も有難う～銀座の恋の物語」（三十曲収録）が発売された。

五月三十日、テレビ朝日系「水曜スペシャル」枠で「燃えろ！　石原裕次郎芸能生活二五周年記念」（夜七時三十分～八時五十四分）がオンエアされた。石原慎太郎、宇野重吉、岡田眞澄、宍戸錠、浅丘ルリ子、和泉雅子などそうそうたる顔ぶれが揃い、アニバーサリーを祝った。自らのヒットソングはもちろん、慎太郎と「夜霧のブルース」をデュエットしたり、浜口庫之助と「クロスオーバー・ラブ」を唄った。

六月にはシングル「旅情」（作詞・山口あかり　作曲・浜圭介）／「男と女の白夜」（同）がリリースされた。

七月、裕次郎は術後潰瘍と診断され、慶応病院と東大病院で並行して治療を受けることとなり、九月七日、東大病院でレーザー手術を受けることとなる。

前年秋、「浮浪雲」の最終回が近づいた頃、テレビ朝日か

ら石原プロモーション・石野憲助常務に「日テレの『大都会ＰＡＲＴⅢ』が終わったら、次はウチで『ＰＡＲＴⅣ』ともいうべき作品を製作して欲しい」というオファーがあった。それを聞いた裕次郎は「ありえないだろう」と一笑に伏そうとした。「大都会」シリーズは、石原プロ初のテレビ映画で、しかも日本テレビとの関係は良好である。映画で多額の負債を負ったとはいえ、「大都会」の成功により経営が安定してきた。「太陽にほえろ！」も順調に続いている。だからこそ、裕次郎は義理立てをまず念頭に置いていた。

しかも「浮浪雲」製作時には、石原プロにはスタジオドラマの製作体制が揃っておらず、日本テレビのスタッフの助けを借りたこともあった。

しかし「コマサ」こと小林正彦専務は、これが石原プロのチャンスになると一向に引かなかった。視聴率が落ちても日本テレビは石原プロを養ってくれるわけではない。組織に対して義理や筋は通らないこともある。まずは石原プロの社員とその家族のことを考えて欲しいと、裕次郎に訴えた。

一九七〇年代初め石原プロモーションは、『ある兵士の賭け』『エベレスト大滑降』『甦える大地』の興行的失敗で、八億円の負債を抱えてしまった。その時、裕次郎は結核で入院を余儀なくされた。病床で会社の解散もやむなしと思っていた裕次郎に、石原プロのスタッフは「機材を売らずに、自分たちに貸して欲しい」と申し出て、ＩＰＦを設立。それが、現在の石原プロの好成績の礎となったではないか。

裕次郎は「もう一度、映画を作りたい」という夢を常に抱いていた。「石原プロで映画を製作する」目標があるなら、義理を欠いても、移籍はやむなし。むしろこのチャンスを利用しない手はない、という小林の考えも、納得できるとも考えた。

小林専務は、テレビ朝日のトップに、番組移籍にあたって二つの条件を出した。一つは、一話につき製作費は三五〇〇万円、もう一つは番組スポンサーについては広告代理店ではなく、石原プロの自主営業を認めること。三五〇〇万円といえば、テレビ朝日の看板である二時間ドラマ「土曜ワイド劇場」の三二〇〇万円よりも破格だった。

自主営業にこだわったのは、番組がスケールアップすればするほど、カーアクションのクルマやロケ地探しにかなりの費用がかかる。銃火器の火薬の量も回を追うごとに増量。「まるで映画のようなテレビドラマ」と評されるだけに、石原プロの利益を考えたら、局からの製作費がいくら上がっても賄えることができない、という理由からだった。

しかも広告代理店を通さずに「自主営業を認める」ことは、テレビ局のビジネス・システムそのものを逸脱することになる。しかし、テレビ朝日は、この条件を呑んだ。

小林専務は、すぐに日本テレビに赴いた。「自主営業を認めて欲しい」という希望は日本テレビにも出していたが、残念ながら期待に添えない、という返事だった。「大都会」シリーズでも、石原プロが独自にスポンサーにタイアップしてロケ費用を賄うことは、これまでも認められていたが、代理店を差し置いての自主営業は「認めらなれない」という結論だった。

こうして「大都会ＰＡＲＴⅢ」の後番組は、日本テレビからテレビ朝日に移ることとなった。

九月十一日「大都会ＰＡＲＴⅢ」最終回・第四十九話「黒岩軍団抹殺指令」（脚本・大野武雄　監督・小澤啓一）が放映された。視聴率は二五・〇％。テレビ朝日に移籍が決まっていたとはいえ、作品のクオリティは下がるどころか、回を追うごとに、ますますスケールアップ。高視聴率をキープしながらの最終回となった。

「西部警察」（ＡＮＢ）
一九七九年十月十四日～一九八二年四月十八日

昭和五十四（一九七九）年十月十四日（日曜）夜八時から、テレビ朝日系で「西部警察」がスタートする。日本テレビの「大都会ＰＡＲＴⅢ」が終了してから一ヶ月後のことである。石原プロモーションの製作スタッフは、この年の初めから密かに製作準備を始めていた。「大都会」と「西部警察」を並行して製作していたことになる。

放映枠は、ＮＨＫ大河ドラマの裏という、テレビ界では「魔の時間帯」だった。製作に先立って、スタッフは、それまでの刑事ドラマ、テレビ映画の常識を打ち破る徹底したエンタテインメント作品を目指した。メインライターで番組のコンセプトも作ったシナリオ作家の永原秀一は「戦車が東京を蹂躙する話はどうだろうか？」と提案。七月二日の製作発表に向けて、着々と準備が進められていった。

東京城西地区の西部警察署・捜査課の部長刑事・大門圭介（渡哲也）率いる大門軍団と、警視庁警視で西部警察署・捜査課長・木暮謙三（裕次郎）が、平穏な日々を脅かす凶悪犯罪に真っ向から立ち向かう姿を描く。舘ひろし、寺尾聡、藤岡重慶、苅谷俊介、五代高之らが演じた大門軍団の熱血刑事たちが織りなすドラマに、派手なカースタントやガン・アクション、ハードな格闘シーンを見せ場に「理屈抜き」の面白さを追求、それが良い意味でエスカレートしていくこととなる。

第一話「無防備都市・前篇」（脚本・永原秀一　監督・渡辺拓也）は、国会議事堂前、そして白昼の銀座に、テロリストがジャックした米軍の「TU‐89型装甲車」が現れ、大都会を恐怖のどん底に陥れる。

まさしく「映画はハッタリ」を地でいく発想をヴィジュアル化しているが、当初は翌年のモスクワ五輪に向けた、テレビ朝日上層部のソビエト・ネットワークを使って、ソ連軍の払い下げ戦車を購入する予定だった。ところがそのタイミングで、アフガニスタンをめぐって、ソ連と西側の緊張が高まり、戦車を手配するどころではなくなった。もちろん自衛隊は、テレビ映画の撮影のために公道で撮影する戦車を貸し出すことなどできない。

そこで建設機械を製造している小松製作所に相談。ブルトーザーを改造して、戦車を作ることにしたが、今度はキャタピラ車を公道で走らせることは道交法に抵触すると分かり、ならばと装甲車にしたという。のちに数々のスーパーマシンを手掛けることになる、石原プロモーションの浅野謙治郎の指揮により、五〇〇〇万円をかけて、通称「レディ・バード」と呼ばれる装甲車が完成した。

こうして七月二日、明治神宮外苑前の聖徳記念絵画館前広場で「西部警察」の製作発表会見が大々的に行われた。そこで、この装甲車が披露され、マスコミを驚かせた。その三日後、七月五日に第一話と第二話がクランクイン。銀座の真ん中に、装甲車が出現するシーンは現場にいた人々を驚かせ、国会議事堂前での撮影ではあまりのリアルさに警官が「ハリボテだと思っていたら、本物じゃないか！」とスタッフと揉めたという。

「大都会」ではエンディングに流れる主題歌は、渡哲也の歌声だった。「PARTⅡ」では「ひとり」（作詞・水木かおる　作曲・遠藤実）、「PARTⅢ」では「日暮坂」（同）だったが、「西部警察」では裕次郎が自ら唄うこととなった。裕次郎は、旧知のなかにし礼に直接連絡を取り「ひと肌脱いで欲しい」と作詞を依頼した。こうして主題歌「みんな誰かを愛してる」が誕生した。シリーズ主題歌は、最後まで裕次郎が唄うこととなる。

こうしてスタートした「西部警察」は、裏番組がNHK大河ドラマ「草燃える」にもかかわらず、第一話「無防備都市―前篇―」が一八・八％、第二話「無防備都市―後篇―」が一八・四％と高視聴率をマークした。

「西部警察」は昭和五十四年から昭和五十九（一九八四）年まで、五年間にわたって、三シリーズ、全二三六話が放映され、平均視聴率一四・五％を記録。一九八〇年代を代表するメガヒット・ドラマとなった。「使用した火薬の量四・八トン」「使用したガソリンの量一二〇〇〇リットル」「壊した車輌の台数約四六八〇台」「飛ばしたヘリコプター六〇〇機」「始末書四十五枚」とは、シリーズを語るときに必ず使用されるデータ。

石原プロでないと作れない作品を常に心がけてきた石原裕次郎たちの「夢」がこうして、テレビ史に残るエポックメイキングに結実した。

九月、新番組オンエアに先立ち「西部警察」主題歌「みんな誰かを愛してる」(作詞・なかにし礼　作曲・平尾昌晃)／「誕生日おめでとう」(同)が、十一月には八代亜紀とのデュエット「夜のめぐり逢い」(作詞・池田充男　作曲・野崎真一)／「ふたりの港町」(作詞・池田充男　作曲・上原賢六)がそれぞれリリースされた。

LPでは、十月「石原裕次郎オリジナルベスト　銀座の恋の物語～みんな誰かを愛してる」(十四曲収録)、十一月に二枚組「石原裕次郎　魅惑のベストヒット30」(三十曲収録)を発売。十二月に二枚組「石原裕次郎・八代亜紀　魅惑のデュエット夜のめぐり逢い」(三十曲収録)には、八代亜紀との「人生の並木路」と「東京ナイト・クラブ」が収録されているが、これは昭和四十年代の裕次郎の歌声に八代がオーバーダビングしたもの。

昭和五十五（一九八〇）年

この年、一月、裕次郎夫妻がかねてから計画中だった成城四丁目の新居の建築工事が始まった。その整地をしている時に、古墳時代の住居跡だったことが判明した。土器が発見され、二月十四日には遺跡発掘調査が始まり、二十一日に一般公開された。新居は、裕次郎が船のキャビンをイメージしてデザインをした。二月にはまき子夫人が子宮筋腫の手術で二週間の入院をしている。

三月二十八日「太陽にほえろ！」第四〇〇回記念「スコッチ・イン・沖縄」(脚本・長野洋　監督・竹林進)が放映された。沖雅也扮するスコッチ刑事・滝隆一が七曲署に復帰するまでを沖縄、久米島ロケーションで描いた記念エピソードだった。

また、五月八日には、日本テレビでスペシャルドラマ「俺たちの明日～坂本竜馬、中岡慎太郎!!　幕末に散った壮絶な青春」(夜九時二分～十時五十四分)が放映された(脚本・小川英・柏原寛司、監督・木下亮)。「太陽にほえろ！」の脚本・監督たちが手掛け、中村雅俊が坂本竜馬、勝野洋が中岡慎太郎を演じた幕末青春群像。裕次郎は勝海舟役で出演した。

まもなく放送一年を迎える「西部警察」は、当初は二クール、二十六話の予定でスタートしていた。しかし、平均視聴率も高く、日曜ゴールデンタイムの放送ということもあり、「大都会」シリーズよりも視聴者層が広がり、特に小学生男子の人気が高まっていた。派手なカーアクション、迫力ある銃撃戦は、子供向け番組にはない刺激でもあった。

そこで、裕次郎のアイデアで、年少ファンのために新たな魅力が加わることになった。八月二十四日放送の第四十五話「大激走！　スーパーマシン」（脚本・新井光　監督・長谷部安春）に、木暮課長の発案で開発された、警視庁科学技術研究所が完成させた特殊車両「マシンX」が登場したのだ。

日産スカイライン２０００ＧＴターボ（ＫＨＧＣ２１１型、通称ジャパン）を改造したもので、劇中の設定ではなんと五二種類の特殊装置を搭載。警視庁のデータベースとリンクしている「マイコン」、前科者リストのデータを瞬時に画面に映し出す「車載モニター」、「自動車電話」など、今では当たり前のガジェットばかりだが、当時は未来を感じさせるハイテクなメカだった。

大門が運転するこの「マシンX」には遠隔操作式自爆装置まで搭載されている。いわば「ボンド映画」でジェームズ・ボンドが乗っているボンドカーのような位置付けとなる。以後、スーパーZ、マシンＲＳシリーズ、サファリ４ＷＤといった、スーパーメカがシリーズの呼び物となり、「なんでもあり」のシリーズの荒唐無稽化に拍車をかけてゆくこととなる。

《そうした一つが、我々が何千万円もかけてつくった警視庁の夢物語的な特殊車輛だ。これは、長岡秀星の絵じゃないけど、ドラマの中に、夢を現実として盛り込もうとして、日産自動車に特注した。

噴水のような放水がすごいやつ、これを自動車ショーに出したら一番人気で、子供にも大いにウケた。

こうした特殊車輛は、子供の漫画からヒントを得るんだ。それを日産に持って行くと、向こうの技術屋さんも好きだからね。考えられないような仕掛けが現実にできてしまう。たとえば工場のスレートや窓ガラスは水の水圧でぶち破る。逃走するときには、水のウォーターカーテンを張る。あるいはボタンをピュッと押すと、椅子に座った渡哲也が車の中から現れて、ガガッーと機関銃を撃つとか……。

子供の発想が大事と思う。

それを大の大人がマジメな顔をして、何千万円もかけて作ってしまう。

人に言わせれば、「アホか」ということになる。

だけど、それがロマンであり、この仕事の面白さだと僕は思っている。

こうした仕掛けだけでなく、ビジネスの面でも、番組の内容でも、とにかく人の考えないようなことを我々はやっている。成せばなる――素敵な言葉じゃないか。

我々のできる、いわゆる可能な範囲で夢をふくらませるという作業は、ずっと続けているから、我々も新鮮でいられるのだと思っている。》（『石原裕次郎・口伝　我が人生の辞』）

この年、昭和五十二年に発売した「ブランデーグラス」が一一〇万枚のロングセラーヒットを記録した。歌手・石原裕次郎人気も根強く、九月一四日放映の「西部警察」第四十八話では、この曲をフィーチャーして「別離のブランデーグラス」（脚本・大野武雄　監督・宮越澄）が作られた。劇中、ナイトクラブで木暮課長（裕次郎）が「ブランデーグラス」を唄うシーンは、往年の日活ムードアクションを思わせ、オールドファンを唸らせた。

この年の裕次郎のシングルは三枚。四月には、NHK「みんなのうた」より「パパとあるこう」作詞・杉紀彦　作曲・丹羽応樹）と「夢織りびと」（同）が発売された。「西部警察」のイメージとは一転、八歳の太田裕之とのデュエットで子煩悩なパパぶりを発揮。

十月、「西部警察」の新たな主題歌として「夜明けの街」（作詞・池田充男　作曲・野崎真二）／「孤独の詩」（同）が、十二月には、八代亜紀とのデュエット「わかれ川」（作詞・池田充男　作曲・野崎真二）／「なみだの宿」（作詞・池田充男　作曲・上原賢六）がそれぞれ発売された。

また五タイトルのLPが店頭に並んだ。二月の「石原・八代　華麗なる出逢い　魅惑のデュエット・ベスト12」（十二曲収録）には、八代亜紀とのデュエット「なみだの宿」（作詞・池田充男　作曲・上原賢六）が初収録された。四月、女優シリーズ・浅丘ルリ子のナレーションで綴る「ふたりのめぐり逢い」（十四曲収録）には、浅丘の「愛の化石」も収録。十月には「石原裕次郎オリジナルベスト16　夜明けの街／ブランデーグラス」（十六曲収録）を発売。

十一月には二枚組「石原裕次郎　ベストヒット30　夜明けの街／ブランデーグラス」（三十曲収録）、十二月「石原裕次郎八代亜紀がうたう　愛とわかれのうた　わかれ川～銀座の恋の物語」（十四曲収録）がそれぞれリリースされた。後者には八代とのデュエット「わかれ川」（作詞・池田充男　作曲・野崎真二）が初収録された。

第二章　裕次郎、倒れる
——昭和五十六（一九八一）年

年が明けて一月四日に「西部警察」第六十四話「九州横断大捜査網!!」と、一月十一日に第六十五話「博多港決戦」（脚本・永原秀一、新井光　監督・小澤啓一）の前後篇が放映された。のちに「西部警察ＰＡＲＴⅡ」よりシリーズの名物となる地方ロケーションの最初となるのがこの北九州篇である。第四十七話「笛吹川有情」（一九八〇年九月七日・脚本・永原秀一　監督・渡辺拓也）で山梨ロケが行われていたが、鳴り物入りの地方ロケ篇はここから始まった。

トンプソン・マシンガンにより射殺された被害者が持っていた現金一〇〇〇万円は、すべて偽札だった。木暮課長によれば同様の偽札が香港ルートから世界中にばらまかれているという。しかも福岡市で、五〇〇〇億円分の紙幣用紙が盗まれていることが判明、巨大な偽札製造組織が九州にあるものと睨んだ木暮は大門たち西部署のメンバーを九州に派遣、大門軍団の捜査が始まる。

これが前篇「九州横断大捜査網!!」で、大分県、熊本県、宮崎県、福岡県と九州縦断ロケが行われ、テレビ雑誌だけでなく新聞各紙にもその話題が大きく取り上げられた。

さて第六十五話「博多港決戦!!」では、大門軍団は福岡県大牟田市の三池港で、偽札運搬を食い止め、地下組織が連絡用に使っていた電波を追って、熊本県荒尾市の三井グリーンランドへ向かう。しかし時すでに遅し。逃げる組織の連中と派手な闘いを繰り広げる大門軍団。一方、ついに博多でも偽札が使われてしまう。木暮は九州電波警備局に応援をたのみ、船舶無線から冷凍運搬のトレーラーをつきとめる。ヘリコプターと車で、そのトレーラーを追いかける大門軍団だったが、聞き込みを続けていた谷（藤岡重慶）が、組織に捕まってしまう……。

お正月らしく展開も派手でスケールアップされた「西部警察」にファンが夢中となった。

この年、石原裕次郎は映画デビュー、レコードデビュー二十五周年を迎え、「西部警察」の四月以降の継続も早々と決まっていた。二月には、シングル「よこはま物語」（作詞・なかにし礼　作曲・浜圭介）／「星の子守歌」（同）が、三月にはＬＰ「石原裕次郎オリジナルベスト16〜よこはま物語〜」（十六曲収録）が、それぞれリリースされた。

歌手デビューを果たして二十五年、テイチクでは十枚組の豪華記念アルバムが企画され、テレビ朝日系「西部警察」は高視聴率をキープ、すべてが順風満帆に見えたが……。

裕次郎、倒れる！

《一九八一年四月二十五日、あの日は朝から渋谷のドヤ街で撮影をしていてね。渋谷にもドヤ街があって、そこでオカマ相手に聞き込みをしているシーンを撮ったんだ。

それが終って、午後から写真撮影が始まった。二十五周年記念の十枚組アルバムを出すので、レコードジャケット用の写真を撮っていたわけ。

この日は、夕方の四時半集合で、夕景夜間ロケが予定されていたが、雨が土砂降りになっていたんで、

「この降りじゃ、撮影は中止だな」

写真を撮りながらそんな話をしていた。

土砂降りの雨――そのことだけは、いまも鮮明に覚えている。

倒れたのはその直後だった。》

（『石原裕次郎・口伝　わが人生の辞』）

昭和五十六（一九八一）年四月二五日。午前中、石原裕次郎は「西部警察」第八十八話「バスジャック」（脚本・新井光監督・長谷部安春）の聞き込みのシーンを撮影、正午からは麻布の写真スタジオでテイチクの二十五周年記念アルバムのレコード・ジャケット撮影を行った。それが終わり、夕方四時三十分集合で「西部警察」の撮影が再開されるまで、麻布十番の知人のマンションで待機することになっていた。

知人宅で昼食後の午後二時十五分ごろ、洗顔中に、後頭部、胸、腹、足に激痛が走り、その場で倒れてしまった。

午後三時二十六分、麻布消防署の救急車が出動。裕次郎の指定で、慶応病院へ救急搬送された。夕方、病室にまき子夫人、小林正彦専務が駆けつけると、裕次郎は「腰が痛くて」と元気な表情を見せた。その症状から椎間板ヘルニアの疑いがあるということで、整形外科医、内科医の診察を受けた。

ところが翌朝、裕次郎は呼吸するたびに胸の激しい痛みを訴えて、午前八時三十分にナースコール。駆けつけた心臓血管外科の井上正教授の診察により「解離性大動脈瘤I型」と診断。心臓から二センチの上行大動脈から解離がはじまり、腹部大動脈分岐部（足の付け根付近）まで及んでいたことが判明する。午前十時三十分に中央病棟四階にあるICUへ。事態は緊急を要するということで、井上教授は、まき子夫人と小林専務に「非常に難しい、危険な病気である。発症から二十四時間ないし、四十八時間以内に破裂する可能性がある。ただちに親族を呼びなさい」と告げた。

小林専務は、ヨットレースのために小笠原・父島にいる石原慎太郎に緊急連絡をした。その一方、石原プロモーションは社員の家族にも伝えないよう厳重な箝口令を敷いた。

弟の危篤の報を受けた慎太郎は、四月二十七日午前八時二十分、海上自衛隊の海難救助艇でUS－1で厚木基地に着陸、慶応病院に駆けつけた。これがマスコミの知ることとなり、裕次郎の病状が深刻であることが報道されてしまう。

四月二十八日午後十時過ぎ、共同通信が「石原慎太郎衆議院議員　私用で自衛隊機を使用」と配信。十分後には「俳優の石原裕次郎重体」が配信され、報道陣が慶応病院に殺到。石原プロはその対応に追われた。そこで決められたのは「病状を逐一伝えること」だった。下手に隠せば詮索され、あらぬ報道もされてしまう。メディアには誠意を持って接しよう。小林専務は、その考えを渡哲也に話した。最初は「社長の病状を知らせたくない」と難色を示していた渡も最終的に納得して、連日、渡哲也と小林による記者会見が行われることとなった。

渡哲也は、連日、病院に詰めていたが「西部警察」の撮影は続行している。渡は病院の敷地内に置いたワゴン車で寝泊まりしながら、連日の記者会見に臨み、ロケーションに向かった。

五月四日、午後六時、慶応病院の五階ロビーで、渡哲也がフジテレビ「3時のあなた」のインタビューを司会の森光子から受けた。そのとき、渡は「もし、最悪の事態になったら私も連れて行ってもらいたい。石原に殉じたい気持ちです」と涙ながらに語った。

その姿は全国に放送され、ファンのみならず、石原裕次郎の病状を心配する人々が祈るような気持ちで、病状を見守ることとなる。

五月五日、午後九時三分、石原慎太郎が記者会見で「大動脈瘤が非常に悪いところにあり、手の届かない裏側が豆腐のようにドロドロになっているようだ」と手術が難しいことを語った。実際、五月に入ってからは食べ物も受け付けず、肺機能も低下、手術をするにも全く目処が立たない状態だった。

そして五月七日、午前八時五十分に容態が急変。緊急手術が決定された。井上教授によれば「生還率は三％」の危険な手術だった。手術用のA型献血者二十名が招集された。午前十一時三十分に「西部警察」のロケ先から緊急手術を知らされた渡哲也が駆けつけた。午後十二時十分、石原慎太郎夫妻病院到着。午後十二時四十五分、井上教授は、四階ＩＣＵで裕次郎を親族に会わせる。まき子夫人、石原慎太郎夫妻、渡哲也、小林正彦専務の五人。

その時裕次郎は「どうなるか分からないが、とにかく行ってくる」と六階の手術部へ向かった。

午後一時十分、小林専務が記者会見で「緊急手術を行う」と発表。十三時三十分、テレビ、ラジオのニュース速報・臨時ニュースが流れた。

「石原裕次郎容態急変！　緊急手術‼」。

執刀は井上正心臓血管外科教授、川田光三講師、相馬康宏講師ほか三名、麻酔医は長野政雄助教授ほか二名、人工心肺、看護婦各二名計十二名。緊急手術は午後三時四十分から十時十三分まで、六時間三十三分の長時間に及んだ。

午後十一時十分、渡哲也と小林専務による記者会見が行われた。渡は「本日、午後三時四十分から緊急手術を行い、十時十三分終了しました。私は、まき子夫人に付き添っていましたので、先生から手術その他については聞いておりません」と沈痛な面持ちで話した。小林は「大手術のため、四、五日の間は危険な状態ということです。手術は成功です」と状況を報告。裕次郎は、「生還率三％」の大手術を乗り越えることができたのだ。

五月八日、午前十一時三十分から、井上教授とまき子夫人の会見が行われた。まき子夫人は初めて報道陣の前でこう話した「きょうの日が来るのは信じられませんでした。全国のファンの皆様、本当にありがとうございました」

石原慎太郎は、「また、マコ（まき子）の手を取り、親指でポンポンと二度たたいてあいさつしていた。やつれていたけどタフな男だ。一つのヤマを越えたと思う」と会見した。

この日の朝、石原プロモーションは病院の正面玄関脇に、見舞客の受付のためのテントを設置している。詰めかけた見舞客と報道陣により、これ以上病院に迷惑をかけらないと立てたもの。見舞い客一万二千人、激励の手紙五千通、花束二千束、千羽鶴千束を越えた。日本中が石原裕次郎の無事を祈っていた。病院に置かれた、裕次郎が撮影の際に愛用していたロケバス日産シビリアン「キッチンカー」の車体には、病状を心配するファンからのメッセージが次々と書かれた。

連日、石原裕次郎の快復が報道された。ワイドショーやスポーツ紙だけでなく、ニュース番組や一般紙でも石原裕次郎の様子が細かく伝えられた。マスコミが石原プロモーションの結束力に対して「石原軍団」と名付けたのはこの頃だった。

テレビでは、五月二十九日放映の「太陽にほえろ！」第四五九話「サギ師入門」（脚本・古内一成、小川英　監督・山本迪夫）から、ボスが不在となった。番組冒頭で、裕次郎が闘病生活の旨、テロップが流れた。

話はさかのぼるが、裕次郎が倒れて「西部警察」の現場も混乱していた。撮影中の第八十八話「バスジャック」を完成させなければならない。裕次郎の出演シーンは半分以上を撮り終えていたが、それでもカットが足りない。吹き替えを使ったり、シナリオを変更して、リテイクする時間はなかった。長谷部安春監督と石原プロの石野憲助プロデューサーは、これまでの「西部警察」から裕次郎の出演場面を編集して、木暮課長のシーンを仕上げることにした。こうして「バスジャック」は、七月十九日に無事放送された。以後、第八十九話「もう一つの勲章」（脚本・新井光　監督・宮越澄）から木暮課長は不在となる。

一方「生還率三％」の死線を越えた裕次郎は、リハビリを始め、少しずつだが体力が回復しつつあった。そして六月二十一日、午後四時三分から十分間、入院から五十七日ぶりに、裕次郎は慶応病院第一病棟五階屋上へ、まき子夫人、渡哲也と共に上がり、中庭に詰めかけたファン、およそ五百人に手を振った。「人に会えることが、こんなに嬉しいとは思わなかった。温かく迎えられて感動した」と裕次郎は、ファンへの感謝の気持ちでいっぱいだった。Vサインを掲げ、手を振る裕次郎の姿がテレビのニュースやワイドショーで伝えられた。

二日後、六月二十三日には、一般病棟のある一号棟五階一一五〇三室へ移れる見通しであると発表された。テレビやスポーツ紙では、裕次郎の奇跡の生還が伝えられ、日本中のファンが胸を撫で下ろした。

その前日、六月二十二日、石原プロモーションとテレビ朝日は、十月で契約が切れる「西部警察」の放送延長を決定、昭和五十七（一九八二）年四月まで続けることを発表した。

裕次郎不在となった「西部警察」だったが、勝新太郎、西川きよし、高峰三枝子たちが友情出演を申し出ていた。西川きよしは、木暮課長不在となる最初の回、第八十九話「もう一つの勲章」に早速出演。高峰三枝子は十一月十五日放映の第一〇四話「栄光への爆走」（脚本・新井光　監督・宮越澄）にそれぞれ出演。勝新太郎は、昭和五十九年一月一日放送の「西部警察ＰＡＲＴⅢ　元旦スペシャル　燃える勇者たち」（脚本・峰尾基三　監督・小澤啓一）に出演、盟友・裕次郎と共演を果たすこととなる。

そして八月三十日、裕次郎が慶応病院で退院記者会見を行い、九月一日に無事退院。四月に完成したばかりの新居に初めて入った。

この頃、盟友・勝新太郎は妻・中村玉緒と共に、成城の裕次郎宅を訪ねた。

《裕次郎さんとパパは本当に仲良しで、京都でも東京でもよく飲みに行ってました。裕次郎さんが倒れられて、大変な手術をされて奇跡の生還を果たした時に、成城の御宅へパパと一緒にお見舞いに行ったんです。まき子さんがご馳走を用意してくれて、私たちには立派なお重なのに、裕次郎さんは玄米パンとサラダだけ。パパは裕次郎さんの玄米パンを「うまいうまい」と言って食べちゃったんです。裕次郎さんへのパパなりの気遣いだったんでしょうね。その時、裕次郎さんがパパに「一緒に入ろう」とお風呂に入って、手術のあとを見せてもらったそうです。二人は「勝っちゃん」「兄ちゃん」と呼びあってね。まるで兄弟のようでした。》（中村玉緒インタビュー・二〇一八年二月十九日）

裕次郎が退院してひと月ほど経った十月、裕次郎の意向で渡哲也が石原プロモーションの副社長に就任した。渡は自分の任ではないと固辞したが、裕次郎に頭を下げられ、引き受けることにした。

秋になり、体調も落ち着いて来た。最初の現場復帰は「太陽にほえろ！」第四八九話「帰ってきたボス！　クリスマスプレゼント！」（脚本・小川英、古内一成　監督・竹林進）のセット撮影だった。

十一月二十六日、午前九時から通いなれた国際放映の七曲署セットで行われ、撮影終了後には、石原プロモーションによる「餅つき大会」が行われた。餅つきが終わり、二階の映写室へスタッフ全員と石原プロの社員を集めて裕次郎が挨拶をした。

《「……みんなには大変心配をかけて、ありがとう……」

途中で絶句したと思うと、社長の目からぽろぽろと涙がこぼれたのだ。初めて目にする涙だった。マスコミが帰ったあと、張り詰めていたものが一気にせき切り、社長はみんなの前で、自分を出して男泣きした。》（金宇満司「社長、命」イースト・プレス・二〇〇六年）

裕次郎には万感の思いがあった。生還率三％の手術を乗り越え、自分を支え、会社を支え、ファンを大事にしてくれているスタッフや社員たち。そして最愛の妻・まき子夫人、渡哲也、舘ひろし、神田正輝たち。マスコミが「大門軍団」にならって「石原軍団」と名付けた、石原プロモーションの面々に、裕次郎は言葉に尽くせぬ感謝の気持ちでいっぱいだった。

金宇満司は「社長の涙を見るのは、後にも先にもこのとき一度だけ」と前掲書で記している。まき子夫人にとっては、昭和四十三年『黒部の太陽』が挫折しかけた時の「男の涙」

以来だったのかもしれない。

十二月二日には、裕次郎とまき子夫人の二十二回目の結婚記念日を祝い、十二月十七日には復帰後三度目となる「太陽にほえろ！」の撮影が行われ、十二月二十五日のクリスマスには復帰第一作となる「太陽にほえろ！」第四八九話がオンエアされた。長門裕之、宍戸錠、武藤章生ら日活の仲間がゲスト出演、お茶の間にボス・石原裕次郎が戻り「沈まぬ太陽」裕次郎の完全復帰を印象づけた。

しかも十二月二十六日には、恒例の石原プロモーション大忘年会が五〇〇人を超える関係者を集め、山梨県石和温泉「石和グランドホテル」で開催されたのだ。そして「ブランデーグラス」が「日本有線大賞」特別賞に輝き、大晦日の「日本レコード大賞」ではロング・セラー賞を受賞。ファンと共に、喜びを噛み締めた。

二十五周年を記念して六月には、《「狂った果実」から「ブランデーグラス」まで　魅力の集大成!!》と銘打って十枚組LPボックス「石原裕次郎大全集―栄光の軌跡―」(一四〇曲収録)が発売された。また、十月にはデビューからの足跡をたどる四タイトル「石原裕次郎　栄光の歌声　狂った果実～錆びたナイフ」「同　銀座の恋の物語～赤いハンカチ」「同　二人の世界～夜霧よ今夜も有難う」「同　ブランデーグラス～夜明けの街」(いずれも十四曲収録)が発売された。

また十月には、退院後初めてのボイス・メッセージを収録した「甦る太陽～石原裕次郎より感謝をこめて～」(十曲収録構成・杉紀彦)も発売され、裕次郎の元気な声を聞くことができた。

十一月には定番の二枚組「石原裕次郎　オリジナルベストヒット歌謡30」(三十曲収録)、十二月には「裕ちゃんと唄おうデュエット・カラオケ集」(十二曲収録)がそれぞれ発売された。

第三章　西部警察、全国縦断ロケ
――昭和五十七〜五十九（一九八二〜八四）年

昭和五十七（一九八二）年

裕次郎の体調は、年末年始も安定していた。「西部警察」の復帰第一作は、四月四日放送の第一二四話「―木暮課長―不死鳥の如く・今」（脚本・大野武雄　監督・渡辺拓也）と決まった。五月からスタートする「西部警察PARTⅡ」への期待を高める意味でも、最も注目を集める四月の改編期に、裕次郎を復帰させようというのは、石原裕次郎を会社の「看板」と考えている、石原プロモーションの総意でもあった。

とはいえテレビ朝日としては、一刻も早く、裕次郎の復活をアピールしたい。ファンへの感謝の気持ちも込めて企画されたのが「石原軍団」の結束力を印象付けるスペシャル番組だった。それが一月三日放送の新春特別番組「新春快談　男たちの詩　石原裕次郎VS渡哲也」（ANB）。裕次郎と渡によるビッグ対談は、日活ファン、「西部警察」ファン、そして前年の入院、手術を固唾を飲んで見守っていたたくさんの人々へのプレゼントとなった。聞き手と構成は、裕次郎の「おれの小樽」「昭和たずねびと」などの作詞者でもある杉紀彦。杉は放送作家として、裕次郎のテレビ番組を数多く手掛けてきた。こうして裕次郎の健在ぶり、渡哲也が支える石原軍団のチームワークが、視聴者にも印象付けられた。

そして裕次郎の復帰後初レコーディングが、一月十七日、テイチク堀之内スタジオで行われ、新聞、テレビ、週刊誌、各メディアがその健在を取材した。このとき収録したのが五月三十日からスタートする「西部警察PARTⅡ」主題歌「時間よお前は……」（作詞・なかにし礼　作曲・浜圭介）と「ロンリーナイト・ロンリーウェイ（風に吹かれて）」（作詞・松本礼児　作曲・浜圭介）だった。

公開レコーディングで、裕次郎は「今日は、術後の声ならしっていうか、どのくらいバテるか試しに」とにこやかにリラックスした雰囲気で、「ロンリーナイト・ロンリーウエイ」を唄った。その姿がTBS「3時にあいましょう」などのワイドショーで放映された。

記者会見では、一年二ヶ月ぶりに、マイクの前で唄った心境をこう語った。

《本番で唄ったときにね。どのくらい疲れて、どのくらい声に支障があるもんか、思ったんですが、今日はいつもと大体同じペースでやりまして、全く疲れないし、声の方も、大体、良い声じゃないですから、お聞きのような状態で。なかにし礼ちゃんは「酒もタバコも辞めたんで、昔より良い声になった」なんて。多少、そういう意味では（声に）曇りがなくなったかもしれません。安心しました。

（何％の出来か？　と聞かれ）ぼくはいつも半分ぐらいです。プロじゃないから。それでよく売れれば「俺はプロだ」と言えばいいんだから（笑）テイチクのお偉いさんがいるのに申し訳ないんですが、売れる歌ってのは分かんないけど、手前が気分良く唄える歌を唄いたいんです。だから（今日は）六曲来たんですけど、ぼくは二曲セレクトしてきたんですけど。ぼくが一杯機嫌で良いなあと思って唄う歌ってのは、今日は一杯出来ませんでしたけど、まぁ、売れないですね。こんな面白くねえ歌ってのが売れたりしてね。今日は、そういった意味では、非常にぼくのタイプの歌というのかな、すごく楽しく唄わせて頂きました。》（テイチク堀之内スタジオでの記者会見・一九八二年一月十七日）

「西部警察」最終回に向けて連日撮影が行われるなか、石原プロモーションでは五月からスタートする「西部警察ＰＡＲＴⅡ」の準備が着々と進められていた。同じことをやっても仕方がない。よりパワーアップしたもので、視聴者をあっと言わせたい。そして闘病生活を我が事のように心配してくれた全国のファンにせめてもの恩返しをしたい。その気持ちから生まれたのが「全国縦断ロケーション企画」だった。

シリーズには欠かせない大門軍団のスーパーマシンと共に、西部署が所轄を飛び出し、全国津々浦々で活躍する。北海道から九州まで日本全国を縦断する、番組製作そのものをイベントにしてしまおうというプランだった。しかもロケーションにかかる費用は、各地の地元企業とタイアップして広告費で賄うもので、何と一話あたり三千万円という破格のスケールだった。

テレビ関係者には思いもよらないこの発想は、小林正彦専務のアイデア。日活時代、地方ロケで予算が足りない場合には、地元の旅館や老舗の看板や商品を撮影して、地元企業からロケ費用を捻出するということが日常的だった。いかにタイアップを取るかが、製作主任の腕にかかっていた。そのノウハウを生かして「西部警察」のスケールアップを図る。

しかもロケ誘致は、テレビ朝日の系列局の協力を仰げば、主要ネット地方局の事業部が営業してくれるはず。ネット局も全国の視聴者も喜ぶし、石原プロモーションの新たな収入源となる。負債はすでに完済したが、裕次郎の「石原プロで映画を撮る」という夢を叶えるためにも、この企画は大事な作戦だった。こうして二月二日、「西部警察ＰＡＲＴⅡ」の製作発表が大々的に行われた。そこで「全国縦断ロケーション」が静岡を皮切りにスタートすることがアナウンスされ、マスコミはこぞって報道。ファンの期待は高まる一方だった。

三月十九日には、放送開始一〇周年を迎えた「太陽にほえろ！」五〇〇回記念「不屈の男たち」（脚本・長野洋　監督・竹林進）がオンエアされた。こうして石原裕次郎は完全復活を遂げたのだ。その石原プロモーションが勝負をかけた「西部警察」第一部が、四月十八日放映の第一二六話「また逢う日まで」（脚本・永原秀一　監督・萩原達）で堂々の最終回を迎えた。

四月十日には、裕次郎にとっては久々のラジオ番組がスタートした。ニッポン放送「ラジオ広場！　やあ！　裕次郎です」（毎週土曜夕方四時三〇分〜五五分、昭和五十八年四月二日まで全四十九回）は、裕次郎が、日活時代のエピソードや、現在のことなどをリラックスしてトークする「飾りなさ」で、新たなファンも獲得。一年間続く、人気番組となった。

四月二十六日には、一月十七日にレコーディングした「西部警察ＰＡＲＴⅡ」主題歌「時間よお前は……」（作詞・なかにし礼　作曲・浜圭介）／「涙は俺がふく」（同）がリリースされた。同時発売のＬＰ「石原裕次郎　時間よお前は…」（十二曲収録）には「ロンリーナイト・ロンリーウェイ（風に吹かれて）」（作詞・松本礼児　作曲・浜圭介）も初収録された。裕次郎の「人生に乾杯！」サイン色紙が購入者特典だった。

「西部警察ＰＡＲＴⅡ」（ＡＮＢ）
五月三十日〜一九八三年三月二十日

五月十九日早朝、「西部警察」のホームグラウンドであり、裕次郎にとっては映画時代からの仕事場である日活撮影所で「全国縦断ロケーション」出陣式が行われた。特殊車両や大型車両がズラリと揃い「大門軍団」が、静岡県に向けて出発するために待機していた。裕次郎は感慨深く、渡哲也をはじめとする石原軍団の面々に和かに声をかけた。この「全国縦断ロケーション」は、一見、奇をてらう話題作りに見えたが、実は裕次郎の一言がきっかけとなった。入院中に全国のファンからたくさんの励ましの手紙やメッセージをもらった裕次郎の「身体が完全になったら、全国にお礼を言いに回りたい」を具現化したのが、この日の出陣式だった。

この派手なお膳立ては小林専務の様々なアイデアによるもの。ロケ地での派手なアクションに加えて、ランドマークや名所で派手な爆破などスペクタクル場面を撮影して話題を作っていく。もはや「西部警察ＰＡＲＴⅡ」はテレビの「刑事ドラマ」の枠をはるかに超えて、石原プロモーションが全国で仕掛ける「撮影」という名の「ビッグ・イベント」となっていたのだ。

こうして「静岡篇」の撮影は、五月十九日から二十九日にかけて行われた。第十話「大追跡!! 静岡市街戦　静岡・前篇」（八月八日）、第十一話「大激闘!! 浜名湖決戦　静岡・後篇」（八月十五日・脚本・新井光、宮下潤一、監督・小澤啓二）の前後篇である。Ｍ‐16ライフルの武器密輸組織と、その武器を奪って金塊強奪を狙う不動産屋を装った犯罪組織。二つの凶悪な組織を追って、静岡に現れた大門軍団の壮絶な闘いが展開される。静岡市、浜松市の全面協力を得て、静岡県庁、静岡駅ビル、清水港、焼津港などでロケーション。第十一話のクライマックスでは、浜名湖の遊覧船を爆破炎上させたり、清水市折戸にしつらえた貯木場の事務所のセットを派手に爆破炎上させたりと、派手な撮影が繰り広げられた。

石原プロモーションからテレビ朝日のネット局、静岡けんみんテレビにロケーション協力の依頼があったのは二月四日。「第一弾は静岡でやりたい。ロケ費用三千万の地元協力を」の申し入れを受けて、営業がスポンサー探しに奔走、全社協力体制のプロジェクトチームが立ち上がり、前代未聞のタイアップロケーションの受け入れ態勢が整っていった。

撮影初日、富士サファリパークでの撮影を終えた撮影隊一行は、東名静岡インターから、サファリ、マシンＸ、白パト、覆面パト、黒バイ隊など四十五台の隊列を組んで、けんみんテレビ本社前へ集結。渡哲也、沖田刑事役として初お目見えの三浦友和ら、大門軍団が勢揃いしてのオープニング・セレモニーが行われ、会場には三千人のファンが集まった。

しかも、「石原裕次郎完全復活」を印象付けるために、木暮課長の登場シーンは、なんと再開発中の静岡駅前にヘリコプターが着陸、中から裕次郎が降り立つという派手な演出だった。それをマスコミが一斉に取材、全国に報道される。ちょうど一年前「生還率三％」の危険な手術から不死鳥のごとく復活した、スターの中のスター、裕次郎の復活には最高の舞台だった。ロケ初日の模様は、この日のテレビ朝日「アフタヌーンショー」でも生中継された。

ここから「西部警察」恒例となる全国縦断ロケーションがスタートしたのである。かつて裕次郎が「テレビ映画をやるなら、テレビ局の下請けでは面白くない。自分たちでロマンを追い求めるために、我々は自分たちで新たな手法を開発している」と語っていた石原プロモーション独自の製作スタイルは、画期的だった。地元企業のアピールをして、ファンの気持ちを第一に考えて、番組製作にとっての大きなメリットである製作協力を得る。「地方の時代」を予見したロケーション・タイアップが「西部警察」の人気をさらに大きくしていった。

静岡ロケの話題は、スポーツ紙やワイドショーでも大々的に取り上げられ、五月三十日放映開始の「西部警察PARTⅡ」の大きなフォローウィンドとなった。

六月リリースの二枚組LP「石原裕次郎グラフティ　人生に乾杯!!」（二十四曲収録）には牧村三枝子とのデュエット「銀座の恋の物語」も収録されている。

『わが青春のアルカディア』七月二十八日

声優への挑戦

映画を愛し、映画で育ってきた裕次郎。昭和五十一年、中村雅俊主演の『凍河』（斎藤耕一）以来、久々の映画との関わりとなったのが、松本零士原作のアニメーション映画『わが青春のアルカディア』（東映＝東急エージェンシー）への声優としての出演だった。

「ビックコミックオリジナル」（小学館・一九七六年五月五日号）に掲載された、松本零士「わが青春のアルカディア」は、第二次世界大戦末期、ドイツ空軍の撃墜王・ファントム・F・ハーロックⅠ世が、祖国の敗北が近づくなか、友人となった日本人技術者・台場を、中立国スイスへ逃がすため、最後の戦いに挑む姿を描いた漫画。それをベースに、二十世紀から千年後の未来を舞台に、宇宙海賊キャプテン・ハーロックの若き日の冒険を描くSFアニメーション大作となった。

裕次郎が演じたのは、キャプテン・ハーロック（井上真樹夫）の先祖で、ハーロック一族の初代当主・ファントム・F・ハーロックⅠ世。航空探検家として、複葉機アルカディア号で幾多の冒険をしてきた男が、老年を迎え「スタンレーの魔女」と呼ばれたスタンレー山脈に挑む。映画のアバンタイトルでその冒険が描かれる。アニメーションに流れる裕次郎のモノローグに胸が熱くなる。映画黄金時代、様々なヒーローを演じてきた裕次郎のキャリアと、レジェンドとしての圧倒的な存在感を、キャプテン・ハーロックがリスペクトする伝説の飛行機乗りにダブらせる。

監督の勝又田具治は、裕次郎の盟友・舛田利雄と『さらば宇宙戦艦ヤマト　愛の戦士たち』（一九七八年）を共同演出したアニメーション作家。『さらば宇宙戦艦ヤマト』のクライマックスでは、舛田が裕次郎映画『零戦黒雲一家』（一九六二年）で提示したテーマと、裕次郎が演じた谷村中尉のセリフが「宇宙戦艦ヤマト」の古代進によってリフレインされた。

もちろん製作側にとっては話題作りもあったが、「生還率三％」からの奇跡の復活を遂げた裕次郎の不撓不屈のイメージと、裕次郎が映画で演じ続けてきた様々なヒーローへのリスペクトを込めたキャスティングであった。

収録は六月三十日、麻布のアオイスタジオで行われ、約五分の出演でギャランティが一〇〇〇万円を超えると、スポーツ紙やアニメーション雑誌で大々的に報じられた。映画は七月二十八日に公開され、スマッシュ・ヒットとなった。

『西部警察PARTⅡ』全国縦断ロケーション

七月三日から十二日には「西部警察PARTⅡ」全国縦断ロケーション第二弾となる、第十八話「広島市街パニック！」（十月十七日　脚本・柏原寛司　監督・渡辺拓也）、第十九話「燃えろ‼　南十字星」（十月二十四日　脚本・永原秀一　監督・渡辺拓也）の二つのエピソードが撮影された。

第十八話では、広島電鉄、通称・広電の全面協力により、市電「にしき堂号」が走行中に犯人にジャックされ、クライマックスには、犯人が仕掛けた爆弾で爆破炎上する。広電宮島（現・広電宮島口）駅構内へ誘導され、広島市の全面協力で、テレビ映画の枠をはるかに超えたスペクタクル・シーンの撮影は、様々なメディアに取り上げられ、石原軍団は常にマスコミの話題の中心となっていた。

第十八話の脚本を手掛けた柏原寛司が語る全国縦断ロケ。

《広島を舞台にパニック映画をやろうと思ってましたから。どういう話にするかを決める前に、小林専務と広島にシナリオハンティングに出かけたんですが、凄いなぁと思ったのは、最初にタイアップのスポンサーを探しにいくわけ。協力してくれそうな企業にアタリをつけて。最初はもみじ饅頭の「にしき堂」。話をうまくまとめていくんです。続いて広電。いきなり市電を爆破なんて言えないでしょう。まずは「電車の撮影いいですか？」から始めて、そのうち「ガラス割ってもいいですか？」そして「廃車にする電車ありますか？」「壊してもいいですか？」って、交渉うまいわけです。

でも、広島を舞台にするというのは、地方都市のコンパクトさとローカルな味があって、面白いなぁと思いました。駅前からクルマ（スーパー・マシン）を市電と並走させる画が撮れるでしょう。舘選手のバイクが、犯人の乗った市電と一緒に走る。石原プロの地方ロケは、東映の正月映画みたいに、地元の協力企業を立てなきゃいけない、それをクリアしながら、パニックものを作っちゃった（笑）》（柏原寛司インタビュー・TLV・西部警察12広島電鉄　もみじ号・二〇一四年一月十四日）

全国縦断ロケーションによる話題作りと、現地の協力による派手なスペクタクルシーンが功を奏して「西部警察PARTⅡ」は、日曜夜八時という「魔の時間帯」で高視聴率を続けていく。

第三弾は、北海道札幌市・北海道テレビ放送全面協力による北海道篇、第二十六話「―北都の叫び―カムバック・サーモン」（十二月十二日　脚本・新井光、大野武雄　監督・宮越澄）、新春90分スペシャル・第二十九話「燃える原野！　オロフレ大戦争」（一九八三年一月二日・脚本・新井光　監督・宮越澄）。

第四弾の名古屋篇の撮影は、二村化学工業旧工場の巨大煙突と発電所跡で行われた。犯人グループの偽札偽造工場という設定で、煙突に仕掛けた時限爆弾が爆破して、煙突が倒壊するシーンが、一発撮りで行われた。第三十七話「戦慄のカーニバル―名古屋篇―」（一九八三年二月二十七日　脚本・峯尾基三　監督・村川透）、第三十八話「決戦・地獄の要塞―名古屋篇―」（同・三月六日　脚本・西脇英夫　監督・村川透）の二本が撮影され、回を追うごとにスケールアップ。派手な爆破シーンがエスカレートしていく。

石原プロモーションの盤石な「西部警察」撮影、放映が順調に行われるなか、裕次郎は八月、ハワイへ向かい、久々のヨットレース「パンナム・クリッパーカップ・ヨットレース」に出場。ワイドショーの取材に「まさか、一年足らずにして（ヨットレースに参加できるなんて）それも国際レースでしょう。それはなんとも言えないですね。（闘病中は）ヨットの写真を二、三枚、枕元に置いて、それを眺めて想いを馳せていたぐらいでしょう。」とその喜びを語った。

十月二十七日にはテレビ朝日「水曜スペシャル」枠で「'82秋　石原裕次郎のすべて―歌謡界復帰特別企画―」（午後七時三十分～八時五十四分）に出演。ここで裕次郎は「こうして歌の番組のスタジオからお目にかかるのは多分四年ぶりじゃないかと思いますが、その間いろいろありました。去年、本当にご心配をおかけしました。今日はうちの仲間も、渡哲也君以下、たくさんこのスタジオに応援に来てくれているんで、ならし運転のつもりで、やってみましょう。」と視聴者に挨拶。歌手として俳優としての石原裕次郎の健在ぶりをアピールした。

十一月発売の、港町をテーマにした久しぶりのコンセプト・アルバム「石原裕次郎オリジナル　'82～おれの心の港町～」(十二曲収録)は全曲・杉紀彦が作詞。「港町のうたが聴こえる」(作曲・三木たかし)、「淋しさだけが暖かい」(作曲・浜圭介)、「おれの小樽」(作曲・弦哲也)、「まぼろしの港」(作曲・野崎真一　民謡・新津美恵子)、「港は雨に濡れて」(作曲・浜圭介)、「港町ふたりづれ」(作曲・三木たかし)、「たとえばヨコハマ」(作曲・小谷充)、「夜霧の愛」(同)、「帰郷」(作曲・野崎真一)、「おやじの舟唄」(弦哲也)を詩情豊かに歌い上げた。

また十一月には、二枚組LP「ニッポン放送ラジオ広場『やあ！　裕次郎です』リクエストトップ24」(二十四曲収録)をリリース。ラジオの人気番組に寄せられた人気リクエストを収録した。

昭和五十八(一九八三)年

昭和五十八(一九八三)年二月八日、舘ひろしが石原プロモーションに入社した。舘ひろしは「西部警察」でタツ・巽総太郎刑事を第三十話「絶命・炎のハーレー」(脚本・峯尾基三　監督・澤田幸弘・一九八〇年五月四日)まで演じ、第一〇九話「西部最前線の攻防―前篇―」(脚本・永原秀一、宮下潤一　監督・小澤啓一・一九八一年十二月二十日)からハト・鳩村英次刑事を演じて、裕次郎不在の「西部警察」の人気を支えてきた。「石原軍団」の若手として、リーディング・スターとして、一九八〇年代の石原プロモーションの「これから」にとって、舘ひろしの存在は大きなものとなる。

そして三月末をもって放映終了となる「西部警察PARTⅡ」に続いて、四月からは「西部警察PARTⅢ」の放映が決定され、舘ひろしの入社と共に大々的に記者会見で発表された。

歌手としてキャリアを重ねてきた裕次郎のために、テイチクのディレクター高柳六郎は、「恋人よ」などのヒット曲を唄っていた五輪真弓に新曲を依頼した。既存の作家ではなく、ニューミュージックの世界と裕次郎の世界の融合を図る斬新な企画だった。二月二十日、テイチク堀之内スタジオで、五輪真弓作詞・作曲「思い出さがし」「別れて明日」の公開レコーディングが五輪を招いて行われた。

五輪は子供の頃から裕次郎のファンで「今まで男の人に曲を書いたことがなかったのですが、裕次郎さんには「良い男」のイメージがあったので、そのイメージで曲を書きました」と話し、裕次郎も彼女の「大人の男をくすぐる声のファンだった」と、エールの交換をした。

「西部警察PARTⅢ」（ANB）
四月三日～一九八四年十月二十二日

三月には裕次郎の新曲で「西部警察PARTⅡ」の主題歌「勇者たち」（作詞・なかにし礼　作曲・浜圭介）と「夜よ」（同）のカップリングがシングル発売された。

三月十二日から二十二日にかけては新番組「西部警察PARTⅢ」の目玉企画・全国縦断ロケーション第五弾・福島ロケ篇が撮影された。福島放送の全面協力により、猪苗代湖や、喜多方市の日中ダムに三千万円の予算で作られた犯人のアジトを爆破炎上させた。この模様は、第九話「白銀に消えた超合金X！―福島・前篇―」（脚本・永原秀一　監督・小澤啓一・六月十二日）、第十話「雪の会津山岳決戦！―福島・後篇―」（脚本・新井光　監督・小澤啓一・六月十九日）前後篇としてオンエアされた。

四月二十三日から三十日にかけては、全国縦断ロケ第六弾として、鹿児島放送の製作協力により、第十七話「吠えろ!!桜島―鹿児島―」（八月二十八日・脚本・永原秀一　監督・小澤啓二）が撮影された。第二次大戦中にナチスドイツが開発した細菌兵器を沖縄で強奪した犯罪組織が政府に身代金を要求するというスケールの大きな物語。クライマックスは一味のアジトに、サファリが放水、電気系統がショートして大爆発を起こす。鹿児島から福岡県にロケーション隊が向かい、引き続き福岡篇の撮影がすすめられた。

引き続き五月一日から十日にかけて、全国縦断ロケ第七弾が九州朝日放送の製作協力で福岡市を中心に行われた。第十八話「パニック・博多どんたく―福岡篇―」（九月四日・脚本・大野武雄　監督・小澤啓二）、第十九話「決戦！　燃えろ玄界灘―福岡篇―」（九月十一日・脚本・宮下潤一【現・宮下隼一】監督・小澤啓二）のクライマックスは、福岡県漁協所有の漁船（二〇〇トン）で、一七〇〇万円相当の船を、博多湾で爆破炎上させた。

七月四日から十四日にかけては、全国縦断ロケ第八弾・山形篇として、山形放送の製作協力で、酒田駅、酒田市の山居倉庫、酒田共同火力発電所、山形市内、上山市の上山競馬場、上山城などでロケーション。第二十三話「走る炎!!　酒田大追跡―山形篇―」（十月十六日・脚本・宮下潤一【現・宮下隼一】）、第二十四話「誘拐！　山形・蔵王ルート―山形篇―」（十月二十三日　脚本・永原秀二）の二本が、山形県出身の村川透監督の演出で撮影された。第二十三話では、ミサイル強奪のエピソードでミサイル運送車の国鉄車両が三両、爆破され、ミサイル発射基地として使われた倉庫が爆破された。

八月二十五日から九月三日にかけては、全国縦断ロケ第九弾・仙台篇の撮影が、東日本放送の全面協力で、宮城県でロケーション。第三十二話「杜の都・激震!! ―宮城・前篇―」（十二月十八日　脚本・峯尾基三　監督・小澤啓一）、第三十三話「仙台爆破計画―宮城・後篇―」（十二月二十五日　脚本・宮田雪　監督・小澤啓一）で、ストーリーは、移送中のウランを強奪した犯人グループが核爆弾を作り、仙台を壊滅させようとするという、スケールの大きなもの。クライマックスは犯人グループの移動アジトだったバスがTNT火薬の誤引火で爆破炎上するというものだった。

十月二十七日から十一月八日にかけては、全国縦断ロケ第十弾・岡山・香川ロケ篇の撮影が続いた。瀬戸内海放送の製作協力により、岡山県岡山市、倉敷市、香川県の高松市、瀬戸内海でロケーション。第三十九話「激闘!! 炎の瀬戸内海―岡山・高松篇―」（一九八四年一月十二日　脚本・宮下潤一【現・宮下隼一】　監督・小澤啓一）、第四十話「激突!! 壇ノ浦攻防戦―岡山・高松篇―」（一月十九日　脚本・宮下潤【現・宮下隼一】　監督・小澤啓一）。

第三十九話のクライマックスでは、下津井電鉄の観光バスが車庫内で爆破炎上、さらには犯人がジャックした観光バスがカーチェイスの上、新岡山港に作られた船舶用燃料貯蔵庫のセットにぶつかり、バスもセットも爆破炎上する。第四十話では、剣島に一五〇〇万円をかけて作られた香港マフィアのアジト・瀬戸内赤潮研究所が爆破された。

渡哲也、舘ひろしはじめレギュラー陣は、撮影隊と共に、全国各地を回り、撮影の合間には地元ファンのためにコンサートやイベント、炊き出しなどを行って、ファンとの交流を図った。

石原プロモーション創立二十周年

その頃、裕次郎の舌下腫瘍が再発した。「西部警察PART Ⅲ」「太陽にほえろ!」撮影現場に通いながらの治療が続いた。

また四月二十日には、テレビ朝日「水曜スペシャル」枠で「おめでとう! 石原裕次郎と太陽の仲間たち!! 石原プロ創立記念企画」（午後七時三十分〜八時五十四分）が放送された。スタジオには、裕次郎、渡哲也、神田正輝、舘ひろし、峰竜太、御木裕、石原良純、玉川伊佐男、小林昭二、柴俊夫、三浦友和らの「西部警察」出演者がズラリと顔を揃えた。さらに多岐川裕美と高峰三枝子が花を添え、司会は森光子がつとめた。

石原裕次郎が唄う「ラブ・ミー・テンダー」では渡哲也と舘ひろしがバックコーラスをつとめ、高峰三枝子と「二人の世界」をデュエット、「昭和たずねびと」を木村好夫がギター伴奏。この年レコーディングした五輪真弓作詞・作曲「思い出さがし」、木村好夫のギターで「いつかどこかで」、ソロで「夜霧よ今夜も有難う」「勇者たち」などをたっぷりと唄った。さらに三船敏郎、勝新太郎、宇野重吉、寺尾聡、舛田利雄、小澤啓一、石原慎太郎がＶＴＲ出演して、裕次郎の復活と石原プロ二十周年を祝った。出演者全員の「赤いハンカチ」で番組はフィナーレを迎えた。

こうしたスペシャル番組は、「西部警察」視聴者だけでなく、日活時代からのリアルタイムのファンや、歌手・裕次郎を支えてきたオールド・ファンたちにとっても最高のプレゼントとなった。また四月には、五輪真弓が作詞・作曲した「思い出さがし」／「別れて明日」のシングル、この二曲をフィーチャーしたＬＰ「石原裕次郎ビッグヒット12〜思い出さがし〜」（十二曲収録）がそれぞれリリースされた。

そして裕次郎にとって感慨深かったのが五月二十五日「石原プロモーション創立二十周年記念　喜びとふれあいの宴」パーティーだった。十八時からホテルニューオータニ「鶴の間」で開催され、裕次郎、渡哲也をはじめとする石原プロモーションの面々が、各界からのそうそうたる出席者を出迎えた。この模様は五月二十九日にテレビ放映されている。

《二十年間を振り返って、長かったようで短くて、短かったようで大変長かったのですが、人間というのは、この世に生を貰って二十年。普通ですと二十歳の成人式ということになりますが、わたくしどもの会社もやっと成人なって、皆様、諸先輩方々のお仲間入りがやっとできる歳になったのではないかと思います。》（石原裕次郎の挨拶・一九八三年五月二十五日）

心配されていた裕次郎の舌下腫瘍再発は、通院治療の甲斐あって、手術することなく快方に向かっていた。全てが順風満帆だった。七月二十日、裕次郎はまき子夫人と共にハワイへ出発、一年ぶりの休暇を楽しんだ。

裕次郎が帰国した八月末には、ふるさと小樽や少年時代、家族の思い出を綴った杉紀彦作詞、弦哲也作曲の「おれの小樽」／「おやじの舟唄」（同）がシングル・リリースされ、「おれの小樽」は新たな定番曲となる。いずれも前年、昭和五十七年発売のＬＰ「石原裕次郎オリジナル'82〜おれの心の港町〜」からのシングル・カットだった。

シングルでは、十月「霧の波止場町」（作詞・水木れいじ　作曲・浜圭介）／「離愁」（同）がリリースされた。

このほか、ＬＰでは、六月発売の二枚組ＬＰ「石原裕次郎／愛唱歌30　ダイナ～思い出さがし」（三十曲収録）では、ディック・ミネ「ダイナ（DINAH）」、淡谷のり子「君忘れじのブルース」、菊池章子「岸壁の母」、エト邦枝「カスバの女」、菅原都々子「月がとっても青いから」、鶴岡雅義と東京ロマンチカ「小樽のひとよ」を新録音、歌謡史に残るスタンダードをカバーしている。

十月「石原裕次郎ビッグヒット12～霧の波止場町～」（十二曲収録）、十一月「石原裕次郎　日活映画主題歌全集―俺たちの青春時代―」（三十曲収録）が、それぞれリリースされた。

そして十二月二十八日、裕次郎は四十九歳、渡哲也は四十二歳を迎えた。この日、裕次郎はまき子夫人と共に、ハワイの別荘に出発した。

第九部　甦る太陽

「西部警察」の撮影現場。映画黄金時代を牽引してきた裕次郎は、渡哲也、舘ひろしたち、次世代のアクション・スターをバックアップ。まさに頼きボスだった。

昭和五十九（一九八四）年

昭和五十九（一九八四）年の元日、「西部警察ＰＡＲＴⅢ」正月スペシャル「燃える勇者たち」（脚本・峯尾基三　監督・小澤啓二）が二時間枠で放送された。盟友・勝新太郎が、裕次郎が倒れた時に約束した通りゲスト出演を果たした。二人の共演は、勝の「新座頭市」第四話「月の出の用心棒」（一九七六年十月二十五日）以来となる。前年の石原プロモーション二十周年記念パーティで、勝新太郎は次のような挨拶をした。

《僕は裕次郎を見て、どこがいいんだあの顔が、どこがいいんだ、あのなんとなく足が長いだけどか、何かその清潔さというか、そういうものがいい。確かに私は何十年も裕次郎を見てきました。

でも、彼のあの自然さは永久のものです。彼は時代を作った人の上に乗るんじゃなくて、彼が時代を作る人間なんだな、私も、まあ倒産しましたけども、必ず裕次郎と同じように立ち上がって、また新しい時代を作ろうと思っています。》（勝新太郎の挨拶・一九八三年五月二十五日）

「燃える勇者たち」で勝新太郎は、謎のマジシャン・トミー東郷をけれん味たっぷりに演じた。久しぶりの裕次郎との共演は、まさしく映画スター同士の邂逅にふさわしく、派手なスペクタクルの全国縦断ロケーションが売り物となっていた「西部警察」では、趣が異なる二人のビッグ・スターの芝居は、往年の映画ファンの胸を熱くした。

「いつか映画を撮ろう」

裕次郎も渡哲也も、映画への夢を抱いていた。テレビで派手なスペクタクルを展開している石原プロモーションだったが、『ザ・ゴキブリ』（一九七三年・小谷承靖）以来、映画製作から遠ざかっている。昭和五十一年十一月、裕次郎は中年刑事を主役にした映画製作を考えていた。その着想を、日活時代の仲間である二谷英明が司会するテレビの歌番組で語っていた。

《来年なんですがね。東京に木枯らしがビュービュー吹く季節に、アスファルトジャングルを舞台にして、アクションもの、刑事ものなんですけど、モノクロで。私が出演しまして、監督もして、シナリオ書いて、音楽も書いちゃって。チャップリンの向こうを張っちゃおうってのを、今、企画してるんです。来年の一月末ごろからなんですけどね。》（石原裕次郎・一九七六年十一月十八日・ＴＢＳ「トップスターショー　歌ある限り」）

結局、この企画は実現しなかったが、常に映画製作への夢を抱いていた。「西部警察」全国縦断ロケーションで破格のタイアップ費を集め、映画的スケールの撮影を続けていたのも、いつか石原プロモーションで映画を作るという思いがあったからである。

前年の石原プロモーション二十周年記念パーティで、『黒部の太陽』（一九六八年）でともに五社協定という「破砕帯」を突破した三船敏郎の挨拶には、石原プロが映画製作に乗り出すという話が出てくる。

《日本の映画界はテレビ、レジャー産業の凄まじい発展普及で、一番苦難の道を歩んでいたのではないかと思います。しかし、映画は不滅でございます。石原プロも、これから劇映画を製作することに専念するそうでございます。どうか後世に残るような素晴らしい映画をどしどし作っていただきたいと思っております。》（三船敏郎の挨拶・一九八三年五月二十五日）

ファンは、裕次郎の新作映画が観たい。「太陽にほえろ！」や「西部警察」ではない、映画スター・石原裕次郎がプロデュース、主演する映画が観たい。と考えていた。その気運が高まってきていた。裕次郎はテレビ映画製作も「そろそろ潮時かもしれない」と映画に向けて動き出そうとしていた。

ますます「西部警察ＰＡＲＴⅢ」の快進撃が続いていた。二月にはテイチクから裕次郎が唄う主題歌「嘆きのメロディー」（作詞・荒木とよひさ　作曲・三木たかし）／「彩りの街」（作詞・藤原典男　作曲・小谷充）がリリースされた。ディレクターは、これまでの高柳六郎から後藤武久となった。後藤は、一九七〇年代初めフォークデュオ「アコとブッチョ」を結成、赤坂東急ホテルのナイトクラブで唄っているところに客として来た裕次郎と親しくなった。

《ある日、裕次郎さんのグループが店にやってきてリクエスト・カードを渡されたんです。歌い終わったら、裕次郎さんが立ち上がって拍手をしてくれて。それから毎晩、お一人で店にフラリと現れて、僕らの歌を聴いてくれたんです。半年ほどして、僕は店を辞めることにしたんです。唄うより、音楽制作がしたくて、ディレクターになりたかったんです。裕次郎さんに相談したら「そんなのやめとけ。なんなら石原プロに来い」って（笑）》（後藤武久インタビュー・二〇一九年一月三十一日）

その後、昭和四十八年、海外から帰国した後藤は、偶然にもテイチクに入社。しかし、それからは、全く違う現場でディレクターを務めていた。

《それから十年経って、僕は裕次郎さんの担当になりました。裕次郎さんが大病されて復帰された頃です。成城のご自宅にご挨拶に伺ったら「あなた方はプロなのだから作品については お任せします。あとはお任せください」と。最初が「西部警察」のエンディングテーマ「嘆きのメロディー」でした。》（後藤武久インタビュー・二〇一九年一月三十一日）

後藤は、裕次郎の最後のディレクターとして数々のレコード、CDを手掛けていくこととなる。

さて、二月には「嘆きのメロディー」をフィーチャーしたアルバム「石原裕次郎「西部警察」男たちの詩」（十四曲収録）を発売。「西部警察」の劇伴インストゥルメンタルと、これまで裕次郎が唄った主題歌で構成されたサントラ仕立てのアルバムだった。

また五月には海をテーマにしたLP「海・男のうた　石原裕次郎」（十四曲収録）がリリースされた。

さて「西部警察PARTⅢ」全国縦断ロケーションは回を重ねて第十一弾。二月二十四日から三月一日にかけて関西ロケが行われた。第四十八話「激追!!　地を走る3億ドル―大阪・神戸篇―」（四月二十二日・脚本・宮下潤一【現・宮下隼一】　監督・小澤啓一）のクライマックスでは、神戸市内の造成地内での壮絶なカーアクションが撮影された。三億ドルの偽札の国外持出しを図ろうとする国際的ブローカー、ジェームズ勝田を日活出身の深江章喜が演じ、その組織と大門軍団が対決する。撮影が行われた造成地は、昭和六十年に開催されるユニバーシアード神戸大会会場（現・神戸総合運動公園陸上競技場）の建設予定地。大門のスーパーZ、鳩村のバイク・カタナ、北条のマシンRS‐3をはじめ、県警のパトカー十一台と、敵の組織の黒づくめの鉄板で装甲された特殊トラック。次々とパトカーが爆破炎上するシーンは、シリーズ最大のスケールの一つとなった。

第四十九話「京都・幻の女殺人事件―京都篇―」（四月二十九日・脚本・荒井光、山浦弘靖　監督・小澤啓一）。下着メーカーのファッションモデル・島本冴子（浅野ゆう子）がファッションショーの会場から失踪、その直前、冴子が京都で殺人事件を起こしていたことが判明。その殺人には二年前に発生した、宝酒造の中央研究所から酵母菌A‐60盗難事件が関係していた……という展開で京都でロケーション。

第五十話「爆発5秒前！　琵琶湖の対決―大阪・大津篇―」（五月六日・脚本・荒井光　監督・小澤啓一）。琵琶湖を航行する遊覧船・ミシガン船内の結婚式を、武装グループが占拠。大阪の火薬工場から一トンのニトログリセリンが盗まれ、そのグループの犯行によるものだった。琵琶湖を舞台にスケールの大きなスペクタクルが展開された。

第五十話の撮影前、大阪城公園で十二万人を集め、全国縦断ロケーションでは恒例のセレモニーが開催され、裕次郎、渡哲也始め、キャストが満場の観客に挨拶をした。その熱気に「西部警察」不動の人気を誰もが感じていた。テレビ朝日は、秋で終了予定の「西部警察PARTⅢ」に続く「西部警察PARTⅣ」製作を石原プロモーションに打診していた。

しかし小林専務は、裕次郎の映画製作への夢を思って「そろそろ潮時かもしれない」と考えていた。裕次郎は小林に《いつまでも『西部警察』を続けていたら、映画のことを考えている時間が持てないよな。どうだい、この辺でちょっと区切りをつけないか。》（向谷匡史・「太陽と呼ばれた男」・青志社・二〇一七年）と「映画製作」の決意を伝えた。

裕次郎は渡哲也と小林専務を伴ってテレビ朝日の三浦甲子二専務に、挨拶に出向いた。そこで裕次郎は映画製作のために「西部警察」の続投はしない意思を伝えた。裕次郎は《石原プロは映画屋が集まって作った集団です。映画がコケて多額の負債を背負ってしまいましたが、返済のためテレビの仕事に追われながら、いつかもう一度映画を作ってみたいという夢があった、いい歳をして笑われるのを覚悟で言えば、夢よもう一度、ということでしょう。》（向谷匡史・「太陽と呼ばれた男」）と明確に映画への夢を言葉にした。

裕次郎の脳裏には、全国縦断ロケーション・セレモニーで大阪城公園に集まった十二万人の姿が焼き付いていた。全国各地での熱いファンの目線も忘れられない。この勢いで映画を撮れば、映画黄金時代のように支持をしてもらえる。その確信があった。「西部警察」の五年間で資金面の見通しも付いている。珍しく、裕次郎は饒舌に、積極的に映画への思いを熱く語った。裕次郎は自分を将棋の香車のように、攻め込む性格ではなく、何事も受容する性格と自認していた。しかし、今はそういう時期ではない。「勝負です」とキッパリ明言した。

こうして裕次郎は再び、「映画への夢」のために動き始めようとしていた。渡哲也も小林専務も、その実現のためにどうしたらいいか、真剣に考えていた。

その一方で小林専務が「盛り上がっているうちに番組に幕を引いた方がいい」と考えたのには、もう一つの理由があった。この年、三月十日、裕次郎が受けたCTスキャンで肝臓ガンが疑われていたのだ。主治医からそのことを伝えられた小林専務は、渡哲也には伝えたが、裕次郎にもまき子夫人にも知らせていなかった。裕次郎も四月初旬から「腰が痛い」「身体がだるい」と周囲に話していた。

そんなある日、裕次郎は、ともに映画を作り上げてきた舛田利雄から「今度撮る映画の主題歌を裕ちゃんに唄ってほしい」とオファーがあった。

盟友のために唄う

『零戦燃ゆ』八月十一日　舛田利雄監督

舛田利雄は、昭和四十四年、黒澤明が降板した日米合作映画『トラ・トラ・トラ!』（一九七〇年・リチャード・フライシャー）の日本側監督を務めた。アメリカ側はリチャード・フライシャー。プロデューサーのエルモ・ウイリアムズは、裕次郎と舛田の『赤いハンカチ』（一九六四年）を観て、舛田にオファーをしたという。それを受けた舛田は、深作欣二にサポートを依頼、こうして日米開戦を描く戦争スペクタクルのプロジェクトが幕開けした。日本側チーフ助監督は村川透。そして「大都会」「西部警察」シリーズで石原軍団の俳優として活躍してきた苅谷俊介は、この作品の現場スタッフとなったのが縁で、舛田組の常連となり、石原プロに身を寄せることとなった。

その舛田は裕次郎との『零戦黒雲一家』（一九六二年）が初めての戦争映画だったが、東映で戦争大作『二百三高地』（一九八〇年）、『大日本帝国』（一九八二年）を手掛け、大ヒットをもたらしていた、この舛田の手腕を買ったのが東宝の田中友幸プロデューサー。原作は柳田邦夫のベストセラーを、東宝のお家芸である特撮をふんだんに使った大作として映画化しようというのが『零戦燃ゆ』（一九八四年八月十一日）だった。

出演は丹波哲郎、加山雄三、堤大二郎、橋爪淳。脚本は『二百三高地』で舛田とコンビを組んだ「仁義なき戦い」シリーズの笠原和夫。この戦争スペクタクルの主題歌を、石原裕次郎に唄ってもらいたい。「あなたなら頼めるでしょうか」とオファーをしたのは、田中友幸プロデューサーだったという。

その時、舛田が思い出したのが『零戦黒雲一家』で裕次郎が唄った「黒いシャッポ」（作詞・舛田利雄　作曲・伊部晴美）だった。テイチクの中島賢二ディレクターから「主題歌、監督に作詞して頂けませんか」と頼まれて書いたものだった。裕次郎はこの「黒いシャッポ」を愛し、日活時代、共演した大部屋の仲間たちとの酒席で唄うのが通例だった。

昭和三十七年入社の藤竜也は『零戦黒雲一家』に出演することは叶わなかったので、裕次郎宅へ行ったときに、スタッフや俳優たちがこの歌を楽しそうに合唱する姿が羨ましかったと話していた。平成二十（二〇〇八）年、湯布院映画祭に舛田利雄監督、村川透監督と共に筆者が招かれたとき、舛田、村川両監督、藤竜也と、裕次郎に思いを馳せながら一緒に「黒いシャッポ」を唄ったことは、忘れられない。

その「黒いシャッポ」に格別に思い入れがあったのが、当時、広告会社・宣弘社で広告マンをしていた阿久悠である。

《ところで、ぼくは、これまでただの一度も歌ったことがないと公言しているが、この「黒いシャッポ」は例外的に歌ったことがある。しかも、ウクレレをポロンポロンと爪弾きながらである。たしか南房総の砂浜であったと思うが、結婚前のワイフと旅行していて、そこでどういうつもりか、懸命にこの歌を教えた。

光は眩しかった。太平洋の波は静かだった、ぼくはまだ広告代理店にいて少し焦る気持ちが生まれていた頃で、♪かんべんしろと飛んでは来たが　翼があの娘をほしいとうなる……と歌いながら、何とかしなきゃと思い、プロポーズめいたことを言った。(中略)

およそ二十年後、映画監督の舛田利雄さんから電話がかかって来て、石原裕次郎で零戦の映画を作るのだが、テーマ曲の作詞をしてもらえないかと頼まれた。ぼくは、しばらく考えて「〝黒いシャッポ〟みたいな気分の歌なら」と答えたが、舛田さんはうれしそうに笑い、「あれ、ぼくの作詞です」と言った。》(阿久悠「愛すべき名歌たち―私的昭和歌謡史―」一九九九年・岩波新書)。

舛田としては、盟友、いや戦友の「裕次郎にどうしても自作に関わってもらいたい」という気持ちから実現した主題歌、挿入歌だった。阿久悠は主題歌「黎明」と挿入歌「北斗七星―乙女の神話―」を作詞、阿久とは名コンビの三木たかしが作曲を手掛けた。

テイチクの後藤武久も、久しぶりの裕次郎の映画主題歌、しかも阿久悠の作詞に力が入ったと、筆者に話してくれた。ならば「公開レコーディング」にしようと、石原プロモーション、テイチク、東宝が手を結んで、マスコミを集めて、テイチク堀之内スタジオで大々的な記者発表が行われた。もちろん、これから石原裕次郎、石原プロモーションが映画製作に本腰を入れていくことのアピールを考えてのことである。

記者会見には映画に主演する堤大二郎、橋爪功、舛田監督、そして裕次郎が出席、久々に映画に参加した喜びを話した。《気持ちいいですね。歌だけでも参加したっていうのは。やっぱり、映画屋ですよ。もう(映画に)参加出来たということだけで、とても楽しいし、幸せですし、やっぱり自分もやりてえなという、あんまりリスク背負わないでやりたいなという(笑)》(一九八四年五月十六日)

「黎明」と「北斗七星」は七月にシングル盤が、八月にサウンドトラック盤「零戦燃ゆ」がリリースされる事になるが、後者には「黎明」の映画タイプも収録された。

この『零戦燃ゆ』が、裕次郎の生涯で関わった最後の映画作品となった。映画育ちの裕次郎は「西部警察」を終えて、今度は映画を撮るつもりでいた。

「黎明」のレコーディングが終わってほどなく、六月、裕次郎は慶応病院で定期検査を受けた。そこで裕次郎が肝細胞ガンに冒されていることが判明する。まだ本人への告知は、一般的に否定的な風潮だった時代。主治医から裕次郎の病状を知らされたのは、渡哲也、小林専務、石原慎太郎の三人だけだった。まき子夫人に知らせるべきか？　夫人が動揺する姿を見て、勘のいい裕次郎が気づいてしまうかもしれない。渡哲也と小林専務は苦悩した。

「やはり伝えるべきだ」。渡、小林は何度も話し合いをして、小林が伝えることにした。奇しくも昭和五十九年七月十七日だった。このことは、本人には告知しない方針を、最後まで貫くこととなる。

《この日、裕さんと病院から戻った専務が固い表情で、

「ちょっと奥さん……」

囁くような声で呼びかけ、私を誰もいない部屋に連れていき、初めて裕さんが肝臓ガンであることを打ち明けてくれたのです。

「どうして、裕さんだけが……」

「なぜ、社長ばかりが……」

私と専務は、そういって声を上げて泣いたのです。

兄の慎太郎さんは、裕さんの肝臓ガンが発見されたとき、裕さんに告知するべきだ、といいましたが、私と専務さんはそれはできません、と反対しました。

専務は、裕さんがガンと知ったとき、裕さんの性格からして潔い死を選ぶのではないかと恐れたのです。どんなことがあっても、裕さんに、肝臓ガンであることを気づかれてはならない。それが、私と専務の〝約束〟だったのです。

「奥さん、女優だったんでしょう。これから社長に芝居をしてほしい」この頃から裕さんはだんだんと人に会いたがらなくなり、電話にもほとんど出なくなっていったのです。》

（「死をみるとき・裕さんが書き遺したもの」石原裕次郎・石原まき子・青志社・二〇一三年）

それを知る由もない裕次郎は「映画の企画」を渡哲也や周囲によく話していた。大動脈瘤の手術を乗り越えたとはいえ、満身創痍の裕次郎には肝臓ガンの手術を耐えるだけの体力は残されていなかった。七月二十五日、裕次郎は発熱をし

ていたが、テイチク堀之内スタジオで「今宵もそっと」(作詞・武田こういち　補作詞・荒木とよひさ　作曲・久我山明)と「ゆうすげの花」(作詞・中山大三郎)のレコーディングを終えて、慶応病院に極秘入院。それをスポーツ新聞がリークして、裕次郎の病状についての様々な説が飛び交った。八月二十三日に退院した裕次郎は、九月四日、国際放映で「太陽にほえろ!」セット撮影で現場復帰を果たし、マスコミ三十人が取材に殺到した。

九月十三日、裕次郎夫妻はハワイへ静養に向かう。翌日には、二十四年間滞在したホノルルのマンション、フォスタータワー二五〇二室から、待望の新居「ハレ・カイラニ(天国の家)」へ転居。ハワイでは久しぶりのセーリングを楽しみ、ゆっくりとした時間を過ごした。

その間、九月二十一日には、微熱を押しながら七月に収録した新曲「思い出ホテル」(作詞・岩谷時子　作曲・鈴木邦彦)/「別れの伝言」(作詞・荒木とよひさ　作曲・三木たかし)と「今宵もそっと」/「ゆうすげの花」の二枚のシングルがリリースされた。

十月十日に帰国した裕次郎を待っていたのは、「西部警察PARTⅢ」最終回の撮影だった。

「西部警察」最終回　十月二十二日

十月二十二日(月曜日)「西部警察PARTⅢ」最終回・第六九話「さよなら西部警察　大門死す!　男たちよ永遠に……」が三時間スペシャルとして放映された。脚本は永原秀一と峯尾基三、監督は日活時代から裕次郎と渡哲也を現場で支えてきた小澤啓一。五年間続いてきた「西部警察」がいよいよ大団円を迎えた。

デビュー以来の友人である宝田明が、木暮謙介(裕次郎)の親友、警視庁・梶参事官の役で出演。宝田によれば、昭和三十一年、日活に入ったばかりの裕次郎が時代の寵児になるまでの僅かの間、よく銀座で飲んでいたという。その頃の宝田は東宝の看板スターとはいえ、まだ薄給の身。同じ昭和九年生まれということで意気投合、慶応大生だった裕次郎に「お前、何飲む?」「ブランデーをお願いします」「おい、まだ学生なのに、ヘネシーかよ!」と、気安い飲み仲間だった。

その後も東宝と日活のトップスター同士として、映画雑誌の対談ページなどで共演、夜の銀座で飲む気のおけない友だったが、映画会社が異なるために一度も共演したことがなかった。その宝田に「西部警察」最終回へのオファーがあった。

《そんな裕次郎さんが、長年続いた「西部警察」の最終回に、僕を呼んでくれました。役どころは、木暮課長（裕次郎）のかつての同僚、警視庁の幹部の役。久しぶりの再会を喜び、考えてみたら初めての共演だったのです。

クランクアップの日、渡哲也さんが「これ社長からです」と持ってきてくれたのが、ヘネシーのボトルでした。》（宝田明インタビュー・二〇一八年八月三日）

裕次郎は若き日の銀座での日々を憶えていたのだ。五社協定の時代、銀幕では同じ画面に収まることがなかった石原裕次郎と宝田明。巨星たちの共演は、いま観ても胸が厚くなる。その日の夜、宝田明は帰宅して、一人ブランデーグラスを傾け、若き日々の裕次郎との日々に思いを馳せたという。

さて最終回は、国際テロリスト集団と闘う大門軍団。敵の本拠地の孤島の要塞を爆破して、銃撃戦の末に、人質の少女と亜細亜電機会長（山村聰）を救出した大門圭介・部長刑事（渡哲也）。銃撃戦の末、テロリスト・藤崎（原田芳雄）の銃口から凶弾が撃ち込まれ、瀕死となった大門は、藤崎の愛人・圭子（中村晃子）に撃たれて絶命してしまう。「団長！」「団長！」大門軍団の刑事たちが絶叫するなか、人質の無事を聞いて安堵し、「ありがとう、刑事《デカ》をやれて良かった…」と息を引き取る大門。

満身創痍の大門の姿は、小澤啓一監督と渡哲也の「無頼」シリーズを思わせる、壮絶なシーンとなった。

テロリスト・藤崎を演じた原田芳雄は、昭和四十五年、水の江滝子が俳優座の若手から抜擢。裕次郎同様、水の江が発掘した逸材だった。

クライマックスは、木暮謙介課長（裕次郎）が、大門の棺を前に、心情を吐露するシーンだった。撮影はロケ地である福岡県博多区にある大濠ウェディングホールの一室で行われた。

裕次郎は、小林正彦専務に「カメラは俺の方に二台当てとけ。テストはなし。俺は一発勝負の芝居をする」と告げ、最低限のスタッフを残して、人払いするように命じた。

渡にも「哲、今日は一発勝負で行く」とだけ告げた。渡は「石原さんは何か、俺に対する自分の思いを喋るんだな」ととっさに思って、死体の役が涙を流してはいけないと、耳栓をしてスタジオでスタンバイをした。準備が整い、監督の「シュート」の声が、スタジオに響く。メイクを終えた裕次郎が、木暮課長としてコツコツと霊安室に入って来た。

木暮は、そっと白い布を撮り、大門の顔をじっとみつめる。

「大さん、疲れたろう。だから眠っているんだろう。え、違うか。頼む、一言でいい、何とか言ってくれ。言ってくれ。言ってくれ……」溢れる涙をぬぐい、木暮は続ける。

「大さん、俺なあ、お前さんのこと、あんたのこと、弟みたいに好きだった」止めどなく流れる涙。

「ありがとう、ありがとう」木暮は自分の手を大門の手を重ね、涙を流す。

映画屋としての誇りを挟持に、石原裕次郎がテレビ映画の世界に参入して八年、石原プロモーションでなければ出来ないとまで言われた「西部警察」のクライマックスは、石原裕次郎と渡哲也という二人の俳優の最高のシーンで幕を閉じた。

木暮は自分と大門の警察手帳を海に投げ、去っていく。ヘリの空撮で裕次郎のラストカットが撮影された。そこに流れる「みんな誰かを愛してる」は裕次郎が「ぜひ流して欲しい」と小澤監督に希望したという。万感胸にせまるエンディングとなった。

この日の石原裕次郎の手帳には「さようなら西部　断トツ二五・五％　〝大門死す　男たちよ永遠に〟」とある。

オンエアを自宅で見届けた裕次郎は、翌日、十月二十三日に、山中湖の別荘へ静養に向かった。二週間ほど滞在して、福井県芦原温泉にある馴染みの「べにや旅館」に足を伸ばした。「西部警察」でテレビを卒業したと考えた裕次郎は次なる目標である映画製作に乗り出そうとしていた。

「西部警察」が終わってほどなく、ブラウン管から連日のように、若き日の裕次郎の姿が流れた。資生堂の男性化粧品「BECAUSE（ビコーズ）」のＣＭだった。日活映画『俺は待ってるぜ』『鷲と鷹』『風速40米』の名場面に、ボスや木暮課長しか知らない若い世代も「カッコいい」と注目を集めた。キャッチコピーは「男にはワケがある」だった。

十月にはＬＰ「石原裕次郎ベスト12～黎明～」（十二曲収録）、十一月に二枚組「石原裕次郎ベストヒット24」（二十四曲）がそれぞれリリースされている。

十二月二十八日、裕次郎は五十歳の誕生日を迎え、静養先のハワイへと向かった。

第十部　昭和の太陽

療養先のハワイでセーリングを楽しむ裕次郎。海とヨットをこよなく愛した。

昭和六十（一九八五）年

映画への夢

昭和六十（一九八五）年を迎えた。気候の良いハワイで、裕次郎は映画作りの構想を練る毎日だった。かつて「大都会─闘いの日々─」を共に作ったシナリオ作家・倉本聰をハワイへ招いて、新作映画のシナリオの打ち合わせをしよう、ということになった。

倉本聰は、日活時代、日本テレビの「今晩は、裕次郎です」の構成作家として番組に参加。その後、渡哲也の大河ドラマ「勝海舟」も担当していたが、渡の降板後にNHKともめて途中降板、そのまま北海道の札幌に移り住んだ。昭和四十九年のことである。

その時、札幌のマンションの隣にあったのが小樽に本店がある海陽亭の支店だった。海陽亭といえば、裕次郎の父・潔の馴染みの料亭で、慎太郎、裕次郎兄弟も幼い頃から家族ぐるみの付き合いをしていた。昭和三十四年九月、交際中の北原三枝をまず連れて行ったのも、小樽の海陽亭だった。

ある日、裕次郎が札幌の海陽亭に泊まっていた。その時、倉本聰は酒を酌み交わしながら、裕次郎に「いつまでもドンパチではない、きちんとした映画なり、テレビなりをやったら？」と話した。

「太陽にほえろ！」で再びブレイクしていた裕次郎は、やはり映画への思いやみがたく、その時の会話が「大都会─闘いの日々─」の元の企画「夜の勲章」に結実していくことになる。

昭和五十一年十一月、TBSテレビ「トップスターショー歌ある限り」で旧友の二谷英明に語った「中年刑事の物語」の映画構想は、この頃、倉本聰と語り合っていたものだろう。

昭和六十二年五月、最後の入院をした裕次郎は、学生時代から〝チャー坊〟と可愛がっていた、若き映画プロデューサーの増田久雄に、映画の構想として「刑事《いぬ》」と題したプロットを語っている。おそらくこの物語で、裕次郎は、ずっと心の中で温めていたのだ。

その後、倉本は石原プロモーションで、渡哲也の「浮浪雲」を企画、メインライターとして渡の新境地を拓いた。奇しくも日曜夜八時、大河ドラマの裏番組だった。倉本にとっても渡哲也にとっても意趣返しの思いがあったのかもしれない。

その後、北海道富良野に移った倉本は、昭和五十九年、脚本家と俳優志望者のために「富良野塾」を開いた。そこへ、石原プロモーションの小林正彦専務から連絡があり、石原裕次郎が映画を撮るから協力して欲しいと要請があった。

以前から、倉本は裕次郎と「斜陽の映画界で孤軍奮闘する映画プロデューサーの物語」の構想を温めていた。そこで、倉本は「船、傾きたり」と題するシノプシスをまとめた。裕次郎の主演デビュー作『狂った果実』の出演者たちの「現在」がどうなっているのか、日活出身の俳優たちで描いてみたい。

かつては隆盛を極めた映画スタジオが倒産の憂き目にあい、映画作りに殉じていく男を、裕次郎が演じるというものだった。映画に生き、映画に殉じていく男の最後の一日を描くプロットは、日活のロマンポルノ路線転向と、斜陽の映画界で孤軍奮闘していた裕次郎の姿を重ね合わせての「映画黄金時代への挽歌」だったのかもしれない。

九十枚ほどにまとめられた「船、傾きたり」のシノプシスを手にした裕次郎は「一作目はこれじゃないんだ。悪いが倉本さんに連絡をとってハワイまで来て欲しい」と、倉本をハワイへ呼ぶことにした。

同じ頃、二月一日から三日にかけて、日本テレビ「太陽にほえろ!」撮影隊が、ホノルルを訪れた。柏原寛司脚本の第六四二回「ハワイアン・コネクション」(三月二十二日・監督・山本迪夫)のロケーションだった。ボス・藤堂係長(裕次郎)がハワイ滞在中に、拳銃の密売ルート「ハワイアン・コネクション」に関係する男の手がかりを掴むという設定。裕次郎が静養のため、ハワイに拠点を移していたことを生かして「太陽にほえろ!」では、この後もハワイ・ロケ篇を製作することとなる。

三月四日、倉本聰がホノルル空港に到着。裕次郎がホテルまで出迎えた。多忙を極めていた倉本の滞在時間は三日間。裕次郎は倉本に「役者としての仕事がしたい。じっくり取り組んでみたいんだ」と明るい顔で話をした。「俺にはハワイの気候が合っている。一年ぐらい時間をかけて、ハワイを舞台にした作品を作りたい」。裕次郎は毎晩、深夜まで映画の話を熱くした。

裕次郎がイメージしていたのは、ヘンリー・フォンダの晩年、娘のジェーン・フォンダが製作に奔走した、キャサリン・ヘップバーンとの『黄昏』(一九八一年・マーク・ライデル)のような静かな作品だった。俳優として、人間として、人生の年輪を重ねてきたからこその「心情」が滲み出てくるような、そんな映画が撮りたかったのだ。

「西部警察」のような派手なアクションではなく、静かに暮れゆく人生を見つめるような、映画でなければ描けない世界をイメージしていたのだ。

《裕さんは、いつもヘミングウェイの『老人と海』のような、海と男の物語が撮りたいと言ってました。海に挑んでいく男を演じたかったんでしょうね。でも、自分が最後に残す映画は何が良いだろう、と随分迷っていたと思います》とまき子夫人が筆者に話してくれたことがある。

昭和三十三年に出版した自伝「わが青春物語」（東西文明社）で、裕次郎は愛読書としてヘミングウェイの諸作を挙げている。「老人と海」もその一つ。特に「持つものと持たざるもの」に感銘を受けたという。その主人公・ハリー・モーガンは、魚釣り船の船頭から、密輸業者となり、銀行ギャングの一味へと転落していく。

《彼自身「転落」という言葉などは知らないようなタフ・ガイだ。自分の力を信じ、自分一人でどんな運命へも立ち向かってゆく男なのだ。

それが、最後に海上の格闘でキューバ人に撃たれた傷がもとで息を引きとるとき、「ひとりじゃダメだ。ひとりぼっちじゃ何もできない」といった意味のことを呟いて死んでゆくのである。ボクは、ここのところにいちばん感銘を受けた。個人の力は、限られたものなんだぞ——ということを強く教えられたような気がした。》（石原裕次郎「わが青春物語」東西文明社・一九五八年）

海を愛し、ヨットを愛し、映画を愛した裕次郎は、愛する海を生き生きと描破するヘミングウェイをこよなく愛した。だからこそ、ヘミングウェイのように「海と人間」を描きたかったに違いない。それを映画にすれば、きっと自分の思いを共感してくれる。作り手と受け手の間に生まれる「共感」こそが、小説でも映画でも、音楽でも最高の結果なのだから。

『太平洋ひとりぼっち』で太平洋単独横断を果たした堀江謙一を演じ、映画製作という大海原へ出帆した裕次郎。ハワイの海を見つめながら、ここでじっくり時間をかけて、最後に自分が納得する映画を撮りたい。映画俳優・石原裕次郎が生きてきた証としての作品を残したい。それが裕次郎が抱いていた「夢」だった。「お茶の間のテレビを見ているお年寄りや子供達にも、映画館に足を運んでもらえるような作品を作りたい」。裕次郎は、いつもそう思っていた。

ほどなく帰国した裕次郎は、五月十八日放送、テレビ朝日「水曜スペシャル」で「芸能生活三十周年記念特別番組・石原裕次郎　心を唄い・心を語る」（夜七時三十分〜八時五十四分）に出演。渡哲也、神田正輝、舘ひろし、峰竜太、御木裕、石原良純たちが、裕次郎の芸能生活三十周年を祝った。裕次郎が「狂った果実」「錆びたナイフ」「鷲と鷹」を唄い、司会の森光子で裕次郎、渡哲也、神田正輝と婚約したばかりの松田聖子、石原軍団を交えてのトーク。松田聖子と裕次郎の「ハワイアン・ウエディング・ソング」のデュエットなどが披露された。

六月二十四日には、ホテルニューオータニで、裕次郎、まき子夫妻が神田正輝と松田聖子の結婚式で媒酌人をつとめる。その後、七月二十一日から九月三日にかけてハワイで静養。八月十二日、御巣鷹山で日航機一二三便の墜落事故で坂本九が亡くなったことを知り、裕次郎は若き友人の死を悼んだ。

その少し前、ゴルフ場で坂本九と会った裕次郎は、坂本の兄が大動脈瘤で亡くなったと聞いて、シャツをはだけて、手術の痕を見せた。おそらく、それが坂本との最後の会話となった。

十月十七日、テイチクスタジオで、若手女性シンガーの真梨邑ケイとのデュエット・ソング「さよならは昼下がり」「愛・フォーエヴァー」(作詞・なかにし礼　作曲・曽根幸明)の公開レコーディングが行われた。

そして十二月二日、昭和三十五年に日活国際ホテルで盛大な披露宴を開いてから四半世紀の時が流れた。成城の自宅で裕次郎とまき子夫人の銀婚式パーティが開催され、裕次郎は長年連れ添ってくれた愛妻に、言葉に尽くせぬ感謝の気持ちを伝えた。

十二月二十五日には、恒例の石原プロモーション大忘年会が石和温泉で行われ、裕次郎も出席した。その二日後には国際放映で「太陽にほえろ!」三本撮りを行い、五十一歳の誕生日を迎えた十二月二十八日に、ハワイへと向かった。

この年、裕次郎は三枚のシングル盤をリリース。二月二十一日「おもかげの女」(作詞・杉紀彦　作曲・岸本健介)／「ガス燈」(同)、十月二十一日には盟友のギタリスト・木村好夫が作曲した「雪なさけ」(作詞・池田充男)／「風花の宿」(作詞・木下龍太郎)、十二月四日には十月に公開レコーディングした真梨邑ケイとのデュエット「さよならは昼下がり」／「愛・フォーエヴァー」が発売された。

LPは二タイトル、六月の「石原裕次郎と10人の女たち」(十四曲収録)は、岩下志麻、浜木綿子、三田佳子、松尾嘉代、大原麗子、浅丘ルリ子、香山美子、佐久間良子、大谷直子、市毛良枝ら十人の女優がナレーションを担当した豪華版。十二月には、真梨邑ケイとのデュエット曲をフィーチャーした「石原裕次郎ベスト12」(十二曲収録)が、それぞれリリースされた。

昭和六十一（一九八六）年

昭和六十年年末から六一年の年始にかけて、裕次郎の体調はすぐれなかった。発熱が続き、慢性的に倦怠感を感じていた。

二年前には、ホノルルのカイモク地区にある高級別荘地に引越しをした。ゆっくりと静養をさせてあげたいという、まき子夫人や渡哲也、石原プロのスタッフのせめてもの思いで購入した。裕次郎はその別荘に「ハレ・カイラニ（天国の家）」と名付けた。取材で訪れたワイドショーのスタッフに自ら邸内を案内するなど、お気に入りの別荘だった。ここをベースにして、たまに日本へ帰り、レコーディングやテレビ番組に出演する。現役とはいえ、理想の暮らしに見えたが、肝臓ガンに冒されていることを知る家族やスタッフにとっては、タイトロープのような日々だった。

渡哲也、舘ひろし、神田正輝らも、何かと理由を見つけてはハワイへ行き、裕次郎とゴルフに興じたり、楽しい時間を過ごすようにしていた。この年の初め、「太陽にほえろ！」の撮影がハワイで行われた。その収録に合わせて奈良岡朋子がハワイに滞在、さらに一月十五日には勝新太郎、二月十二日には長嶋茂雄が訪れて旧交をあたためた。

さて、前年に引き続き「太陽にほえろ！」のハワイ篇が放映された。前第六八八回「ホノルル・大誘拐」（三月十四日・脚本・小川英、大川俊道　監督・山本迪夫）、第六八九回「キラウェア・大追跡」（三月二十一日・同）は、ボス・藤堂係長（裕次郎）が捜査のためにホノルルに赴くという設定。裕次郎の体調を気遣っての撮影だったが、ファンにとってはハワイでの裕次郎の元気な姿を見ることが出来た。

三月十八日に、ハワイより帰国した裕次郎に、テイチクの高柳六郎プロデューサー、後藤武久ディレクターが新たなレコーディング企画を持ちかけた。

昭和三十一年以来、裕次郎は数多くの曲を吹き込んできた。その数は五百曲以上にものぼる。初期はマイク一本で、オーケストラの伴奏と同時に録音する一発撮り、しかもモノラルだった。昭和三十年代半ばからステレオ録音になり、七十八回転のSP盤から、四十五回転のシングル盤、そして「ノスタルジア」などの企画アルバム……。8トラックのカセット、カセットテープまで。裕次郎のレコードの歴史は、戦後の音楽界の変遷そのものだった。

一九八〇年代に入ってデジタル録音によるCD（コンパクトディスク）の時代が到来。レコード各社が看板アーティストのCDを次々とリリースしていた。後藤たちは「裕次郎さんの歌声をデジタルで残しておこう」と、主要楽曲をデジタルで再レコーディングする企画を立ち上げた。新しいものには常にアンテナを張ってきた裕次郎は「面白いじゃないか」と快諾した。

五月六日、テイチク堀之内スタジオでレコーディングが行われた。新曲でも、自宅からスタジオまでの移動中に、後藤が吹き込んだ仮歌のカセットテープを聞いて、メロディーを摑み、スタジオで二、三度唄うだけでOKテイクとなる裕次郎だったが、自身のヒット曲となるとなおさらだった。この日だけで、初めて原詞通り歌唱した「狂った果実」をはじめ、「想い出」「俺は待ってるぜ」「錆びたナイフ」「お前にゃ俺がついている」「鷲と鷹」「口笛が聞こえる港町」「明日は明日の風が吹く」と八曲をハイペースでレコーディング。

この頃になると、スタジオで水割りやタバコが「欲しい」という「おねだり」もなくなり、ほとんどNGなしでスムースに録音できたという。

レコーディングの後、マスコミを集めての記者会見が行われ、手応えを感じてた裕次郎はにこやかに取材に応じた。しかし、その日、八度六分の熱があり、そのまま慶応病院で検査、その後入院の手はずを整えていたが、本人が聞き入れずに一旦帰宅した。

そして五月八日、まき子夫人の「お願い裕さん、このままだとたいへんなことになります」の説得に応じて、午後四時三十分に慶応病院へ緊急入院した。それまでずっと日記をつけていた裕次郎だが、この日から約二ヶ月間、日記をつけることができないほど、高熱で衰弱してしまった。

五月十六日、マスコミには裕次郎の病名は「肝内胆管炎」として発表、予断を許さない状況が続き、五月三十日に石原プロモーション内部の話し合いで、裕次郎の体力低下を理由に「太陽にほえろ！」降板を申し入れることになった。日本テレビの岡田晋吉、東宝の梅浦洋一プロデューサーとの打ち合わせで、降板発表は六月五日十四時からと取り決めをしていたが、サンケイスポーツがすっぱ抜き報道してしまう。メディアは裕次郎の動向を知りたがり、根拠のない憶測も飛び交っていた。

緊急入院から七十三日。裕次郎は七月二十日に慶応病院を退院。この日、裕次郎は久しぶりに手帳に日記を記した。

《退院　KEIO　10：00　記者会見　11：00　帰宅　73日間の入院》とあるが、「退院」という文字がひときわ大きかったという。

記者会見では「ケガしたり、胸を切ったりしたら、なんとなく結末があるでしょう。今度のやつはね、微熱が出たり引っ込んだり、運動はしたいけど、熱があると止められちゃうとかね。そういう、非常にイヤーな女っているじゃない、嫌な男でもいいや（笑）イヤーな奴って感じだったですよ。いろいろ流れたみたいですけど、本人は至って元気でね。ジャズばっかり聞いてました」と笑顔を交えて話した。

裕次郎の降板が決まった「太陽にほえろ！」は、第七〇〇話「ベイビー・ブルース」（六月二〇日・脚本・金子裕　監督・鈴木一平）から藤堂俊介（裕次郎）が不在となり、第七〇六話「ボス！　任せてください」（八月八日・脚本・小川英、尾西兼一　監督・鈴木一平）から、渡哲也がボスの代役・橘警部として登場することとなった。石原プロモーションとしては、せめてもの番組への恩返しだった。以降、渡は最終回まで出演することとなる。

八月七日、裕次郎の復帰を待って、テイチクでのデジタル録音によるセルフカバー・レコーディングが再開された。この日は「紅の翼」「赤いハンカチ」「俺はお前に弱いんだ」「二人の世界」をリラックスして唄った。五月六日とこの日に収録した曲は十月に「石原裕次郎ＳＰＥＣＩＡＬ―ニューレコーディング30ｔｈアニバーサリィ―石原裕次郎歌手生活三十周年記念（十二曲収録）としてリリースされた。

この年の九月から十月にかけて、裕次郎は福井県芦原温泉の馴染みの旅館「べにや旅館」で静養の日々を過ごした。まき子夫人や仲間たちと麻雀やパターゴルフに興じた。十月八日には彦根で「第二回宝酒造インビテーショナル」ゴルフ大会に参加、ハーフで切り上げている。

生涯最後の芝居

「太陽にほえろ！」最終回　十一月十四日

そして十月十六日が訪れた。「太陽にほえろ！」最終回、第七一八話「そして又、ボスと共に」（脚本・峯尾基三　監督・鈴木一平）の七曲署・捜査一係のセット撮影が、国際放映のスタジオで行われた。

裕次郎にとっても十四年間、通い慣れた撮影所である。この日、取調室のシーンを、自らの希望でノーカットのアドリブで演じた。

容疑者を追跡したまま行方不明のブルース刑事・澤村誠（又野誠治）は、彼に恨みを持つ津坂久（遠藤憲一）に銃で撃たれ、重傷のまま監禁される。その手掛かりがないまま、橘警部（渡哲也）の焦燥と苦悩は続く。そこに藤堂俊介係長（裕次郎）が戻ってくる。四ヶ月ぶりのことだった。

昭和四十七年七月、石原裕次郎のテレビドラマへの本格進出となった「太陽にほえろ！」は、時代が斜陽の映画界から活況のテレビ界へシフトしていく大きな転換となった。裕次郎にとっても、新たな時代を作った「太陽にほえろ！」の最終回の藤堂係長の主要シーンは、アドリブの一発撮りで行われた。

この十四年間、マカロニ刑事（萩原健一）、ジーパン刑事（松田優作）、テキサス刑事（勝野洋）はじめ、沢山の若い刑事たちを殉職させてしまったことへの「悔い」を背負っている藤堂は「もう誰も死なせたくない」と容疑者の妹・一ノ瀬僚子（桂田裕子）を取り調べる。しかし兄・一ノ瀬幸司（時本和也）をかばう妹の口は重い。先に取り調べをしていたトシさん・井川利三（地井武男）を部屋の外に出した藤堂は、穏やかな表情で「（井川は）怖い刑事だねぇ、あの人」と僚子の気持ちを柔らかくして、トシさんが置いていった煙草に目をやる。

「俺はね、五年前にこの心臓を切った大手術をしたんですよ。で、それ以来、医者に言われてプッツリ、この大好きだったタバコを、禁煙しているわけ。今、吸っちゃおうかなぁ…」と火をつける。

ボスが心臓病の手術をしたというのは設定にはないこと。藤堂俊介に自分自身を重ね合わせて、裕次郎が心情を吐露するシーンに、視聴者も裕次郎の闘病生活、復帰、現在とボスのそれまでのイメージをダブらせてテレビの前で固唾をのんで、画面を見つめた。

容疑者の妹は看護師をしており、その制止もきかずに、藤堂は煙草をくゆらせる。

「看護婦さんだから、そんなことはご存知だろうけど、生命ってやつは何にも代え難く、そして、こう重い、大切なものだ。」

ここからのセリフは裕次郎の完全なアドリブだった。藤堂はスコッチ刑事（沖雅也）の思い出を語り、その死についてゆっくりと話した。沖雅也は「太陽にほえろ！」の若手刑事を演じた俳優のなかで、唯一亡くなっていた。しかも自死という形だった。沖雅也は日活出身。彼が出てきたときは、すでに斜陽に歯止めがかからなくなっていた時代。裕次郎は、自ら企画し、それが最後の日活出演となった『男の世界』（一九七一年）で沖雅也と共演。それ以来の付き合いだっただけに、その死は裕次郎にとっても大きなショックだったという。

藤堂はこう続ける。

「随分、部下を亡くしましたよ。部下の命は、俺の生命、命ってものは本当に尊いもんだよね。（略）今また一人、若い刑事の命が消えかかっているんだよ。そいつはね、ちょっとガサツな男なんだけど、今年、子供が産まれて…（略）もう一回、そいつを子供に会わしてやりたいんだ。」

それが映画俳優、石原裕次郎にとって生涯最後の芝居となった。

十一月十四日「太陽にほえろ！」最終回、第七一八話「そして又、ボスと共に」が放映され、視聴率は一七・三％を記録。十四年四ヶ月にわたる長寿番組がこれで終了した。これが石原裕次郎と渡哲也の最後の共演作品となった。その三日後、十一月十七日、テイチク堀之内スタジオで、デジタル録音によるセルフカバーをレコーディングした。

この日、裕次郎は高柳に「俺、右の耳、聞こえねえんだよ」と告げた。病魔は確実に蝕んでいた。そこでスピーカーを左に置いて、いつものようにレコーディングが始まった。

「夜霧よ今夜も有難う」「黒い海峡」「泣かせるぜ」「粋な別れ」「サヨナラ横浜」「港町　涙町　別れ町」「恋の町札幌」「ブランデーグラス」「昭和たずねびと」「クロスオーバー・ラブ」「みんな誰かを愛している」。往年のヒット曲を次々と唄った。早い歌手でもせいぜい、一日五、六曲が限度なのに、裕次郎のペースは速く、しかもデイレクターの後藤武久とプロデューサーの高柳六郎は、その声の張り、味わいに「完全復帰は近い」と感じたという。

昭和五十八年十二月「嘆きのメロディー」（発売は一九八四年二月）に、裕次郎のディレクターとなった後藤武久は、裕次郎のちょうど一回り下、干支も同じ戌年。ミュージシャン出身だけに、常に若者の音楽や風俗の動向もチェックしていた。

その一年ほど前から、裕次郎から「たまには、若い作曲家とやらないか？　ニューミュージック畑の人たちに頼んで、それでアルバムを作ってみないか？」との提案があった。早速、テイチクの高柳、後藤、石原音楽出版の中村進がミーティングして、後藤が具体化に動き出した、加藤登紀子、小椋佳、来生たかを、堀内孝雄たちが候補に上がり、芸能生活三十周年の記念アルバムにふさわしく、シングル・カットをするメインの楽曲は、裕次郎が若い頃から目をかけてきた、なかにし礼に作詞を依頼した。

なかにし礼は「三十周年にふさわしいもの」という高柳の発注を受けて、裕次郎の人生、裕次郎と共に歩んできた、昭和を生きてきた人々への人生賛歌として「わが人生に悔いなし」「俺の人生」の二曲が、早速上がってきた。

その詞を読んだ後藤武久、中村進、高柳六郎は「加藤登紀子さんに曲を頼もう」ということで意見が一致した。加藤登紀子はすぐに作曲をして、オーケストラ録音も終わっていた。

デジタル録音を終えた数日後、「わが人生に悔いなし」の録音をすることになった。しかしレコーディングの予定日、裕次郎の体調が思わしくなく、十一月二十四日、裕次郎は静養のためハワイに向かうことになり、レコーディングは「来年にしよう」ということになった。

まき子夫人の闘病記「死をみるとき　裕さんが書き遺したもの」（二〇一三年・青志社）を読むと、この頃の裕次郎の体調は芳しくなく、発熱と鼻血、患部への痛みを訴えている。ハワイでも眠れるぬ日々が続いていた。

この時点で、裕次郎のシングルは昭和六十（一九八五）年の真梨邑ケイとのデュエット「さよならは昼下り」以来、一年ほどリリースされていなかった。しかし十月にCDとLPで発売されたデジタル録音の歌手生活三十周年記念アルバム「石原裕次郎SPECIAL―ニューレコーディング30th.アニバーサリィ」（十二曲収録）の歌声に、ファンは裕次郎の円熟を感じていた。十一月には二枚組LP「石原裕次郎　30年の軌跡そして…」（二十八曲収録）も発売されている。

十二月二日、ハワイで裕次郎とまき子夫妻の二十六回目の結婚記念日には、渡哲也夫妻、舘ひろしからは花束、石原プロモーション一同から、祝詞の寄せ書きがファクシミリで届いた。レストラン「シップスターバン」でディナーを楽しんだ裕次郎は、二ケ月ぶりにシャンパンで乾杯した。

そして十二月二十八日、裕次郎の五十二歳の誕生日、やはりこの日に四十五歳となる渡哲也がハワイへ到着。二人の誕生日を祝った。

裕次郎の大好きなハワイでの静養だったが、鼻血と腰痛、高熱の日々が続いていた。体調の良い日は、まき子夫人や渡哲也たちとゴルフに興じ、映画キャメラマンだった金宇満司常務と愛艇でヨットセーリングに出かけていた。話し相手には、昭和三十一年からずっと裕次郎のテーラーを務めてきた遠藤千寿が、仕事の合間をみてハワイへやってきていた。

しかし、二月に入ると黄疸が出始めるなど、状況は予断を許さなかった。早めの帰国、早めの検査入院が必要だったのだ。

わが人生に悔いなし

東京のテイチクでは、裕次郎の帰国、三十周年記念曲「わが人生に悔いなし」のレコーディングを、今や遅しと待ち構えていた。しかし「ハワイの裕さんは、快適な療養生活を送っている」との知らせが届いていた。療養が続けば、レコーディングの予定は立たないことになる。

「ならば、ハワイで録音しよう」

高柳六郎プロデューサーは早速、石原プロモーションに連絡、レコーディングは退屈な日々を過ごしている裕次郎も喜ぶだろうと、ハワイでのレコーディングが決まった。その時点で裕次郎が発案した、ニューミュージックのアーチストと

昭和六十二（一九八七）年

太陽は星に……

年が明けて一月九日、テレビ朝日「ミュージックステーション」にハワイからの衛星生中継で出演、これがファンの前に姿を見せた最後のテレビ出演となった。この年の正月、仕事の合間を縫って舘ひろしがホノルルの「ハレ・カイラニ」を訪れた。そこで舘は、渡哲也から「社長の運転手をしてくれ」と頼まれた。

《僕はいつも渡さんの背中を見てきました。裕次郎さんの背中を見ている渡さんを飛び越えることはしませんでした。だから自ずと裕次郎さんとは距離を置いていました。そのことを渡さんも気にして、裕次郎さんがハワイで療養している時に「社長の運転手をしてくれ」と頼まれたんです。考えてみたら、石原プロに入って以来、これほど裕次郎さんと濃密な時間を過ごしたことはありませんでした。僕が帰国する前日、「昼は僕におごらせてください」と裕次郎さんと裕ママ（まき子夫人）を誘ったんです。「ひろしが俺に飯を奢ってくれるのか」と嬉しそうで、裕ママも「今日だけは」とシャンパンを許してくれたんです。》（舘ひろしインタビュー・二〇一八年十一月二十八日）。

のコラボレーション・アルバムの曲は、さらに小椋佳から二曲上がってきていた。しかし、小掠の曲はまだオーケストラ録音していなかった。

善は急げということもある。高柳と後藤武久ディレクターは、すでにオケ録りしている「わが人生に悔いなし」「俺の人生」（作詞・なかにし礼　作曲・加藤登紀子）と、アルバムとは別に考えていた「北の旅人」「想い出はアカシア」（作詞・山口洋子　作曲・弦哲也）の計四曲をハワイでレコーディングすることにした。

スケジュールは二月二十四、二十五日の二日間。ホノルルのドルフィン・スタジオで行うことになったが、ここで一つ問題が起きた。後藤武久ディレクターが、韓国の人気歌手羅勲児《ナフナ》の担当をしていて、同日にニューヨーク公演をライブ録音することになっていたからだ。そこで高柳六郎が、昭和五十三年の「霧の波止場町」以来、久しぶりにディレクターを担当をすることになった。

しかもレコーディングはマスコミには極秘にされていた。高柳は四曲の録音の他に、ハワイでの裕次郎の姿を捉えたジャケットの写真の撮影するため、二月二十一日に東京を出発した。

別荘「ハレ・カイラニ」を訪ねた高柳を、裕次郎は歓待した。久しぶりに仕事をすることへの喜びもあった。

二月二十四日、いよいよレコーディングの当日。裕次郎は上機嫌でマイクの前に立った。ドルフィン・スタジオは、テイチクのスタジオに比べるとかなり手狭だったが、アメリカのローカル・スタジオではレギュラーのサイズ。スタジオには金宇満司が、裕次郎のために小型の酸素ボンベを持ってきていた。

高柳によると、裕次郎はスタジオに作詞家や作曲家の同席をあまり好まなかった。なので「北の旅人」を作曲した弦哲也も、裕次郎にはまだ会っていなかった。その弦哲也が、たまたま、その頃ハワイを訪れていてスタジオを訪問、裕次郎は「『おれの小樽』を作った人だろう?」と大歓迎したという。

まき子夫人の日記によれば「わが人生に悔いなし」と「俺の人生」は二十四日、「北の旅人」と「想い出はアカシア」は二十五日にレコーディング。「高柳氏、中村（進）氏の話では、声にも力強さが見られ、調子はまずまずのこと」（二十四日）、「2曲を吹き込み、裕さんホッとする」（二十五日）とある。ジャケット撮影は二月二十六日、「ハレ・カイラニ」で行われた。

羅勲児のライブレコーディングで、ニューヨークにいた後藤武久ディレクターがハワイに到着したのは、レコーディング、ジャケット撮影が終わったあとだった。

《裕次郎さんの別荘の前まで行ったんですが、なんか遠慮しちゃって、結局、会わずじまい。帰国してスタジオでミックスの作業をしながら、裕次郎さんの「声」と向き合って、レコードに仕上げたのが最後の仕事となりました。裕次郎さんの「声」の素晴らしさは唯一無二、やはり日本の宝だと思います。本当に自然で、聞くものの心に、スッと入ってくるんです。僕は、この世界に入る前に裕次郎さんと出会い、一緒に楽曲を作ることが出来て、後世に残すことが出来たのは、本当に幸福だったと思います。》（後藤武久インタビュー・二〇一九年一月三十一日）

レコーディング最終日。裕次郎は打ち上げに、高柳たちスタッフを焼肉屋へ招待した。そこで高柳に、五月には定期検診で日本に戻るから、その時に「例のニューミュージック・アルバムの曲、何曲か用意しておいて欲しい」と依頼した。

高柳は帰国後、テイチクの編成会議で裕次郎の病状を説明、完全復帰を確信したことを伝えた。一年半ぶりとなるシングル「わが人生に悔いなし」を「裕次郎、奇跡のカムバック」と銘打って、急遽、四月二十一日の臨時発売、レコード業界でいう「臨発」することが決定された。

さて、テイチク・チームが帰国したあと、三月十日から十四日にかけて、宝酒造「宝政宗」CM撮影が、『狂った果実』のスチールマン時代からの付き合いがある、斎藤耕一監督の演出により行われた。結果的には、このCMは放映されることがなく、幻のフィルムとなる（現在ではＤＶＤで観ることができる）。四日間にわたる撮影の間、裕次郎の体調も良好で最終日には、スタッフと料理屋で夕食を楽しみ、その後、渡哲也の宿泊先のホテルでポーカーを二時間余り楽しんだ。

しかし検査の結果、病状は深刻で、一日も早い帰国、入院を勧められていた。まき子夫人がそのことを切り出すと、全てを察しているのか、途端に裕次郎の機嫌が悪くなり、話を全く受け付けなかった。裕次郎は、一度帰国したら、二度とハワイに戻ることができなくなると、なかなか重い腰が上がらなかった。

そこでまき子夫人たちが一計を案じた。裕次郎が父のように慕っていた、宝酒造の大宮隆会長が説得に当たることになったのだ。大宮会長は、石原プロモーションが映画製作の失敗により、莫大な負債を抱えたとき、その危急を救ってくれた大恩人でもある。裕次郎にとっては、父親のような大きな存在の大宮会長が、四月三日にハワイを訪れることになり、帰国の説得に当たることになった。

裕次郎は大宮の来訪を聞いたときに、覚悟を決めていた。
「裕次郎さん、一緒に帰りましょう」
その一言に、裕次郎は「じゃ、帰ります」と明るい表情で答えた。

帰国前日の四月十四日、小雨降る日。裕次郎は、ヨットハーバーまで、愛艇「コンテッサ三世」に逢いに出かけた。昭和三十八年、石原プロモーションを立ち上げた年に、裕次郎の相棒となった愛艇だ。トランス・パシフィック・レースにも出場した。様々な思い出が胸をよぎったことだろう。これが長年、セーリングを共にしてきた愛艇との永遠の別れとなった。裕次郎は無言で、愛おしそうに、いつまでも見つめていた。

昭和二十年代、父・潔にせがんで買ってもらった中古のディンギーに「ダンディ」と命名してから三十数年、海を愛し続けてきた裕次郎には、万感の思いがあったに違いない。

四月十六日、日本航空〇七一便で帰国を果たし、その翌日には　TBSテレビ「モーニングeye」などのワイドショーで、石原裕次郎のハワイからのメッセージが放送された。

《日本の皆さんこんにちは、石原裕次郎です。

早いもんですね。昨年十一月、こちらハワイに来て、もう四ヶ月近くになります。ご心配をおかけしております、私の身体の方なんですが、日々パワーアップしております。

やっぱり気候の良いせいですか、身体の調子もいいですね。顔はもう真っ黒に日焼けしております。

天気の良い日は、好きなヨットに乗っております。私も映画、そして歌、この芸能生活三十年を超え、三十一年目になるわけです。

振り返ってみますと、色んなことがありました。長いようでもあり、短いようでもあり、その間また、皆さんには色々とご心配をおかけしましたが、今は、こんなに元気です。

それもこれも皆、ファンの皆様のお陰だと、心から感謝をしております。本当にありがとうございます。一日も早く日本に帰り、また皆さんとお目にかかれることを楽しみにしております。

では、その節はまたよろしく。皆さん、お元気で。さようなら。》（石原裕次郎・一九八七年四月）

このメッセージが放送された段階では、誰も、裕次郎の病状がそこまで深刻だとは、思いもよらなかった。何度も不死鳥のように蘇ってきた裕次郎のことである、また元気な姿を見せてくれ、歌声を聴かせてくれると確信していた。

昭和六十二（一九八七）年

帰国後、四月二十日、裕次郎は慶応病院に検査入院、五月二日に仮退院して成城の自宅で過ごしたが、体調が優れずにすぐに再入院となる。五月五日、夕方、遠藤千寿が作ったパジャマにガウン姿で自宅を後にした。そのとき、裕次郎は「もう、この家に帰って来れないだろうな」と部屋を見渡しながら呟いた。

そして……。

七月十七日午後四時二十六分、石原裕次郎は、五十二年の歳月を閉じた。最愛のまき子夫人、石原プロモーションの人々、そして「裕ちゃん」を愛した日本中のファンの願いも虚しく、昭和の太陽は空に輝く星となった。テレビ各局は、その日のうちに特別編成を組み、新聞各紙は「昭和の太陽・石原裕次郎」の死を悼んだ。慶応病院の臨床講堂での記者会見で、渡哲也がその胸中を語った。

《石原は五月より入院しておりましたが、本日午後四時二十六分、われわれの見守るうちに他界しました。石原はこ二年、肝臓がんと闘っておりました。われわれの祈りも、石原自身の病に対する不屈の闘志も報われることなく亡くなりました。まき子夫人の「裕さん、頑張るんですよ」の声に二度ばかりうなずき、まるで眠るように息を引き取りました。六月上旬ぐらいからは石原も死が近いのを覚悟していたようです。「たぶん、今回で病院からは出られないだろう。どうしても映画をやりたかったが……俺がダメになったら、お前が作ってくれ」とおっしゃられ……。

自分に激しく、体にムチ打つ辛い日々でしただけに、これだけやっても助からないものは助からないのか、と天を恨んだこともあり、なんとも言葉がありません。》（渡哲也・一九八七年七月十七日・慶応病院）

石原裕次郎の戒名は、陽光院天真寛裕大居士。七月十九日に密葬が執り行われた。出棺のとき、兄の石原慎太郎は、こう挨拶をした。

《私も弟も海が好きでした。海は私たちの人生にとっての光背でもありました。病室で私が一方的に彼に語りかける時、彼が一番安んじて、懐かしい微笑みで聞いてくれたのは、海の話であり、船の話でした。どうか皆さん、海を見るたびに、裕次郎を思い出してやってください。》（石原慎太郎・一九八七年七月十九日・成城の自宅にて）

八月十八日、青山葬儀場で石原プロモーションとテイチクによる合同葬が執り行われた。雨模様にもかかわらず、三万人のファンが献花の列に並び、「裕ちゃん」と親しんだ不世出の映画スター、石原裕次郎の死を悼んだ。

その日、勝新太郎が盟友に送った弔辞に昭和の映画界を生き抜いてきた、文字通りのスター同士の、ファンや家族には窺い知ることのできない強い絆を感じることができる。型やぶりだった勝新太郎らしい、親友、共に映画界で戦ってきた戦友への温かい言葉に溢れている。

《初めて会った時から、もう三十年、最初は勝ちゃん、裕ちゃん。その次に「勝」「裕次郎」、最後は兄弟！　そういう仲になって。今日、この弔辞を読めと言われたときに、いいのかなあ…俺なんかが弔辞を読んでいいのかなあ…昨日、「さよなら裕次郎」という本とそれからお兄さんの石原慎太郎氏の書いた文章と、読んでいるうちに、とうとう朝になっちゃって、十一時まで間が有るんで、高校野球、見てて、高校野球、見てても何か……なんかしゃべることを見つけなくちゃいけない、見つけなくちゃいけないと思って、どうしてもその言葉が出てこない、そうしたら、兄弟、なんだよ！お前好きに言えよ、好きなことを言やいいんだよ、来て。

そういう声が聞こえたんで、ここへ来たら、ほんとに、生きてる時も思いやりがあったけども、死んで肉体が無くなっても、この魂が、この写真の顔が、大変楽にさしてくれて…。

悲しい葬式じゃなくて、何か楽しい、と言っちゃいけないんだけども、ああ…。

何か非常に、最高な葬式に巡り合ったような気がする。

随分前だったけど、一遍、酒飲んで喧嘩したことがあった。「表へ出ろ！」って言うから「ああいいよ、上等だ！」って…。確か渋谷の「屯喜朋亭《ドンキホーテ》」か何かだったと思うんだけど、出て、便所んとこ行って、そしたら「オイ、芝居にしようよ」って言った時のあの優しい目。

その時の普通じゃできない素晴らしい演技力というか、出来心というか。もちろん素晴らしいってことは分かってたんだけども、役者としては俺の方が勝ってたんじゃないかななんて思いながら、この間『陽のあたる坂道』とか、いろんなものを見てるうちに、とても追っつかないなと、これは。

これは俺たちみたいな、変な演技するとか、そんなもう…そういうもんじゃ、とてもこれはかなわないと、石原裕次郎っていうのは、もう、すごいんだと、つくづく思った。

生きて居ながら死んでるやつが多い世の中で、死んで、また生き返っちゃったという、この凄さ、これは、とってもすごい…頭が下がる。そんな凄い人から、兄弟って言われた俺も幸せ。ほんとに、どうもありがとう。いろいろ教わった。どうせまた、どっかで会うんだろうけれども、そん時は…あ

昭和六十二（一九八七）年

あ、そうか、陽光院天真寛裕大居士ちょっと呼びにくいけども…どっかで会うんだから、それまで…さよなら》（勝新太郎・一九八七年八月十一日・青山葬儀所）

この年、裕次郎がリリースしたシングルは、四月二十一日に「わが人生に悔いなし」／「俺の人生」、没後の八月二十一日に「北の旅人」／「想い出はアカシア」、ハワイのドルフィン・スタジオでのラスト・レコーディングの四曲だった。テレビのベストテン番組では「わが人生に悔いなし」「北の旅人」が毎週、ランキングの上位に上った。

三月、高柳六郎と後藤武久が企画したデジタル録音のアルバム「石原裕次郎石原裕次郎SPECIAL―II」（十二曲収録）がオリジナルのラスト・アルバムとなった。

そして十三枚組アルバム「20世紀の戦士　石原裕次郎BIG MAN the greatest collection」が五月に、「北の旅人」をフィーチャーした「石原裕次郎ベストヒット12―北の旅人―」（十二曲収録）が八月に、それぞれリリースされている。

《裕さんは最後まで「映画への夢」を抱いていました。テレビドラマを製作しながら、やはり映画人として映画を撮りたかったのです。裕さんがイメージをしていたのは、アーネスト・ヘミングウェイの「老人と海」でした。石原プロモーションの最初の映画『太平洋ひとりぼっち』でも、たった一人、孤独と対峙する海の男を演じていた裕さんらしい企画です。

その頃は、リアルに撮るためには大変な技術と労力が必要でしたが、もし、今の技術があれば、きっとその夢は実現したかもしれないと思います。

海で人生を重ねてきた主人公が、これと決めた大事な獲物を仕留めるための戦いを挑んでゆく姿に、裕さんは自分を重ねていたんでしょう。逃げることなく、獲物に挑んでゆく。『黒部の太陽』のときに、五社協定という大きな怪物と対峙したように。》（石原まき子インタビュー・二〇一三年一月）

神奈川県鶴見にある総持寺の裕次郎の墓所に、石原まき子夫人の歌碑が建てられている。

美しきものにはほゝ笑みを
淋しきものに優しさを
たくましきものに　さらに力を
すべての友に思い出を
愛するものに永遠を
心の夢醒めることなく

平成の三十一年間

石原裕次郎が星になって二年後、昭和は静かに終わりを告げた。「もはや戦後ではない」と言われた昭和三十一年の銀幕デビューからちょうど三十一年、常に輝き続けてきた「昭和の太陽」は静かに沈んだ。

しかし、それからも裕次郎はファンの胸に生き続けている。幾多の映画作品や、五〇〇曲以上に及ぶレコード、CDにレコーディングされた歌声、そして「太陽にほえろ！」「大都会」「西部警察」シリーズなどのテレビ番組は、繰り返し再放送され、ソフトパッケージで、常に「遅れてきた世代」に愛され続けている。

裕次郎がその晩年に、切望していた映画製作への夢は叶わなかったが、私たちは心のスクリーンで夢想することができる。裕次郎が最後に撮りたかった映画を、そこでの裕次郎の雄姿をイメージすることができるのだ。

裕次郎が没して二年後に平成が始まり、同時代を生きた美空ひばりも天に召された。しかし平成の三十一年間、石原裕次郎はいつもマスメディアに登場してきた。「昭和」という時代を振り返るとき、そこにはいつも長身痩躯のイカす「裕ちゃん」が立っていた。

平成三（一九九一）年、六月、裕次郎の母・光子が急逝。「理想の女性はおふくろ」といつも答えていた裕次郎にとって母の存在は大きかった。小樽の幼少時代、葉山に越してきた小学生の頃。父・潔と二人の息子を優しく見守り、家事をこなしていた。いつもユーモアを忘れない人だった。裕次郎の病状が予断を許さない状況となり、慶応病院に駆けつけた母・光子は、看護師や主治医、石原プロモーションの人々に丁寧に挨拶をして病室で息子と過ごした。裕次郎は、唐突に「お母さん、いつまでもきれいだね」と言い、別れ際、光子は息子に何度も頬ずりをしていたという。

平成三年七月二十二日、裕次郎の幼き日の思い出の地、北海道小樽に石原裕次郎記念館がオープンした。記念館には数多くのファンが訪れ、生前の裕次郎が大切にしていた様々なアイテムに「裕ちゃん」を想った。建物の老朽化に伴い、平成二十九（二〇一七）年八月三十一日、惜しまれつつ閉館することとなった。二十六年間で述べ二千万人の動員実績を残しフィナーレの日を迎えた。

午後六時、記念館入口に立ったまき子夫人は「（閉館は）正直に申し上げてとっても苦しく、つらいです。これだけ皆様が愛してくださった裕さん。皆様のおかげで今日まできました。本当にありがとうございました」と涙ながらに挨拶をした。

その日は雨が心配されたが、午後になり、夏の日差しが戻ってきた。まき子夫人、舘ひろし、神田正輝たちがフィナーレのセレモニーを終えるころ、美しい夕焼けが記念館前に集まった人たちを優しく包み込んだ。誰もが、西の空を赤く染めて、静かに沈む夕陽をみつめていた。ゆっくりと沈みゆく夕陽は、昭和の太陽・石原裕次郎が優しく微笑んでいるようだった。そんな夕暮れだった…。

あとがき

　僕が「石原裕次郎」を初めて意識したのは、小学生の頃、金曜夜八時、日本テレビでスタートした「太陽にほえろ!」でした。萩原健一さんのマカロニ刑事、松田優作さんのジーパン刑事を、自分たちの世代のヒーローとして憧れの眼差しで見ていた少年時代。彼ら新人刑事やベテラン刑事たちを暖かく見守る七曲署捜査一係のボス・藤堂俊介が、僕にとっての石原裕次郎さんとの出会いでした。映画好きの両親から「裕ちゃん」のこと、日活アクションのこと。両親が新婚生活を始めた貸家の隣に赤木圭一郎さんと杉山俊夫さんが住んでいたことなどを聞いて、裕次郎さんが活躍した日活映画を意識したのは中学時代のこと。

　その頃、キネマ旬報には渡辺武信さんが「日活アクションの華麗な世界」を連載していて、小学校高学年の頃には、テレビは『俺は待ってるぜ』『錆びたナイフ』『赤いハンカチ』などの裕次郎映画を頻繁に放映していました。そこで「日活アクション」「日活ダイヤモンド・ライン」の魅力に触れて、自分が生まれる直前の映画黄金時代の空気を、それなりに楽しむことを憶えました。それが、娯楽映画研究家への第一歩でした。

　幸運なことに、一度だけ、石原裕次郎さんにお目にかかることができました。我が家のリビングに、その時に書いて頂いたサイン色紙が飾ってあります。父がよく行くクラブが裕次郎さんの行きつけの店で、僕が大ファンであることを知ったマスターの計らいで、そのお店で裕次郎さんにご挨拶させて頂くことができたのが中学二年の夏でした。

　そして娯楽映画研究家となり、様々な原稿を書かせて頂いているうちに、井上梅次監督、宍戸錠さん、舛田利雄監督との出会いがあり、様々な話を聞かせて頂くようになりました。

二〇〇二年からは、日活の谷口公浩さん、ビデオパッケージ担当の丸山慶太さん、平林章代さんにお声がけを頂いてＤＶＤ「DIG THE NIPPON」シリーズの解説書を執筆しました。石原裕次郎、小林旭、赤木圭一郎作品の魅力を若い世代に伝えたいという、丸山さんたちの企画で、多くの日活映画ＤＶＤのライナーノーツを担当しました。同時に、舛田利雄監督、齋藤武市監督、松尾昭典監督、江崎実生監督、斎藤耕一監督、長谷部安春監督、小澤啓一監督、澤田幸弘監督、村川透監督、脚本家の永原秀一さん、柏原寛司さん…歴史を作った方々から、インタビューやオーディオ・コメンタリーの仕事を通して、映画の現場での裕次郎さんの話を伺うことができました。

二〇〇七年には「映画監督舛田利雄　アクション映画の巨星・舛田利雄のすべて」（ウルトラヴァイヴ・シンコーミュージック）を高護さんと共編で上梓してから、いつかは「石原裕次郎」をテーマに執筆したいと考えていました。

今から十年前、裕次郎さんの二十三回忌の時に、日活でＤＶＤボックス「石原裕次郎 ゴールデン・トレジャー 日活映画大全」（二〇〇九年）を監修・プロデュースさせて頂き、日活時代の全八九作品、プラス舛田監督のデビュー作『心と肉体の旅』（一九五八年）の解説を書かせて頂きました。さらに、石原プロモーションの五作品のＤＶＤ、ブルーレイＢＯＸ「石原裕次郎 夢の箱」（二〇一三年）も担当して、結局、石原裕次郎出演作のほとんどの解説を執筆しました。本書の映画解説は、その原稿を大幅に加筆したものです。

さらに石原プロモーションからは五十年史への参加要請を頂き、様々な方のご助力で「石原裕次郎　渡哲也　石原プロモーション50年史」（二〇一四年）を執筆しました。本書の一部はその執筆原稿をもとに、大幅に加筆、再構成をさせて頂きました。

また、本書に登場する「インタビュー」の多くは、一九九〇年代半ばから現在に至る、日活関係者への筆者によるインタビュー原稿から引用させて頂いてます。

石原まき子さんには、二〇一二年にお話を伺ってから、何度も成城のお宅にお邪魔して、テレビ番組やDVD解説書のために貴重な話を伺ってきました。

日活出身の芦川いづみさん、浅丘ルリ子さん、吉永小百合さん、和泉雅子さん、十朱幸代さん、山本陽子さん、三橋達也さん、川地民夫さん、浜田光夫さん、高橋英樹さん、桂小金治さん、清水まゆみさん・小高雄二さんご夫妻、深江章喜さん、野呂圭介さん、映画黄金時代を共にした東宝出身の宝田明さん、司葉子さん、星由里子さん、浜美枝さん、新劇から日活に出演された渡辺美佐子さん、岩崎加根子さん、稲野和子さん、振り付けの漆沢政子さん、元・日活宣伝部の植松康郎さん、『嵐を呼ぶ男』のコーディネイトをされたジャズマンの河辺浩市さん、そして『城取り』でご一緒された大映出身の中村玉緒さん、石原プロモーションを支えた神田正輝さん、舘ひろしさん、裕次郎さんの衣裳を公私ともに作られた遠藤千寿さん… これまでインタビューをさせて頂いた皆様から伺った貴重な裕次郎さんのエピソードは、僕の一生の宝物です。この場を借りて心より御礼申し上げます。

また音楽面では、テイチク最後の担当ディレクター・後藤武久さんとの長いおつきあいで、折々に伺ってきたレコーディング・エピソード、裕次郎さんと数々のデュエットをした八代亜紀さんのお話で、知られざるスタジオのエピソードに触れることができました。

裕次郎さんとの思い出、たくさんのエピソードをお話をしてくださった皆様に、この場を借りて御礼を申し上げます。本当にありがとうございます。皆様が作り上げてきた映像そして音楽作品が、僕たちの人生をどれほど豊かにしてくれているか。皆様にお目にかかるたびに、娯楽映画研究家を続けてきて良かったといつも思っています。

そして、渡哲也さんには、帯に素晴らしいお言葉を頂戴いたしました。日活映画「無頼」シリーズなどのニューアクションから、「大都会」「西部警察」でアクションドラマの時代を築いてこられた渡哲也さんは、十代の頃から憧れのレジェンドです。本当にありがとうございます。

株式会社石原プロモーション専務・浅野謙治郎さんには、本書刊行のご快諾をいただき、監修をして頂くことができました。石原プロモーション映像版権取締役・佐藤泰博さん、製作部長プロデューサー・山崎智広さん、そして代表取締役会長・石原まき子さんには、本書でも大変お世話になりました。ありがとうございます。

また、日活の谷口公浩さんには、今回も的確なアドバイスを頂きました。

そして現在も刊行中の朝日新聞出版「石原裕次郎シアターＤＶＤコレクション」ご担当の漆澤伸さんには、多大なるご協力ご助言を賜りました。本書で紹介した裕次郎さんの日活作品、石原プロモーション作品は、すべて、このＤＶＤマガジンで刊行中で、作品に触れることが出来ます。ファンとして、研究家として、こんなに嬉しいことはありません。

また、これまでの日活映画研究において、頼もしくも強力な味方であるのが、一般のファンの研究家の方々。「ＷＥＢ京都電視電影公司」の市村靖介さんには二十年近く、お世話になっています。今回、紙数の関係で掲載することは叶いませんでしたが、市村さんのリサーチによる日活映画出演者データは、前掲のサイト内の「華麗なる日活映画の世界」にアップされています。こうした在野の研究家の「情熱」があればこそ、「石原裕次郎の時代」を現在に伝えることが出来ており、心より感謝を申し上げます。

日活映画研究の大先輩である、映画評論家・渡辺武信さんの「日活アクションの華麗な世界」（未来社）なくしては、この本は成立しませんでした。十代の頃から渡辺武信さんの日活アクション論が、僕の考え方、映画の見方の羅針盤でした。遅れてきた世代を導いてくださったお仕事に、リスペクトをさせて頂きながら本書をまとめました。

本書は、作家・編集者の中川右介さんの「裕次郎さんの本を作りませんか？」の一言から企画がスタートしました。二〇一八年、荻窪ベルベットサンでの筆者のトークライブ「石原裕次郎ナイト」をご覧になられ、さらに「石原プロモーション50年史」を読まれて「これを多くの方に読んで欲しい」というところから、編集者と著者の「娯楽映画への旅」が始まりました。中川さんとは「わが人生に悔いなし」を作曲された加藤登紀子さんにご紹介頂いてからのお付き合い。これもまた裕次郎さんのご縁です。本書の膨大な原稿に的確なサジェッションをして頂いた。「昭和太陽伝」という素晴らしいタイトルは中川さんの発案です。株式会社アルファベータブックス代表取締役の春日俊一さんには、様々なご苦労をかけました。

最後に、この二十年「娯楽映画研究家」の研究家として、僕を支えてくれている妻・佐藤成の協力なしには、これまでの日活映画研究、石原裕次郎研究を続けることができませんでした。心より感謝しています。石原まき子夫人には、いつも妻にも優しい言葉を頂いてます。それが僕たちの大きな励みになっています。

「昭和の太陽」石原裕次郎さんが、明るく照らした時代、その歌声、その姿に声援を送ったファンの皆様、裕次郎映画に関わった全ての皆様、そして不世出の大スター・石原裕次郎さんに本書を捧げます。ありがとうございます。

二〇一九年七月

佐藤利明

石原裕次郎フィルモグラフィー

●太陽の季節　**SEASON OF THE SUN**
T学園ボクシング部部員・伊豆
《俺の恋人を兄貴に五千円で売ってやらあ！　これほど大胆に若い世代の性とモラルを描いた映画はない!!》
製作／水の江滝子　監督／古川卓巳　原作／石原慎太郎（新潮社版）　脚本／古川卓巳（表記なし）　撮影／伊佐山三郎　音楽／佐藤勝　録音／橋本文雄　照明／森年男　共演／南田洋子、長門裕之、三島耕、岡田眞澄　モノクロ　スタンダード　八九分　日活　一九五六年五月十七日

●狂った果実　**JUVENILE JUNGLE**
大学生・滝島夏久
《青い海を鮮血に染め、兄と、裏切った恋人を引きさいて驀走する狂恋の快速艇!!》
製作／水の江滝子　監督／中平康　原作・脚本／石原慎太郎（「オール讀物」連載）　撮影／峰重義　美術／松山崇　音楽／佐藤勝、武満徹　録音／神谷正和　照明／三尾三郎　共演／北原三枝、津川雅彦、東谷暎子、岡田眞澄　モノクロ　スタンダード　八六分　日活　一九五六年七月十二日　楽曲／想い出（作詞・清水みのる　作曲・寺部頼幸）【劇中】

●乳母車　**THE BABY CARRIAGE**
大学生・相沢宗雄
《平和な家庭に突如投ぜられた愛の波紋！　豊かな詩情で描く巨匠田坂具隆の珠玉篇！》
製作／高木雅行　監督／田坂具隆　原作／石坂洋次郎　脚本／澤村勉　撮影／伊佐山三郎　美術／木村威夫　音楽／斎藤一郎　録音／八木多木之助　照明／高橋勇　共演／芦川いづみ、新珠三千代、山根寿子、宇野重吉　モノクロ　スタンダード　一一〇分　日活　一九五六年十一月十四日

●地底の歌
吉田一家・ダイヤモンドの冬
《バクチと喧嘩に明けくれるヤクザの世界の醜さ、空しさを鋭く衝いた日活の異色活劇!!》
製作／浅田健三　監督／野口博志　原作／平林たい子（朝日新聞連載）　脚本／八木保太郎　撮影／永塚一栄　美術／大鶴泰弘　音楽／原六朗　録音／高橋三郎　照明／河野愛三　共演／名和宏、山根寿子、香月美奈子、東谷暎子　モノクロ　スタンダード　八九分　日活　一九五六年十二月十二日　楽曲／籠の鳥（作詞・千野かほる　作曲・鳥取春陽）【劇中・一部】

●月蝕
ボクサー・松木鉄二
《あの唄声！　あの燃ゆる眼差し！　あの熱い唇！　愛欲の世界を強烈なタッチで描く日活異色問題作!!》
製作／水の江滝子　監督／井上梅次　原作／石原慎太郎　脚本／井上梅次、舛田利雄　撮影／岩佐一泉　美術／松山崇　音楽／萩原忠司　録音／神谷正和　照明／藤林甲　共演／月丘夢路、三橋達也、安部徹、岡田眞澄　モノクロ　スタンダード　一〇三分　日活　一九五六年十二月十九日

●人間魚雷出撃す　**HUMAN TORPEDOES**
回天一号艇乗組員・黒崎中尉
《これぞ人間がなし得た壮絶の極み！　肉片と血痕で描くわが特攻海戦記録!!》
製作／岩井金男　監督／古川卓巳　資料／橋本以行「伊号58帰投せり」、齊藤寛「鉄の棺」、横田実「人間魚雷生還す」　脚本／古川卓巳（表記なし）　撮影／横山実　美術／小池一美、千葉一彦　音楽／小杉太一郎　録音／米津次男　照明／吉田協佐　共演／森雅之、葉山良二、長門裕之、芦川いづみ　モノクロ　スタンダード　八五分　日活　一九五六年十二月二十七日

●若ノ花物語　土俵の鬼
見舞客・本人役
《土俵の上で人生の一切を賭ける相撲の世界で不屈の闘魂を燃やしながら活躍する当代一の人

気力士若ノ花の苦闘の半生記》
製作／茂木了次　監督／森永健次郎　原作／菊島隆三　脚本／松下東雄　撮影／山崎安一郎　美術／西玄一郎　音楽／古賀政男　録音／酒井栄三　照明／岩木保夫　共演／若ノ花勝治、北原三枝、青山恭二、安部徹　モノクロ　スタンダード　八四分　日活　十二月二十七日

●お転婆三人姉妹 踊る太陽
酒屋の息子・山野大助
《ジャズ・オン・パレード1957年！　日活が恋と希望の夢をのせて贈る豪華明朗音楽巨編!!》
製作／茂木了次、水の江滝子　監督・脚本／井上梅次　撮影／岩佐一泉　美術／松山崇　音楽／多忠修　録音／神谷正和　照明／藤林甲　共演／轟夕起子、ペギー・葉山、浅丘ルリ子、芦川いづみ　コニカラー　スタンダード　八〇分　日活　一九五七年一月三日　楽曲／こんにちはマドモアゼル（作詞・井上梅次　作曲・萩原忠司）【劇中・wフランキー堺、岡田眞澄ほか】、黄色いマフラー（作詞・井上梅次　作曲・萩原忠司）【劇中・w北原三枝ほか】

●ジャズ娘誕生
ユニバーサルバンド所属歌手・南条春夫
《夢に描いた顔合せ！　あたしのチエミ・あなたの裕次郎!!》
製作／柳川武夫、茂木了次　監督／春原政久　脚本／松村基生、辻真先　撮影／姫田真佐久　美術／木村威夫、佐谷三平　音楽／村山芳男　楽団／小原重徳とブルー・コーツ・コンボ、東京キューバン・ボーイズ、シャープス・アンド・フラッツ、日活ダンシング・チーム　録音／八木多木之助　照明／岩木保夫　共演／江利チエミ、小杉勇、二本柳寛、殿山泰司　コニカラー　スタンダード　七七分　日活　一九五七年四月三日　楽曲／星は輝く（作詞・不明　作曲・村山芳男）【劇中】

●勝利者　THE CHAMPION
ボクサー・夫馬俊太郎
《チャンピオンと恋を賭けた必殺の左フック！　日活が製作三周年を記念して贈るアクション・メロドラマ巨篇!!》
製作／坂上静翁　監督／井上梅次　原作／キノトール、小野田勇（ラジオ東京テレビジョン芸術祭奨励賞受賞作品）　脚本／井上梅次、舛田利雄　撮影／岩佐一泉　美術／松山崇　音楽／小杉太一郎　録音／神谷正和　照明／藤林甲　共演／三橋達也、南田洋子、北原三枝、殿山泰司　イーストマンカラー　スタンダード　九七分　日活　一九五七年五月一日

●今日のいのち　THIS DAY'S LIFE
岩本建設御曹司・岩本岩次郎
《美しき夜の湖畔に求め合う二つの魂！　巨匠田坂が若人の清らかな恋を描く大メロドラマ!!》
製作／芦田正蔵　監督／田坂具隆　原作／由起しげ子（「読売新聞」連載 現代社・刊）　脚本／沢村勉、田坂具隆　撮影／伊佐山三郎　美術／木村威夫　音楽／斎藤一郎　録音／中村敏夫　照明／木村威夫　照明／森年男　共演／北原三枝、津川雅彦、山根寿子、森雅之　モノクロ　スタンダード　一五六分　日活　一九五七年六月二十六日

●幕末太陽傳　SHINAGAWA PATH
長州藩士・高杉晋作
《乱世を喰う世にも痛快な艶笑喜劇！　豪華キャストで描く鬼才川島監督初の時代劇!!》
製作／山本武　監督／川島雄三　脚本／田中啓一、川島雄三、今村昌平　風俗考証／木村荘八　撮影／高村倉太郎　美術／中村公彦、千葉一彦　音楽／黛敏郎　録音／橋本文雄　照明／大西美津男　共演／フランキー堺、左幸子、南田洋子、芦川いづみ　モノクロ　スタンダード　一一〇分　日活　一九五七年七月十四日　楽曲／都々逸「三千世界の鴉を殺し」

●海の野郎ども　HARBER RATS
デッキマン・千鳥松
《唸る鉄拳！　甲板に飛び散る血沫！　義憤に燃えて決然たった海の男石原裕次郎の凄絶なアクションドラマ!!》
製作／山田典吾、絲屋寿雄　監督・脚本／新藤兼人　撮影／宮島義勇　美術／丸茂孝　音楽／伊福部昭　録音／古山恒夫　照明／安藤真之助　共演／安井昌二、ジェリー・伊藤、殿山泰司、

西村晃　モノクロ　スタンダード　八六分　日活　一九五七年八月二十一日

●鷲と鷹　EAGLE AND HAWK

海洋丸船員・野村千吉

《颯爽！　豪快！　男性ナンバーワンの石原裕次郎が大画面を圧倒する痛烈無比の海の大活劇!!》

製作／坂上静翁　監督・脚本／井上梅次　撮影／岩佐一泉　美術／中村公彦　音楽／多忠修　録音／橋本文雄　照明／藤林甲　共演／三國連太郎、月丘夢路、長門裕之、浅丘ルリ子　カラー　スタンダード　一一五分　日活　一九五七年九月二十九日　楽曲／海の男は行く《鷲と鷹》（作詞・井上梅次　作曲・萩原忠司）【劇中・一番・二番・二番後半】

●俺は待ってるぜ　I'LL BE WAITING

REEFオーナー・島木譲次

《夜霧にむせぶ切ない男心……女ごころをかきむしる哀愁と慕情のドラマ!!》

製作／水の江滝子　監督／蔵原惟繕　脚本／石原慎太郎　撮影／高村倉太郎　美術／松山崇　音楽／佐藤勝　録音／橋本文雄　照明／大西美津男　共演／北原三枝、小杉勇、二谷英明、波多野憲　モノクロ　スタンダード　九一分　日活　一九五七年十月二十日　楽曲／俺は待ってるぜ（作詞・石崎正美　作曲・上原賢六）【OP・1番】、ひとりぼっちの青春（作詞・大高ひさを　作曲・上条たけし）【劇中・一部】、俺は待ってるぜ【ED・三番】

●嵐を呼ぶ男　THE STORMY MAN

ドラム奏者・国分正一

《栄光は俺のものだ！　乱れ飛ぶ鉄拳！　狂燥のリズム!!恋を捨て、ドラムと野望に斗魂たぎる熱血の男!!》

製作／児井英生　監督／井上梅次　原作／井上梅次（「小説サロン」所載）脚本／井上梅次、西島大　撮影／岩佐一泉　美術／中村公彦　音楽／大森盛太郎　出演バンド：渡辺晋とシックス・ジョーズ、白木秀雄とクインテット　録音／福島信雅　照明／藤林甲　共演／北原三枝、青山恭二、芦川いづみ、岡田眞澄　カラー　日活スコープ　一〇〇分　日活　一九五七年十二月二十八日　楽曲／唄うドラマー《嵐を呼ぶ男》（作詞・井上梅次　作曲・大森盛太郎）【劇中・一番・二番・三番】、唄うドラマー《嵐を呼ぶ男》【BGM・一番・二番】、このリズムこのジャンプ（作詞・井上梅次　作曲・大森盛太郎）【劇中・一部歌唱】

●心と肉体の旅

ニューフェイスの審査員（NC）

《愛のかわきに悶えて、もろくも崩れゆく虚栄と欲望の女人航路！》

製作／茂木了次　監督・脚本／舛田利雄　原作／井上友一郎（「週刊アサヒ芸能」連載）撮影／姫田真佐久　美術／松山崇　音楽／真鍋理一郎　録音／橋本文雄　照明／安藤真之助　共演／南田洋子、葉山良二、安井昌二、中原早苗　モノクロ　スタンダード　九〇分　日活　一九五八年一月九日

●夜の牙　FANGS OF THE NIGHT

医師・杉浦健吉

《口笛と共に謎を秘めて迫る影の女！　鉄拳と愛欲の夜に生きる熱血の男！　裕次郎の強烈なアクション・ドラマ!!》

製作／児井英生　監督／井上梅次　脚本／井上梅次　渡辺剣次（「別冊平凡」所載）撮影／岩佐一泉　美術／中村公彦　音楽／大森盛太郎　録音／福島信雅　照明／藤林甲　共演／月丘夢路、浅丘ルリ子、白木マリ、岡田眞澄　カラー　日活スコープ　一〇二分　日活　一九五八年一月十五日

●錆びたナイフ　THE RUSTY KNIFE

キャマラードのオーナー・橘行彦

《恋のなきがら胸に秘め、失意にむせぶ旅路の男……裕次郎が唄って暴れる活劇巨篇!!》

製作／水の江滝子　監督・脚本／舛田利雄　原作・脚本／石原慎太郎　撮影／高村倉太郎　美術／松山崇　音楽／佐藤勝　録音／橋本文雄　照明／大西美津男　共演／北原三枝、安井昌二、宍戸錠、小林旭　モノクロ　日活スコープ　九〇分　日活　一九五八年三月十一日　楽曲／錆びたナイフ（作詞・萩原四朗　作曲・上原賢六）【OP・一部歌唱・一番の前半】、同【ED・三番・歌詞違い】

●**陽のあたる坂道**　**STREET IN THE SUN**
田代信次
《新しい世代に生きる石原裕次郎を温い眼で見る巨匠田坂具隆一年一作の話題作!!》
製作／坂上静翁　監督／田坂具隆　原作／石坂洋次郎（読売新聞連載、講談社版）　脚本／田坂具隆、池田一朗　撮影／伊佐山三郎　美術／木村威夫　音楽／佐藤勝　録音／米津次男　照明／岩木保夫　共演／北原三枝、芦川いづみ、川地民夫、小高雄二　モノクロ　スタンダード　二〇九分　日活　一九五八年四月十五日　楽曲／小原庄助さん（作詞・野村俊夫　作曲・古関裕而）【劇中・声のみ】、久しき昔（作曲・ベイリイ）【劇中・合唱】、SEVEN O'CLOCK（作詞・三木勘太　作曲・佐藤勝）【劇中・一部】

●**明日は明日の風が吹く**　**TOMORROW IS ANOTHER DAY**
関東松文字組の次男・松山健次
《あとへは引けぬ男の意地だ！　胸の炎はきまゝに燃やそ！　颯爽意気と度胸の裕次郎!!》
製作／児井英生　監督／井上梅次　脚本／松浦健郎、池田一朗、井上梅次（雑誌「平凡」掲載）　撮影／岩佐一泉　美術／中村公彦　音楽／大森盛太郎　録音／福島信雅　照明／藤林甲　共演／北原三枝、青山恭二、金子信雄、浅丘ルリ子　イーストマンカラー　日活スコープ　一一五分　日活　一九五八年四月二十九日　楽曲／明日は明日の風が吹く（作・井上梅次　作曲・大森盛太郎）【劇中・一番・二番】

●**素晴しき男性**　**THE WONDERFUL GUY**
演出家志望・団武男
《素晴らしきかな青春！　楽しきかな人生！　裕次郎の魅力をこの一篇に結集！　あなたの夢を飛ぶミュージカル巨篇!!》
企画／児井英生　監督・脚本・ショー構成／井上梅次（「平凡別冊」所載）　撮影／岩佐一泉　美術／中村公彦　音楽／多忠修　録音／福島信雅　照明／藤林甲　共演／北原三枝、月丘夢路、白木マリ、柳沢真一　イーストマンカラー　日活スコープ　一〇六分　日活　一九五八年七月六日　楽曲／クレオパトラも泣きました（作詞・井上梅次　作曲・多忠修【萩原忠司】）【劇中・合唱・一番・二番・三番】、青い駒鳥の唄（同）【劇中・一番・歌詞違い】、素晴しき男性（同）【ED・合唱】

●**風速40米**　**THE MAN WHO RODE THE TYPHOON**
北海道大学生・滝颯夫
《愛の嵐を呼び、正義の陽に輝いて唸る鉄腕！　地上30米に火花散る裕次郎の斗魂!!》
企画／水の江滝子　監督／蔵原惟繕　原作・脚本／松浦健郎（雑誌「平凡」連載）　撮影／横山実　美術／松山崇　音楽／佐藤勝　録音／辻井正則　照明／藤林甲　共演／北原三枝、川地民夫、宇野重吉、渡辺美佐子　イーストマンカラー　日活スコープ　九七分　日活　一九五八年八月十二日　楽曲／風速四十米（作詞・友重澄之介　作曲・上原賢六）【OP・1番】【ED・2番・歌詞違い】、旅姿三人男（作詞・宮本旅人　作曲・鈴木哲夫）【劇中・一部歌唱】、都ぞ弥生（作詞・横山芳介　作曲・赤木顕次）【劇中・w北原三枝】、ソーラン節（民謡）【劇中・w川地民夫】、街燈（作詞・中平康　作曲・佐藤勝）【劇中・一部】、山から来た男（作詞・三木勘太　作曲・佐藤勝）【劇中・一番・二番】、同【BGM・歌詞違い】

●**赤い波止場**　**THE LEFT HAND OF JIRO**
富永二郎（レフトの二郎）
《颯爽裕次郎！　抜く手も見せぬ左射ち！　恋を捨て恋に生きる！　夕映えの海に去り行く口笛の男!!》
企画／水の江滝子　監督／舛田利雄　脚本／池田一朗、舛田利雄　撮影／姫田真佐久　美術／木村威夫　音楽／鏑木創　録音／宮永晋　照明／岩木保夫　共演／北原三枝、轟夕起子、岡田眞澄、中原早苗　モノクロ　日活スコープ　九九分　日活　九月二十三日　楽曲／赤い波止場（作詞・中川洋一【黛敏郎】作曲：鏑木創）【劇中・一番・二番・三番】

●**嵐の中を突っ走れ**　**TH SHOW DOWN IN THE STORM**
東海学園女子高校体育教師・吉良千吉
《喧嘩早いが玉にキズ！　女にゃ弱いが悪には強い！　イカスゼ、泣カスゼ、裕ちゃん先生！》

企画／水の江滝子　監督／蔵原惟繕　原作・脚本／松浦健郎（雑誌「平凡」連載）　撮影／高村倉太郎　美術／木村威夫　音楽／真鍋理一郎　録音／福島信雅　照明／大西美津男　共演／北原三枝、岡田眞澄、市村俊幸、白木マリ　イーストマンカラー　日活スコープ　九〇分　日活　一九五八年十月二十九日　楽曲／嵐の中を突っ走れ（作詞・松浦健郎　作曲・真鍋理一郎）【OP・一番】【ED・一番】、男なら夢を見ろ（作詞・島田磬也　作曲・真鍋理一郎）【BGM・一番】、モルゲンローテ・遠い日の歌（ドイツ民謡）【劇中・合唱】、森の水車（作詞・清水みのる　作曲・米山正夫）【w市村俊幸・一部】、嵐の中を突っ走れ【ED・一番】

●**紅の翼　CRIMSON WINGS**
日本遊覧航空パイロット・石田康二
《最大のスケール！　最高の面白さ！　天と地を駈けるタフガイ裕次郎の斗魂と人間愛!!》
企画／水の江滝子　監督／中平康　原作／菊村到（「新潮」所載 角川書店刊）　脚本／中平康、松尾昭典　撮影／山崎善弘　美術／松山崇　音楽／佐藤勝、馬渡誠一　録音／橋本文雄　照明／藤林甲　共演／芦川いづみ、中原早苗、二谷英明、小沢昭一　イーストマンカラー　日活スコープ　九四分　日活　一九五八年十二月二十八日　楽曲／紅の翼（作詞・松尾昭典　作曲・佐藤勝）【OP・一番】【ED・二番】、大島節（民謡）【劇中・一番】

●**若い川の流れ　THE STREAM OF YOUTH**
東洋軽金属総務部庶務課・曾根健助
《「陽のあたる坂道」の石坂・田坂・石原の名トリオが贈る感動のロマン超大作!!》
企画／坂上静翁　監督／田坂具隆　原作／石坂洋次郎（週刊明星連載 講談社版）　脚本／池田一朗、田坂具隆　撮影／伊佐山三郎　美術／木村威夫　音楽／佐藤勝　録音／米津次男　照明／森年男　共演／北原三枝、芦川いづみ、小高雄二、川地民夫　モノクロ　日活スコープ　一二六分　日活　一九五九年一月十五日　楽曲／秋田音頭（民謡）【劇中】、ハッピー・バースデー【劇中・w誕生パーティーの客】、蛍の光【劇中・w誕生パーティーの客】

●**今日に生きる**
山一運送のトラック運転手・城俊次
《地獄谷にダンプをぶっ飛ばせ！　タフガイ裕次郎の斗魂たぎる!!》
企画／高木雅行　監督／舛田利雄　脚本／山崎巖、江崎実生　撮影／姫田真佐久　美術／松山崇　音楽／佐藤勝　録音／橋本文雄　照明／藤林甲　共演／北原三枝、南田洋子、二谷英明、宍戸錠　モノクロ　日活スコープ　九四分　日活　一九五九年三月十日　楽曲／待ちぼうけ（作詞・北原白秋　作曲・山田耕筰）【劇中】

●**男が爆発する**
室戸謙作
《高原に沈む真っ赤な太陽！　正義に燃えて仁王立つ熱血児裕次郎！　空前のキャストで描く超娯楽大作!!》
企画／水の江滝子　監督／舛田利雄　原作／柴田錬三郎（「週刊現代」所載）　脚本／山崎巖、江崎実生　撮影／姫田真佐久　美術／松山崇　音楽／佐藤勝　録音／神谷正和　照明／藤林甲　共演／北原三枝、浅丘ルリ子、二谷英明、小高雄二　カラー　日活スコープ　九六分　日活　一九五九年四月二十八日　楽曲／主よ御許に近づかん（賛美歌320番）【劇中・合唱】

●**山と谷と雲　THE ECHO OF LOVE**
山岳写真家・牧戸次郎
《男泣きする裕次郎の新魅力！　愛すればこそ、サヨナラもいわず一人山を行く純愛の男!!》
企画／水の江滝子　監督／牛原陽一　原作／檀一雄（角川書店・刊「女の山彦」より）　脚本／池田一朗　撮影／横山実　美術／木村威夫　音楽／牧野由多加　録音／神谷正和　照明／藤林甲、高島正博　共演／北原三枝、金子信雄、安井昌二、白木マリ　モノクロ　日活スコープ　九六分　日活　一九五九年五月三十一日　楽曲／ペチカ（作詞・北原白秋　作曲・山田耕筰）【劇中・w寺田耕児】

●**世界を賭ける恋　LOVE AND DEATH**
工学部助教授・村岡雄二
《空前の欧州大ロケ敢行！　世界の恋人裕次郎が愛と涙で贈る世紀の大ロマン!!》
企画／芦田正蔵　監督／滝沢英輔　原作／武

者小路実篤（「愛と死」より） 脚本／棚田吾郎 撮影／横山実、山崎善弘 美術／松山崇 音楽／佐藤勝 録音／福島信雅 照明／藤林甲 共演／浅丘ルリ子、葉山良二、南田洋子、二谷英明 イーストマンカラー 日活スコープ 一〇四分 日活 一九五九年七月十二日 楽曲／稗つき節（民謡）【劇中・w浅丘ルリ子】

●男なら夢をみろ　DREAM YOUNGMAN'S

雨宮組のヤクザ・木島夏雄

《兄貴！ 誓いを破るぜ！ タフガイ裕次郎が男の夢を鉄拳に結ぶ白熱の斗魂!!》

企画／水の江滝子 監督／牛原陽一 脚本／池田一朗、小川英 撮影／横山実 美術／木村威夫 音楽／佐藤勝 録音／神谷正和 照明／藤林甲 共演／葉山良二、芦川いづみ、川地民夫、清水まゆみ イーストマンカラー 日活スコープ 八八分 日活 一九五九年八月九日 楽曲／俺らにゃ俺らの夢がある（作詞・大高ひさを 作曲・佐藤勝）【OP・一番・歌詞違い】【劇中・三番・歌詞違い】【ED・二番歌詞違い】

●裕次郎の欧州駆けある記　YUJIRO IN EUROPE

石原裕次郎

《あなたと裕次郎の欧州旅行!!唄い、語り、欧州をかけめぐるゴキゲン素顔の裕次郎!!》

企画・監修／石原裕次郎 撮影／横山実・山崎善弘 美術／松山崇 音楽／黛敏郎 録音／神谷正和 照明／藤林甲 イーストマンカラー 日活スコープ 四二分 日活 一九五九年八月三十日 楽曲／パリ お前の名はパリ（作詞・谷川俊太郎 作曲・黛敏郎）【劇中】、空の青さは何処でも同じ（同）【劇中】

●清水の暴れん坊　THE WILD REPORTER

全日本放送局ラジオプロデューサー・石松俊雄

《男も惚れるぜ！ イカス裕ちゃん大暴れ！ 気っぷがよくて、腕もたつ、隠しマイクに七変化!!》

企画／水の江滝子 監督／松尾昭典 原作／呉正恭 脚本／山田信夫、松尾昭典 撮影／横山実 美術／藤林甲 音楽／二宮久男 録音／神谷正和 照明／藤林甲 共演／北原三枝、芦川いづみ、赤木圭一郎、金子信雄 イーストマンカラー 日活スコープ 八五分 日活 一九五九年九月二十七日 楽曲／いかすぜマイクの暴れん坊（作詞・呉正恭 作曲・二宮久男）【OP・一番・二番』、旅姿三人男（作詞・宮本旅人 作曲・鈴木哲夫）【劇中・一番】【劇中・三番】、清水の暴れん坊（作詞・大高ひさを 作曲・上原賢六）【劇中・三番】

●天と地を駈ける男　THE SKY IS MINE

航空専門学校訓練生・稲葉鉄男

《暴風圏を衝いて、飛べ熱血の翼！ 見よ！ タフガイ裕次郎が颯爽天駈ける雄渾の英姿!!》

企画／芦田正蔵 監督／舛田利雄 脚本／直居欽哉、横山保朗 撮影／岩佐一泉 美術／松山崇 音楽／小杉太一郎 録音／神谷正和 照明／藤林甲 共演／北原三枝、清水まゆみ、川地民夫、二谷英明 イーストマンカラー 日活スコープ 九四分 日活 一九五九年十一月一日 楽曲／天と地を駈ける男（作詞・大高ひさを 作曲・小杉太一郎）【OP・一番】【劇中・合唱・一番・二番】

●男が命を賭ける時　WHEN A MAN STAKES HIS LIFE

医師・小室丈太郎

《吹っ飛ぶか大油田！ 紅い炎に命を張るぜ！ 敢然！ 危地をゆく天下無敵の裕次郎!!》

企画／水の江滝子 監督／松尾昭典 原作／菊村到（「小説新潮」所載） 脚本／山田信夫、松尾昭典 撮影／岩佐一泉 美術／千葉一彦 音楽／鏑木創 録音／神谷正和 照明／藤林甲 共演／芦川いづみ、川地民夫、二谷英明、南田洋子 イーストマンカラー 日活スコープ 八六分 日活 一九五九年十二月二十七日 楽曲／男が命を賭ける時（作詞・吉田憲二 作曲：鏑木創）【OP・一番・二番】【ED・一番】

●鉄火場の風　THE CARDS WILL TELL

双葉組・畑中英次

《勝負！ 切ったタンカのイキの良さ！ 張った命も伊達じゃない！ 飛ぶぜ鉄拳、嵐を呼ぶぜ》

企画／水の江滝子 監督／牛原陽一 脚本／熊井啓 撮影／姫田真佐久 美術／木村威夫 音楽／小杉太一郎 録音／橋本文雄 照明／藤林甲 共演／北原三枝、清水まゆみ、赤木圭一郎、

東野英治郎　イーストマンカラー　日活スコープ　八九分　日活　一九六〇年一月十五日　楽曲／最果てから来た男（作詞・熊井啓　作曲・小杉太一郎）【OP・一番歌詞違い・二番】【ED・三番】

●白銀城の対決
DUEL ON THE SILVER PEAK

東洋索道社員・伊庭俊介

《夕陽に映える白銀のスロープに轟然雪崩呼ぶ嵐の鉄拳！　銀嶺の王者裕次郎と長門アクション怒号巨篇!!》

企画／芦田正蔵　監督／齋藤武市　原作／松阪文男　脚本／直居欽哉、横山保朗　撮影／高村倉太郎　美術／坂口武玄　音楽／小杉太一郎　録音／神谷正和　照明／藤林甲　共演／北原三枝、長門裕之、金子信雄、白木マリ　イーストマンカラー　日活スコープ　八一分　日活　一九六〇年三月六日　楽曲／白銀城の対決（作詞・滝田順　作曲・小杉太一郎）【OP・一番】、雪山讃歌（作詞・西堀栄三郎　曲・アメリカ民謡）【劇中】、小諸馬子唄（民謡）【劇中・一部】、白銀城の対決【劇中・二番】、詩吟・川中島（詞・頼三陽）【劇中歌唱】

●あじさいの歌　BLOSSOMS OF LOVE

商業美術家・河田藤助

《爽やかに香る愛の賛歌！　ほとばしる青春の激情！　珠玉の大ロマンに裕次郎の新生面がひらく!!》

企画／坂上静翁　監督／滝沢英輔　原作／石坂洋次郎（新潮社版　北海道新聞、中部日本新聞、西日本新聞、東京中日新聞連載）脚本／池田一朗　撮影／横山実　美術／松山崇　音楽／斉藤高順　録音／福島信雅　照明／藤林甲　共演／芦川いづみ、中原早苗、東野英治郎、小高雄二　カラー　日活スコープ　一〇五分　日活　一九六〇年四月二日　楽曲／あじさいの歌（作詞・滝田順　作曲・斉藤高順）【OP・一番】、都ぞ弥生（作詞・秋山芳介　作曲・赤木顕次）【劇中】

●青年の樹　THE DAY OF YOUTH

東京学院大学の生徒・和久武馬

《巨木にも似た若き力！　快男児裕次郎の新魅力こゝに爆発！　慎太郎裕次郎の情熱が描いた現代青年像!!》

企画／水の江滝子　監督／舛田利雄　原作／石原慎太郎（「週刊明星」連載　角川書店・刊）脚本／山田信夫　撮影／山崎善弘　美術／松山崇　音楽／黛敏郎　録音／神谷正和　照明／藤林甲　共演／北原三枝、芦川いづみ、芦田伸介、笹森礼子　イーストマンカラー　日活スコープ　八八分　日活　一九六〇年四月二十九日

●天下を取る
THE WHITE-COLLAR DREAM

東洋物産鉄鋼課新入社員・大門大太

《男一匹、誓ったからには天下を取るぜ！　豪傑社員裕次郎、男度胸で大暴れ!!》

企画／児井英生　監督／牛原陽一　原作／源氏鶏太（「週刊現代」所載　講談社版）脚本／松浦健郎　撮影／横山実　美術／坂口武玄　音楽／小杉太一郎　録音／神谷正和　照明／藤林甲　共演／長門裕之、北原三枝、中原早苗、滝沢修　イーストマンカラー　日活スコープ　八九分　日活　一九六〇年七月十三日　楽曲／天下を取る（作詞・大高ひさを　作曲・野崎真一）【OP・一番・二番】、豪傑節（作詞・藤田まさと　曲・民謡）【劇中・w長門裕之・一番】、天下を取る【ED・三番】

●喧嘩太郎　THE TOUGH GUY

第百商事社員・宇野太郎

《喧嘩早いは生まれつき！　悪い奴位は我慢がならねえ！　痛快！　天下の裕次郎男勝負のみせどころ!!》

企画／高木雅行　監督／舛田利雄　原作／源氏鶏太（講談社刊）脚本／松浦健郎　撮影／山崎善弘　美術／坂口武玄　音楽／真鍋理一郎　録音／神谷正和　照明／藤林甲　共演／芦川いづみ、白木マリ、中原早苗、二谷英明　イーストマンカラー　日活スコープ　八八分　日活　一九六〇年八月十日　楽曲／喧嘩太郎（作詞・大高ひさを作曲・真鍋理一郎）【OP・一番・二番】

●やくざ先生　THE REFORMER

愛隣学園新任教師・新田悠三

《俺らの可愛い先生は、色が黒くて、でっかくて、前髪垂らした暴れん坊！　男一匹裕次郎が見せる心意気!!》

企画／水の江滝子　監督／松尾昭典　原作／西村滋（第二書房刊）　脚本／山田信夫、松尾昭典　撮影／藤岡条信　美術／木村威夫　音楽／鏑木創　録音／神谷正和　照明／藤林甲　共演／北原三枝、北林谷栄、宇野重吉、芦田伸介　イーストマンカラー　日活スコープ　一〇五分　日活　一九六〇年九月二十一日　楽曲／三階節（民謡）【劇中】、赤とんぼ（作詞・三木露風　作曲・山田耕筰）【劇中】

●あした晴れるか　WAIT FOR TOMORROW

カメラマン・三杉耕平

《雨も嵐も鼻唄まじり、どんと叩いて男の胸を明日に向かって突走る痛快江戸っ子裕次郎!!》

企画／坂上静翁　監督／中平康　原作／菊村到（光文社・版 東京新聞・連載）　脚本／池田一朗、中平康　撮影／岩佐一泉　美術／松山崇　音楽／松山崇　録音／神谷正和　照明／藤林甲　共演／芦川いづみ、渡辺美佐子、中原早苗、東野英治郎　イーストマンカラー　日活スコープ　九〇分　日活　一九六〇年十月二十六日

●闘牛に賭ける男　MAN AT THE BULLFIGHT

プロモーター・北見徹

《日本人の心意気ここにあり！　世界の空に嵐呼んで天かける王者裕次郎!!》

企画／水の江滝子　監督／舛田利雄　脚本／山田信夫、舛田利雄　撮影／山崎善弘　美術／木村威夫、横尾嘉良　音楽／佐藤勝　録音／神谷正和　照明／藤林甲　共演／北原三枝、二谷英明、芦田伸介、安部徹　イーストマンカラー　日活スコープ　九四分　日活　一九六〇年十二月二十七日

●街から街へつむじ風　FOR THIS WE FIGHT

医師・正木晋一

《嵐を呼ぶか!雲呼ぶか！　行くぞ正義の大砂塵！　颯爽！　タフガイ裕次郎が叩きつける怒涛の斗魂!!》

企画／児井英生、水の江滝子　監督／松尾昭典　脚本／山崎巖、山田信夫　撮影／岩佐一泉　美術／松山崇　音楽／鏑木創　録音／神谷正和　照明／藤林甲　共演／芦川いづみ、小高雄二、中原早苗、南寿美子　イーストマンカラー　日活スコープ　七六分　日活　一九六一年一月十四日　楽曲／街から街へつむじ風（作詞・大高ひさを　作曲・鏑木創）【OP・一番・二番】、「ノーエ節」（民謡）、【劇中・w宇野重吉】、銀座の恋の物語（作詞・大高ひさを　作曲・鏑木創）【劇中・w牧村旬子・一番・二番・三番・一番】、街から街へつむじ風【ED・一番】

●あいつと私　THAT GUY AND I

大学生・黒川三郎

《待望の石原裕次郎全快第一回作品！　ロマンの香り高い石坂文学に奔流となってよみがえる裕次郎の新魅力!!》

企画／坂上静翁　監督／中平康　原作／石坂洋次郎（「週刊読売」連載　新潮社版）　脚本／池田一朗、中平康　撮影／山崎善弘　美術／松山崇　音楽／黛敏郎　録音／片桐登司美　照明／藤林甲　共演／芦川いづみ、笹森礼子、吉永小百合、中原早苗　イーストマンカラー　日活スコープ　一〇五分　日活　一九六一年九月十日　楽曲／あいつと私（作詞・谷川俊太郎　作曲・六条隆【黛敏郎】）【OP・一番・二番・三番】【劇中・合唱・二番・一番】、高砂や【劇中・合唱】、母のない子（黒人霊歌）【劇中】、ハッピー・バースデー【劇中】、あいつと私【ED・三番】

●堂堂たる人生　THE SPLENDID LIFE

老田玩具企画課・中部周平

《愉快なり、痛快なり、人生！　胸をはって堂々と若さと勇気で突き進め！　豪快社員裕次郎!!》

企画／水の江滝子　監督／牛原陽一　原作／源氏鶏太（「週刊明星」連載・集英社版）　脚本／池田一朗　撮影／高村倉太郎　美術／坂口武玄　音楽／小杉太一郎　録音／福島信雅　照明／藤林甲　共演／長門裕之、中原早苗、芦川いづみ、藤村有弘　イーストマンカラー　日活スコープ　九六分　日活　一九六一年十月二十二日　楽曲／若い生命を傾けて（作詞・渋谷郁夫　作曲・小杉太一郎）【OP・一番】【ED・一番】

●アラブの嵐　THE STOM OVER ARABIA

大日本物産総務部経理課社員・宗方堅太郎

《エジプトに画期的オール・ロケ敢行！　そ〻

り立つピラミッド！　謎はらむナイルの流れ！　エジプトの大砂漠に嵐を呼ぶ太陽の子裕次郎!!》
企画／水の江滝子、ムニエル・ヘルミー・ラフラ、中井景　監督／中平康　原作／山田信夫、中平康　脚本／中平康　撮影／山崎善弘　美術／松山崇　音楽／黛敏郎　録音／片桐登司美　照明／藤林甲　共演／芦川いづみ、小高雄二、葉山良二、シャディア　イーストマンカラー　日活スコープ　九一分　日活　一九六一年十二月二十四日　楽曲／でっかい青空（作詞・谷川俊太郎　作曲・六条隆【黛敏郎】）【OP・一番・二番】、ヤットン節（作詞・野村俊夫　作曲・服部レイモンド）【劇中】、月の砂漠（作詞・加藤まさを　作曲・佐々木すぐる）【劇中】ライラの歌【劇中・一部】、船方さんよ（作詞・門井八郎　作曲・春川一夫）【一部】でっかい青空【ED・三番】

●男と男の生きる街　**THE CITY OF MEN**
毎朝大阪新聞社会部記者・岩崎捷夫
《天をゆさぶれ！　地も裂けろ！　待望久し！　熱血裕次郎の豪快アクション巨篇!!》
企画／水の江滝子　監督／舛田利雄　脚本／熊井啓、舛田利雄
撮影／山崎善弘　美術／松山崇　音楽／伊部晴美　録音／橋本文雄　照明／藤林甲　共演／芦川いづみ、大坂志郎、南田洋子、加藤武　イーストマンカラー　日活スコープ　九四分　日活　一九六二年一月十四日　楽曲／男と男の生きる街（作詞・熊井啓　作曲・伊部晴美）【OP・一番・二番】

●銀座の恋の物語　**LOVE IN GINZA**
画家・伴次郎
《心の底からしびれるような裕次郎の素敵なムード!!》
企画／水の江滝子　監督／蔵原惟繕　脚本／山田信夫、熊井啓　撮影／間宮義雄　美術／松山崇　音楽／鏑木創　録音／福島信雅　照明／藤林甲　共演／浅丘ルリ子、江利チエミ、ジェリー藤尾、和泉雅子　イーストマンカラー　日活スコープ　九三分　日活　一九六二年三月四日　楽曲／銀座の恋の物語（作詞・大高ひさを　作曲・鏑木創）【OP・一番】【劇中・w浅丘＋和泉・一番】【劇中・一番】【ED・w牧村旬子・二番】

●青年の椅子　**THE SEAT OF YOUTH**
日東電機工業社員・高坂虎彦
《度胸は無敵、心は豪快！　天下を呑んで突き進む熱血社員裕次郎!!》
企画／水の江滝子　監督／西河克己　原作／源氏鶏太（北海道新聞、東京中日新聞、中部日本新聞、西日本新聞連載 講談社 版）　脚本／松浦健郎　撮影／岩佐一泉　美術／佐谷晃能　音楽／池田正義　録音／中村敏夫　照明／藤林甲　共演／芦川いづみ、水谷良重、藤村有弘、宇野重吉　イーストマンカラー　日活スコープ　九三分　日活　一九六二年四月八日　楽曲／スイッチョン節（民謡）【一部】、ふるさと慕情（作詞・渋谷郁夫　作曲・久慈ひろし）【劇中・一番・二番】

●雲に向かって起つ　**FACING TO THE CLOUDS**
東日新聞政治部記者・坂木武馬
《堂々と光って散らせ男の火花！　敢然！　悪に挑み、正義に叩きつける好漢裕次郎の痛快アクション!!》
企画／高木雅行　監督／滝沢英輔　原作／石原慎太郎（「週刊明星」連載 集英社・刊）　脚本／池田一朗　撮影／山崎善弘　美術／木村威夫　音楽／伊部晴美、佐藤勝　録音／橋本文雄　照明／藤林甲　共演／浅丘ルリ子、水谷良重、田代みどり、山内賢　イーストマンカラー　日活スコープ　一〇〇分　日活　一九六二年五月一日　楽曲／雲に向かって起つ（作詞・滝田順【今戸栄一】作曲：伊部晴美）【OP・一番】

●憎いあンちくしょう　**I HATE BUT LOVE**
人気タレント・北大作
《東京→九州、ジープを駆って一、六〇〇キロ！　日本縦断に若さと情熱をぶちまける豪快裕次郎!!》
企画／水の江滝子　監督／蔵原惟繕　脚本／山田信夫　撮影／間宮義雄、岩佐一泉　美術／千葉和彦　音楽／黛敏郎　録音／橋本文雄　照明／藤林甲　共演／浅丘ルリ子、長門裕之、芦川いづみ、川地民夫　イーストマンカラー　日活

スコープ　一〇五分　日活　一九六二年七月八日　楽曲／憎いあンちくしょう（作詞・藤田繁夫【藤田敏八】作曲・六条隆【黛敏郎】）【劇中・一番】、スーダラ節（作詞・青島幸男　作曲・萩原哲晶）【劇中・一部】、憎いあンちくしょう【BGM・二番】

●零戦黒雲一家　THE ZERO FIGHTER

海軍飛行中尉・谷村雁

《敵機数百、零戦一機！　やくざ部隊の一六作戦！　日活が総力を結集した破天荒の航空大アクション!!》

企画／岩井金男　監督／舛田利雄　原作／萱沼洋（「平凡」所載　青樹社刊）　脚本／星川清司、舛田利雄　撮影／山崎善弘　美術／松山崇　音楽／佐藤勝　録音／橋本文雄　照明／藤林甲　共演／二谷英明、浜田光夫、大坂志郎、渡辺美佐子　イーストマンカラー　日活スコープ　一一〇分　日活　一九六二年八月十二日　楽曲／黒いシャッポの歌（作詞・舛田利雄　作曲・佐藤勝）【OP・一番・三番】【劇中・一番・二番・三番】

●若い人　FRESH LEAVES

浦水女子高等学校教師・間崎慎太郎

《あたし先生が好き！　慕い、泣き、歓ぶ学園の日々！　裕次郎・浅丘・吉永の三大スターが描く石坂文学の青春超大作!!》

企画／坂上静翁　監督／西河克己　原作／石坂洋次郎（新潮文庫版）　脚本／三木克巳　撮影／萩原憲治　美術／佐谷晃能　音楽／池田正義　録音／中村敏夫　照明／藤林甲　共演／浅丘ルリ子、吉永小百合、大坂志郎、三浦充子　イーストマンカラー　日活スコープ　九〇分　日活　一九六二年十月六日　楽曲／若い人（作詞・木下忠司　作曲・池田正義）【OP・一番・二番】、山男の歌（作詞・神保信雄　作曲・不詳）【劇中・一部】

●金門島にかける橋
RAINBOW OVER KINMON

船医・武井一郎

《台湾海峡波高し！　硝煙に火花散る国境越えた大ロマン！　戦乱の怒涛に挑む裕次郎の斗魂!!》

企画／中井景・李潔　監督／松尾昭典　脚本／山崎巌・江崎実生　撮影／岩佐一泉　美術／中村公彦　音楽／黛敏郎　録音／沼倉範夫　照明／藤林甲　共演／華欣、芦川いづみ、二谷英明、大坂志郎　イーストマンカラー　日活スコープ　一〇七分　日活　一九六二年十一月三日　楽曲／めぐりあい（作詞・千野皓司　作曲・六条隆【黛敏郎】）【OP】

●花と竜　A MAN WITH DRAGON TATTOOS

玉井金五郎

《ド根性と天駈ける夢！　灼熱の快男児玉井金五郎の若き日の記録！　火野葦平の躍動篇を裕次郎で映画化!!》

企画／高木雅行　監督／舛田利雄　原作／火野葦平（新潮社版）　脚本／井手雅人　撮影／山崎善弘　美術／松山崇　音楽／伊部晴美　録音／沼倉範夫　照明／藤林甲　共演／浅丘ルリ子、岩崎加根子、白木マリ、大坂志郎　カラー　日活スコープ　一〇九分　日活　一九六二年十二月二十六日　楽曲／花と竜（作詞・滝田順【今戸栄一】　作曲・伊部晴美）【OP・一番】、東雲節（作詞・作曲・不詳）【劇中・w葉山良二・一部】、花と竜【BGM・一番】、道は六百八十里（作詞・石黒行平　作曲：永井健子）【劇中・一部】、花と竜【BGM・歌詞違い】【劇中・歌詞違い】

●何か面白いことないか　I FLY FOR KICKS

パイロット・早坂次郎

《なんでもやったれ！　やりまくれ！　裕次郎・ルリ子のコンビが若さと情熱をたぎらせる破天荒のドラマ!!》

企画／水の江滝子　監督／蔵原惟繕　脚本／山田信夫　撮影／間宮義雄　美術／千葉和彦　音楽／黛敏郎　録音／福島信雅　照明／藤林甲　共演／浅丘ルリ子、川地民夫、滝沢修、加藤武　イーストマンカラー　日活スコープ　一一五分　日活　一九六三年三月三日　楽曲／憎いあンちくしょう（作詞・藤田繁夫【藤田敏八】作曲・六条隆【黛敏郎】）【劇中・一番】

●太陽への脱出　ESCAPE INTO TERROR

武器商人・速水志郎

《香港—バンコックの殺人指令！　凄惨！　ス

ペクタクルで描く裕次郎のアクション巨篇!!》
企画／高木雅行、林本博佳　監督／舛田利雄　脚本／山田信夫、山崎巌　撮影／山崎善弘　美術／松山崇　音楽／伊部晴美　録音／福島信雅　照明／藤林甲　共演／二谷英明、岩崎加根子、南田洋子、梅野泰靖　イーストマンカラー　日活スコープ　一一〇分　日活　一九六三年四月二十八日　楽曲／骨（詩・中原中也　作曲・伊部晴美）【劇中】

●夜霧のブルース　FOGGY NIGHT BLUES
貝塚興業元幹部・西脇順三
《孤独の人生に灯が点いたとき、灯は無残にも消された！　男の怒りと悲しみが夜霧に流れて…石原・浅丘の最高コンビで放つアクション大作!!》
企画／笹井英男　監督／野村孝　原作／菊田一夫（「長崎」より）　脚本／国弘威雄　撮影／高村倉太郎　美術／木村威夫　音楽／伊部晴美　録音／片桐登司美　照明／藤林甲　共演／浅丘ルリ子、岩崎加根子、小池朝雄、山茶花究　イーストマンカラー　日活スコープ　一〇四分　日活　一九六三年六月三十日　楽曲／夜霧のブルース（作詞・島田磬也　作曲・大久保徳二郎）【OP・一番】【劇中・一番・二番】【ED・一番】

●太平洋ひとりぼっち
ALONE ACROSS THE PACIFIC
青年
《鬼才・市川崑と裕次郎がスリルと感動で再現した太平洋横断の世紀の快挙!!》
企画／中井景　監督／市川崑　原作／堀江謙一（文芸春秋社版）　脚本／和田夏十　撮影／山崎善弘　美術／松山崇　音楽／芥川也寸志、武満徹　録音／橋本文雄　照明／藤林甲　共演／浅丘ルリ子、田中絹代、森雅之、ハナ肇　カラー　日活スコープ　九七分　石原プロモーション・日活　配給・日活　一九六三年十月二十七日　楽曲／王将（作詞・西条八十　作曲・船村徹）【劇中・替え歌・一部】、有難や節（作詞・森一也　作曲・浜口庫之助）【劇中・一部】、上を向いて歩こう（作詞・永六輔　作曲・中村八大）【劇中・一部】

●赤いハンカチ　RED HANDKERCHIEF
元神奈川県警刑事・三上次郎
《あの娘は俺の歌に生きている…裕次郎の激情と怒りの拳銃が炸裂する堂々のアクション・ロマン!!》
企画／児井英生　監督／舛田利雄　脚本／小川英、山崎巌、舛田利雄　撮影／間宮義雄　美術／千葉和彦　音楽／伊部晴美　録音／福島信雅　照明／藤林甲　共演／浅丘ルリ子、二谷英明、金子信雄、森川信　イーストマンカラー　日活スコープ　九八分　日活　一九六四年一月三日　楽曲／赤いハンカチ（作詞・萩原四朗　作曲・上原賢六）【OP・一番】【劇中・二番】【劇中・三番】【劇中・一番・二番・三番】

●夕陽の丘　SUNSET HILL
篠原健次
《これが最後の賭けだ！　俺を待っているのは死か？　裕次郎・ルリ子がヒット・デュエットで描く最高のムード・アクション!!》
企画／児井英生　監督／松尾昭典　原作／菊村到（「男の歌」より）　脚本／山崎巌、国弘威雄　撮影／萩原泉　美術／木村威夫　音楽／池田正義　録音／片桐登司美　照明／藤林甲　共演／浅丘ルリ子、和田浩治、中谷一郎、細川ちか子　イーストマンカラー　日活スコープ　八八分　日活　一九六四年四月二十九日　楽曲／俺は待ってるぜ（作詞・石崎正美　作曲・上原賢六）【劇中・一番・二番】、夕陽の丘（作詞・萩原四朗　作曲・上原賢六）【ED・w浅丘ルリ子】

●鉄火場破り　GAMBLERS BLOOD
博徒・関東政こと清川政二郎
《勝つ！　斬る！　勝負の男裕次郎！　黄金の腕が波乱よぶ豪快アクション!!》
企画／笹井英男　監督／齋藤武市　原作・脚本／甲斐久尊　撮影／萩原憲治　美術／坂口武玄　音楽／小杉太一郎　録音／太田六敏　照明／藤林甲　共演／芦川いづみ、宇野重吉、山茶花究、小沢昭一　イーストマンカラー　日活スコープ　一〇六分　日活　一九六四年七月十二日　楽曲／都々逸・唐傘の骨が、都々逸・水差しの水は濁れど【劇中】

●殺人者を消せ　RUB OUT THE KILLERS
早川次郎・泉信夫（二役）

《殺られてたまるか！　地獄の罠を突き破れ！颯爽！　天下無敵のタフ・ガイ裕次郎が叩きつける痛快大アクション!!》

企画／石原プロモーション、高木雅行　監督／舛田利雄　原案／長沢朗　脚本／池田一朗　撮影／高村倉太郎　美術／千葉和彦　音楽／伊部晴美　録音／神保小四郎　照明／藤林甲　共演／十朱幸代、稲野和子、高松英郎、小池朝雄　イーストマンカラー　日活スコープ　九四分　日活・石原プロモーション　一九六四年九月十九日　楽曲／あの娘の願い（作詞・滝田順【今戸栄一】作曲・伊部晴美）【劇中】

●「小さき闘い」より　敗れざるもの
THE ETERNAL LIFE

高村家の運転手・橋本鉄哉

《ボクは死んだら星になりたい！　星をみつめ死と闘う幸うすき少年に涙する熱血裕次郎の感動巨篇!!》

企画／石原プロモーション、水の江滝子　監督／松尾昭典　原作／石原慎太郎　脚本／山中恒　撮影／横山実　美術／中村公彦　音楽／黛敏郎　録音／橋本文雄　照明／藤林甲　共演／十朱幸代、小倉一郎、三宅邦子、宇佐美淳也　イーストマンカラー　日活スコープ　九五分　日活・石原プロモーション　配給／日活　一九六四年十月三十日　楽曲／星の界（よ）（作詞・杉谷代水　作曲・コンヴァース）【劇中・w小倉一郎】

●黒い海峡　BLACK CHANNEL

船場組の幹部・槙明夫

《俺は殺る！　怒りの胸に躍動する正義の雄叫び！　颯爽裕次郎が蹴って、殴って、射ちまくる豪快アクション巨篇!!》

企画／児井英生　監督／江崎実生　脚本／甲斐久尊、山崎巌　撮影／横山実　美術／大鶴泰弘　音楽／伊部晴美　録音／米津次男　照明／藤林甲　共演／十朱幸代、吉行和子、中谷一郎、山形勲　イーストマンカラー　日活スコープ　九二分　日活　一九六四年十二月三十一日　楽曲／黒い海峡（作詞・萩原四朗　作曲・上原賢六）【OP・一番・一番後半】【ED・二番・二番後半】

●城取り

車藤三

《乾坤一擲！　峻険の城砦に挑む荒野の一匹侍！　戦国タフガイ裕次郎が放つ壮烈大アクション巨篇!!》

企画／中井景　監督／舛田利雄　原作／司馬遼太郎（日本経済新聞連載「城を取る話」より）脚本／池田一朗、舛田利雄　撮影／横山実　美術／松山崇　音楽／黛敏郎　録音／橋本文雄　照明／藤林甲　共演／千秋実、中村玉緒、芦屋雁之助、近衛十四郎　モノクロ　日活スコープ　一三四分　石原プロモーション　配給／日活　一九六五年三月六日

●青春とはなんだ　WHY ARE WE YOUNG?

岩代高校英語教師・野々村健介

《喧嘩もいいぞ！　恋愛もいいぞ！　それが、若い正義と美しい青春のためならば!!裕次郎が汚濁の世に敢然と挑む爆発巨篇!!》

企画／水の江滝子　監督／舛田利雄　原作／石原慎太郎（講談社版）脚本／山田信夫、舛田利雄　撮影／横山実　美術／坂口武玄　音楽／伊部晴美　録音／橋本文雄　照明／河野愛三　共演／十朱幸代、太田博之、西尾三枝子、桂小金治　イーストマンカラー　日活スコープ　一〇一分　日活　一九六五年七月十四日　楽曲／リパブリック讃歌（トラディショナル）【劇中／英語・一部】、青春とはなんだ（作詞・渋谷郁夫　曲・トラディショナル）【劇中／合唱】

●泣かせるぜ　TWO CAPTAINS

第五黒潮丸船長・響伸作

《古い傷あと胸に秘め、嵐の海に俺は行く！海の男裕次郎の激情が、新星渡のパンチが炸裂する海洋アクション!!》

企画／高木雅行　監督／松尾昭典　原作／新羽精之（「海賊船」より）脚本／小川英、中西隆三　撮影／岩佐一泉　美術／中村公彦　音楽／嵐野英彦　録音／橋本文雄　照明／藤林甲　共演／浅丘ルリ子、渡哲也、太田雅子、川地民夫　イーストマンカラー　日活スコープ　九三分　日活　一九六五年九月十八日　楽曲／泣かせるぜ（作詞・滝田順【今戸栄一】作曲・鶴岡雅義）【OP・一番】【ED・一番】

●赤い谷間の決闘　THE DUEL AT THE RED VALLEY
石切場人夫頭・風間信吾
《さい果ての荒野に男と男の怒りをぶちかます雄渾の決斗！　裕次郎、渡の豪快コンビが放つ超男性アクション巨篇!!》
企画／岩井金男　監督／舛田利雄　原作／関川周　脚本／成沢昌茂　潤色／舛田利雄　撮影／高村倉太郎　美術／坂口武玄　音楽／伊部晴美　録音／福島信雅　照明／藤林甲　共演／渡哲也、太田雅子、岩崎加根子、小沢栄太郎　イーストマンカラー　日活スコープ　九三分　日活　一九六五年十二月二十八日　楽曲／赤い谷間のブルース（作詞・大高ひさを　作曲・野崎真一）【OP・一番】【ED・二番・三番・歌詞違い】、孤児の歌（作詞・渋谷郁夫　作曲・中川洋一）【劇中・一番・二番・台詞なし】

●二人の世界　A WORLD FOR TWO
芸能プロモーター・北條修一
《夜霧の波止場にあの娘の面影を求めて…裕次郎の魅力が爆発する最高のムード・アクション巨篇!!》
企画／水の江滝子　監督／松尾昭典　脚本／小川英、松尾昭典　撮影／岩佐一泉　美術／中村公彦　音楽／嵐野英彦　録音／神保小四郎　照明／藤林甲　共演／浅丘ルリ子、二谷英明、浜村純、大坂志郎　イーストマンカラー　日活スコープ　九一分　日活　一九六六年二月二十五日　楽曲／二人の世界（作詞・池田充男　作曲・鶴岡雅義）【OP・一番】【ED・三番】

●青春大統領　PEARL OF NECKLACE
日本貿易促進会調査員・峰岡鷹志
《世界をまたにかけた男の友情と女の慕情！　裕次郎・ルリ子・ジャニーズが火花を散らすムードと歌の最高巨篇!!》
企画／銭谷功、メリー喜多川　監督／江崎実生　原案／池田淳、吉田喜昭　脚本／江崎実生、銭谷功　撮影／横山実　美術／千葉和彦、大村武　音楽／伊部晴美　録音／沼倉範夫　照明／藤林甲　共演／浅丘ルリ子、二谷英明、ジャニーズ、桂小金治　イーストマンカラー　日活スコープ　九四分　日活　一九六六年四月二十七日　楽曲／愛のうた（作詞・池田充男　作曲・ユズリハ・シロー）【OP・一番・二番・繰り返しなし】、粉雪の子守唄（作詞・司雄次　作曲・大澤保郎）【劇中・繰り返しなし】、愛のうた【ED・一番・二番・二番後半】

●夜霧の慕情　THE NIGHT MIST
三陽興業幹部・堀部良郎
《冷酷非情の世界に咲いた至純の愛！　大幹部裕次郎・桑野・ジョーの豪華顔合せで贈る超娯楽ムード・アクション!!》
企画／岩井金男　監督／松尾昭典　原案／植田吾郎　脚本／野上龍雄、松尾昭典　撮影／岩佐一泉　美術／中村公彦　音楽／池田正義　録音／神保小四郎　照明／藤林甲　共演／桑野みゆき（松竹）、宍戸錠、太田雅子、藤竜也　イーストマンカラー　日活スコープ　九二分　日活　一九六六年六月一日　楽曲／夜霧の慕情（作詞・大高ひさを　作曲・野崎真一）【OP・一番・三番】【ED・一番・二番】

●夜のバラを消せ　KILL THE NIGHT ROSE
徳川新六
《シャープなアクション！　意表をつく秘密兵器!!スピード・パンチの現代魅力裕次郎の痛烈な娯楽超大作!!》
企画／高木雅行　監督／舛田利雄　原作／柴田錬三郎（「平凡パンチ」連載、光文社カッパノベルス版、「俺の敵がそこにいる」より）　脚本／下飯坂菊馬、瀬川昌治、池上金男　撮影／山崎善弘　美術／木村威夫　音楽／伊部晴美　録音／橋本文雄　照明／藤林甲　共演／芦川いづみ、由美かおる、宮城千賀子、斎藤チヤ子　イーストマンカラー　日活スコープ　九四分　日活　一九六六年七月九日　楽曲／夜のバラを消せ（作詞・舛田利雄　作曲・伊部晴美）【OP】

●帰らざる波止場　THE HARBOR OF NO RETURN
ジャズピアニスト・津田史郎
《にぎりしめ、抱きしめたひとつの愛…非情の銃口がひきさく運命のブリッジ！　裕次郎・ルリ子の慕情コンビで贈るメロ・アクション!!》
企画／児井英生　監督／江崎実生　脚本／山田信夫、中西隆三　撮影／横山実　美術／千葉和彦　音楽／伊部晴美　録音／福島信雅　照明／

藤林甲　共演／浅丘ルリ子、志村喬、金子信雄、深江章喜　イーストマンカラー　日活スコープ　八八分　日活　一九六六年八月十三日　楽曲／帰らざる波止場（作詞・江崎実生　作曲：中川洋二）【OP・一番】【劇中・一番・二番】【劇中・一番・二番・三番】【ED・一番・三番】

●**栄光への挑戦**　**CHALLENGE FOR GLORY**
ムネ興業社長・宗吾郎
《俺は勝つ！　都会のジャングルに栄光賭けた人生の強烈パンチ！　男の意地で突っ走る裕次郎の華麗なる斗魂!!》
企画／中井景　監督／舛田利雄　脚本／池上金男、舛田利雄　撮影／山崎善弘　美術／千葉和彦　音楽／伊部晴美　録音／橋本文雄　照明／藤林甲　共演／小林桂樹、浅丘ルリ子、川地民夫、稲野和子　イーストマンカラー　日活スコープ　一〇一分　石原プロモーション　配給／日活　一九六六年十月八日

●**逃亡列車**　**THE LAST ESCAPE**
遊軍少尉・有坂大作
《成るか、決死の撤退作戦！　息づまるスリルとサスペンスで描く、鬼将校裕次郎の大スペクタクル・アクション!!》
企画／柳川武夫　監督／江崎実生　原作／渡辺明（交通日本社版）　脚本／池上金男、宮川一朗　撮影／横山実　美術／大鶴泰弘、坂口武玄　音楽／山本直純　録音／沼倉範夫　照明／藤林甲　共演／十朱幸代、伊藤雄之助、伊藤るり子、山内賢　イーストマンカラー　日活スコープ　九四分　日活　一九六六年十二月二十四日　楽曲／逃亡列車のテーマ～戦友（作詞・杉野まもる　作曲・山本直純）【OP・一番・三番】【ED・二番・三番歌詞違い】、番外野郎（作詞・杉野まもる　作曲・山本直純）【劇中・一番・三番・四番歌詞違い】

●**夜霧よ今夜も有難う**　**A WARM MISTY NIGHT**
クラブ・スカーレット・オーナー・相良徹
《しのび会う恋をつつむ夜霧よ…海の彼方へ死の影をひく無法の波止場！　霧笛が呼ぶか女の哀愁と男の激情!!》
企画／高木雅行　監督／江崎実生　脚本／野上龍雄、石森史郎、江崎実生　撮影／横山実　美術／坂口武玄　音楽／伊部晴美　録音／沼倉範夫　照明／藤林甲　共演／浅丘ルリ子、二谷英明、佐野浅夫、太田雅子　イーストマンカラー　日活スコープ　九三分　日活　一九六七年三月十一日　楽曲／夜霧よ今夜も有難う（作詞・作曲・浜口庫之助）【OP・一番・一番後半】、こぼれ花（作詞・萩原四朗　作曲・上原賢六）【劇中・三番・一番】、夜霧よ今夜も有難う【劇中・2番】【ED・二番・二番後半】

●**嵐来たり去る**　**THE TEMPEST HAS CAME AND GONE**
料亭「山月」花板・富坂英五郎
《背中の唐獅子牡丹がうずきゃ悪と無法はゆるさねぇ！　痛快！　裕次郎が叩きつける任侠大アクション!!》
企画／山本武　監督／舛田利雄　原作／富田常雄（報知新聞連載）　脚本／池上金男、星川清司　撮影／横山実　美術／木村威夫　音楽／真鍋理一郎　録音／橋本文雄　照明／藤林甲　共演／浅丘ルリ子、沢たまき、葉山良二、藤竜也　イーストマンカラー　日活スコープ　九九分　日活　一九六七年五月三日　楽曲／男の嵐（作詞：なかにし礼／作曲：木村勇）【OP・一番・歌詞違い】【ED・二番・三番】

●**波止場の鷹**　**LONE HAWK OF THE WATER FRONT**
久須見商会社長・久須見健一
《裕次郎!!丹波哲郎!!―血みどろの大アクション!!死角に賭ける男二匹!!》
企画／高木雅行　監督／西村昭五郎　原作／生島治郎（「傷痕の街」東京文芸社 刊より）　脚本／小川英、中西隆三　撮影／姫田真佐久　美術／横尾嘉良　音楽／真鍋理一郎　録音／橋本文雄　照明／藤林甲　共演／浅丘ルリ子、久万里由香、安部徹、丹波哲郎　イーストマンカラー　日活スコープ　七九分　日活　一九六七年八月十二日　楽曲／粋な別れ（作詞・作曲・浜口庫之助）【OP・一番】、草原情歌（中国民謡）【劇中・一部】、粋な別れ【ED・2番】

●**君は恋人**
石崎監督

《日本中が待っていた浜やんの再起第一作！ 最高の豪華メンバーで贈る青春超大作!!》
企画／水の江滝子　監督／齋藤武市　脚本／若井基成　撮影／山崎善弘　美術／坂口武玄　音楽／中村八大、小野崎孝輔　録音／高橋三郎　照明／大西美津男　共演／浜田光夫、和泉雅子、林家こん平、舟木一夫　イーストマンカラー　日活スコープ　九三分　日活　一九六七年十一月三日

●黄金の野郎ども　THE GOLDEN MOB
沢田組幹部・立原英次
《うなるドス！　拳銃三〇〇丁！　これが本格やくざだ!!　裕次郎、宍戸、二谷の黄金アクション!!》
企画／児井英生　監督／江崎実生　脚本／山崎巌、江崎実生　撮影／安藤庄平　美術／千葉和彦　音楽／山本直純、坂田晃一　録音／沼倉範夫　照明／藤林甲　共演／宍戸錠、二谷英明、広瀬みさ、名和宏　イーストマンカラー　日活スコープ　八八分　日活　一九六七年十二月二十三日　楽曲／ひとりのクラブ（作詞・なかにし礼　作曲・大沢保郎）【OP・二番】【劇中・二番】【BGM・歌詞違い】【ED・一番】

●遊侠三国志 鉄火の花道
DICE AND SWORDS
大寺組代貸・小村伸次郎
《男が唸る、血がうずく！　斬った意気地の任侠道！　裕次郎、アキラ、英樹怒涛の殴り込み!!》
企画／高木雅行　監督／松尾昭典　脚本／星川清司、松尾昭典　撮影／岩佐一泉　美術／中村公彦　音楽／池田正義　録音／神保小四郎　照明／吉田協佐　共演／高橋英樹、浅丘ルリ子、葉山良二、小林旭　イーストマンカラー　日活スコープ　九〇分　日活公開日　一九六八年一月十三日

●黒部の太陽　THE SANDS OF KUROBE
熊谷組岩岡班・岩岡剛
《いまだ見たこともない男のドラマを熱と力でつくり上げた三船・裕次郎という二人の日本人黒四ダム建設七年の苦斗を再現する》
製作／石原裕次郎、三船敏郎　企画／中井景　監督／熊井啓　原作／木本正次（毎日新聞連載・講談社刊）　脚本／井手雅人、熊井啓　撮影／金宇満司　美術／平川透徹、山崎正夫、小林正義　音楽／黛敏郎　録音／安田哲男、紅谷愃一　照明／平田光治　共演／三船敏郎、滝沢修、高峰三枝子、辰巳柳太郎　カラー　シネマスコープ　一九六分　石原プロモーション、三船プロダクション　配給／日活　一九六八年二月十七日

●昭和のいのち　MAN OF A STORMY ERA
日下真介
《激動の昭和初期に生きた快男児の半生！　裕次郎が「黒部の太陽」に続いて贈る感動の娯楽超大作!!》
企画／高木雅行　監督／舛田利雄　脚本／池上金男、舛田利雄　撮影／横山実　美術／木村威夫　音楽／真鍋理一郎　録音／沼倉範夫　照明／藤林甲　共演／浅丘ルリ子、浜美枝、高橋英樹、和泉雅子　フジカラー　日活スコープ　一六五分　日活　一九六八年六月二十二日

●忘れるものか　MAN FROM YESTERDAY
岡部司郎
《あの面影が俺を呼ぶ！　燃えたぎる激情が夜霧の古都に炸裂する！　豪快！　男裕次郎と魅惑星由里子の初顔合わせで贈る黄金のロマン・大アクション!!》
企画／仲川哲朗　監督／松尾昭典　脚本／小川英・蘇武路男・松尾昭典　撮影／岩佐一泉　美術／横尾嘉良　音楽／嵐野英彦録音／橋本文雄　照明／藤林甲　共演／星由里子（東宝）、二谷英明、市原悦子、田崎潤、（東宝）　フジカラー　日活スコープ　八三分　日活　一九六八年十二月二十八日　楽曲／忘れるものか（作詞・有馬三恵子　作曲・鈴木淳）【OP・一番】【ED・二番】

●風林火山　SAMURAI BANNERS
上杉謙信
《日本映画の宿願ここに成る！　未曾有の豪華娯楽巨篇》
製作／田中友幸　稲垣浩　監督／稲垣浩　原作／井上靖（新潮社版）　脚本／橋本忍、国弘威雄　撮影／山田一夫　美術／植田寛　音楽／佐藤勝　録音／藤縄正一　照明／小西康夫　共演／三船敏郎、佐久間良子、中村錦之助、中村

翫右衛門　カラー　シネマスコープ　一六五分　三船プロダクション　配給／東宝　一九六九年三月一日

●栄光への5000キロ　SAFARI 5000
レーシングドライバー・五代高之
《炎熱のサファリ原野を爆走―夢を捨て死と対決する若きレーサー！　ヨーロッパ、アフリカ長期ロケ、6大スターが展開する激情のドラマ！》
製作／石原裕次郎、中井景、米田清一郎　企画／蔵原惟繕、栄田清一郎　監督／蔵原惟繕　原作／笠原剛三 著「栄光への5000キロ」より（荒地出版社刊）　脚本／山田信夫　撮影／金宇満司　美術／横尾嘉良　音楽／黛敏郎　録音／紅谷愃一　照明／椎葉昇　共演／浅丘ルリ子、ジャン＝クロード・ドルオー、エマニュエル・リバ、三船敏郎　カラー　シネマスコープ　一七五分　石原プロモーション　配給／松竹映配　一九六九年七月十五日　楽曲／Traveling Go（作詞・不詳　作曲・黛敏郎）【劇中】

●人斬り　Hitokiri（TENCHU !）
坂本竜馬
《勝が斬る！　仲代が斬る！　三島が斬る！　裕次郎が斬る！　問答無用でぶった斬る！》
製作／村上七郎　法亢堯次　監督／五社英雄　参考文献／司馬遼太郎『人斬り以蔵』　脚本／橋本忍　撮影／森田富士郎　美術／西岡善信　音楽／佐藤勝　録音／大角正夫　照明／美間博　共演／勝新太郎、仲代達矢、三島由紀夫、倍賞美津子　カラー　ワイド　一四〇分　フジテレビ、勝プロダクション　配給／東宝　一九六九年八月九日

●嵐の勇者たち　THE CLEANUP
元刑事・島地陶介
《この顔ぶれで「何」をしでかすか―練りに練った抜群のアイデア！　70年に賭ける日活黄金アクション!!》
企画／高木雅行　監督／舛田利雄　脚本／永原秀一　撮影／山崎善弘　美術／木村威夫　音楽／伊部晴美　録音／神保小四郎　照明／藤林甲　共演／渡哲也、浜美枝（東宝）、吉永小百合、二谷英明　フジカラー　日活スコープ　九九分　日活　一九六九年十二月三十一日　楽曲／反逆のメロディー（作詞・渋谷郁夫　作曲・伊達政男）【OP・一番】【劇中・合唱・二番】

●富士山頂
三菱電機技術部員・梅原悟郎
《襲い来る雪崩れ！　吹き荒ぶ暴風雨！　大自然の〝極限〟を克服し、遂に山頂にレーダーをつくりあげた　これは日本人の勇気を謳ったドラマだ！》
製作／石原裕次郎、二橋進悟、久保圭之介　監督／村野鐵太郎原作／新田次郎（文藝春秋社刊）　脚本／国弘威雄　撮影／金宇満司　美術／横尾嘉良　音楽／黛敏郎、肥後一郎　録音／紅谷愃一　照明／椎葉昇　共演／渡哲也、星由里子（東宝）、勝新太郎、山崎努　フジカラー　シネマスコープ　一二五分　石原プロモーション　配給／日活　一九七〇年二月二十八日

●待ち伏せ　INCIDENT AT BLOOD PASS
弥太郎
《続いて一人、また一人峠に湧いた凄い奴！　幕府の罠か？　だれを斬るのか殺気が走る！》
製作／三船敏郎、西川善男　監督／稲垣浩　脚本／藤木弓、小国英雄、高岩肇、宮川一郎　撮影／山田一夫　美術／植田寛　音楽／佐藤勝　録音／市川正道　照明／佐藤幸郎　共演／三船敏郎、勝新太郎、中村錦之助、浅丘ルリ子　カラー　シネマスコープ　一一七分　三船プロダクション　配給／東宝　一九七〇年三月二十一日

●ある兵士の賭け　THE WALKING MAJOR
中央ジャーナル記者・北林宏
《雨のもらない家がほしい…幼い願いを胸にベトナムに散った一兵士―あの山、あの川、そして空が、泣いている―》
製作／石原裕次郎、中井景　プロデューサー／奥田喜久丸　監督／キース・エリック・バート共同監督／千野皓司、白井伸明　ストーリー／ジェームス三木　脚本／ヴィンセント・フォートレー、猪又憲吾　撮影／金宇満司、奥村祐治、西山東男　美術／松井敏行　音楽／山本直純　録音／坂田徹　照明／椎葉昇　共演／デール・ロバートソン、フランク・シナトラ・ジュニア、新珠三千代、浅丘ルリ子、三船敏郎　カラー

シネマスコープ　一三六分　石原プロモーション　配給／松竹映配　一九七〇年六月六日

●エベレスト大滑降

《これはスキーではない、現代の冒険だ！》

製作／中井景、銭谷功　監修／銭谷功　撮影総監督／金宇満司　音楽／団伊玖磨　録音／紅谷愃一　出演／三浦雄一郎、芥川隆行（語り手）　カラー　一一九分　石原プロモーション　配給／松竹映配　一九七〇年七月十八日

●スパルタ教育　くたばれ親父

SPARTAN EDUCATION

プロ野球審判・田上悠三

《現代のムシャクシャをぶっとばす　型破りの荒療治!!》

企画／園田郁毅、川野泰彦　監督／舛田利雄　原作／石原慎太郎（光文社刊「スパルタ教育」より）　脚本／佐治乾、中野顕彰　撮影／高村倉太郎　美術／千葉和彦　音楽／伊部晴美　録音／橋本文雄　照明／藤林甲　共演／若尾文子、渡哲也、田崎潤（東宝）、川地民夫　フジカラー　日活スコープ　八七分　日活　一九七〇年八月十二日

●戦争と人間　第一部／運命の序曲

MAN AND WAR

奉天総領事館書記官・篠崎淳児

《この夕陽は人間を激しく燃えさせる…愛と命と戦いを！》

企画／大塚和、武田靖、宮古とく子　監督／山本薩夫　原作／五味川純平（三一書房版）　脚本／山田信夫　撮影／姫田真佐久　美術／横尾嘉良、深民浩　音楽／佐藤勝　録音／古山恒夫　照明／岩木保夫　共演／芦田伸介、三國連太郎、高橋英樹、浅丘ルリ子　フジカラー　日活スコープ　一九七分　日活　一九七〇年八月十四日

●男の世界　WORLD OF MEN

紺野忠夫

《これぞビッグ・アクション！　裕次郎が、71にたたきつける男の映画!!》

製作／川野泰彦　監督／長谷部安春　原作／斎藤耕一　脚本／中西隆三　撮影／山崎善弘　美術／佐谷晃能　音楽／鏑木創　録音／片桐登司美　照明／藤林甲　共演／菅原謙次、宍戸錠、内田良平、沖雅也　フジカラー　日活スコープ　八一分　石原プロモーション　一九七一年一月十三日　楽曲／夜霧よ今夜も有難う（作詞・作曲・浜口庫之助）【劇中・一番】、胸の振子（作詞・サトウハチロー　作曲・服部良一）【劇中・一番】、赤いハンカチ（作詞・萩原四朗　作曲・上原賢六）【劇中・一番】、胸の振子【劇中・二番】

●甦える大地

茨城県庁開発課・植松一也

《泣きたい、叫びたい！　だが、泣くのは明日、美奈子の愛の中で泣こう　いまは叫べ！　男の命を賭けた情熱の炎はまだ消えていない》

製作／石原裕次郎、大工原隆親、小林正彦　監督／中村登（松竹）　原作／木本正次（「砂の十字架」より　週刊現代連載・講談社刊）脚本／猪又憲吾　撮影／金宇満司　美術／坂口武玄、小林正義　音楽／武満徹　録音／佐藤泰博　照明／椎葉昇　共演／司葉子（東宝）、渡哲也（日活）、岡田英次、三國連太郎　カラー　シネマスコープ　一一九分　石原プロモーション　配給／松竹映配　一九七一年二月二十六日

●影狩り　SHADOW HUNTERS

室戸十兵衛

《今日もまた一つの影が消える…幕府の犬　公儀隠密を地獄に葬る三つの剣！　影狩りという獣たちの通る道は死臭の風が鳴る！》

製作／石原裕次郎、奥田喜久丸、小林正彦　監督／舛田利雄　原作／さいとう・たかを　脚本／池上金男　撮影／金宇満司　美術／小林正義　音楽／広瀬健次郎　録音／佐藤泰博　照明／藤林甲　共演／内田良平、成田三樹夫、浅丘ルリ子、江原真二郎　カラー　シネマスコープ　九〇分　石原プロモーション　配給／東宝　一九七二年六月十日　楽曲／影狩り（作詞・保富康午　作曲・大澤保郎）【OP・歌詞違い】

●影狩り　ほえろ大砲

SHADOW HUNTERS 2 : ECHO OF DESTINY

室戸十兵衛

《幕府への挑戦か？　他藩へのおどしか？　巨弾が

炸裂してあの3人がやって来た！》
製作／石原裕次郎 奥田喜久丸 小林正彦 監督／舛田利雄 原作／さいとう・プロ さいとうたかを 脚本／池上金男 撮影／金宇満司 美術／小林正義 音楽／玉木宏樹 録音／佐藤泰博 照明／藤林甲 共演／内田良平、成田三樹夫、丹波哲郎、夏純子 カラー シネマスコープ 八九分 石原プロモーション 配給／東宝 一九七二年十月十日 楽曲／影狩り（作詞・保富康午 作曲・大澤保郎）【ED・歌詞違い】

●反逆の報酬
沖田徹男
《帰って来た凄い二人！ 一人は復讐に燃えて…一人は白い獲物を追って…巨大な組織に挑戦する》
製作／石原裕次郎、奥田喜久丸、小林正彦 監督／沢田幸弘 脚本／永原秀一、長田紀生 撮影／金宇満司 美術／小林正義 音楽／渡辺岳夫 録音／佐藤泰博 照明／藤林甲 共演／渡哲也、鰐淵晴子、夏純子、高峰三枝子 カラー シネマスコープ 八六分 石原プロモーション 配給／東宝 一九七三年二月十七日 楽曲／反逆の報酬（作詞・保富康午 作曲・広瀬健次郎）【ED・一番・三番】

●ゴキブリ刑事
製作・石原裕次郎
《暴力列島をゆさぶり走る飢えた牙！ 警察手帖は殺人のパスポートか殺すことしか解決を知らぬ人呼んでゴキブリ刑事…》
製作／石原裕次郎、奥田喜久丸、小林正彦 企画／金子正且 監督／小谷承靖 原作／新岡勲 脚本／剣持亘 撮影／金宇満司 美術／小林正義 音楽／渡辺岳夫 録音／佐藤泰博 照明／椎葉昇 出演／渡哲也、加賀まりこ、神山繁、地井武男 カラー シネマスコープ 八三分 石原プロモーション 配給／東宝 一九七三年六月九日

●ザ・ゴキブリ
製作・石原裕次郎
《この街は腐り切ってるぜ市長も署長もゴキブリと一緒にひっ捕えてやる！》
製作／石原裕次郎、奥田喜久丸、小林正彦 監督／小谷承靖 原作／新岡勲 脚本／剣持亘 撮影／金宇満司 美術／小林正義 音楽／渡辺岳夫 録音／佐藤泰博 照明／椎葉昇 出演／渡哲也、沖雅也、梢ひとみ、峰岸隆之介 カラー シネマスコープ 八三分 石原プロモーション 配給／東宝 一九七三年十二月一日

●凍河
竜野一郎
《この荒涼の河 やさしさだけで 愛だけで わたり行く若者 いつか春は来るのだろうか》
製作／中川完治、島津清 監督／斎藤耕一 原作／五木寛之脚本／石森史郎 撮影／坂本典隆 美術／芳野尹孝 音楽／青山八郎 録音／平松時夫 照明／津吹正 共演／中村雅俊、五十嵐淳子、岡田茉莉子、岡田英次 カラー シネマスコープ 九六分 松竹 一九七六年四月二十四日

●わが青春のアルカディア
ARCCADIA OF MY YOUTH
ファントム・F・ハーロックI世（特別出演）
《命ある限り俺の旗のもとで俺は自由に生きる！》
製作総指揮／今田智憲 企画／松本零士、有賀健、高見義雄 監督／勝間田具治 原作・構成／松本零士 脚本／尾中洋一 撮影監督／町田賢樹 美術監督／伊藤岩光 音楽／木森敏之 録音／今関種吉 声の出演／井上真樹夫、富山敬、田島令子、石田太郎 カラー ワイド 一三〇分 東映 一九八二年七月二十八日

●零戦燃ゆ ZERO
主題歌・石原裕次郎
《世界一の名機を駆った─世界一勇敢な男たち》
製作／田中友幸 監督／舛田利雄 原作／柳田邦男 脚本／笠原和夫 撮影／西垣六郎 美術／育野重一 音楽／伊部晴美 録音／宮内一男 照明／栗木原毅 出演／丹波哲郎、加山雄三、堤大二郎、橋爪淳 カラー ビスタ 一二八分 東宝映画 配給／東宝 一九八四年八月十一日 楽曲／北斗七星～乙女の神話（作詞・阿久悠 作曲・三木たかし）【劇中】、黎明（作詞・阿久悠 作曲・三木たかし）【ED】

参考文献・資料

【書籍】

わが青春物語　石原裕次郎　東西文明社・一九五八年

海とトランペット――石原裕次郎写真集　三笠書房・一九五八年

日活五十年史　日活株式会社・一九六二年

石原裕次郎　ドキュメント 男たちの伝説　尾崎晃一　サンケイ出版・一九八一年

太陽の神話――体験的人生問答　石原裕次郎　集英社・一九八二年

石原裕次郎…そしてその仲間　責任編集・植草信和　芳賀書店・一九八二年

ターキー放談　笑った泣いた　水の江滝子　文園社・一九八四年

おばあちゃんの教育論　石原光子　ごま書房・一九八六年

窓の下に裕次郎がいた　井上梅次　文藝春秋・一九八七年

映画・裕次郎がいた　月刊イメージフォーラム　一九八七年十月号増刊　かわなかのぶひろ編　ダゲレオ出版・一九八七年

さよなら石原裕次郎 文藝春秋8月緊急増刊　文藝春秋・一九八七年

生きているあいつ裕次郎　ナイロビ会　芸文社・一九八八年

裕さん、抱きしめたい 石原まき子　主婦と生活社・一九八八年

俺の裕次郎　小松俊一　にっかつ・一九八九年

みんな裕ちゃんが好きだった――ターキーと裕次郎と監督たち　水の江滝子・阿部和江　文園社・一九九一年

告白の記 逢いたい　石原まき子　主婦と生活社・一九九三年

裕次郎とその時代　文藝春秋篇　文藝春秋・一九九五年

石原裕次郎映画コレクション　キネマ旬報社・一九九四年

ニッポン映画戦後50年　監修・森卓也　朝日ソノラマ・一九九五年

渡哲也俺　柏木淳一　毎日新聞社・一九九七年

妻の日記　夫・石原裕次郎の覚悟　主婦と生活社・一九九九年

弟　石原慎太郎　幻冬社文庫・一九九九年

我が、石原裕次郎 だれも書かなかった――スター伝説　川野泰彦　報知新聞社・一九九九年

石原裕次郎写真典　石原まき子監修　主婦と生活社・一九九九年

石原裕次郎の贈りもの 増田久雄　ＰＨＰ研究所・二〇〇三年

石原裕次郎　歌伝説――音づくりの現場から　高柳六郎　社会思想社・二〇〇〇年

シシド 小説・日活撮影所　宍戸錠　新潮社・二〇〇一年

太平洋の果実　石原裕次郎の遺したもの 増田久雄 小学館・一九九九年

口伝　わが人生の辞　石原裕次郎　主婦と生活社・二〇〇三年

ベストフレンド――裕次郎・青春のレクイエム　山本淳正　青萠堂・二〇〇四年

日活アクションの華麗な世界――1954-1971　渡辺武信　未来社・二〇〇四年

黒部の太陽　ミフネと裕次郎　熊井啓　新潮社・二〇〇五年

社長、命　金宇満司　イースト・プレス二〇〇六年

映画監督・舛田利雄――アクション映画の巨星 舛田利雄のすべて――佐藤利明・高護編　シンコーミュージック・二〇〇七年

シシド 完結編 小説・日活撮影所　角川書店・二〇一二年

裕さんの女房　村松友視・石原まき子　青志社・二〇一二年

死をみるとき　裕さんが書き遺したもの　石原裕次郎・石原まき子　青志社・二〇一三年

石原裕次郎・渡哲也　石原プロモーション50年史 1963-2013　石原プロモーション・二〇一四年

日活１００年史　日活株式会社・二〇一四年

石原裕次郎　日本人が最も愛した男　石原プロモーション　青志社・二〇一七年

太陽と呼ばれた男――石原裕次郎と男たち　青志社・二〇一七年

没後30年　永遠のスター　石原裕次郎（週刊朝日ムック）朝日新聞出版・二〇一七年

昭和の太陽石原裕次郎　石原まき子　青志社・二〇一七年
石原裕次郎の軌跡　ぴあ・二〇一八年
1968年　中川右介　朝日新書・二〇一八年
三船敏郎の映画史　小林淳　アルファベータブックス　二〇一九年
石原裕次郎シアターDVDコレクション　朝日新聞出版・二〇一七〜二〇二一年

【映像ソフト・ブックレット】
石原裕次郎 ゴールデン・トレジャー〜日活映画大全〜 DVD-BOX 日活・二〇〇九年
芦川いづみ DVDセレクション　日活・二〇一〇年
大都会─闘いの日々─BOX　ポニーキャニオン・二〇一二年
大都会PARTⅡ BOX 1〜2　ポニーキャニオン・二〇一二年
大都会PARTⅡ BOX 1〜2　ポニーキャニオン・二〇一二年
西部警察　PARTⅠセレクション　大門BOX 1〜3　ポニーキャニオン・二〇一二年
西部警察　PARTⅡ セレクション　鳩村BOX 1〜2　ポニーキャニオン・二〇一二年
西部警察　PARTⅢ セレクション　木暮BOX 1〜2　ポニーキャニオン・二〇一二年
裕次郎　夢の箱─ドリーム・BOX─ポニーキャニオン・二〇一三年
石原裕次郎 永遠の夢　テイチク・エンタテインメント・TBS・二〇一四年

【WEB】
石原プロモーション公式サイト
日活作品データベース
京都電視電影公司
テレビドラマデータベース
石原裕次郎専科

【アーカイブ協力】
株式会社石原プロモーション
日活株式会社
株式会社テイチクエンタテインメント
鈴木啓之

【協力】
浅野謙治郎
遠藤千寿
佐藤泰博
山崎智広
谷口公浩
平林章代
丸山慶太
後藤武久
檜山直樹
漆澤伸
小林新吾
圓道智
内海智
畭尾裕俊
大島博文
渡辺修
高橋眞人
舛田紀子
市村靖介

佐藤 利明（さとう としあき）

1963（昭和 38）年生まれ。東京都出身。

構成作家・ラジオ・パーソナリティー。娯楽映画研究家として、ハナ肇とクレイジーキャッツ、「男はつらいよ」、エノケン・ロッパなどの昭和の喜劇人の魅力を、新聞連載やコラム、CD アルバム、映像ソフトのプロデュースを通して紹介を続ける、エンタテイメントの伝道師。

石原裕次郎についても、これまで全作品 DVD の解説、CD、映像ソフトのプロデュース、「石原裕次郎・渡哲也　石原プロモーション 50 年史」の執筆などを手がけてきた。テレビ、ラジオなどで「昭和のエンタテインメント」をテーマに活躍中。音楽プロデューサーとしても活躍。2015 年文化放送特別賞受賞。

著書『クレイジー音楽大全 クレイジーキャッツ・サウンド・クロニクル』（シンコーミュージック）、『植木等ショー！クレージー TV 大全』（洋泉社）、『寅さんのことば 風の吹くまま 気の向くまま』（東京新聞）など多数。

叢書・20 世紀の芸術と文学
石原裕次郎《いしはらゆうじろう》 昭和太陽伝《しょうわたいようでん》

2019 年 7 月 17 日 初版第 1 刷　発行

著者●佐藤利明
監修●株式会社石原プロモーション
編集・制作●中川右介
発行人●春日俊一
発行所●株式会社アルファベータブックス
〒 102-0072 東京都千代田区飯田橋 2-14-5 定谷ビル
Tel 03-3239-1850 Fax 03-3239-1851
website http://ab-books.hondana.jp/
e-mail alpha-beta@ab-books.co.jp
印刷●株式会社エーヴィスシステムズ
製本●株式会社難波製本
装幀●佐々木正美

ISBN 978-4-86598-070-7　C0374